HAPPINESS

Shuzo Oshimi

3

HAPPINESS 3 INHALT

Kapitel 21: Blutspritzer

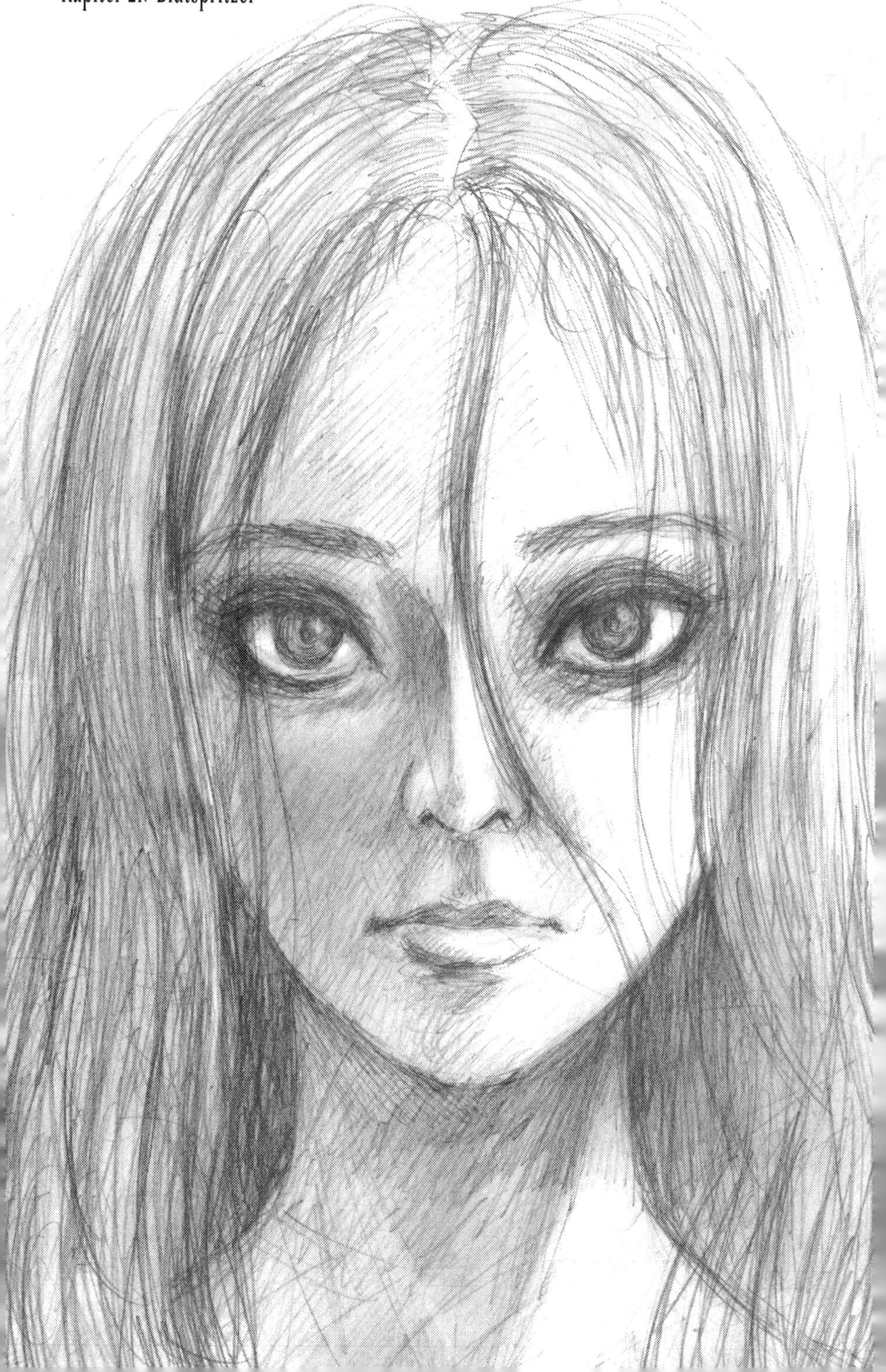

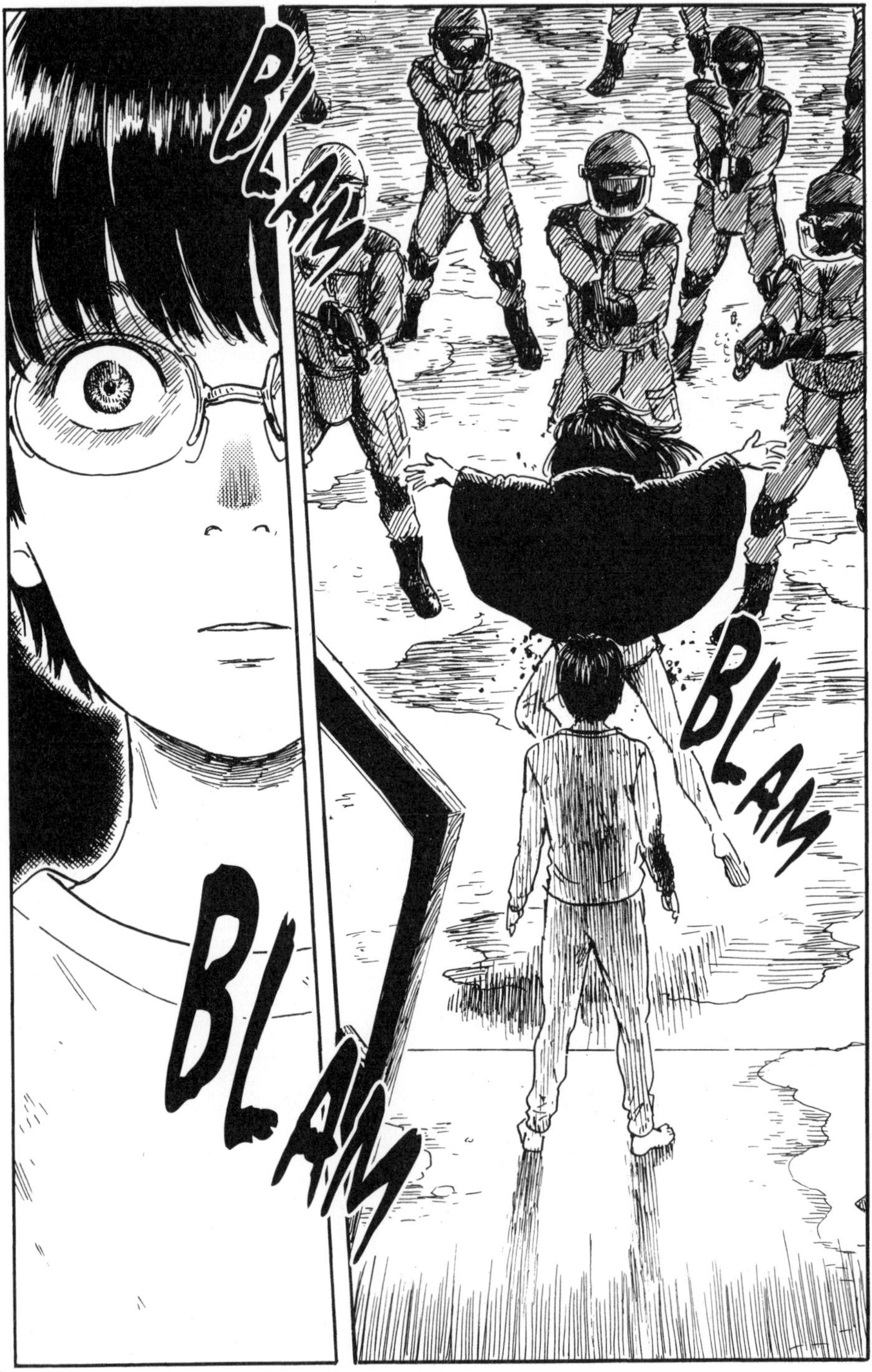
BLAM
BLAM
BLAM
BLAM
BLAM
BLAM

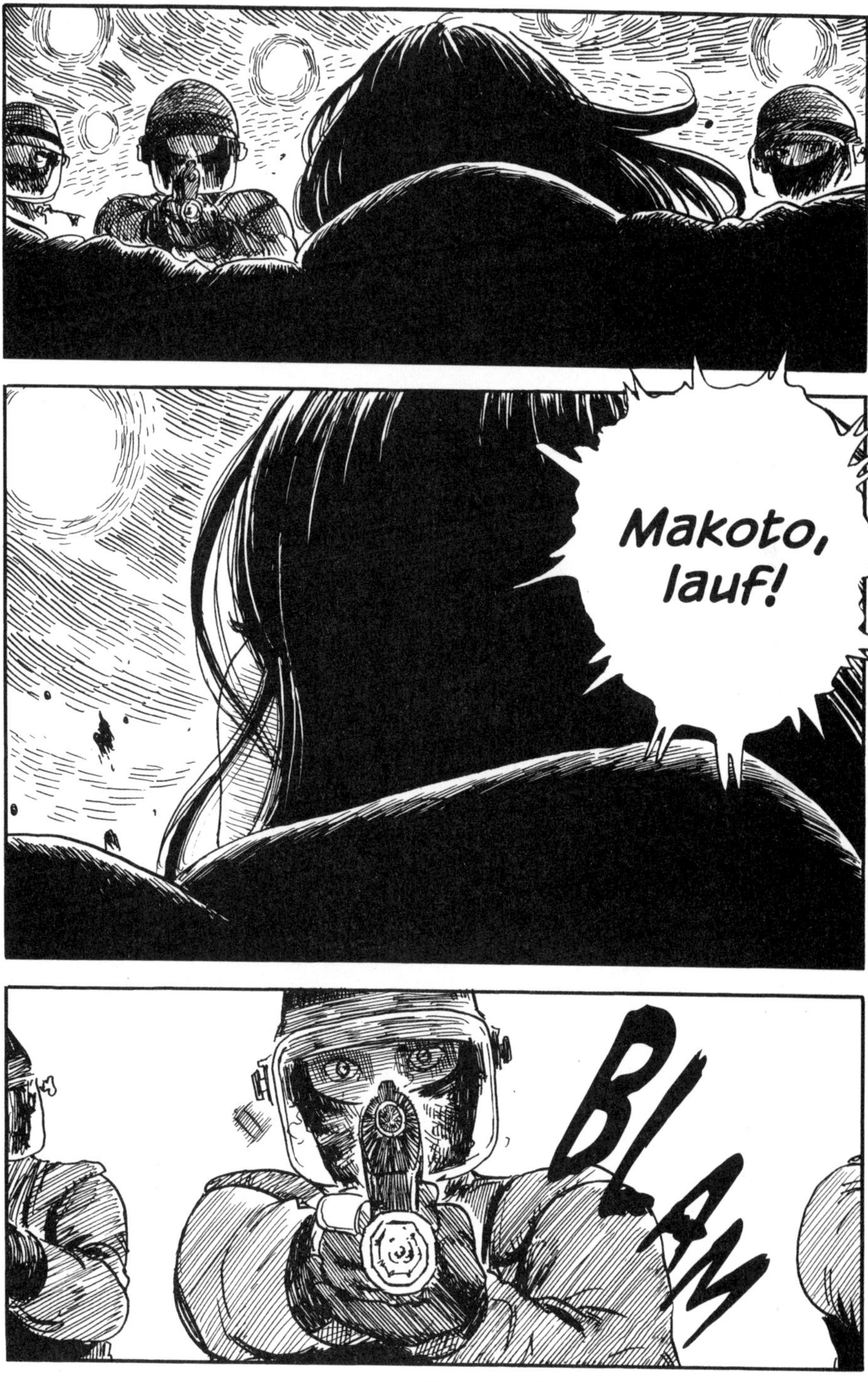
Makoto, lauf!
BLAM

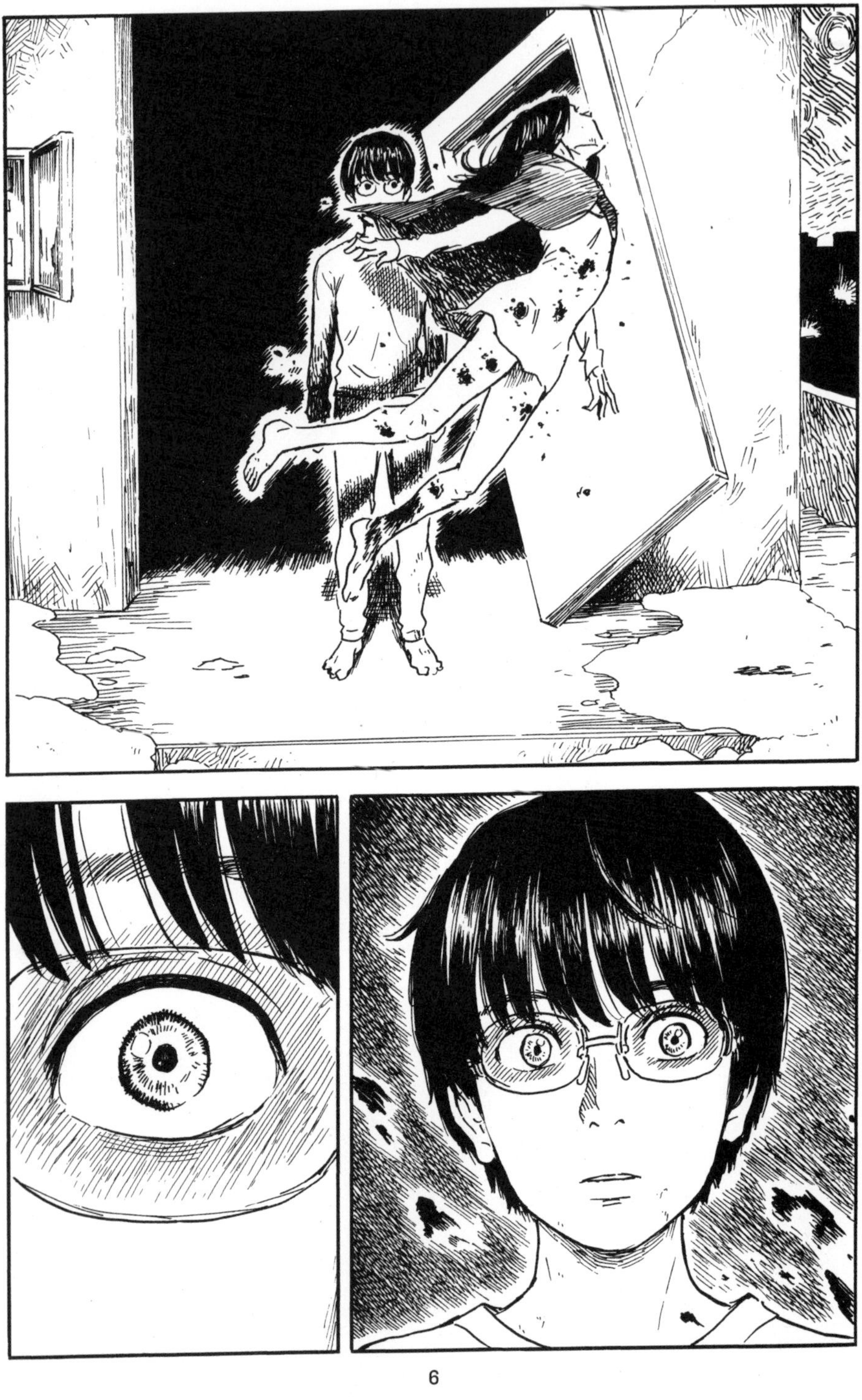

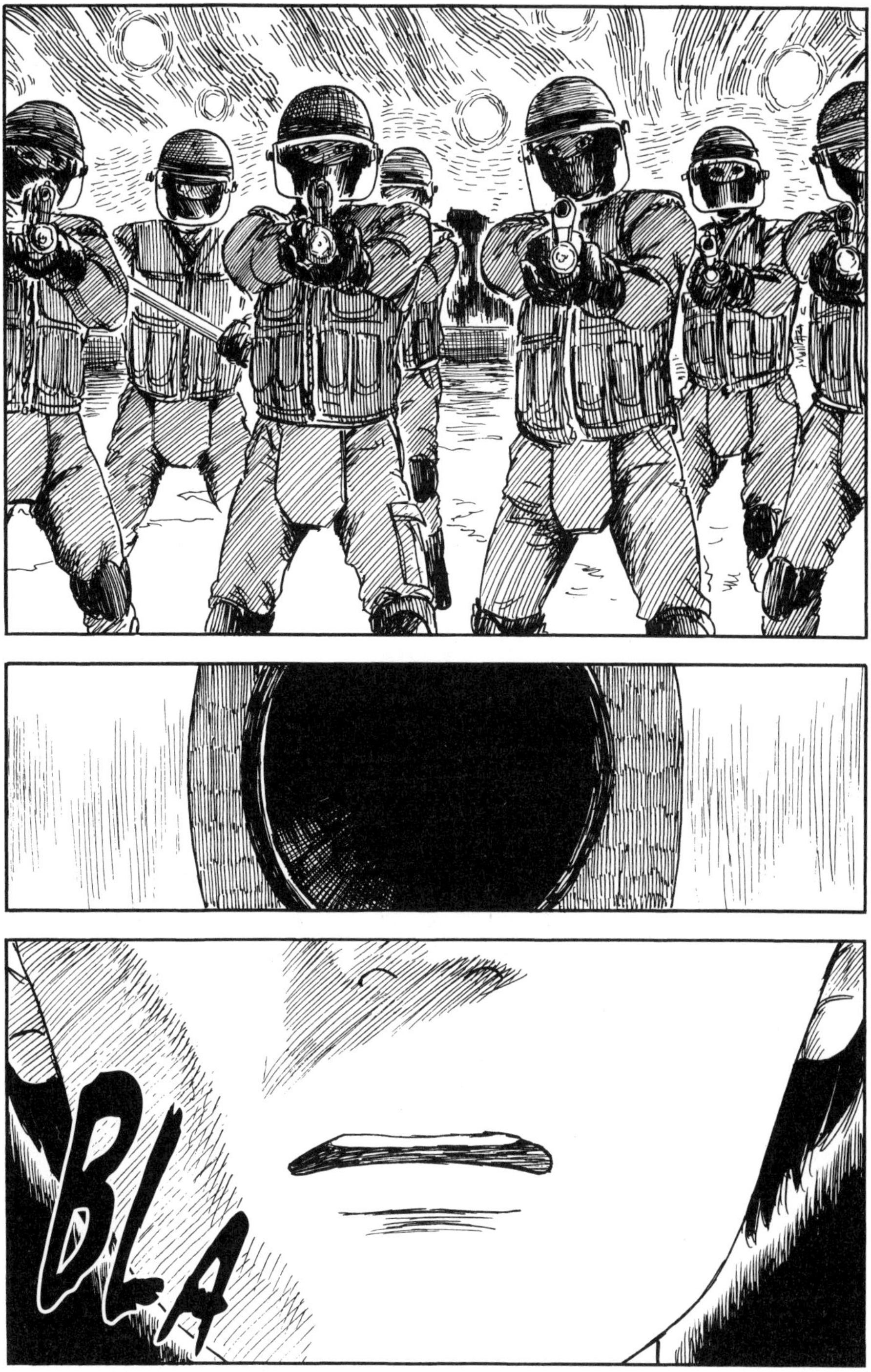
BLA

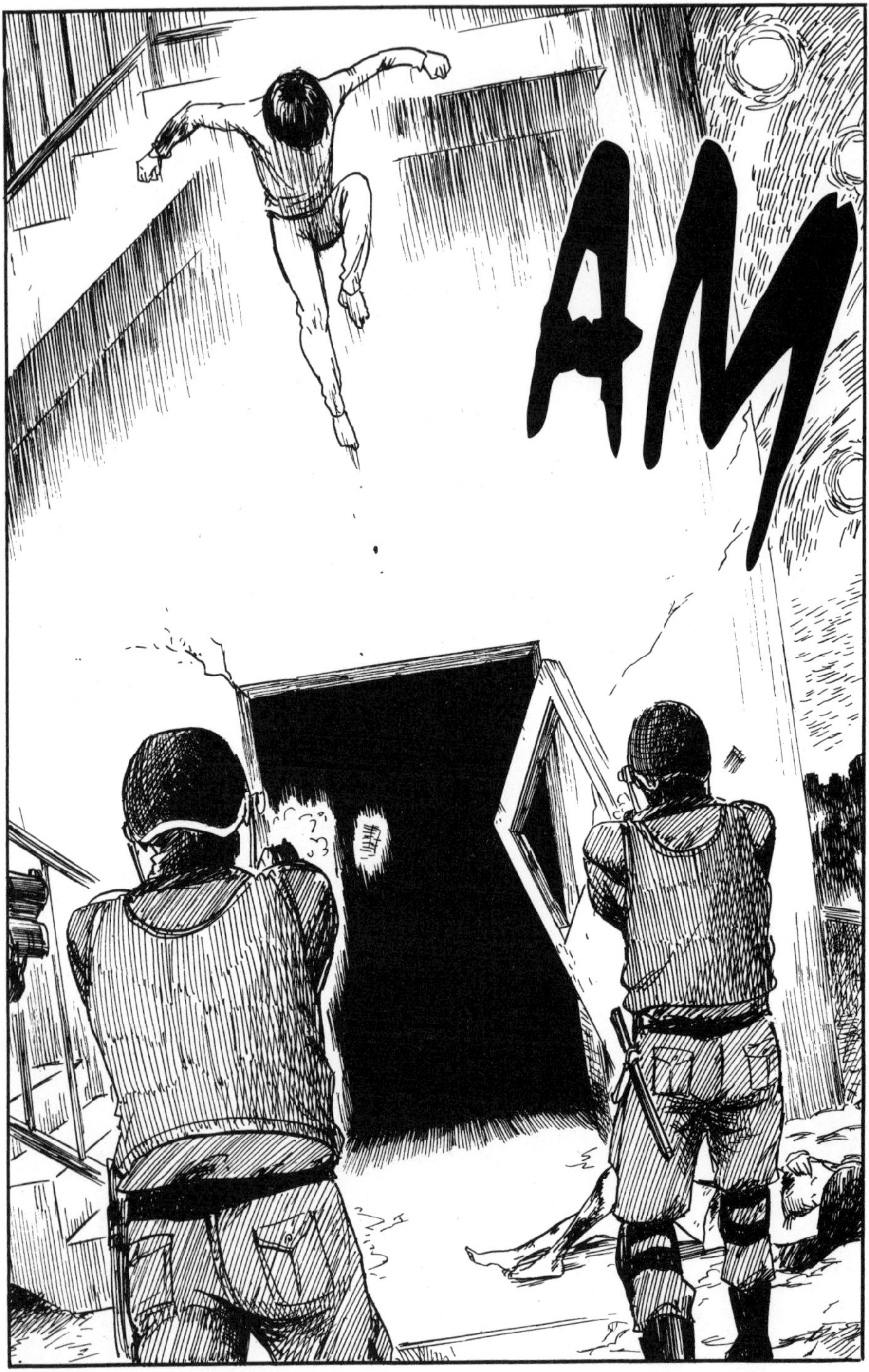
AM

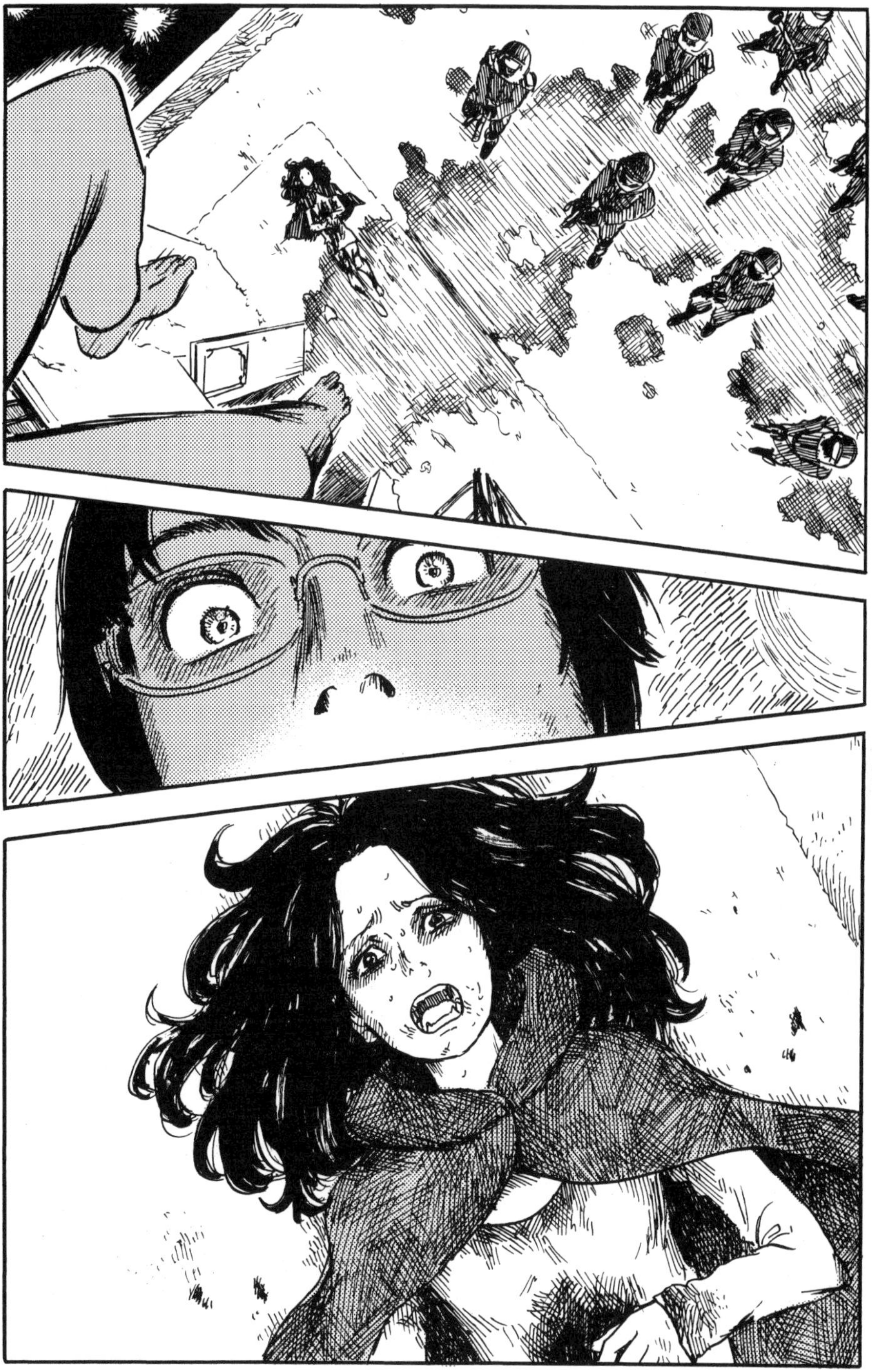

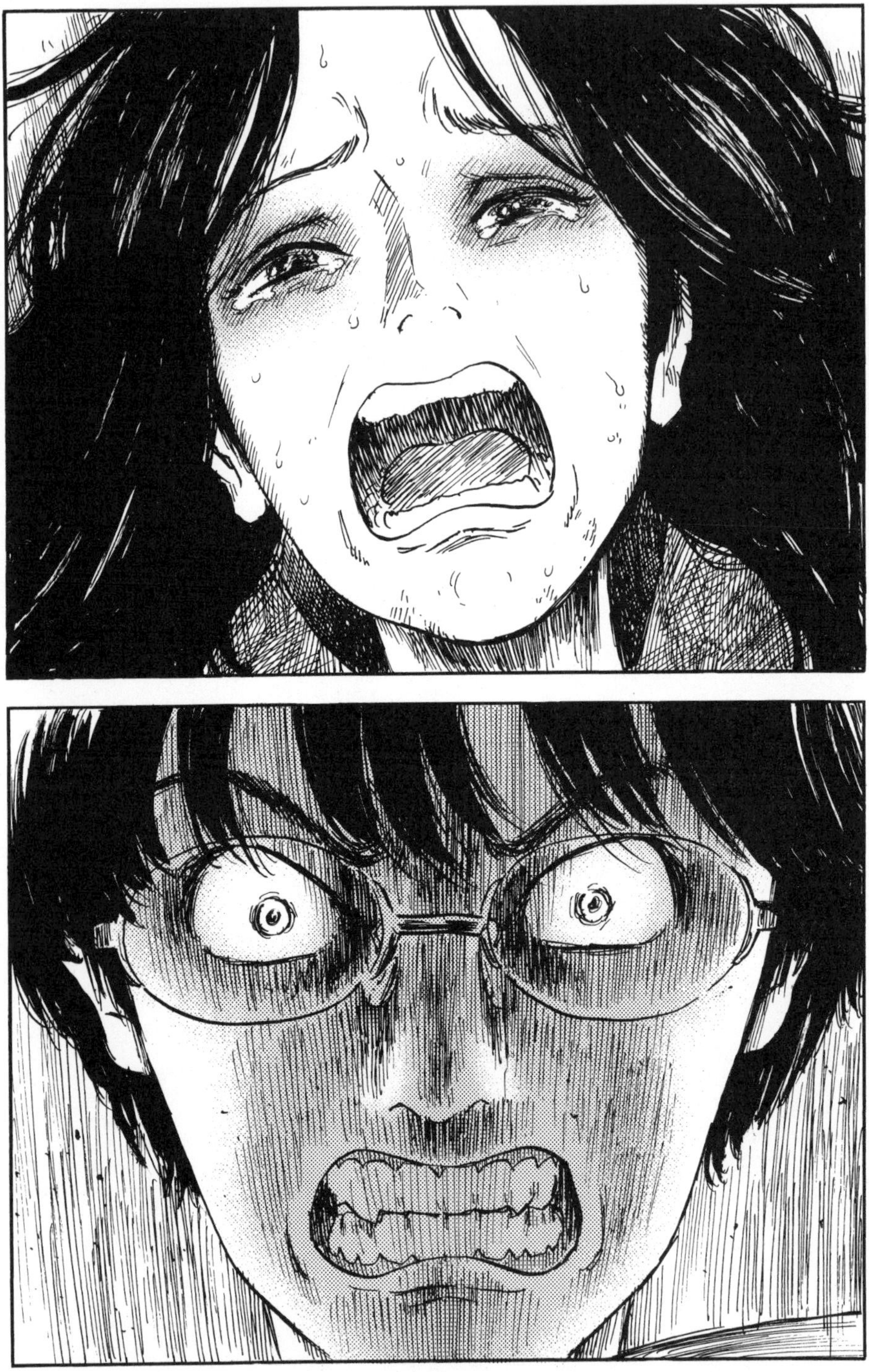

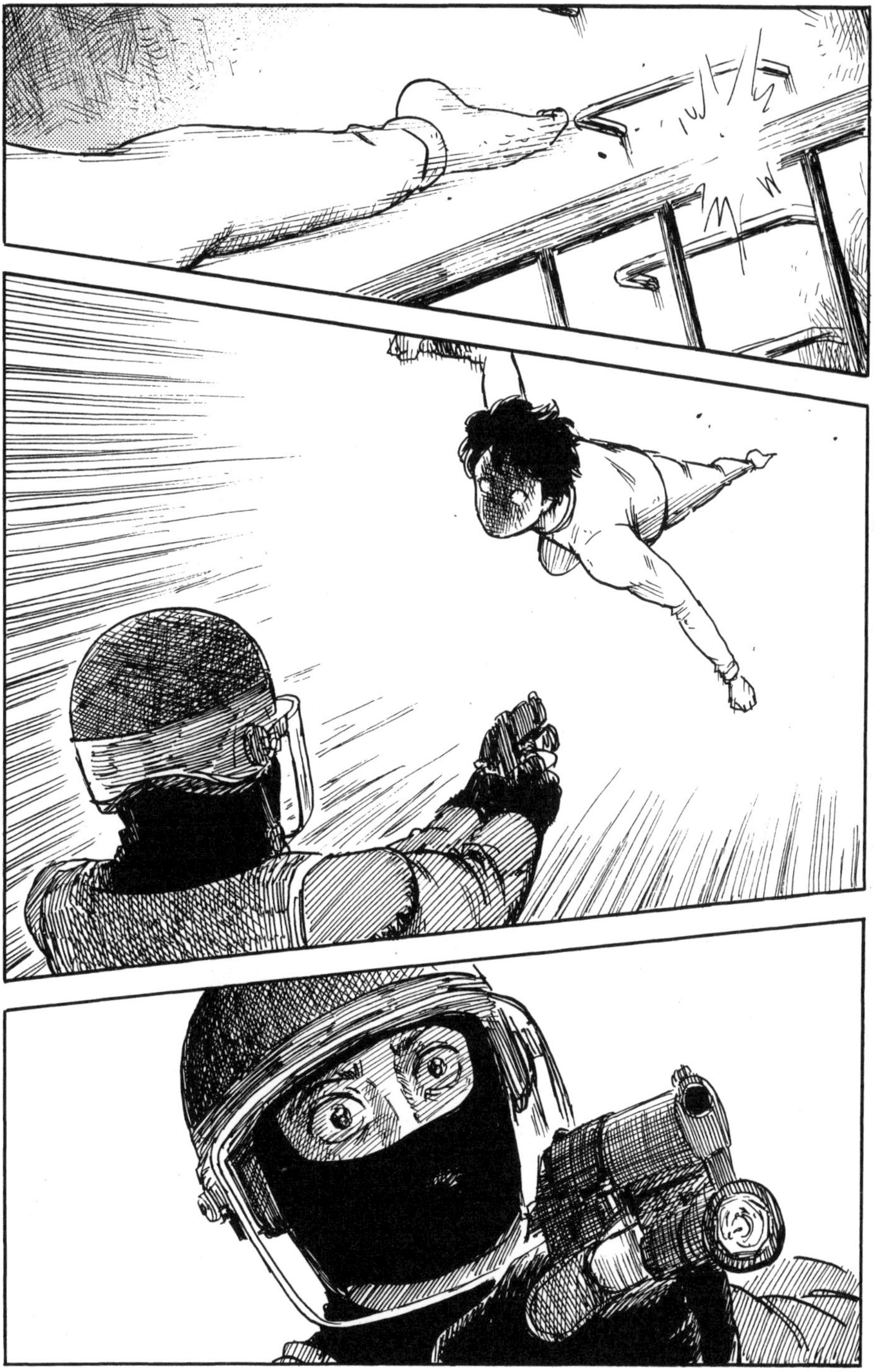

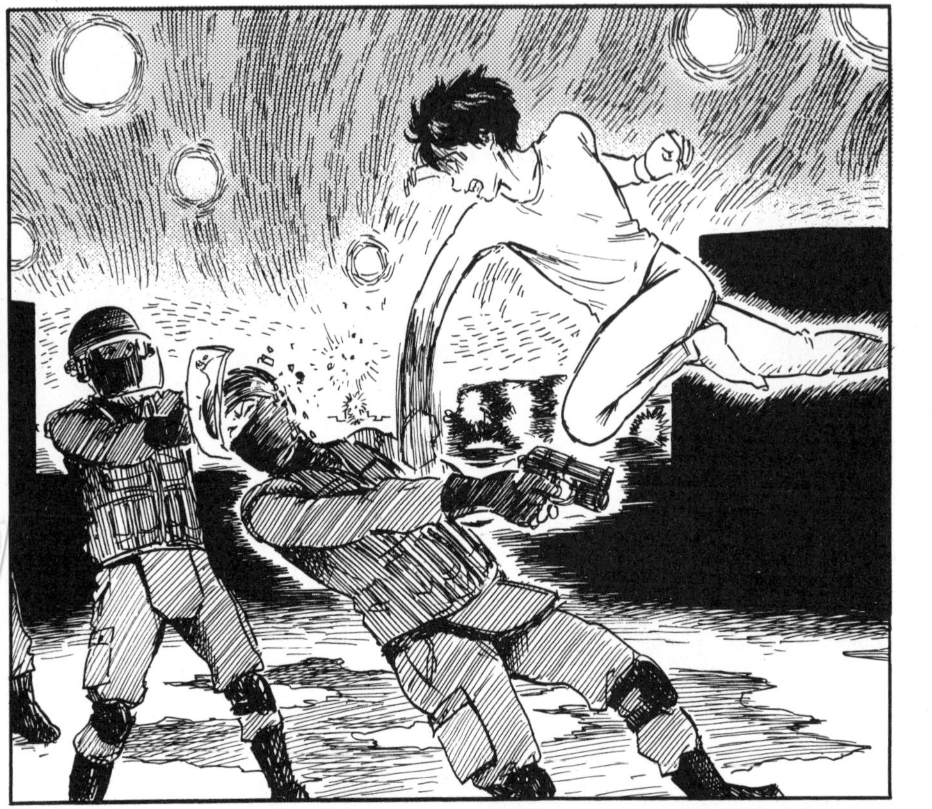

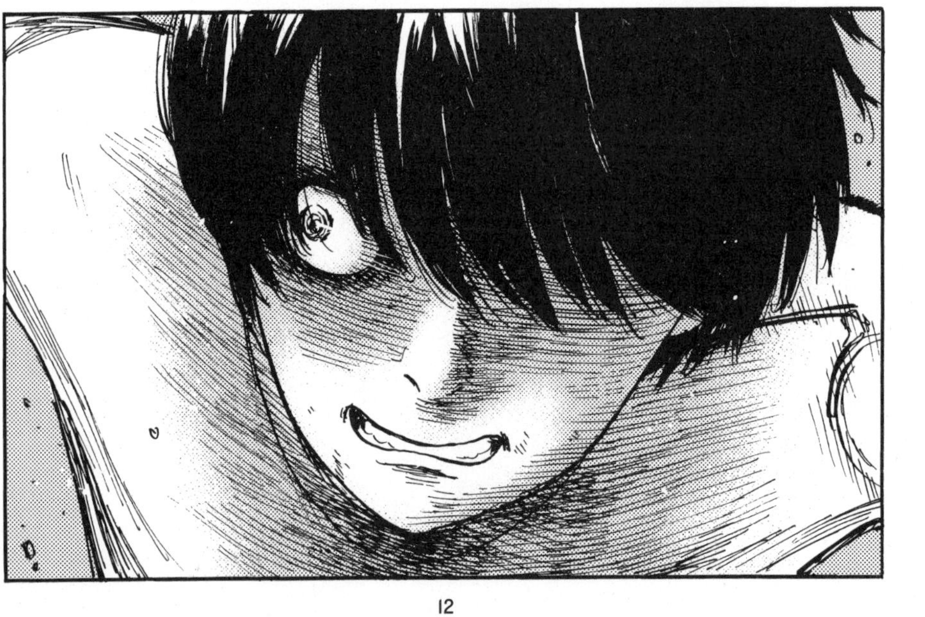

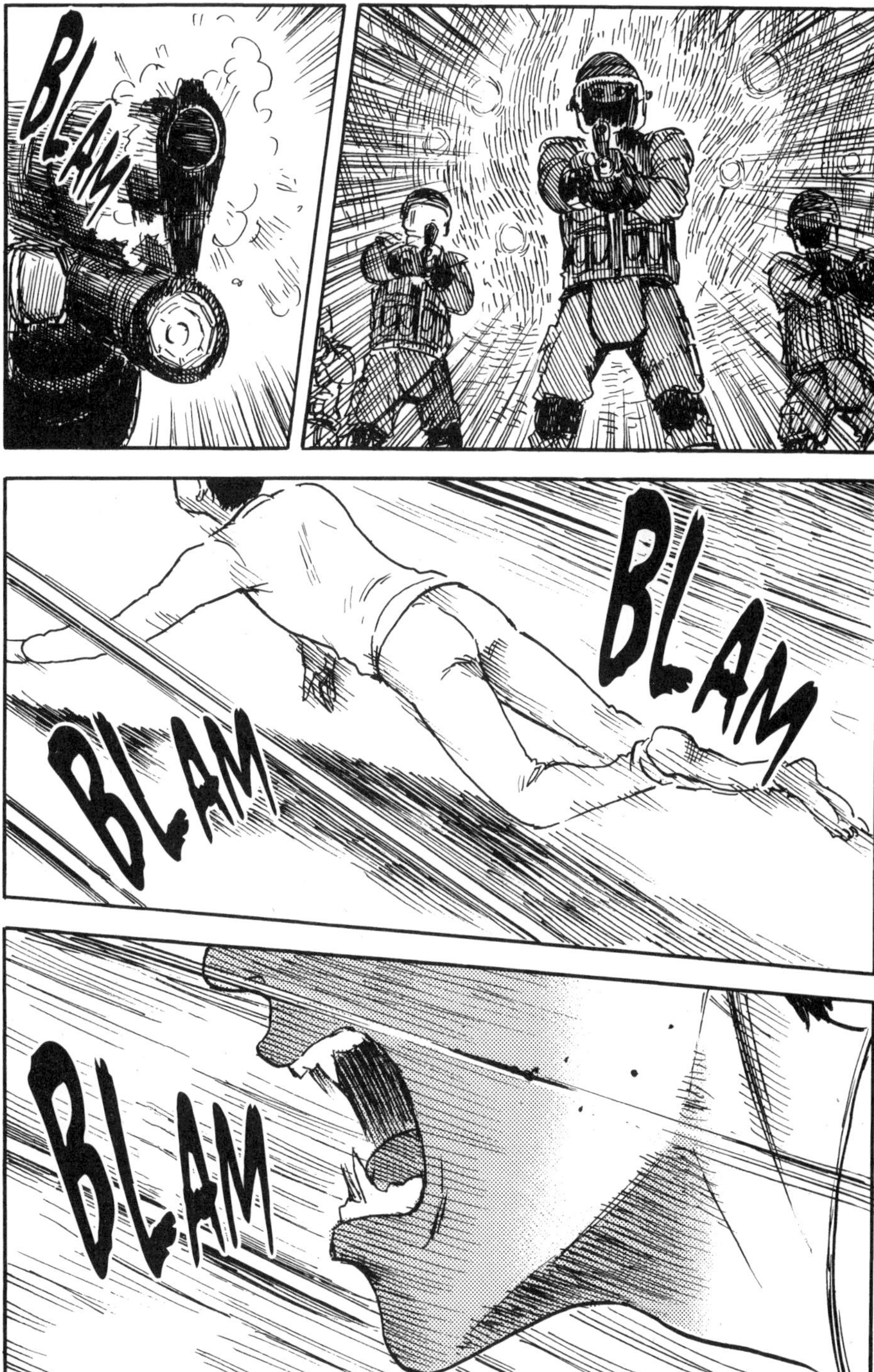
BLAM
BLAM
BLAM
BLAM

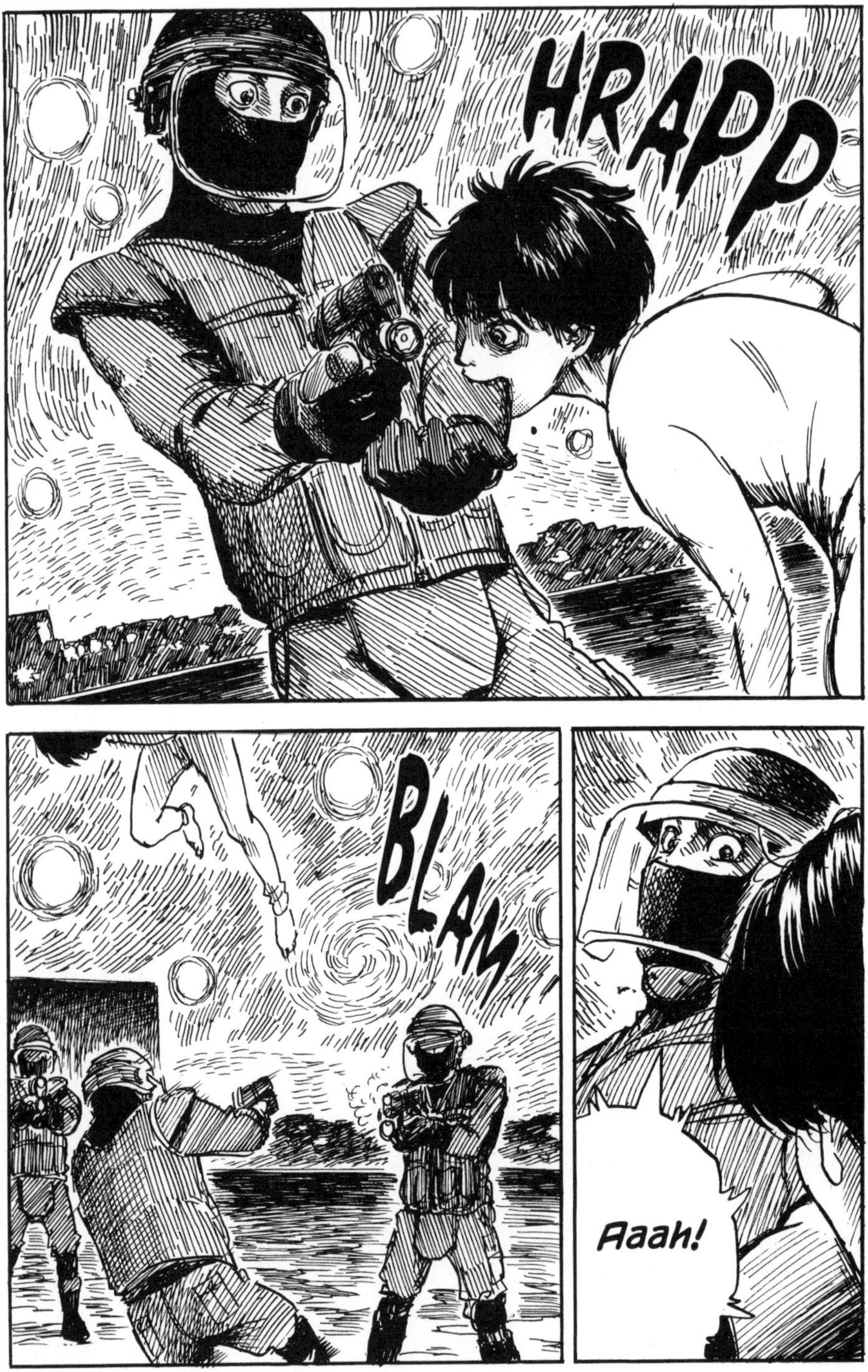
HRAPP
BLAM
Aaah!

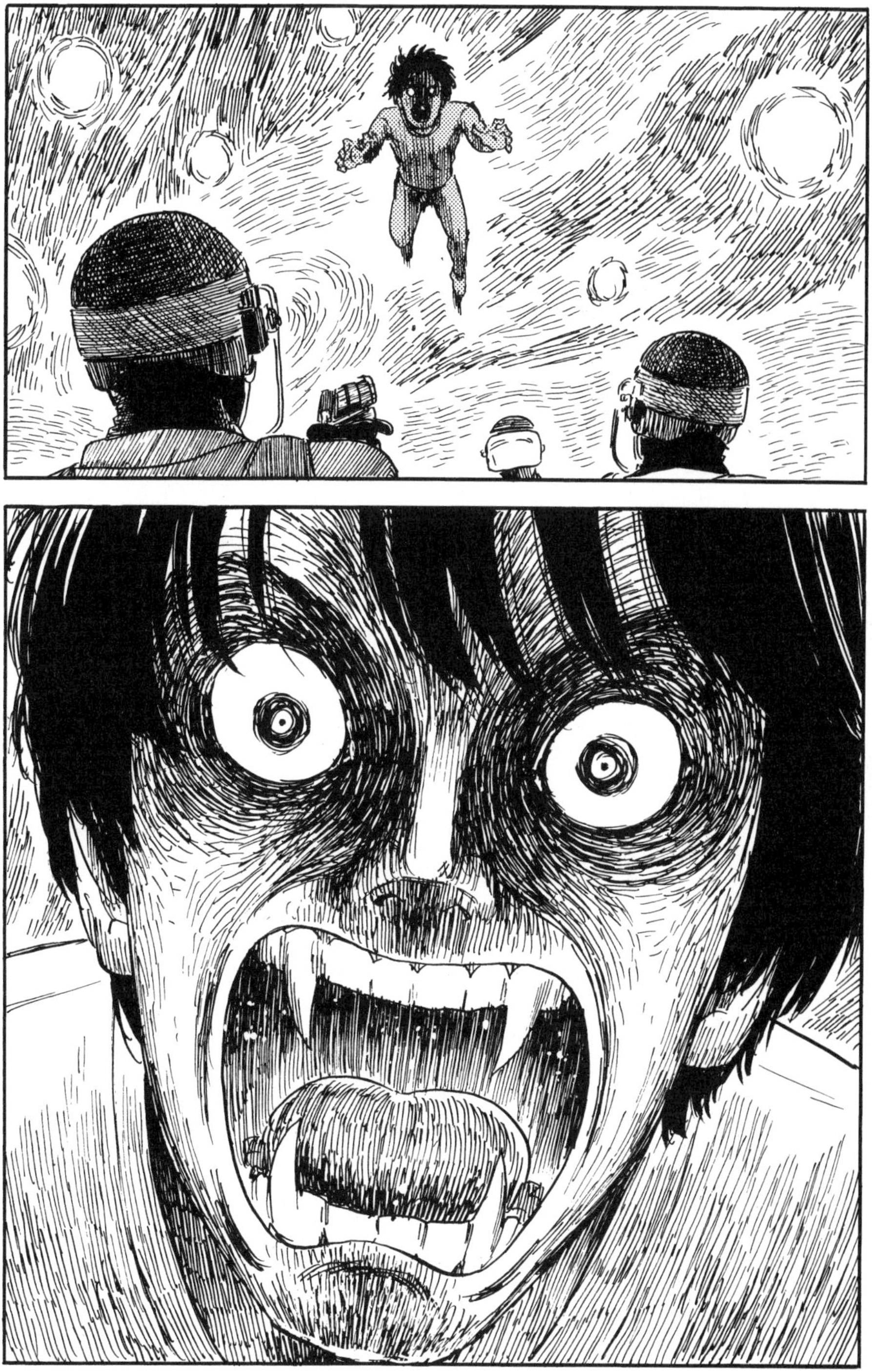

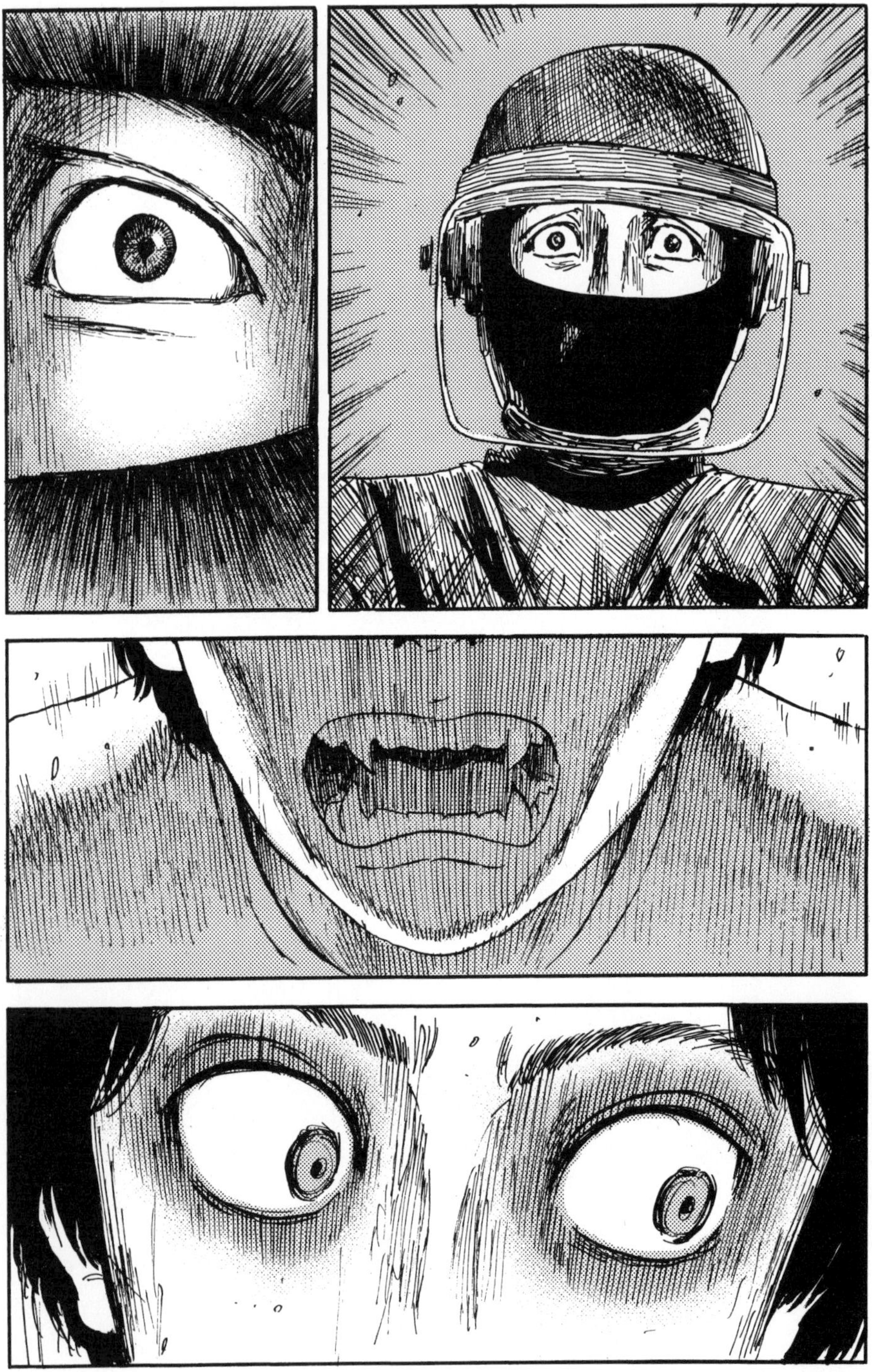

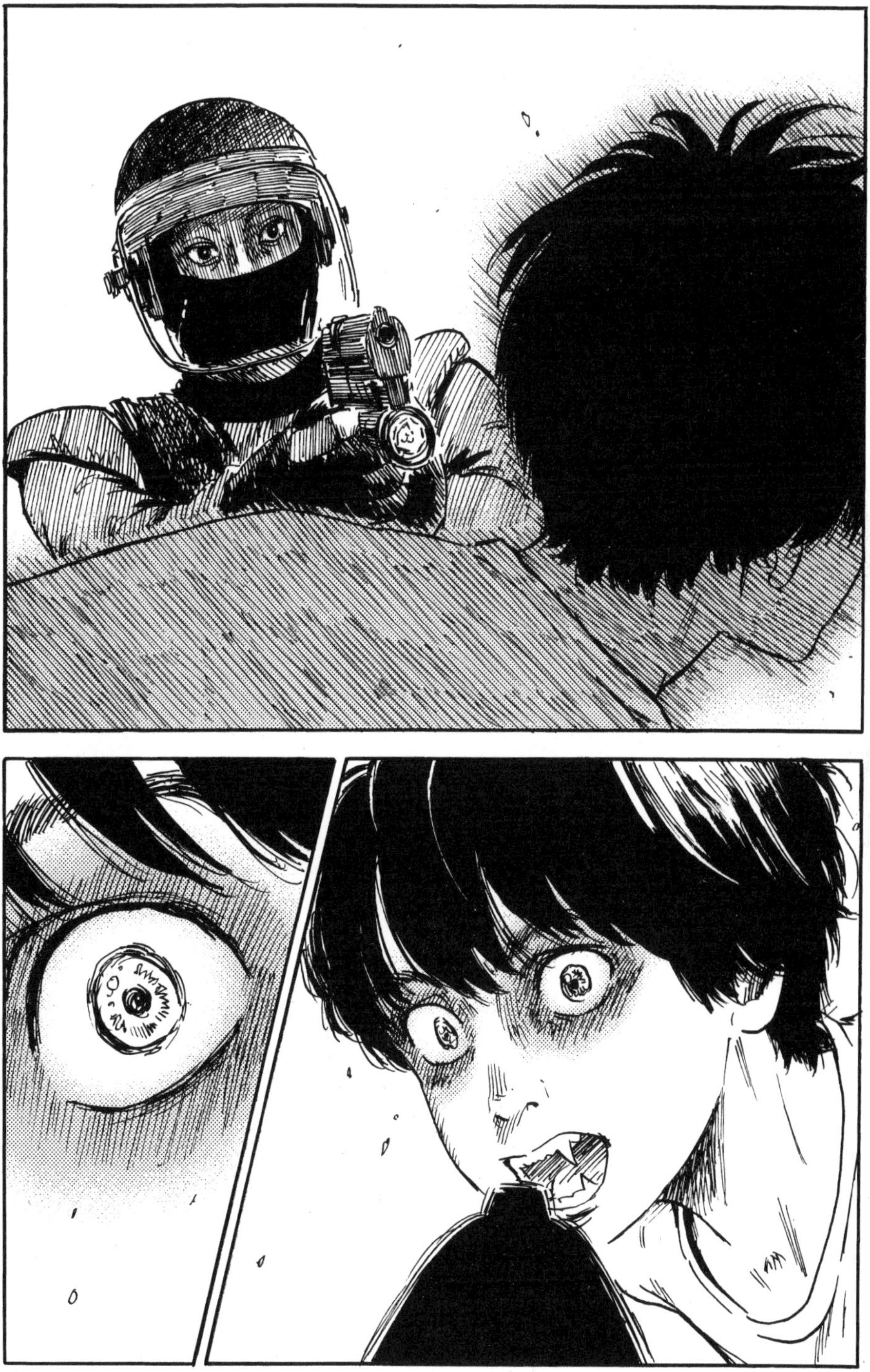

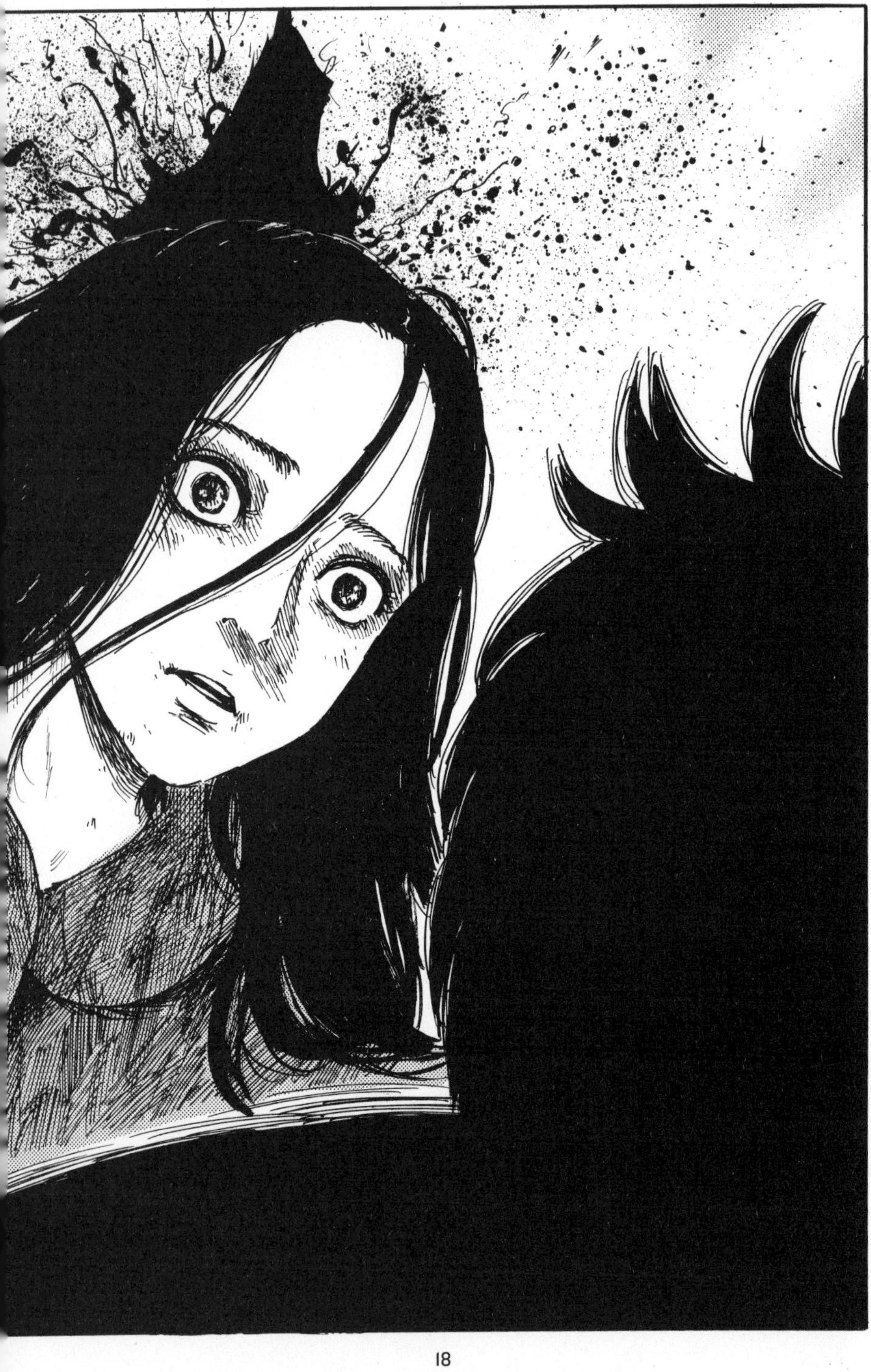

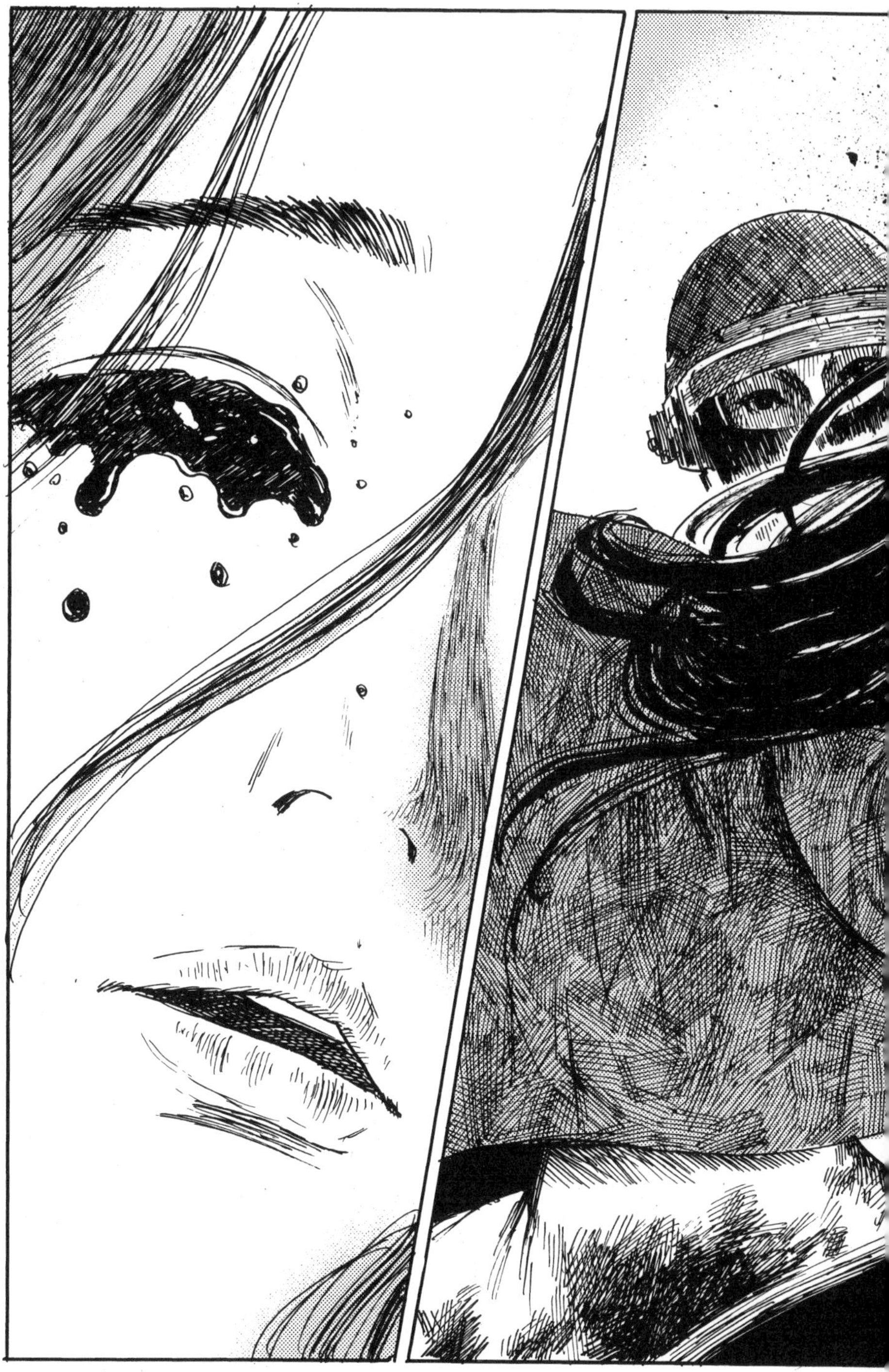

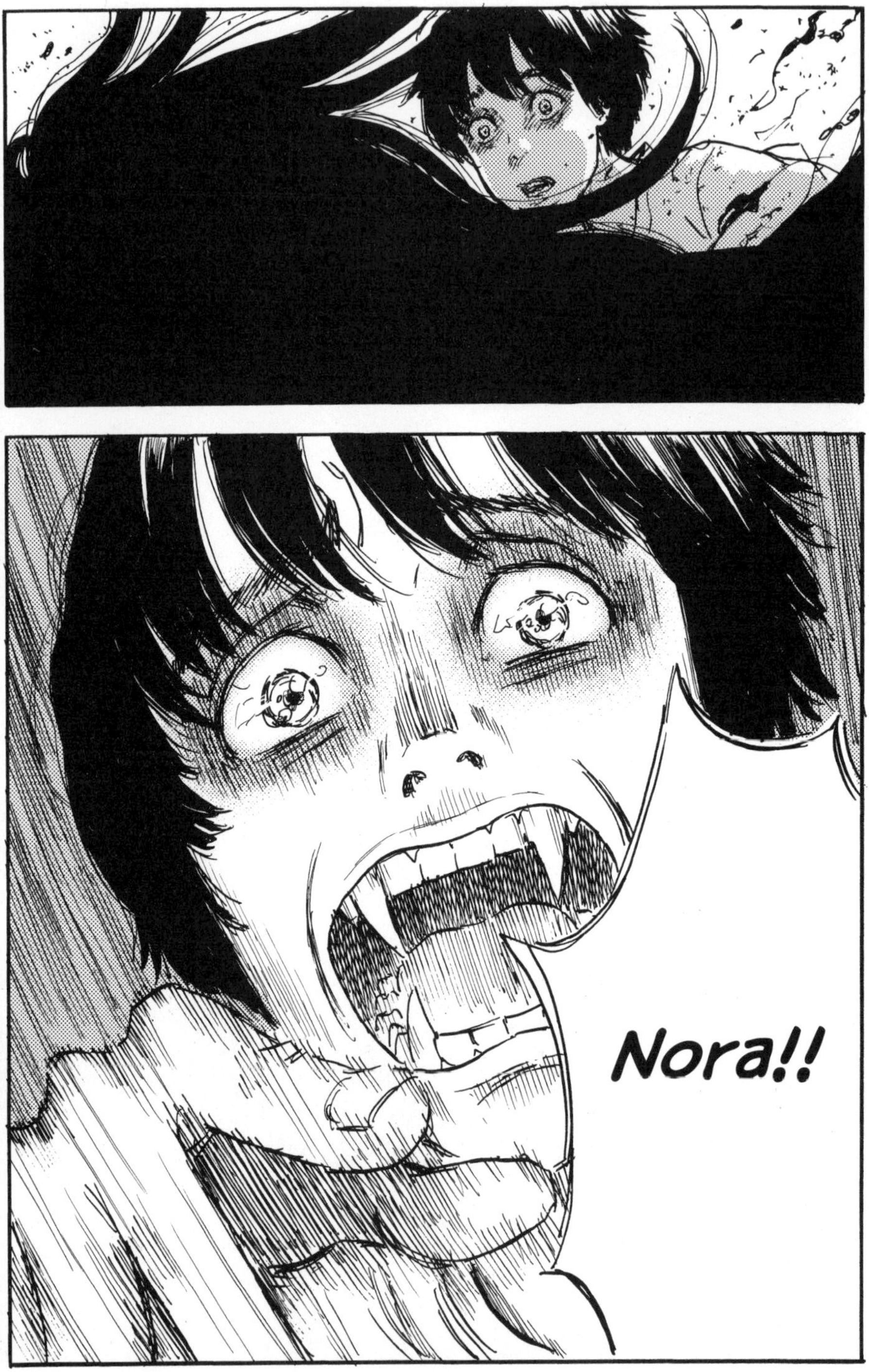
Nora!!

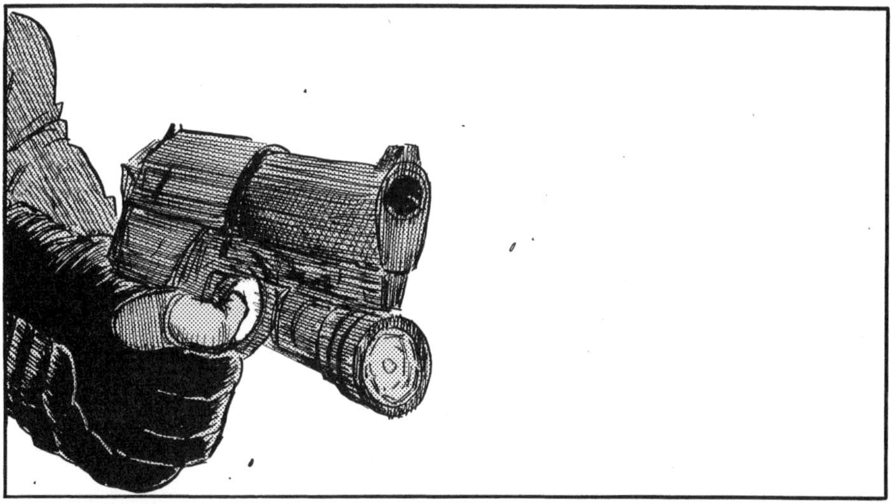

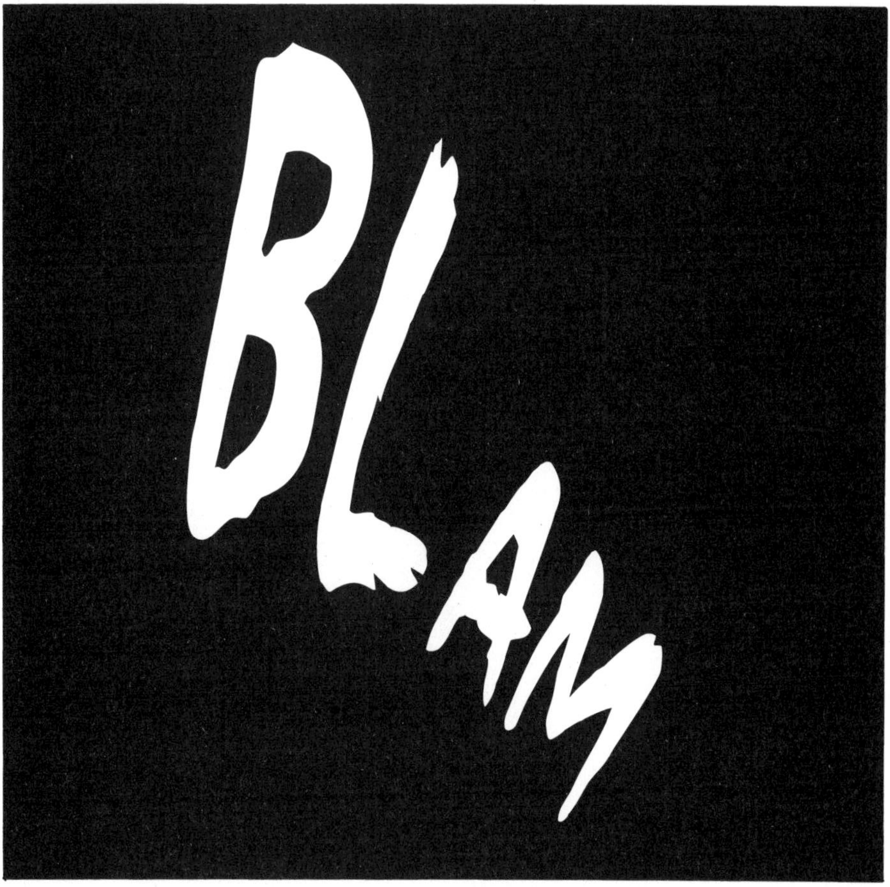
BLAM

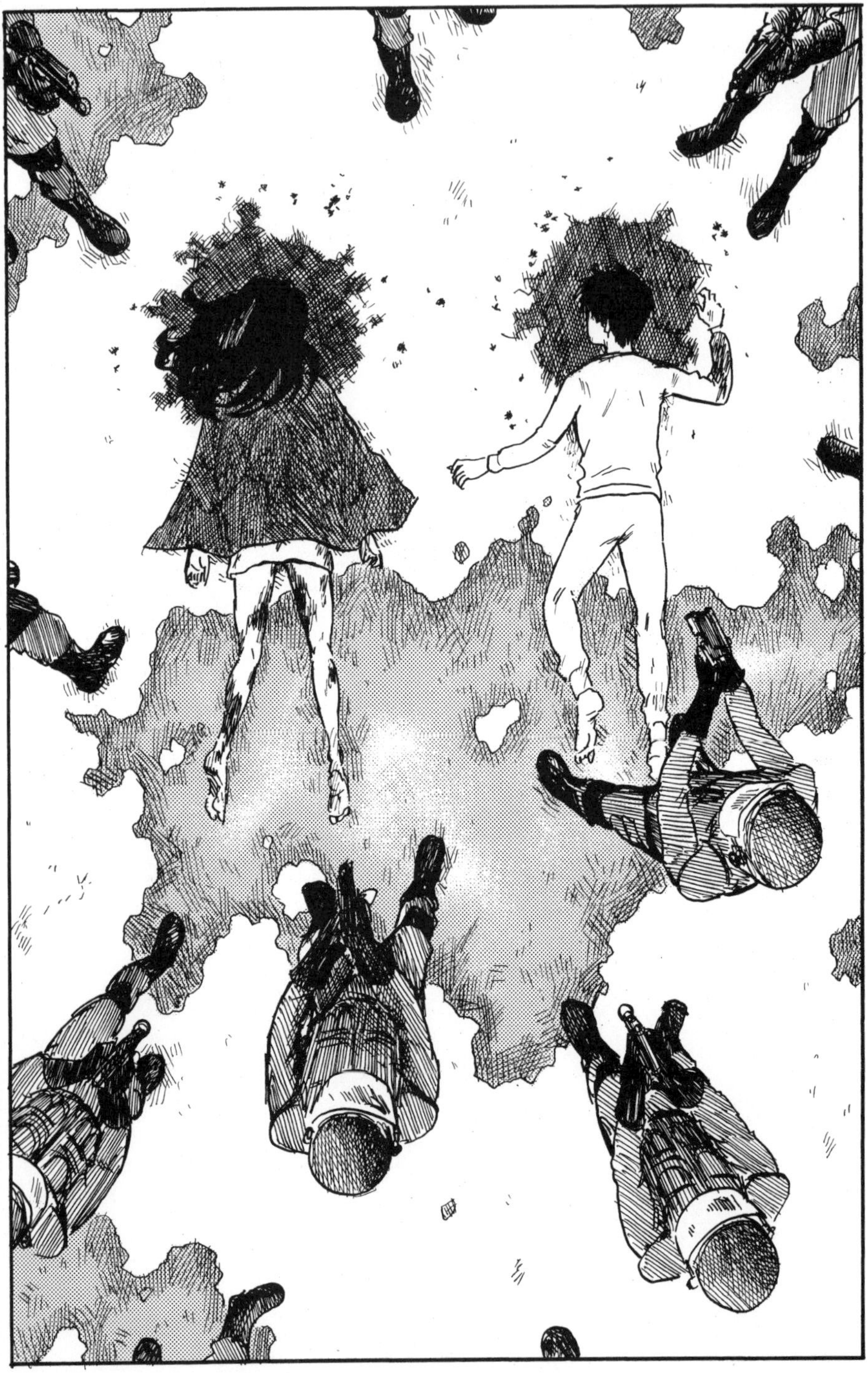

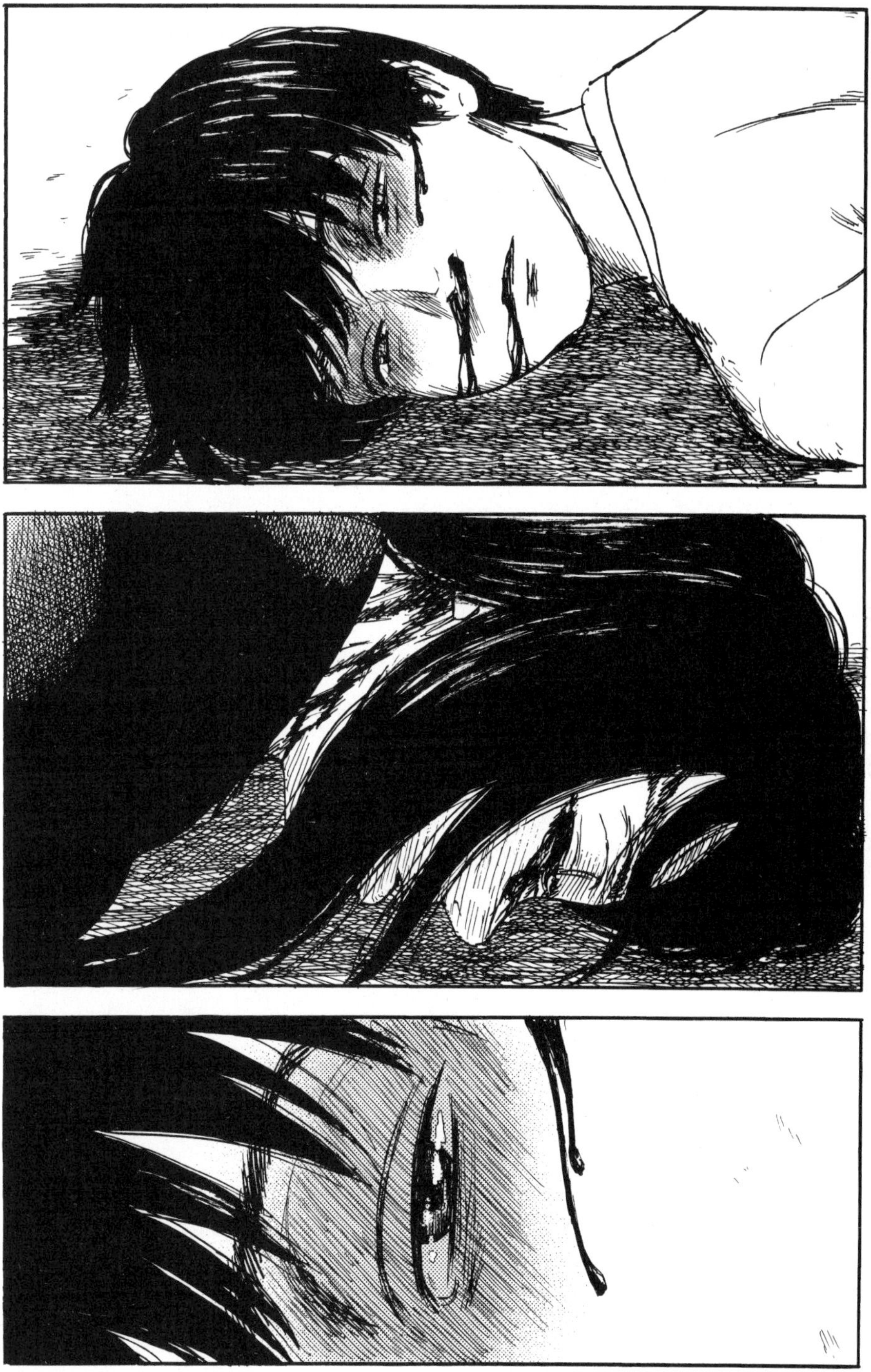

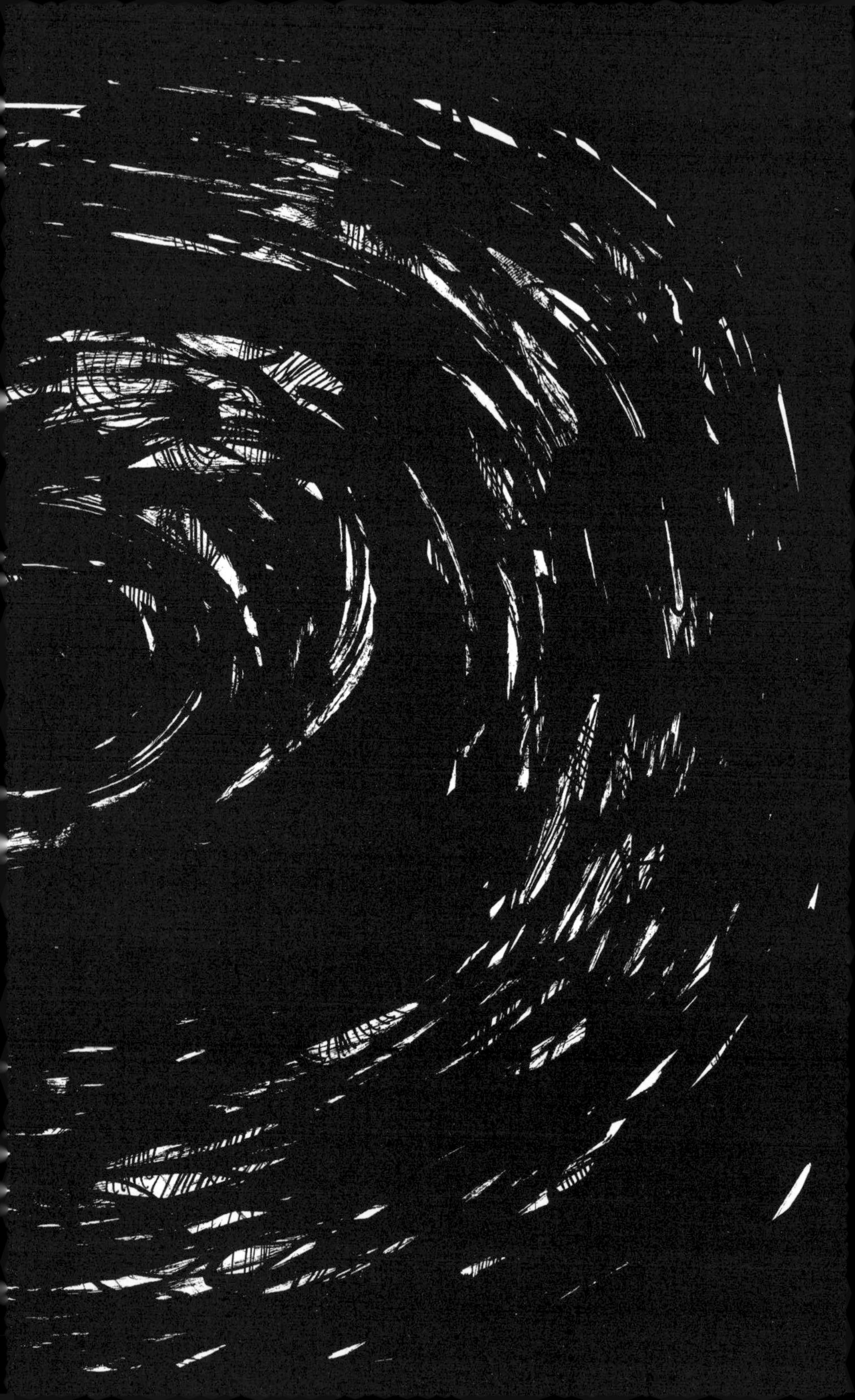

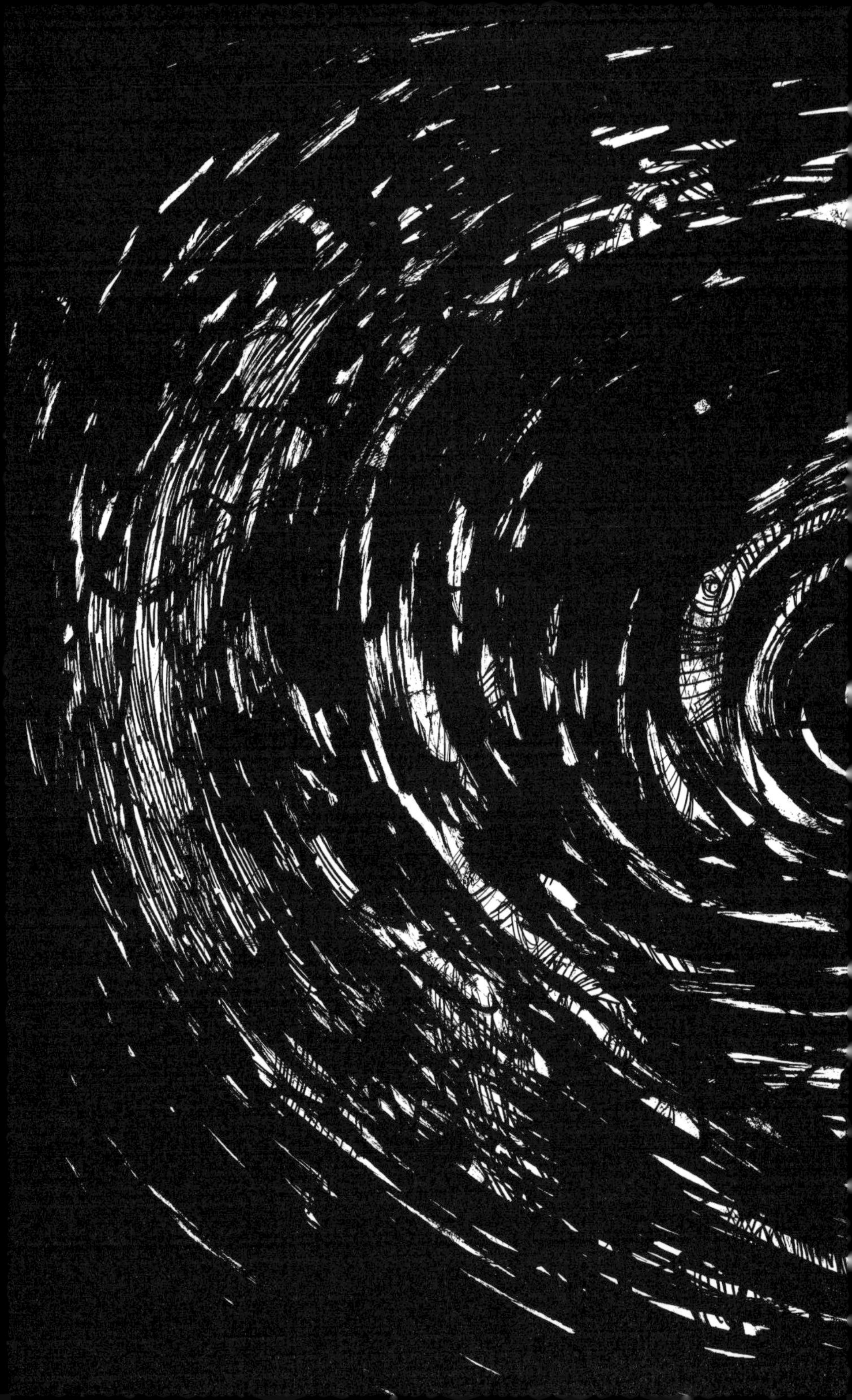

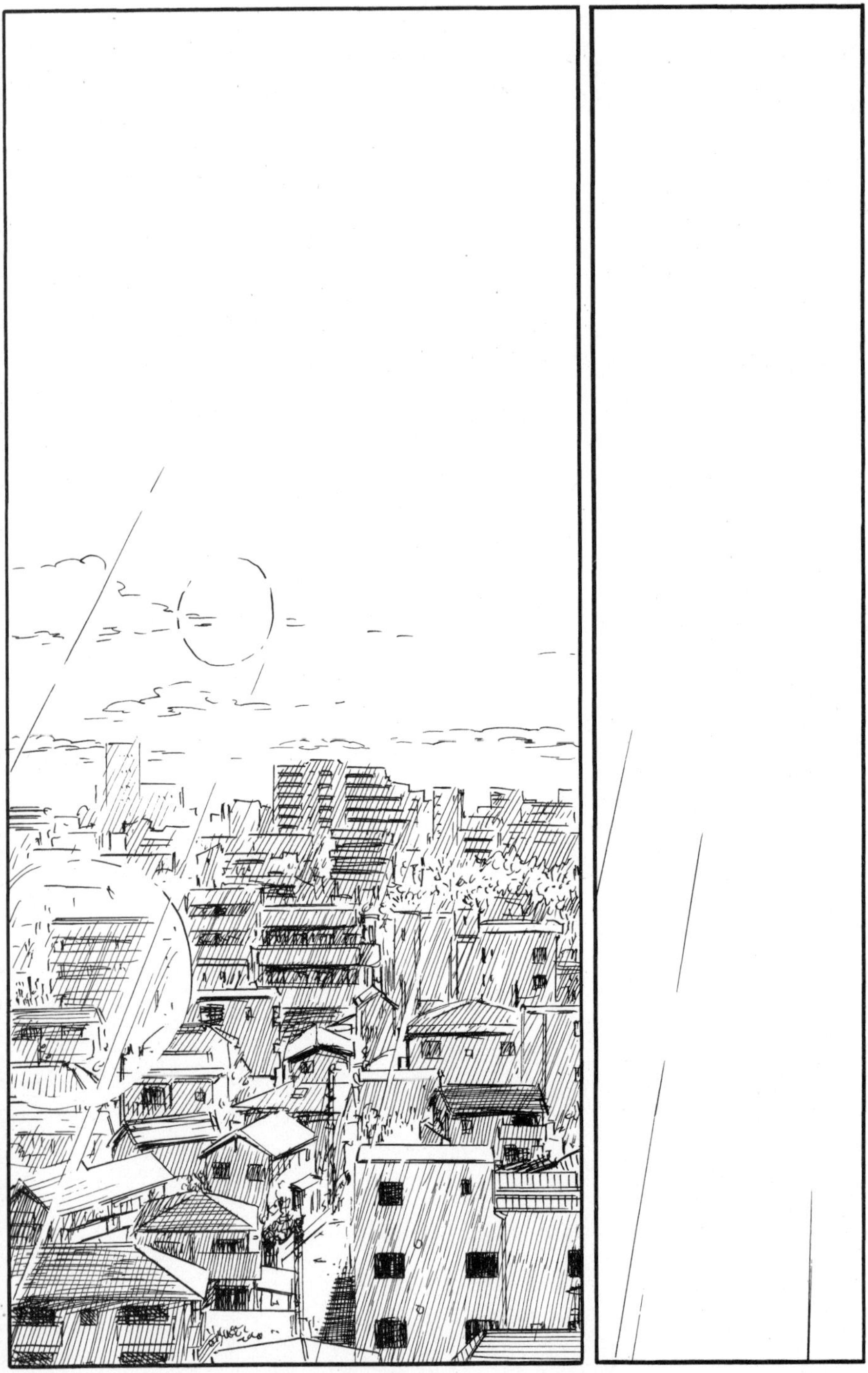

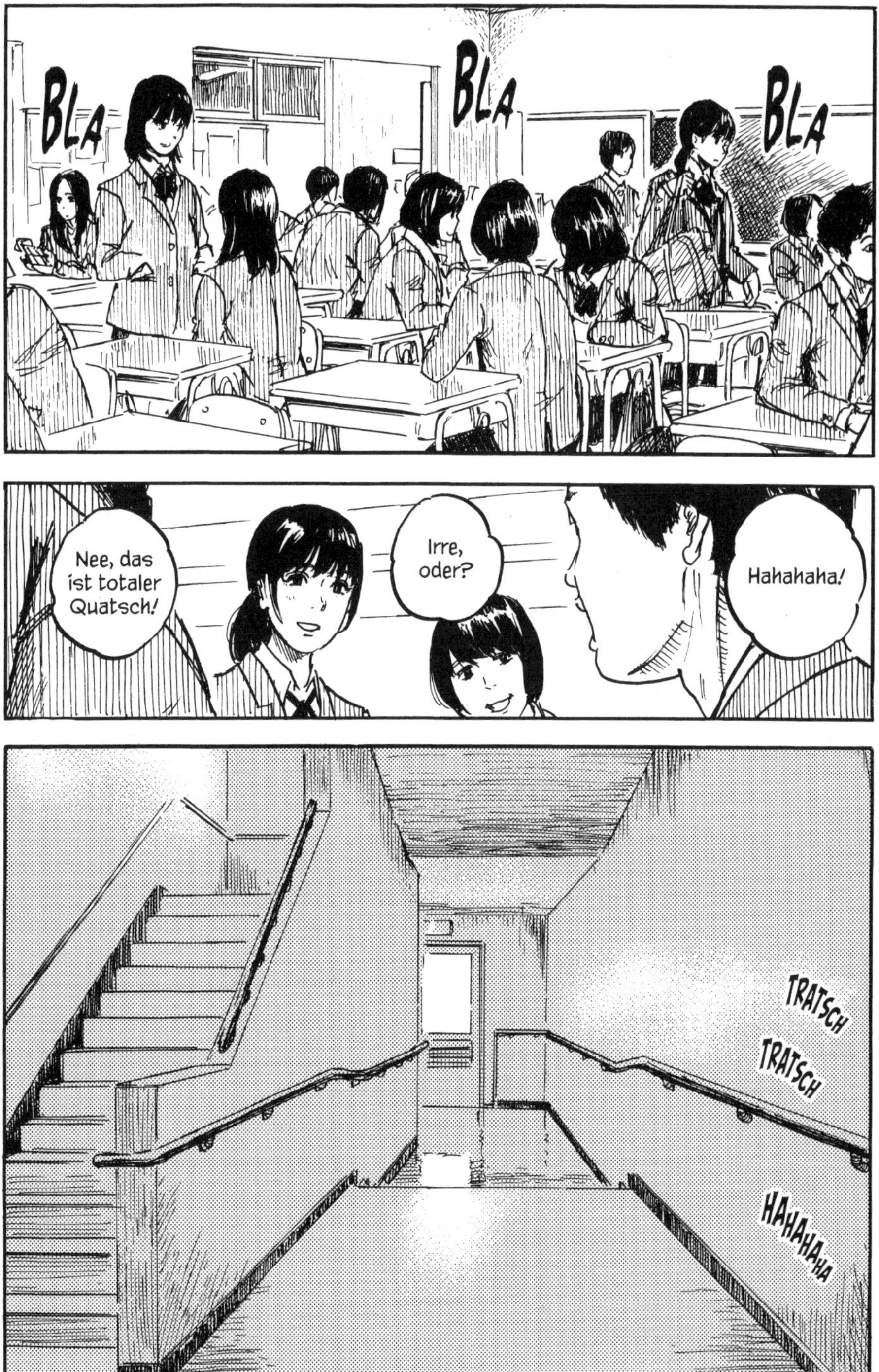
BLA
BLA
BLA
Nee, das ist totaler Quatsch!
Irre, oder?
Hahahaha!
TRATSCH
TRATSCH
HAHAHAHA

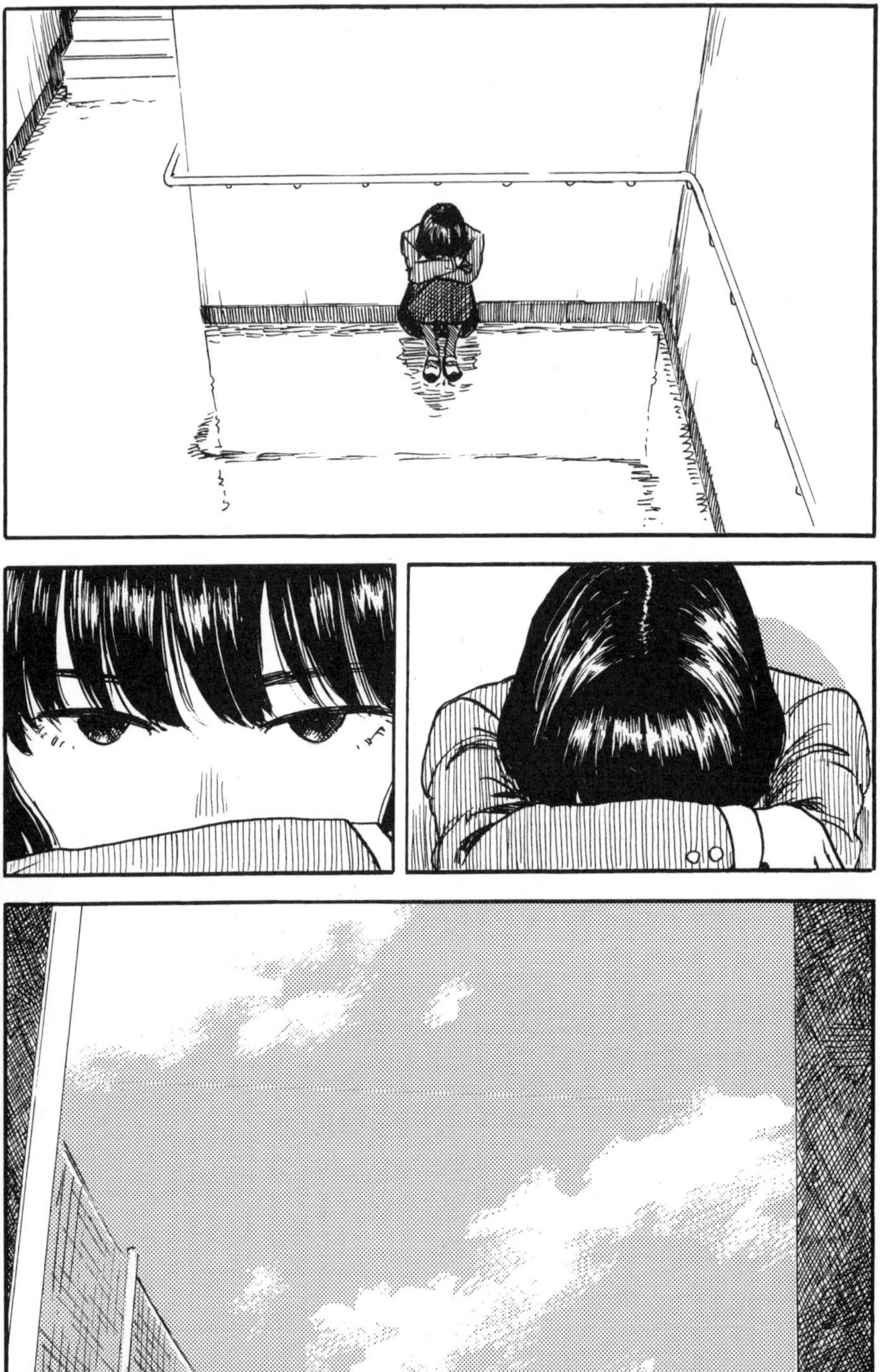

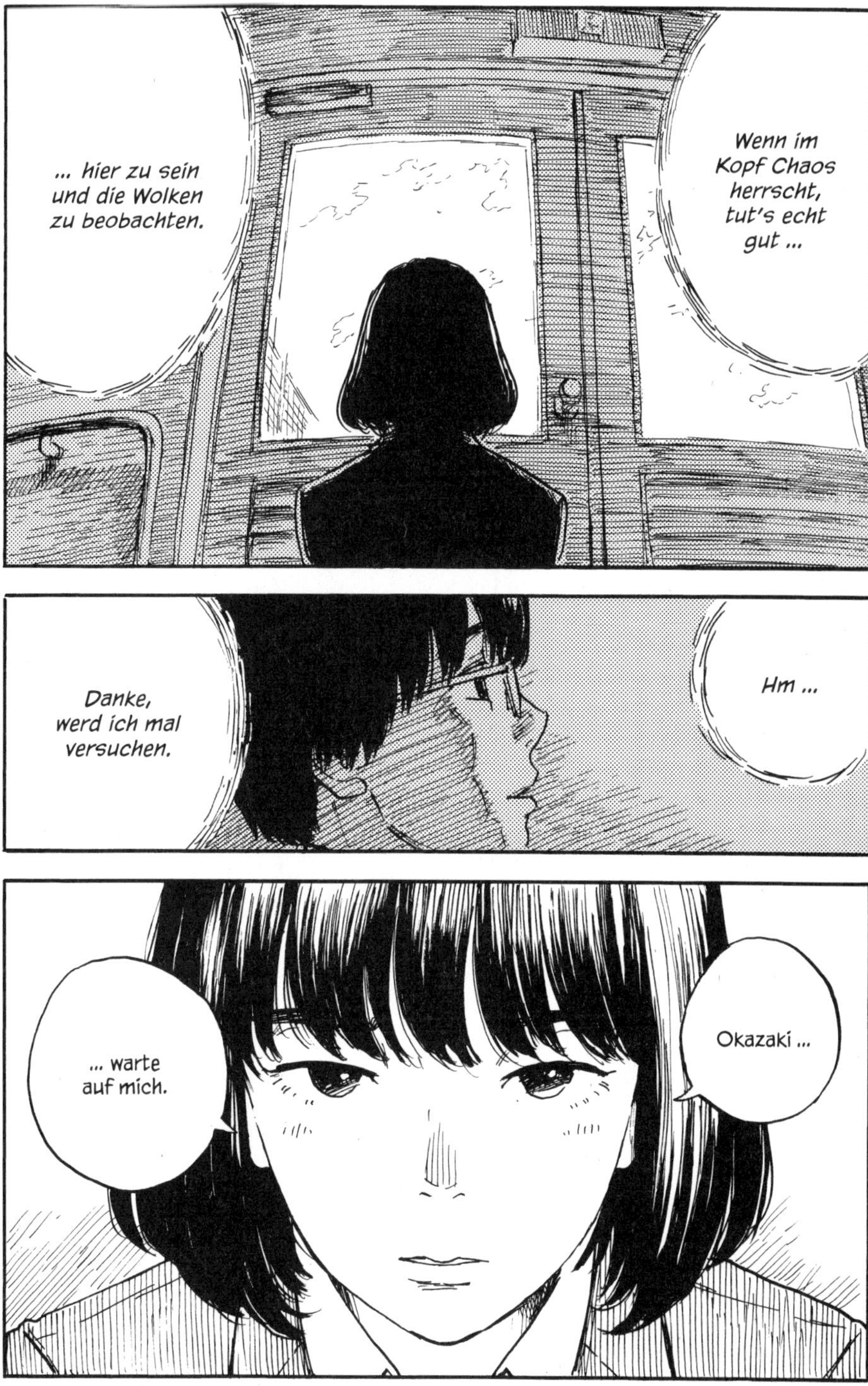
Wenn im Kopf Chaos herrscht, tut's echt gut ...
... hier zu sein und die Wolken zu beobachten.
Hm ...
Danke, werd ich mal versuchen.
Okazaki ...
... warte auf mich.

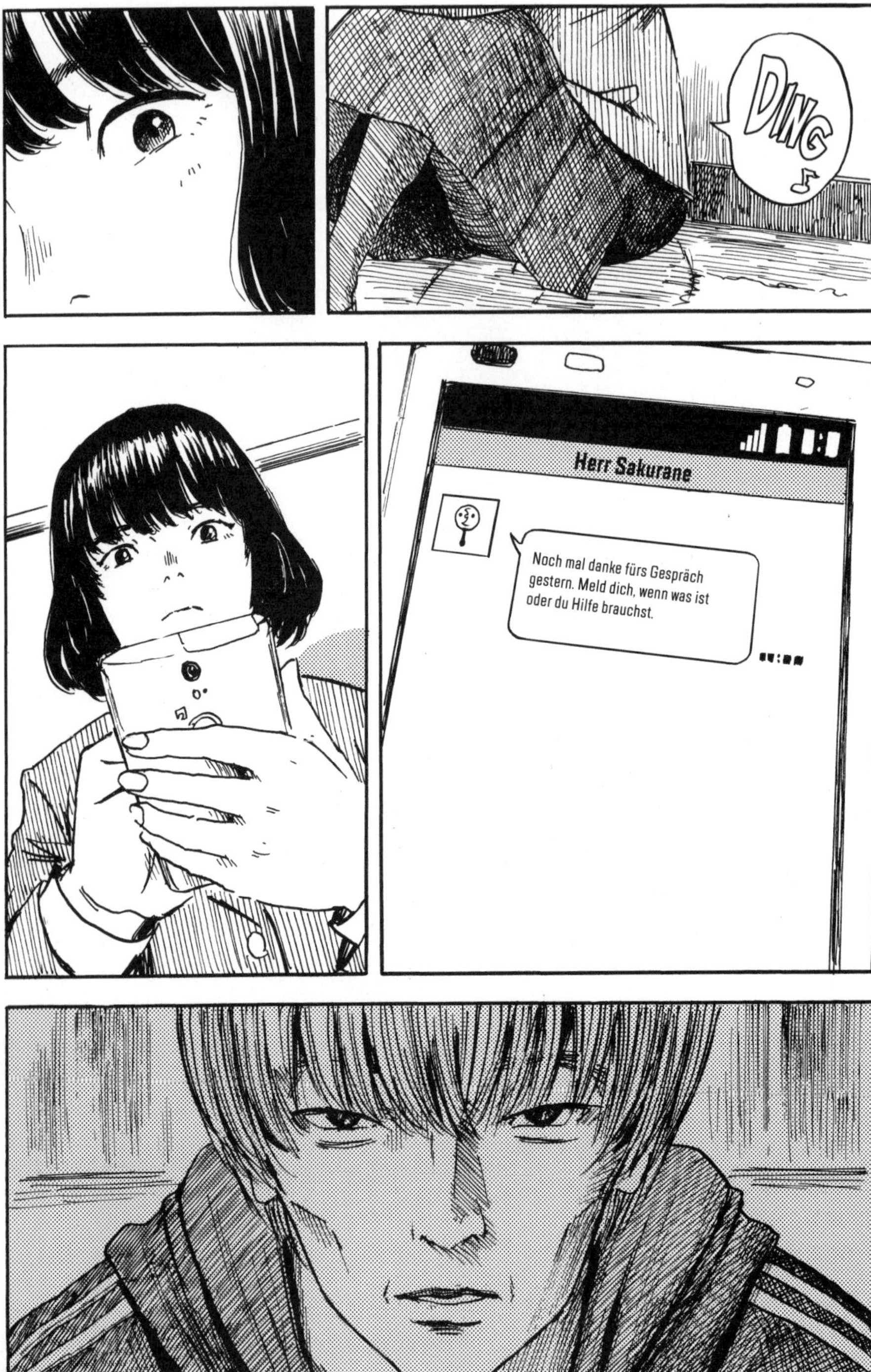
DING
Herr Sakurane
Noch mal danke fürs Gespräch gestern. Meld dich, wenn was ist oder du Hilfe brauchst.

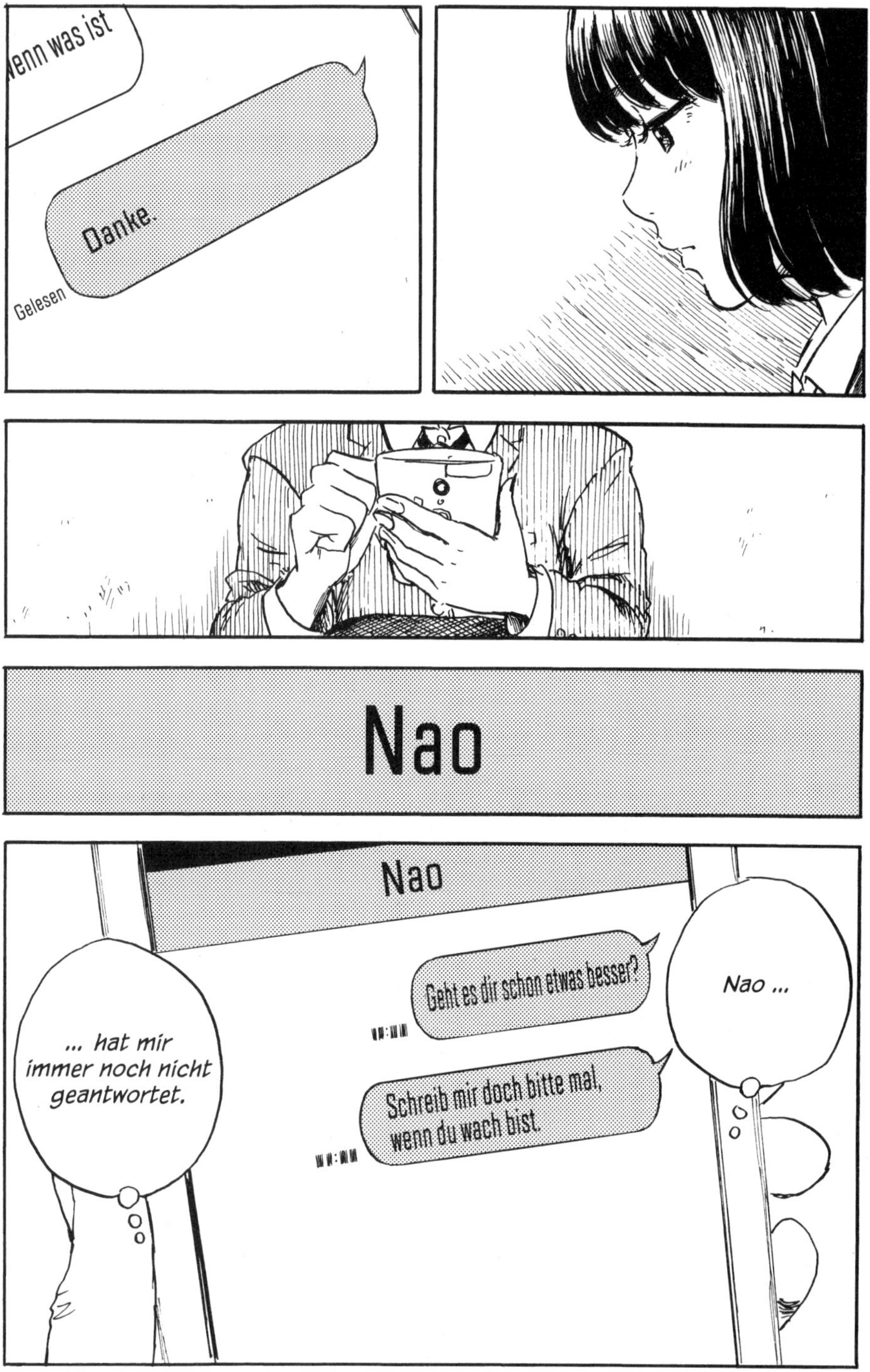
Wenn was ist
Danke.
Gelesen
Nao
Nao
Geht es dir schon etwas besser?
Schreib mir doch bitte mal, wenn du wach bist.
Nao ...
... hat mir immer noch nicht geantwortet.

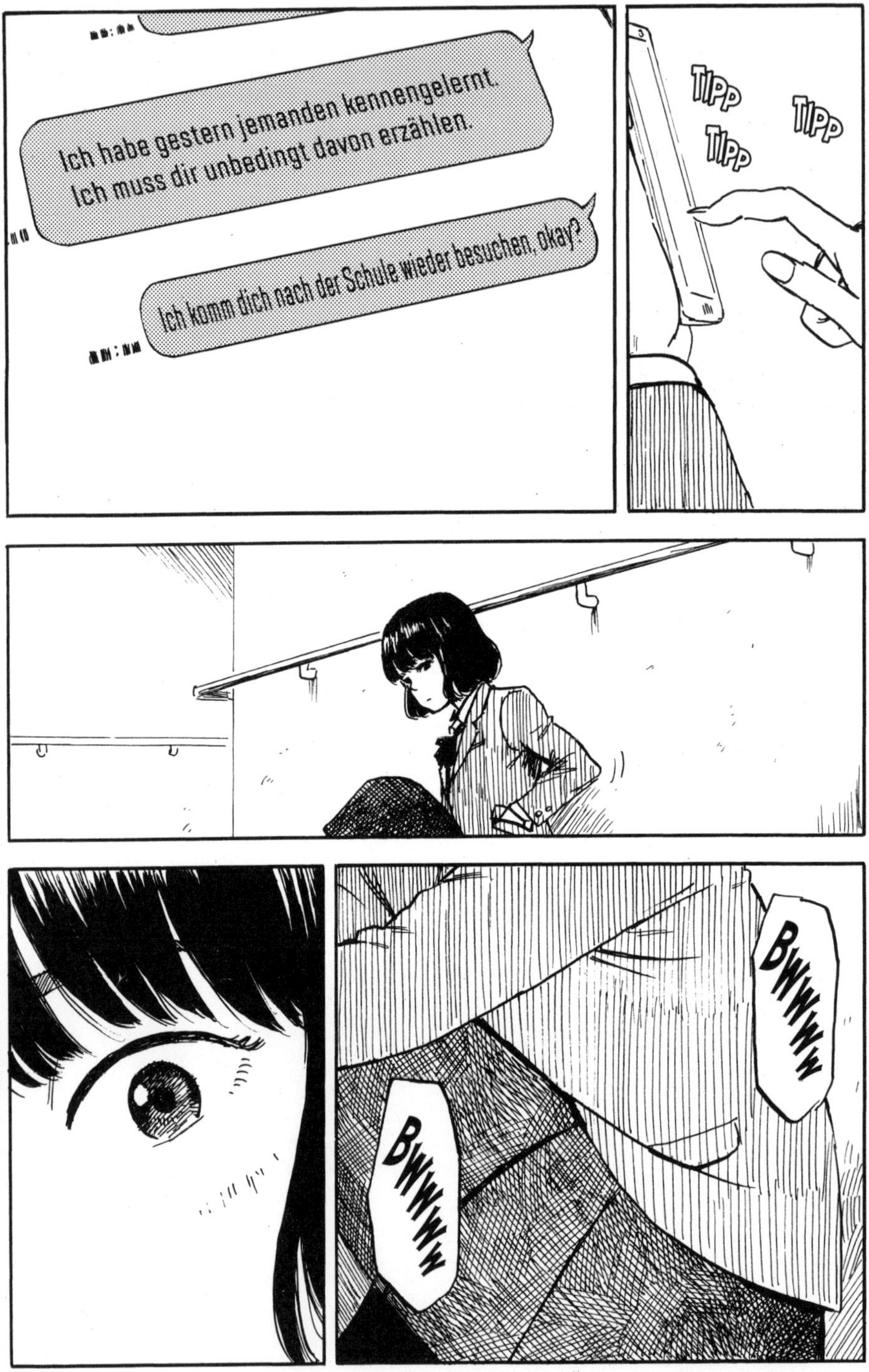
Ich habe gestern jemanden kennengelernt. Ich muss dir unbedingt davon erzählen.
Ich komm dich nach der Schule wieder besuchen, okay?
TIPP
TIPP
TIPP
BWWWW
BWWWW

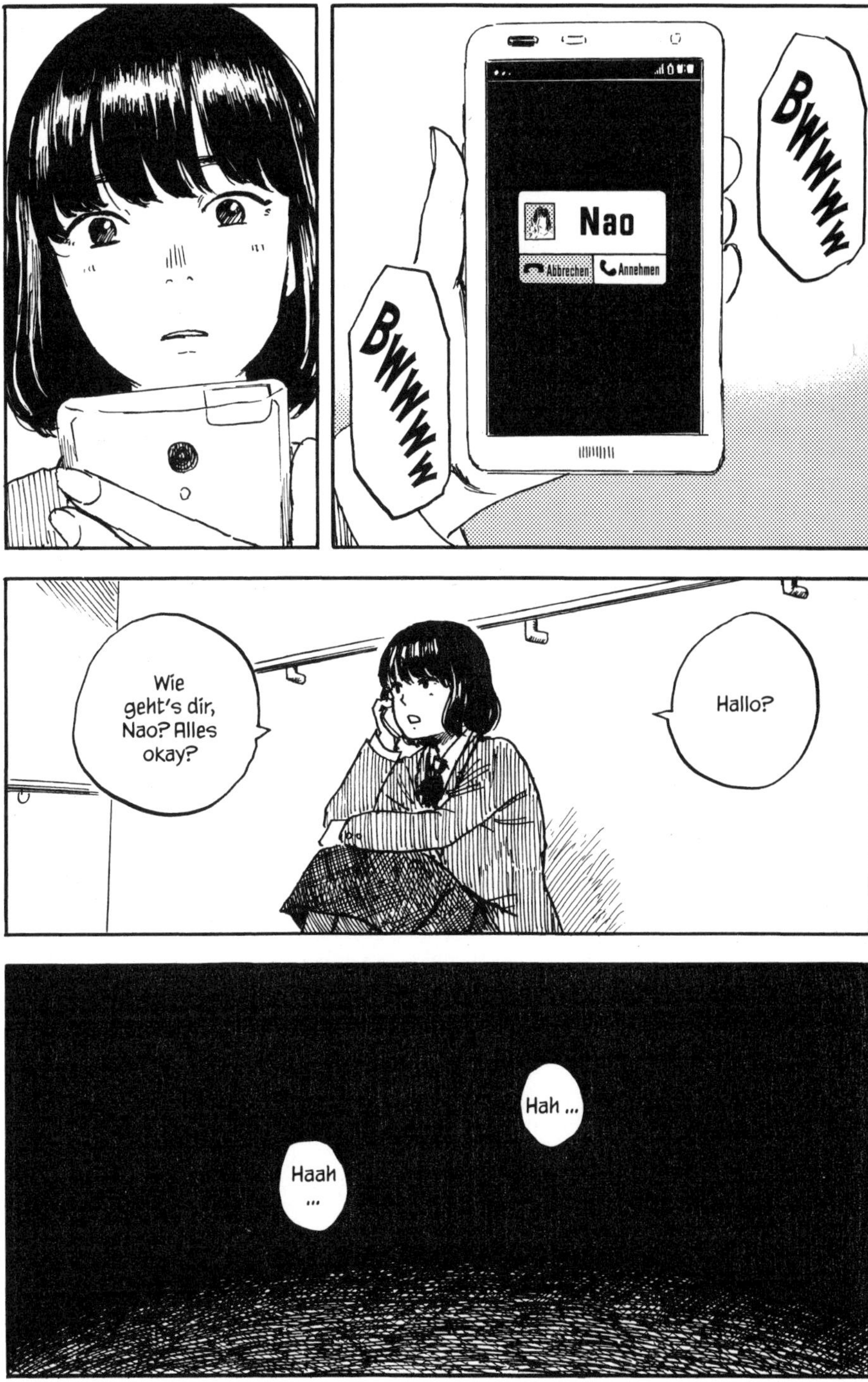
BWWWW
Nao
Abbrechen
Annehmen
BWWWW
Hallo?
Wie geht's dir, Nao? Alles okay?
Hah ...
Haah ...

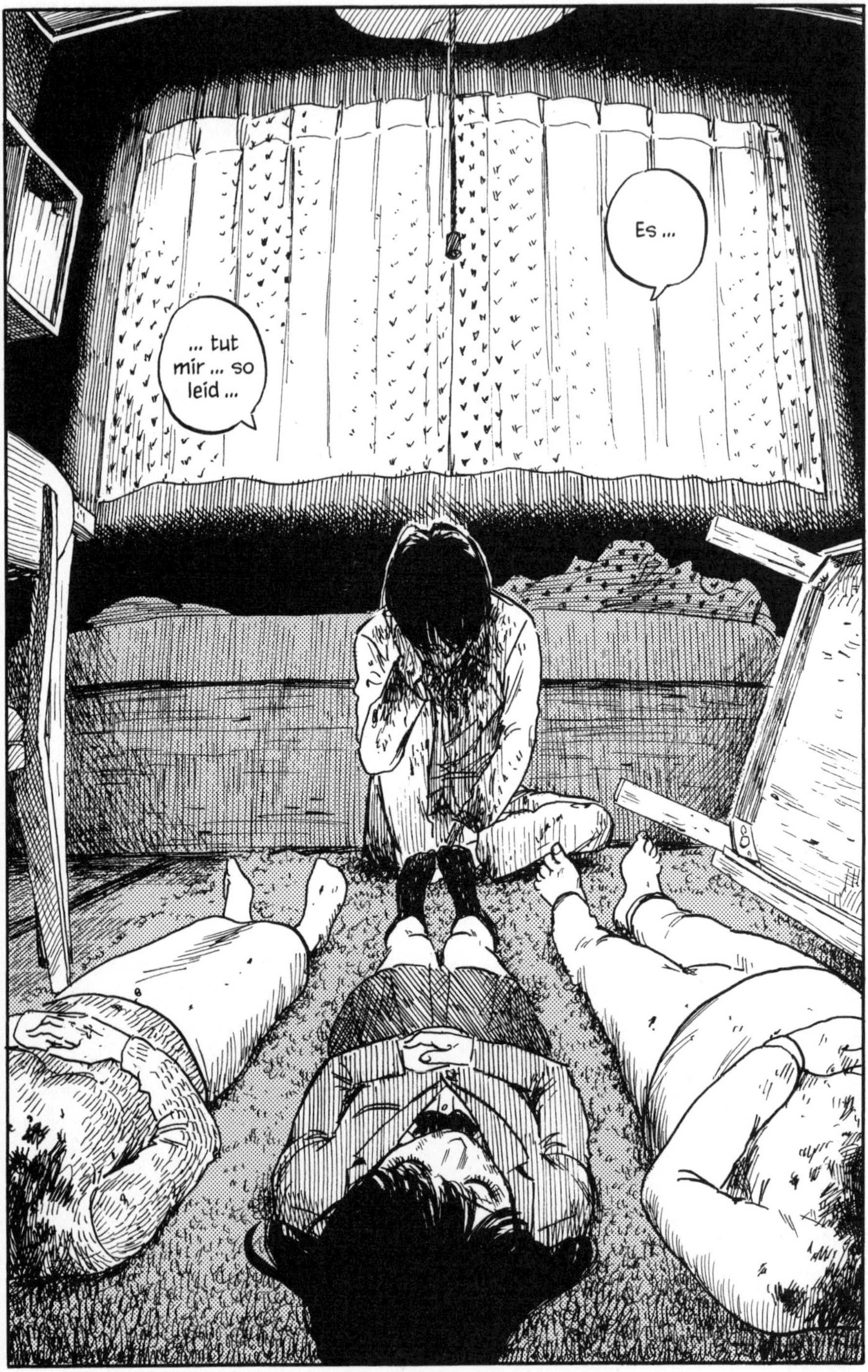
Es ...
... tut mir ... so leid ...

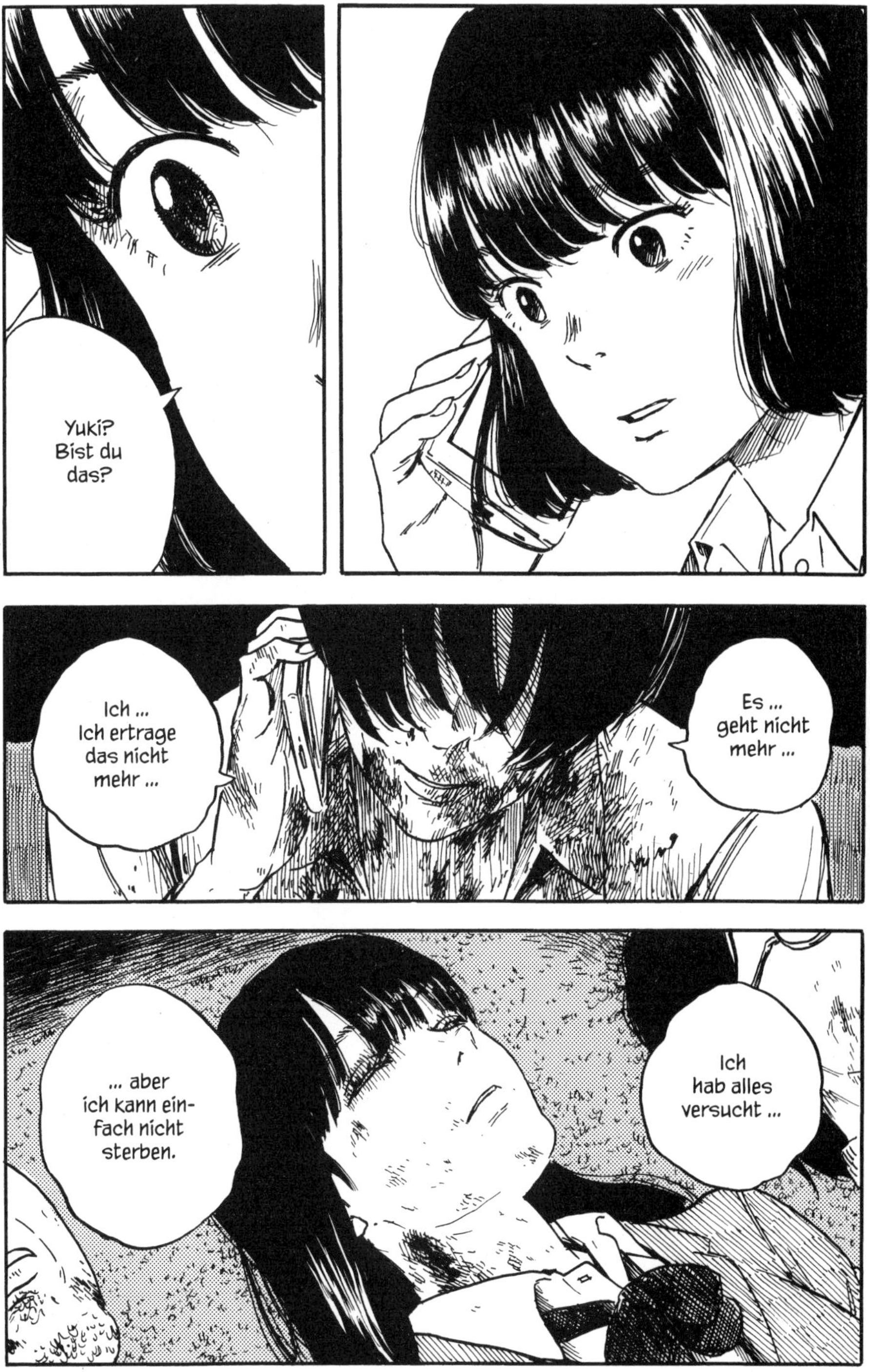
Yuki? Bist du das?
Es ... geht nicht mehr ...
Ich ... Ich ertrage das nicht mehr ...
Ich hab alles versucht ...
... aber ich kann ein-fach nicht sterben.

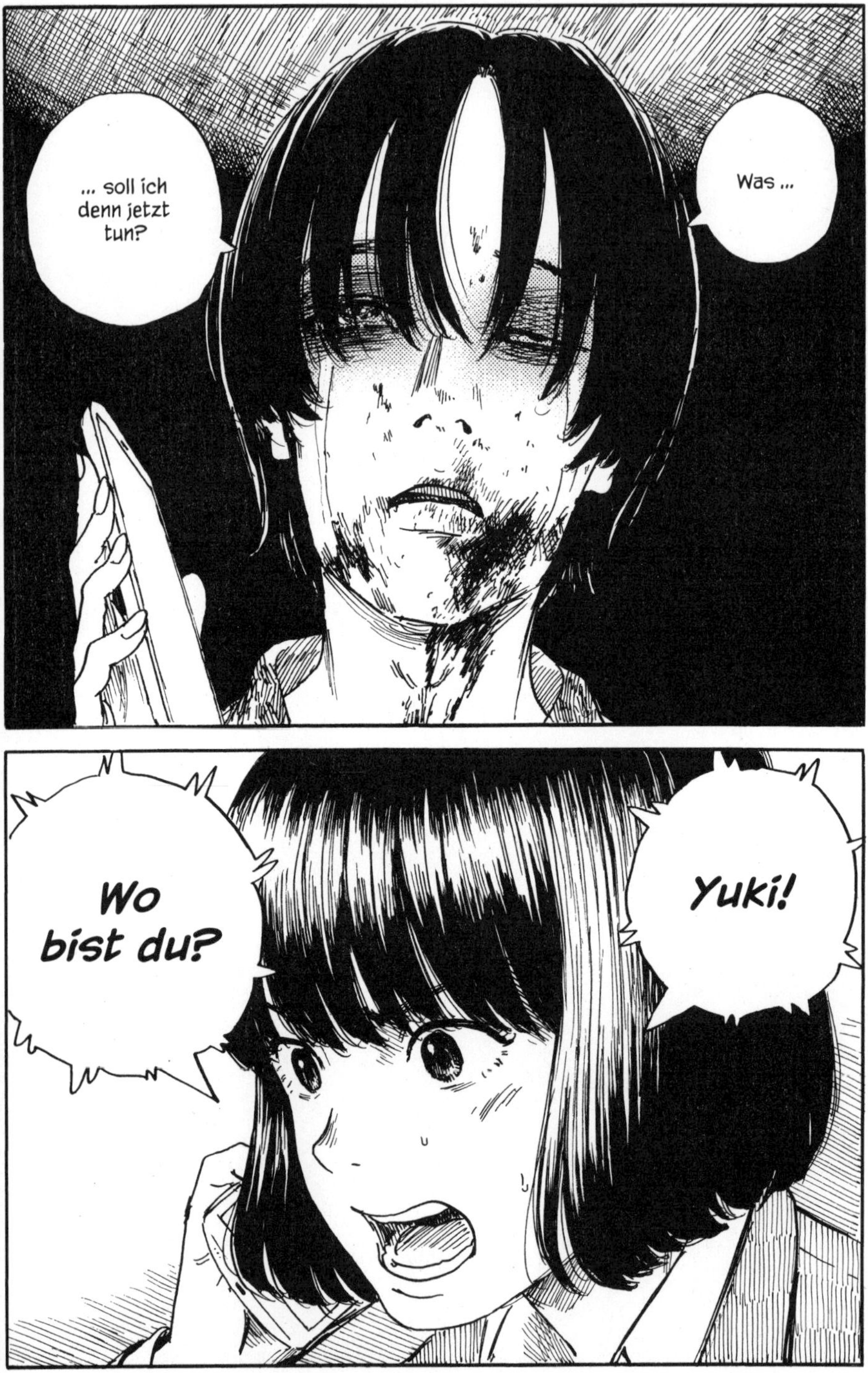
Was ...
... soll ich denn jetzt tun?
Yuki!
Wo bist du?

Kapitel 22: Verbündete

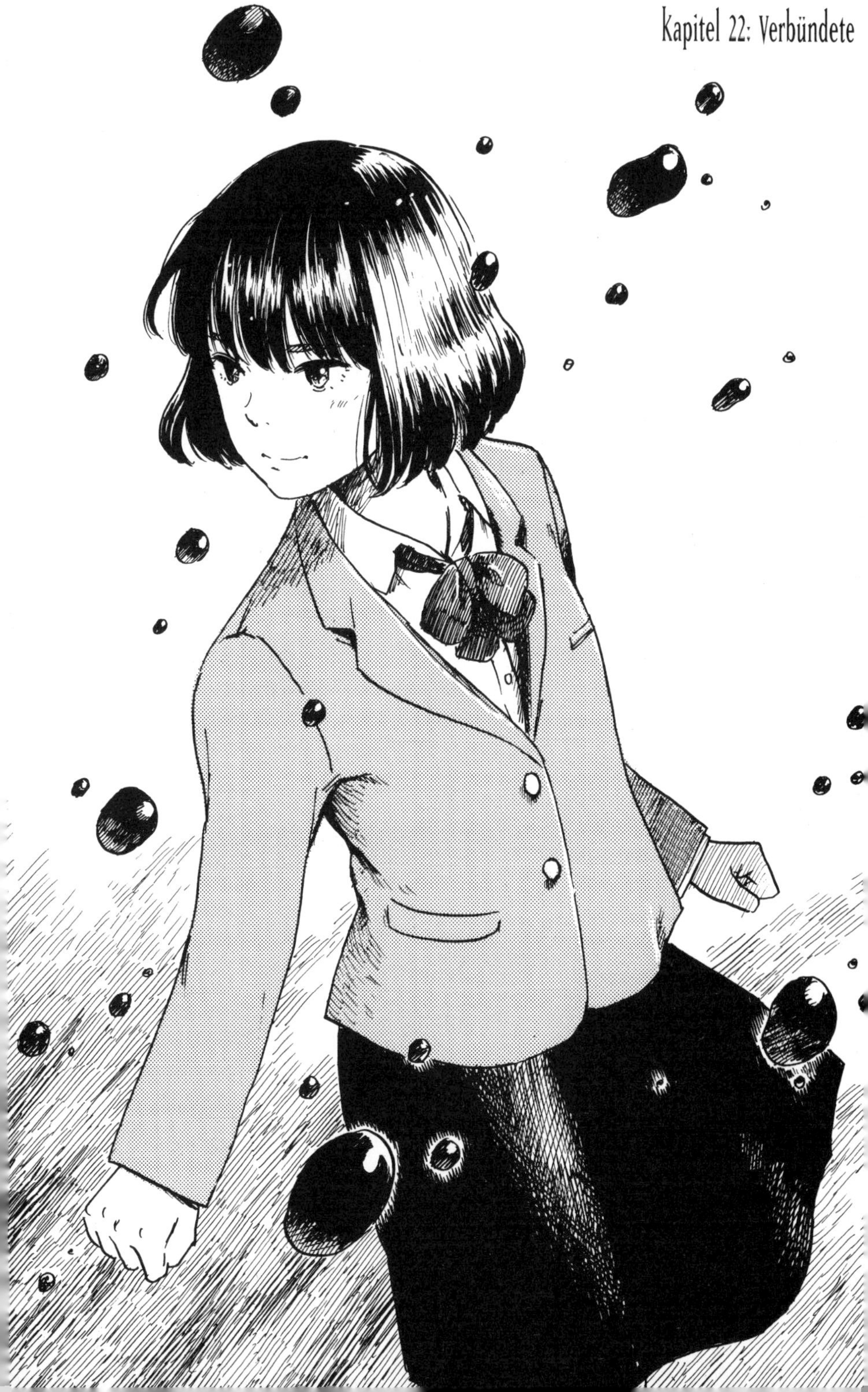

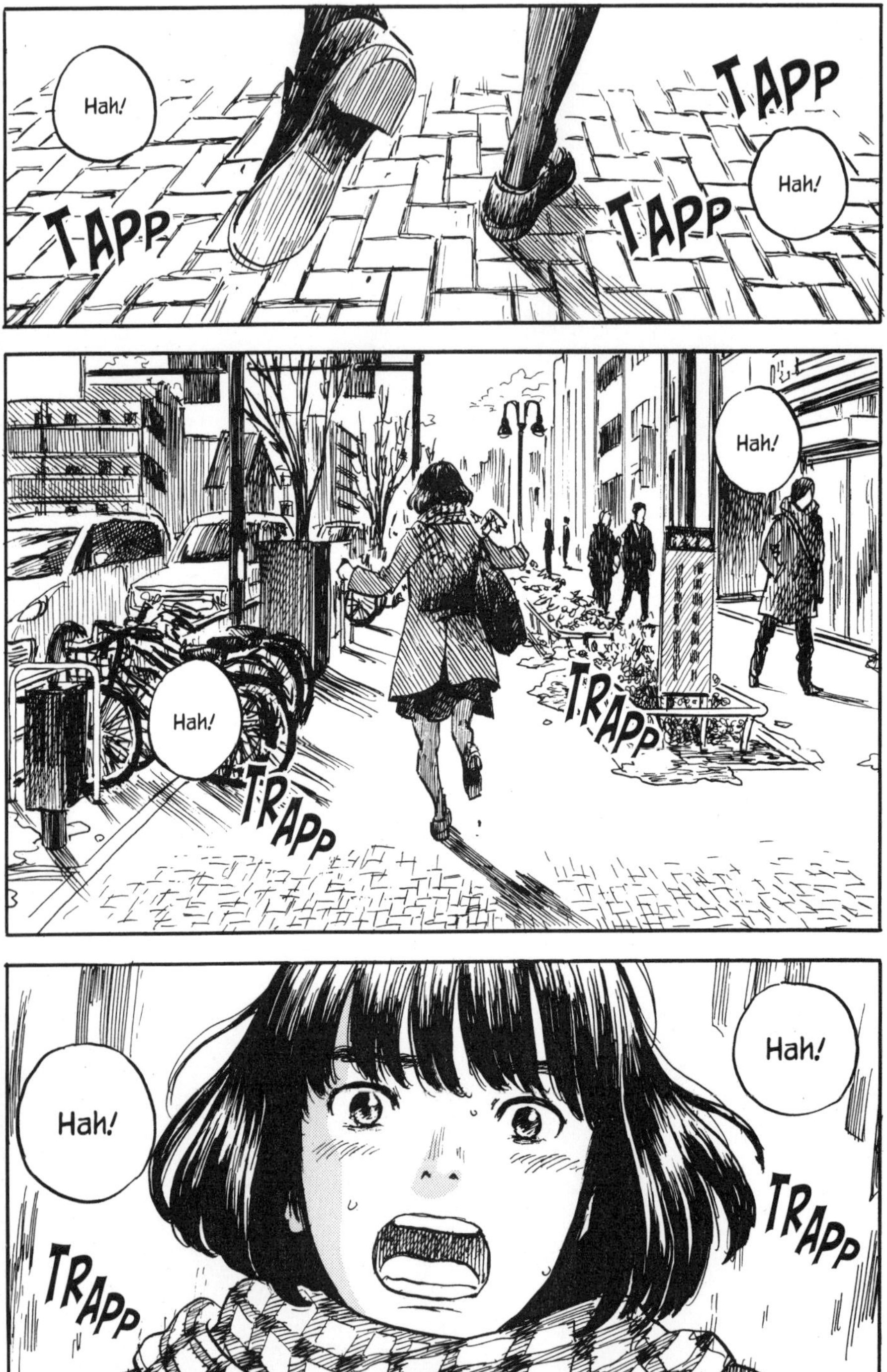

TAPP
Hah!
TAPP
Hah!
TAPP
Hah!
TRAPP
Hah!
TRAPP
Hah!
TRAPP
Hah!
TRAPP

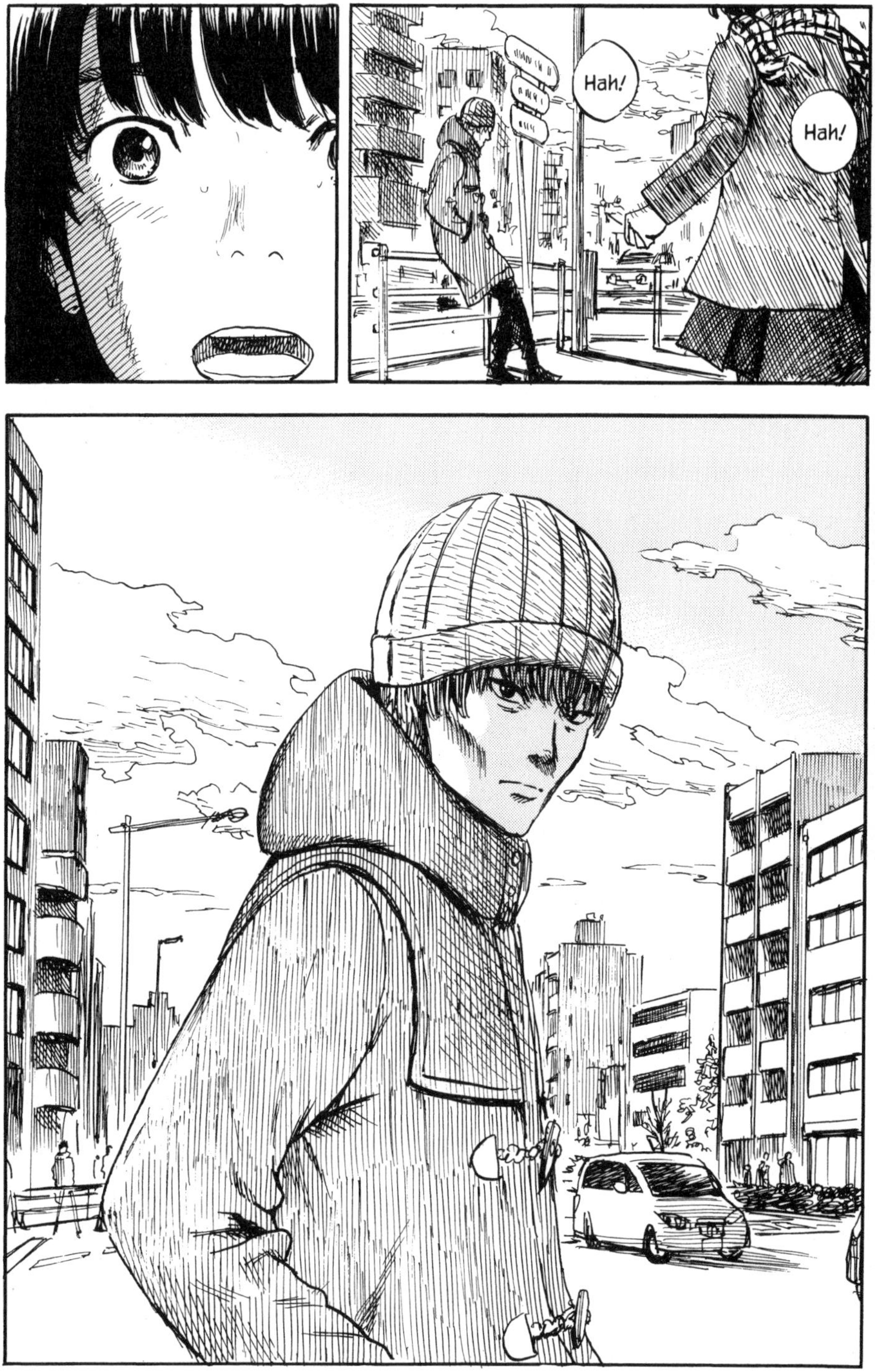
Hah!
Hah!

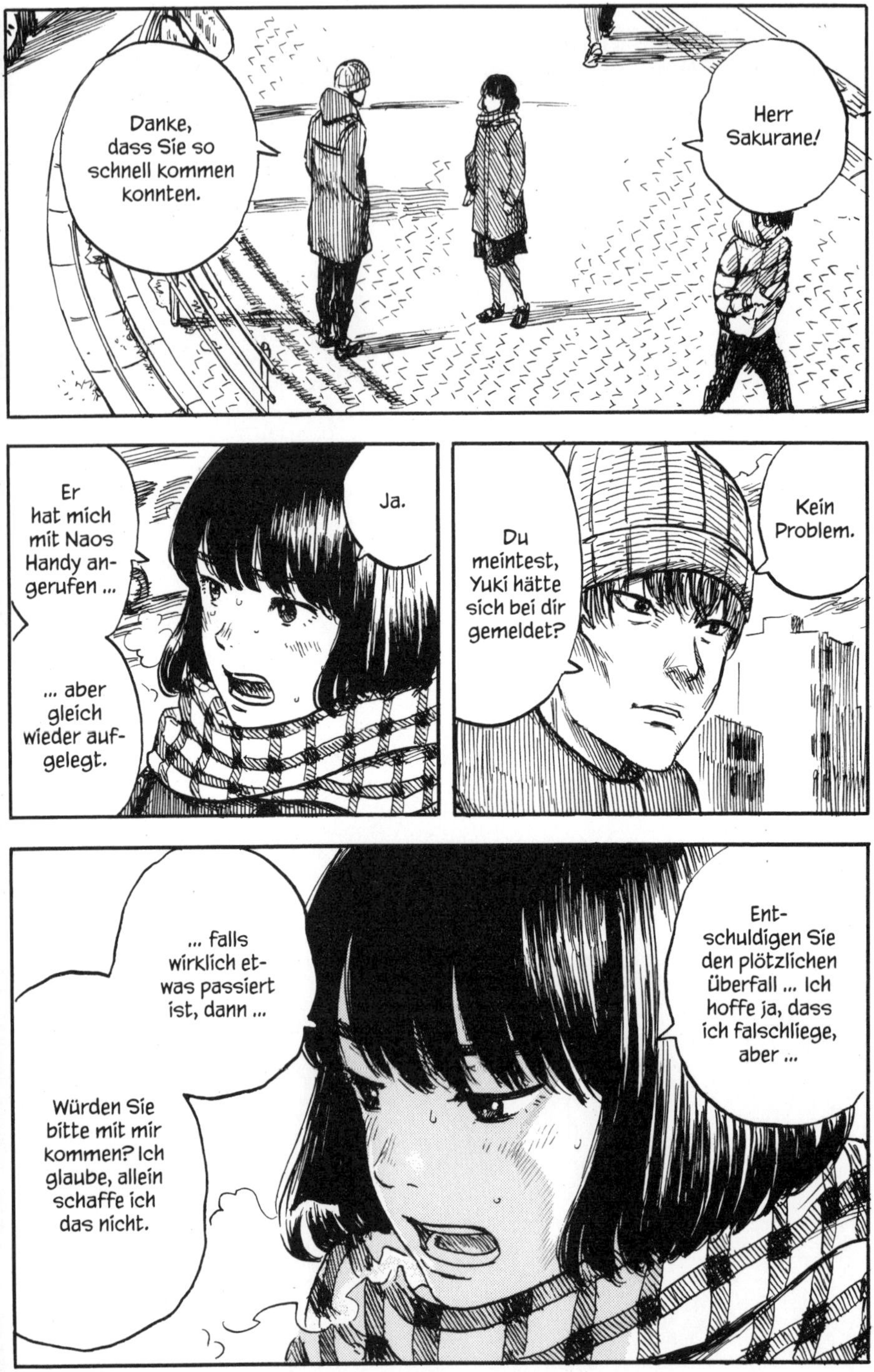
Herr Sakurane!
Danke, dass Sie so schnell kommen konnten.
Kein Problem.
Du meintest, Yuki hätte sich bei dir gemeldet?
Ja.
Er hat mich mit Naos Handy angerufen ...
... aber gleich wieder aufgelegt.
Entschuldigen Sie den plötzlichen Überfall ... Ich hoffe ja, dass ich falschliege, aber ...
... falls wirklich etwas passiert ist, dann ...
Würden Sie bitte mit mir kommen? Ich glaube, allein schaffe ich das nicht.

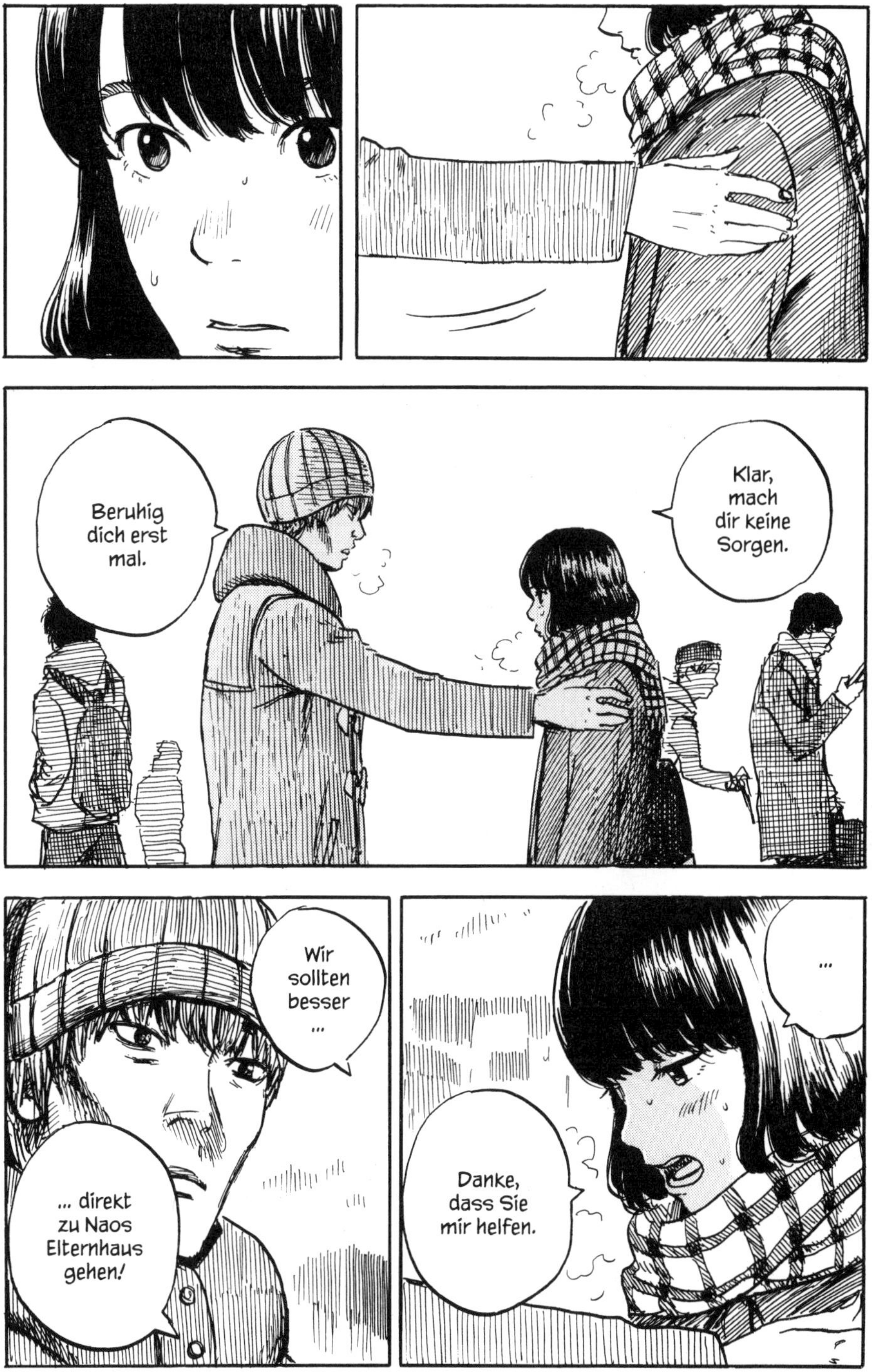
Beruhig dich erst mal.
Klar, mach dir keine Sorgen.
Wir sollten besser ...
... direkt zu Naos Elternhaus gehen!
...
Danke, dass Sie mir helfen.

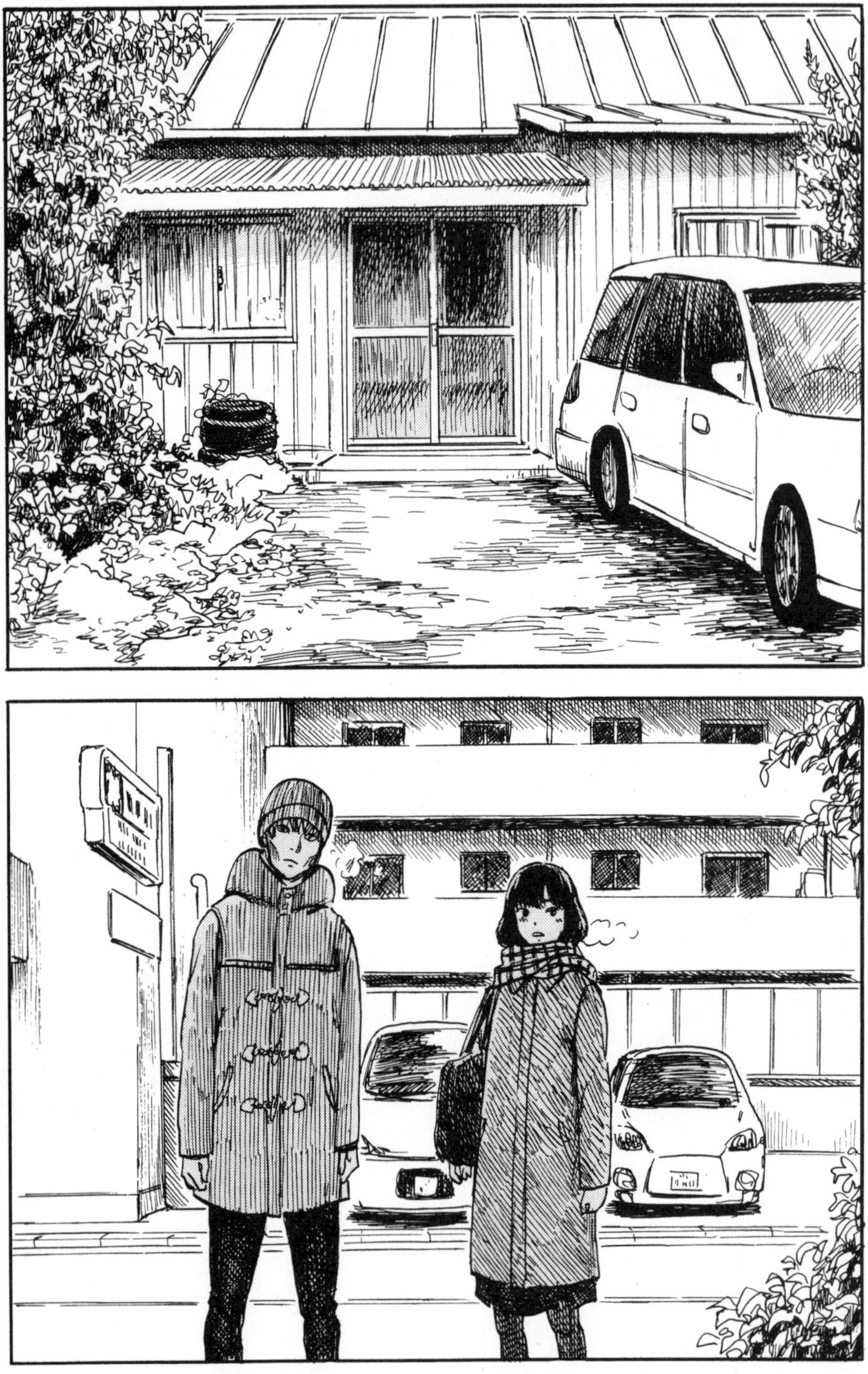

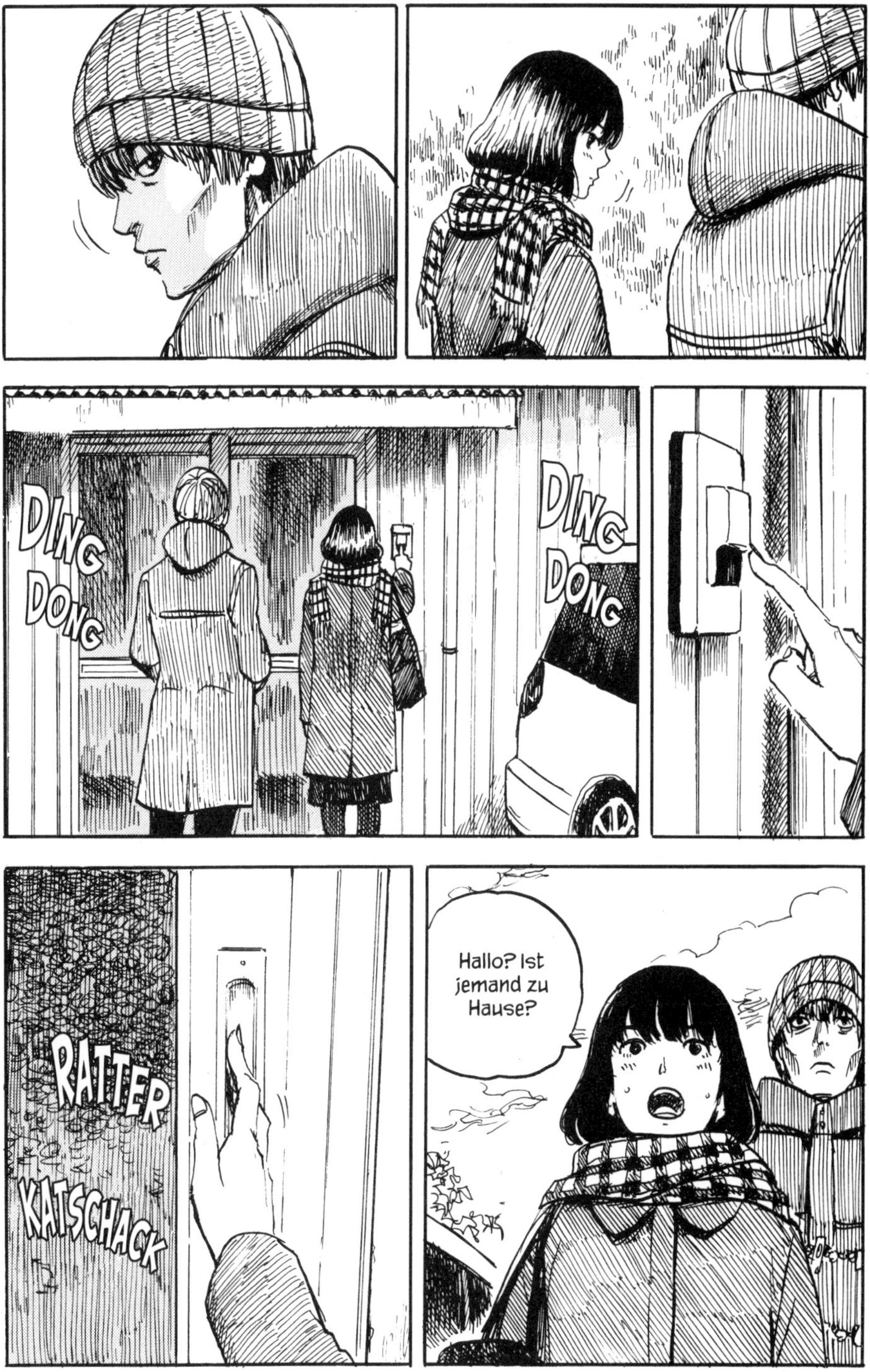
DING DONG
DING DONG
Hallo? Ist jemand zu Hause?
RATTER
KATSCHACK

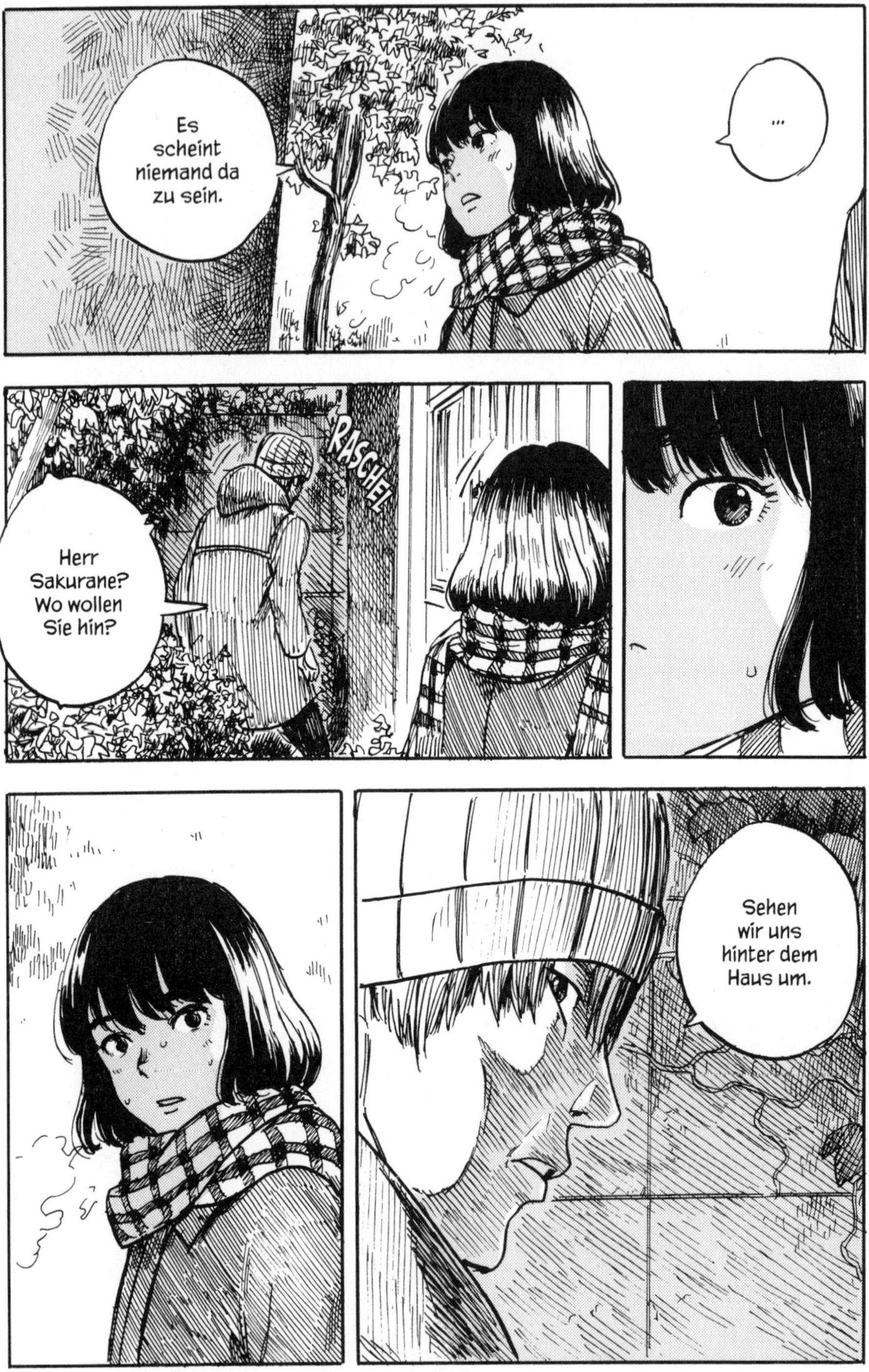
…
Es scheint niemand da zu sein.
RASCHEL
Herr Sakurane? Wo wollen Sie hin?
Sehen wir uns hinter dem Haus um.

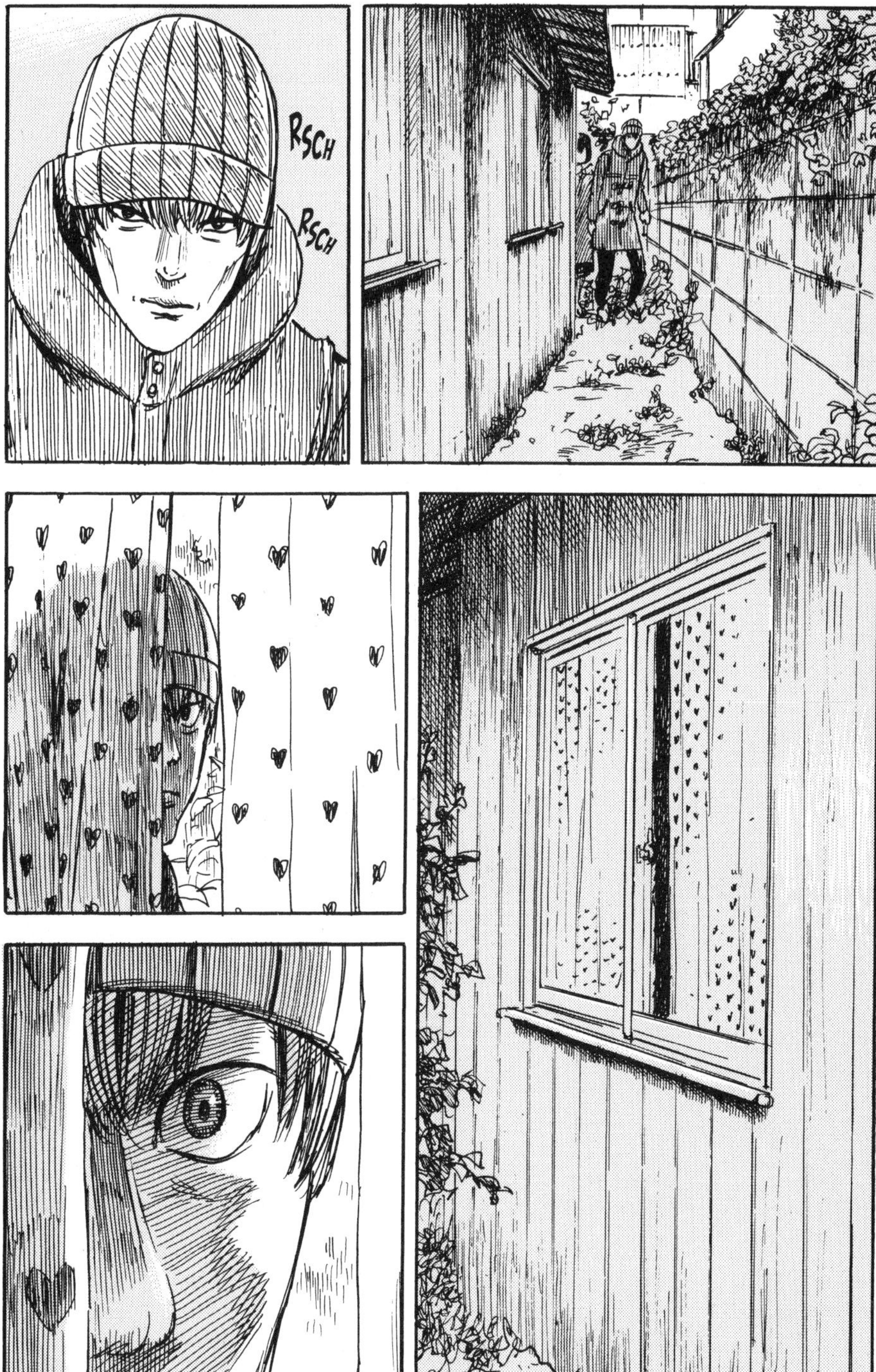
RSCH
RSCH

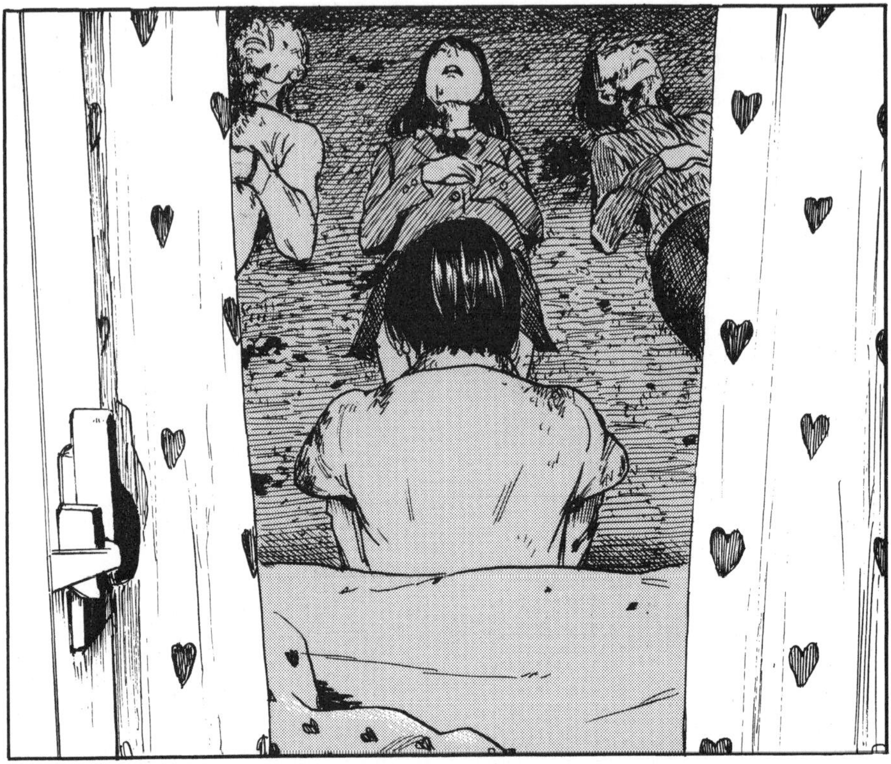
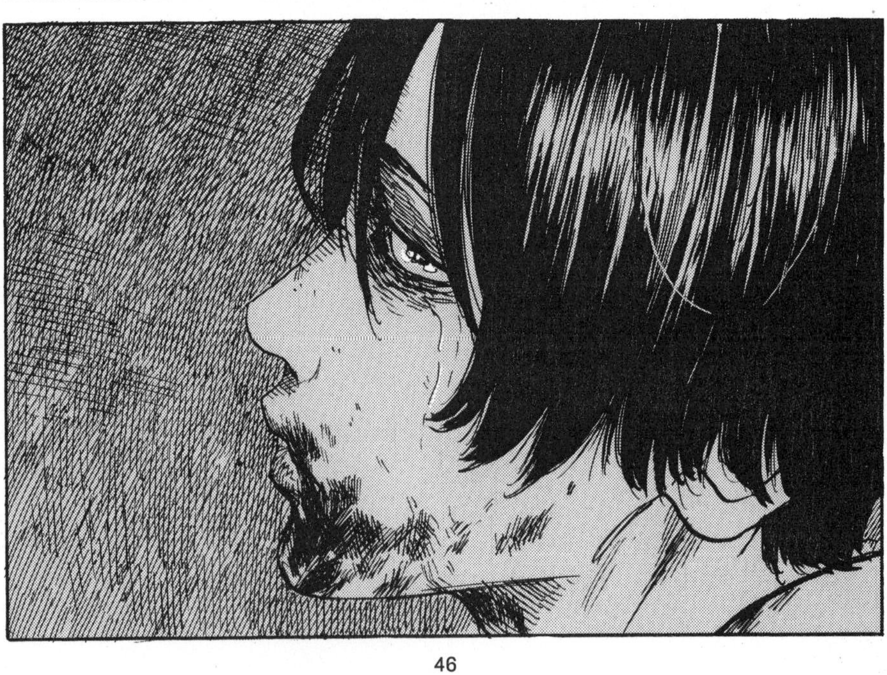

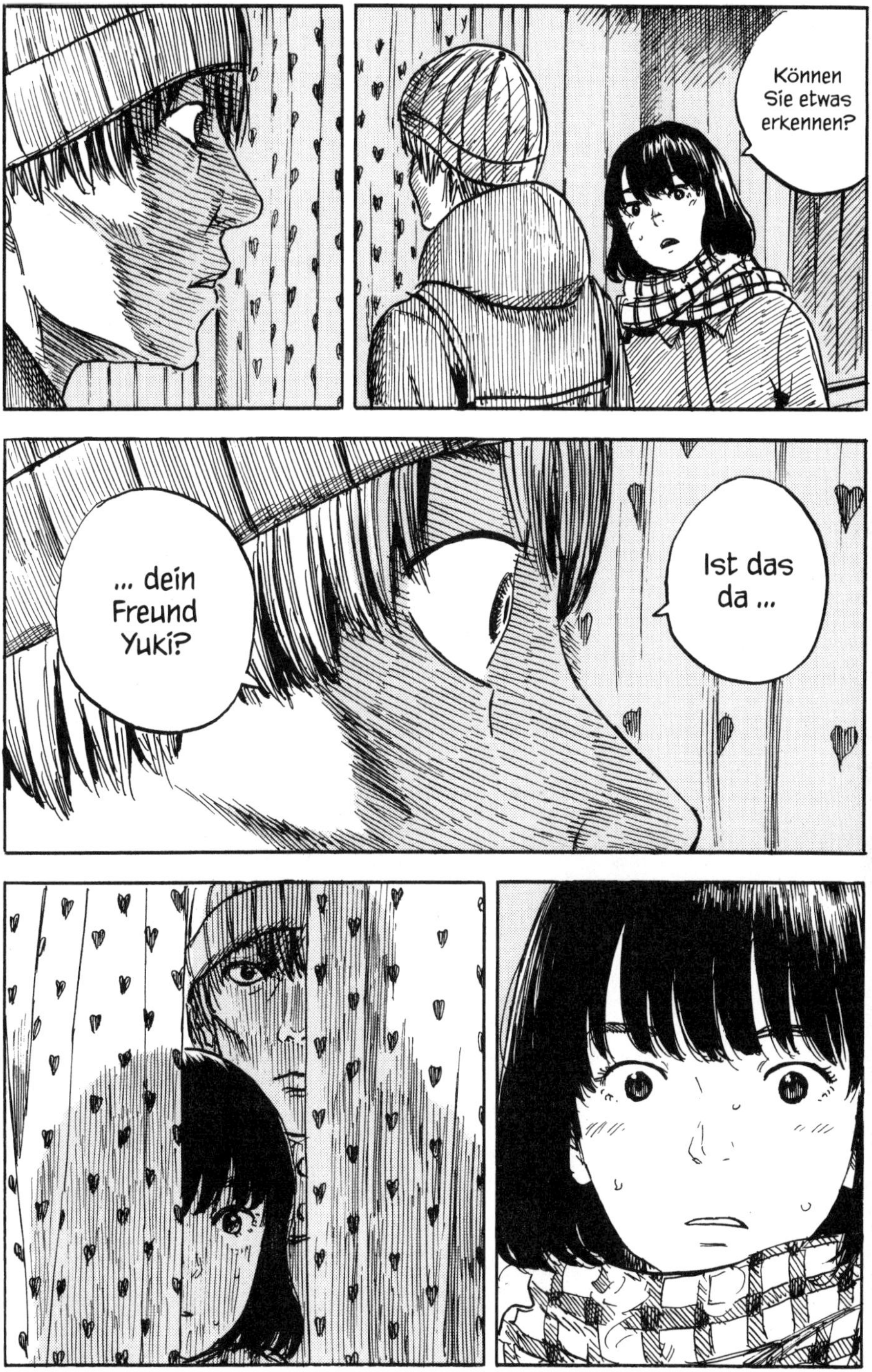
Können Sie etwas erkennen?
Ist das da ...
... dein Freund Yuki?

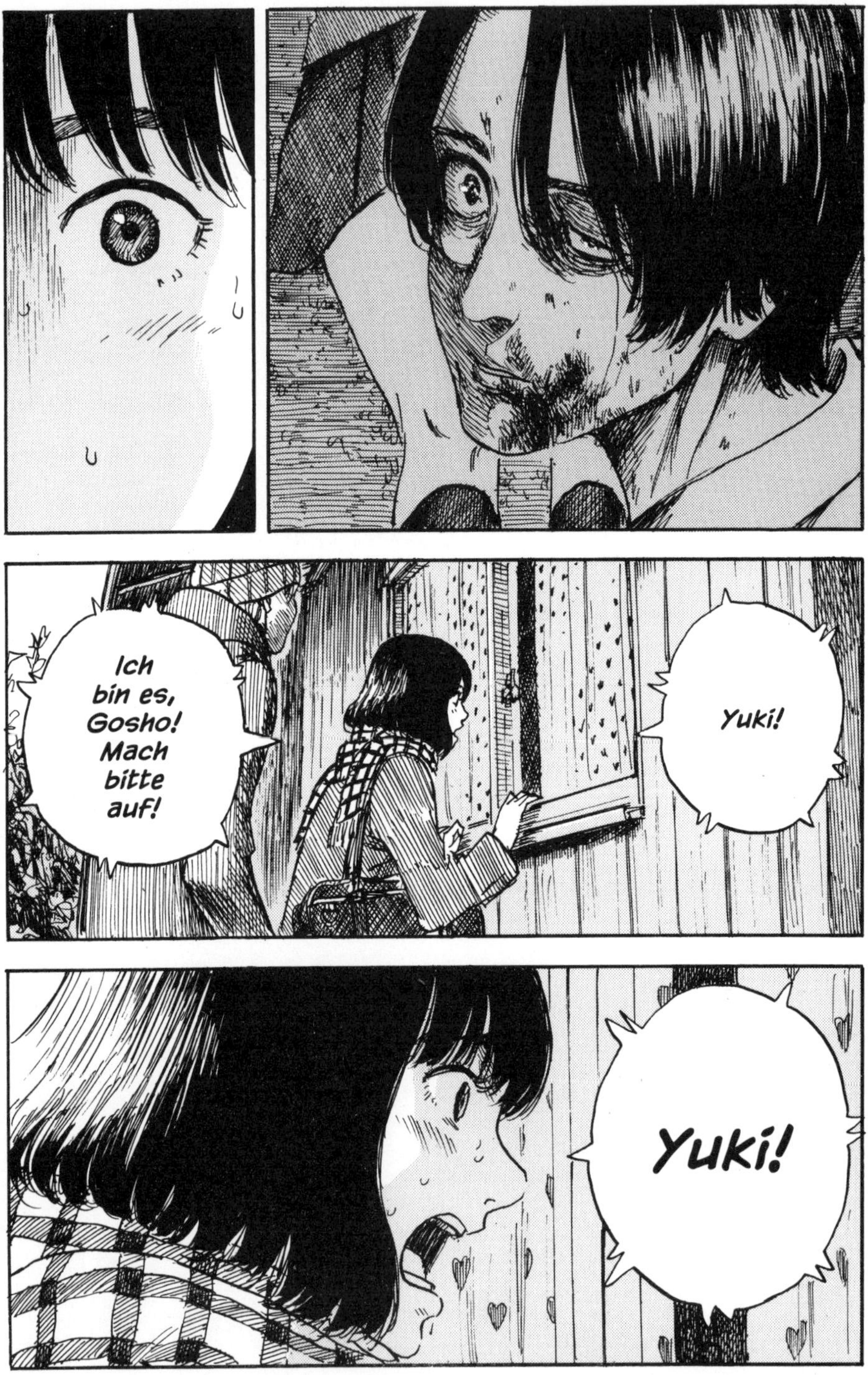
Yuki!
Ich bin es, Gosho! Mach bitte auf!
Yuki!

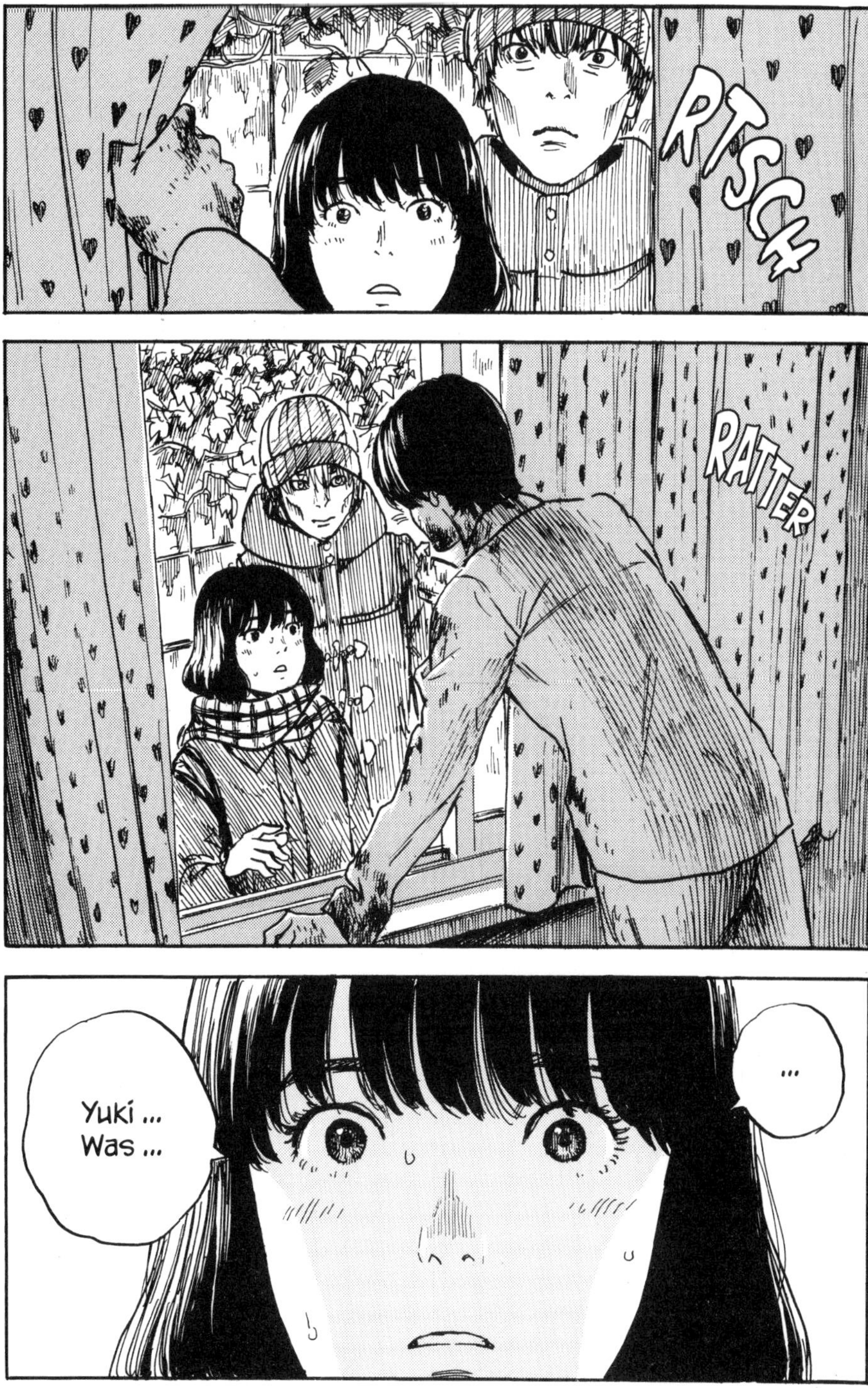
RTSCH
RATTER
...
Yuki ...
Was ...

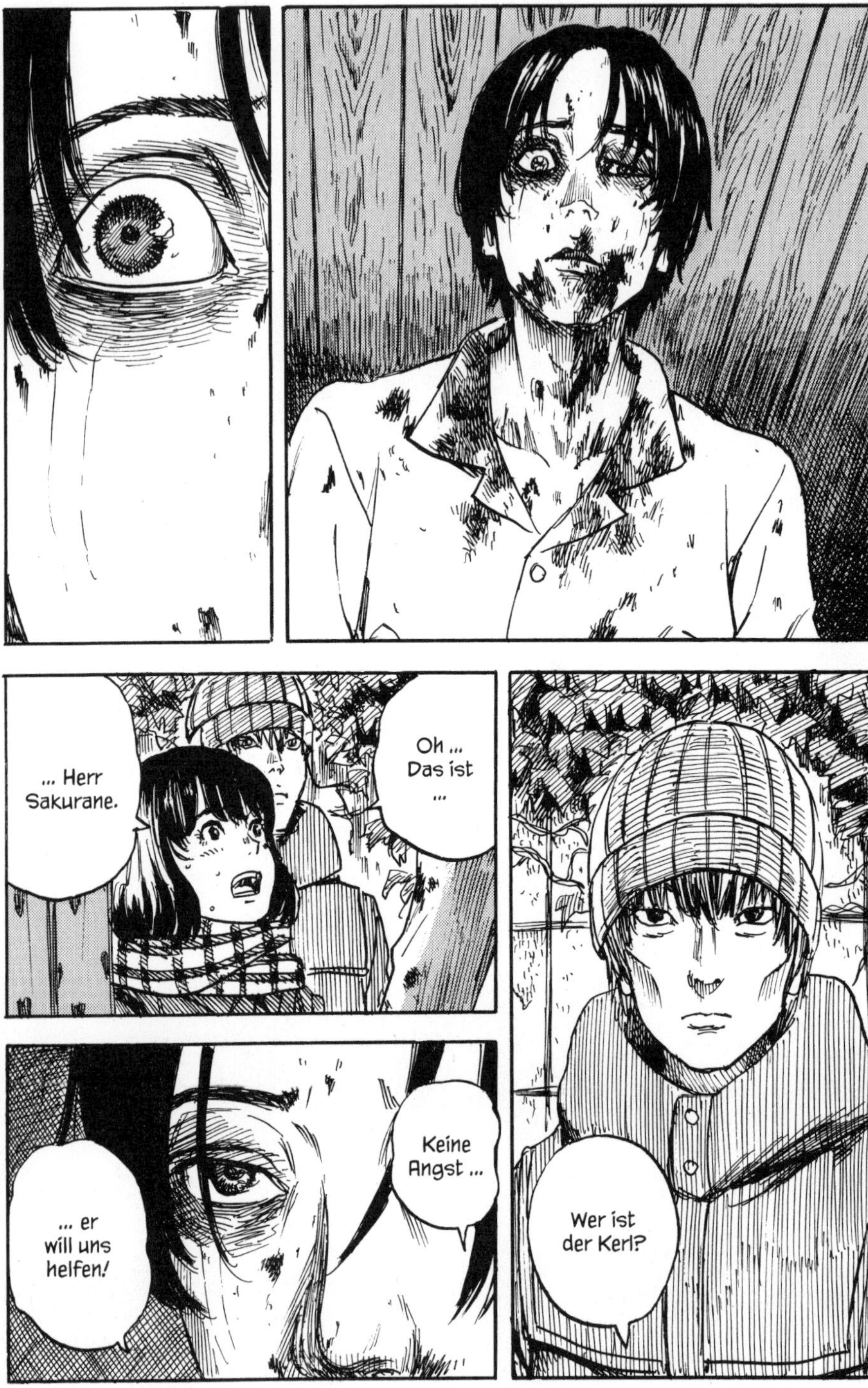
Wer ist der Kerl?
Oh ... Das ist ...
... Herr Sakurane.
Keine Angst ...
... er will uns helfen!

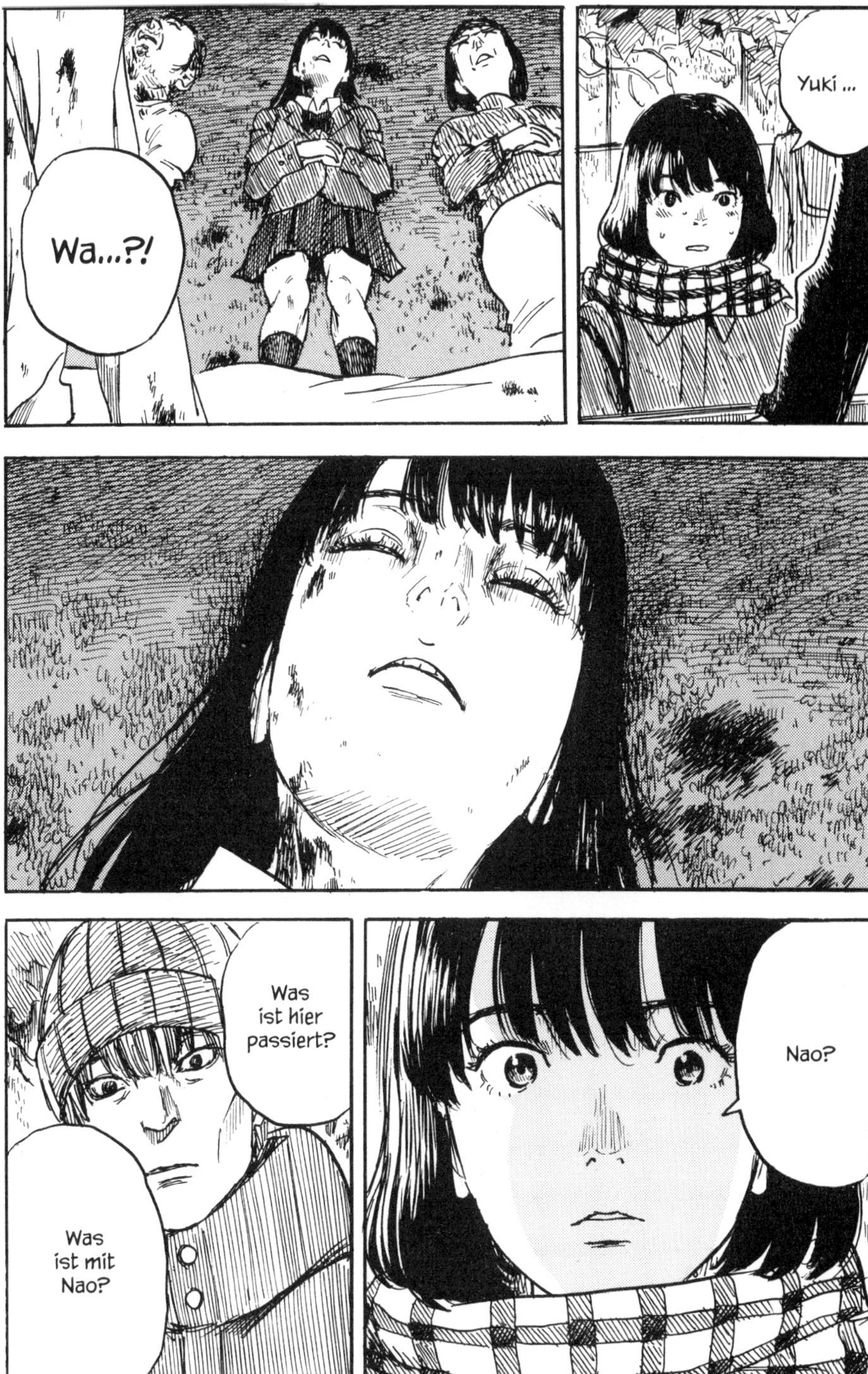
Yuki ...
Wa...?!
Nao?
Was ist hier passiert?
Was ist mit Nao?

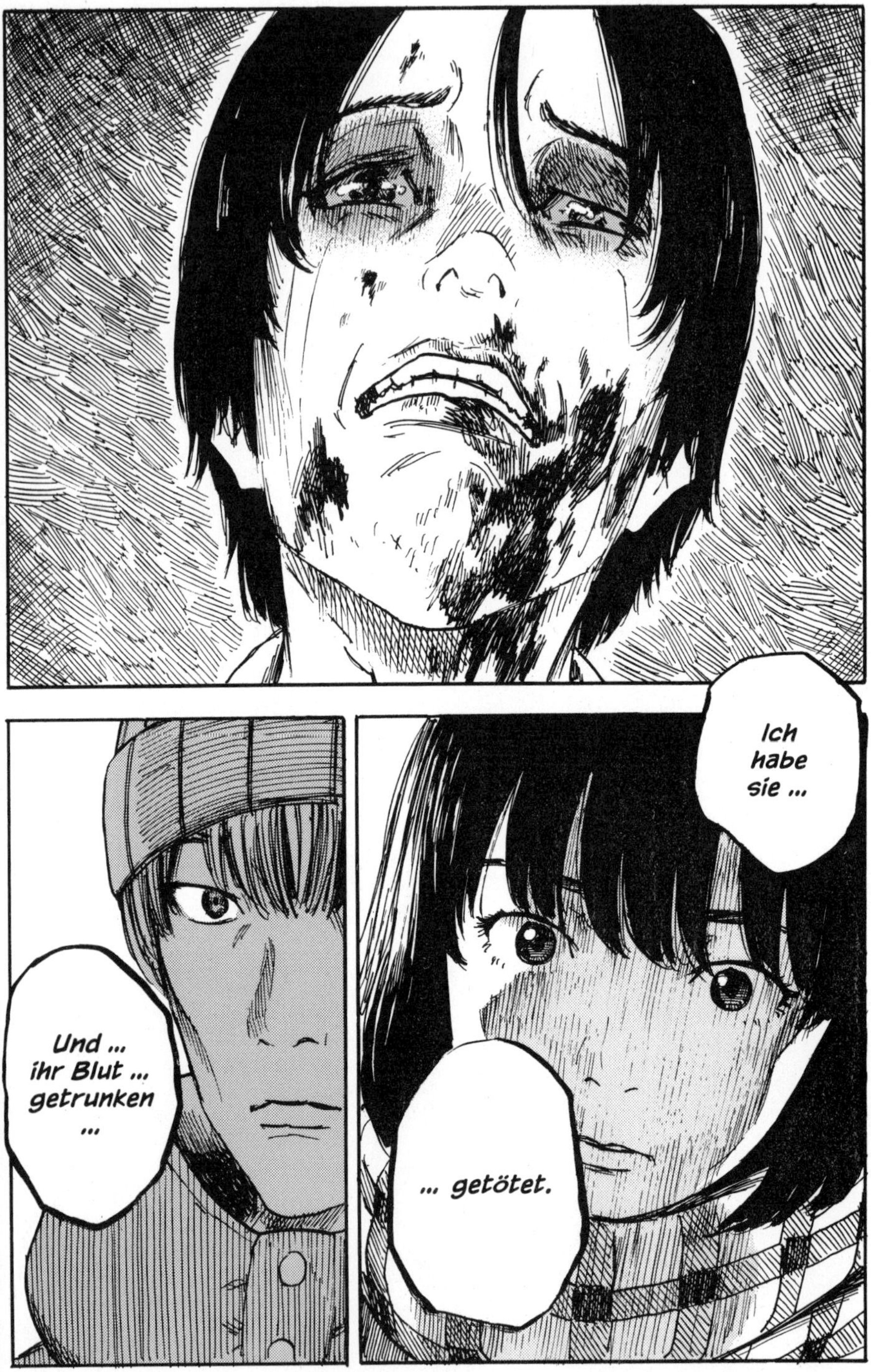
Ich habe sie ...
... getötet.
Und ... ihr Blut ... getrunken ...

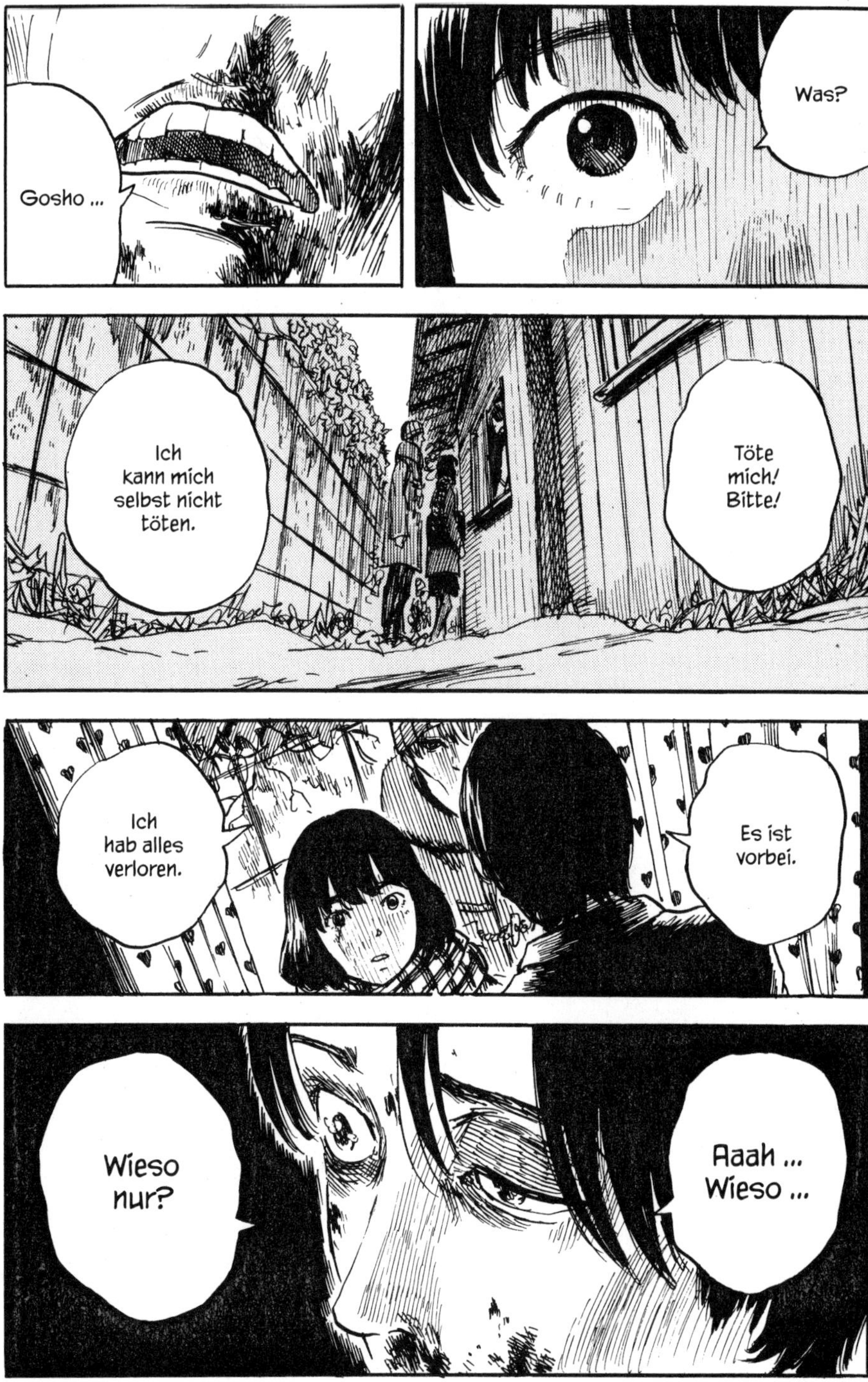
Was?
Gosho ...
Töte mich! Bitte!
Ich kann mich selbst nicht töten.
Es ist vorbei.
Ich hab alles verloren.
Aaah ... Wieso ...
Wieso nur?

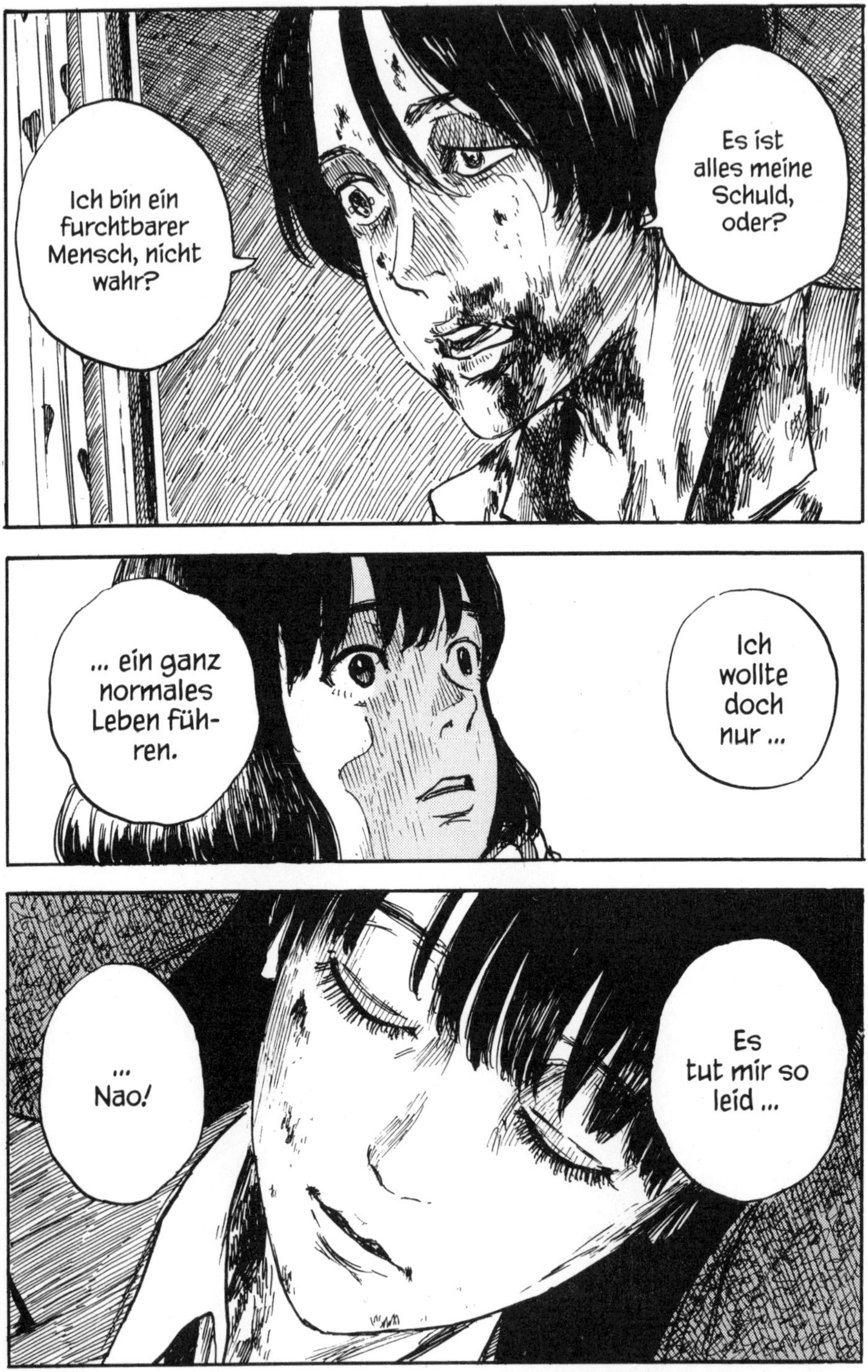
Es ist alles meine Schuld, oder?
Ich bin ein furchtbarer Mensch, nicht wahr?
Ich wollte doch nur ...
... ein ganz normales Leben füh-ren.
Es tut mir so leid ...
... Nao!

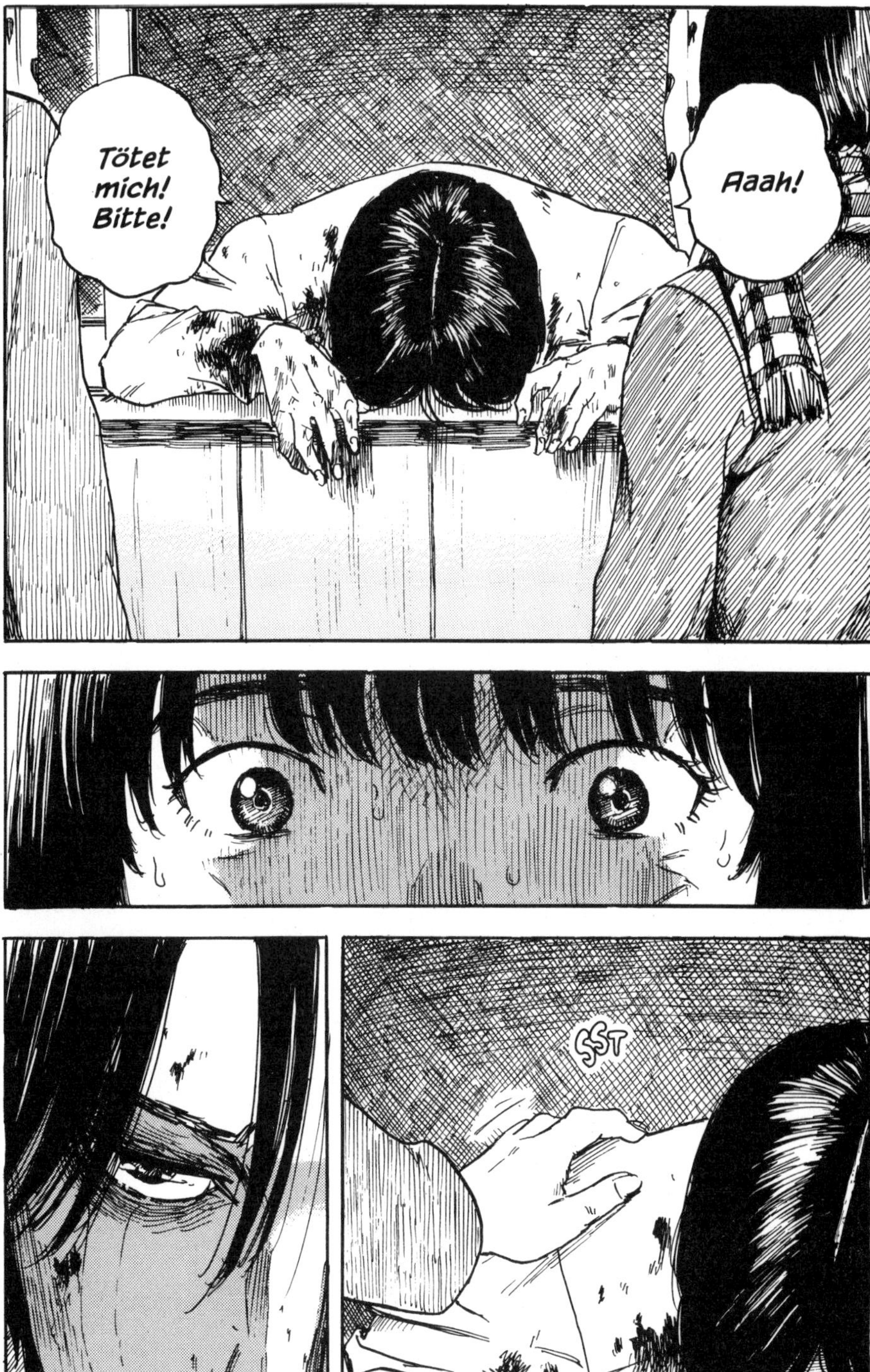
Aaah!
Tötet mich! Bitte!
SST

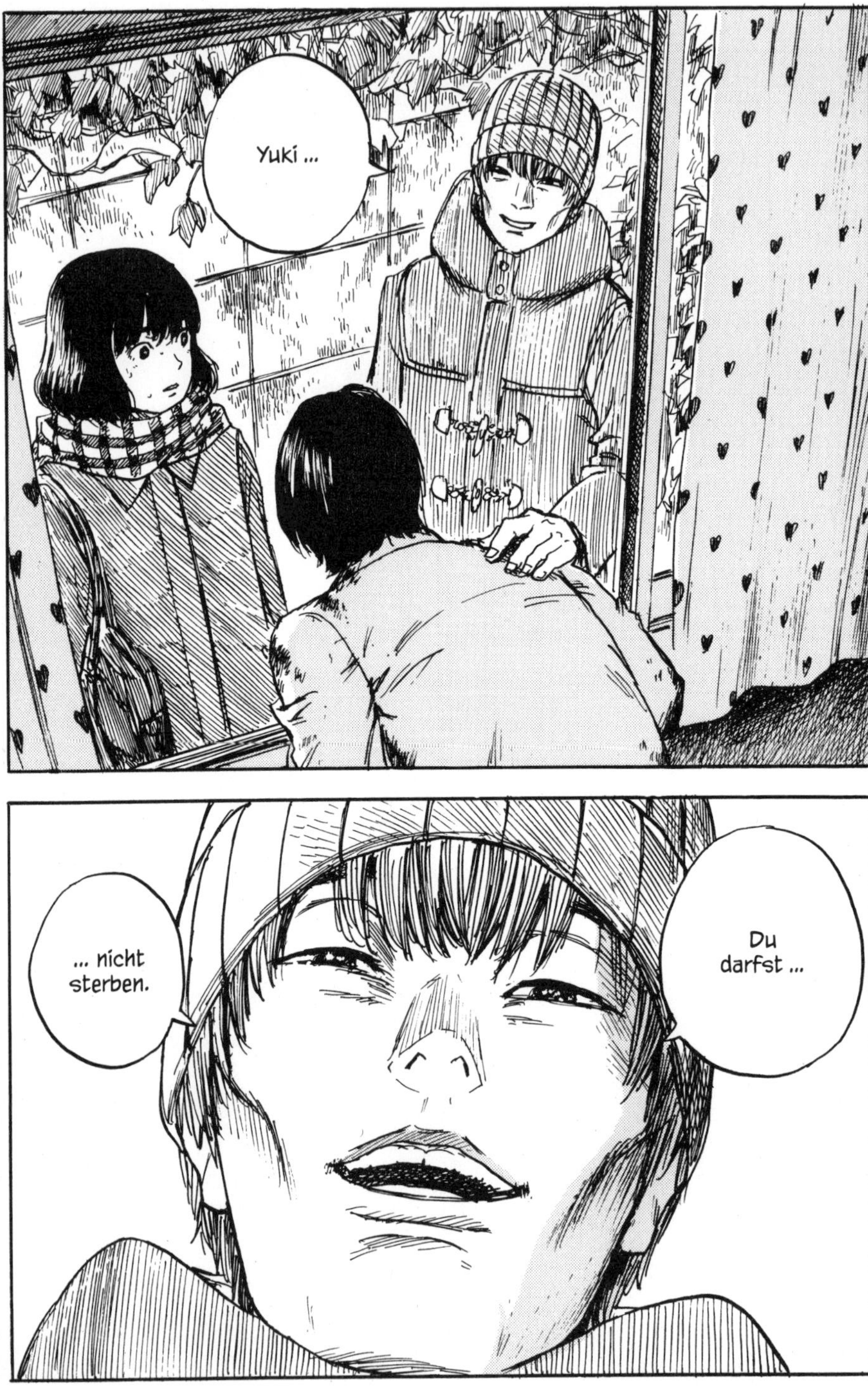
Yuki ...
Du darfst ...
... nicht sterben.

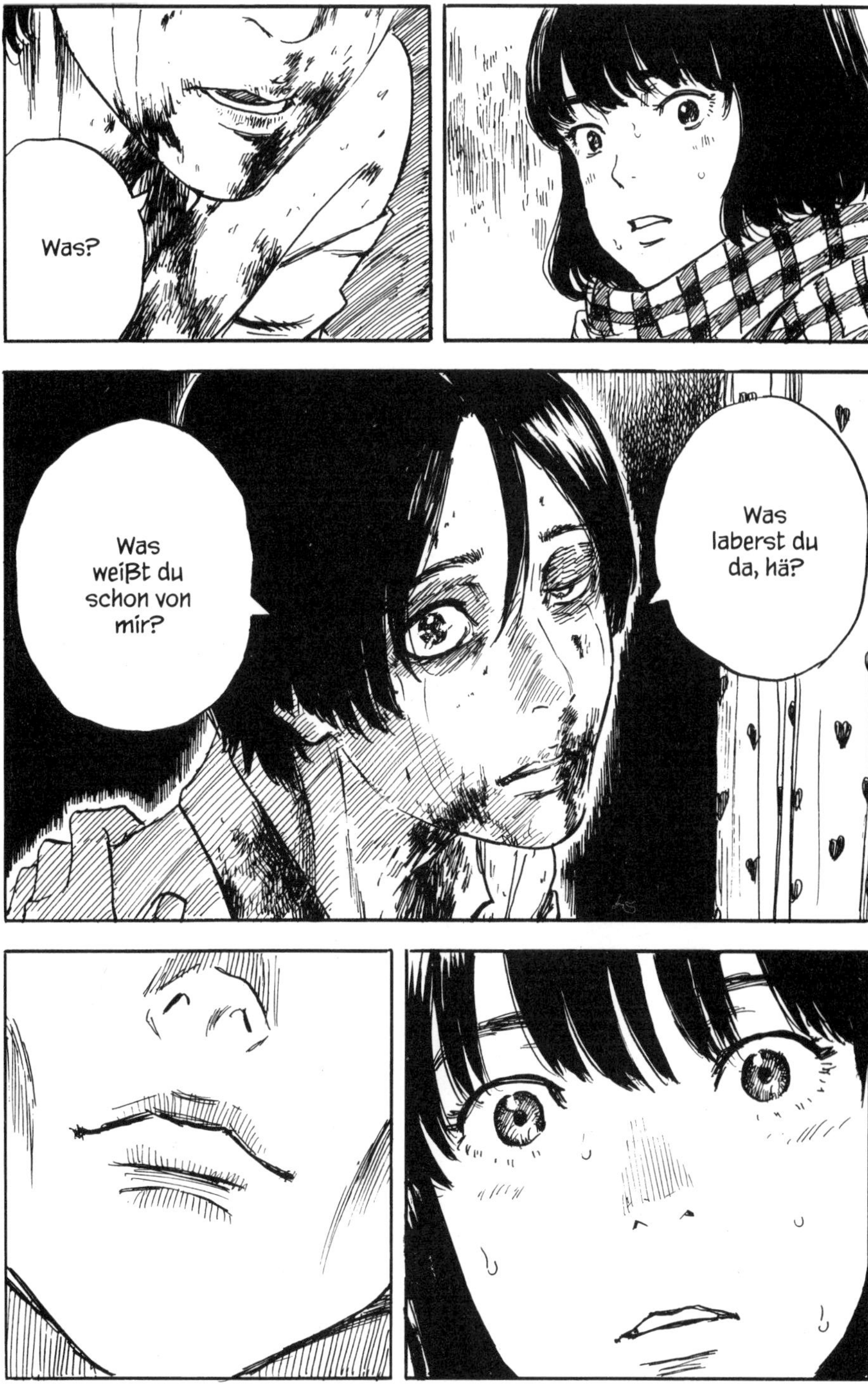
Was?
Was laberst du da, hä?
Was weißt du schon von mir?

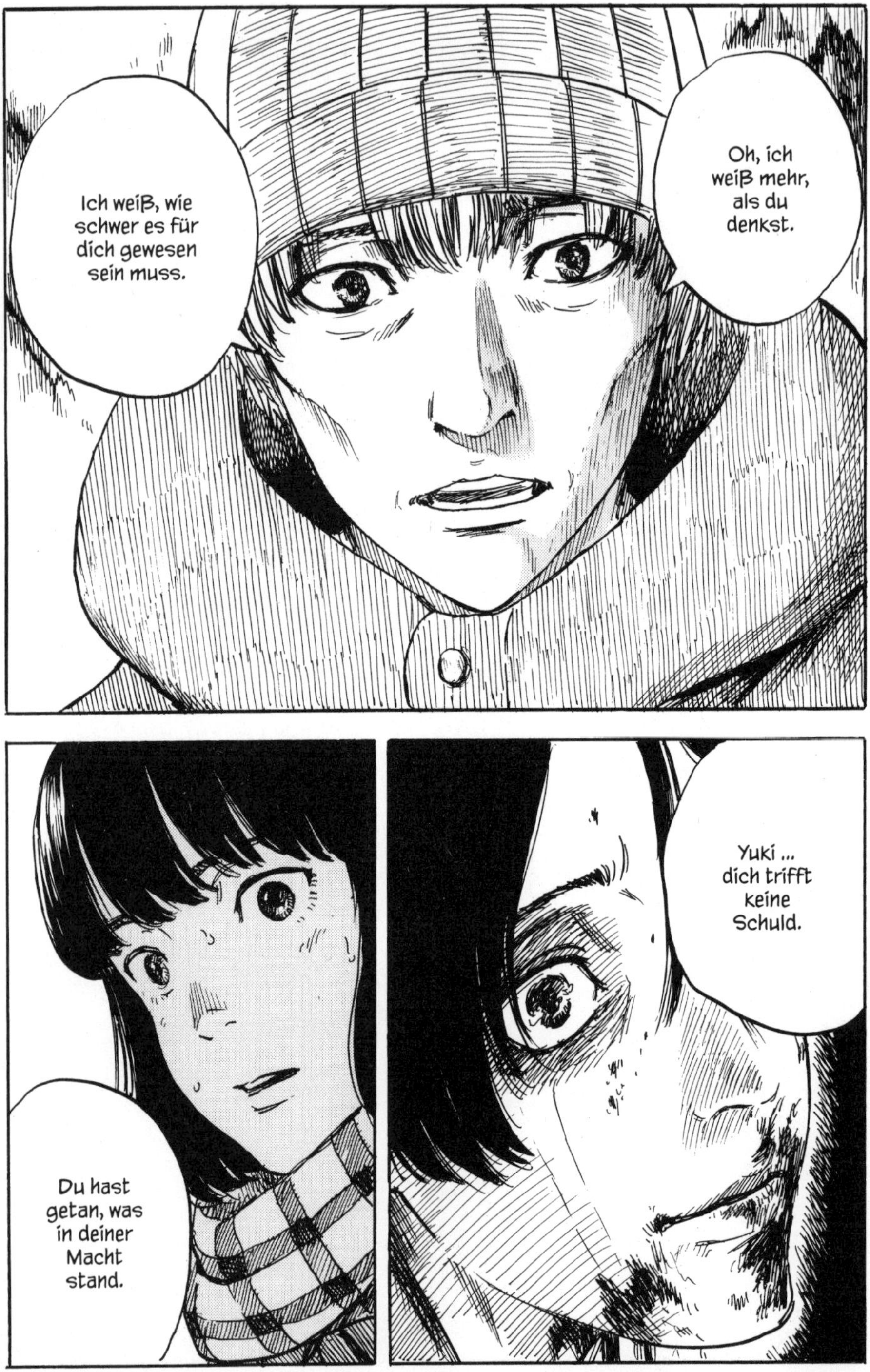
Oh, ich weiß mehr, als du denkst.
Ich weiß, wie schwer es für dich gewesen sein muss.
Yuki ... dich trifft keine Schuld.
Du hast getan, was in deiner Macht stand.

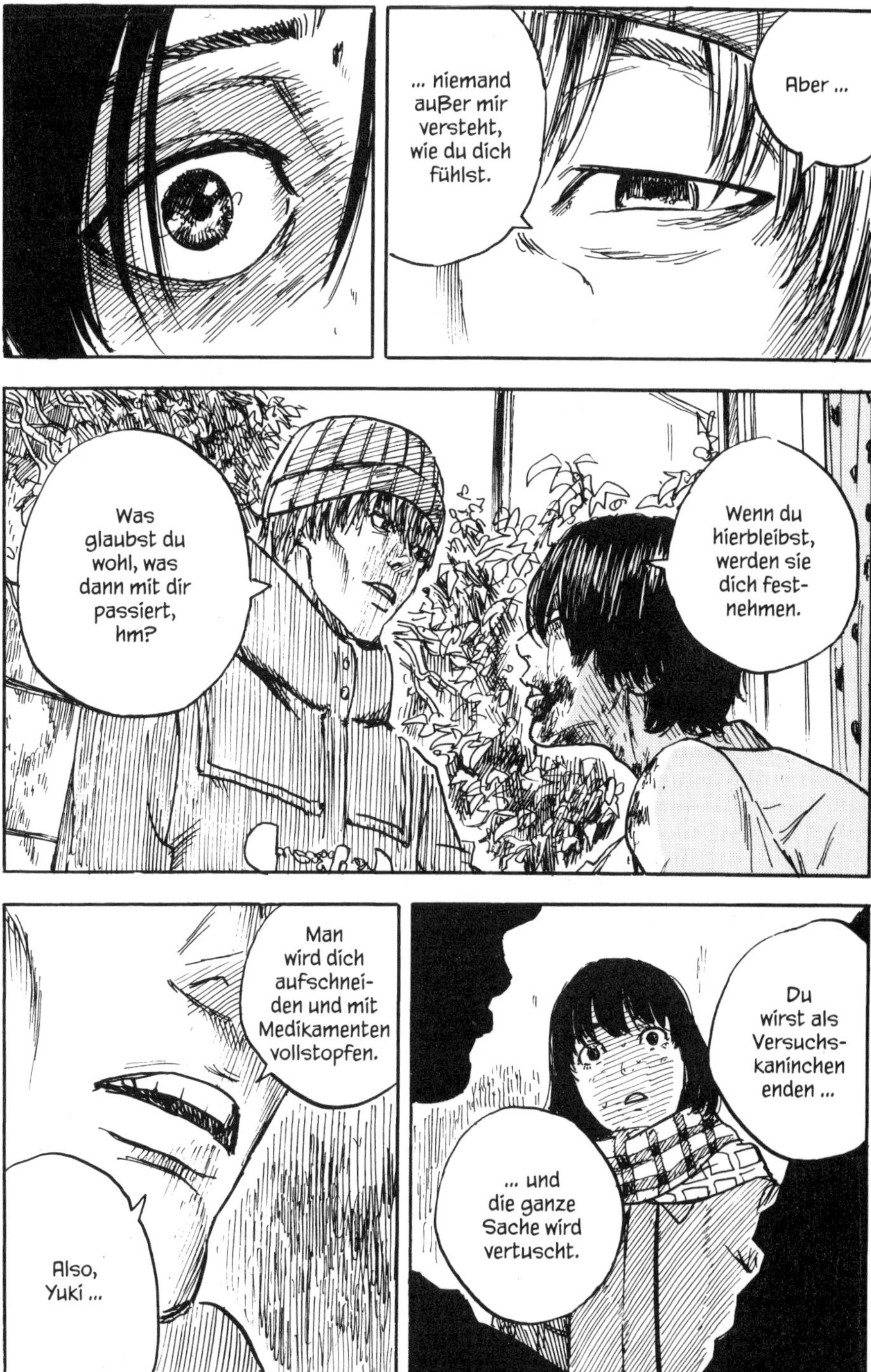
Aber ...
... niemand außer mir versteht, wie du dich fühlst.
Wenn du hierbleibst, werden sie dich festnehmen.
Was glaubst du wohl, was dann mit dir passiert, hm?
Du wirst als Versuchskaninchen enden ...
... und die ganze Sache wird vertuscht.
Man wird dich aufschneiden und mit Medikamenten vollstopfen.
Also, Yuki ...

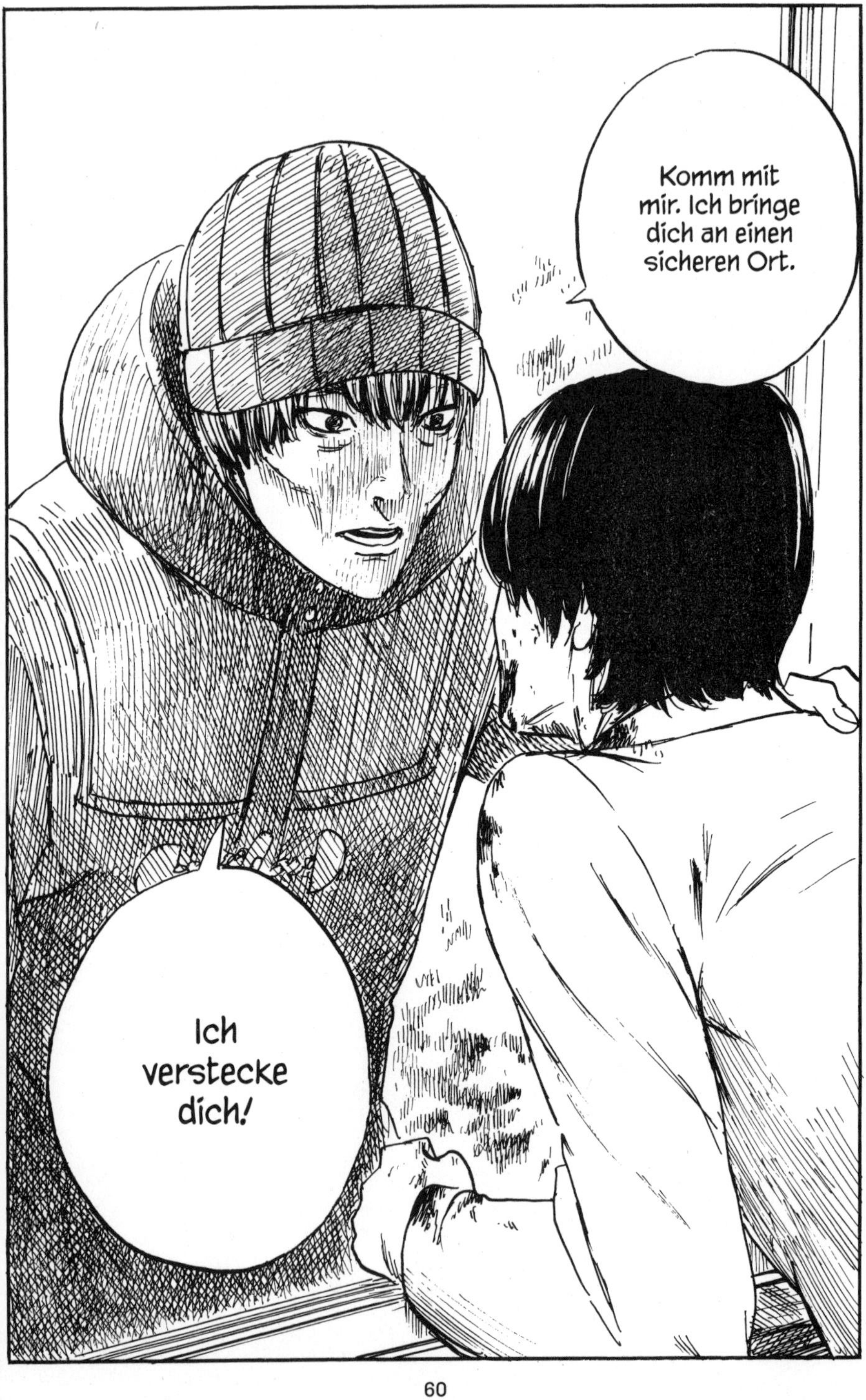
Komm mit mir. Ich bringe dich an einen sicheren Ort.
Ich verstecke dich!

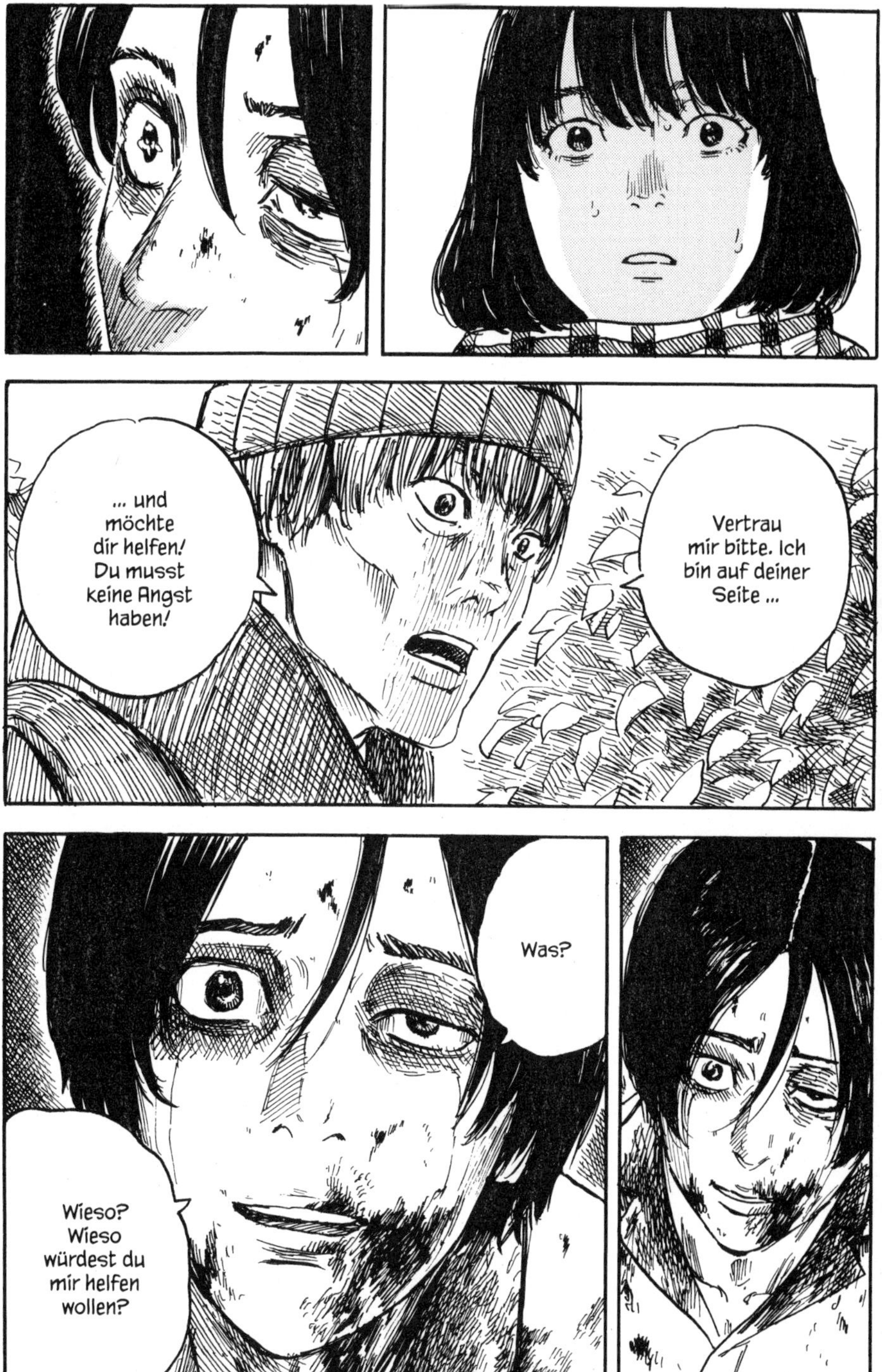
Vertrau mir bitte. Ich bin auf deiner Seite ...
... und möchte dir helfen! Du musst keine Angst haben!
Was?
Wieso? Wieso würdest du mir helfen wollen?

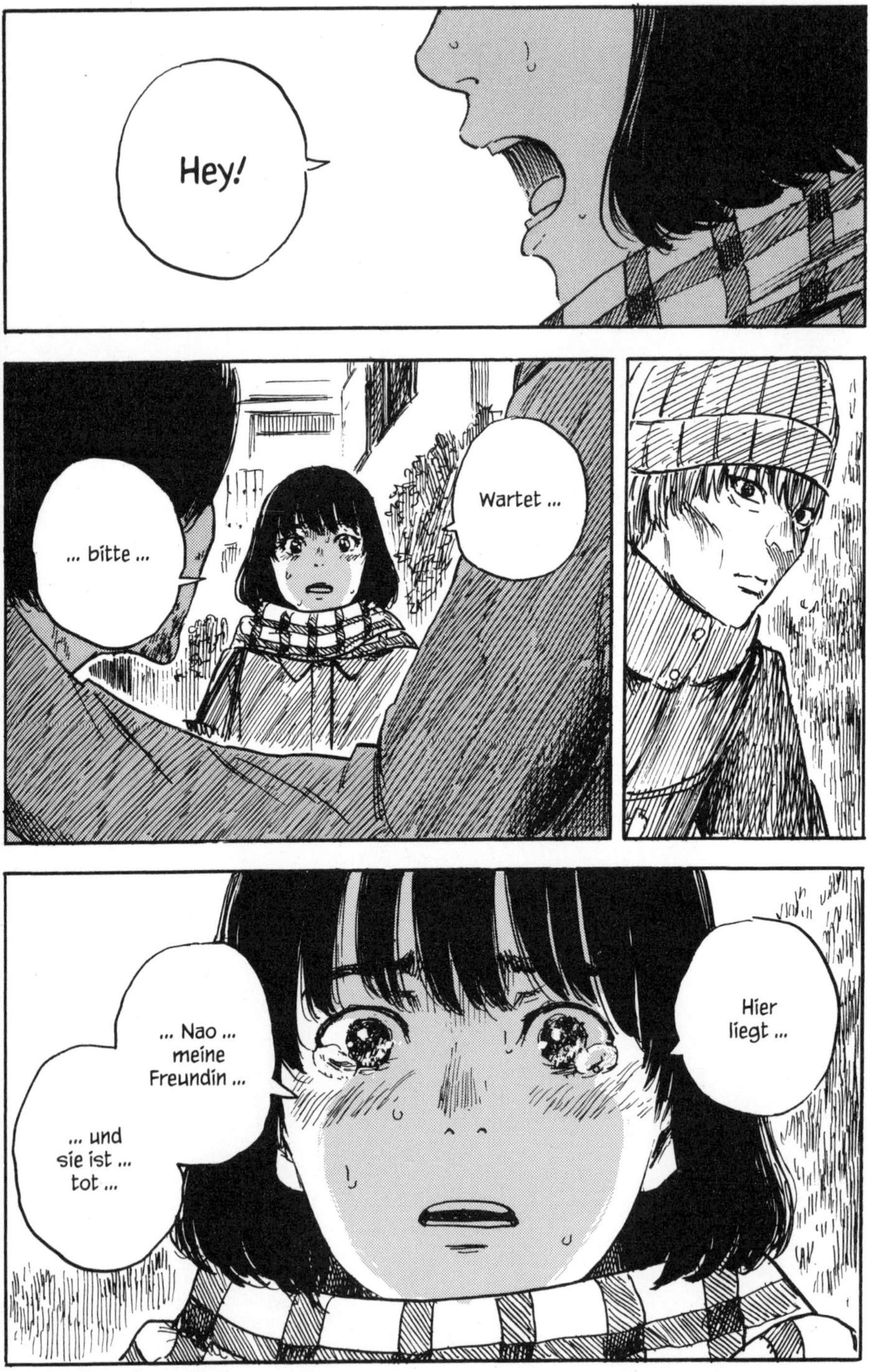
Hey!
Wartet ...
... bitte ...
Hier liegt ...
... Nao ... meine Freundin ...
... und sie ist ... tot ...

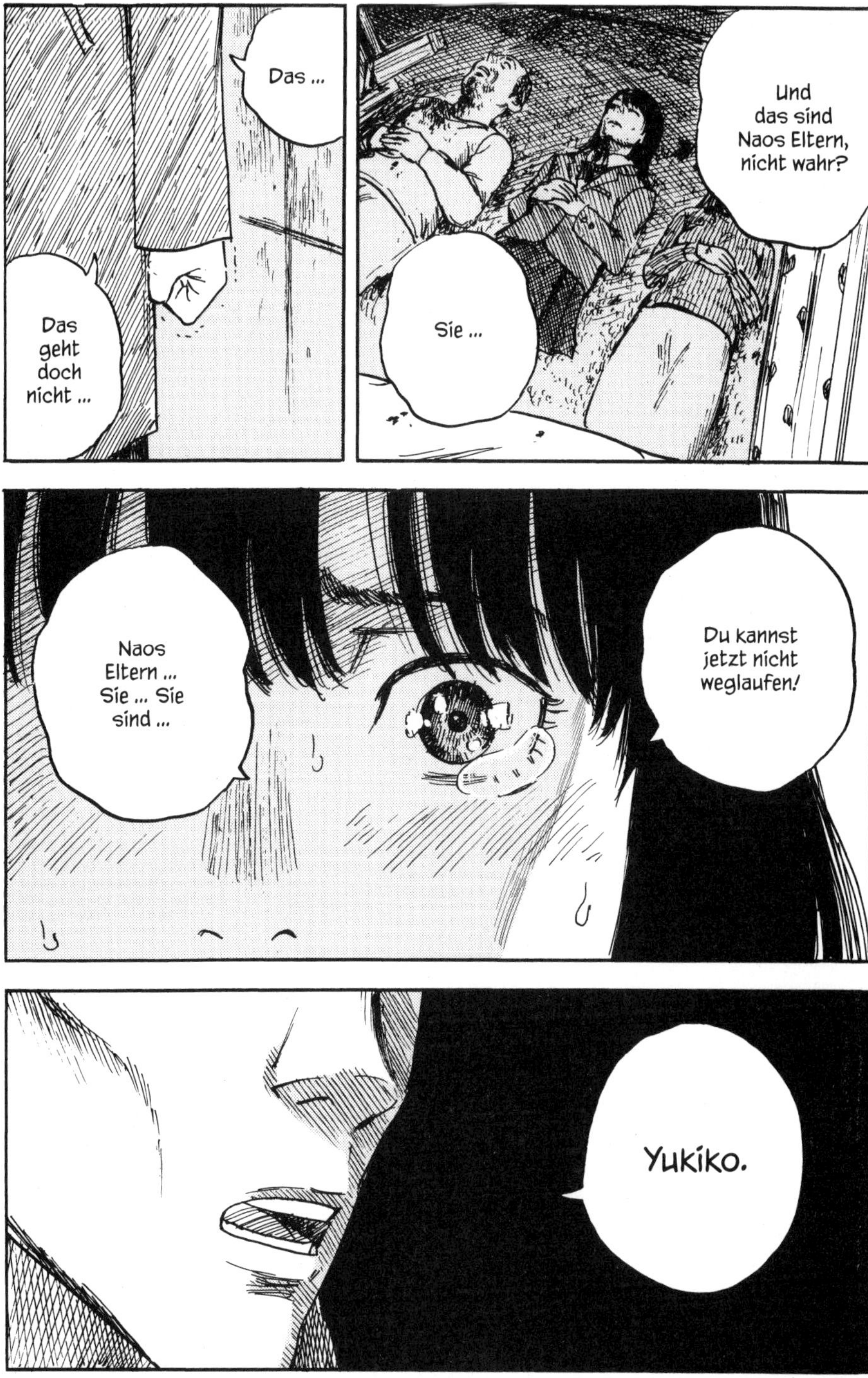
Und das sind Naos Eltern, nicht wahr?
Sie ...
Das ...
Das geht doch nicht ...
Du kannst jetzt nicht weglaufen!
Naos Eltern ... Sie ... Sie sind ...
Yukiko.

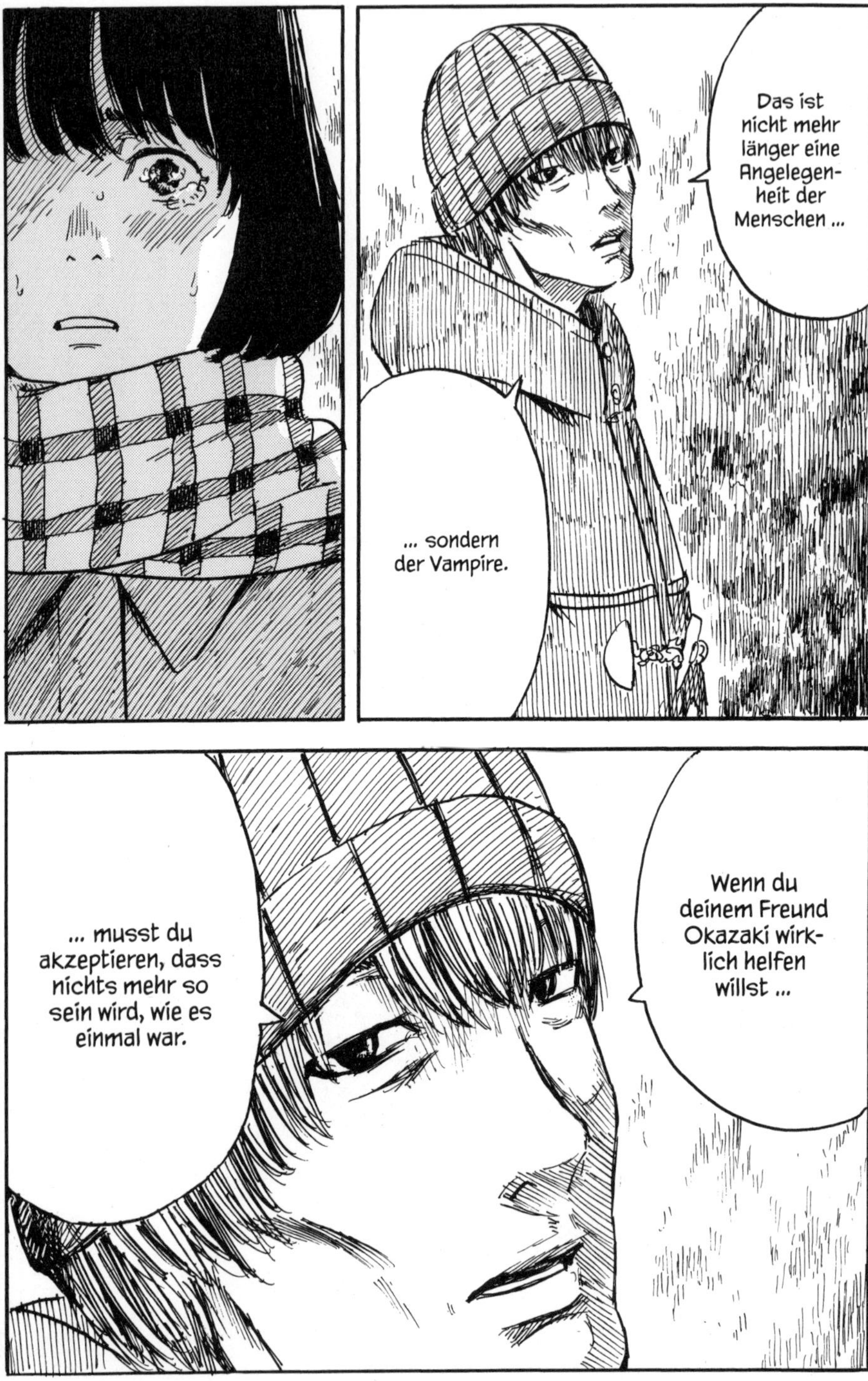
Das ist nicht mehr länger eine Angelegenheit der Menschen ...
... sondern der Vampire.
Wenn du deinem Freund Okazaki wirklich helfen willst ...
... musst du akzeptieren, dass nichts mehr so sein wird, wie es einmal war.

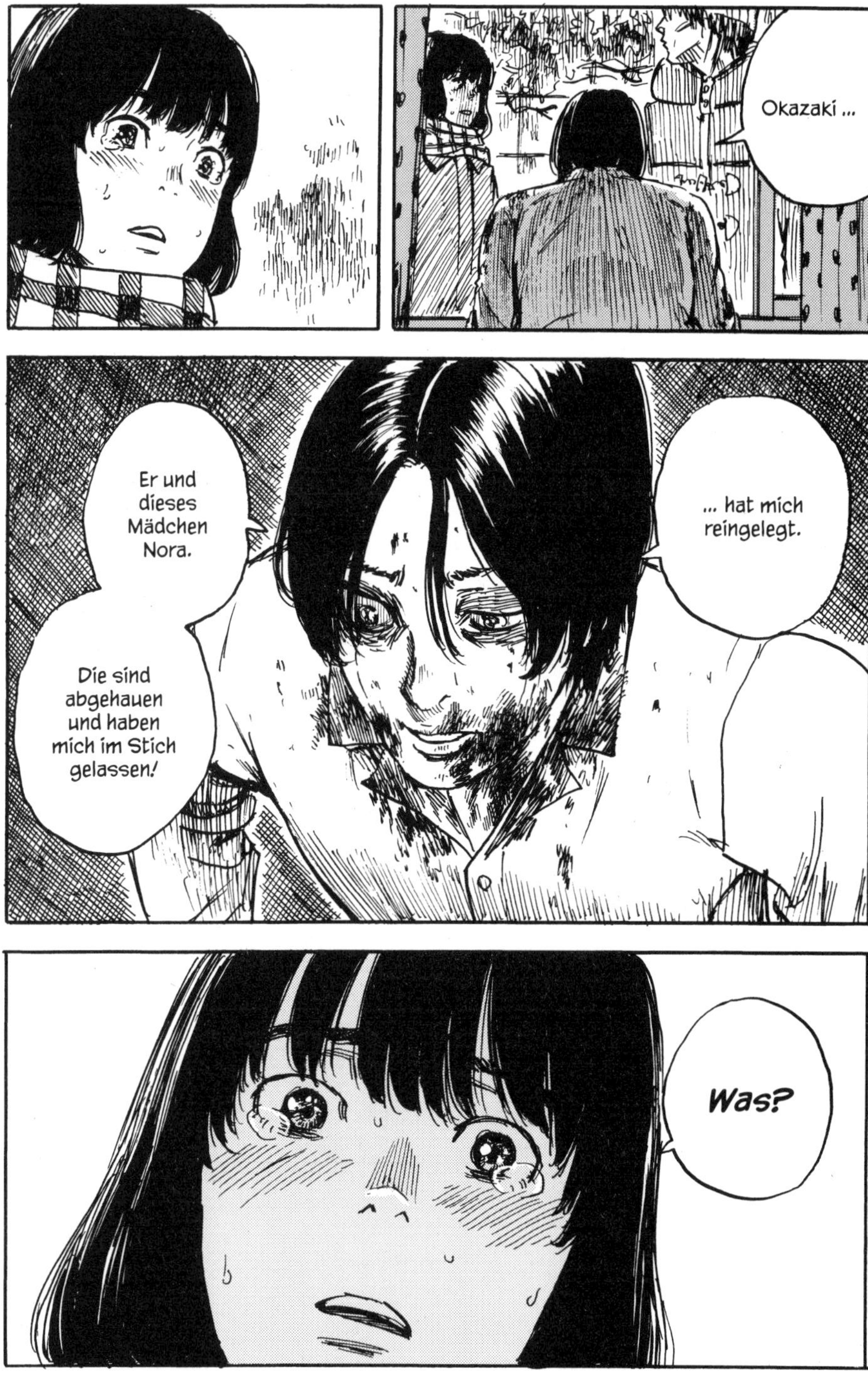
Okazaki ...
... hat mich reingelegt.
Er und dieses Mädchen Nora.
Die sind abgehauen und haben mich im Stich gelassen!
Was?

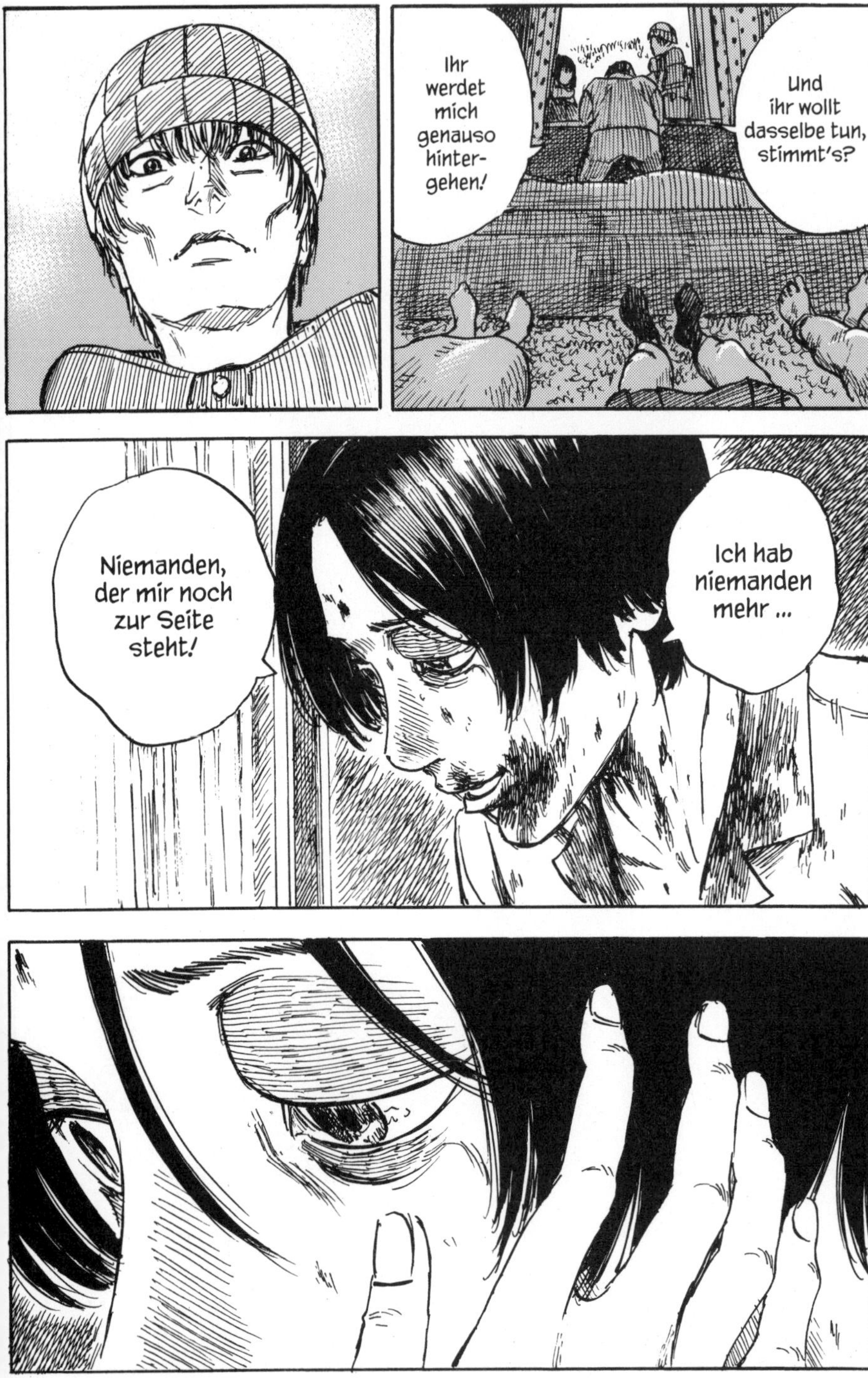
Und ihr wollt dasselbe tun, stimmt's?
Ihr werdet mich genauso hinter-gehen!
Ich hab niemanden mehr ...
Niemanden, der mir noch zur Seite steht!

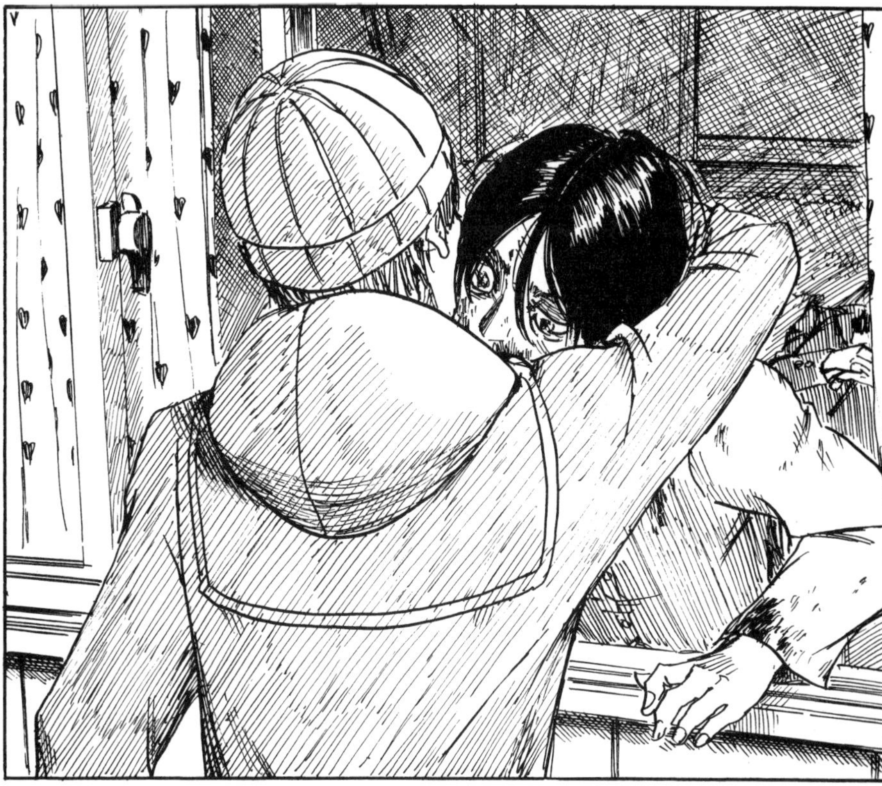

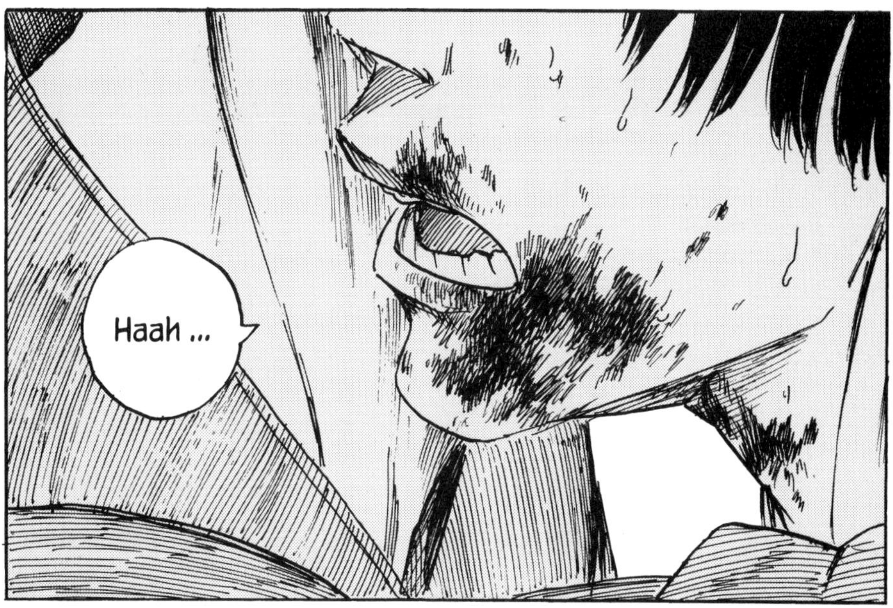
Haah ...

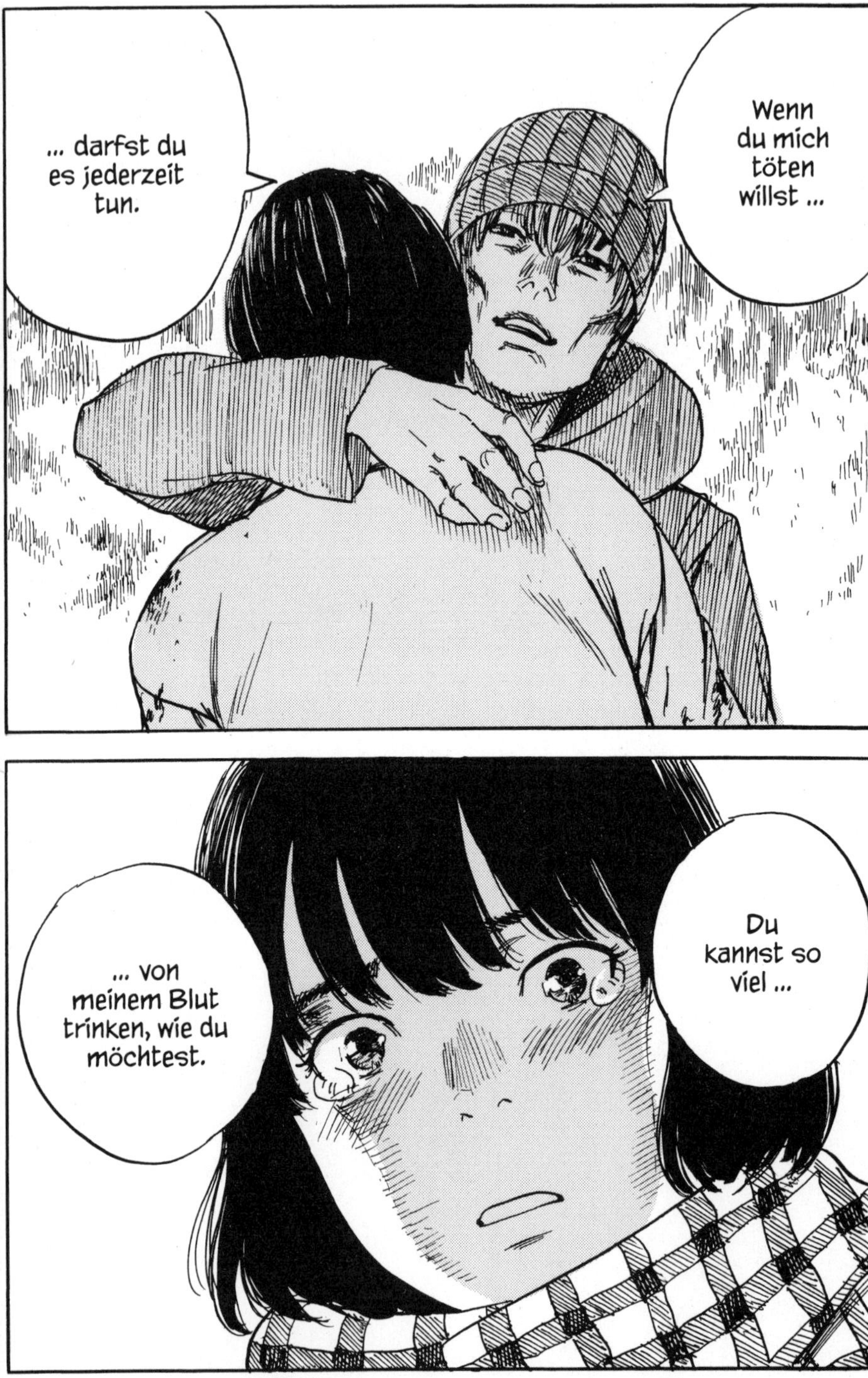
Wenn du mich töten willst ...
... darfst du es jederzeit tun.
Du kannst so viel ...
... von meinem Blut trinken, wie du möchtest.

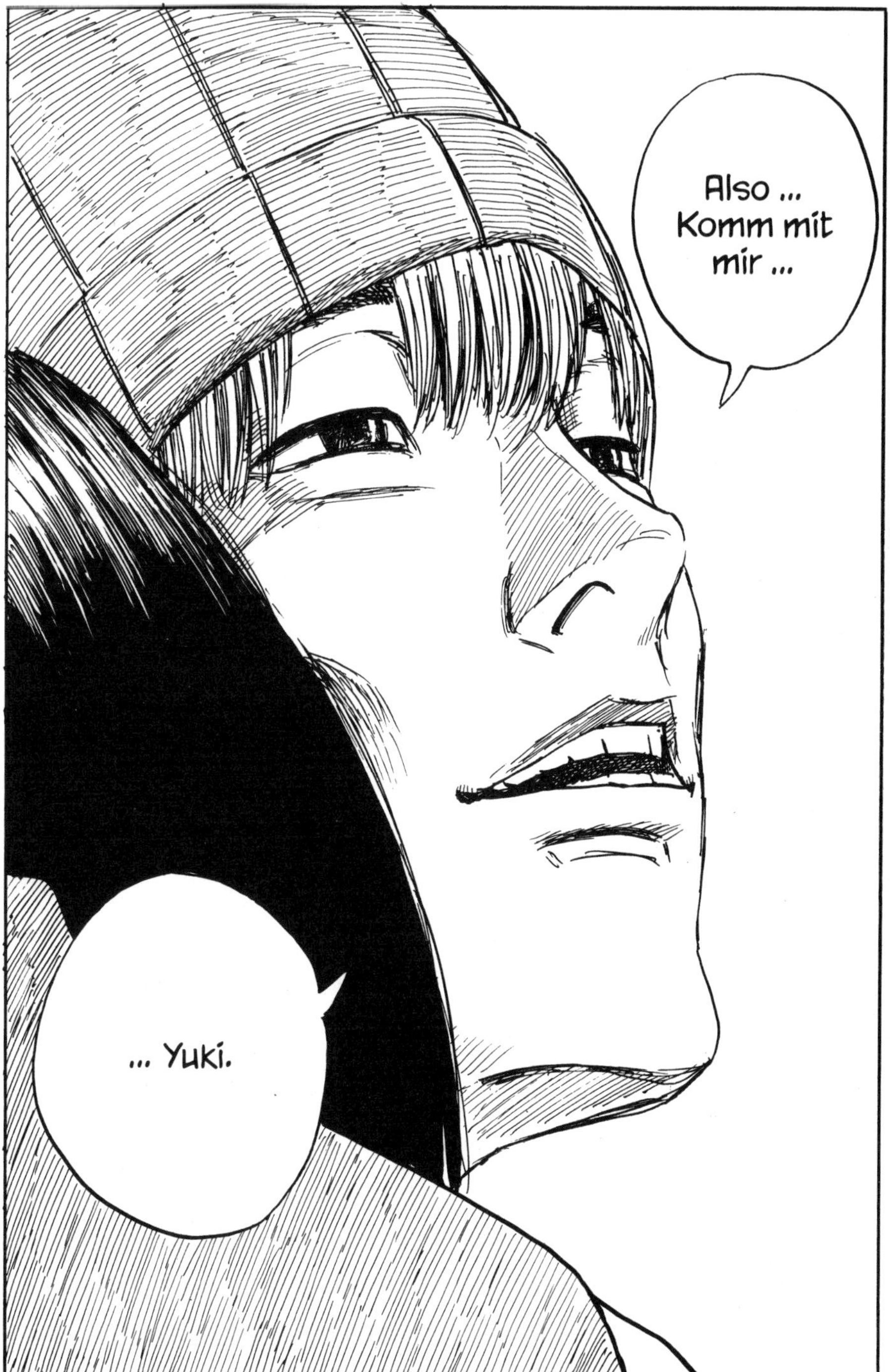
Also ...
Komm mit
mir ...
... Yuki.

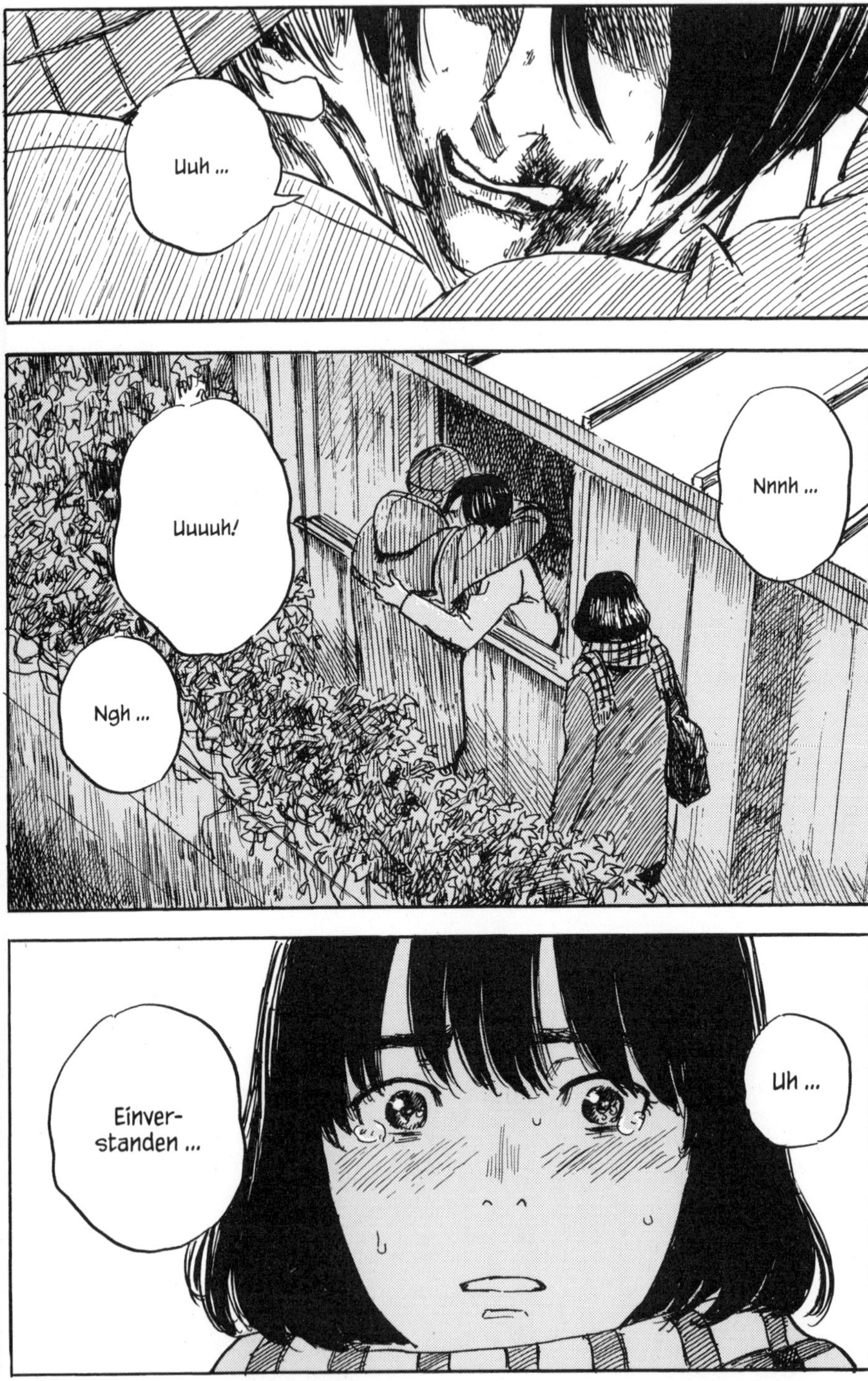
Uuh ...
Nnnh ...
Uuuuh!
Ngh ...
Uh ...
Einver-
standen ...

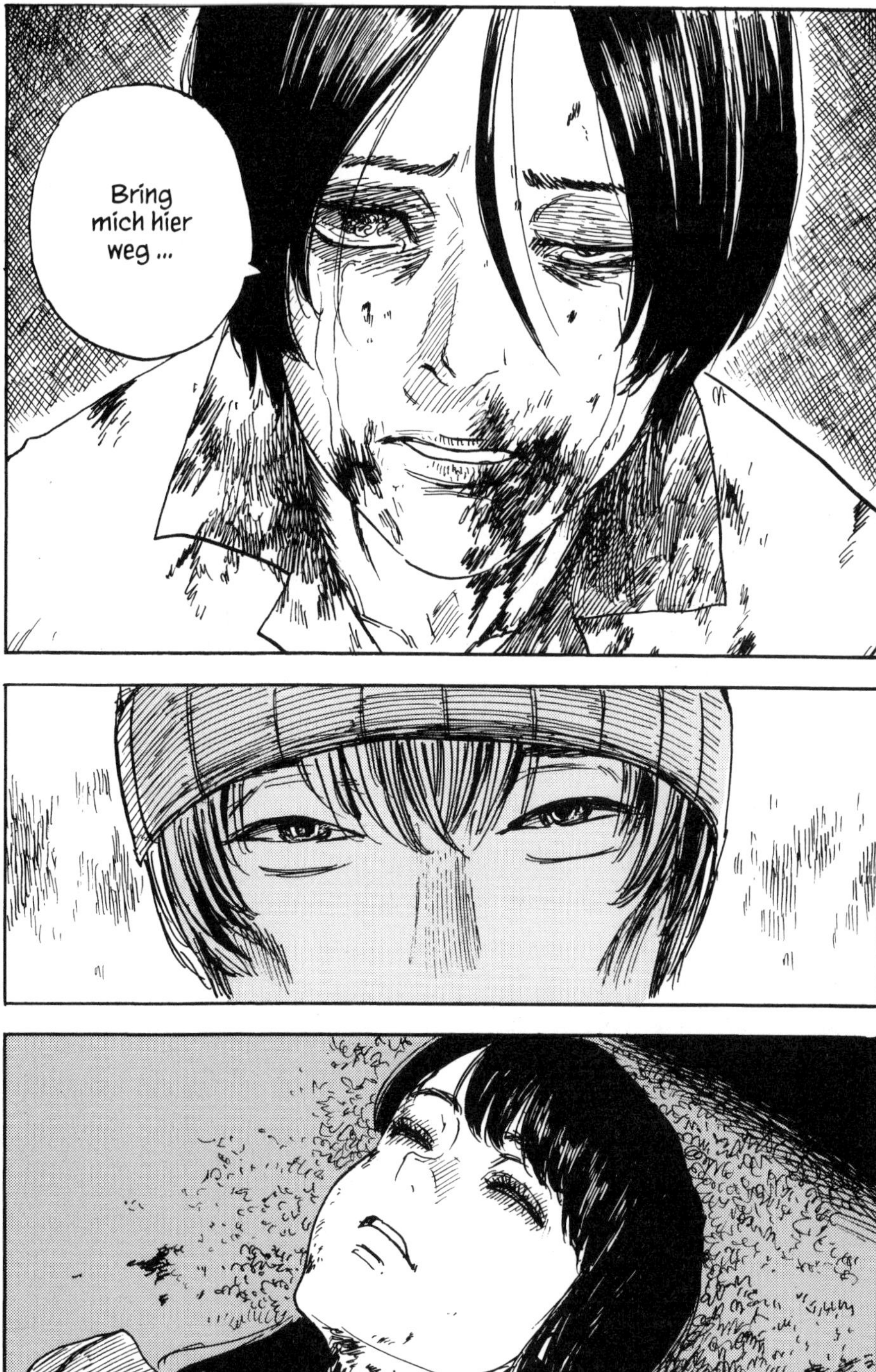
Bring mich hier weg ...

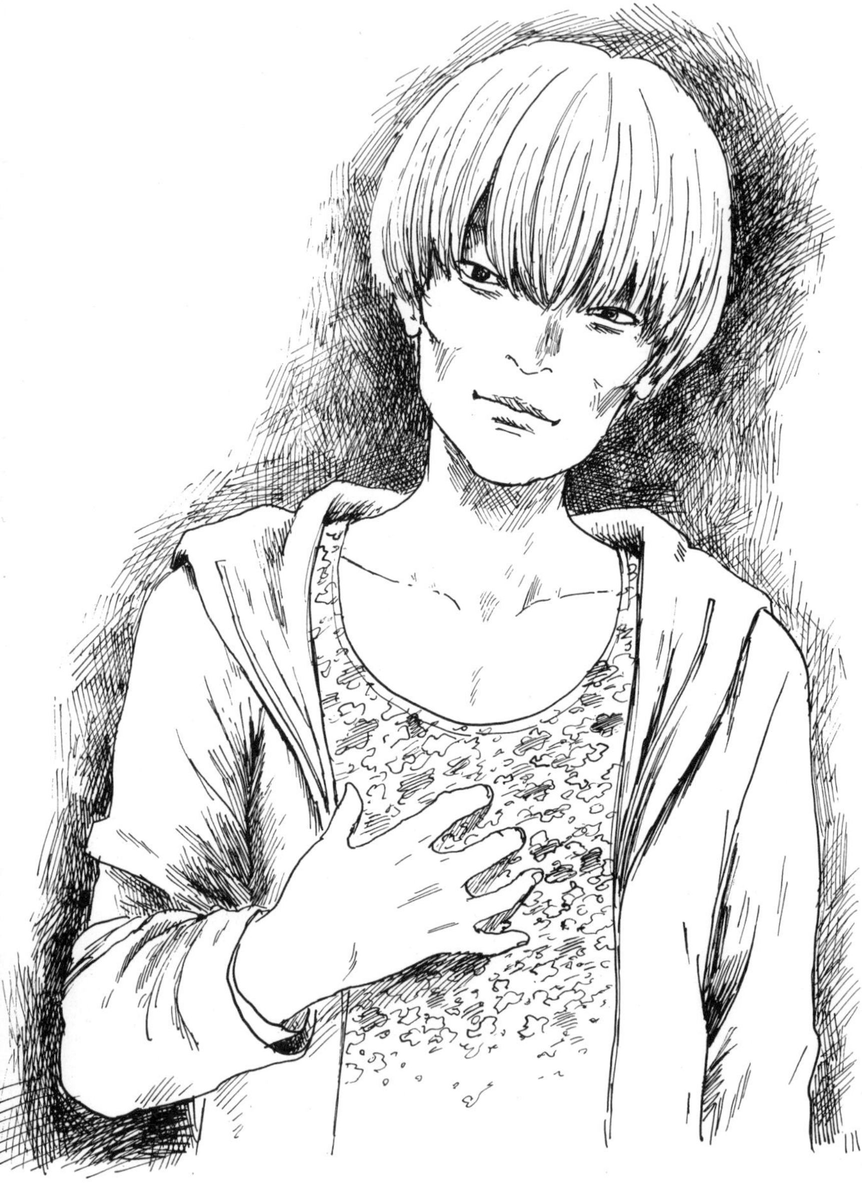

Kapitel 23: Das Duo

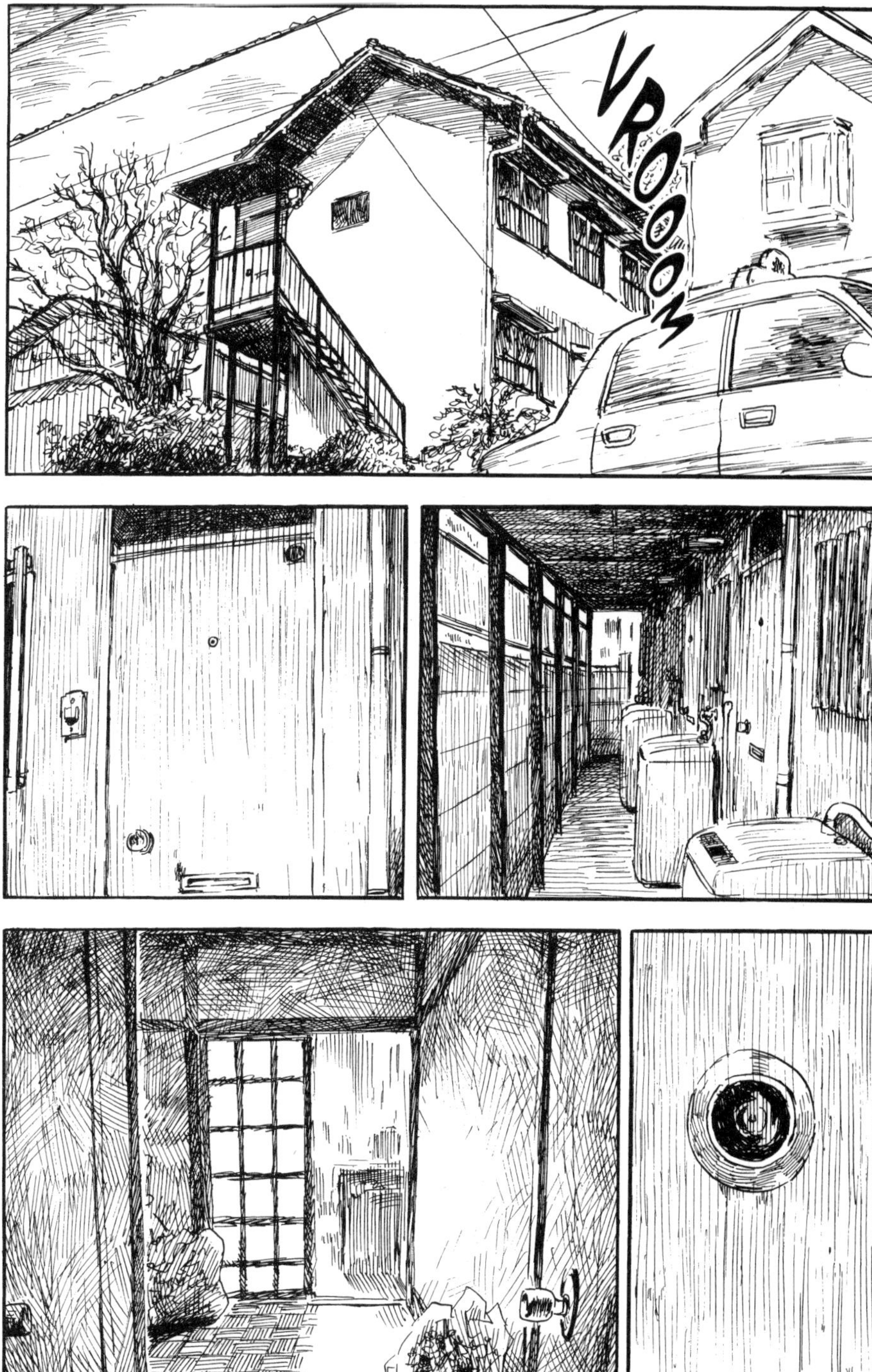

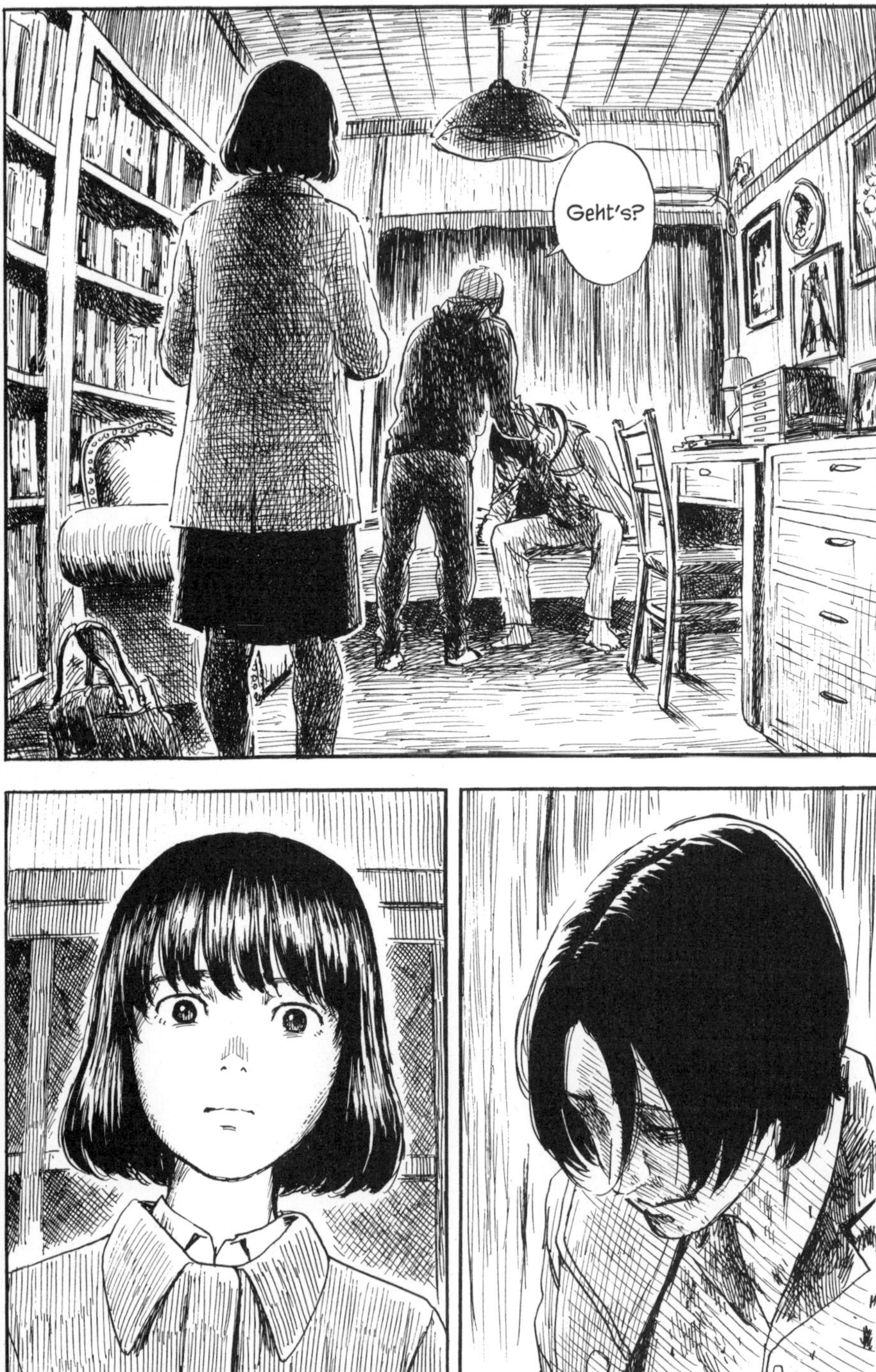
Geht's?

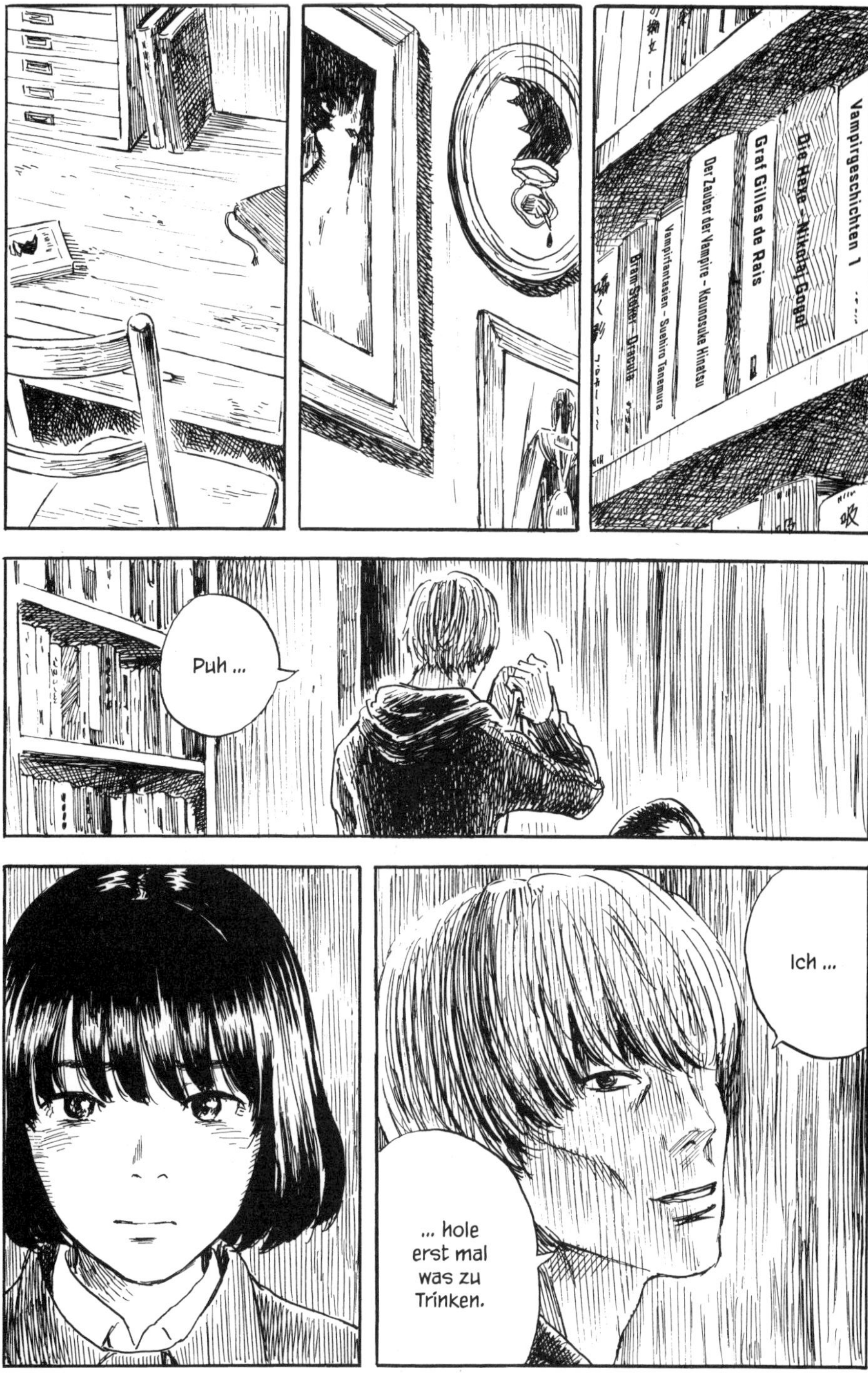
Vampirgeschichten 1
Die Hexe - Nikolai Gogol
Graf Gilles de Rais
Der Zauber der Vampire - Kounosuke Hinatsu
Vampirfantasien - Suehiro Tanemura
Bram Stoker - Dracula
Puh ...
Ich ...
... hole erst mal was zu Trinken.

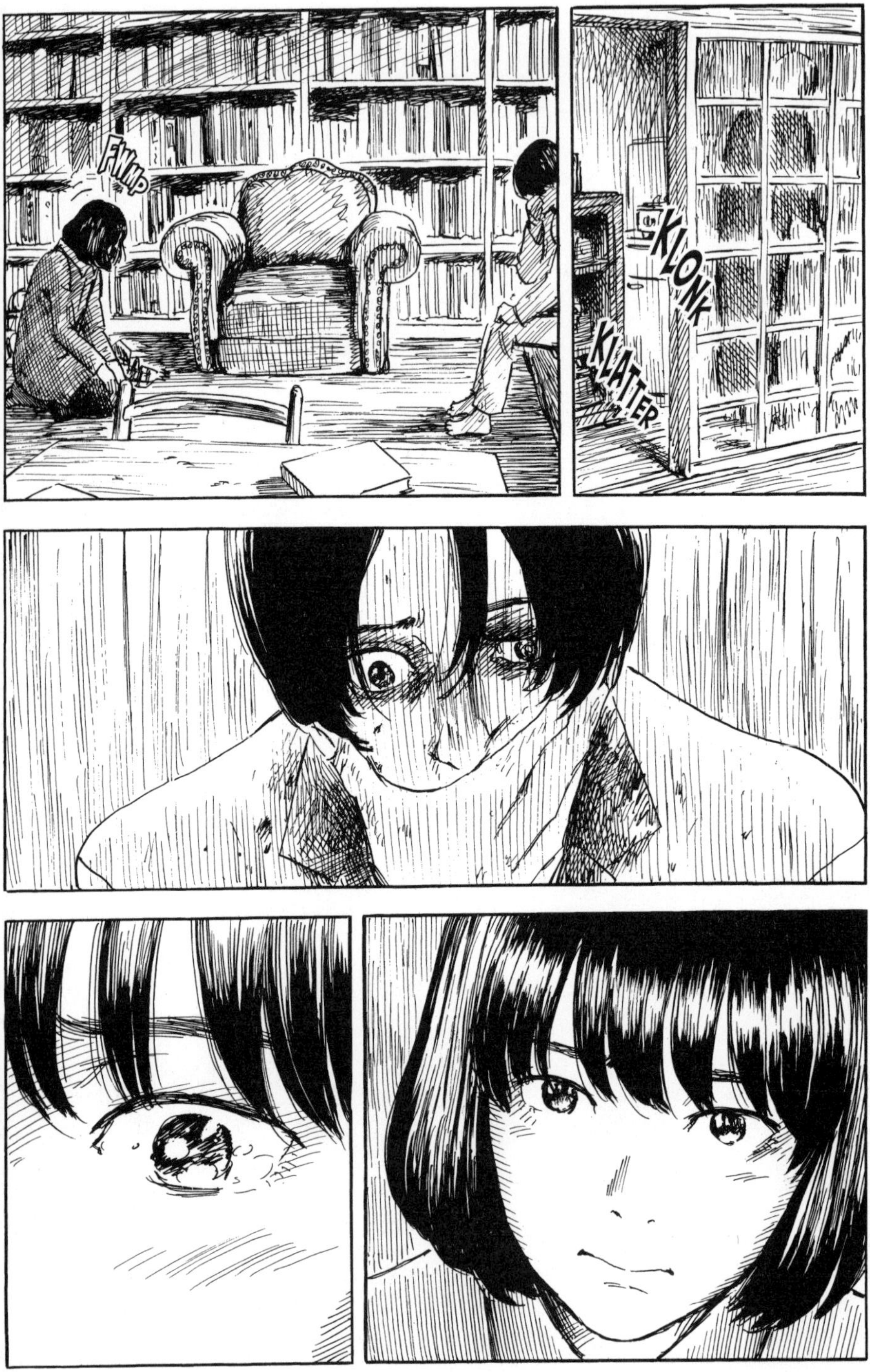
FWMP
KLONK
KLATTER

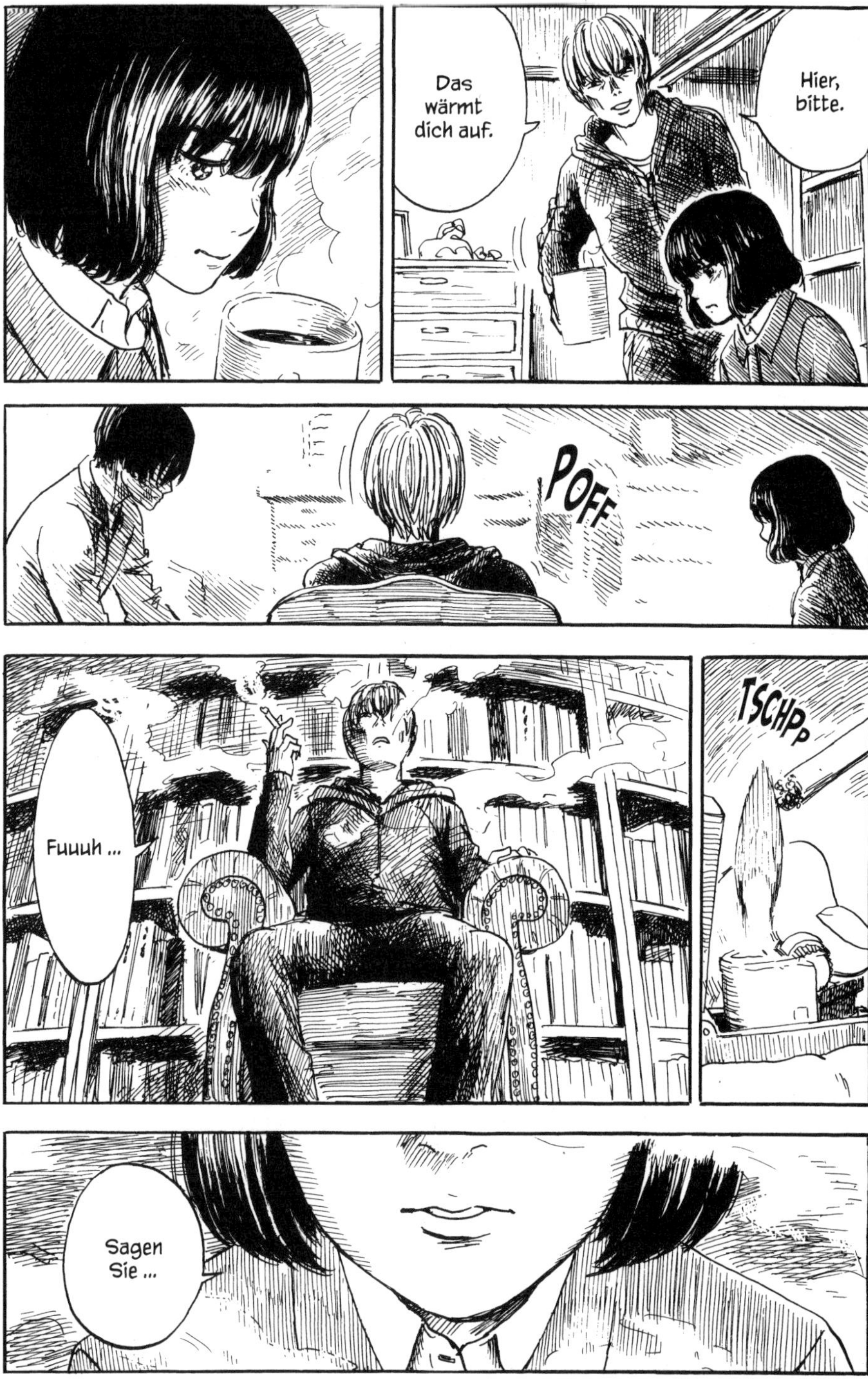
Hier, bitte.
Das wärmt dich auf.
POFF
TSCHPP
Fuuuh ...
Sagen Sie ...

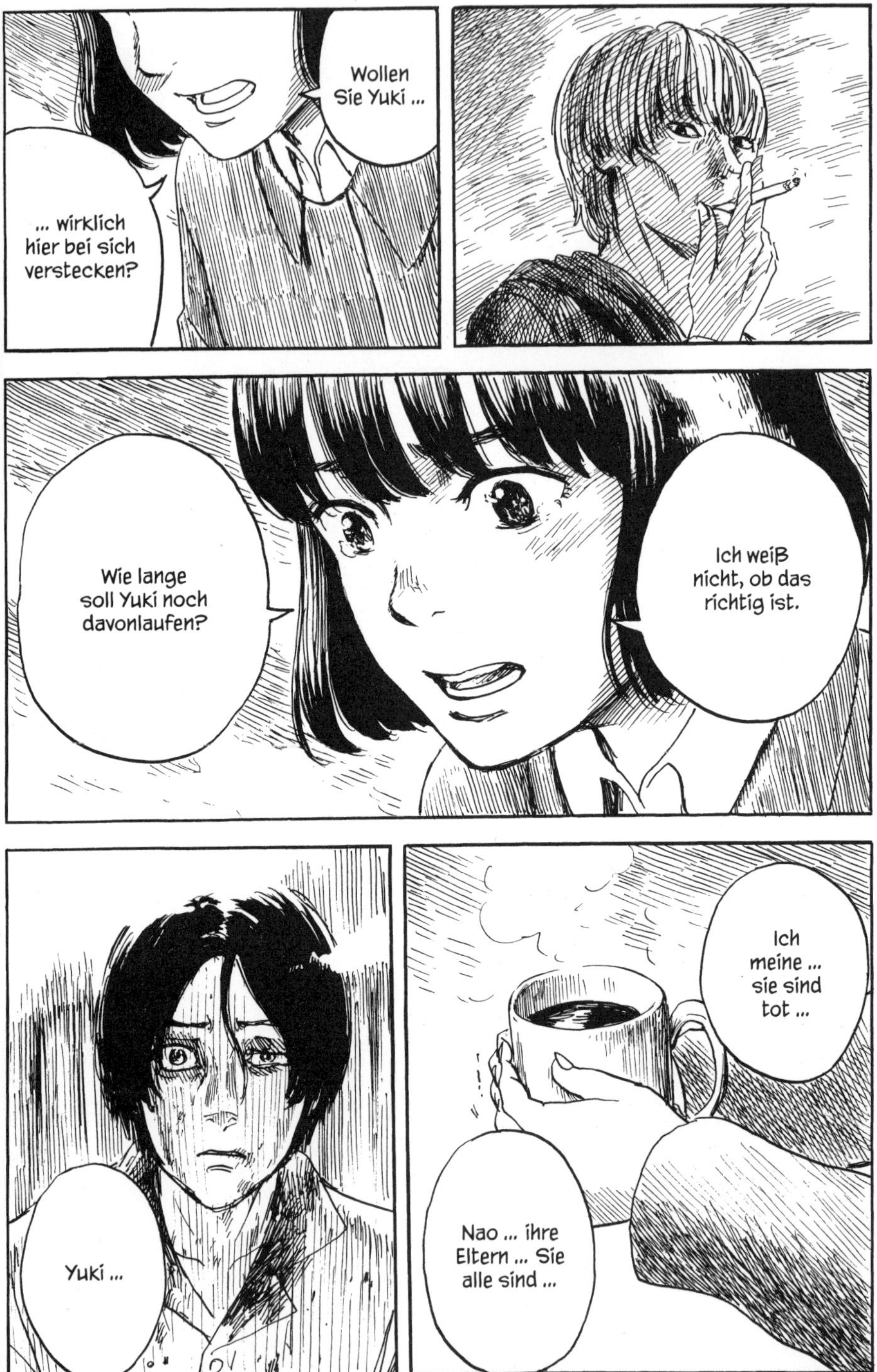
Wollen Sie Yuki ...
... wirklich hier bei sich verstecken?
Ich weiß nicht, ob das richtig ist.
Wie lange soll Yuki noch davonlaufen?
Ich meine ... sie sind tot ...
Nao ... ihre Eltern ... Sie alle sind ...
Yuki ...

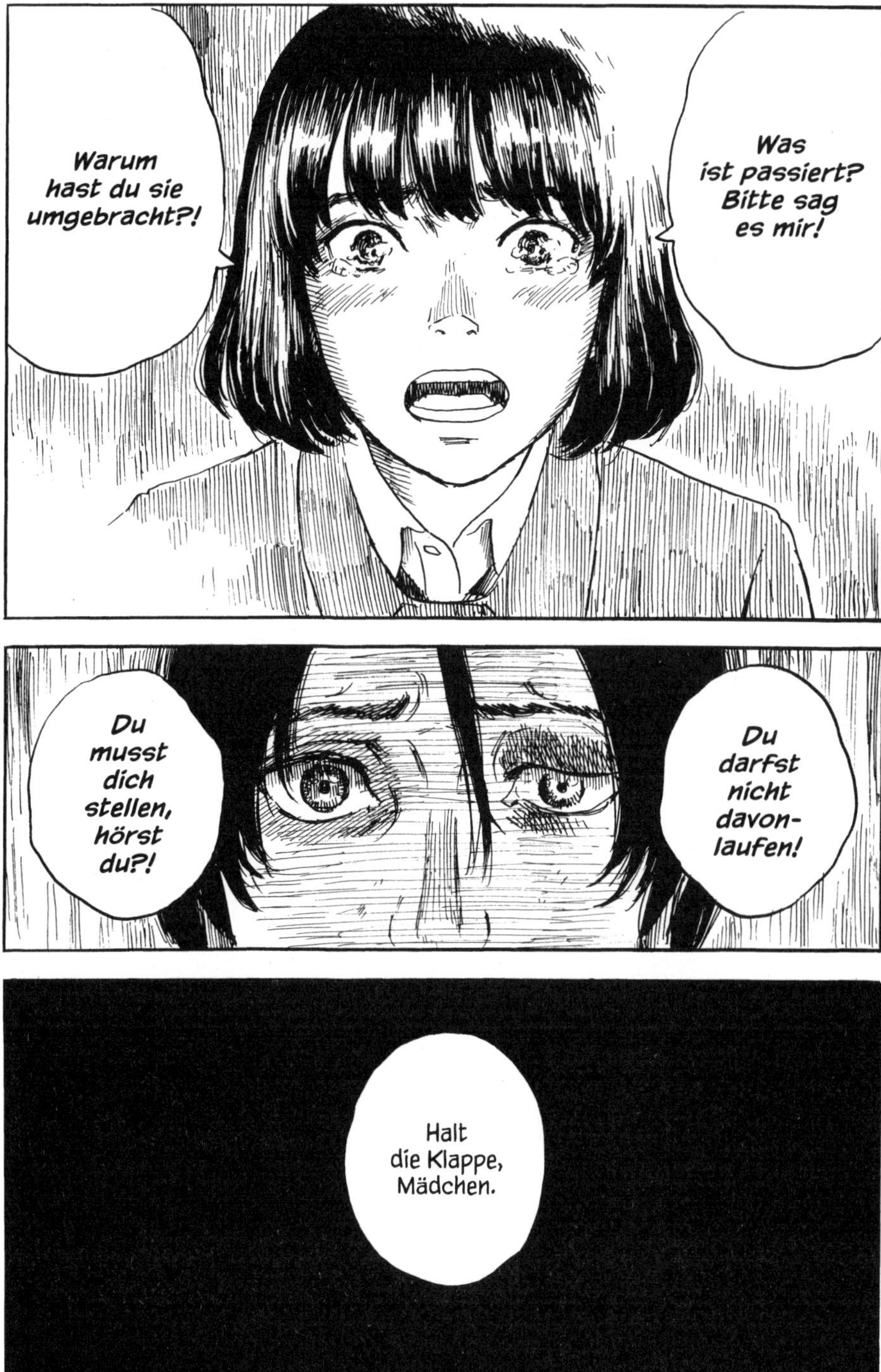
Was ist passiert? Bitte sag es mir!
Warum hast du sie umgebracht?!
Du darfst nicht davonlaufen!
Du musst dich stellen, hörst du?!
Halt die Klappe, Mädchen.

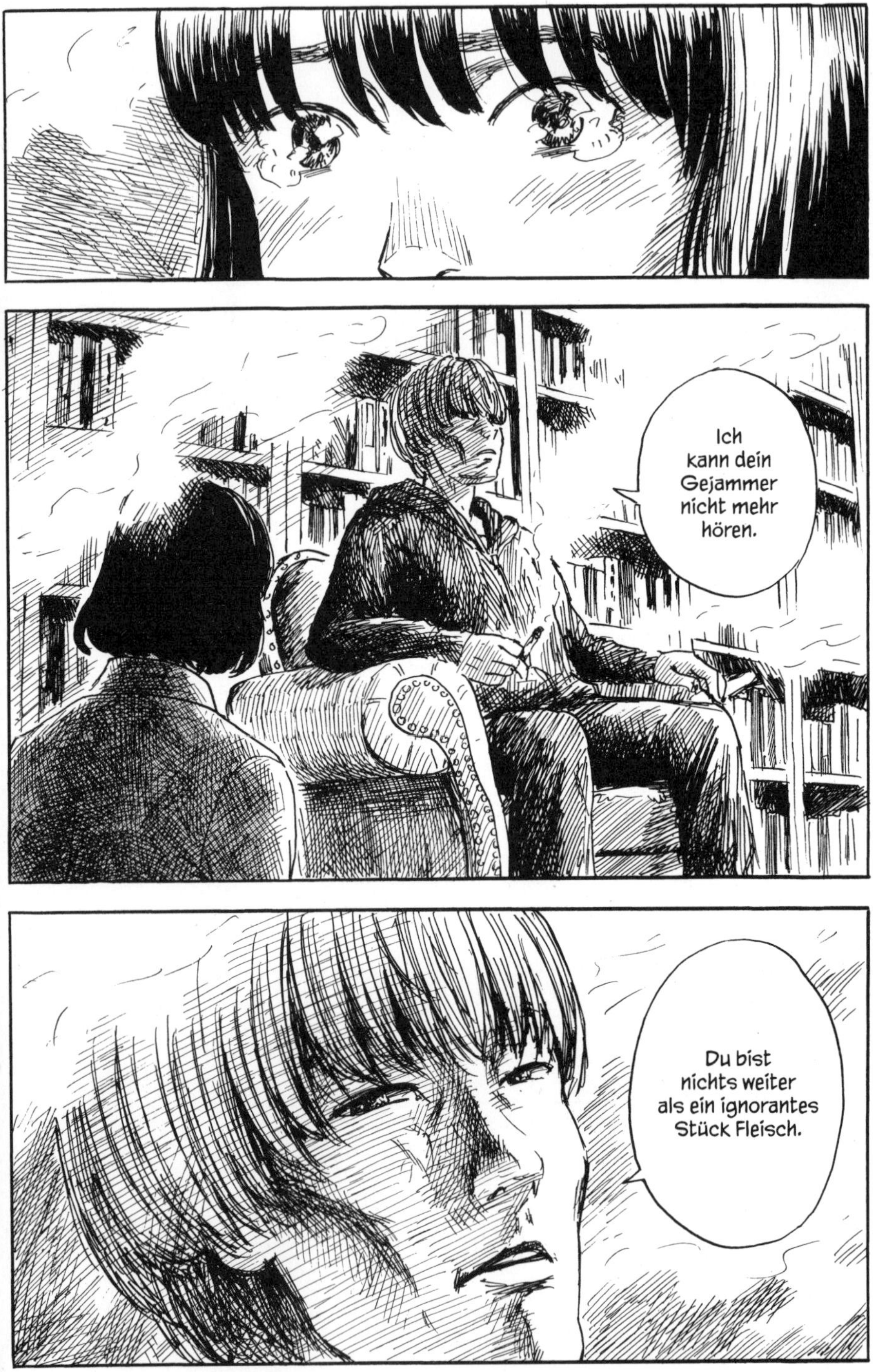
Ich kann dein Gejammer nicht mehr hören.
Du bist nichts weiter als ein ignorantes Stück Fleisch.

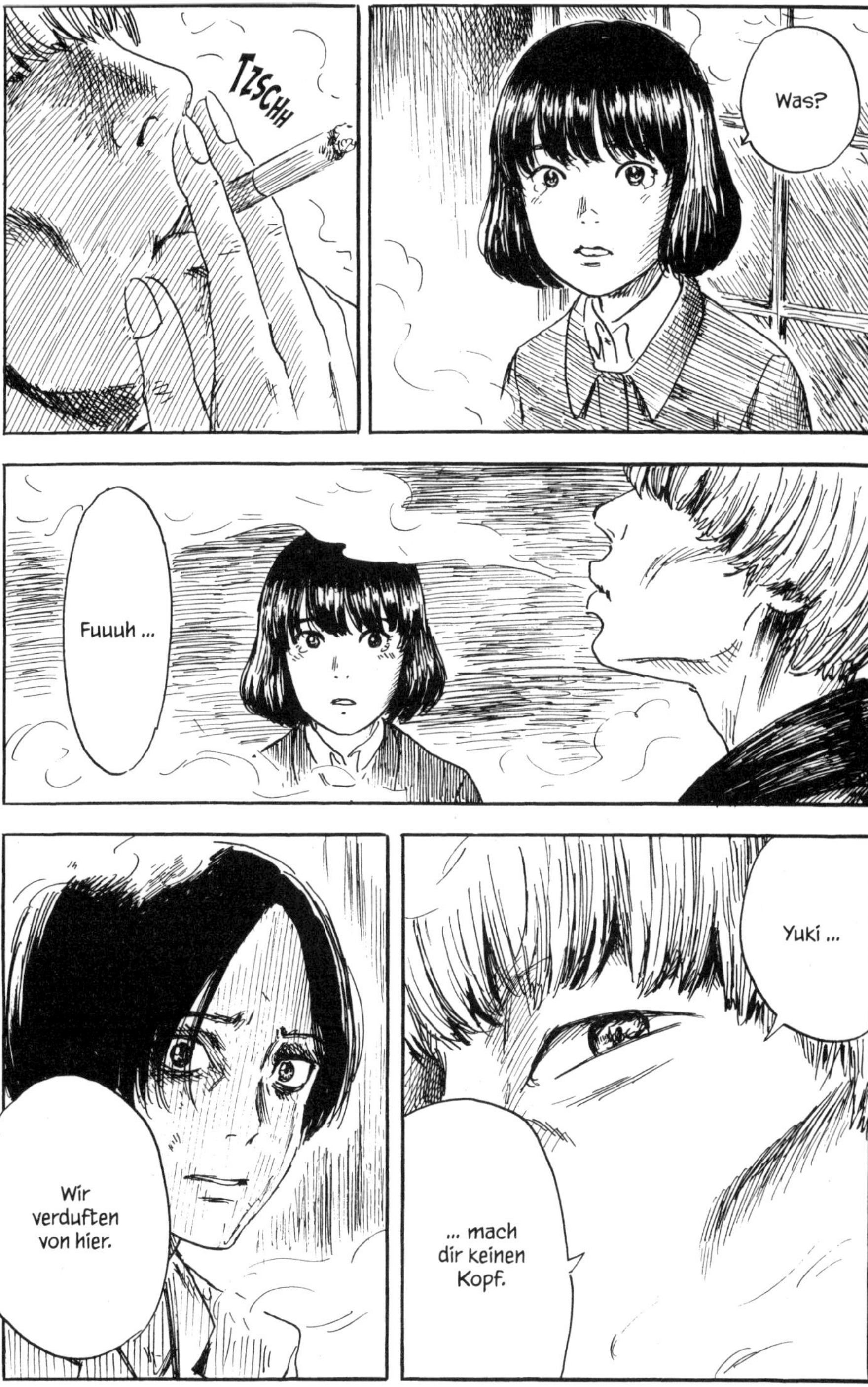
Was?
TZSCHH
Fuuuh ...
Yuki ...
... mach dir keinen Kopf.
Wir verduften von hier.

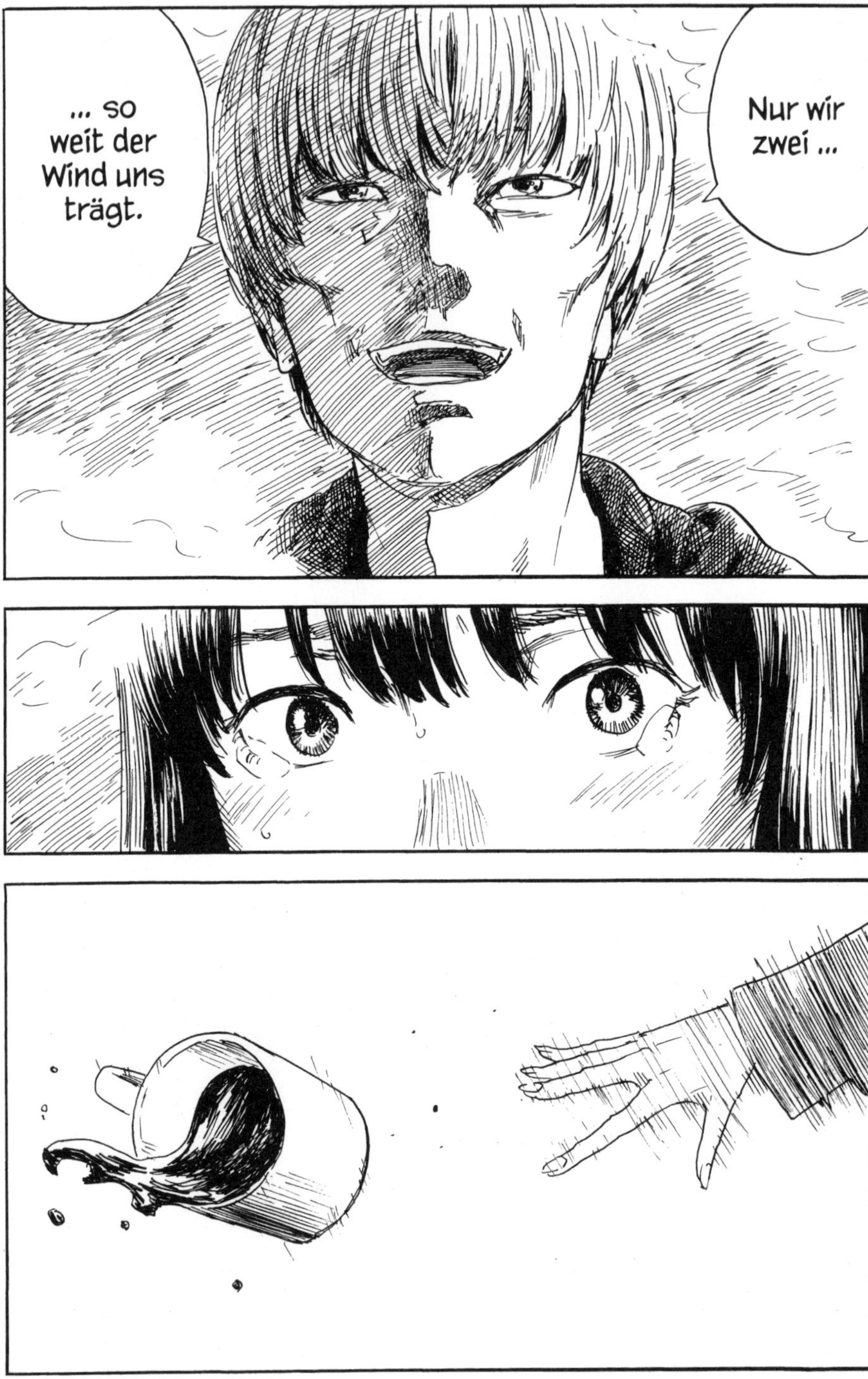
Nur wir zwei ...
... so weit der Wind uns trägt.

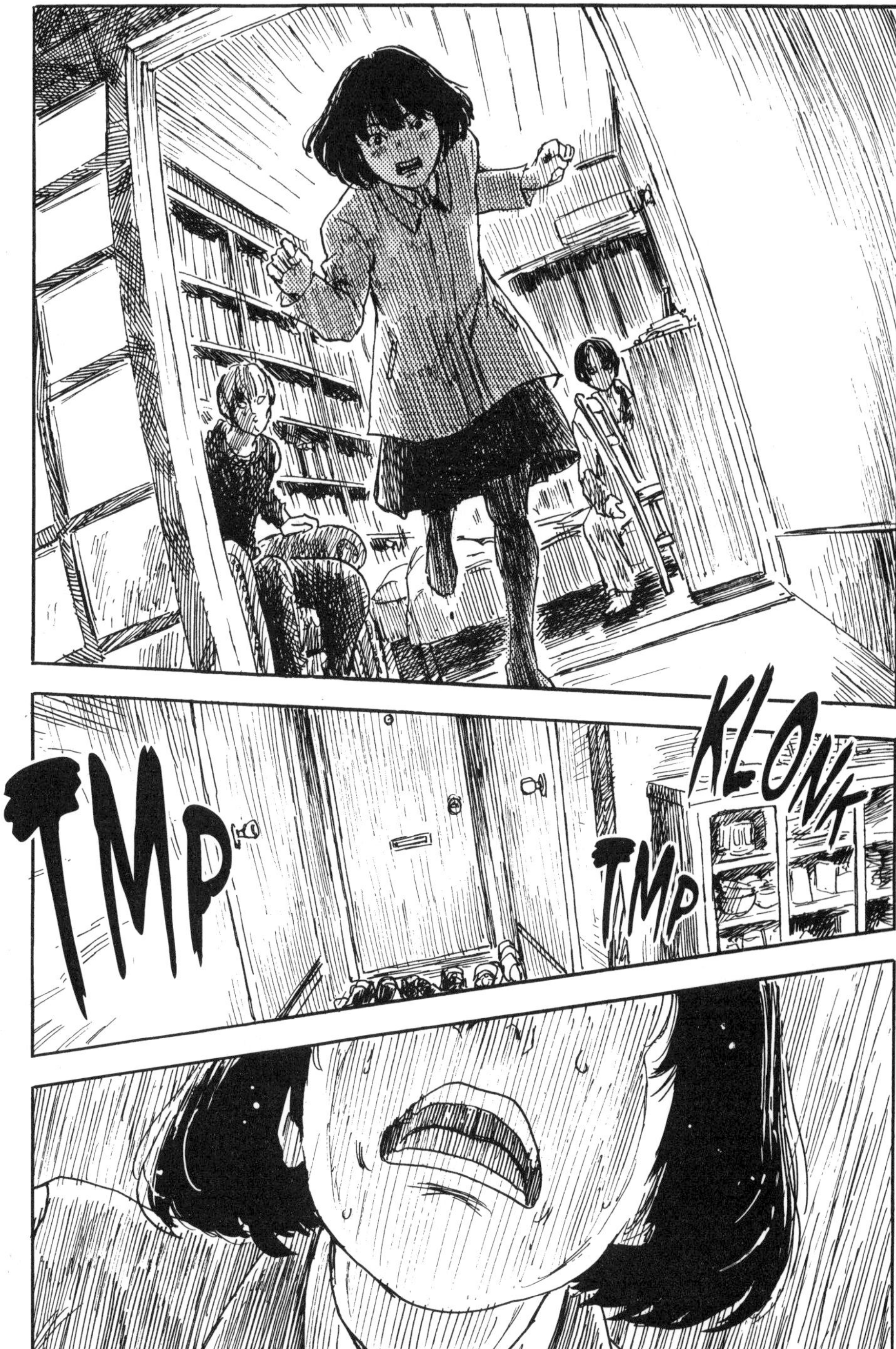
TMP
TMP
KLONK

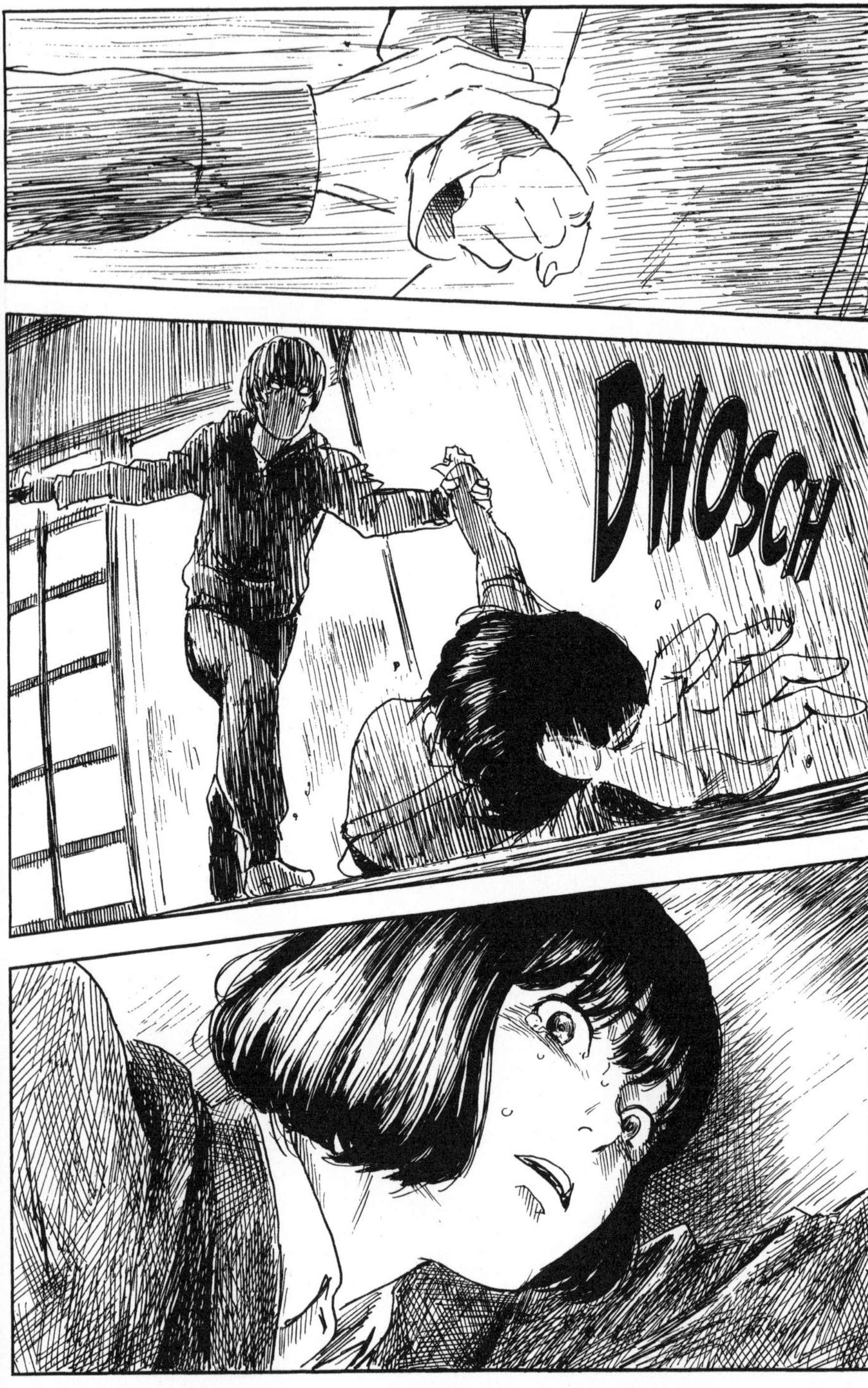
DWOSCH

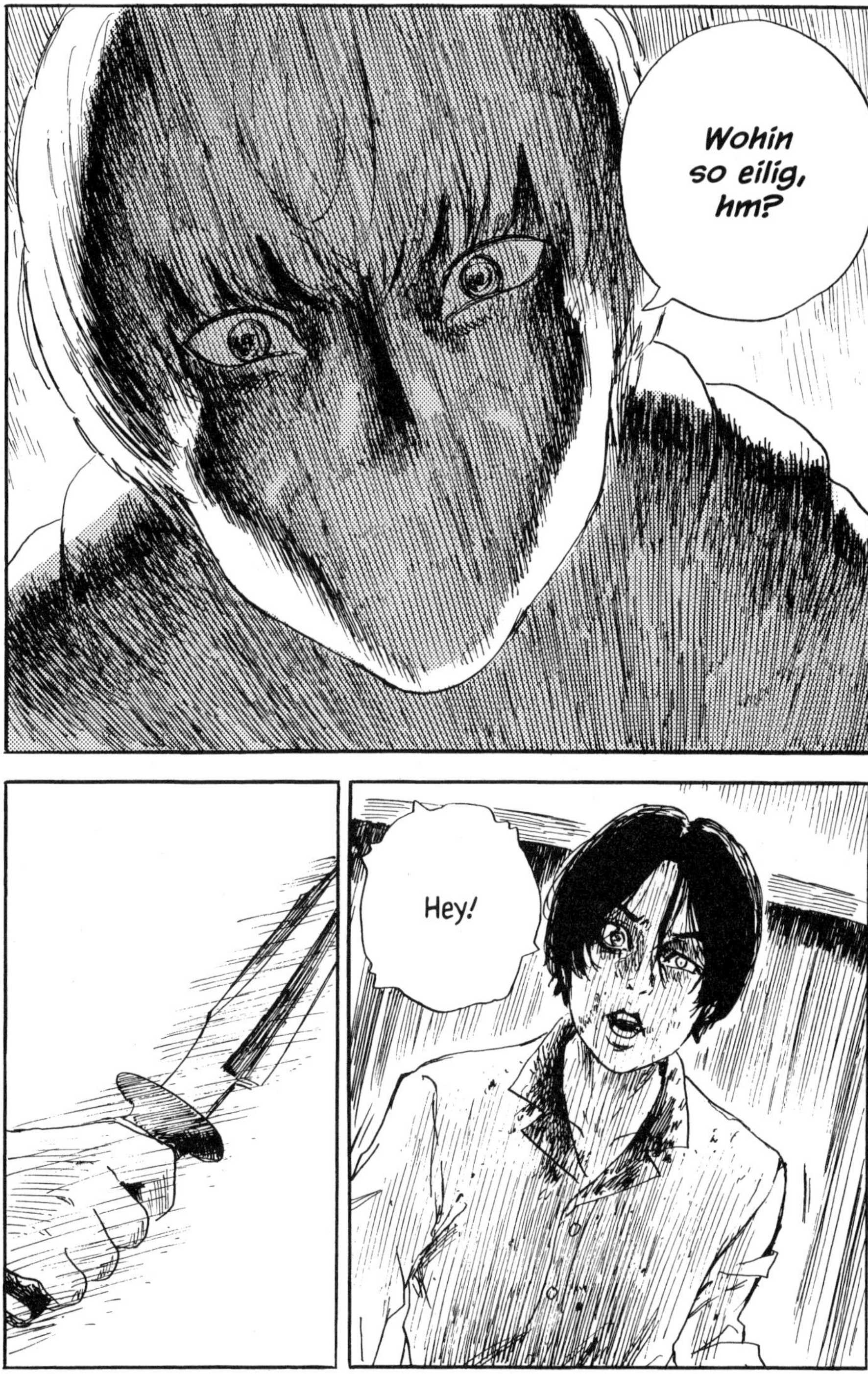
Wohin so eilig, hm?
Hey!

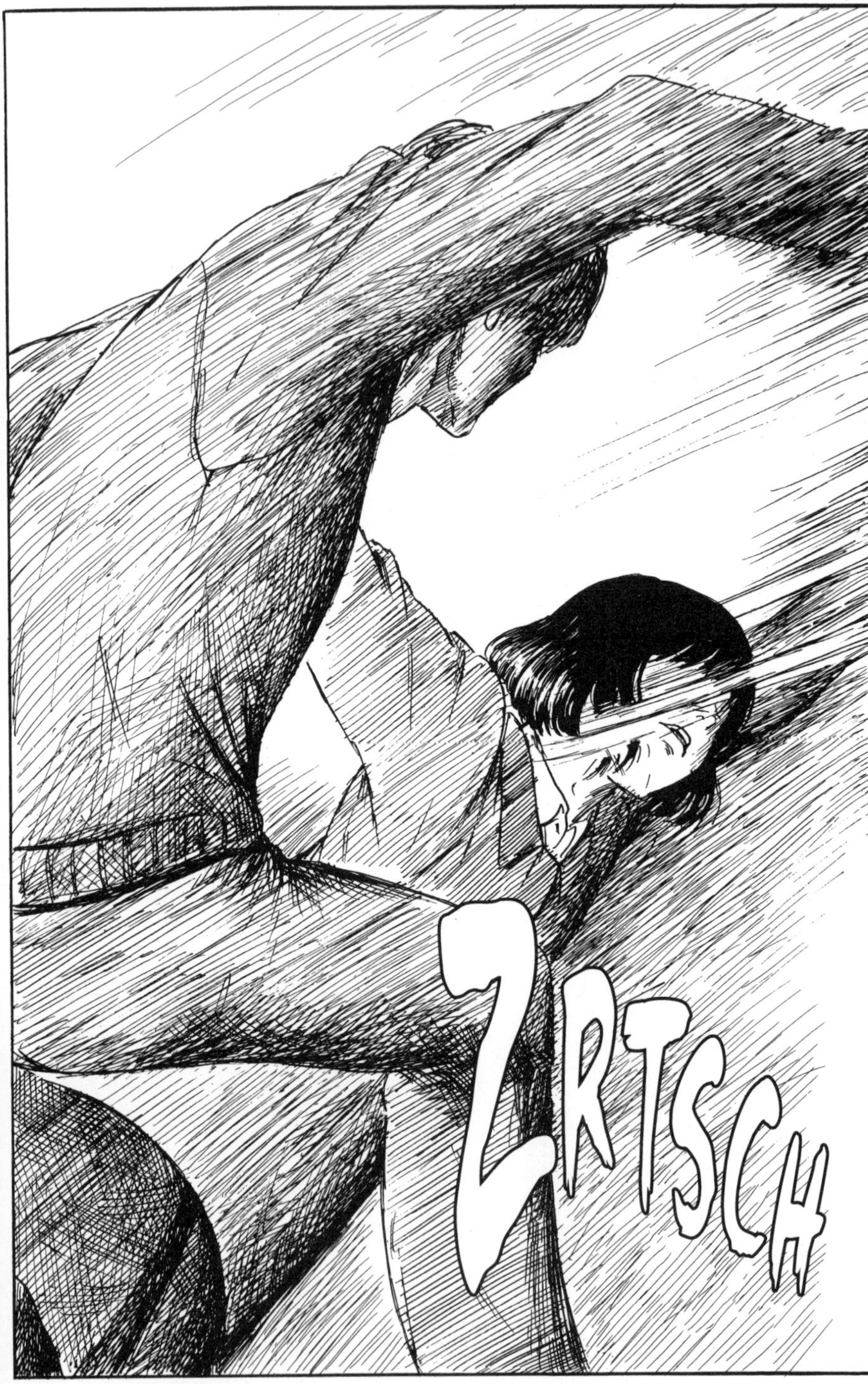
ZRTSCH

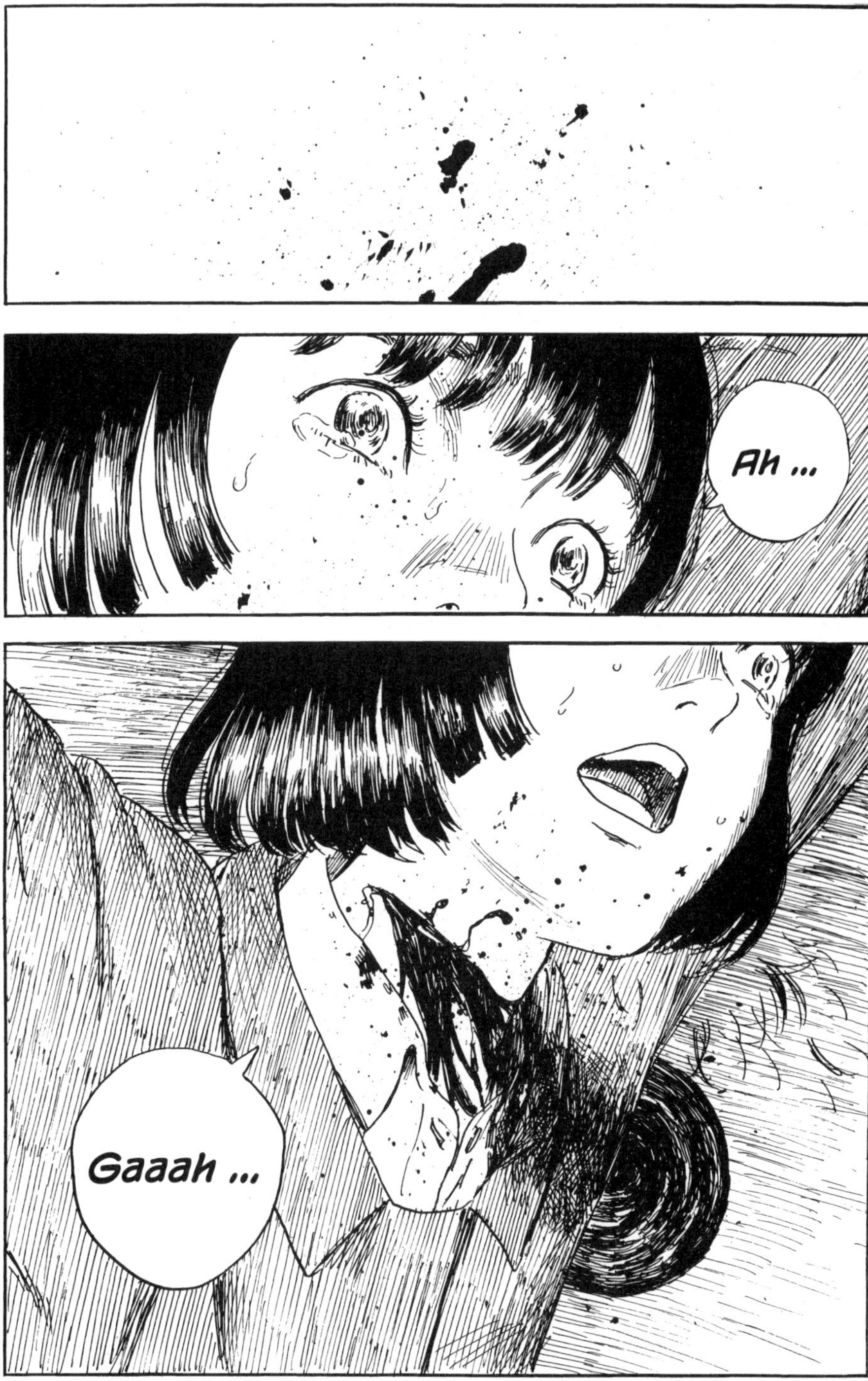
Ah ...
Gaaah ...

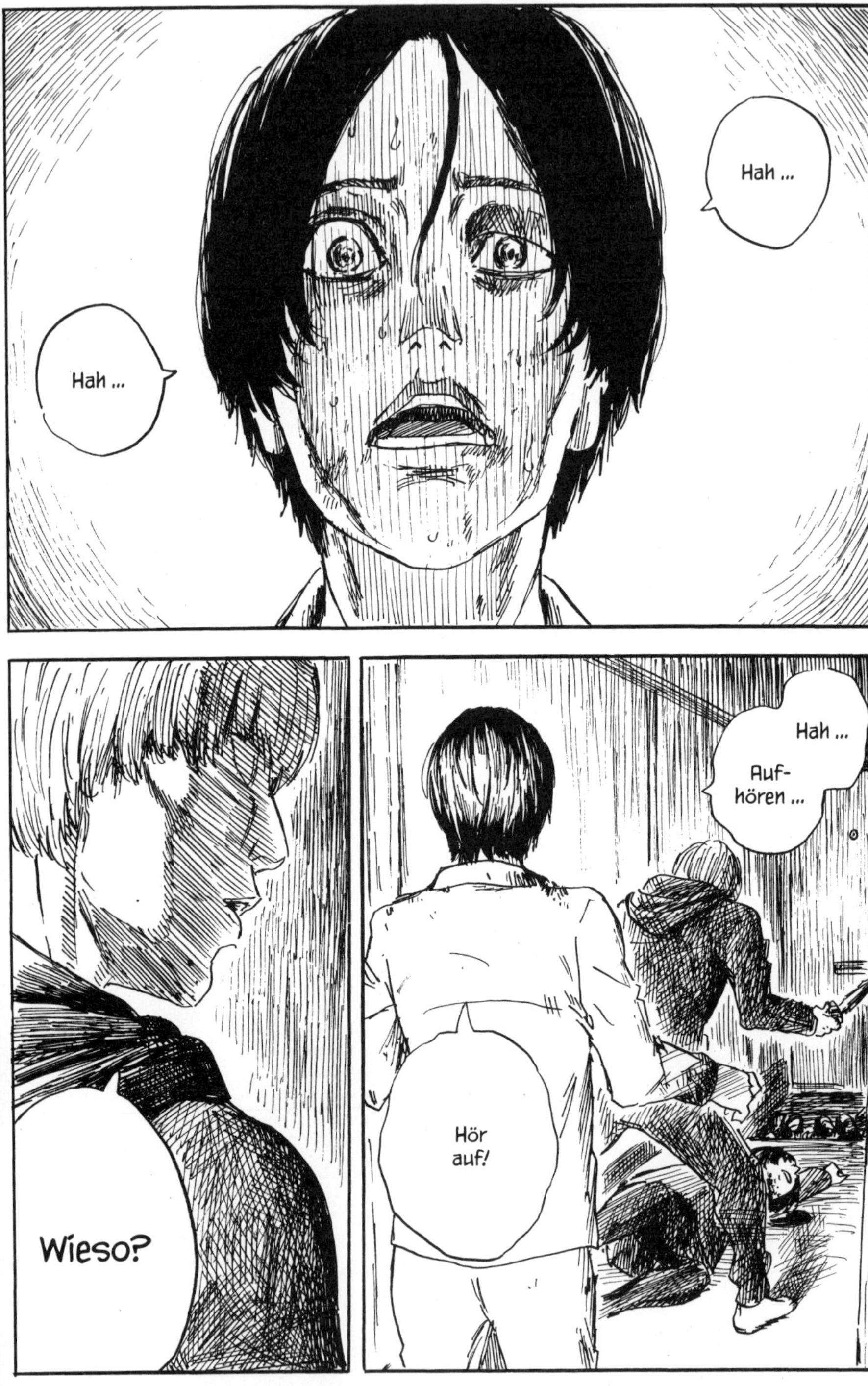
Hah ...
Hah ...
Hah ...
Auf-
hören ...
Hör
auf!
Wieso?

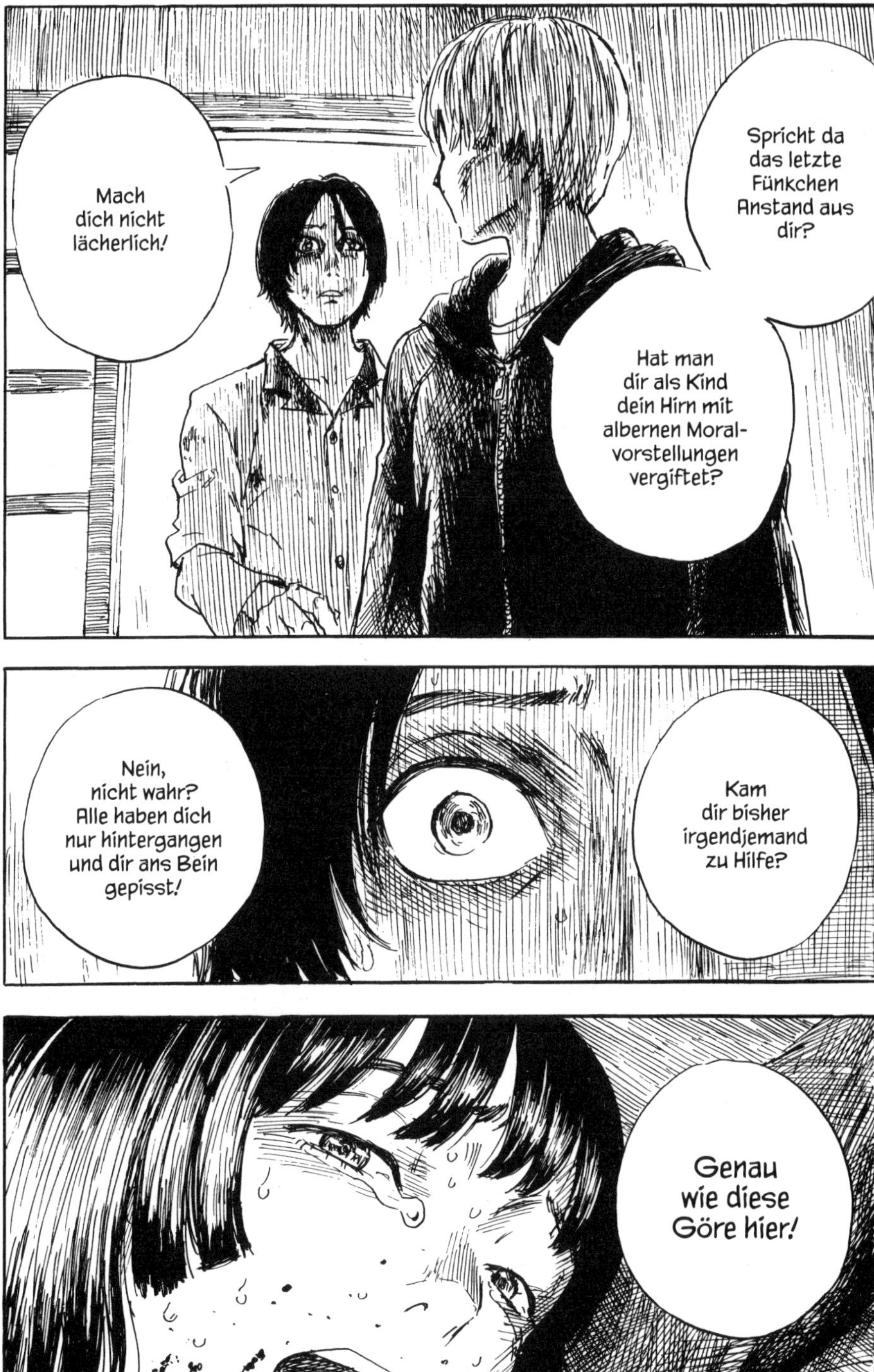
Spricht da das letzte Fünkchen Anstand aus dir?
Mach dich nicht lächerlich!
Hat man dir als Kind dein Hirn mit albernen Moral-vorstellungen vergiftet?
Kam dir bisher irgendjemand zu Hilfe?
Nein, nicht wahr? Alle haben dich nur hintergangen und dir ans Bein gepisst!
Genau wie diese Göre hier!

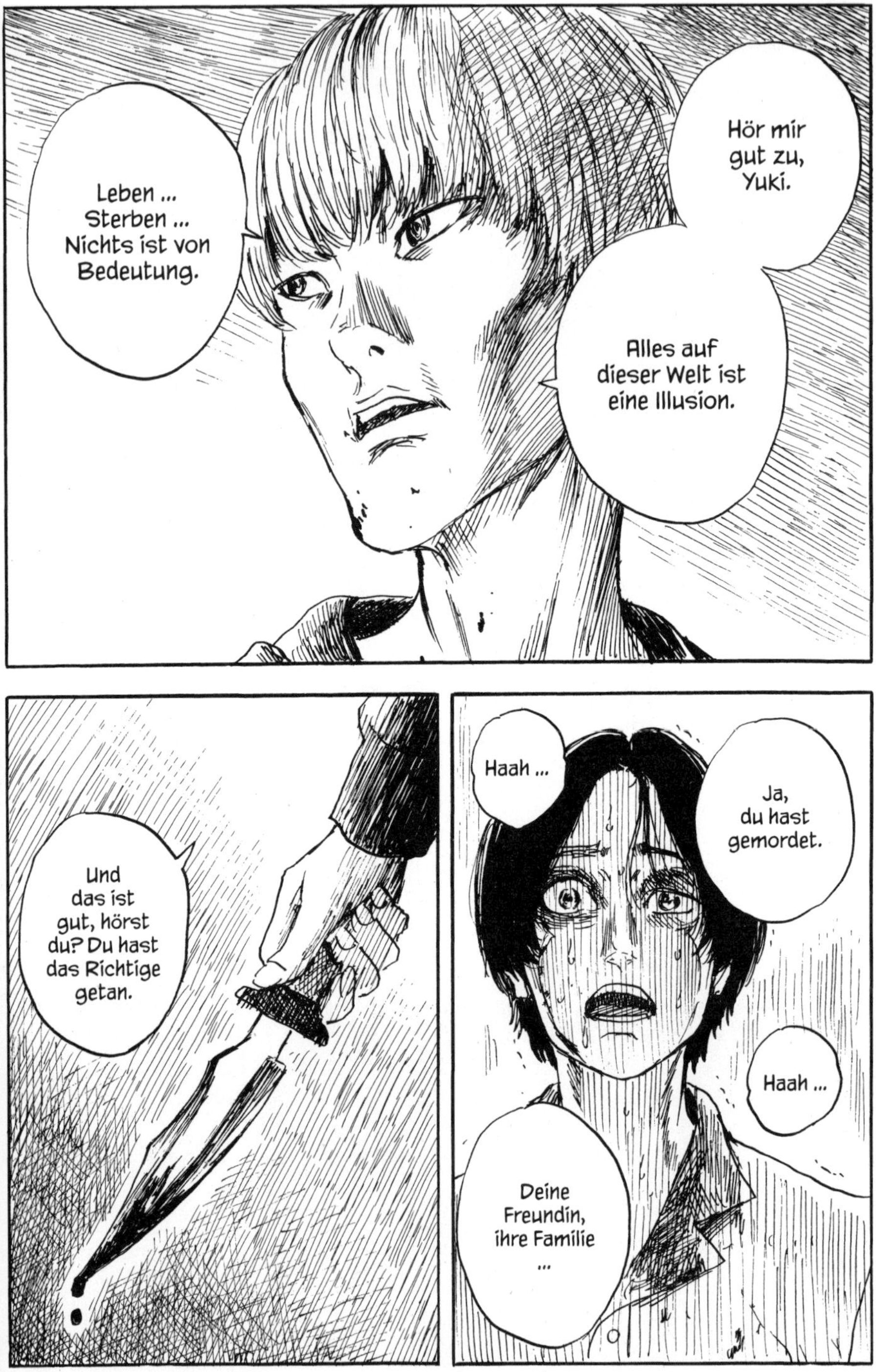
Hör mir gut zu, Yuki.
Alles auf dieser Welt ist eine Illusion.
Leben ... Sterben ... Nichts ist von Bedeutung.
Ja, du hast gemordet.
Haah ...
Haah ...
Deine Freundin, ihre Familie ...
Und das ist gut, hörst du? Du hast das Richtige getan.

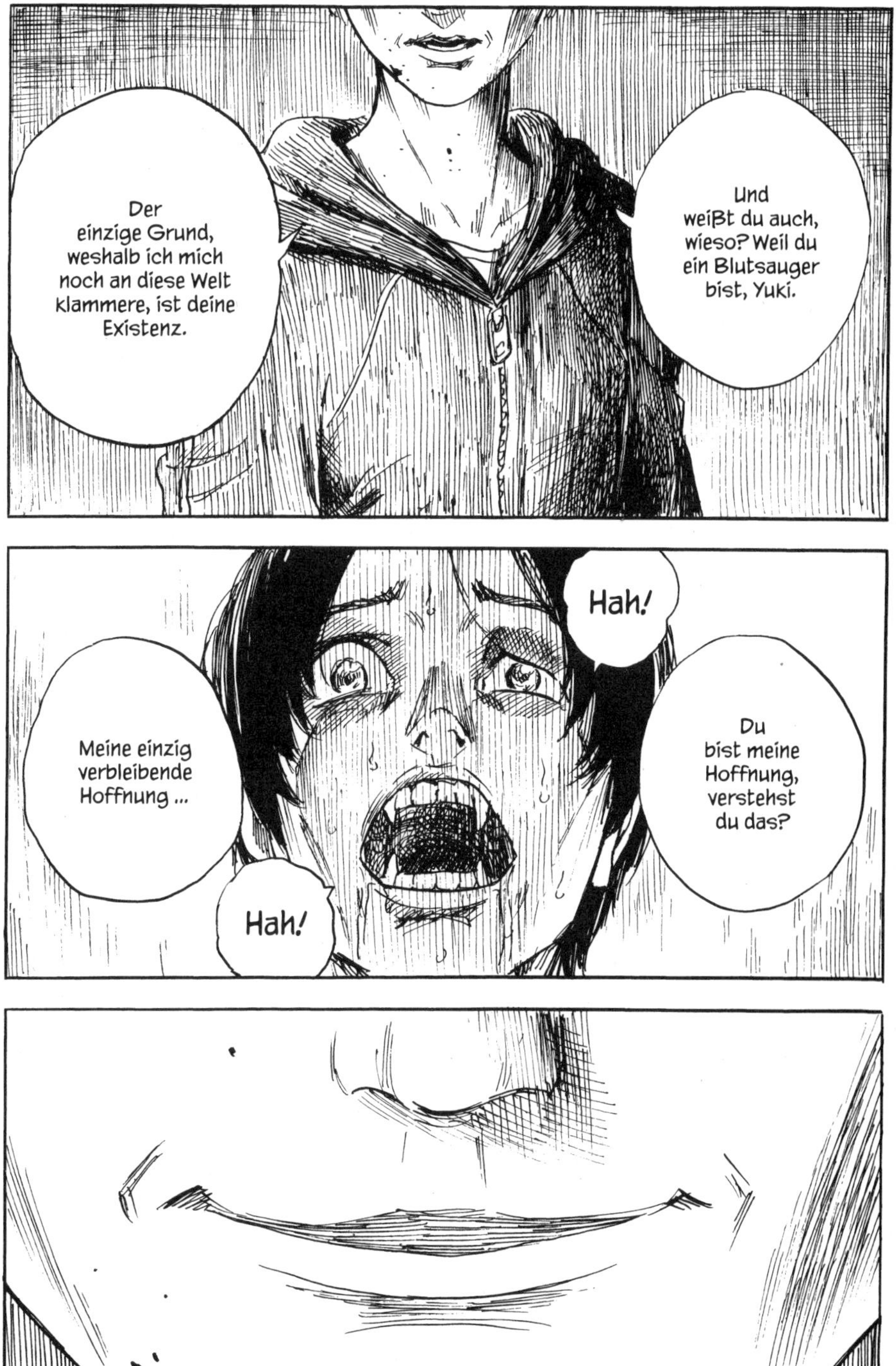
Und weißt du auch, wieso? Weil du ein Blutsauger bist, Yuki.
Der einzige Grund, weshalb ich mich noch an diese Welt klammere, ist deine Existenz.
Hah!
Du bist meine Hoffnung, verstehst du das?
Meine einzig verbleibende Hoffnung ...
Hah!

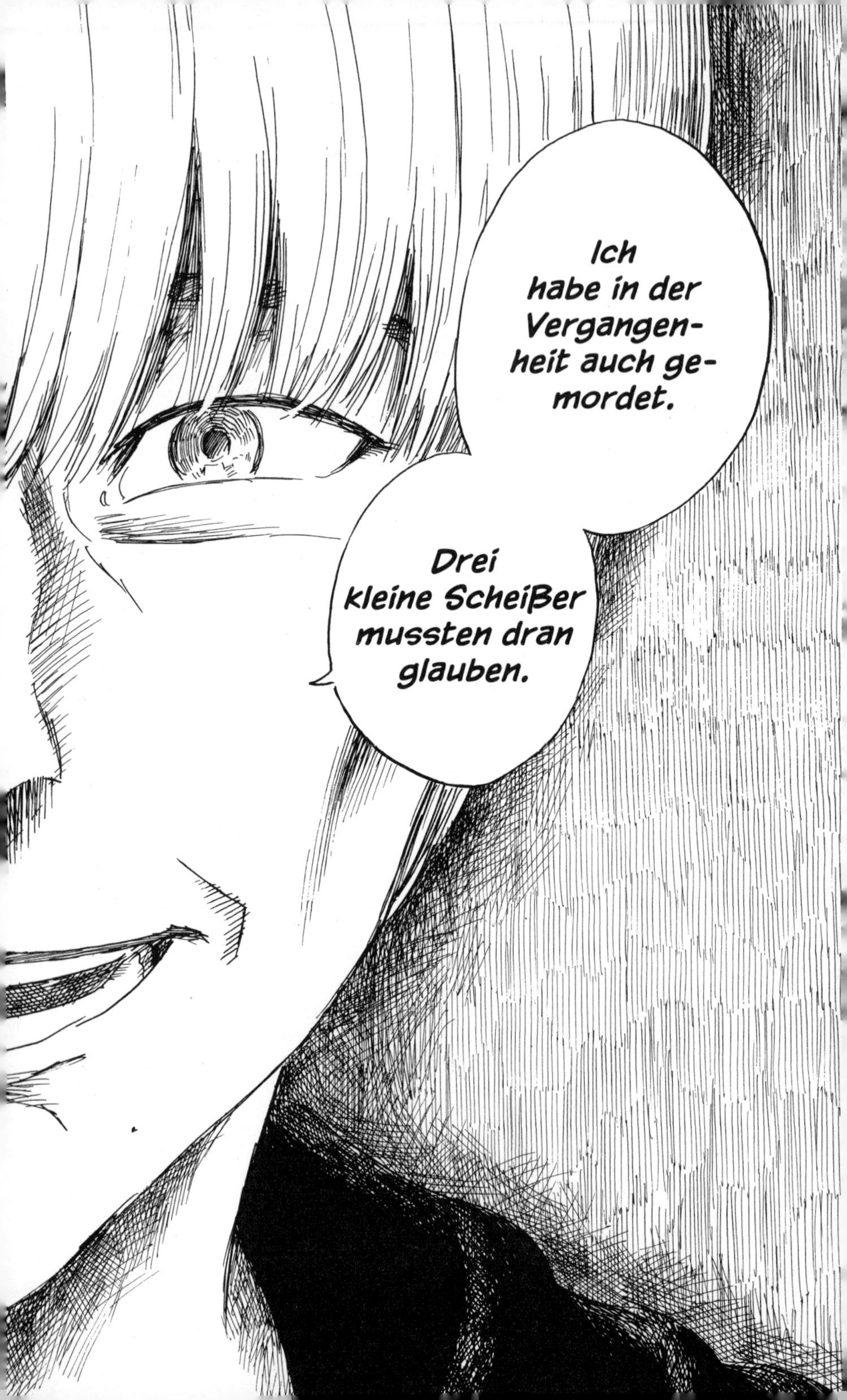
Ich habe in der Vergangen-heit auch ge-mordet.
Drei kleine Scheißer mussten dran glauben.

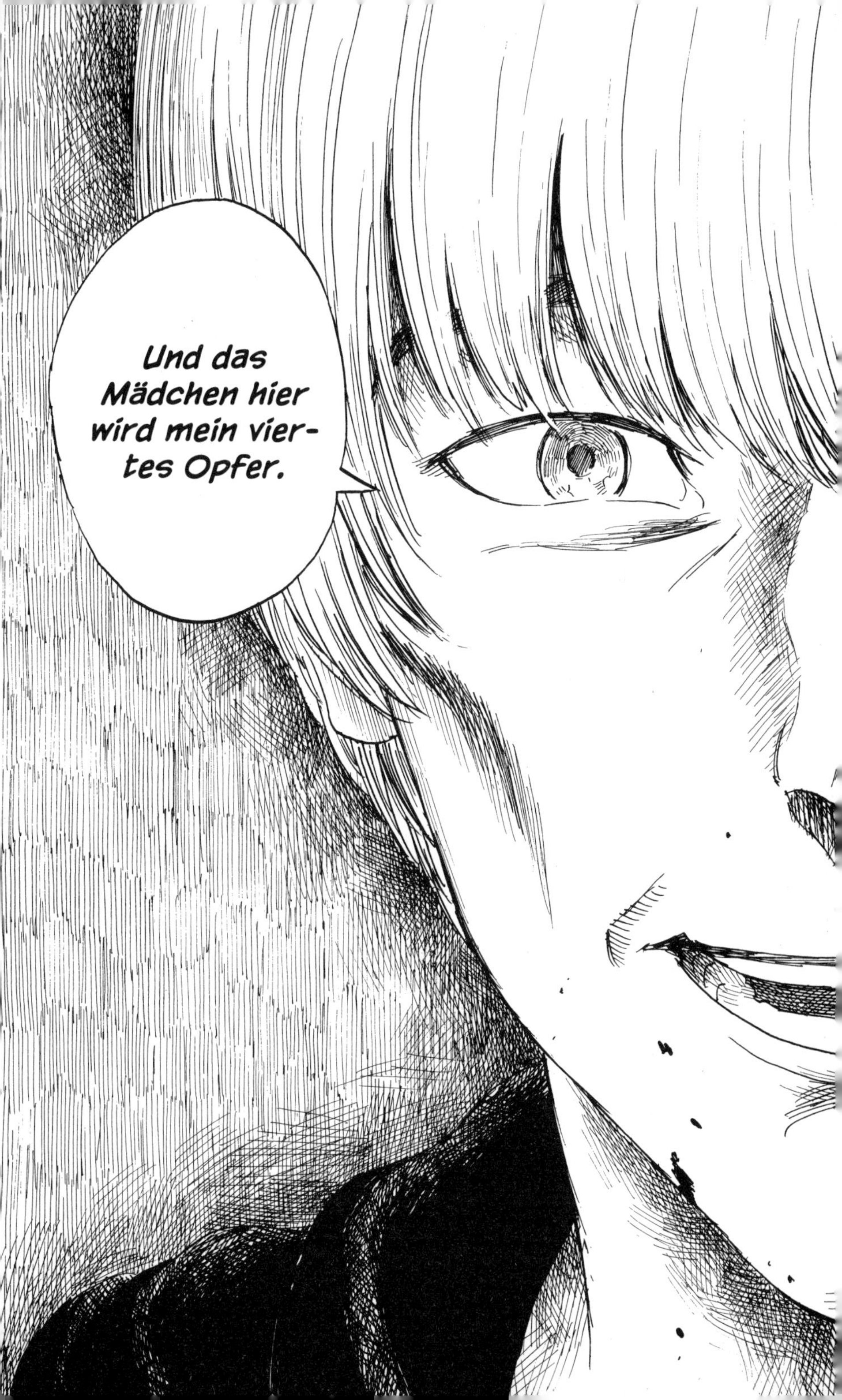
Und das Mädchen hier wird mein vier-tes Opfer.

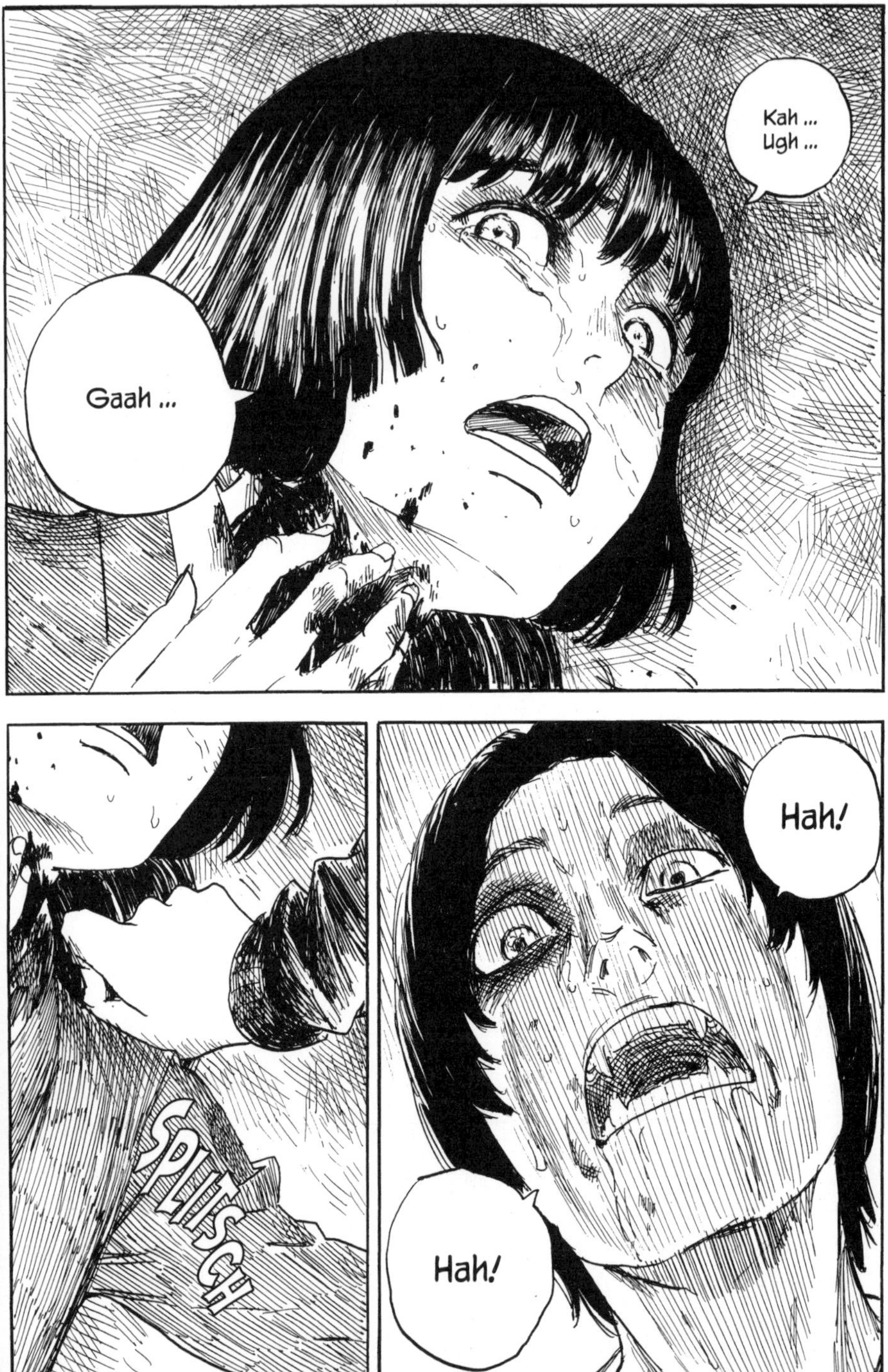
Kah ...
Ugh ...
Gaah ...
Hah!
Hah!
SPLITSCH

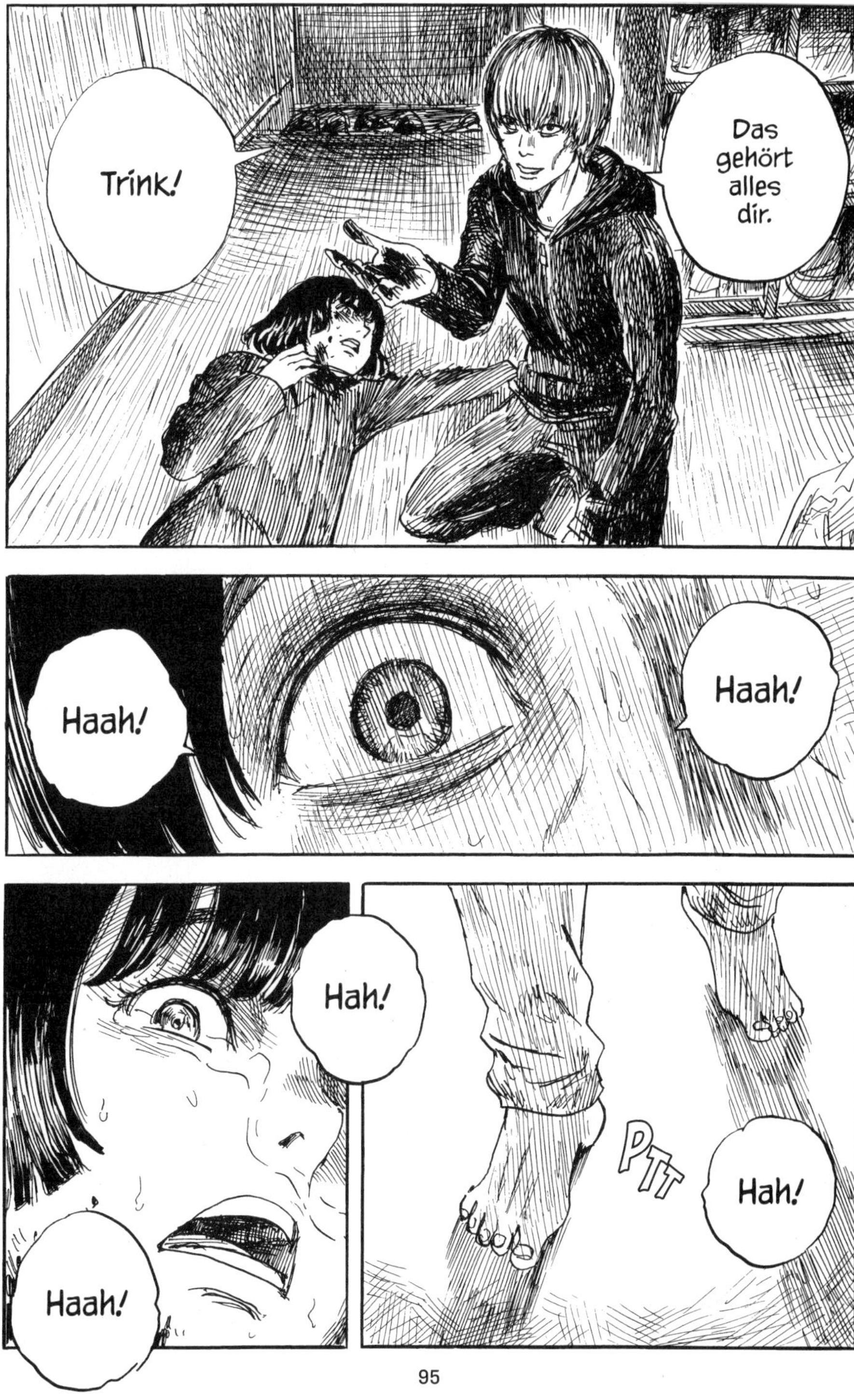
Das gehört alles dir.
Trink!
Haah!
Haah!
Hah!
PTT
Hah!
Haah!

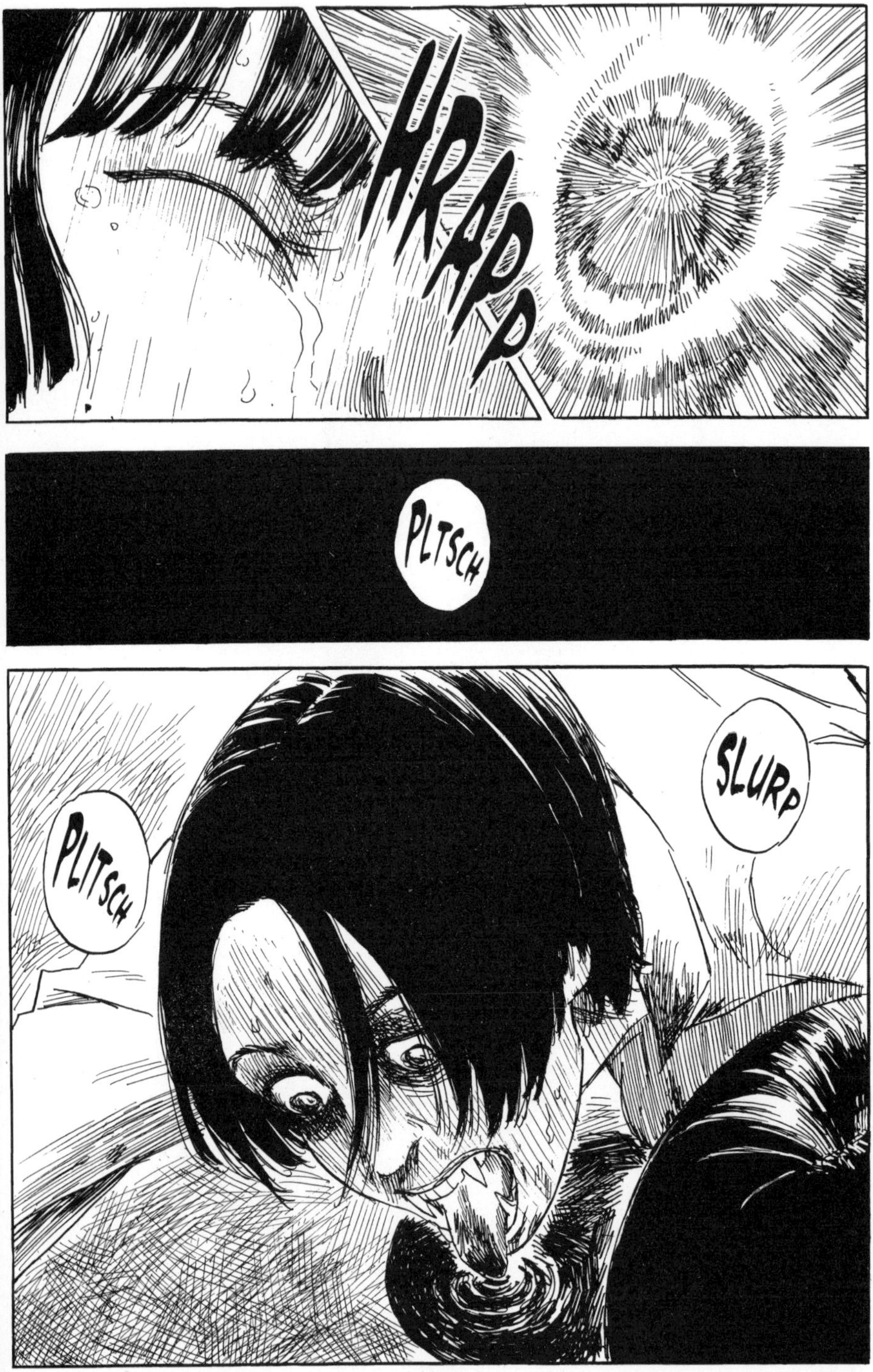
HRAPP
PLTSCH
SLURP
PLITSCH

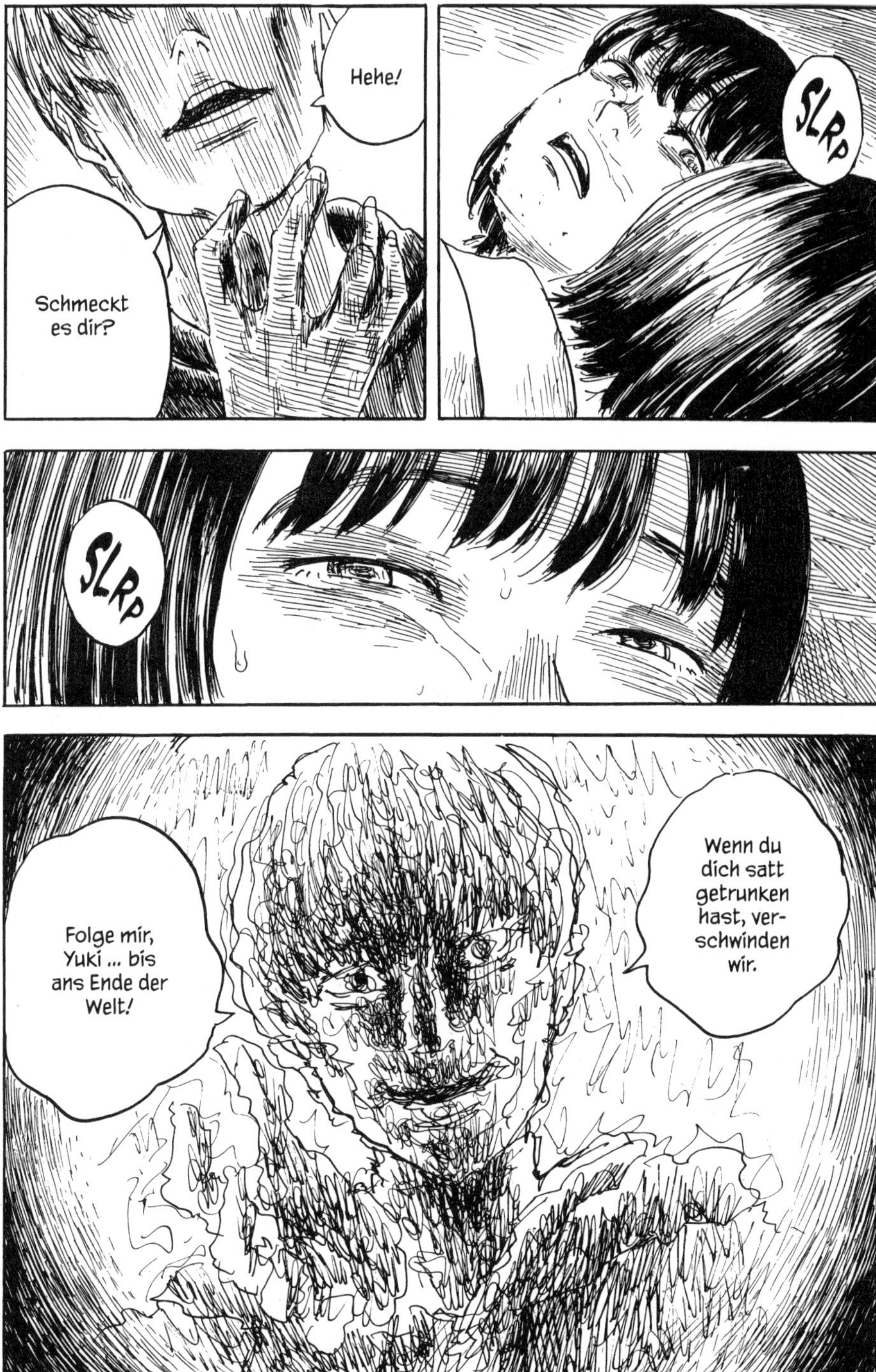
SLRP
Hehe!
Schmeckt es dir?
SLRP
Wenn du dich satt getrunken hast, verschwinden wir.
Folge mir, Yuki ... bis ans Ende der Welt!

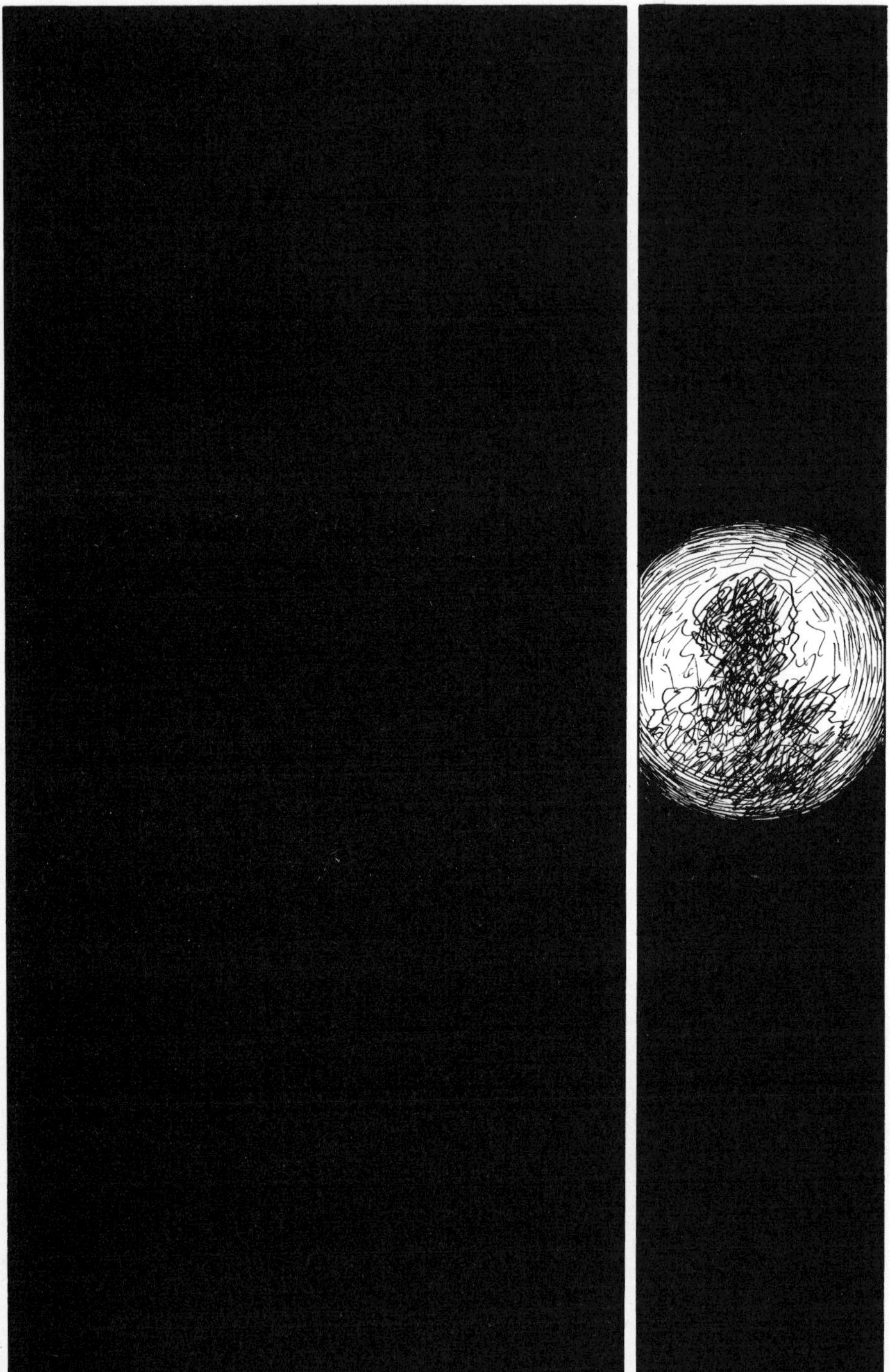

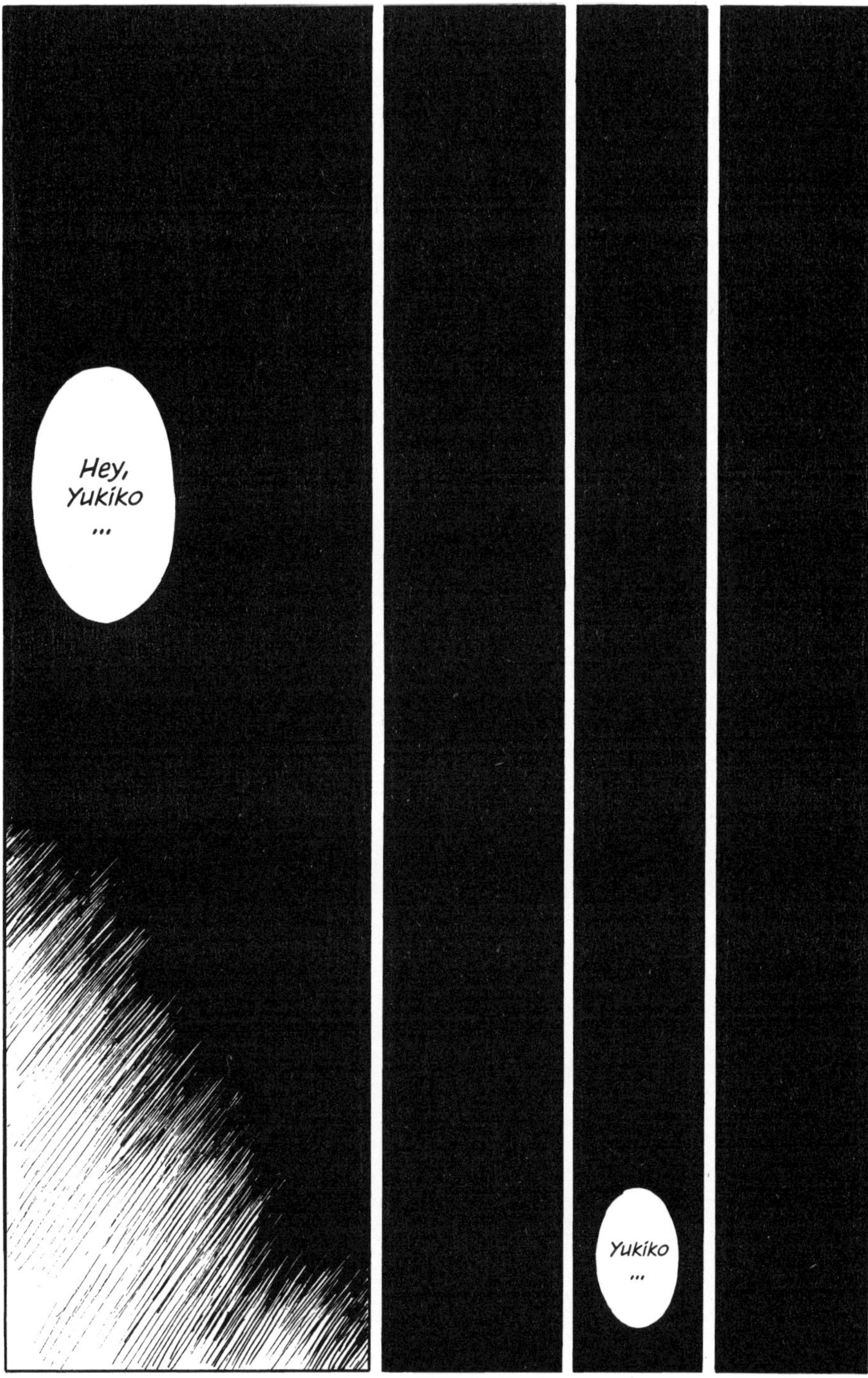
Yukiko ...
Hey, Yukiko ...

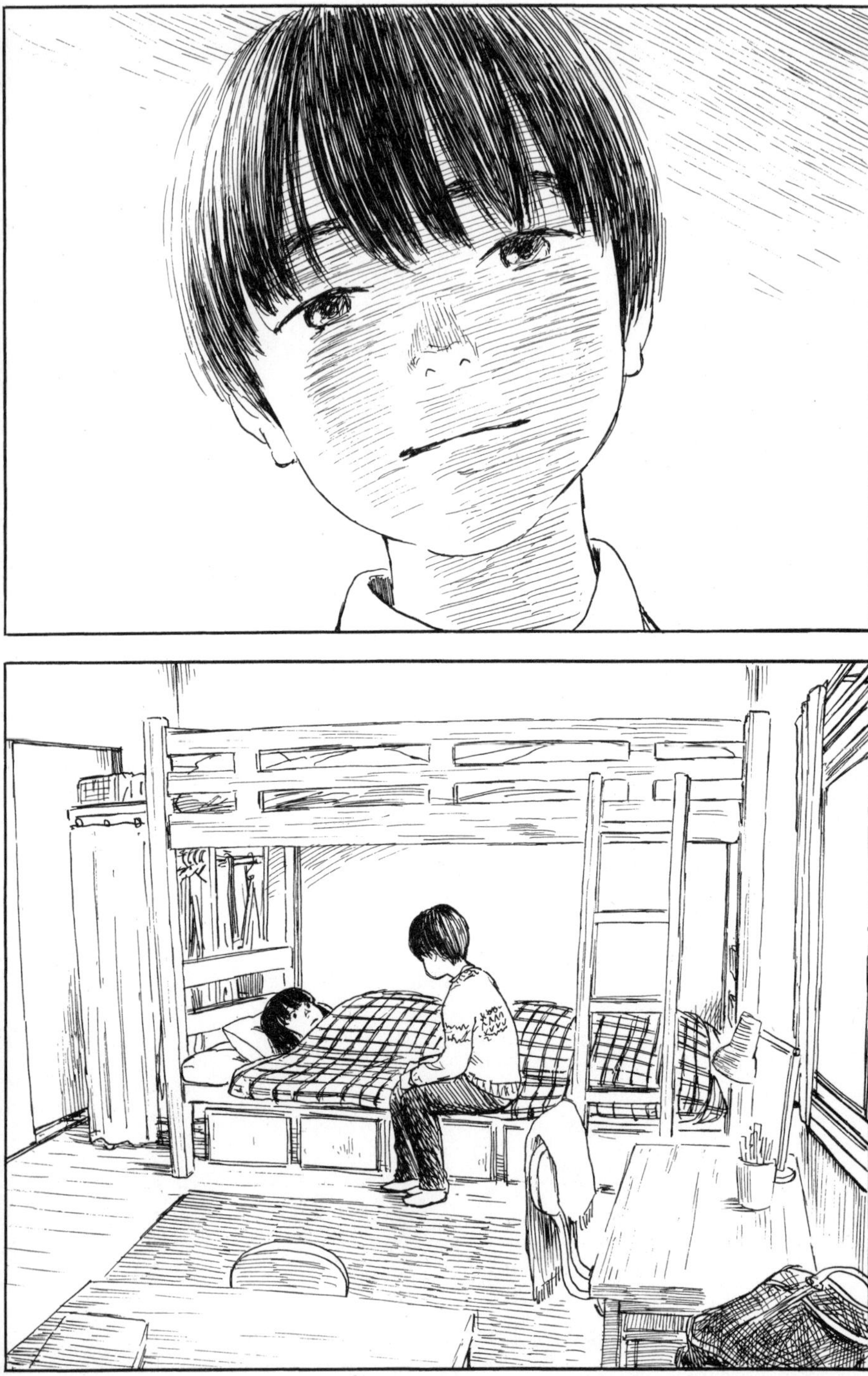

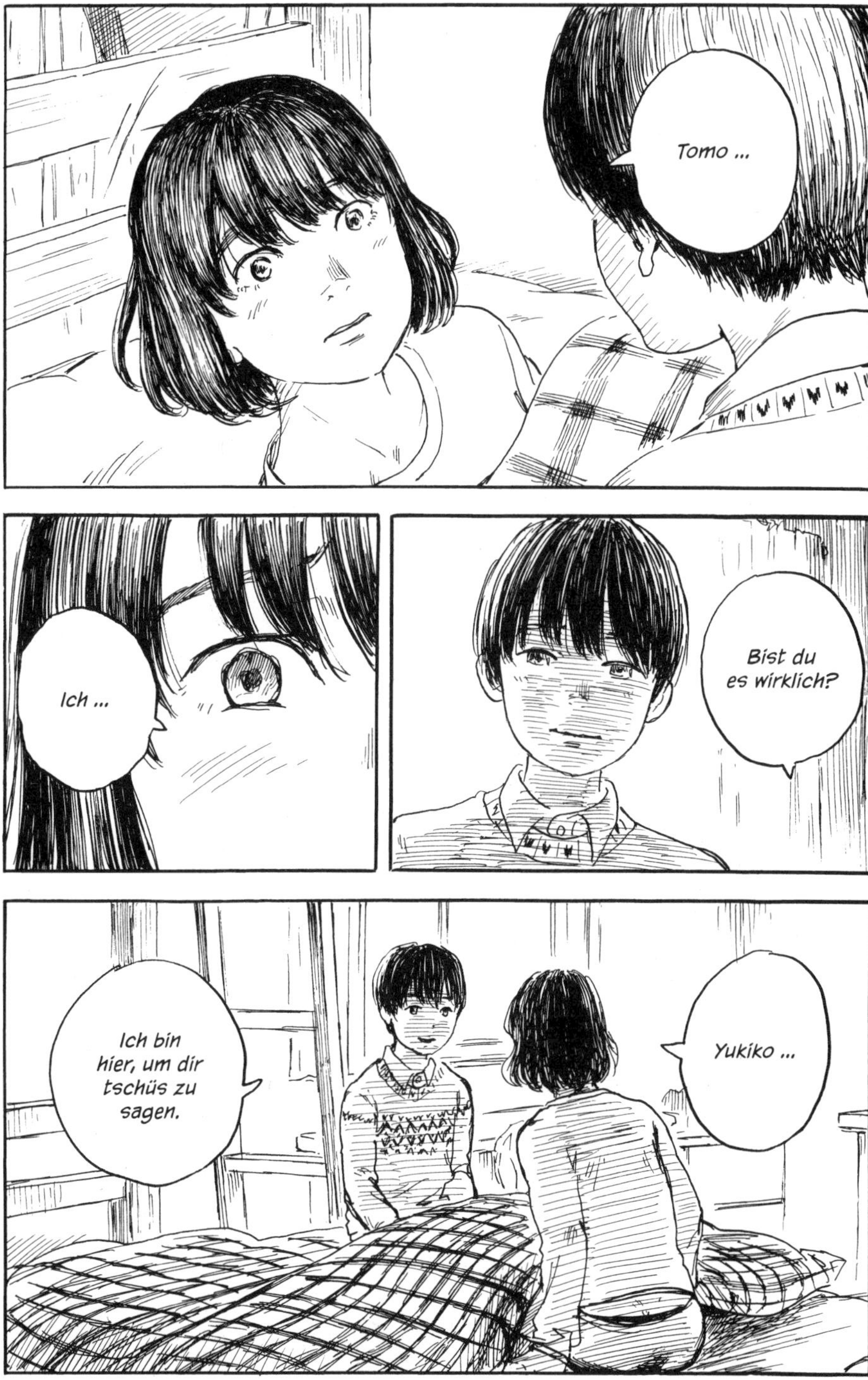
Tomo ...
Bist du es wirklich?
Ich ...
Yukiko ...
Ich bin hier, um dir tschüs zu sagen.

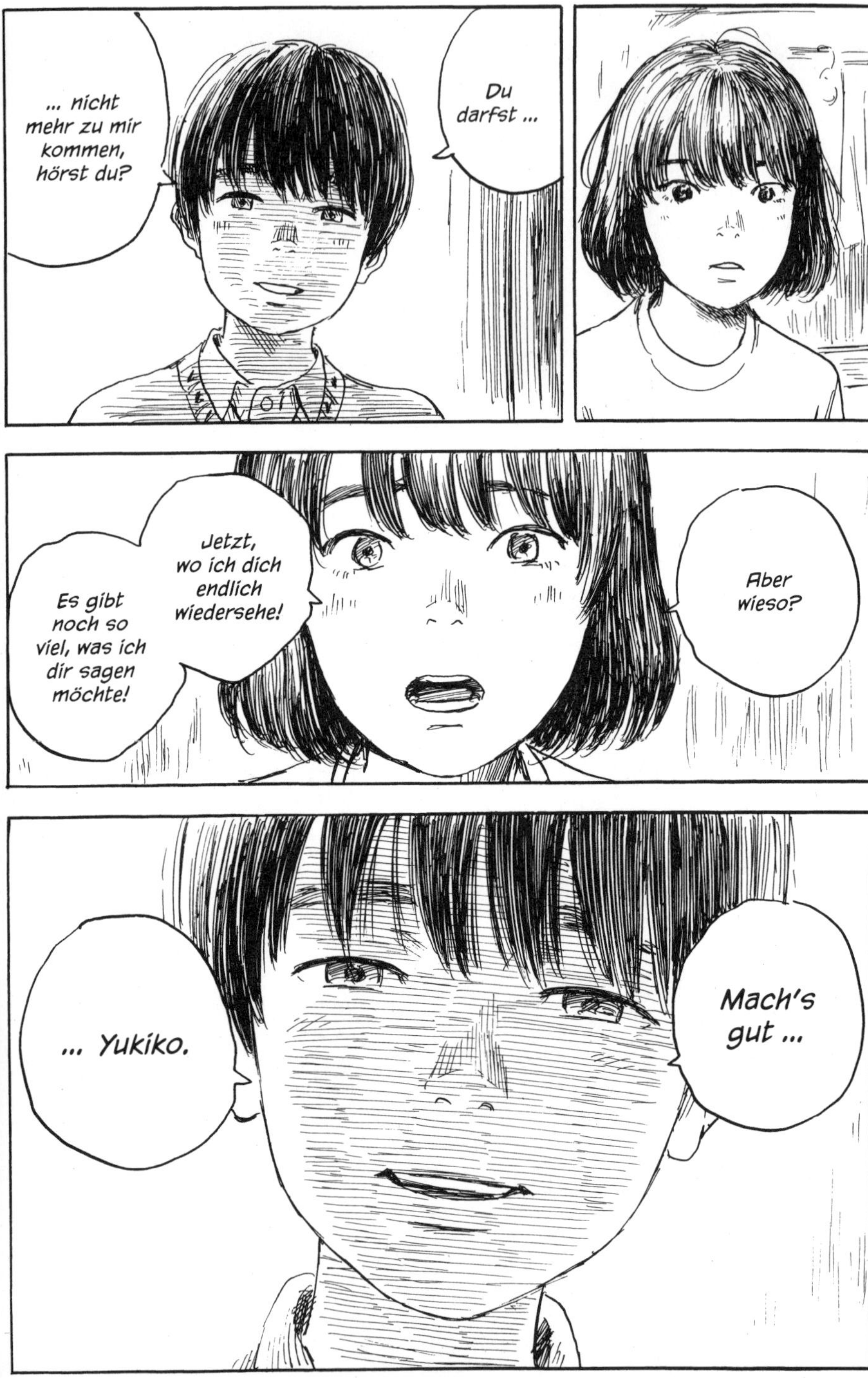
Du darfst ...
... nicht mehr zu mir kommen, hörst du?
Aber wieso?
Jetzt, wo ich dich endlich wiedersehe!
Es gibt noch so viel, was ich dir sagen möchte!
Mach's gut ...
... Yukiko.

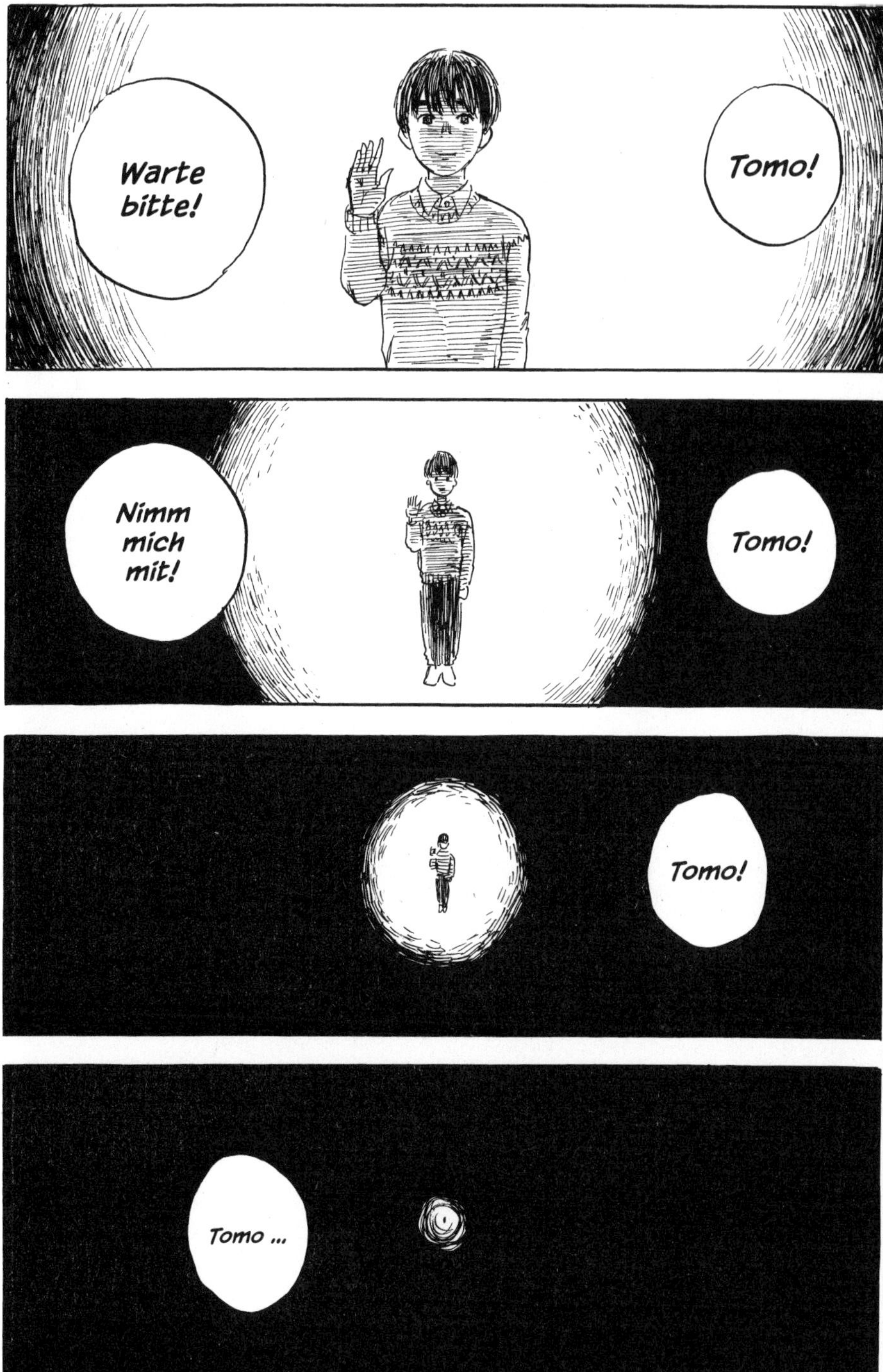
Tomo!
Warte bitte!
Tomo!
Nimm mich mit!
Tomo!
Tomo ...

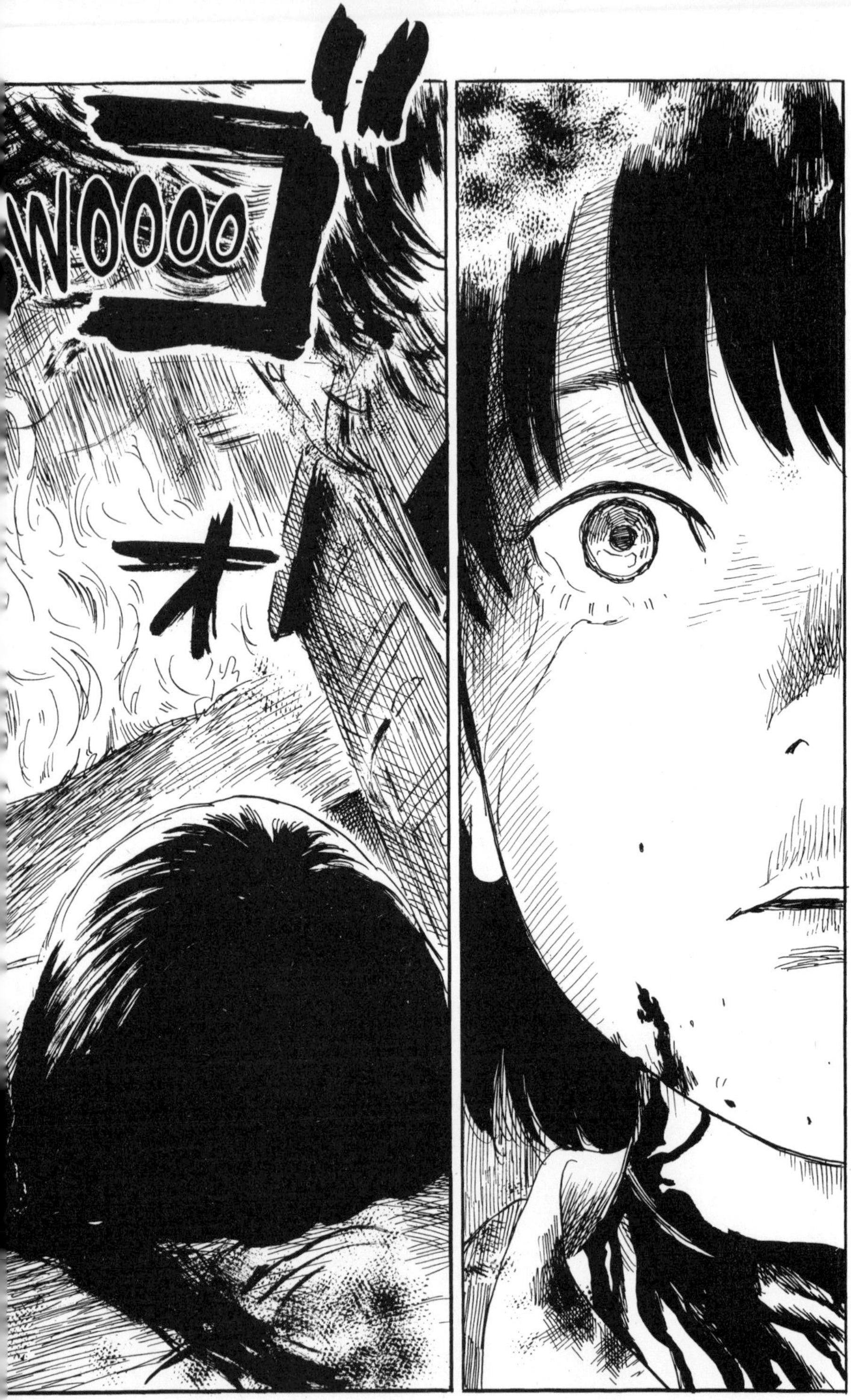
ゴ
WOOOO
オ

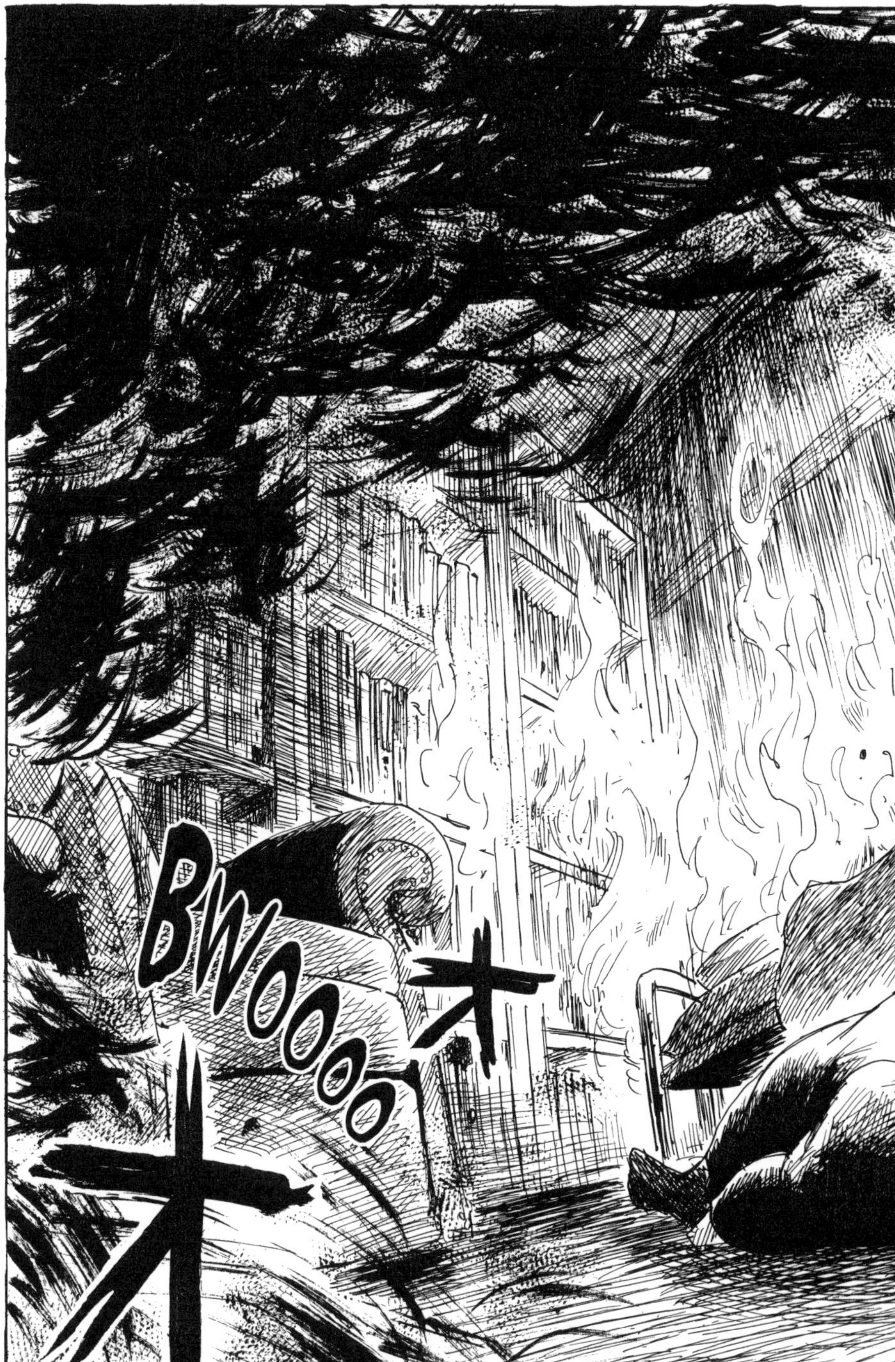
BWOOOOO

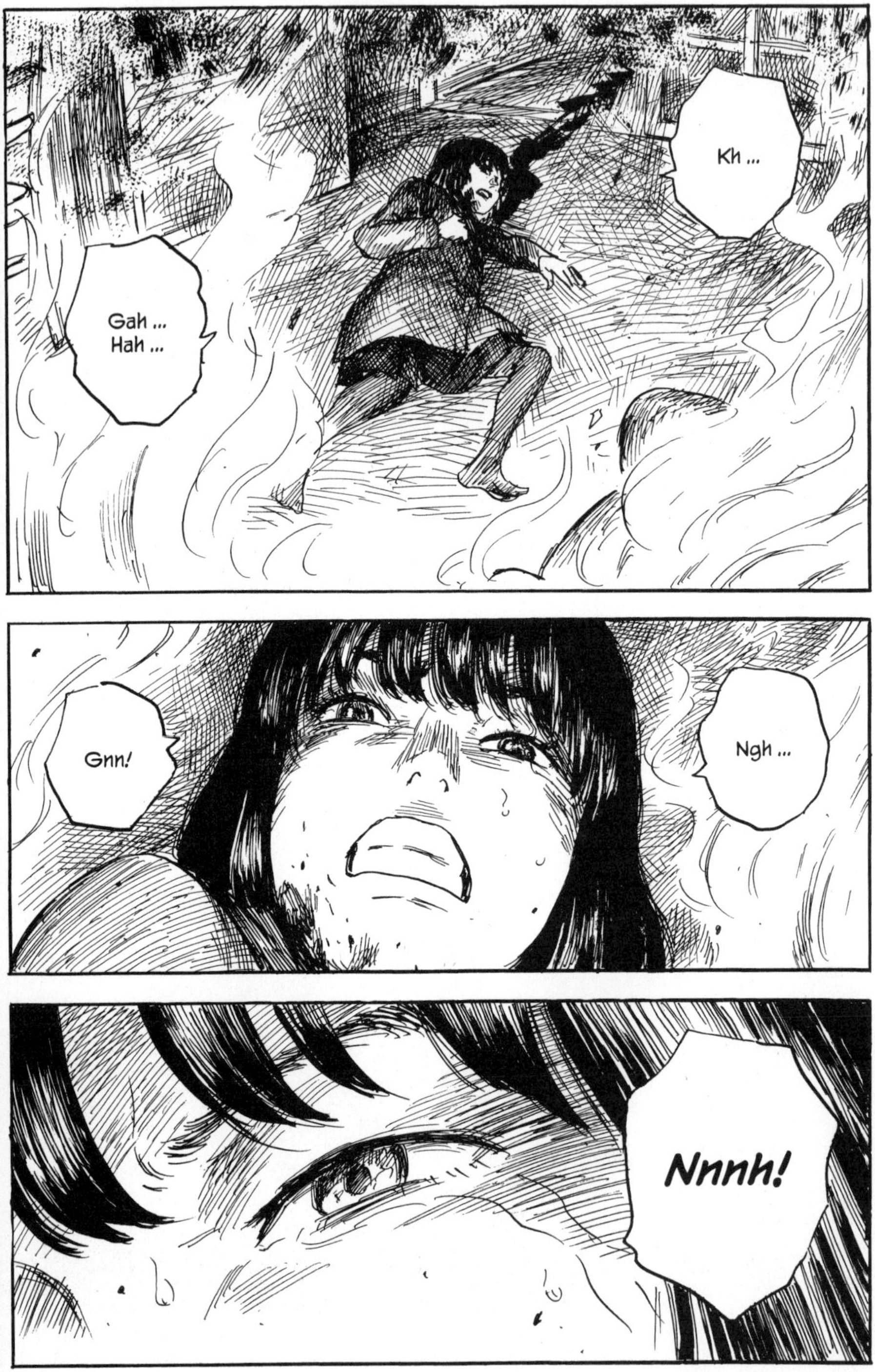
Kh ...
Gah ...
Hah ...
Ngh ...
Gnn!
Nnnh!

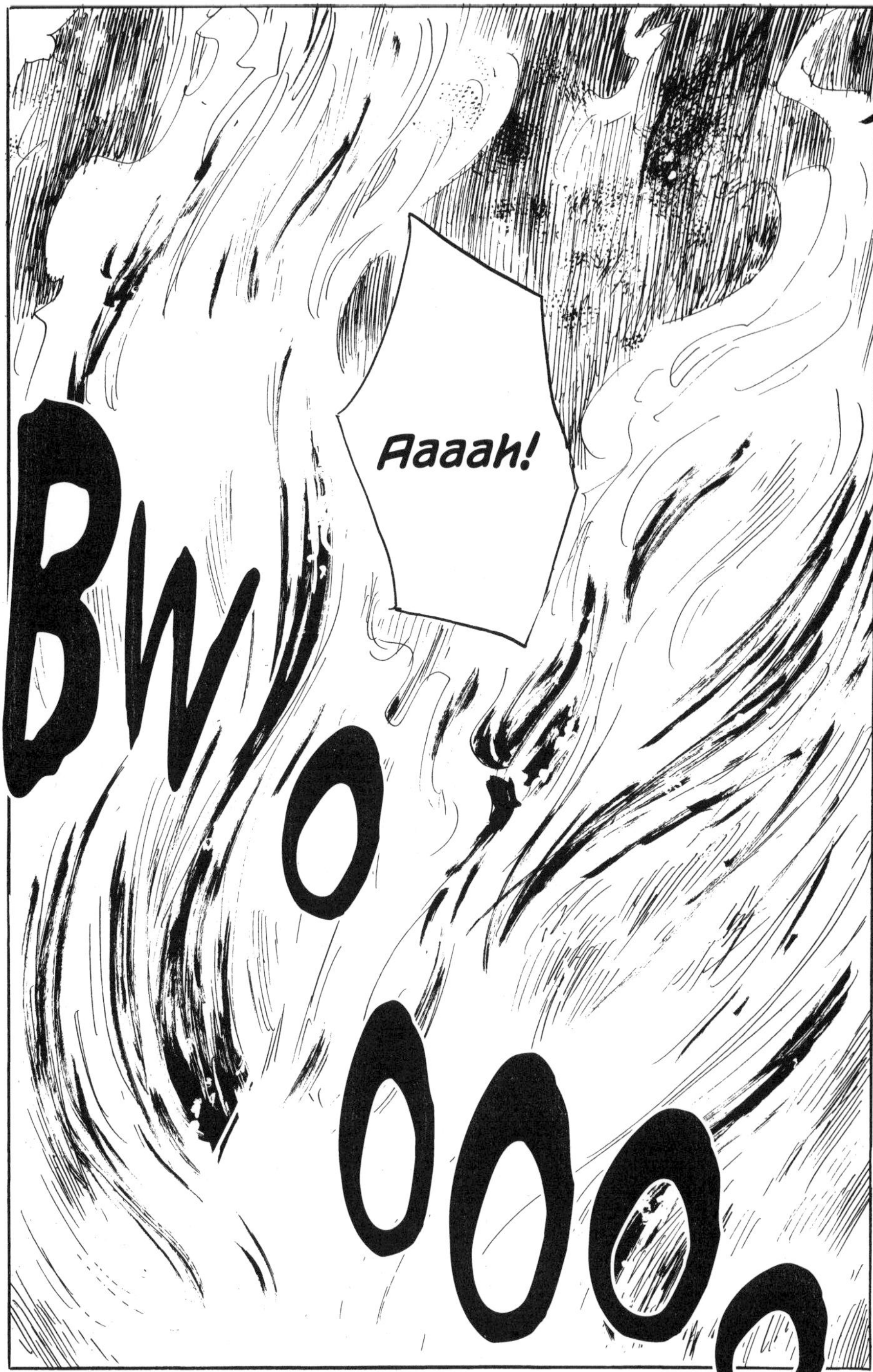
Aaaah!
BWOOOOOO

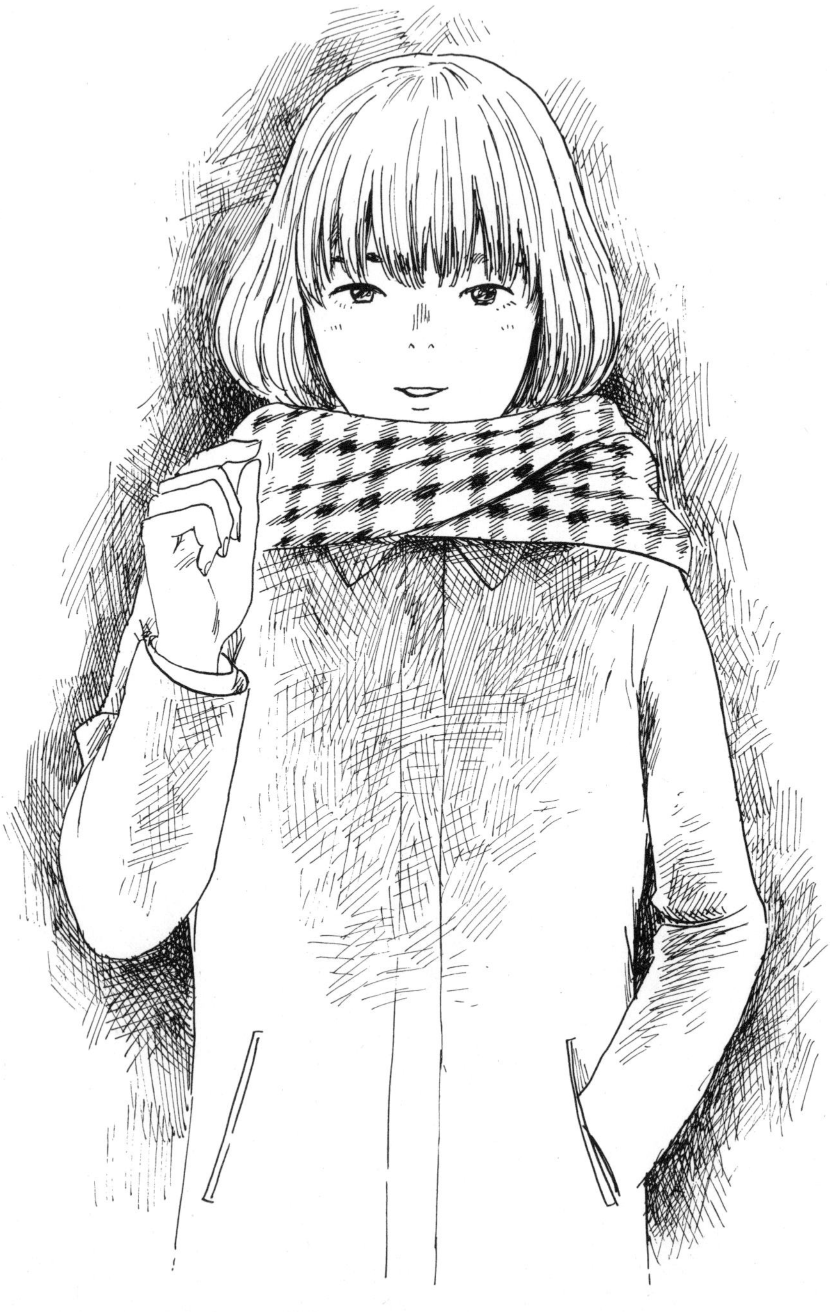

Kapitel 24: Entrinnen

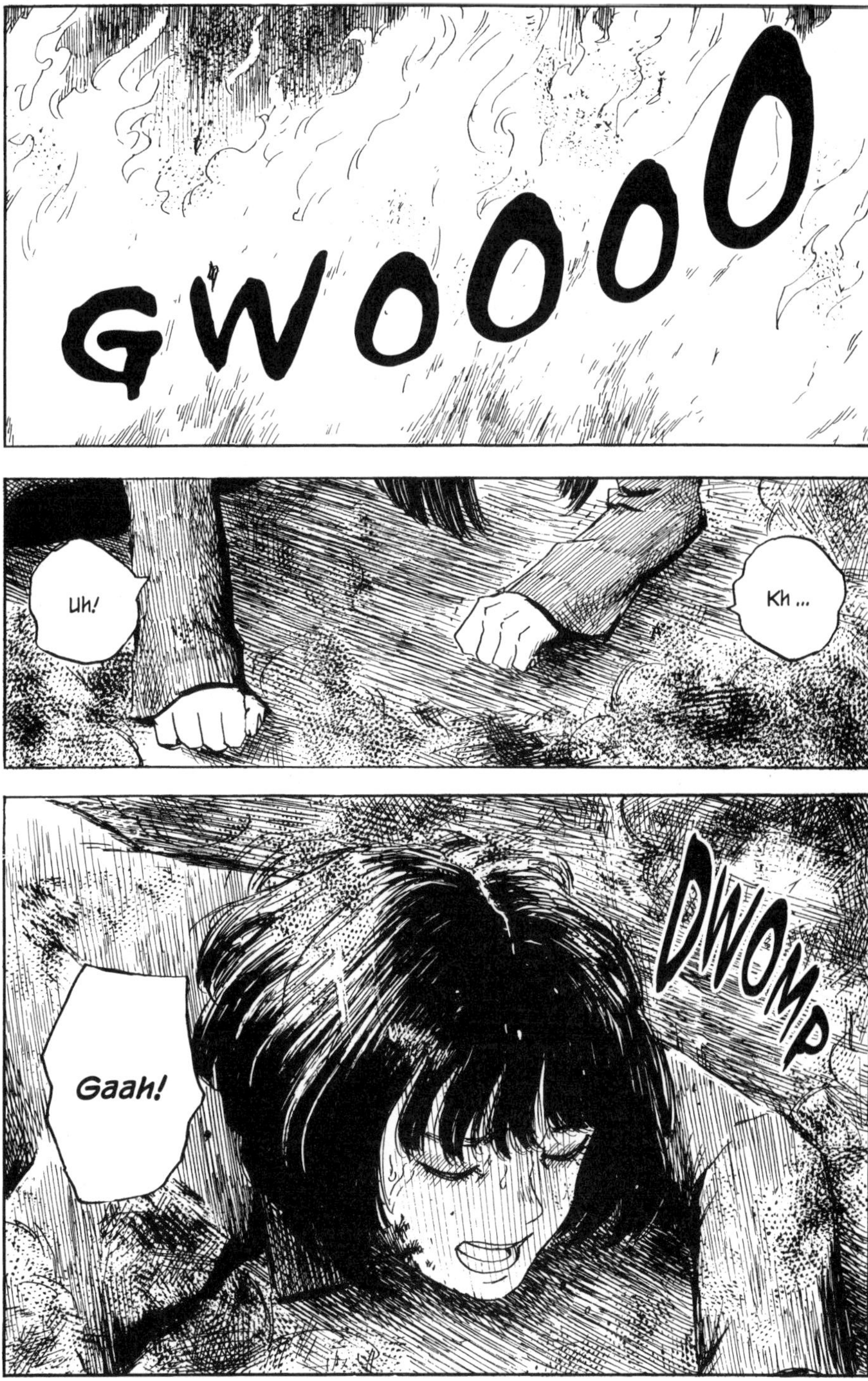

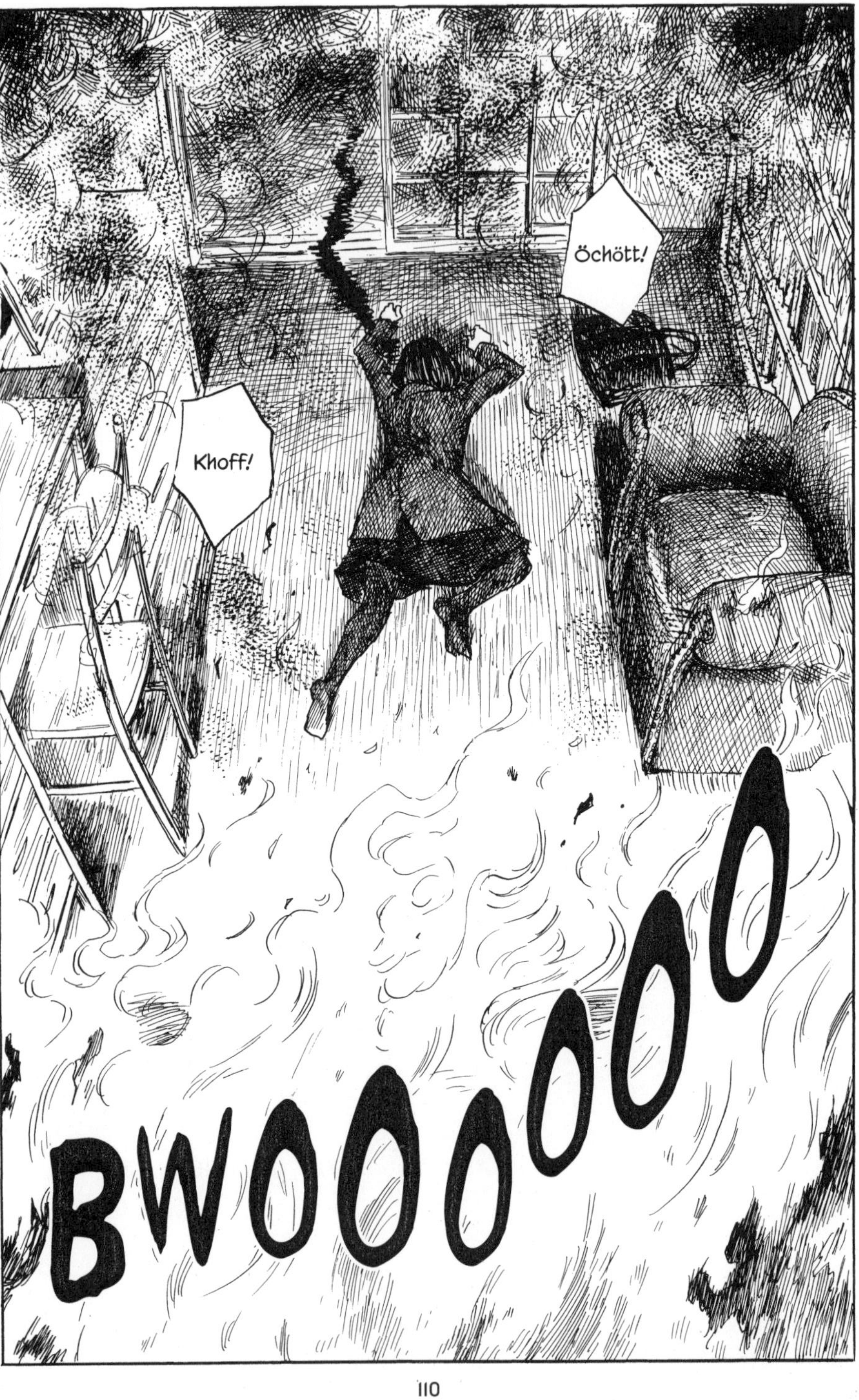
Öchött!
Khoff!
BWOOOOOO

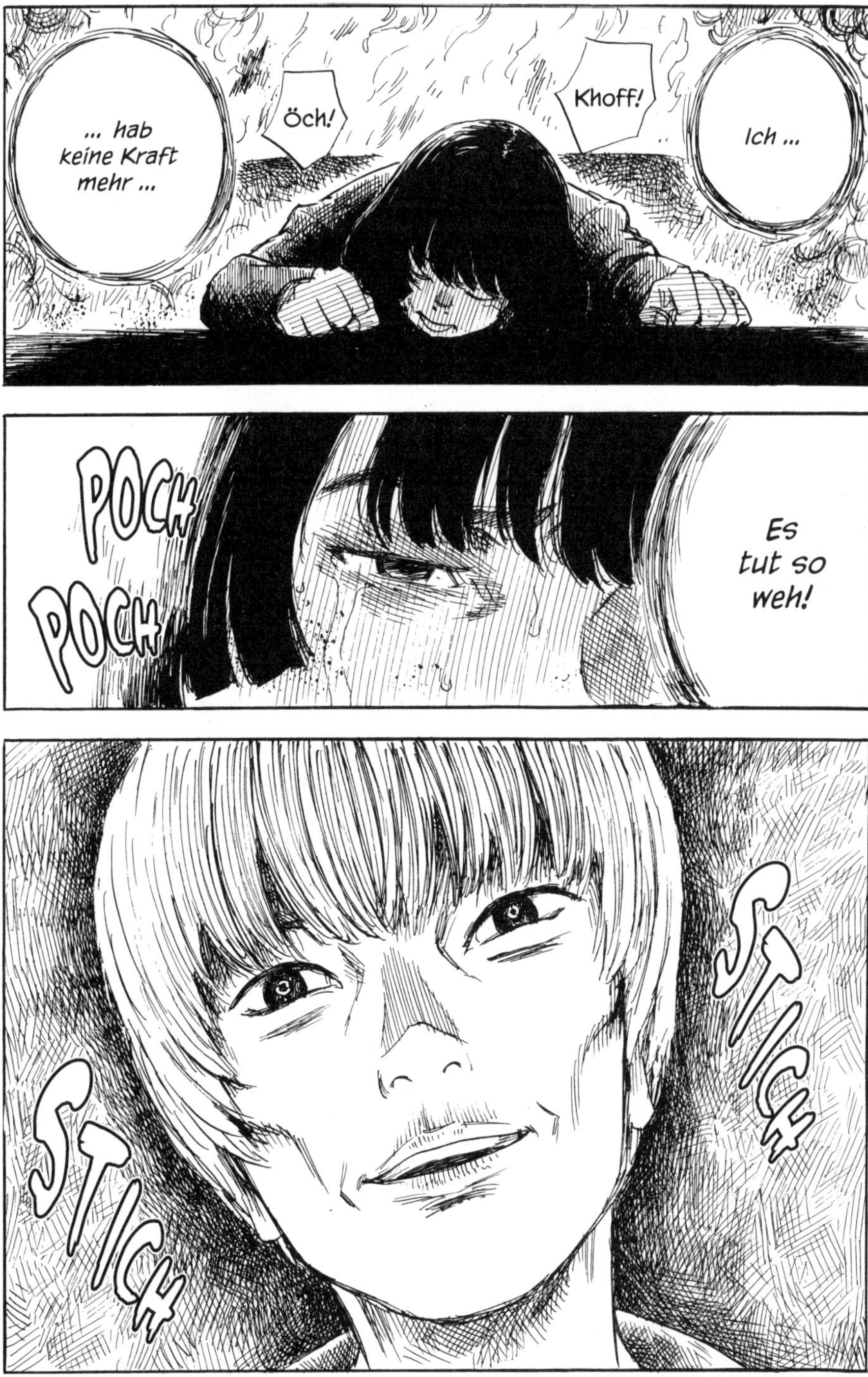
Ich ...
Khoff!
Öch!
... hab keine Kraft mehr ...
Es tut so weh!
POCH POCH
STICH
STICH

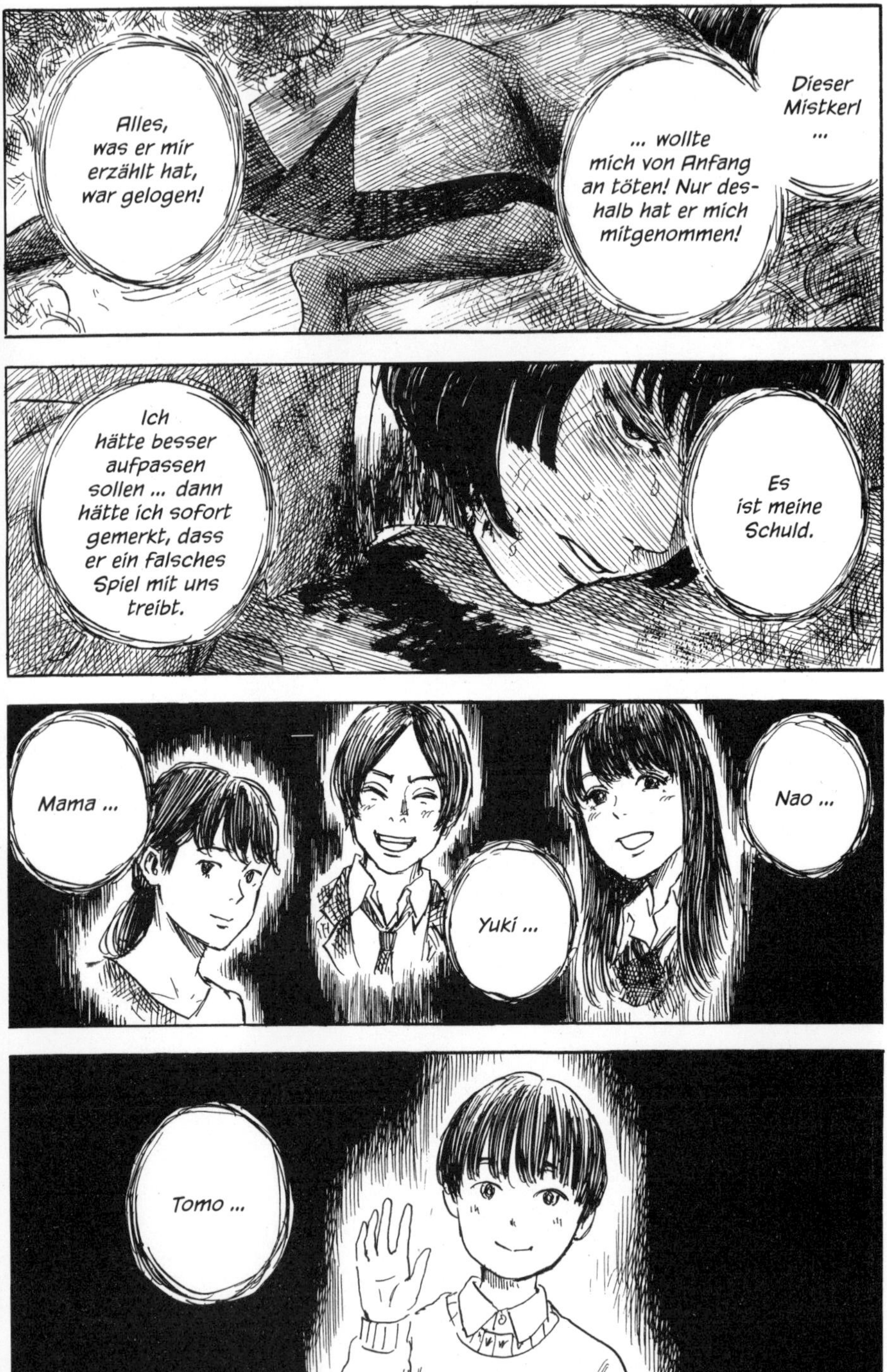
Dieser Mistkerl ...
... wollte mich von Anfang an töten! Nur deshalb hat er mich mitgenommen!
Alles, was er mir erzählt hat, war gelogen!
Es ist meine Schuld.
Ich hätte besser aufpassen sollen ... dann hätte ich sofort gemerkt, dass er ein falsches Spiel mit uns treibt.
Nao ...
Yuki ...
Mama ...
Tomo ...

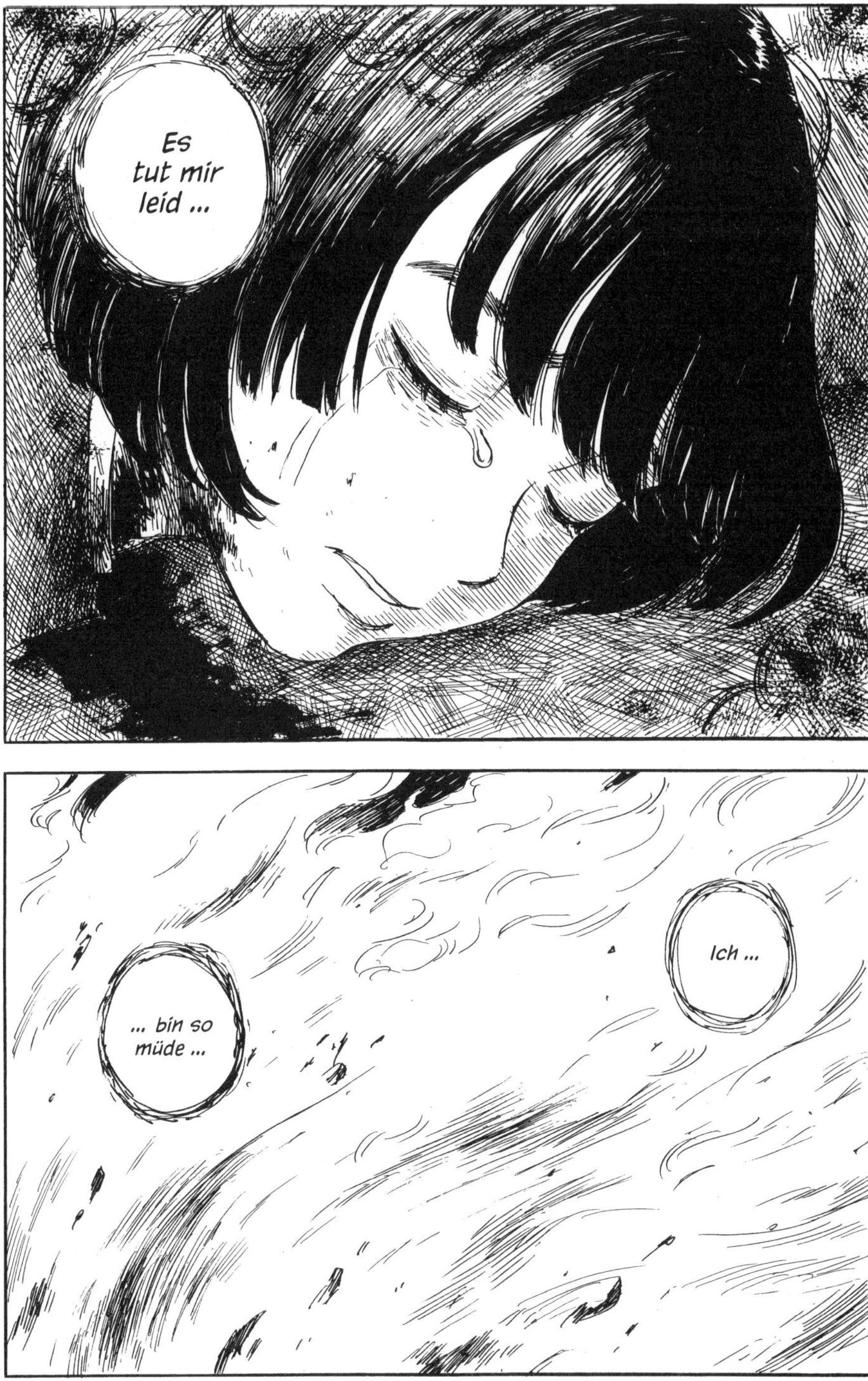
Es tut mir leid ...
Ich ...
... bin so müde ...

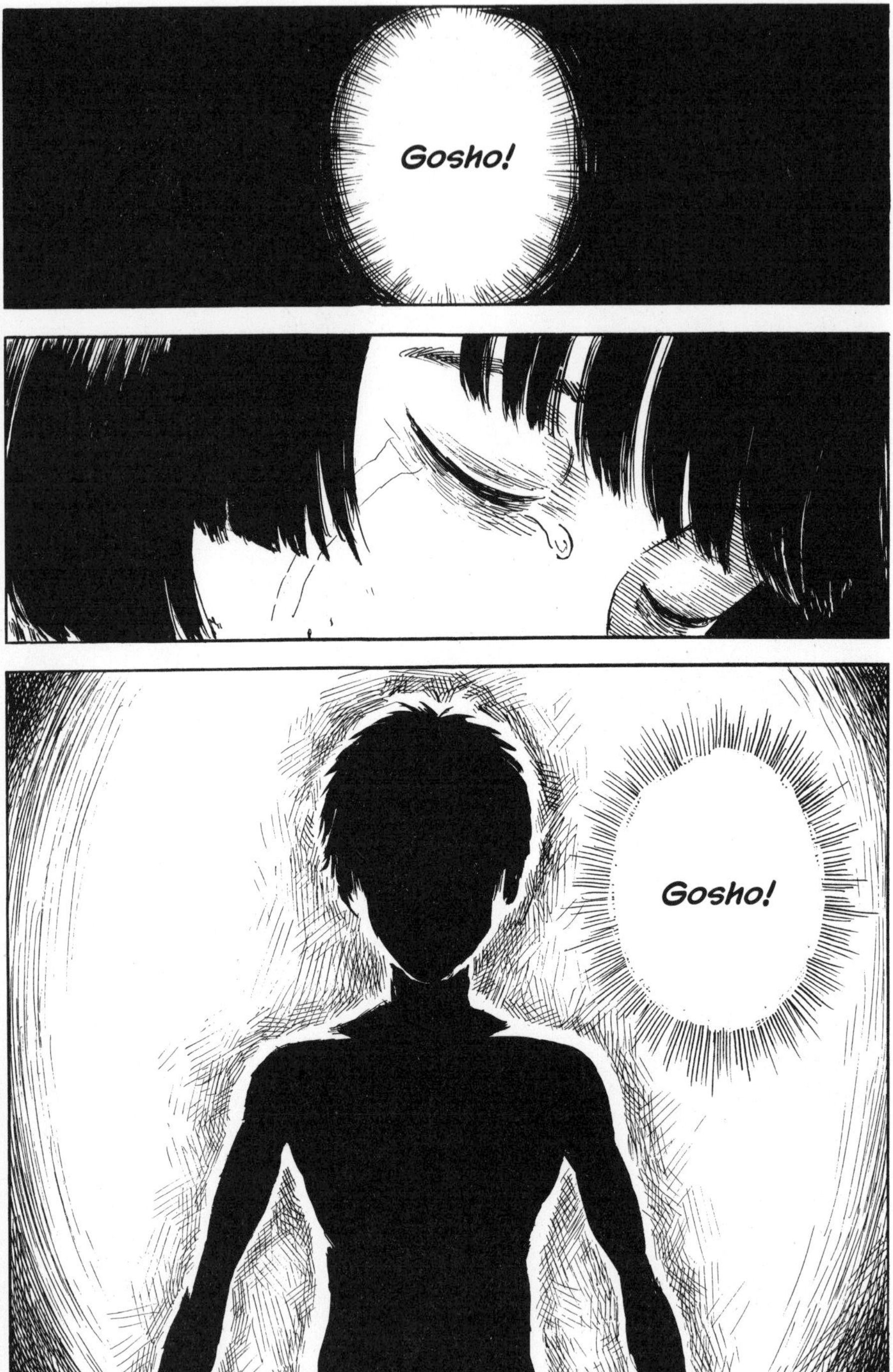
Gosho!
Gosho!

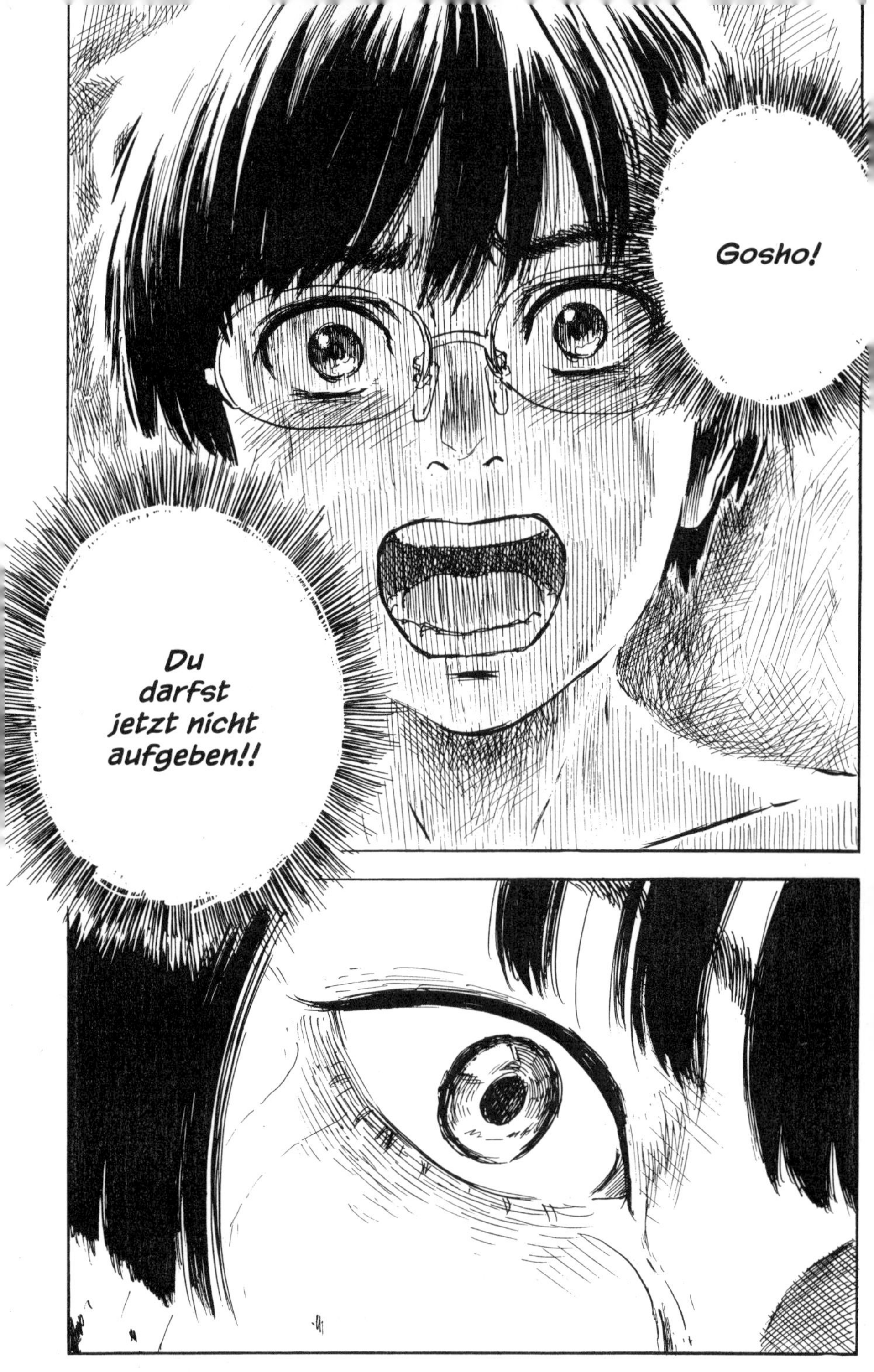
Gosho!
Du darfst jetzt nicht aufgeben!!

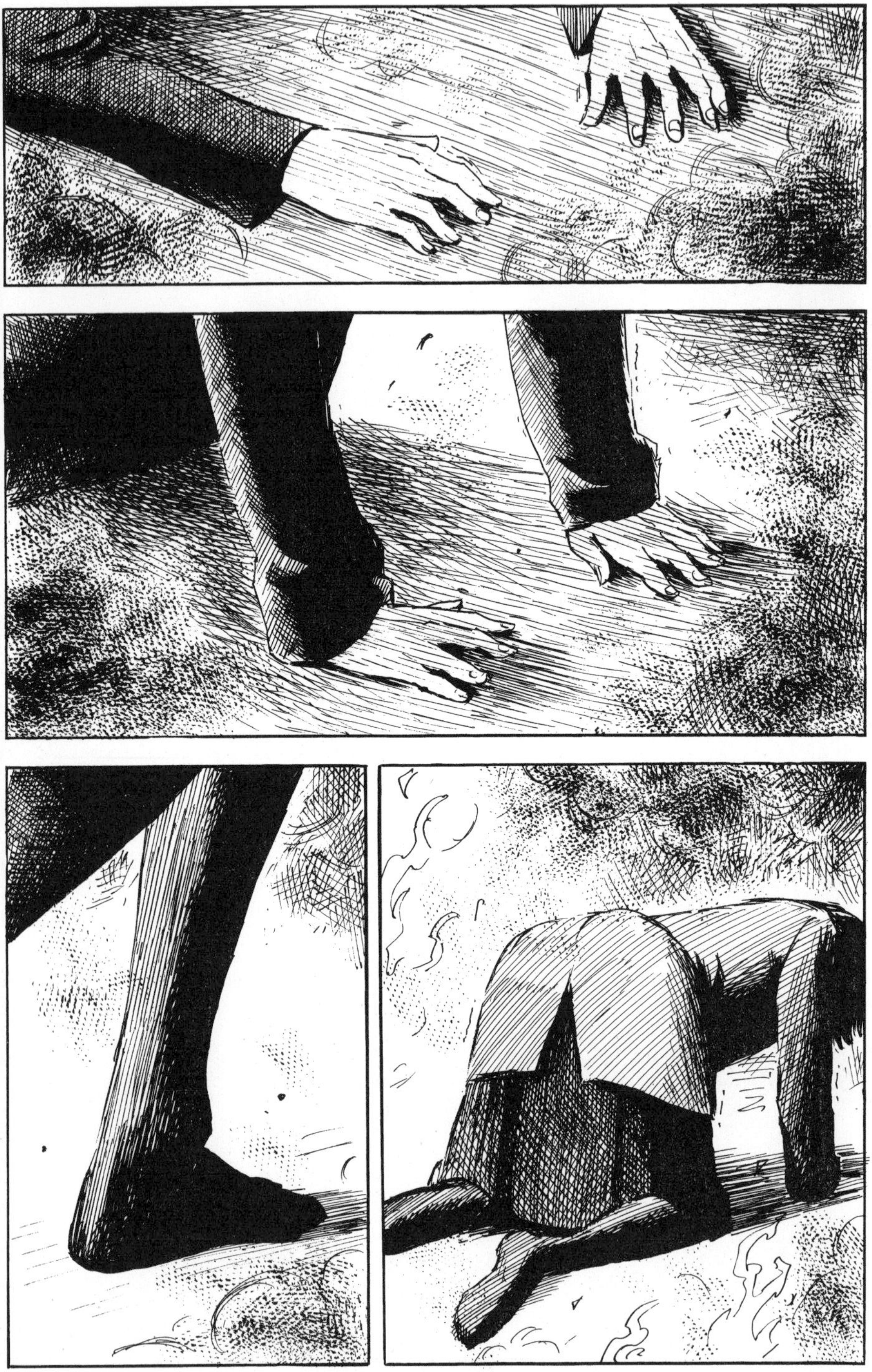

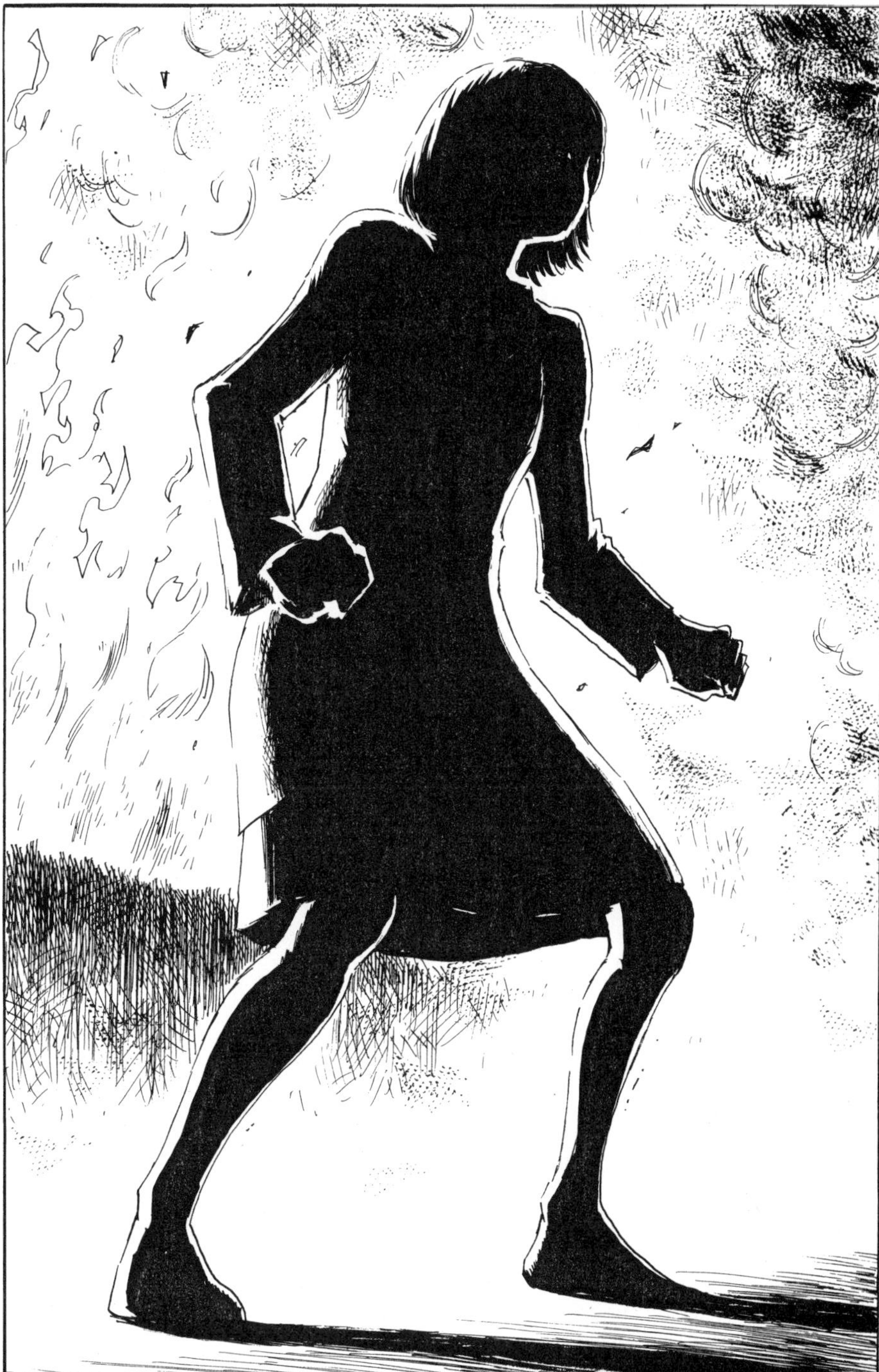

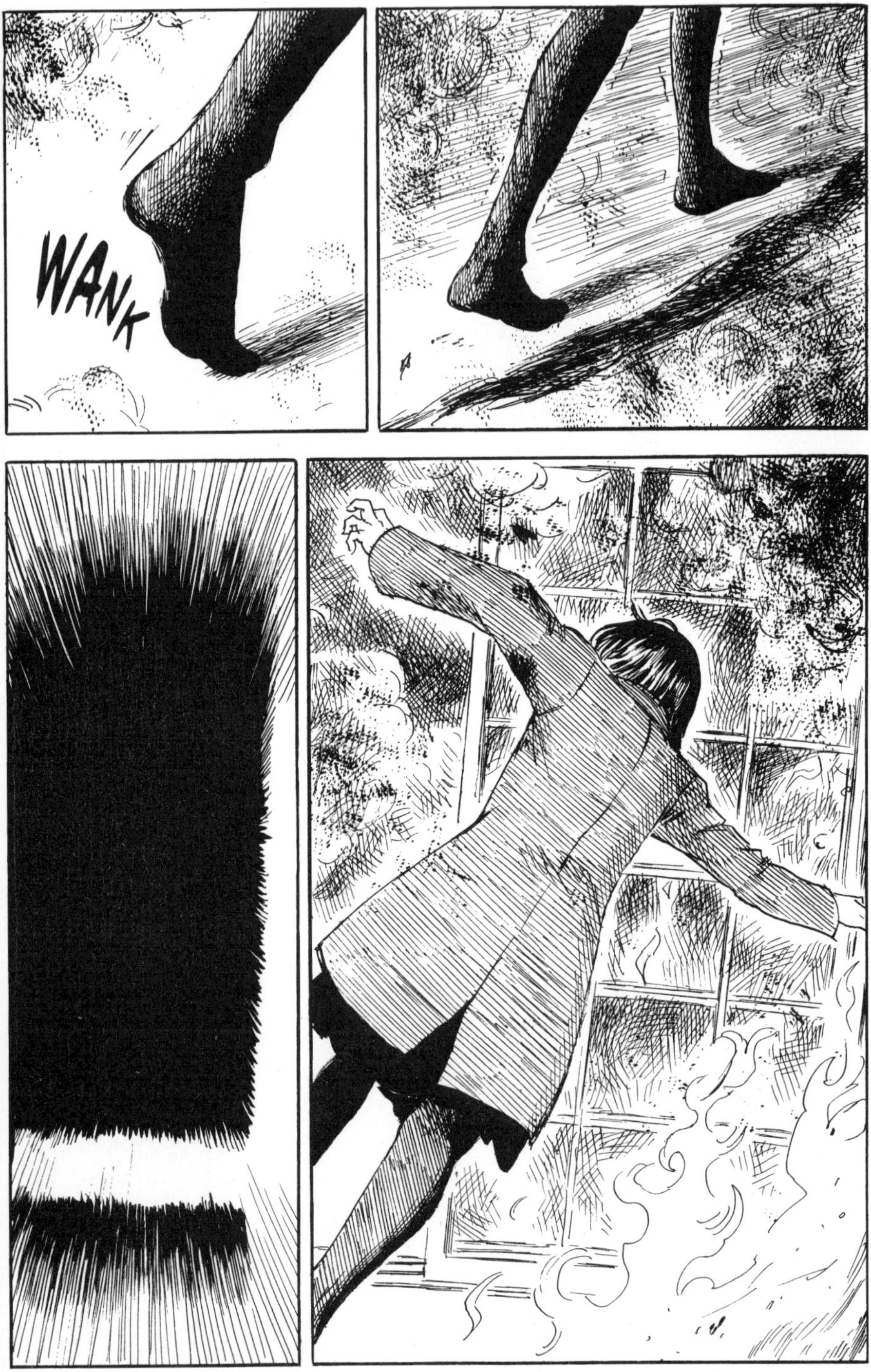
WANK

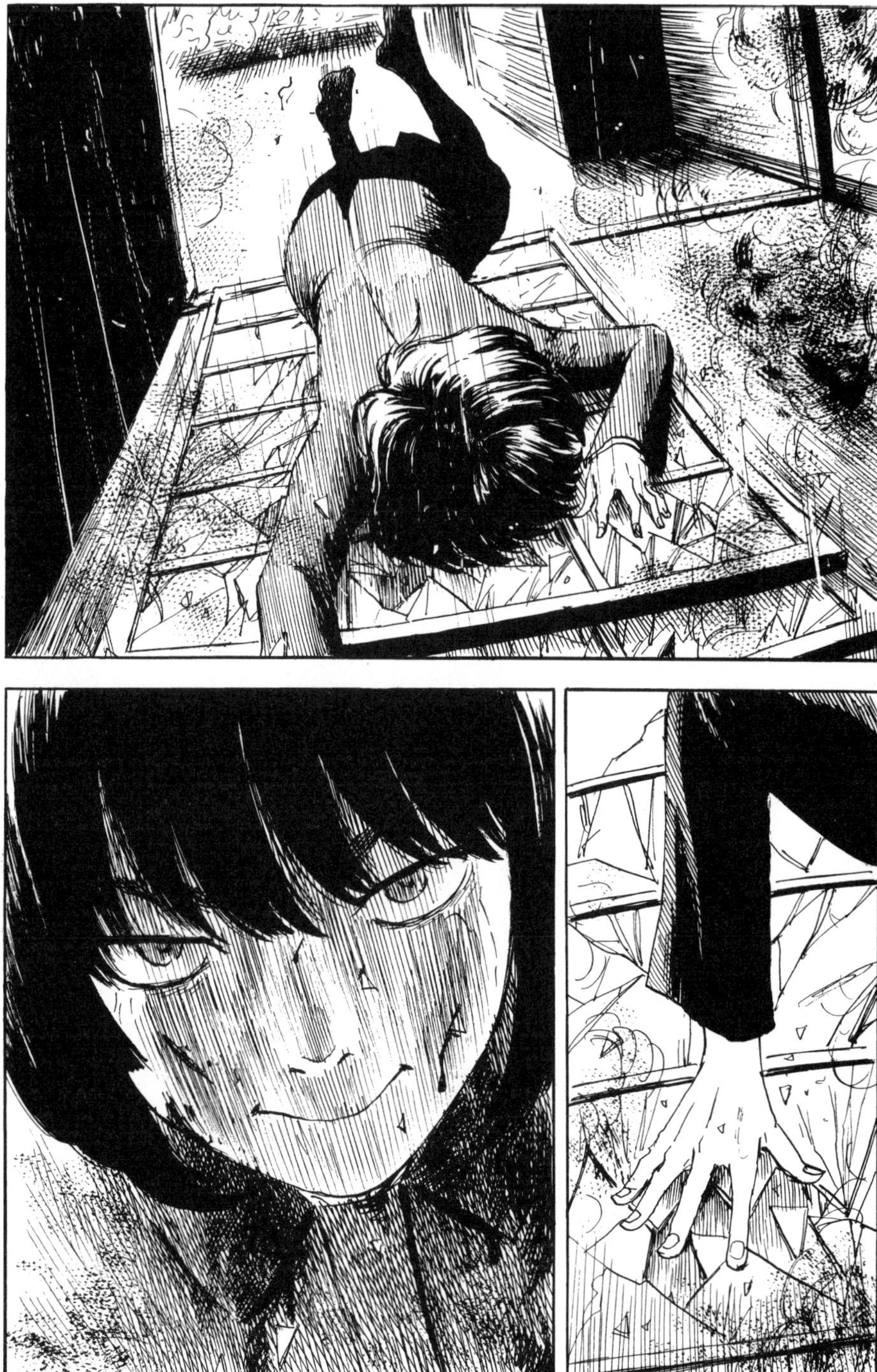

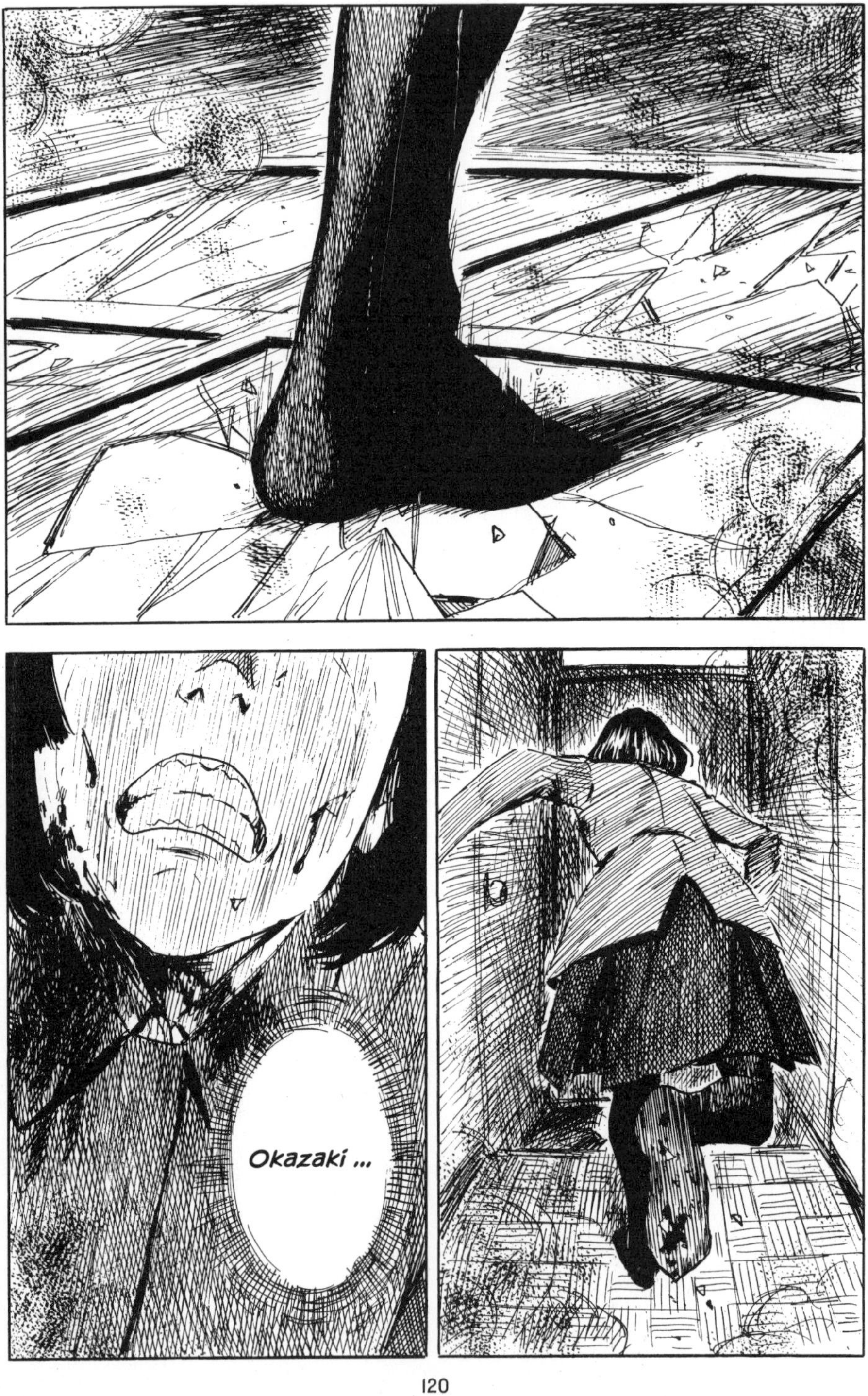
Okazaki ...

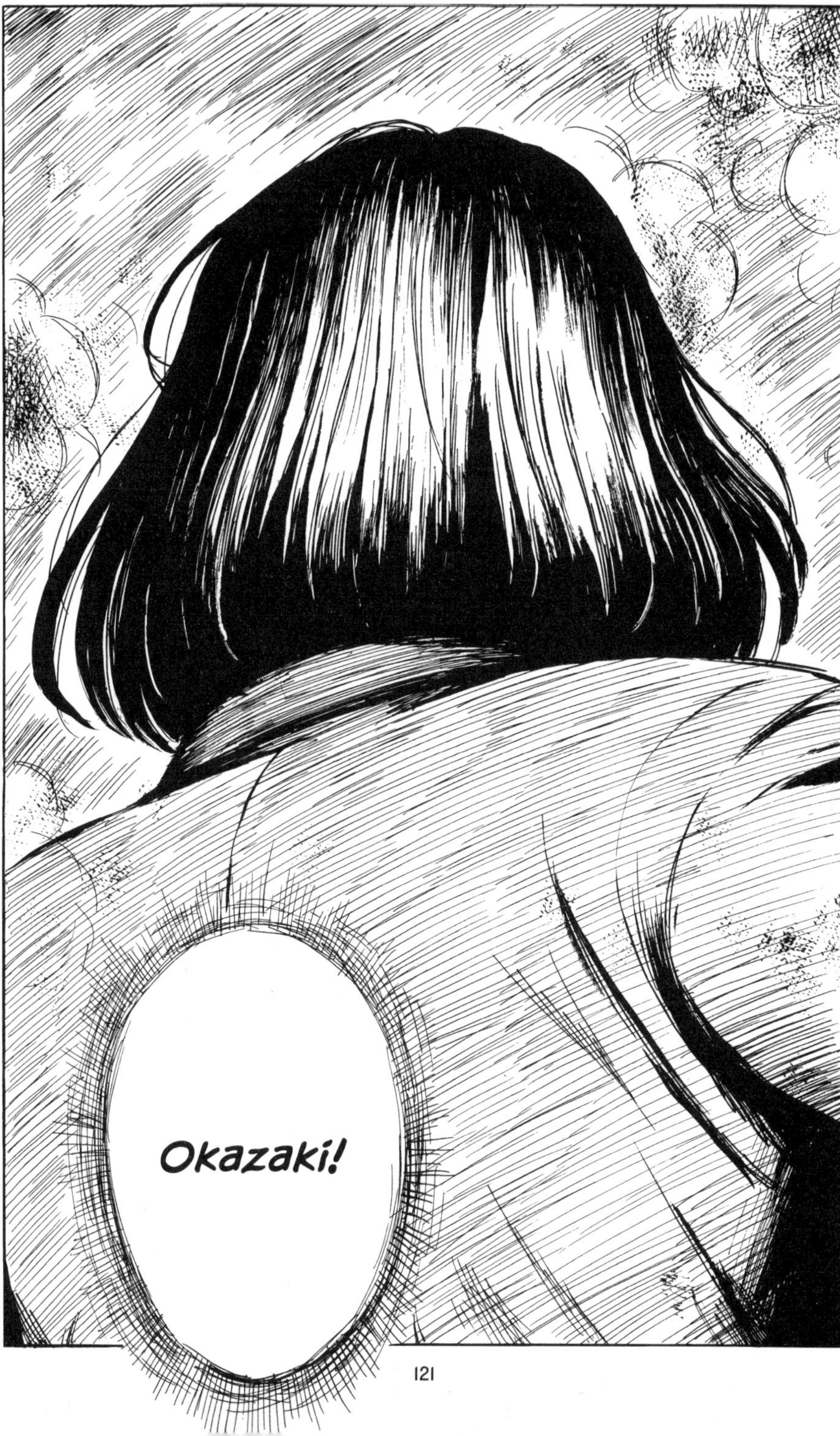
Okazaki!

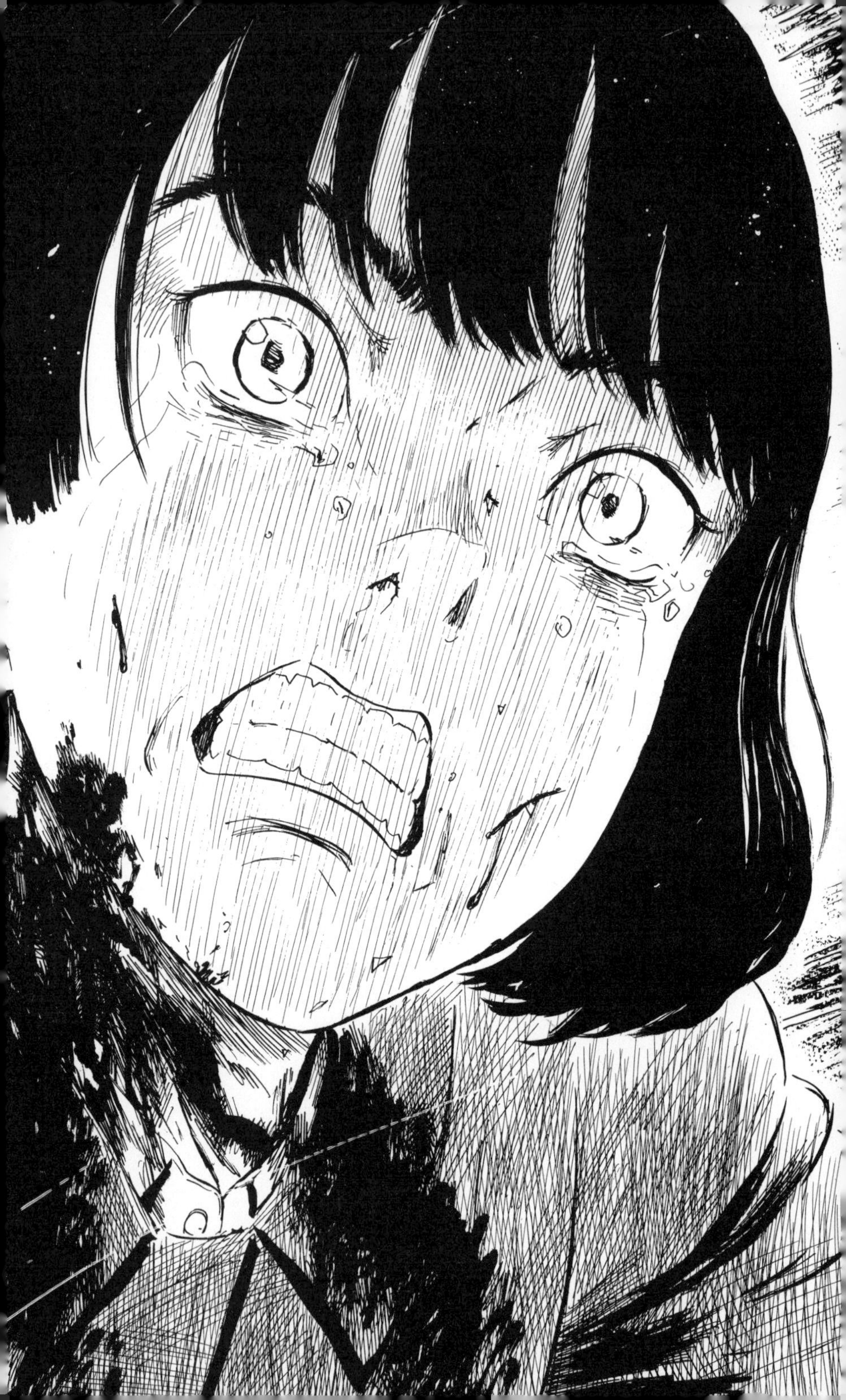

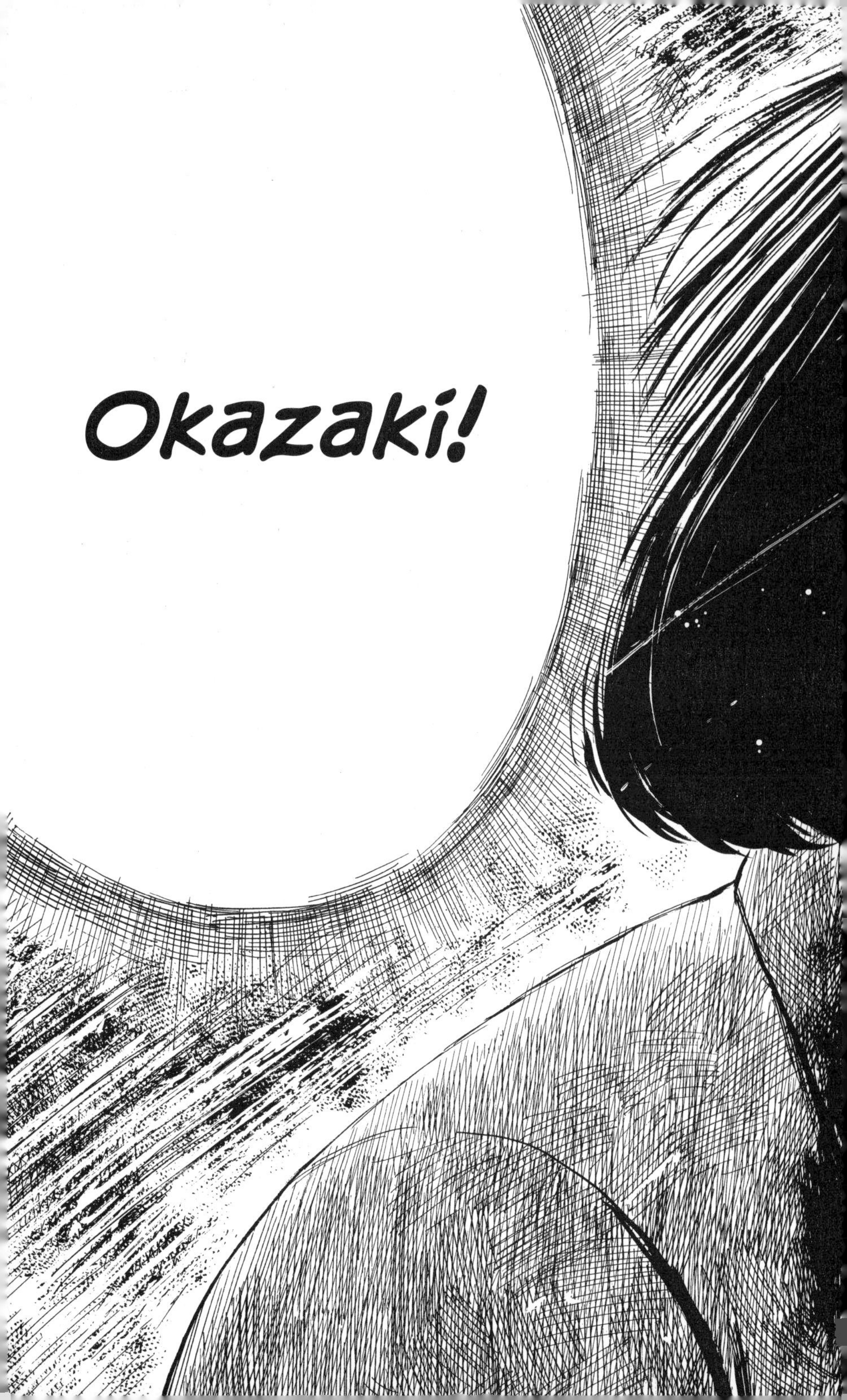
Okazaki!

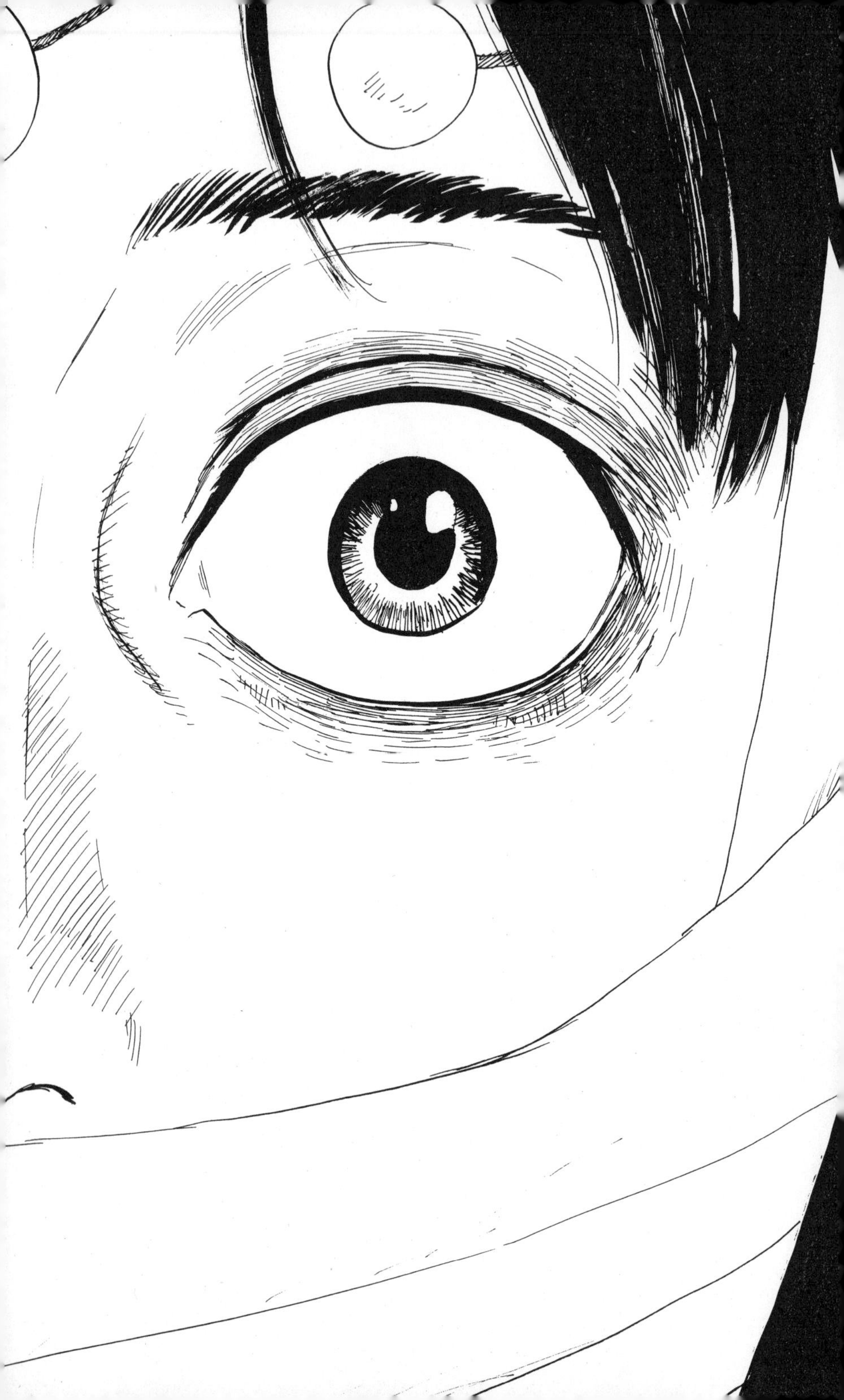

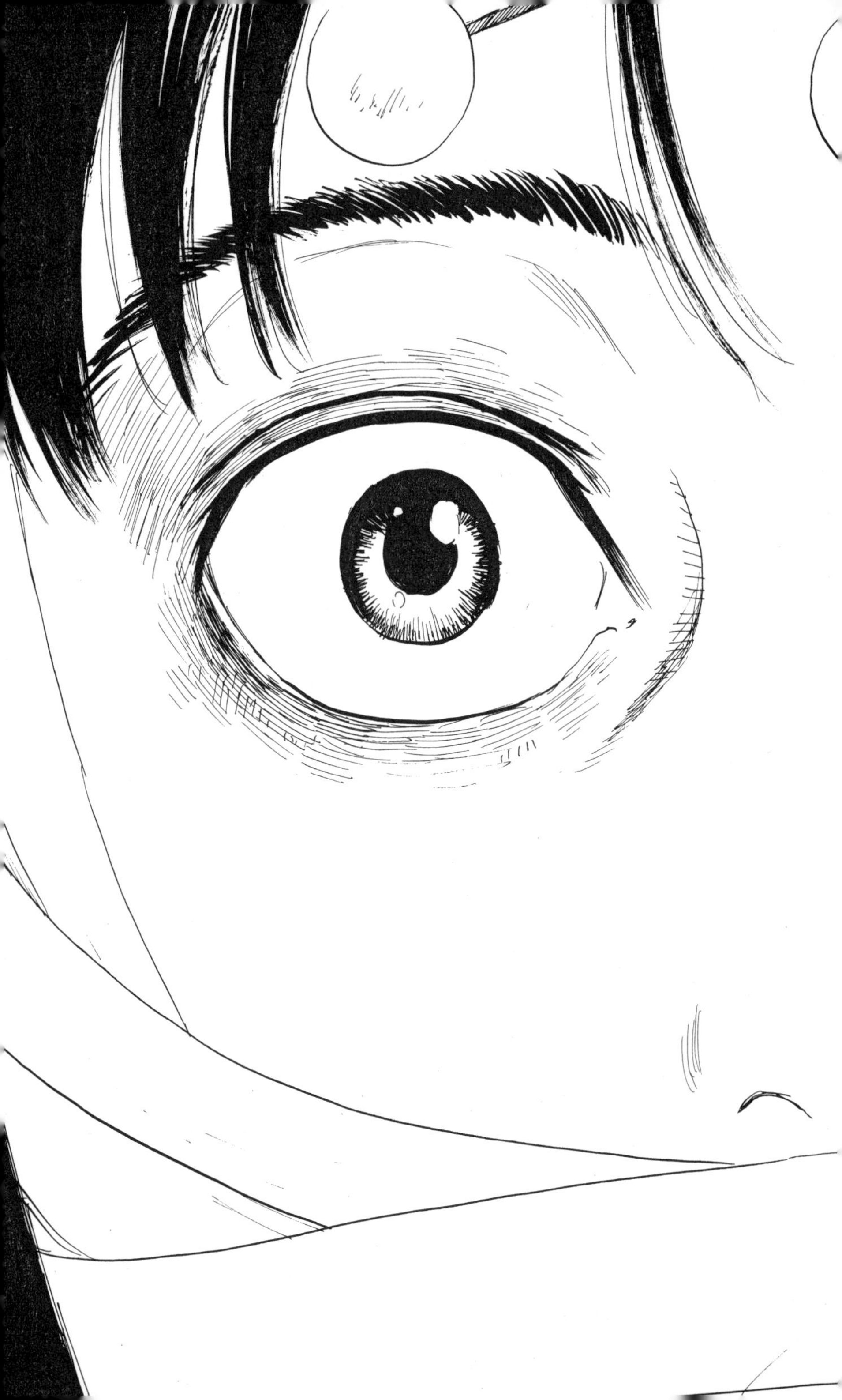

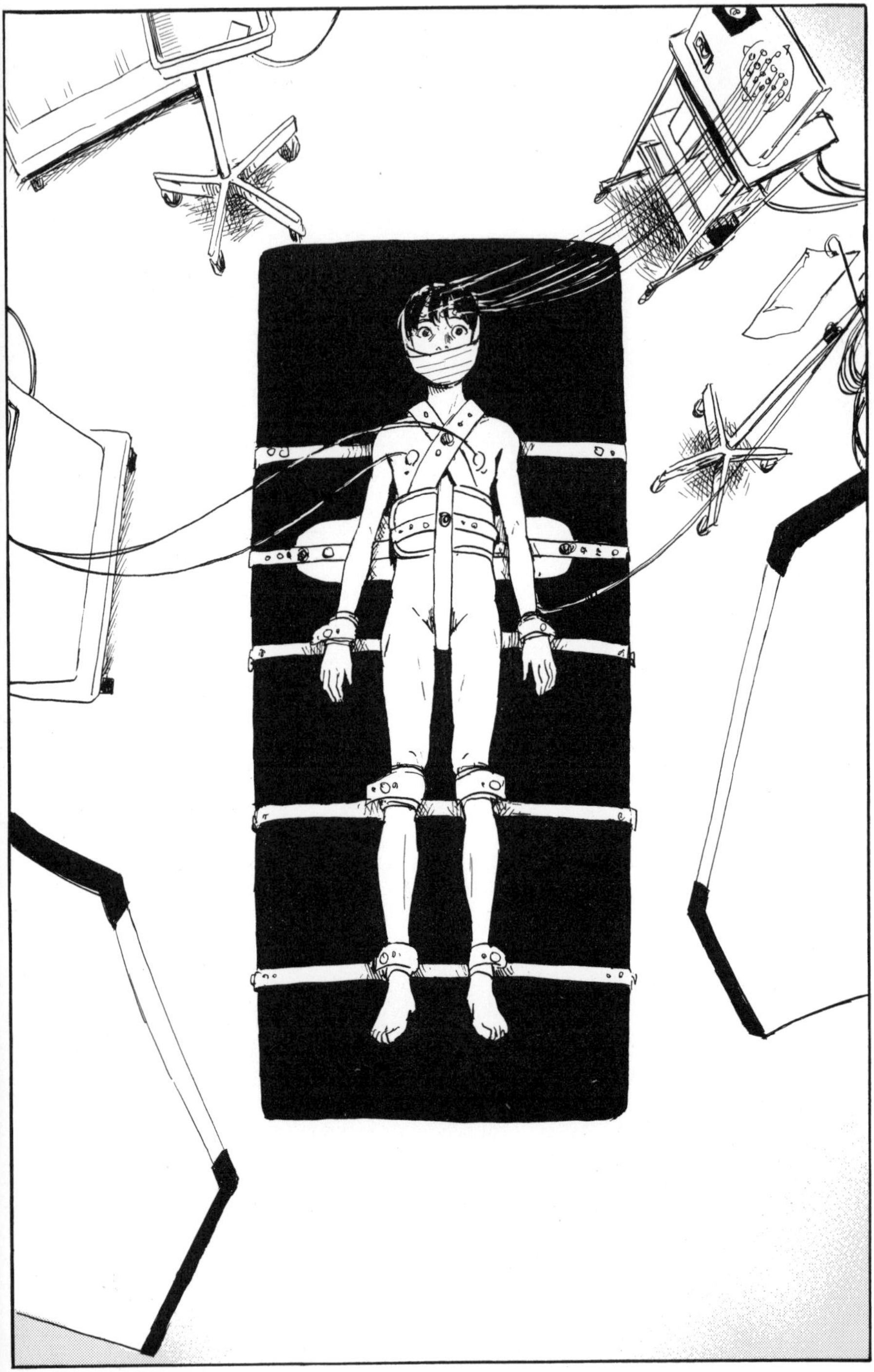

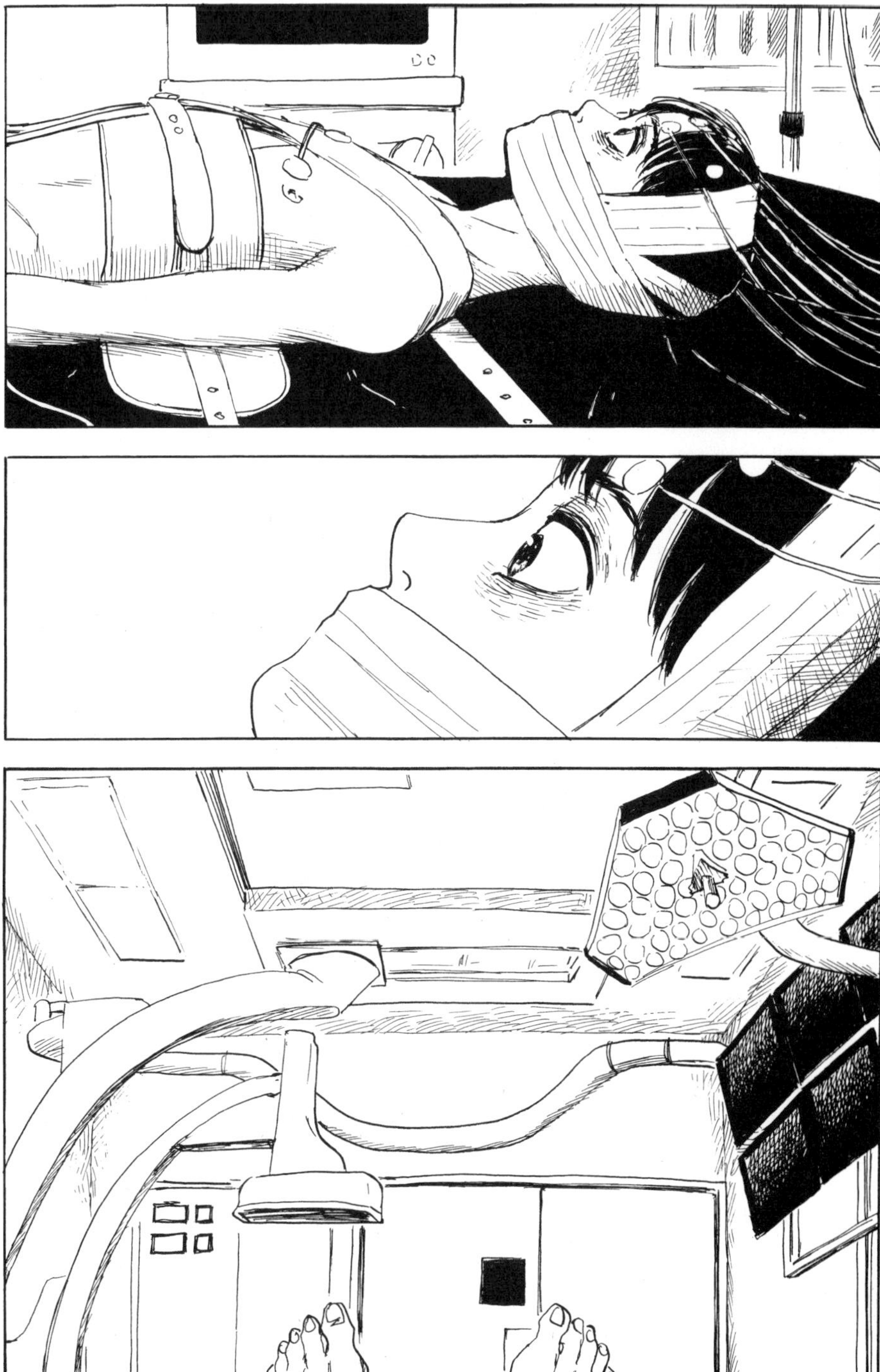

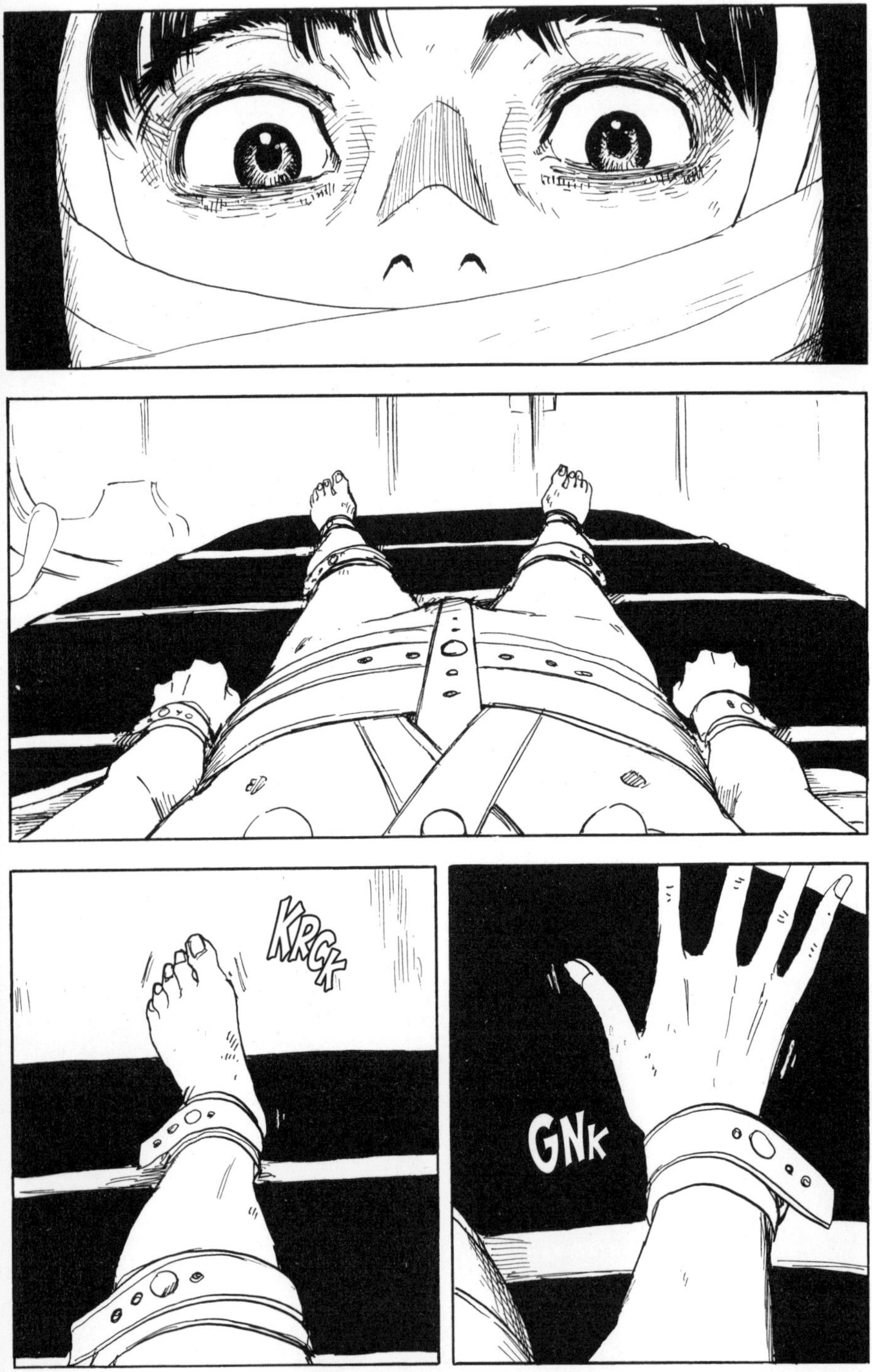
KRCK
GNK

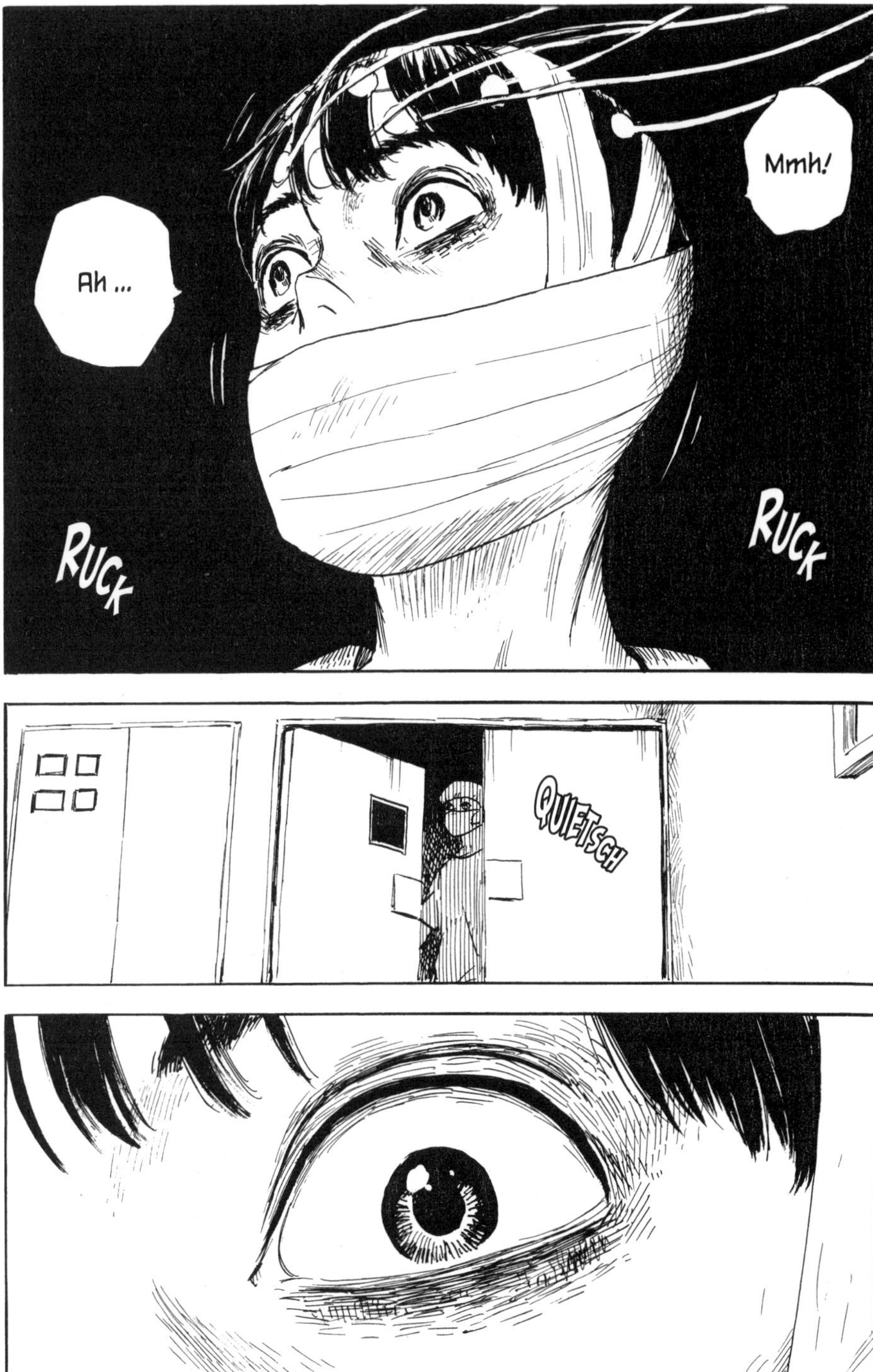
Mmh!
Ah ...
RUCK
RUCK
QUIETSCH

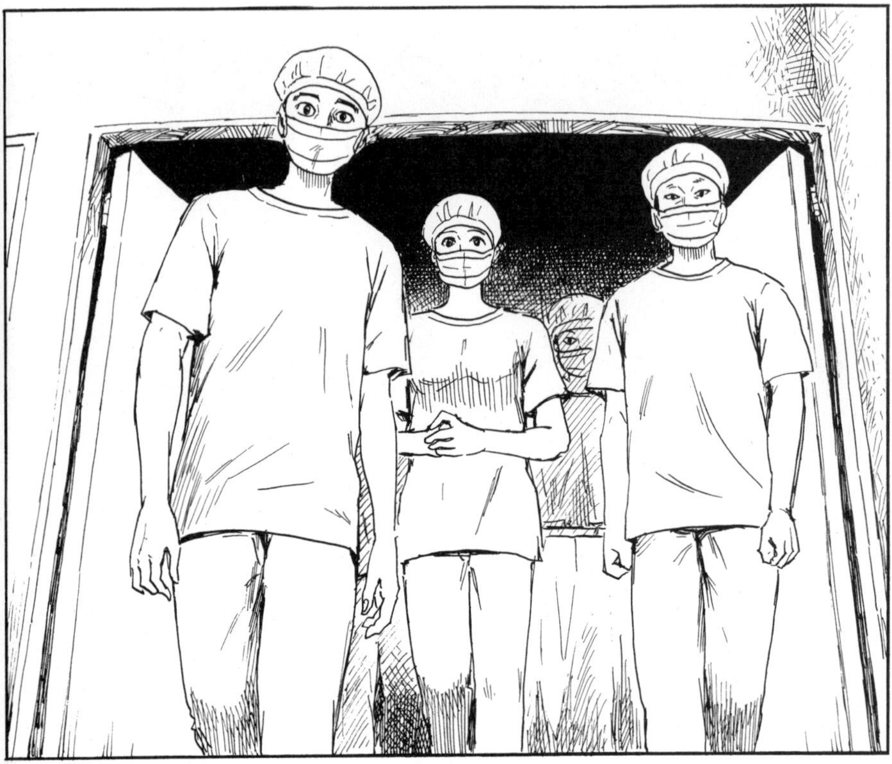

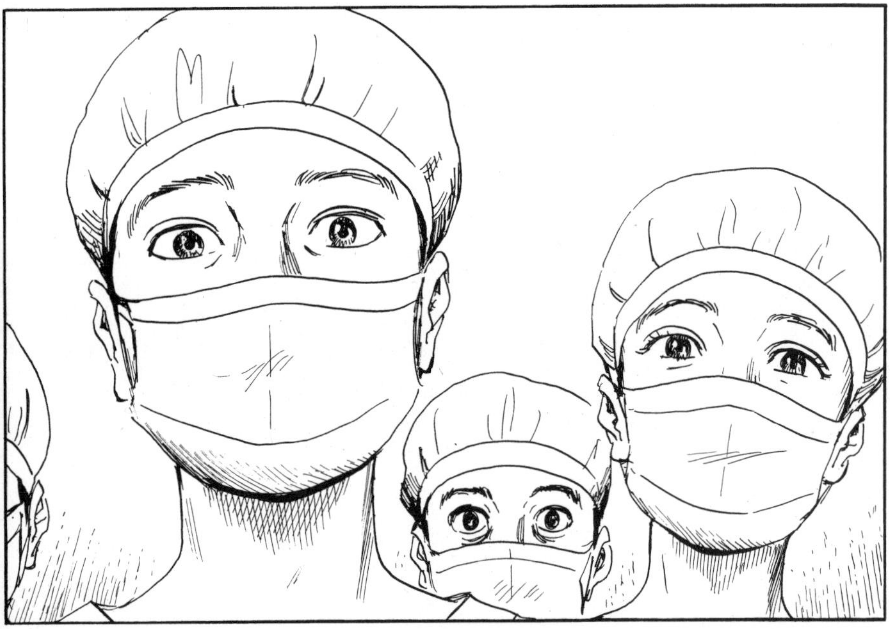

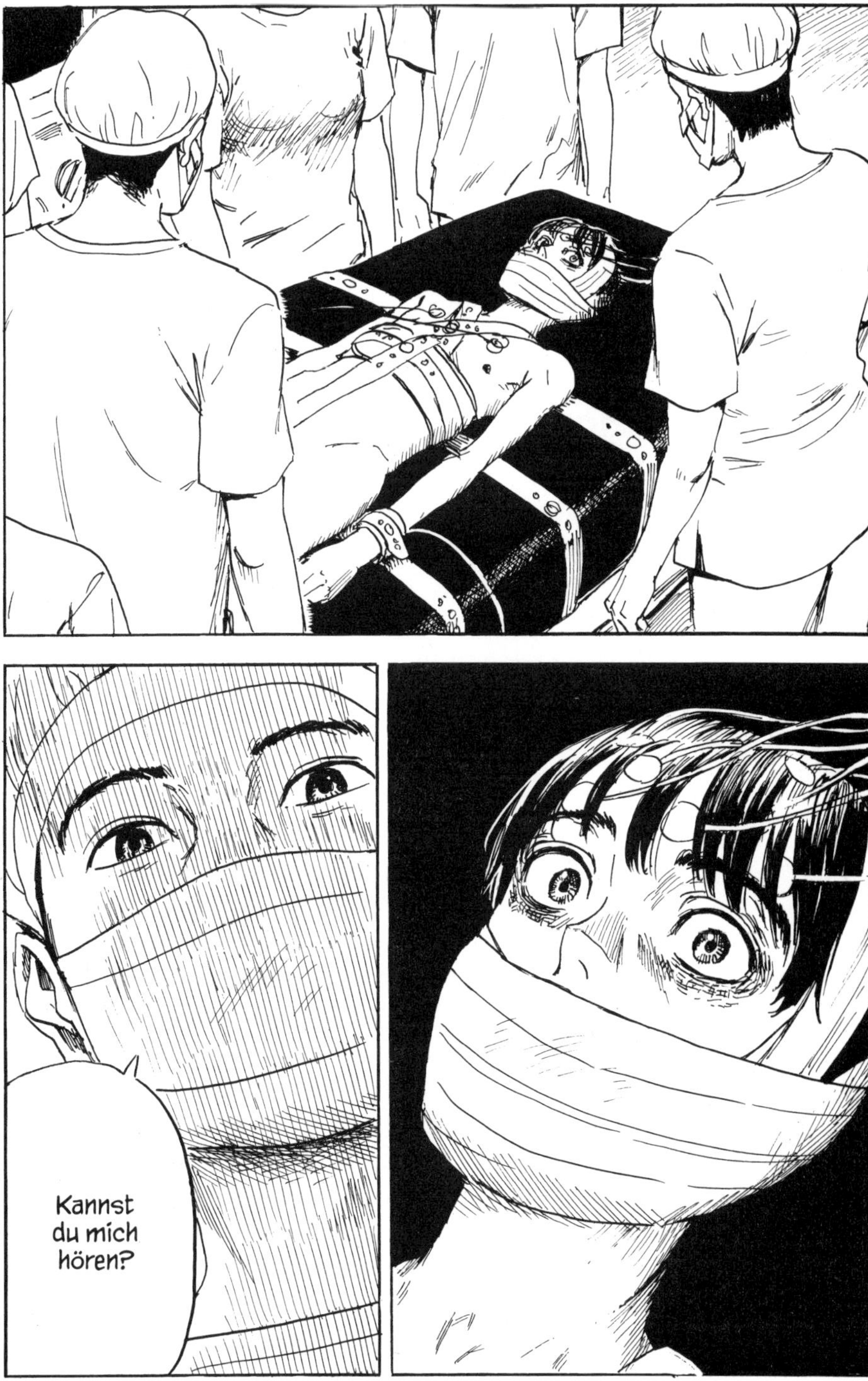
Kannst du mich hören?

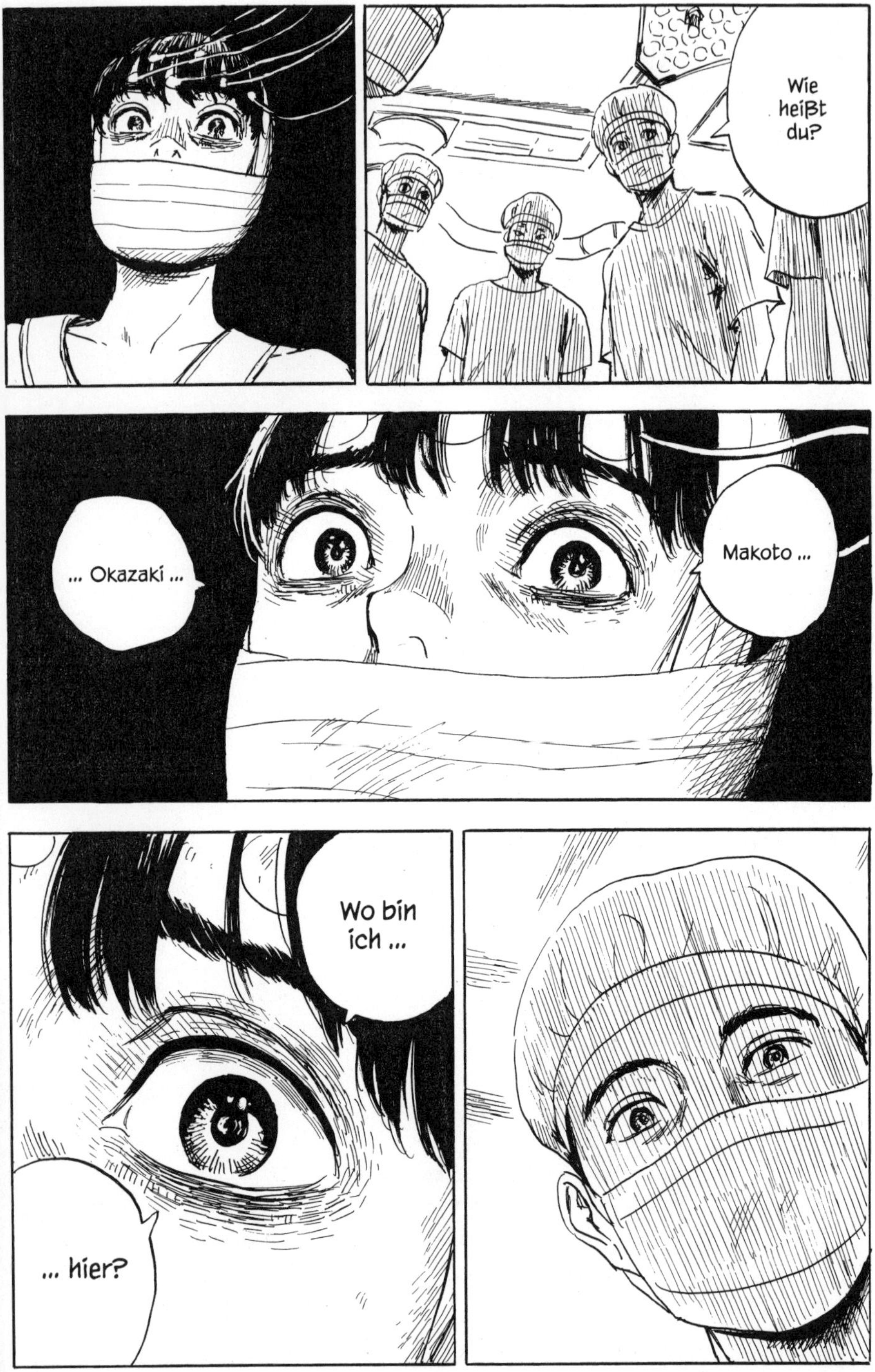
Wie heißt du?
Makoto ...
... Okazaki ...
Wo bin ich ...
... hier?

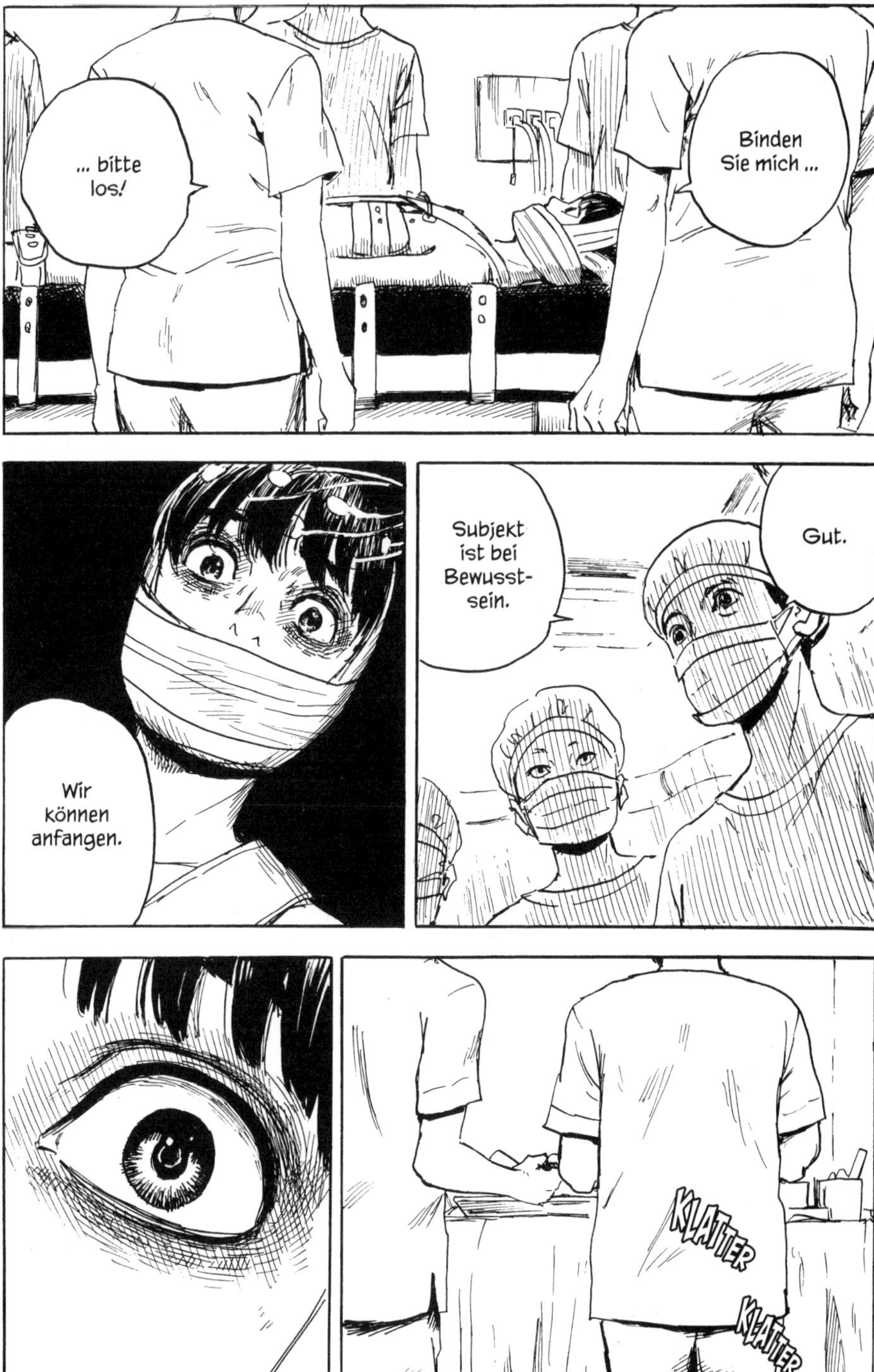
Binden Sie mich ...
... bitte los!
Gut.
Subjekt ist bei Bewusstsein.
Wir können anfangen.
KLATTER
KLATTER

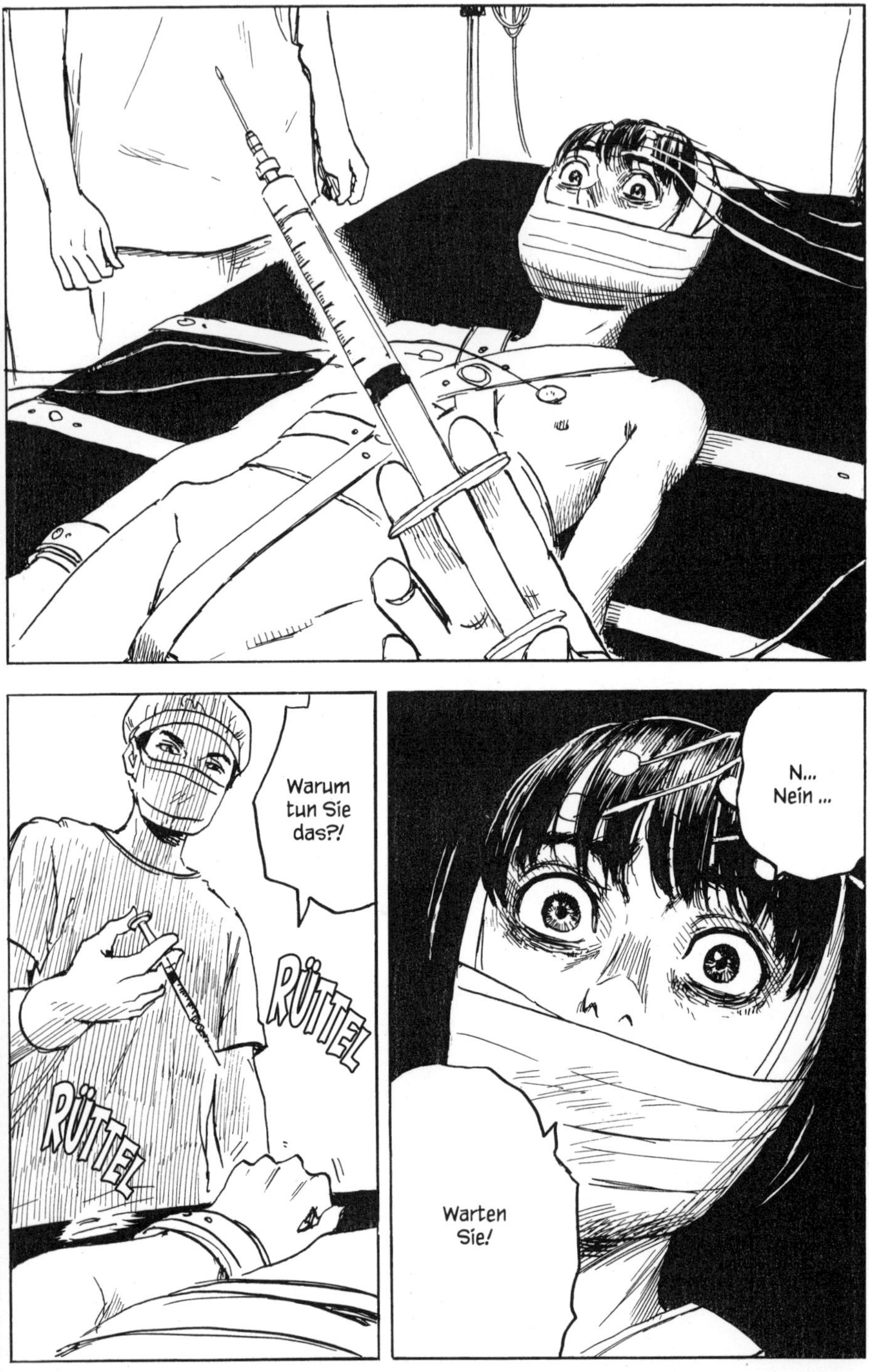
N... Nein ...
Warten Sie!
Warum tun Sie das?!
RÜTTEL
RÜTTEL

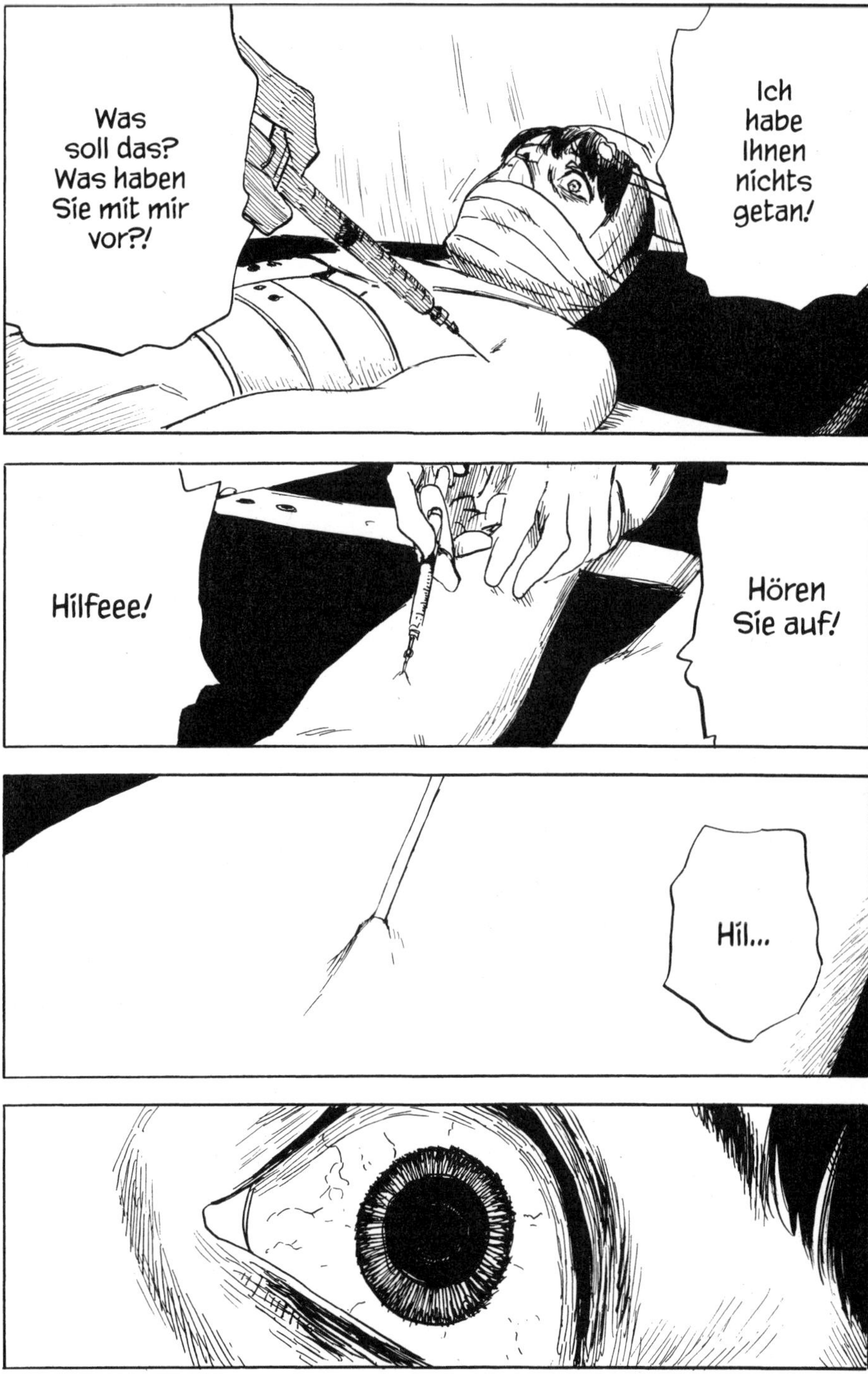
Ich habe Ihnen nichts getan!
Was soll das? Was haben Sie mit mir vor?!
Hören Sie auf!
Hilfeee!
Hil...

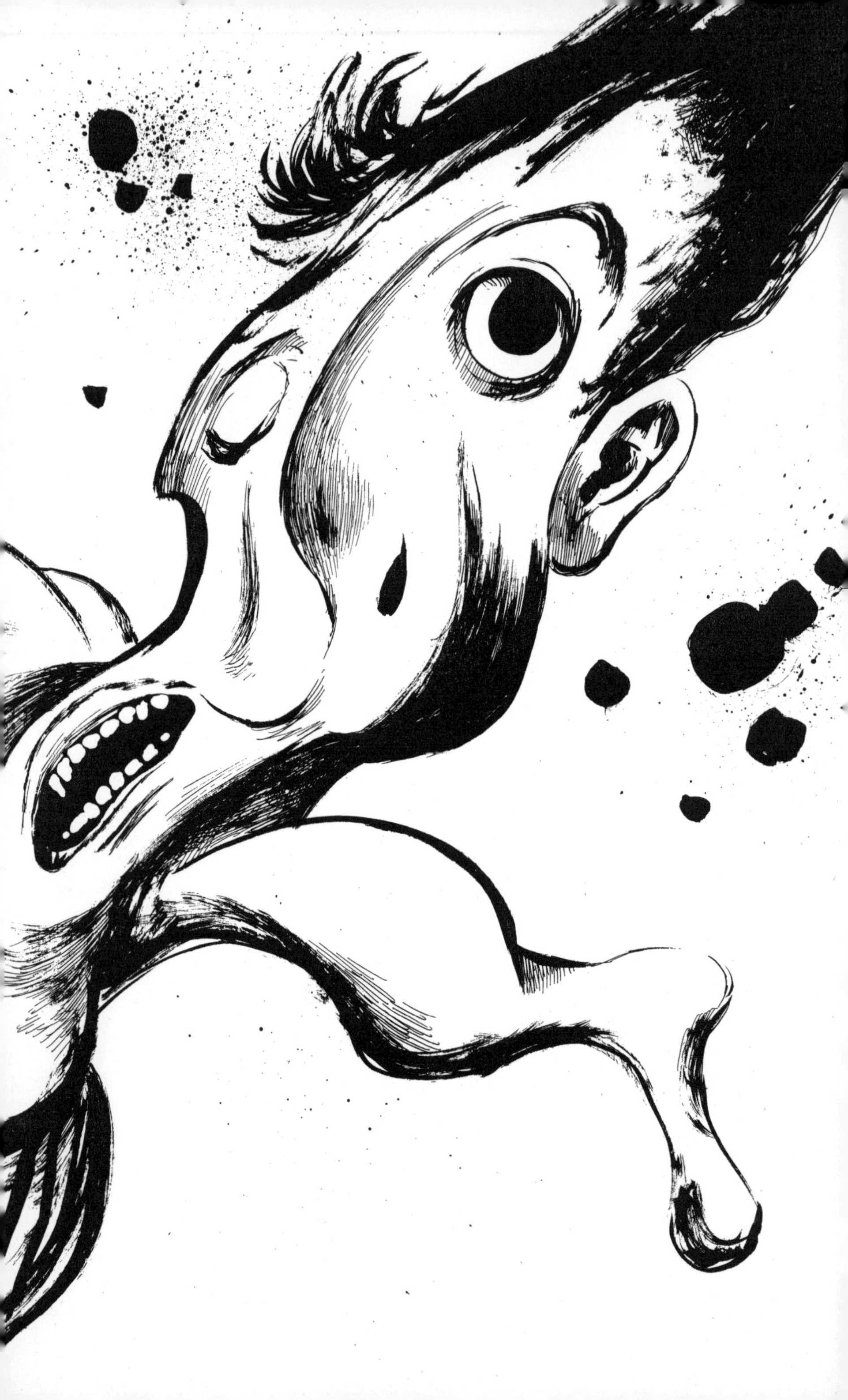

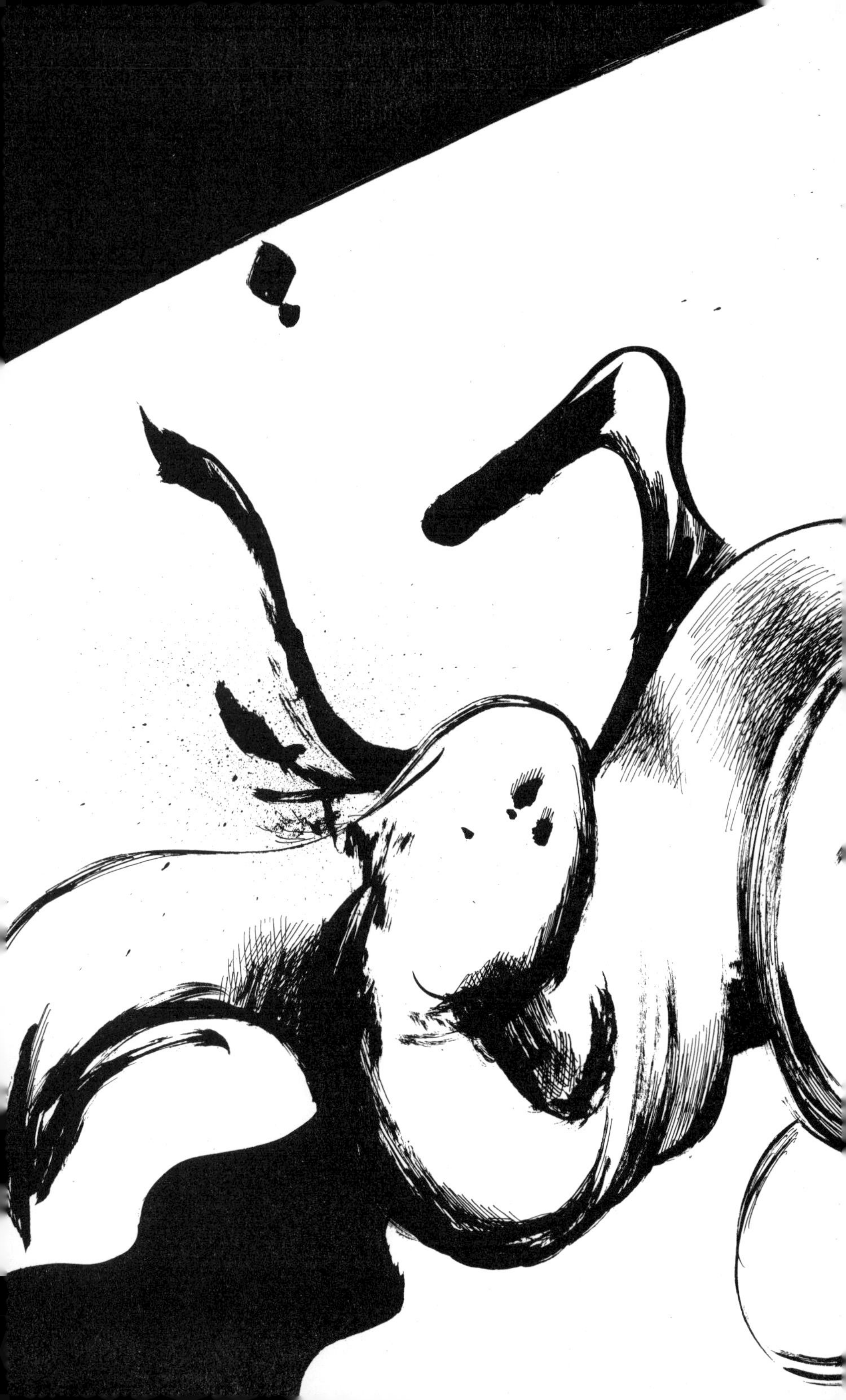

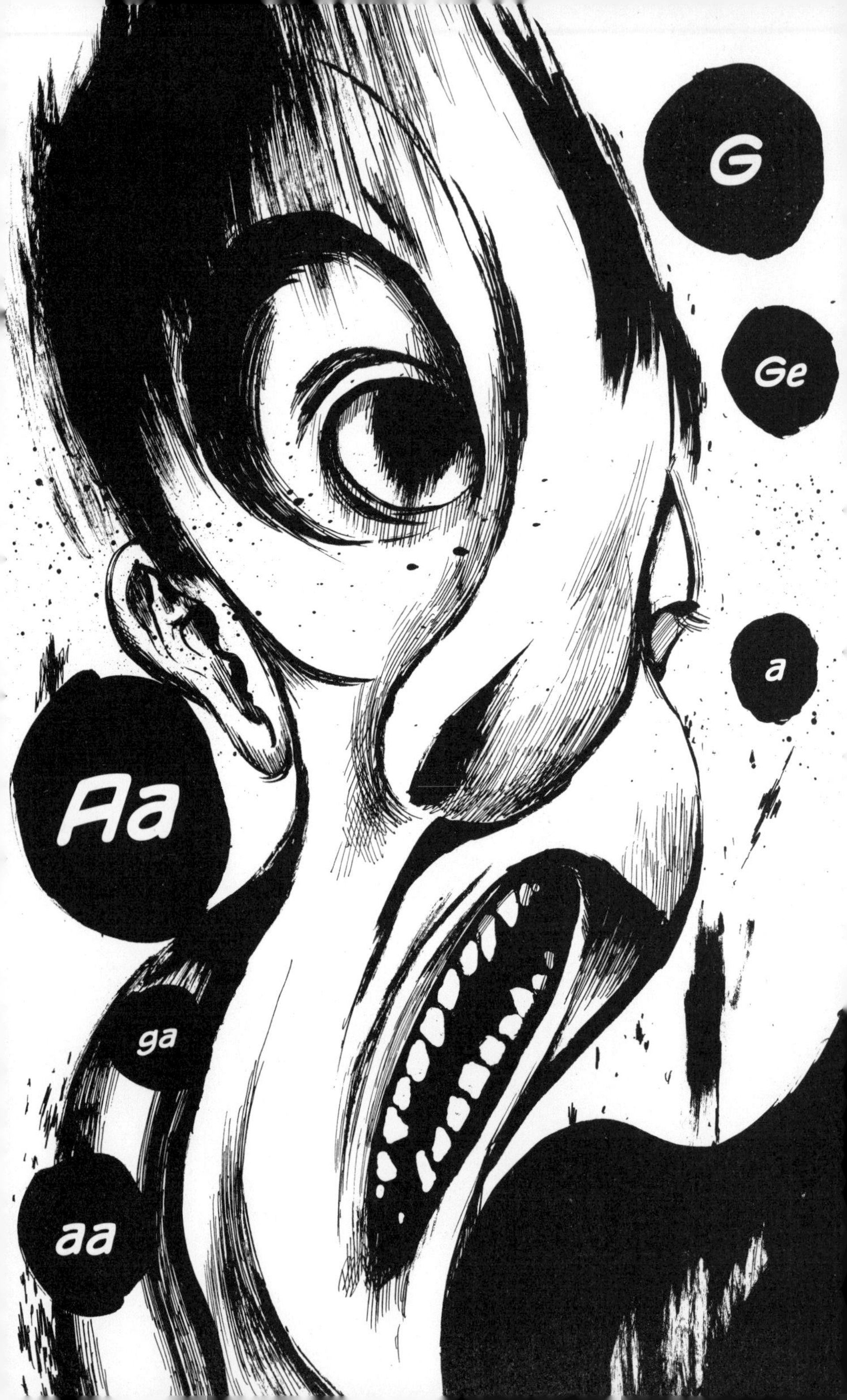
G
Ge
a
Aa
ga
aa

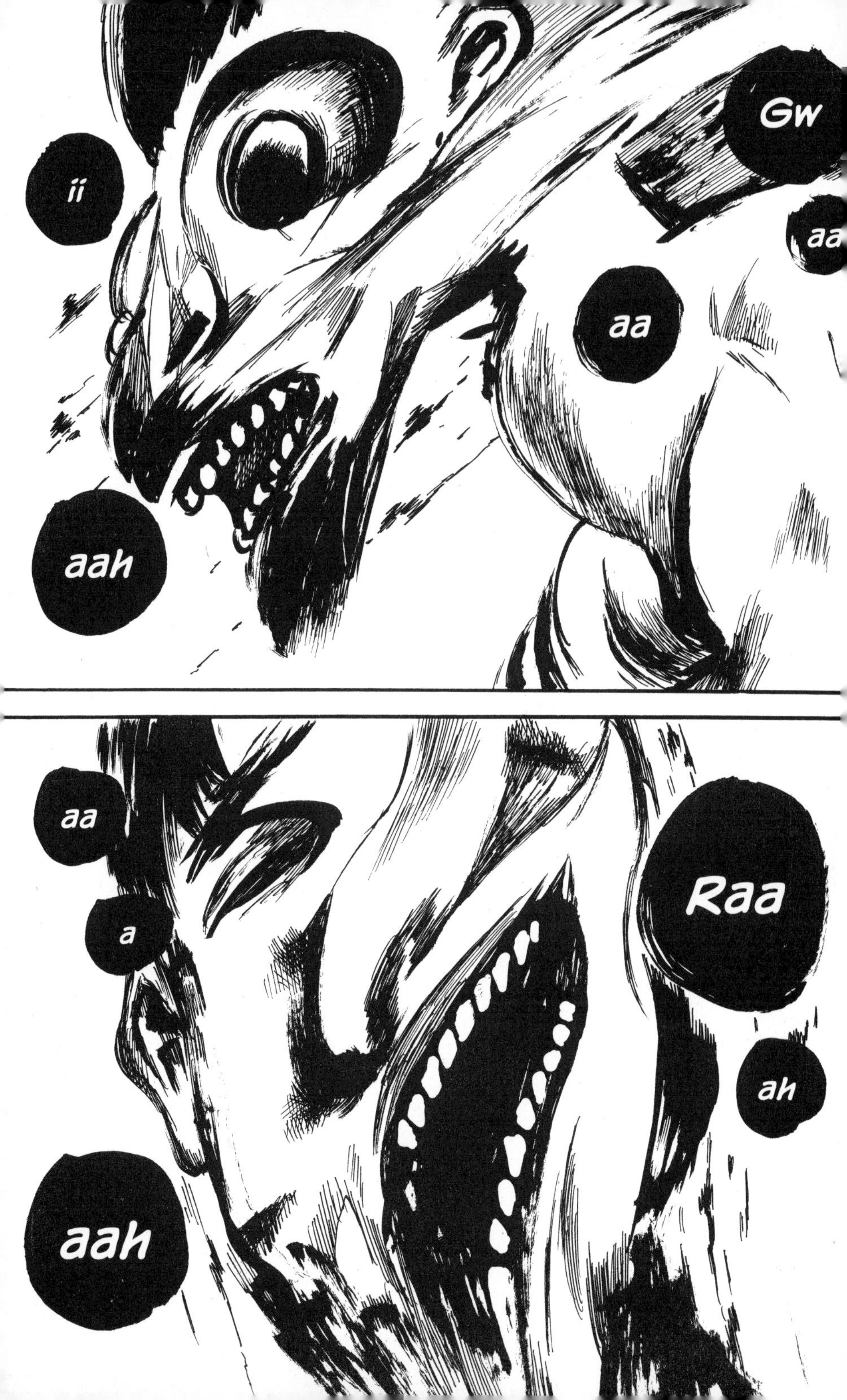
Gw
aa
aa
ii
aah
Raa
ah
aa
a
aah

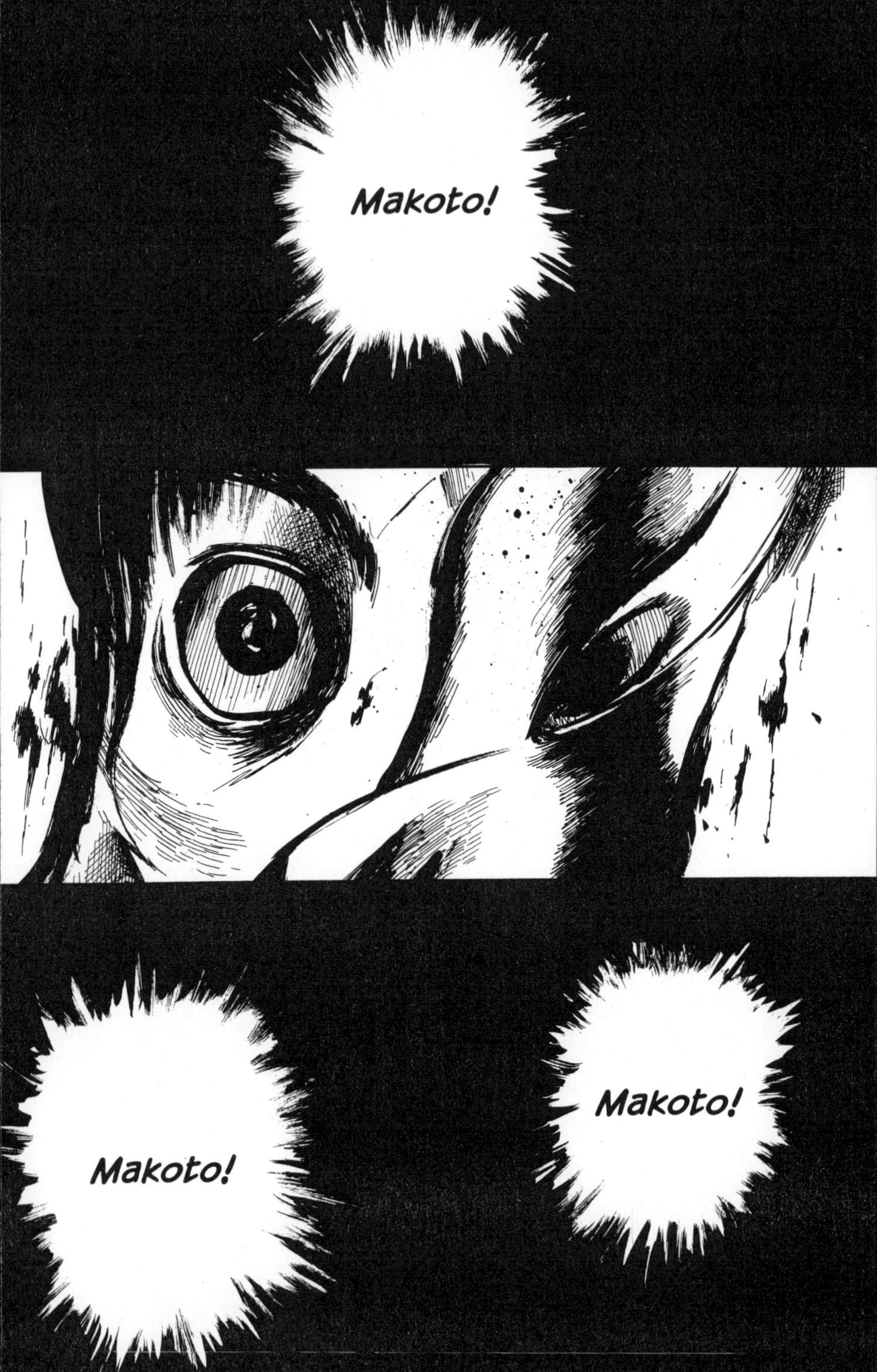
Makoto!
Makoto!
Makoto!

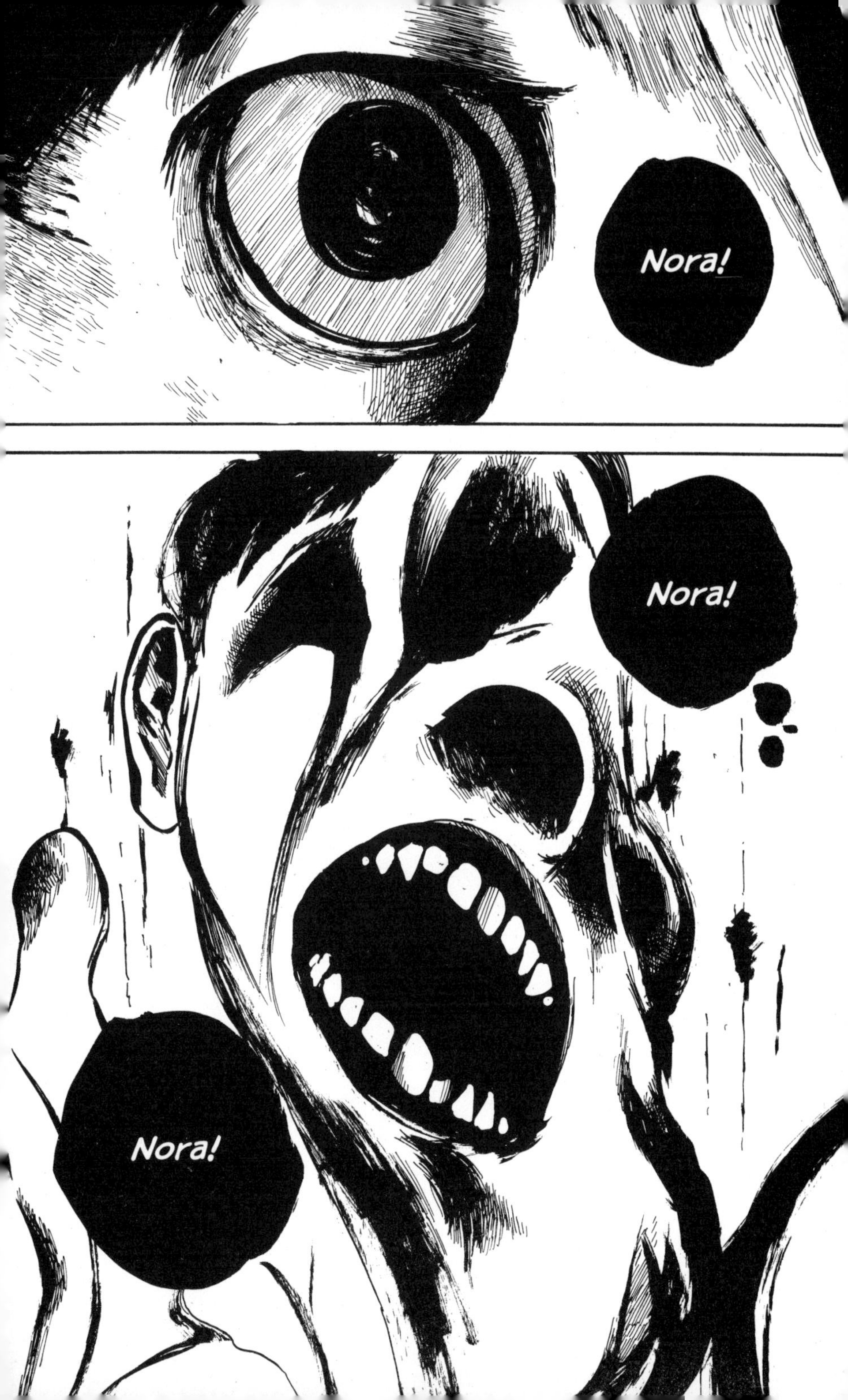
Nora!
Nora!
Nora!

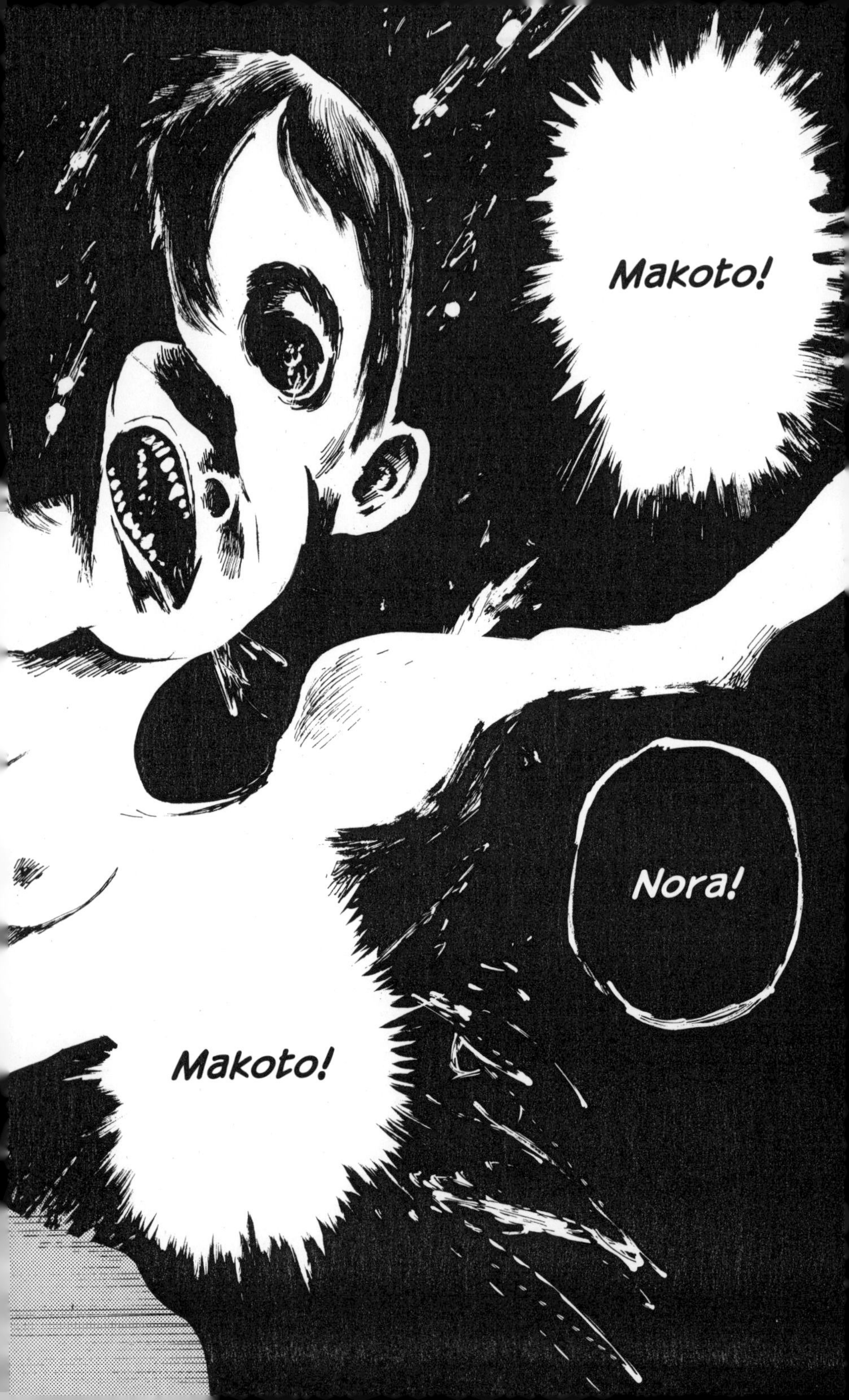
Makoto!
Nora!
Makoto!

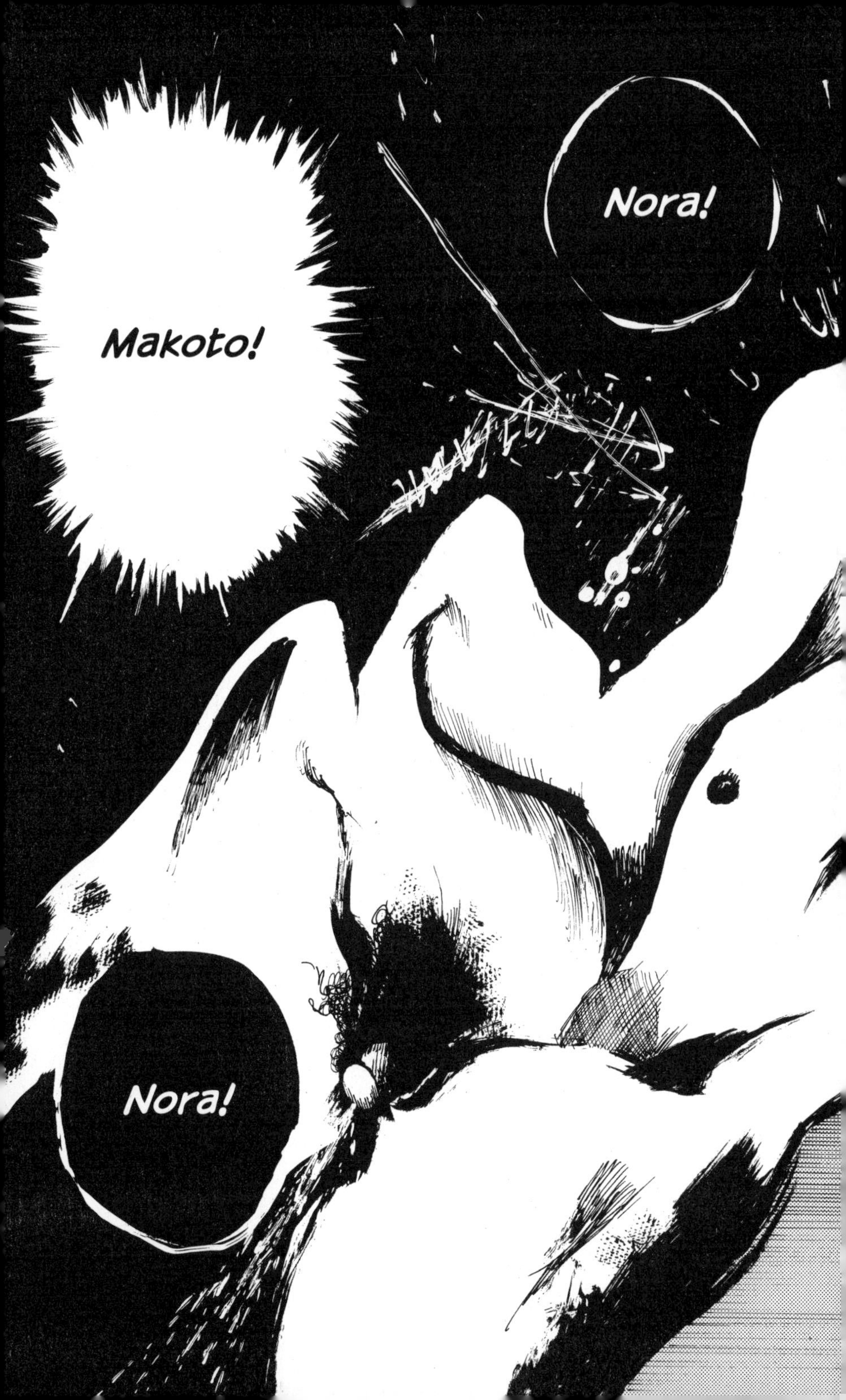
Nora!
Makoto!
Nora!

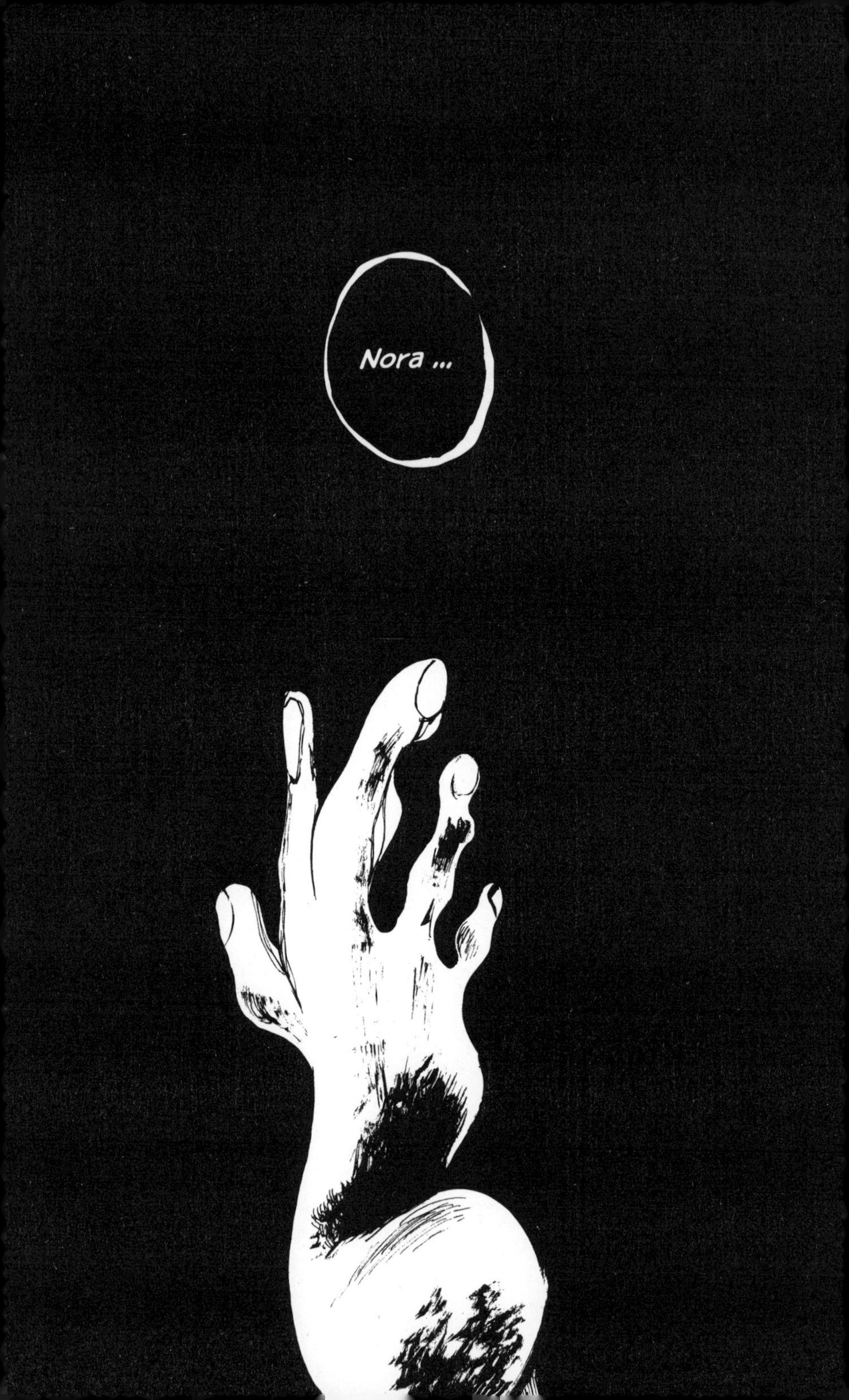
Nora ...

Kapitel 25: Eine alte Wunde

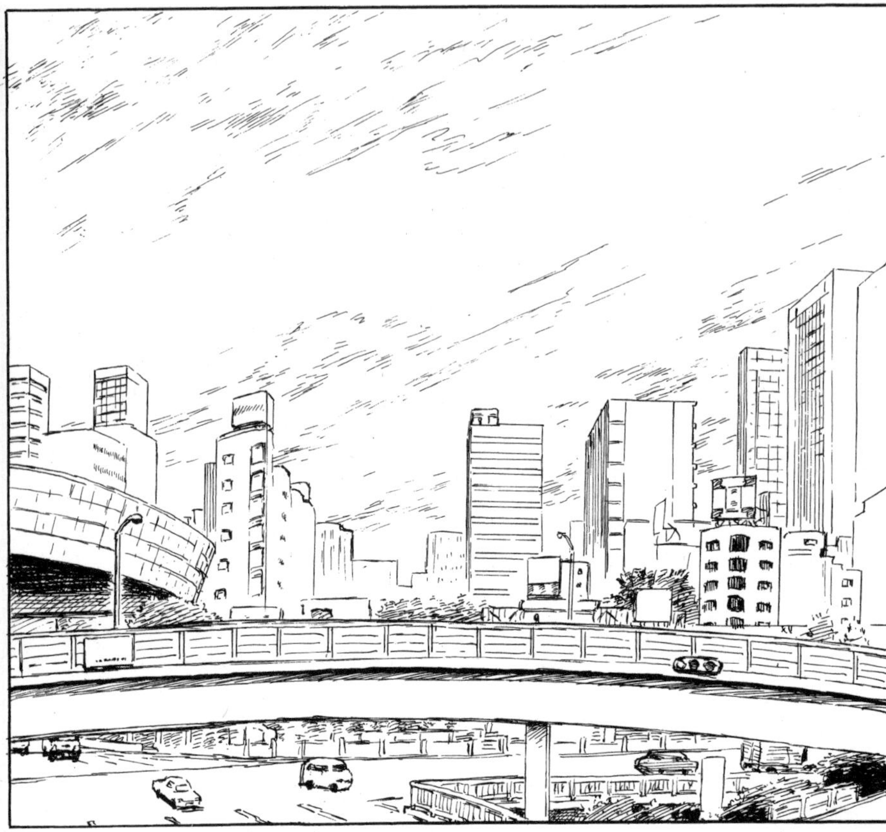

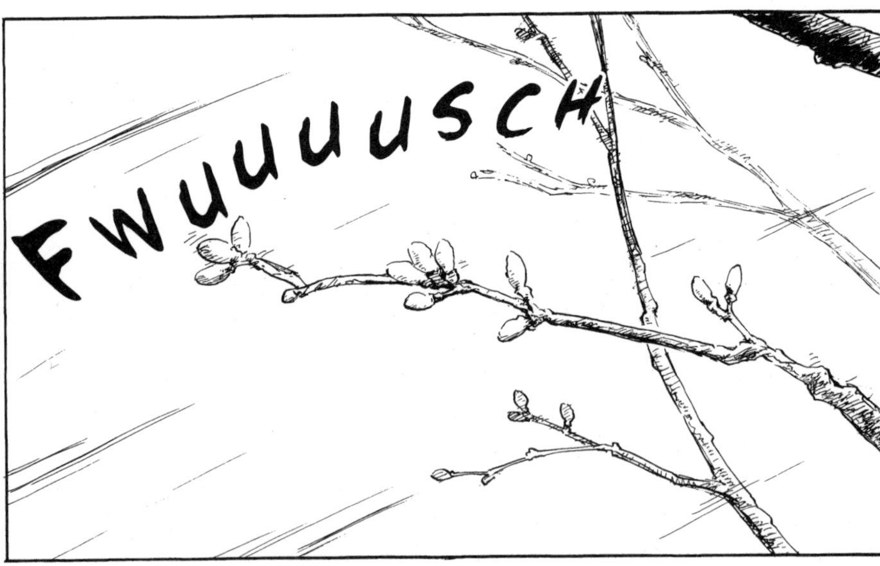
FWUUUUSCH

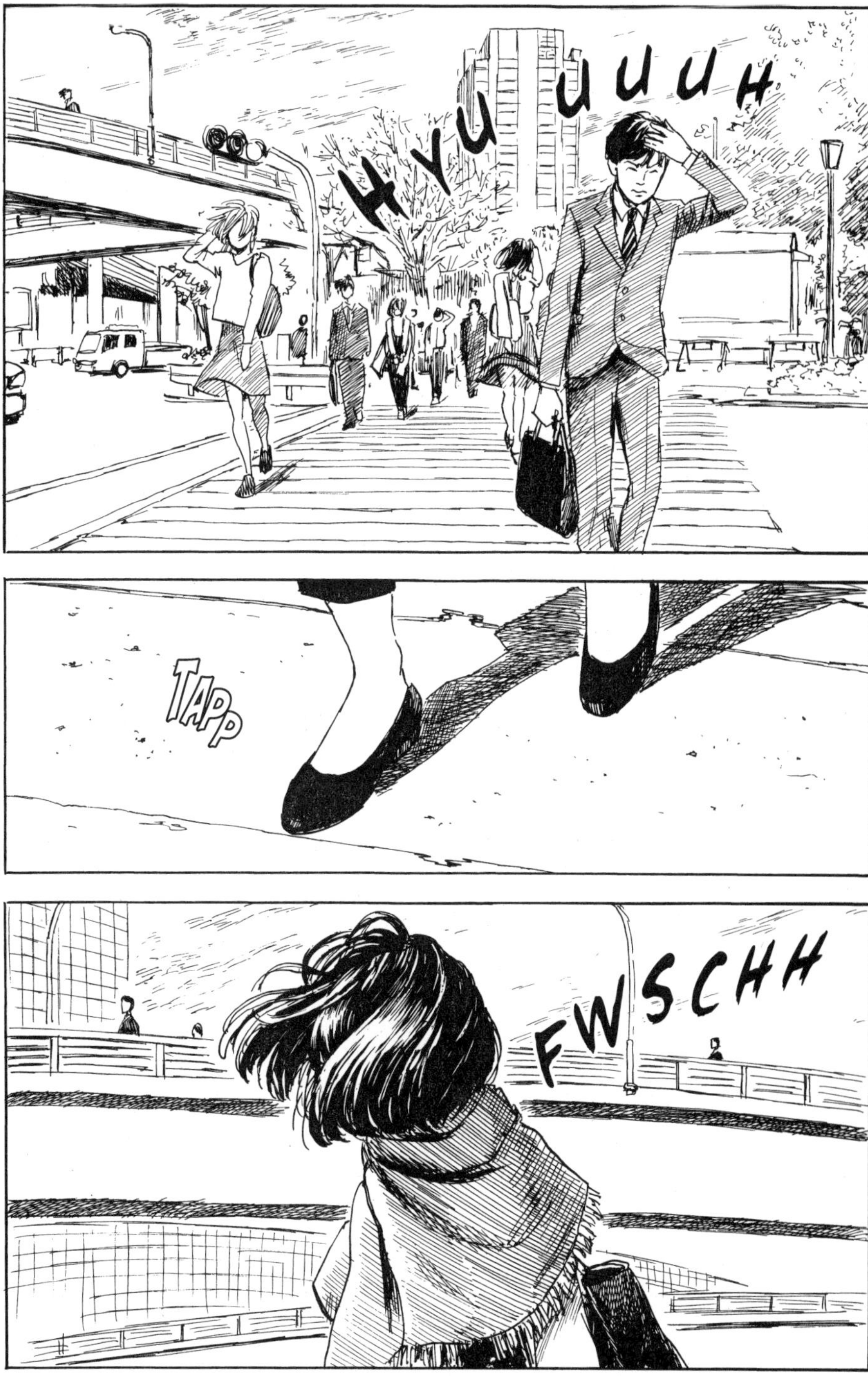
HYUUUUH
TAPP
FWSCHH

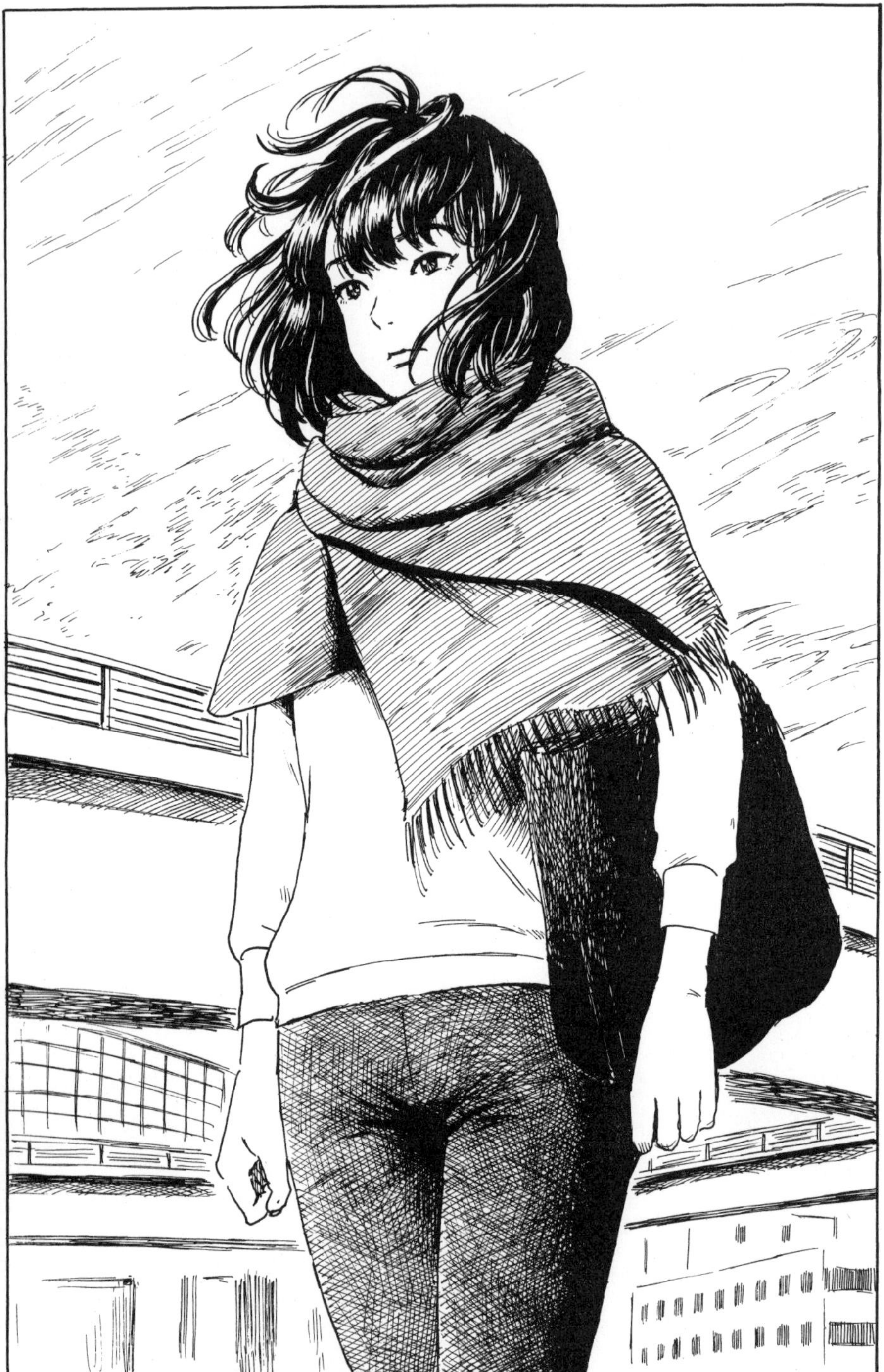

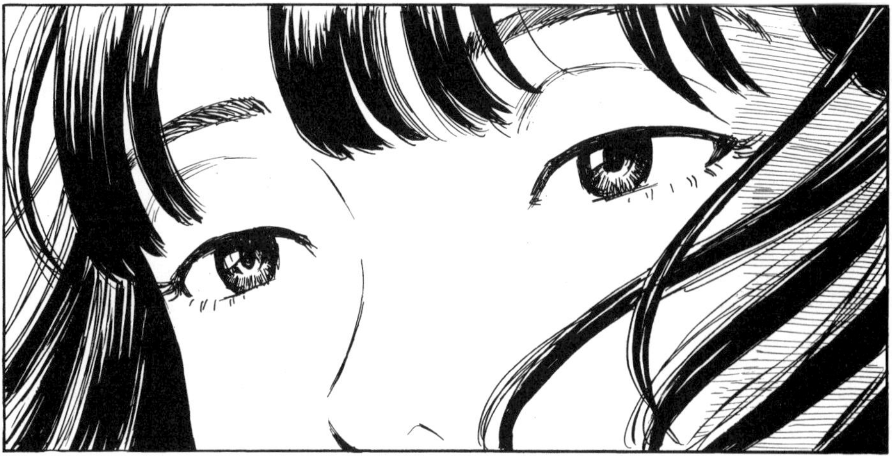

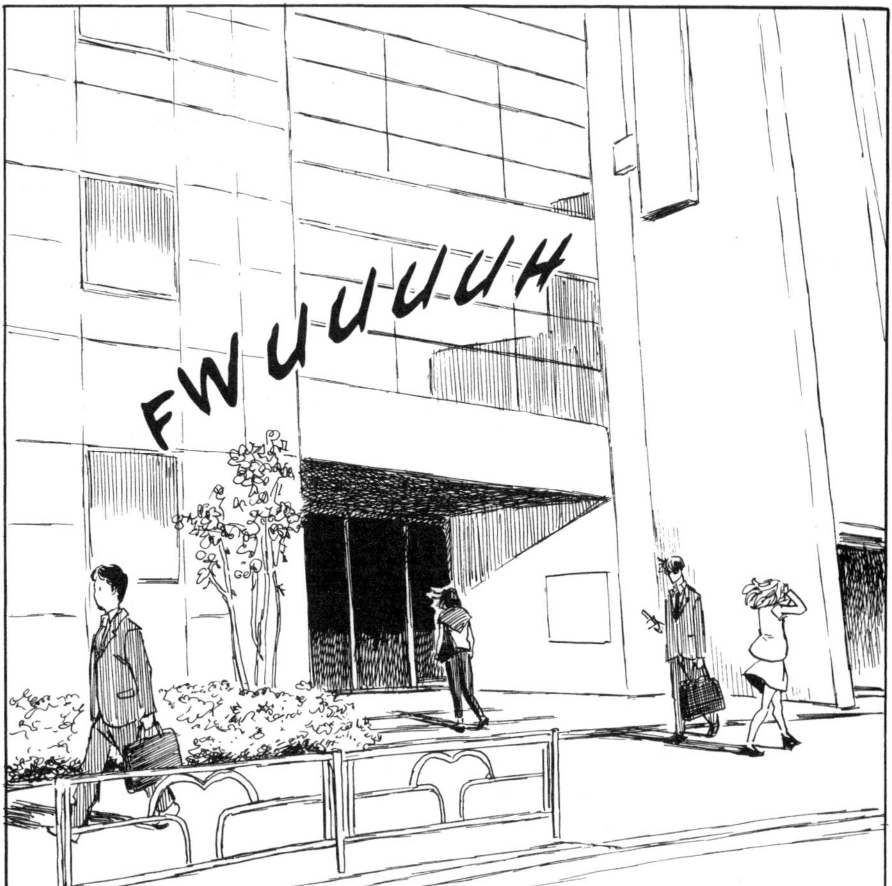
FWUUUUH

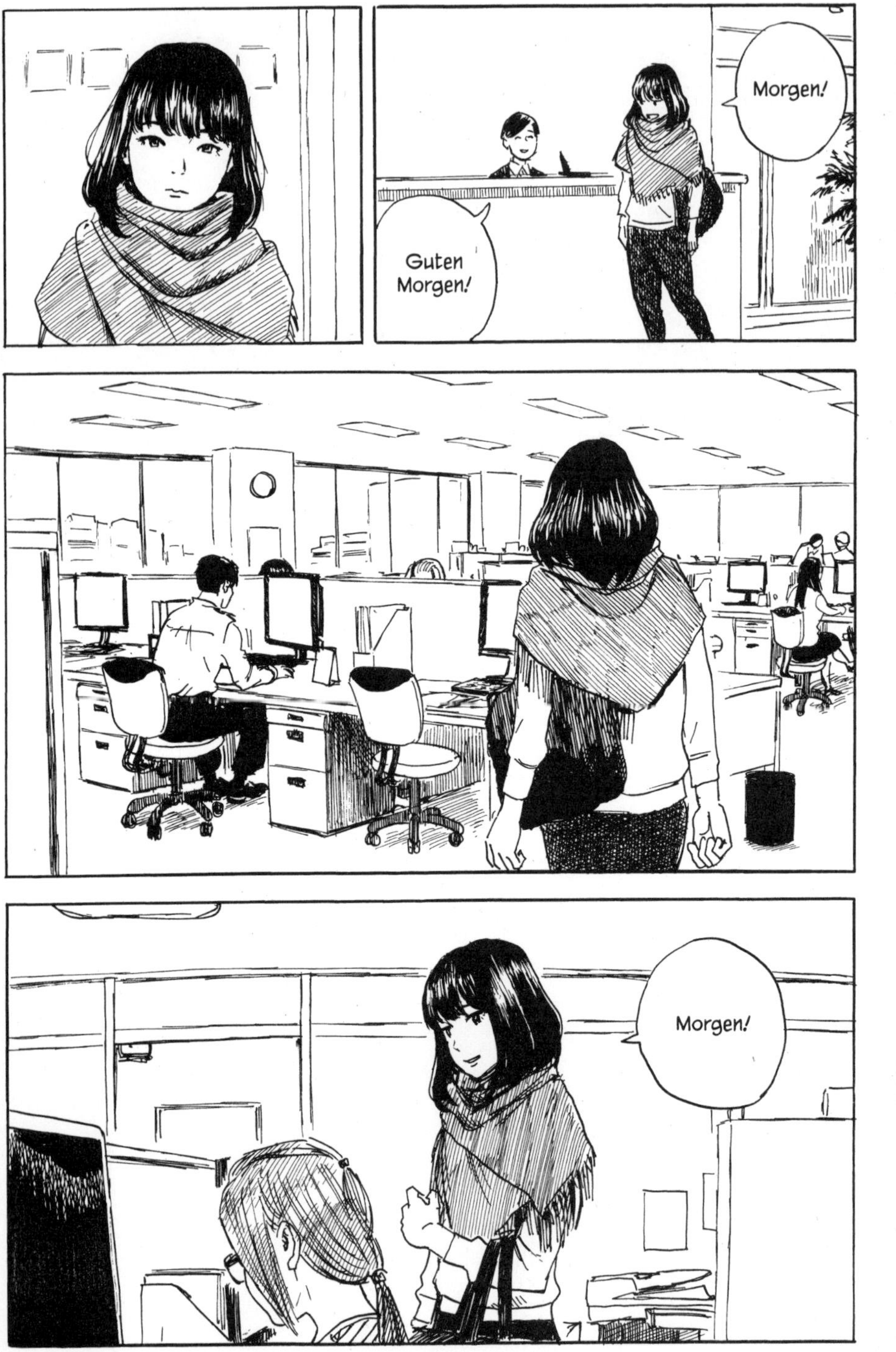
Morgen!
Guten Morgen!
Morgen!

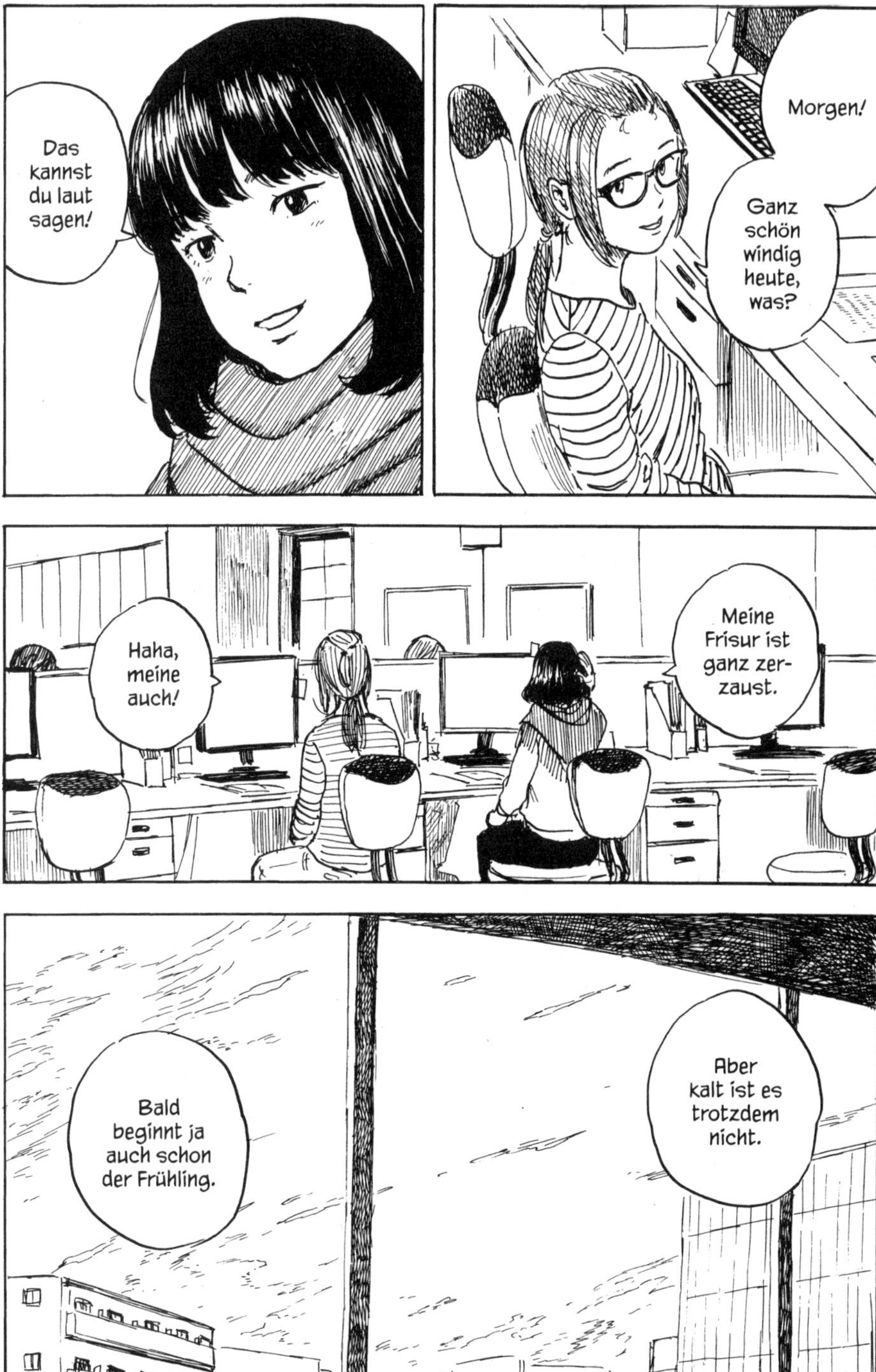
Morgen!
Ganz schön windig heute, was?
Das kannst du laut sagen!
Meine Frisur ist ganz zer- zaust.
Haha, meine auch!
Aber kalt ist es trotzdem nicht.
Bald beginnt ja auch schon der Frühling.

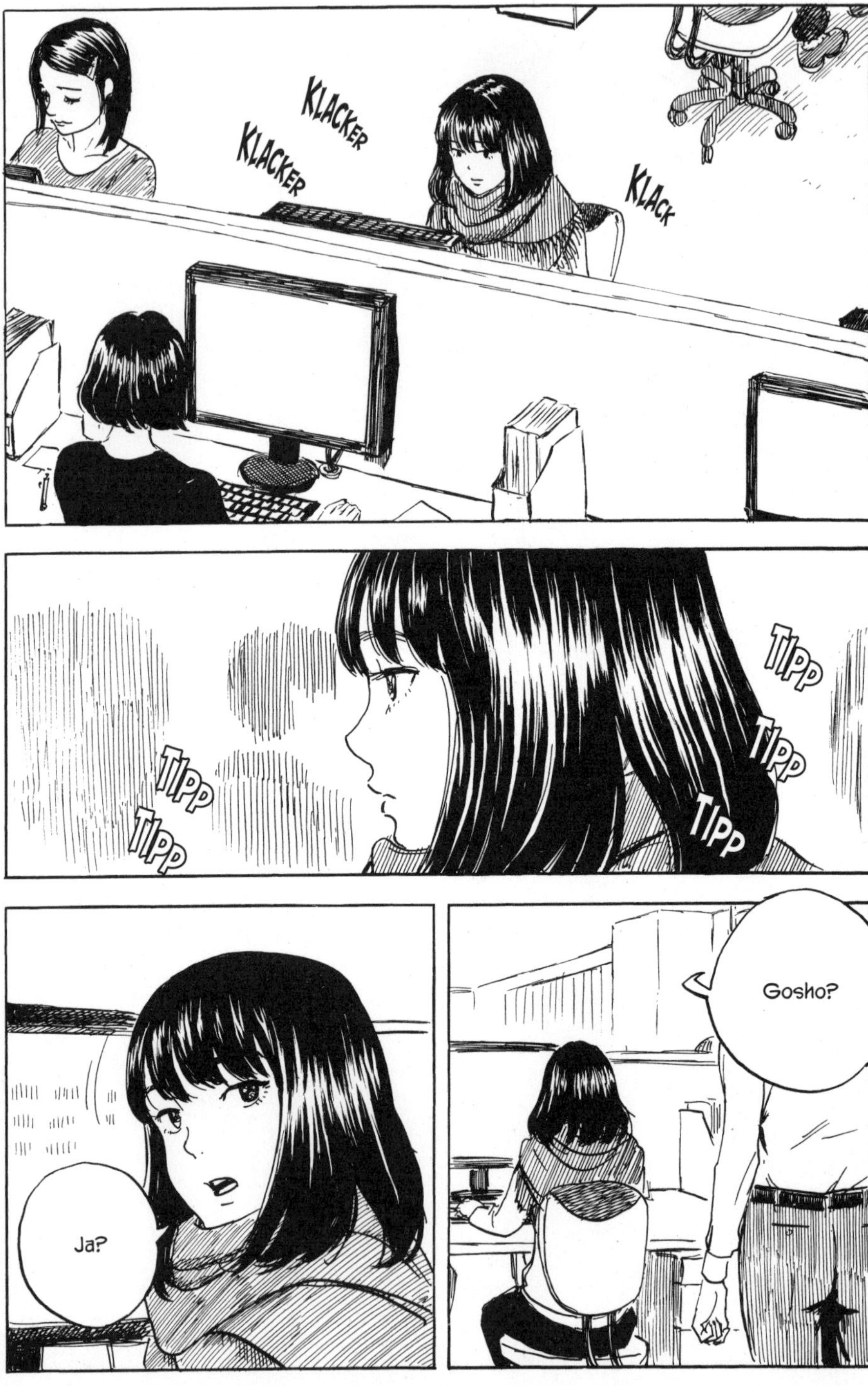
KLACK
KLACKER
KLACKER
TIPP
TIPP
TIPP
TIPP
TIPP
Gosho?
Ja?

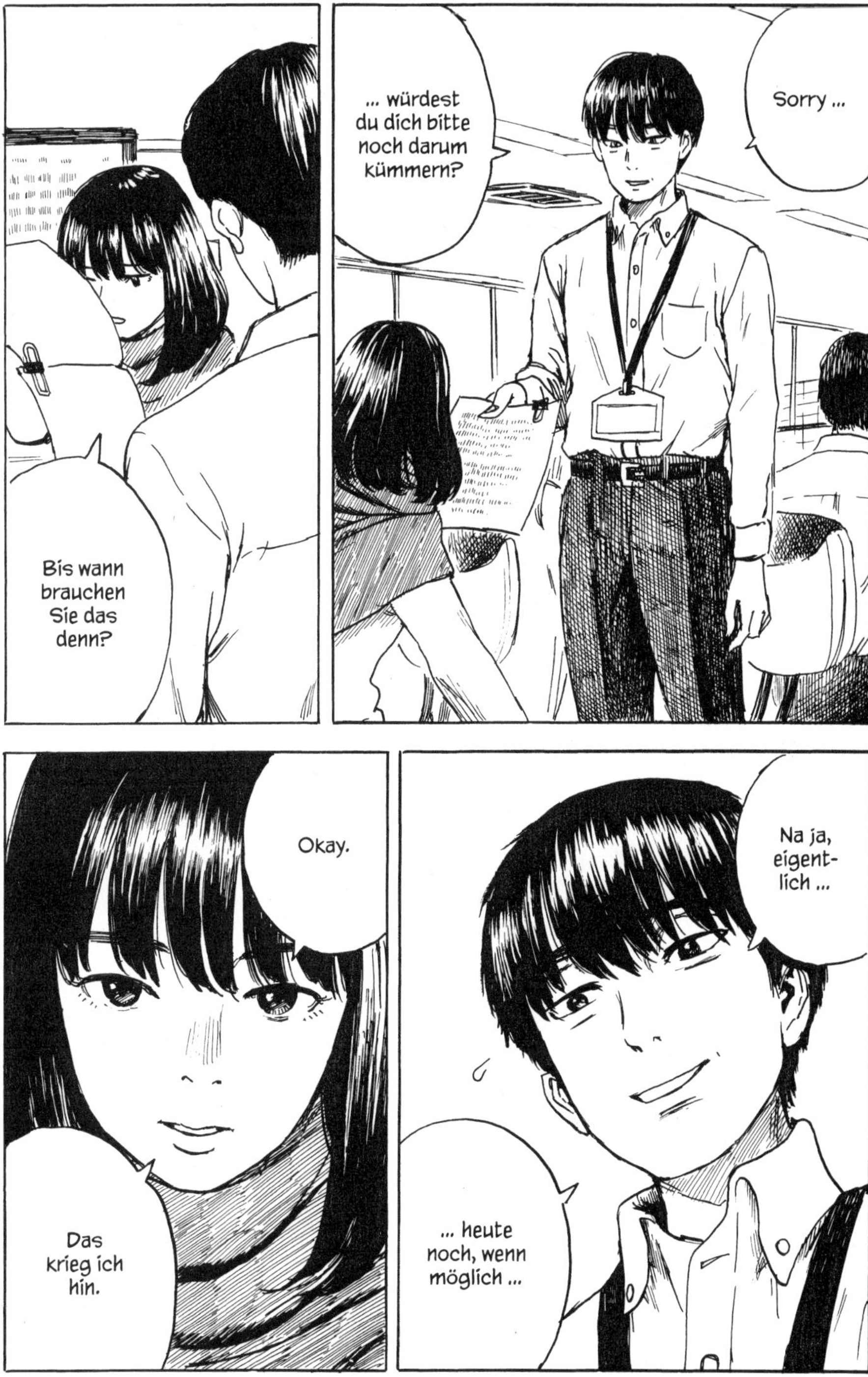
Sorry ...
... würdest du dich bitte noch darum kümmern?
Bis wann brauchen Sie das denn?
Na ja, eigentlich ...
... heute noch, wenn möglich ...
Okay.
Das krieg ich hin.

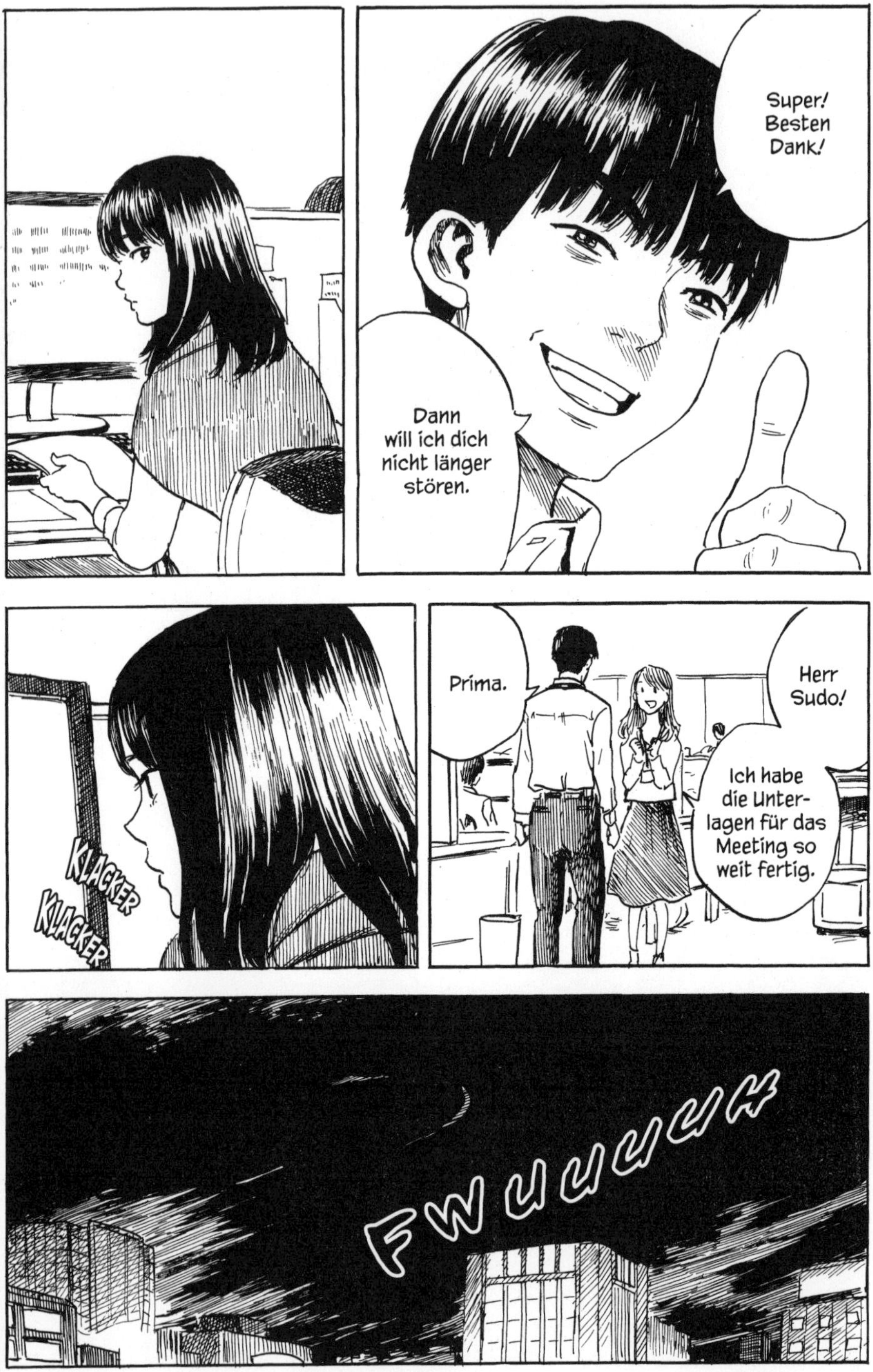
Super! Besten Dank!
Dann will ich dich nicht länger stören.
Herr Sudo!
Ich habe die Unterlagen für das Meeting so weit fertig.
Prima.
KLACKER
KLACKER
FWUUUUH

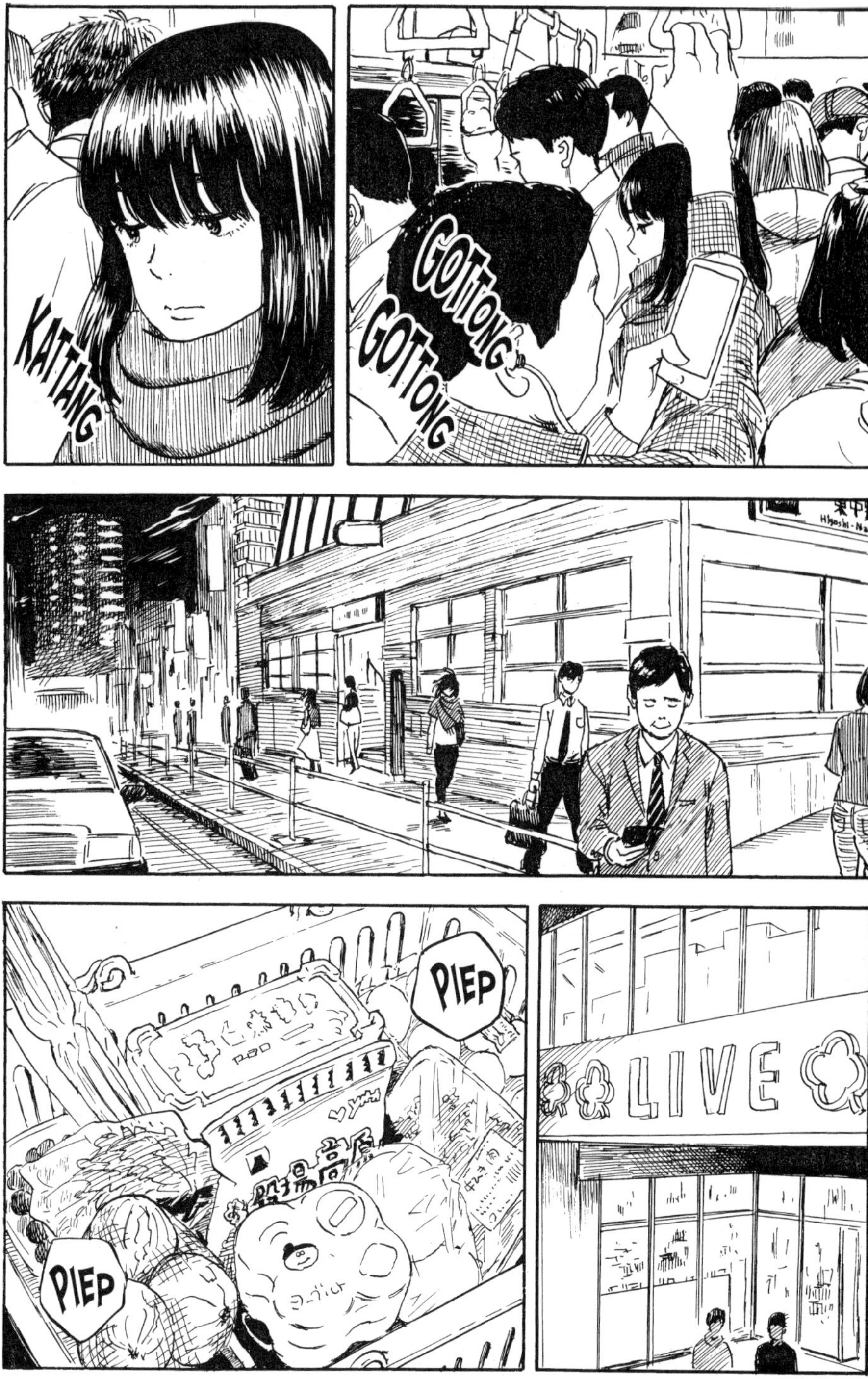
KATTANG
GOTTONG
GOTTONG
PIEP
PIEP
LIVE

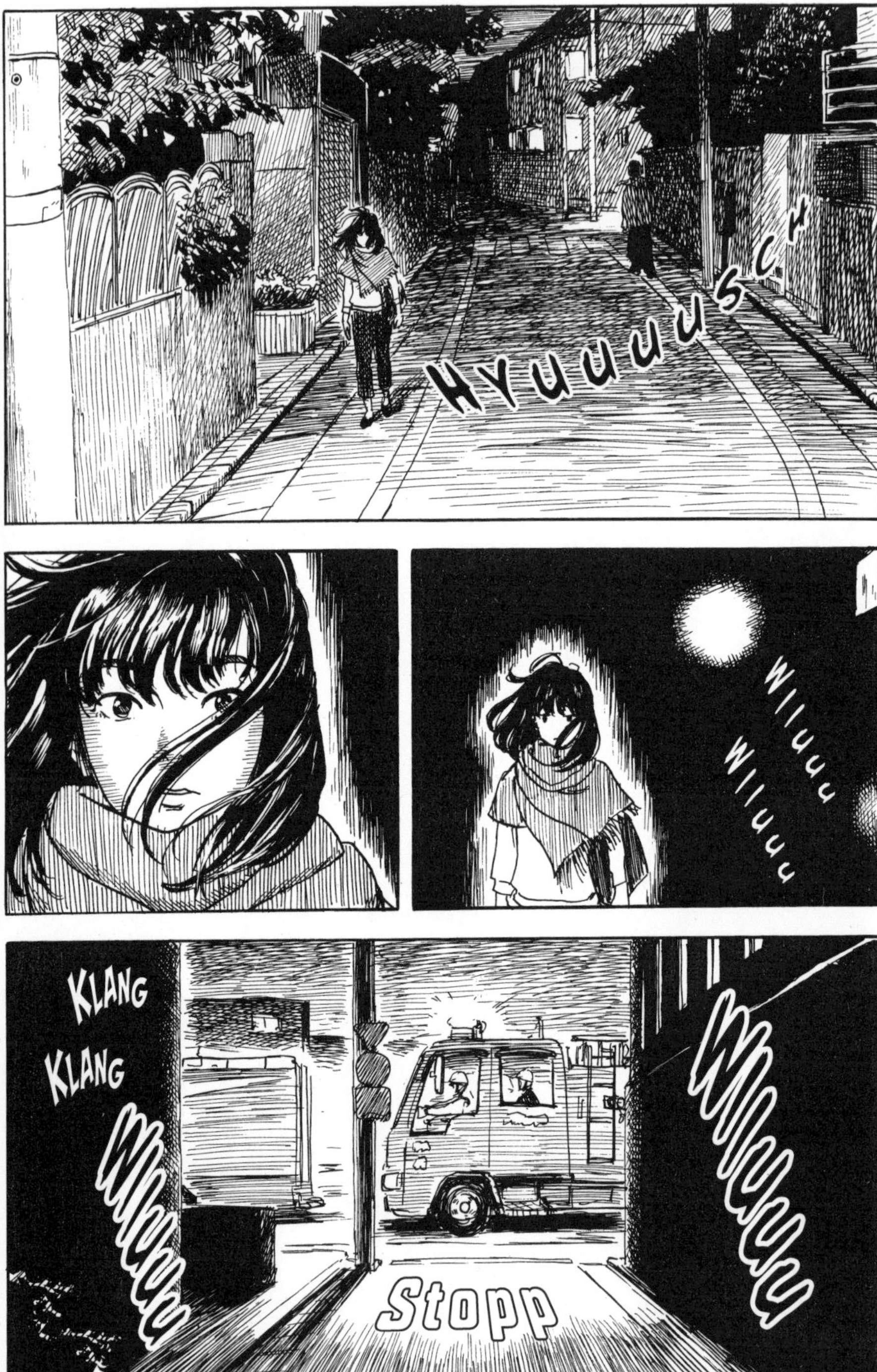
HYUUUUUSCH
WIUUUU
WIUUUU
KLANG
KLANG
WIUUUU
WIUUUU
Stopp

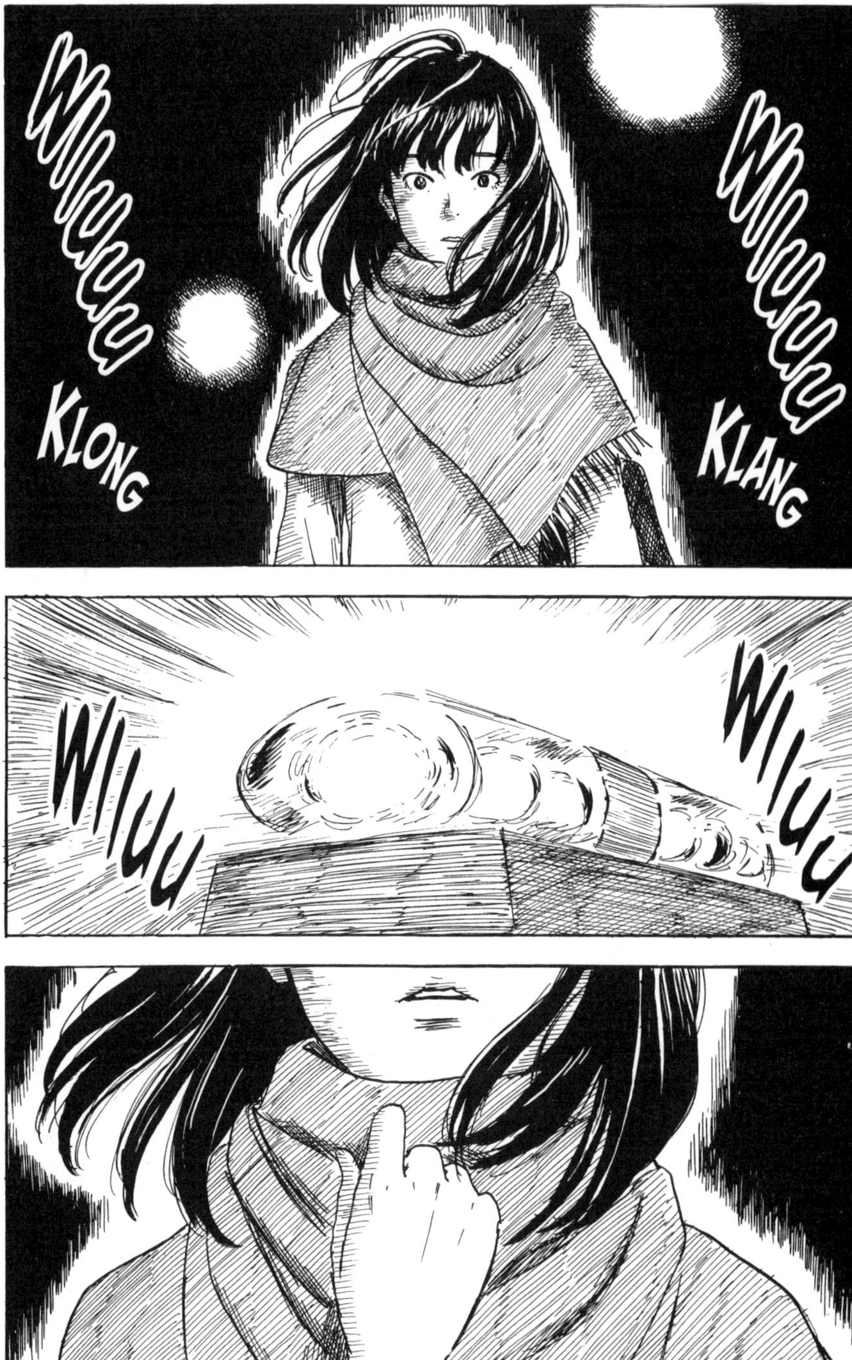
Wluuu
Klong
Wluuu
Klang
Wluu
Wluu

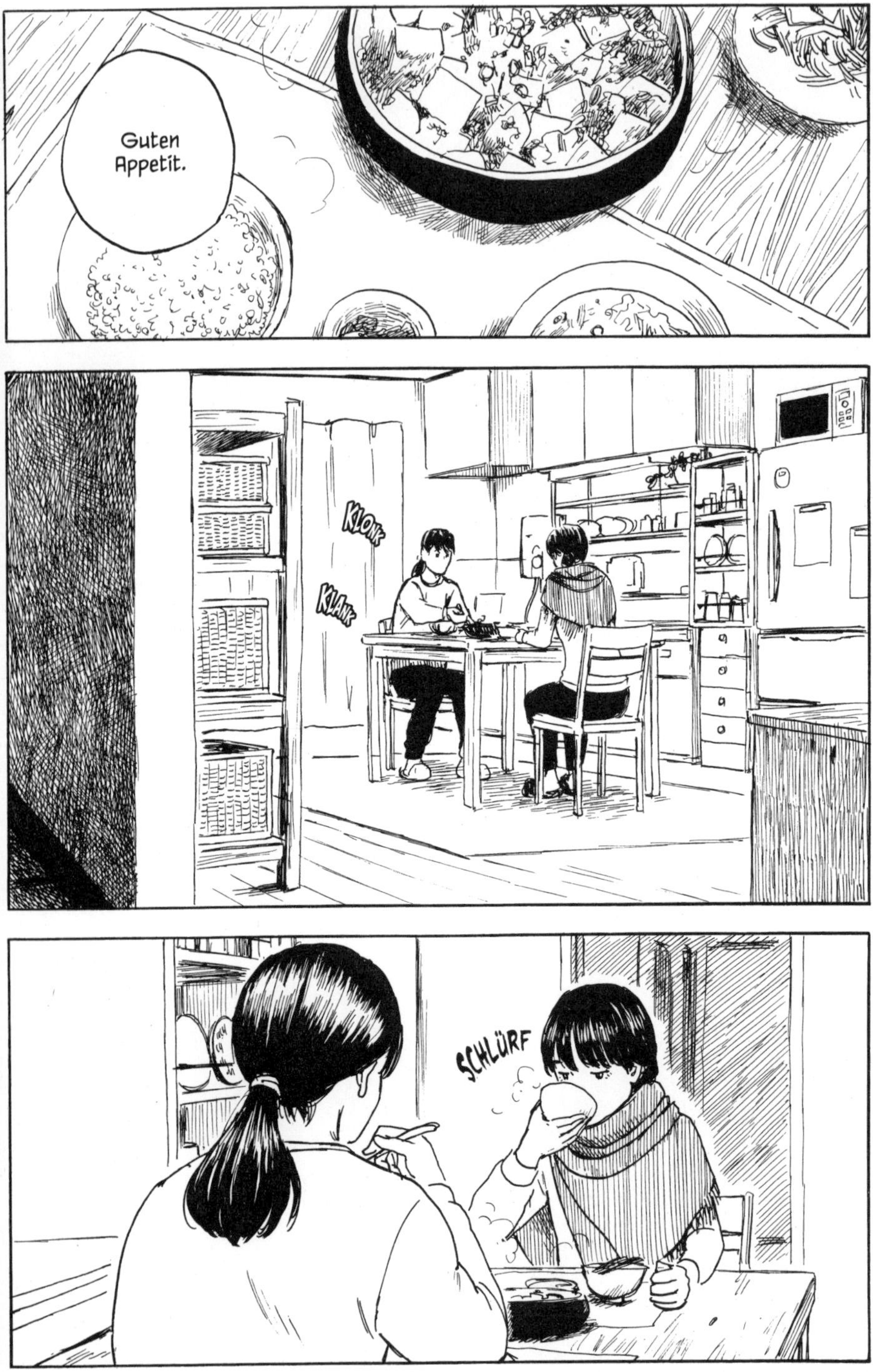
Guten
Appetit.
KLONK
KLANK
SCHLÜRF

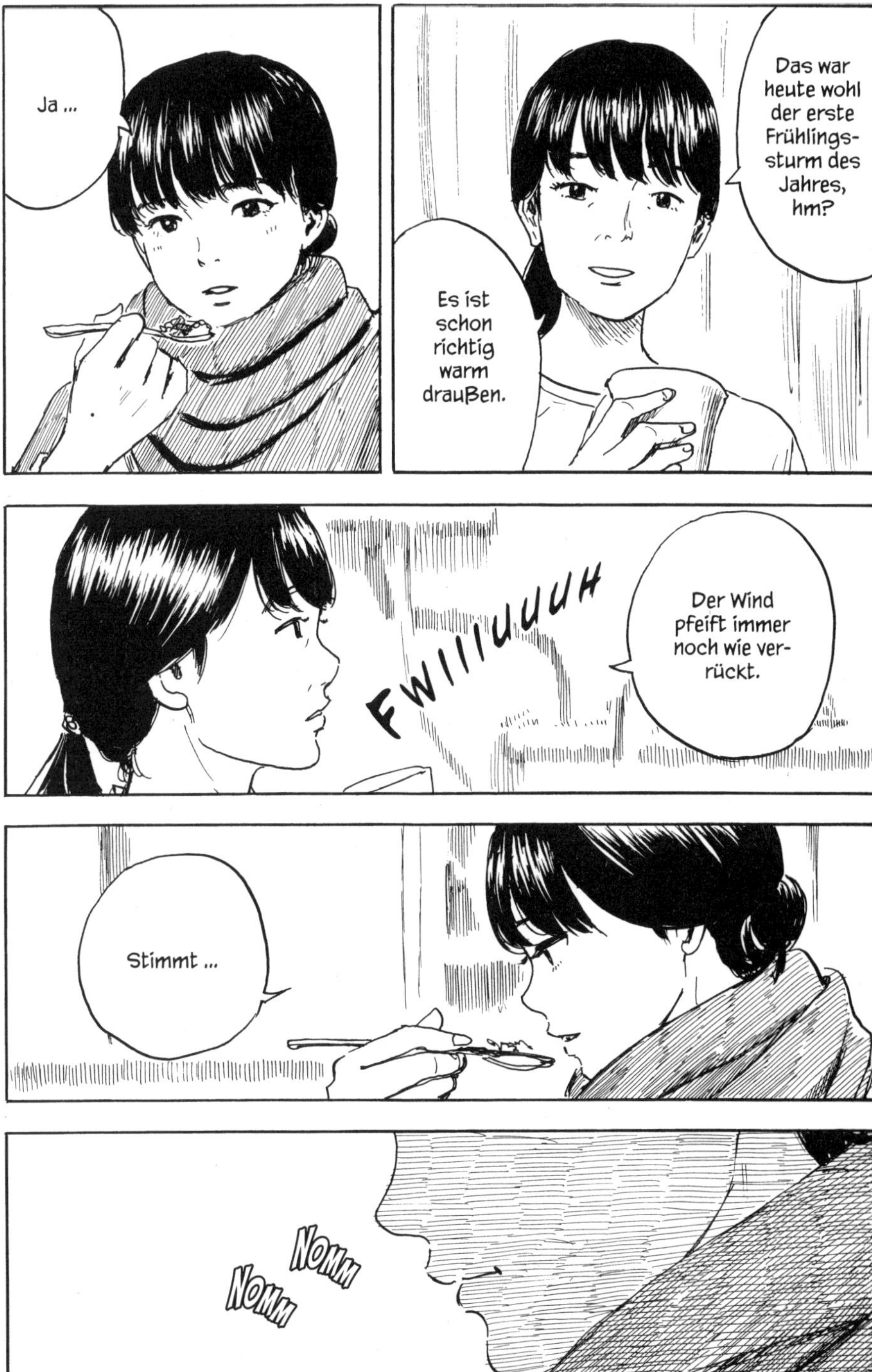
Das war heute wohl der erste Frühlingssturm des Jahres, hm?
Es ist schon richtig warm draußen.
Ja ...
Der Wind pfeift immer noch wie verrückt.
FWIIIUUUH
Stimmt ...
NOMM
NOMM

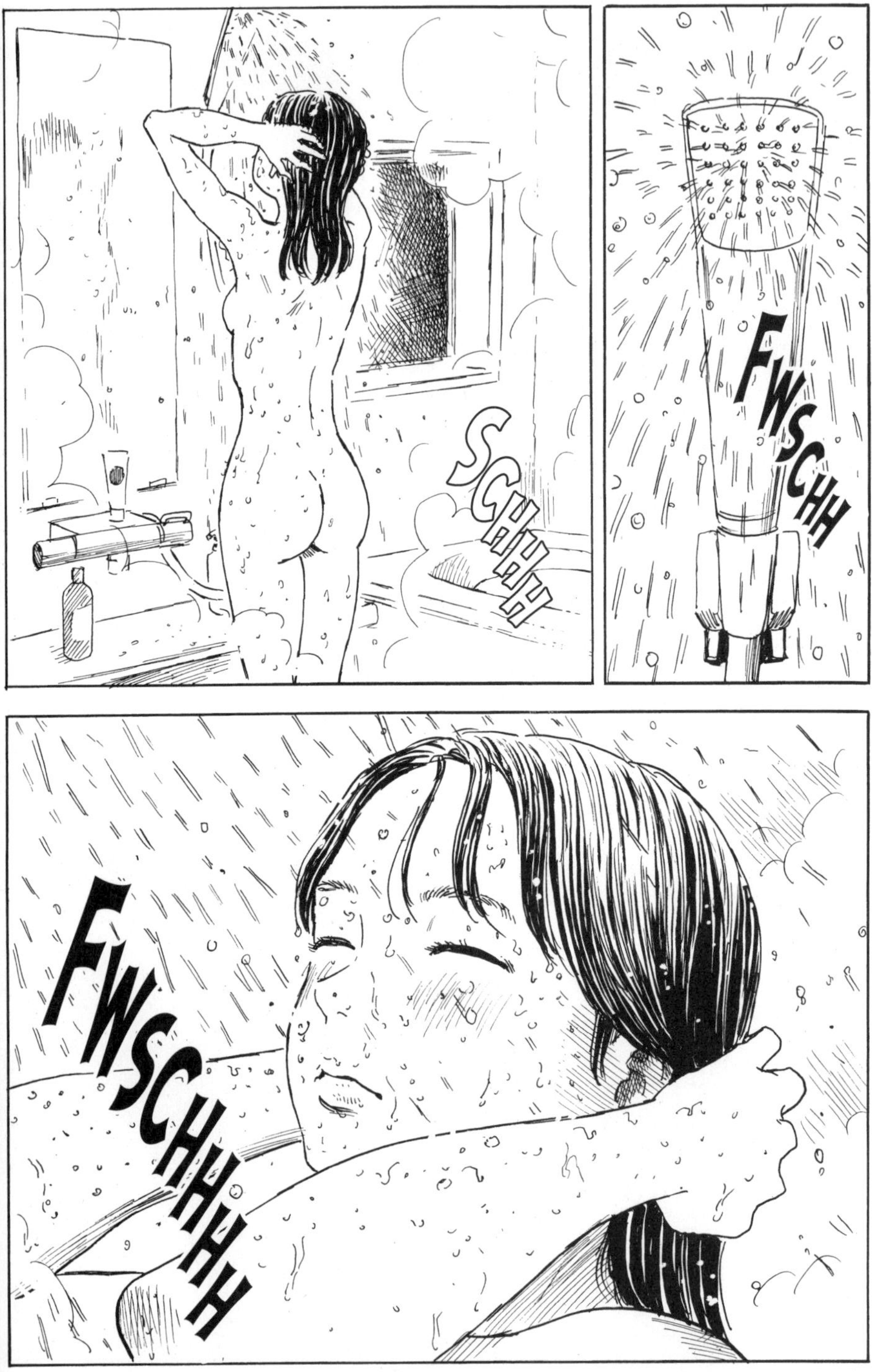
SCHHH
FWSCHH
FWSCHHHH

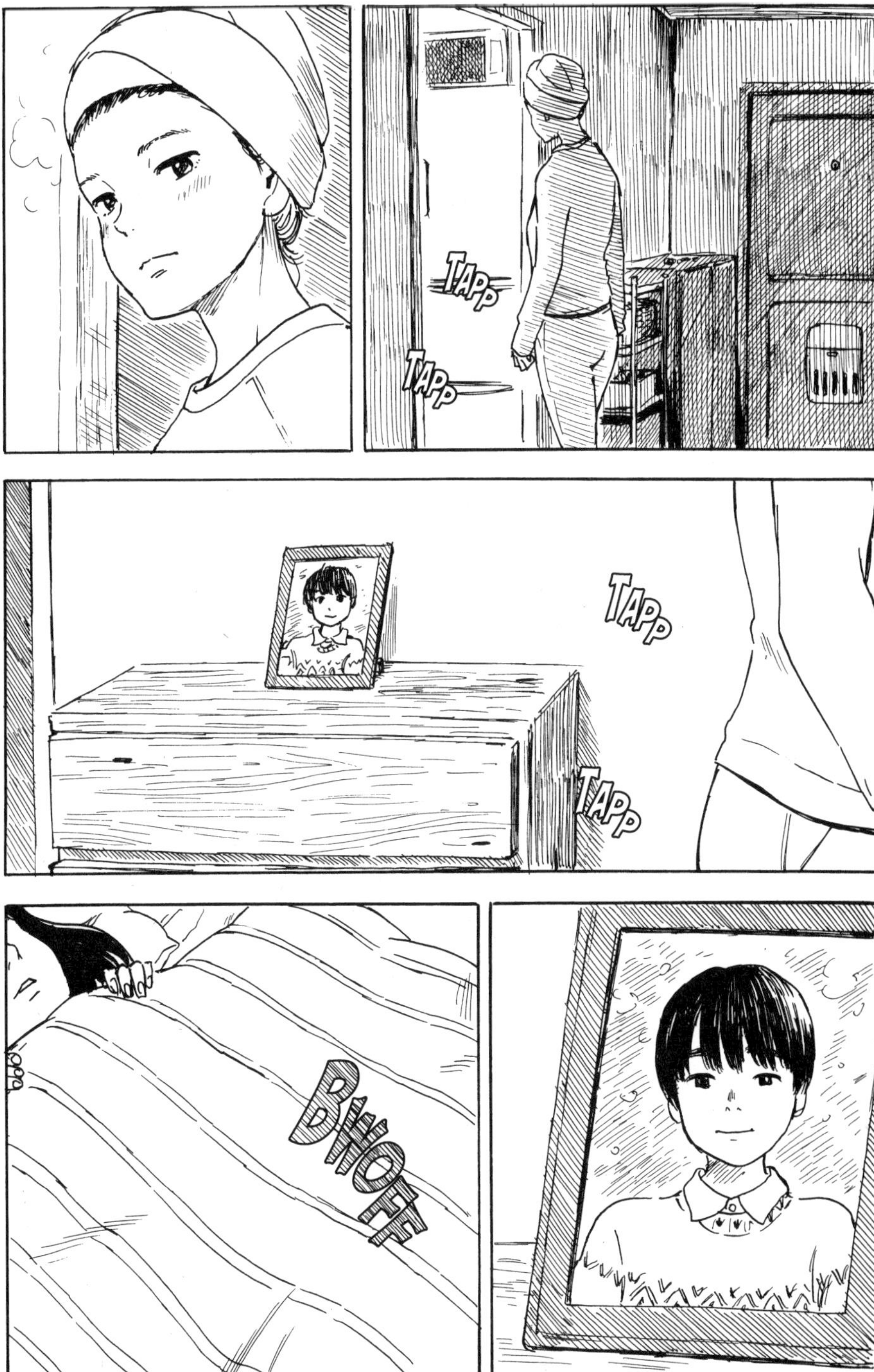
TAPP
TAPP
TAPP
TAPP
BWOFF

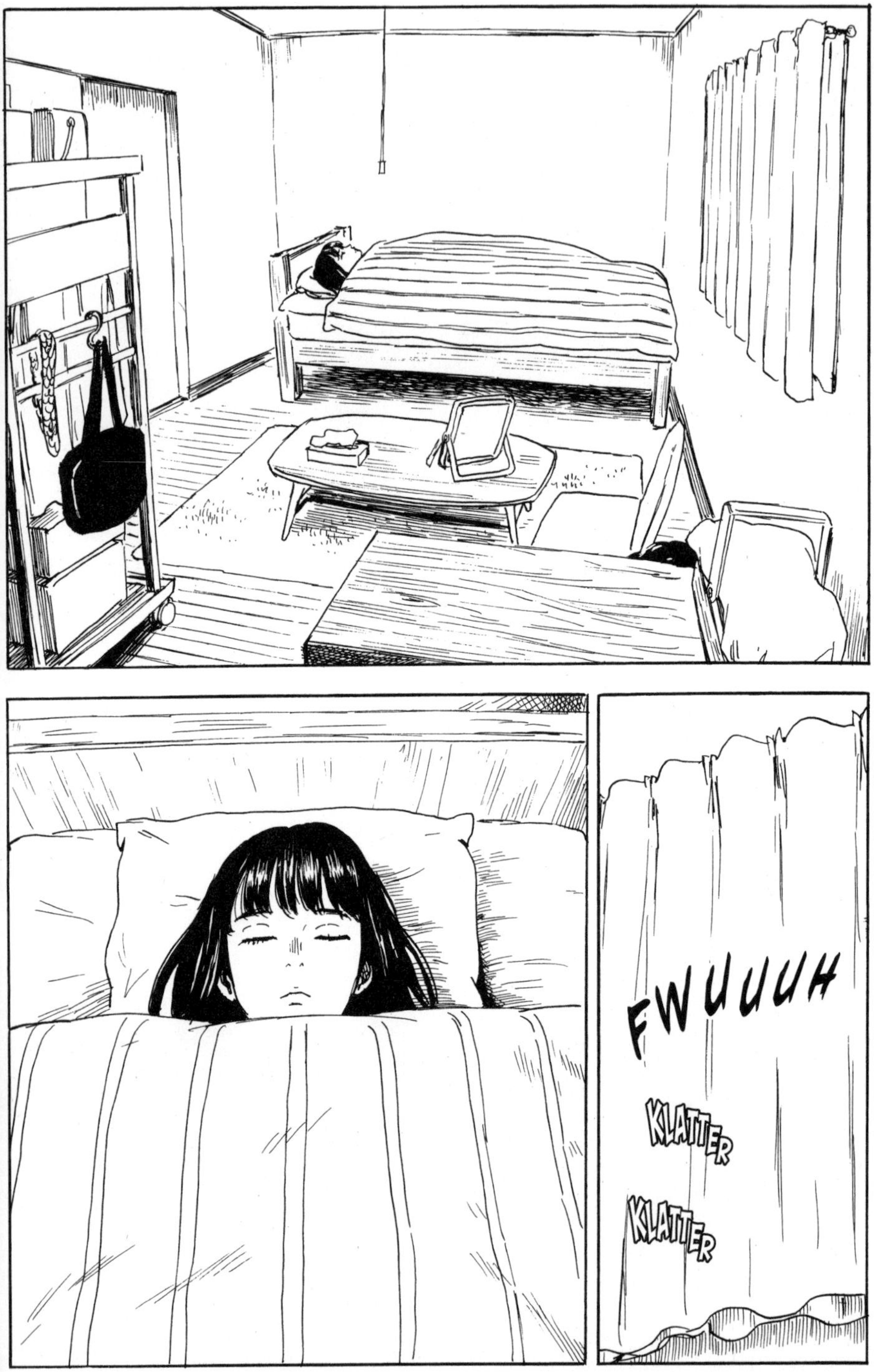
FWUUUH
KLATTER
KLATTER

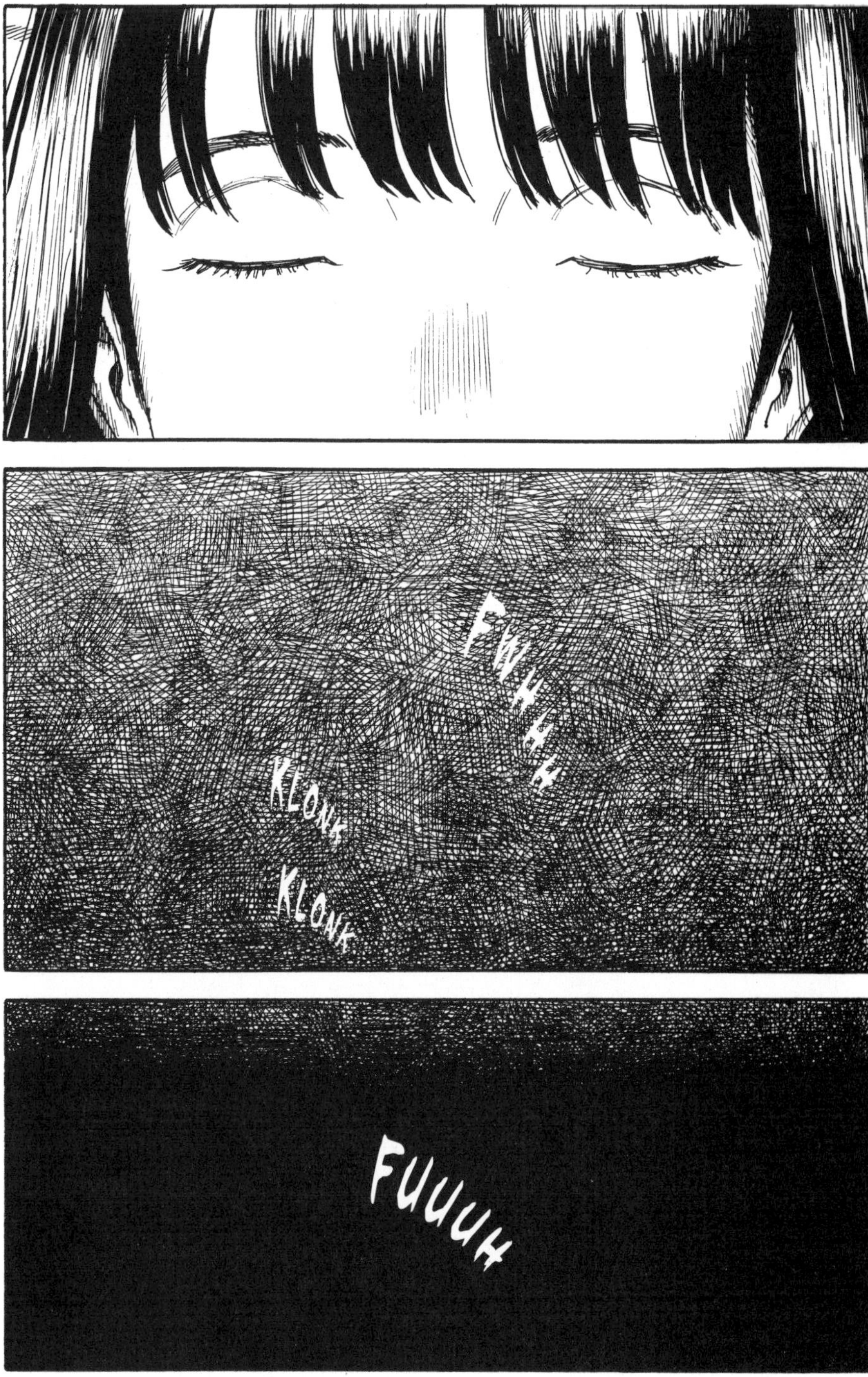
FWHHH
KLONK
KLONK
FUUUH

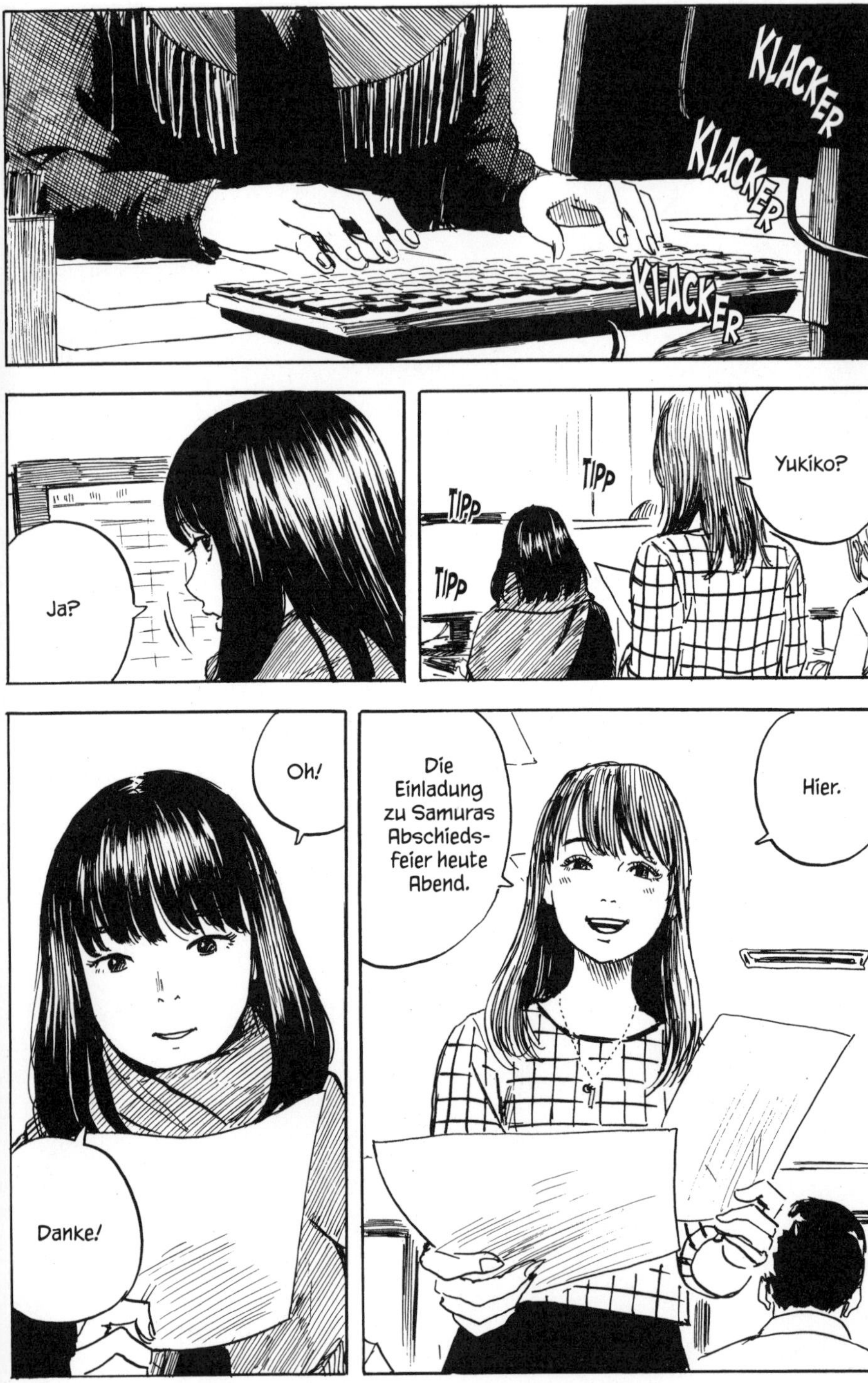
KLACKER
KLACKER
KLACKER
Yukiko?
TIPP
TIPP
TIPP
Ja?
Hier.
Die Einladung zu Samuras Abschiedsfeier heute Abend.
Oh!
Danke!

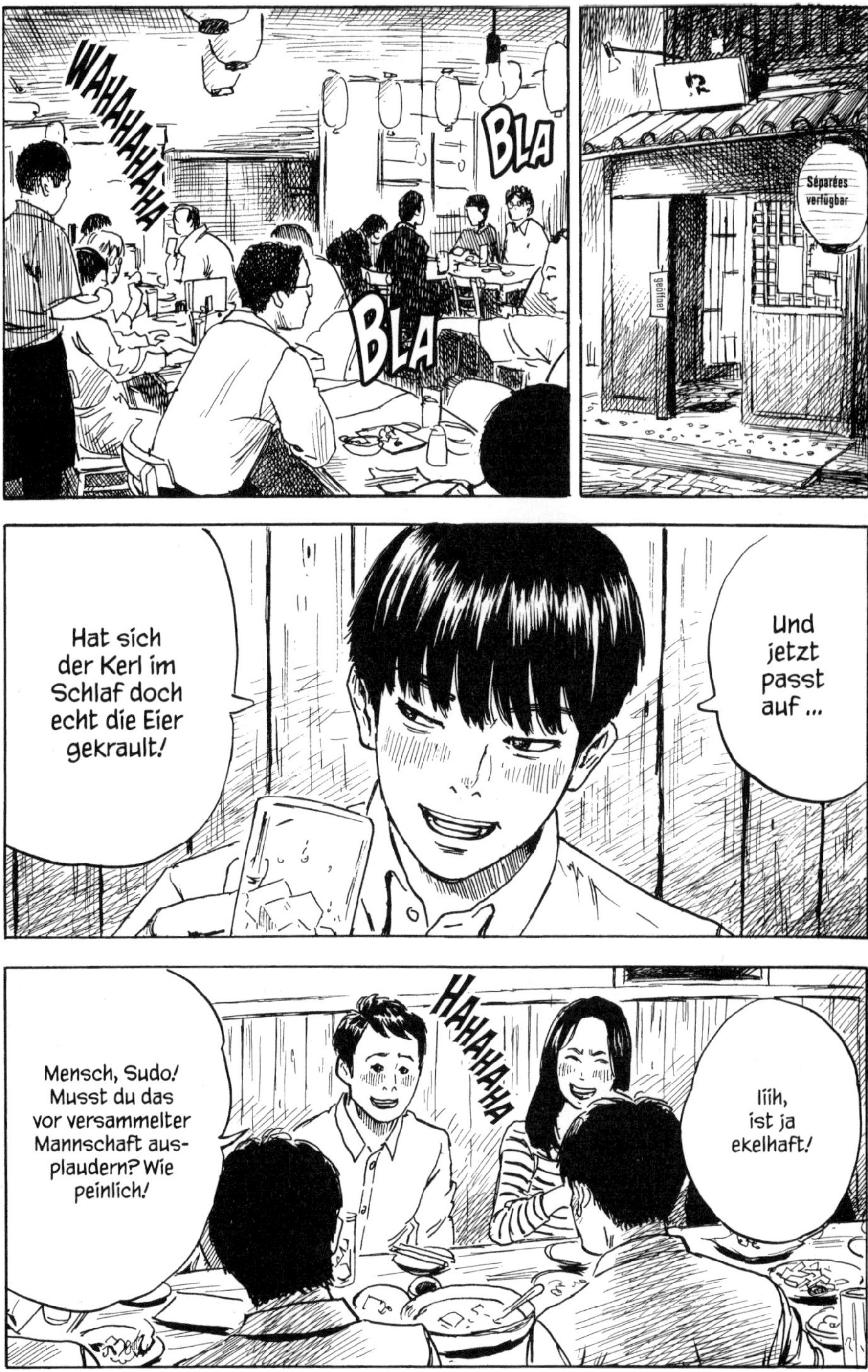

Séparées verfügbar
geöffnet
WAHAHAHAHAHA
BLA
BLA
Und jetzt passt auf ...
Hat sich der Kerl im Schlaf doch echt die Eier gekrault!
Iiih, ist ja ekelhaft!
HAHAHAHAHA
Mensch, Sudo! Musst du das vor versammelter Mannschaft ausplaudern? Wie peinlich!

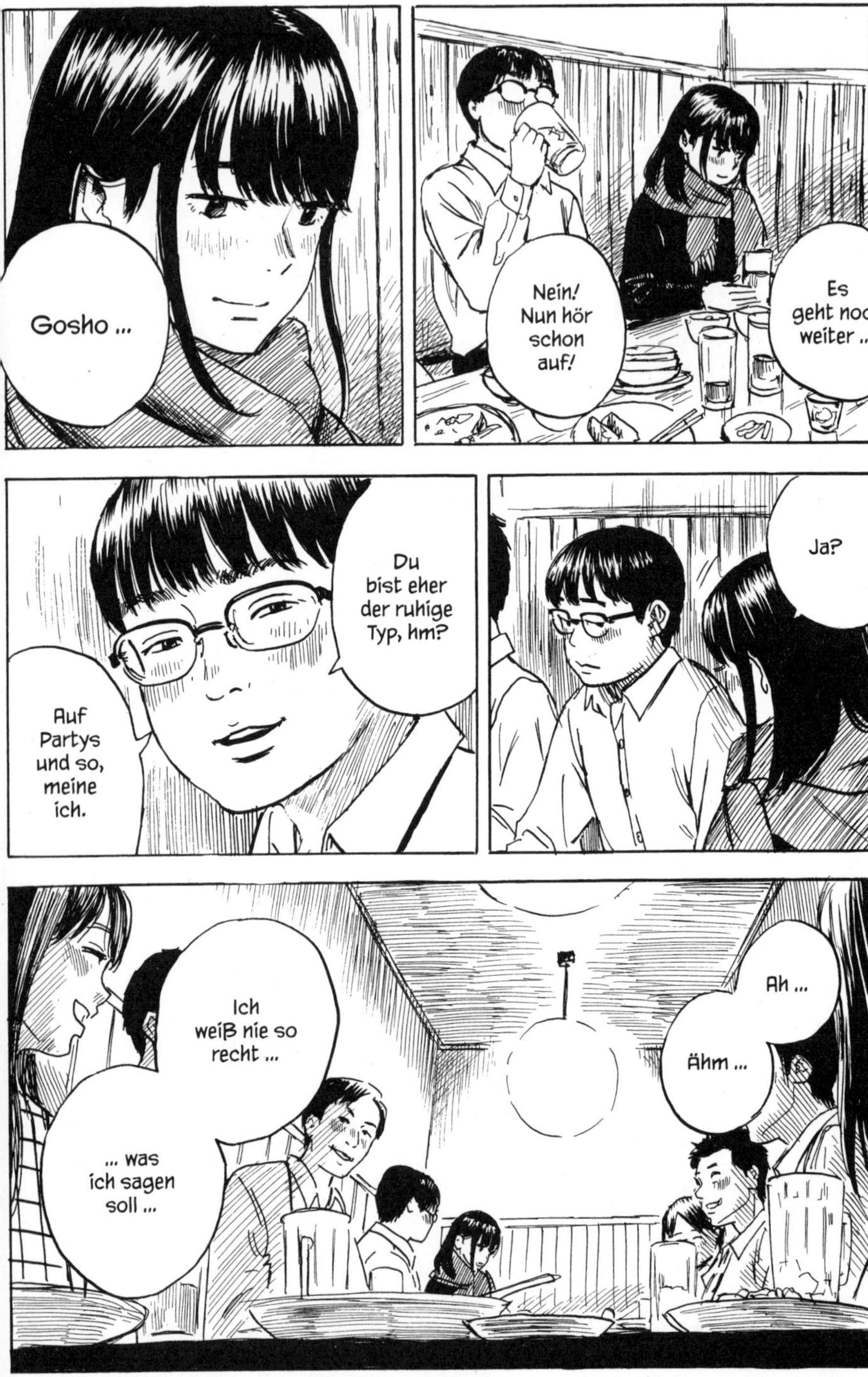
Es geht noch weiter ...
Nein! Nun hör schon auf!
Gosho ...
Ja?
Du bist eher der ruhige Typ, hm?
Auf Partys und so, meine ich.
Ah ...
Ähm ...
Ich weiß nie so recht ...
... was ich sagen soll ...

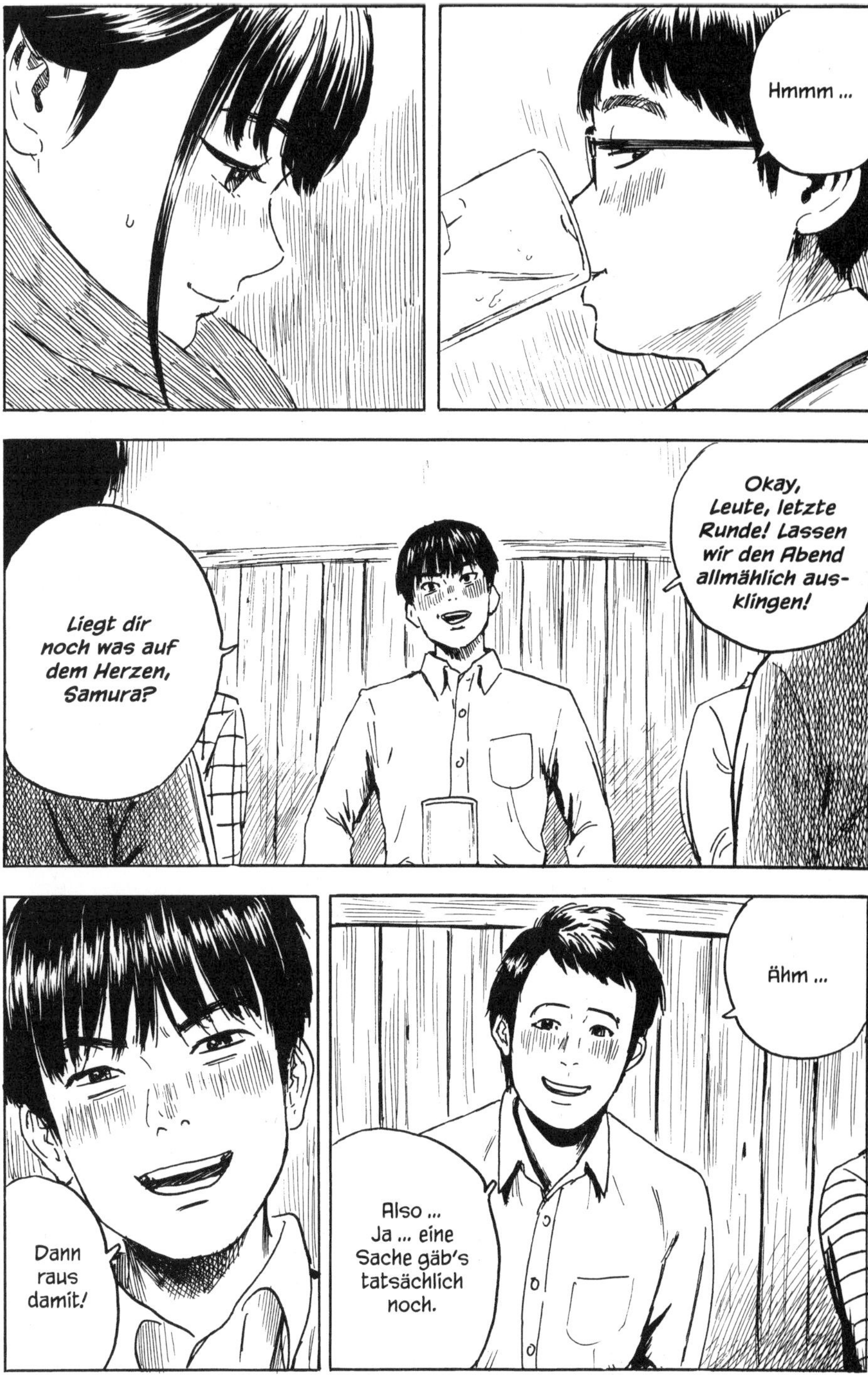
Hmmm ...
Okay, Leute, letzte Runde! Lassen wir den Abend allmählich ausklingen!
Liegt dir noch was auf dem Herzen, Samura?
Dann raus damit!
Ähm ...
Also ... Ja ... eine Sache gäb's tatsächlich noch.

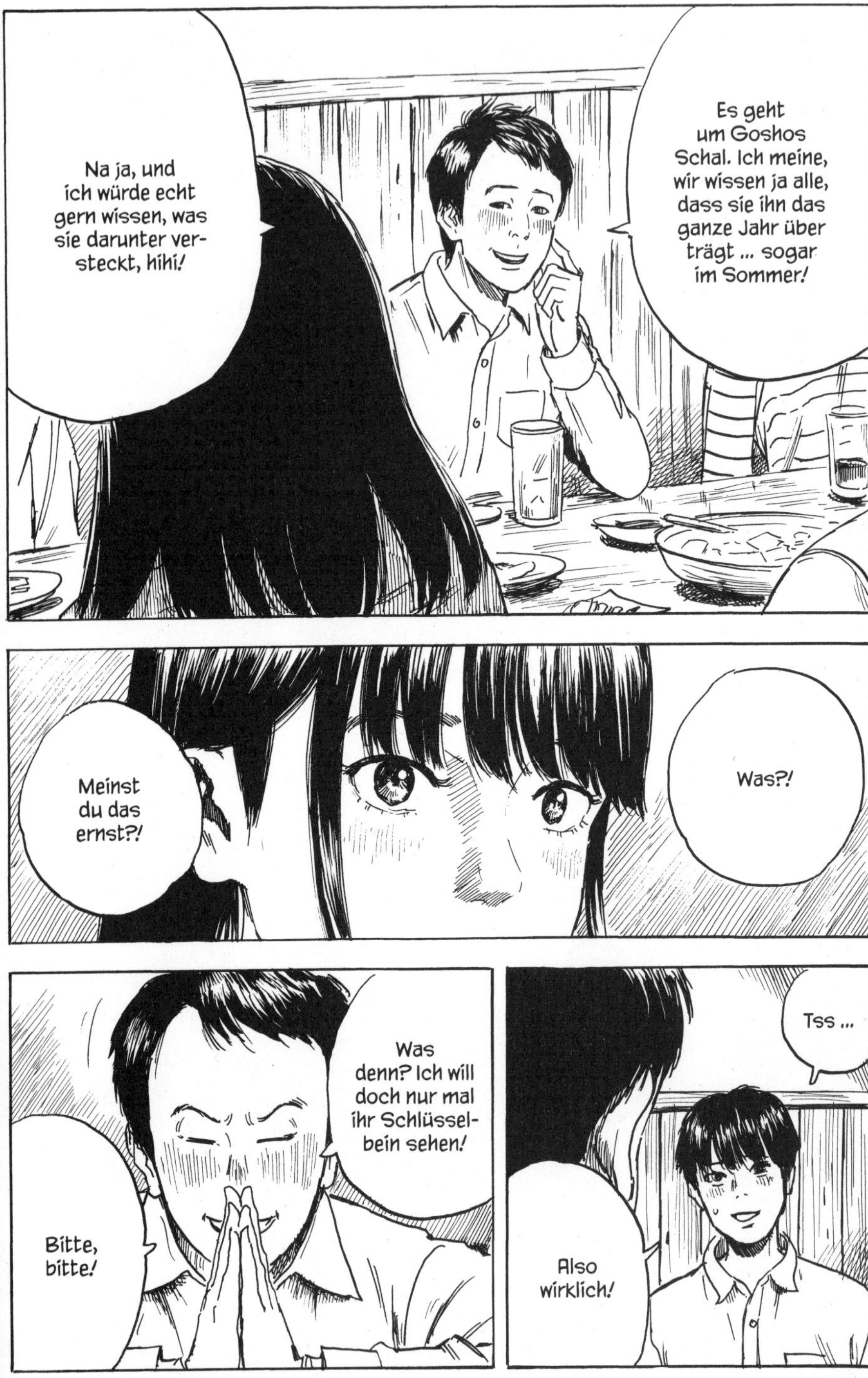

Es geht um Goshos Schal. Ich meine, wir wissen ja alle, dass sie ihn das ganze Jahr über trägt ... sogar im Sommer!
Na ja, und ich würde echt gern wissen, was sie darunter versteckt, hihi!
Was?!
Meinst du das ernst?!
Tss ...
Also wirklich!
Was denn? Ich will doch nur mal ihr Schlüsselbein sehen!
Bitte, bitte!

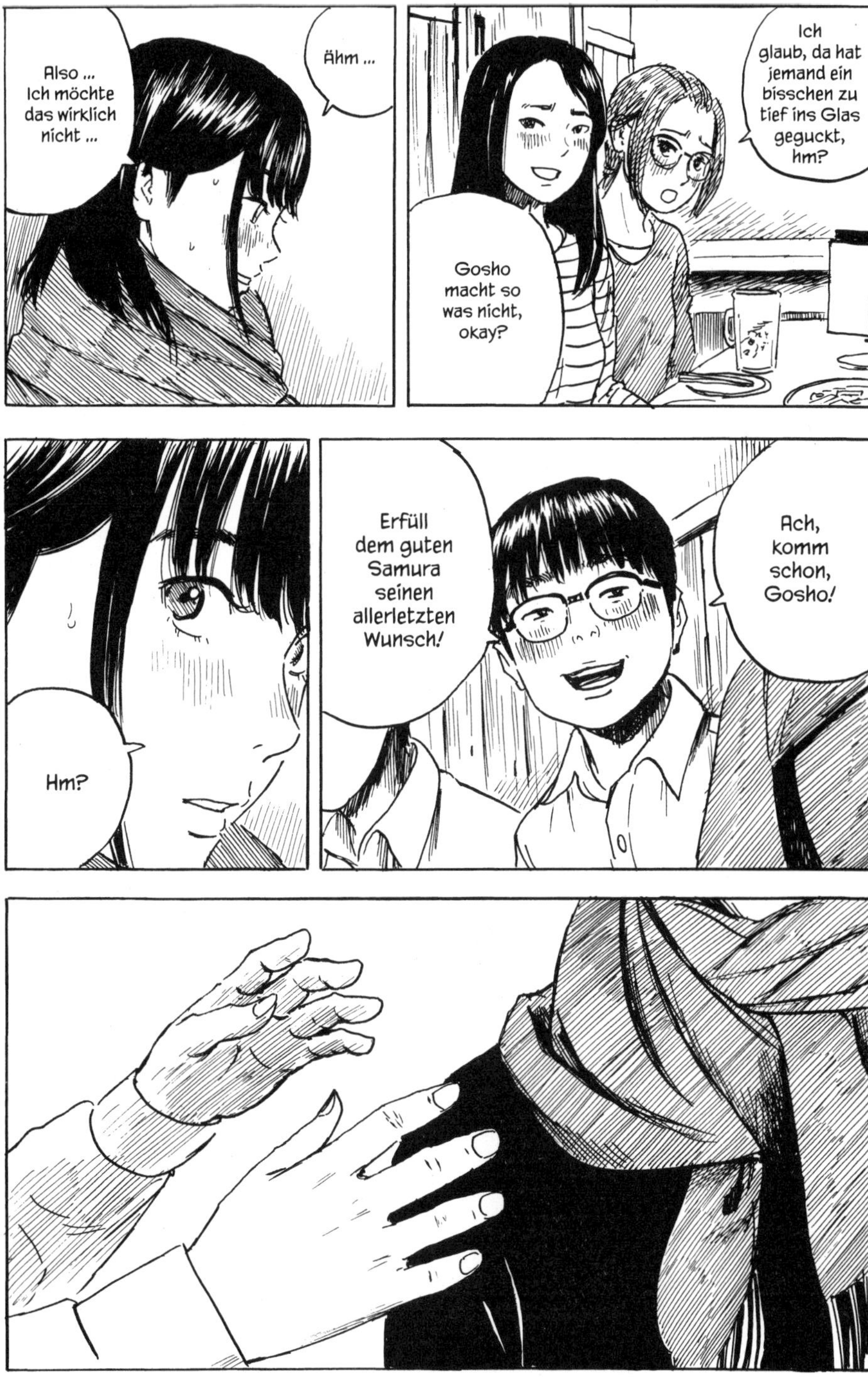
Ich glaub, da hat jemand ein bisschen zu tief ins Glas geguckt, hm?
Gosho macht so was nicht, okay?
Ähm ...
Also ... Ich möchte das wirklich nicht ...
Ach, komm schon, Gosho!
Erfüll dem guten Samura seinen allerletzten Wunsch!
Hm?

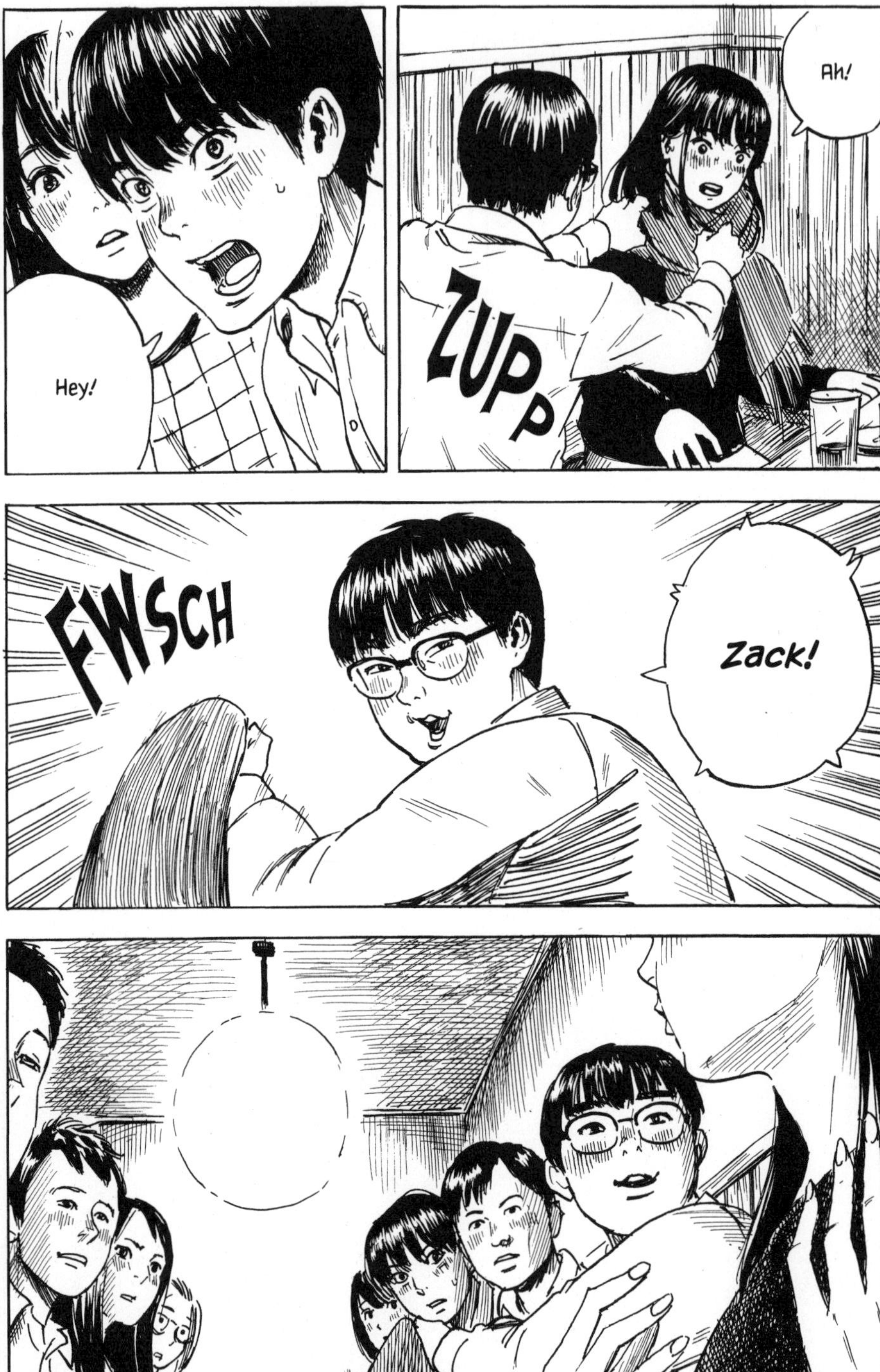
Ah!
ZUPP
Hey!
Zack!
FWSCH

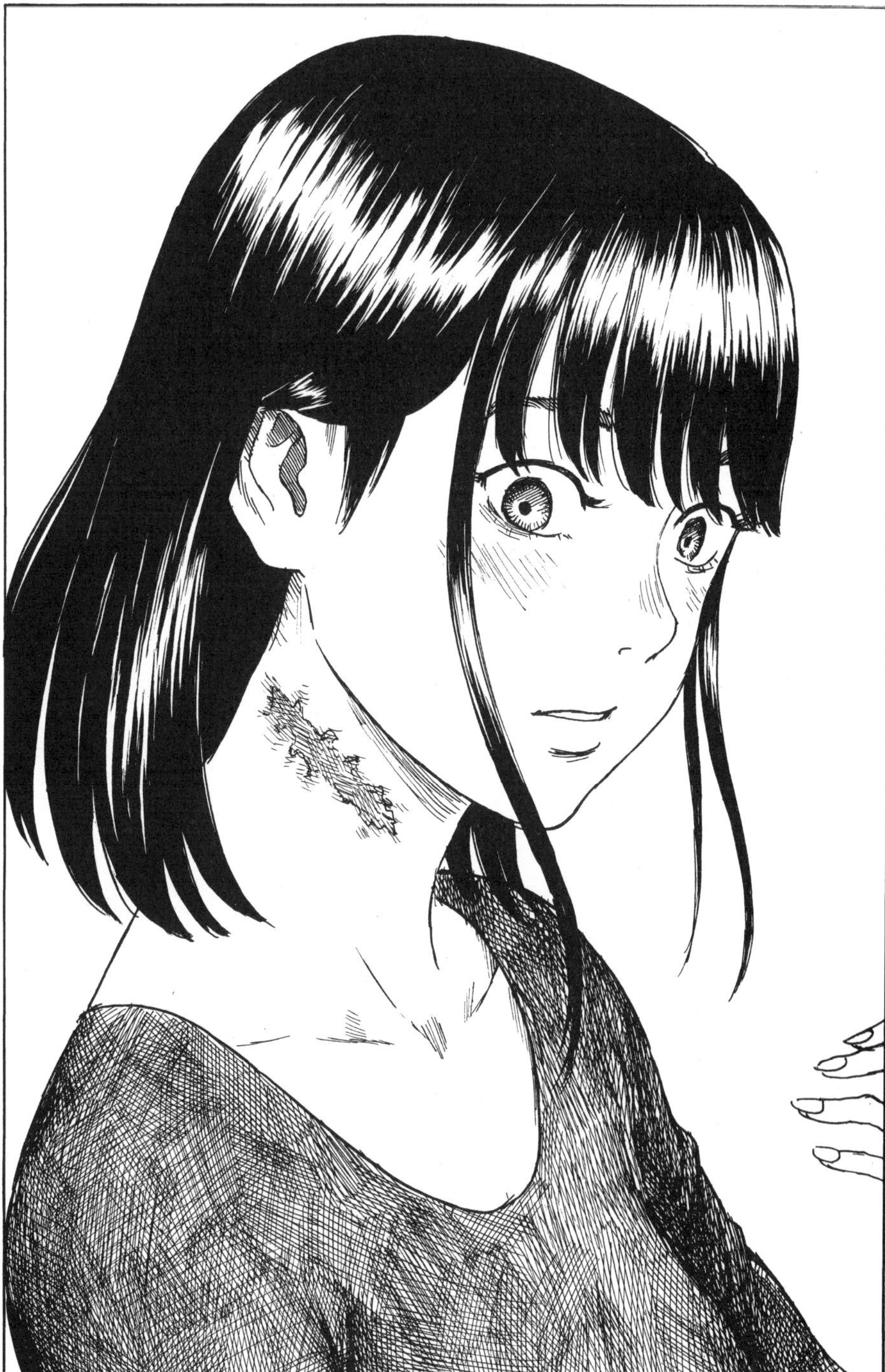

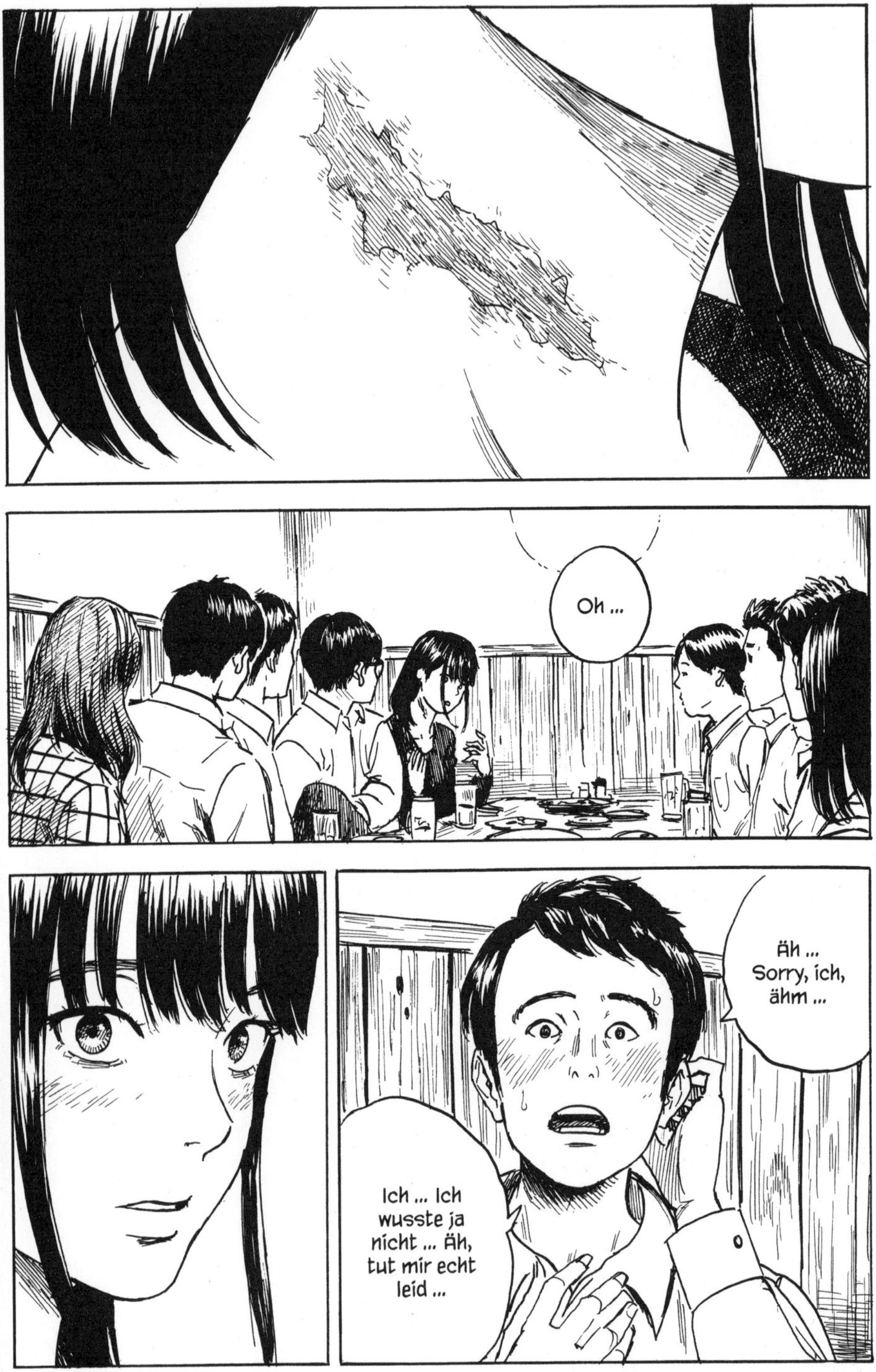
Oh ...
Äh ... Sorry, ich, ähm ...
Ich ... Ich wusste ja nicht ... Äh, tut mir echt leid ...

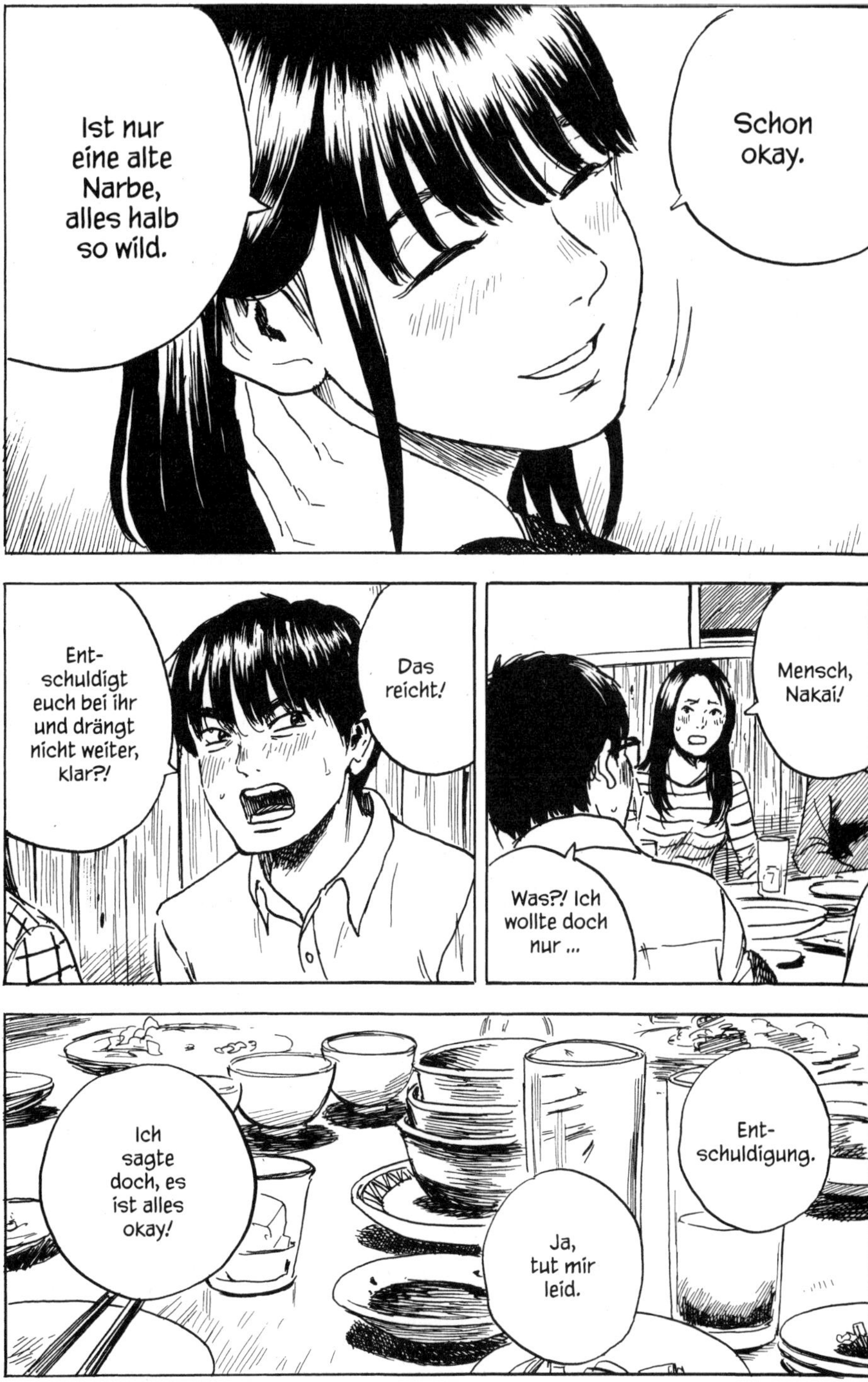
Schon okay.
Ist nur eine alte Narbe, alles halb so wild.
Mensch, Nakai!
Was?! Ich wollte doch nur ...
Das reicht!
Ent-schuldigt euch bei ihr und drängt nicht weiter, klar?!
Ent-schuldigung.
Ja, tut mir leid.
Ich sagte doch, es ist alles okay!

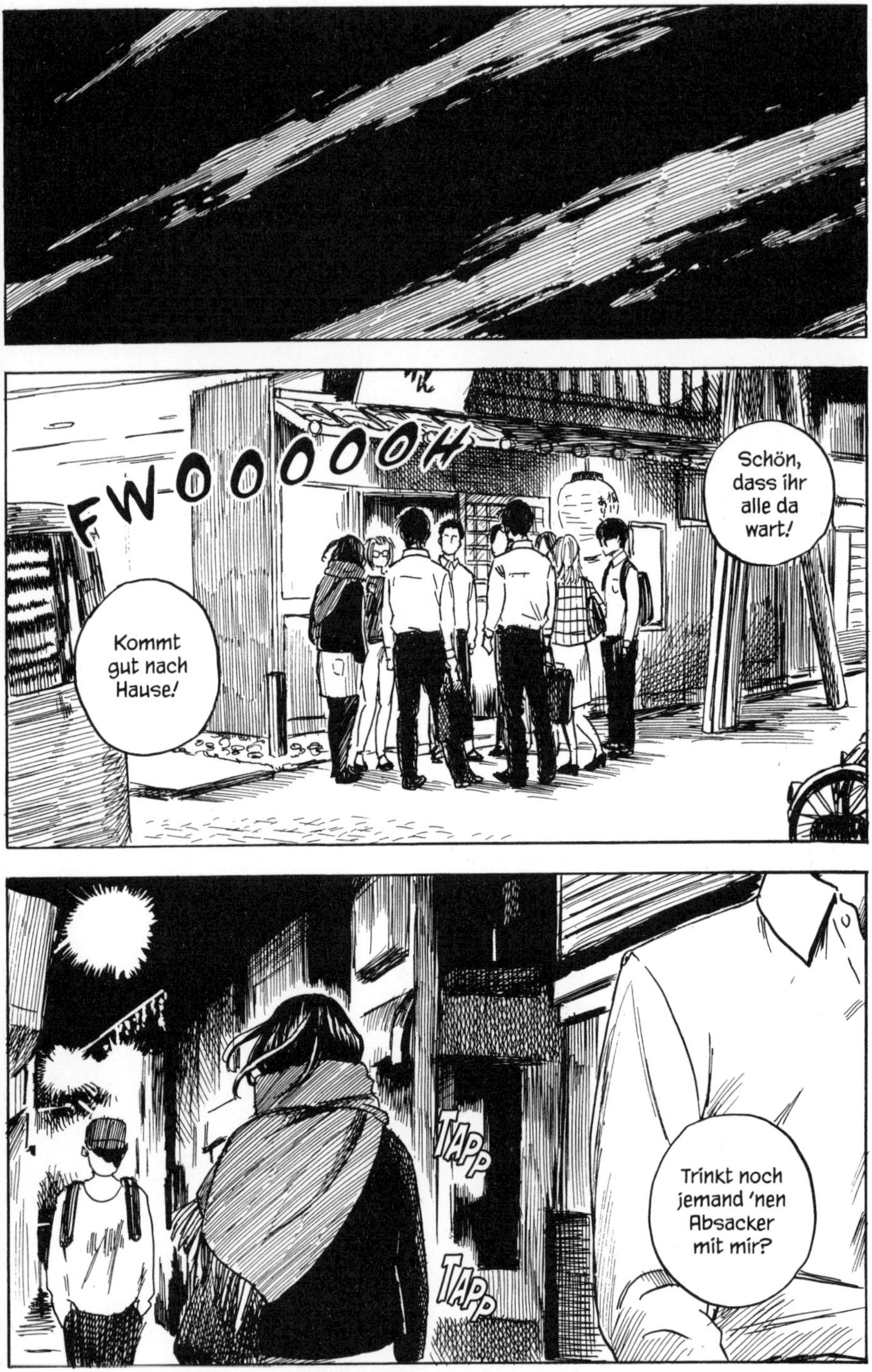

FWOOOOOOH
Schön, dass ihr alle da wart!
Kommt gut nach Hause!
TAPP
TAPP
Trinkt noch jemand 'nen Absacker mit mir?

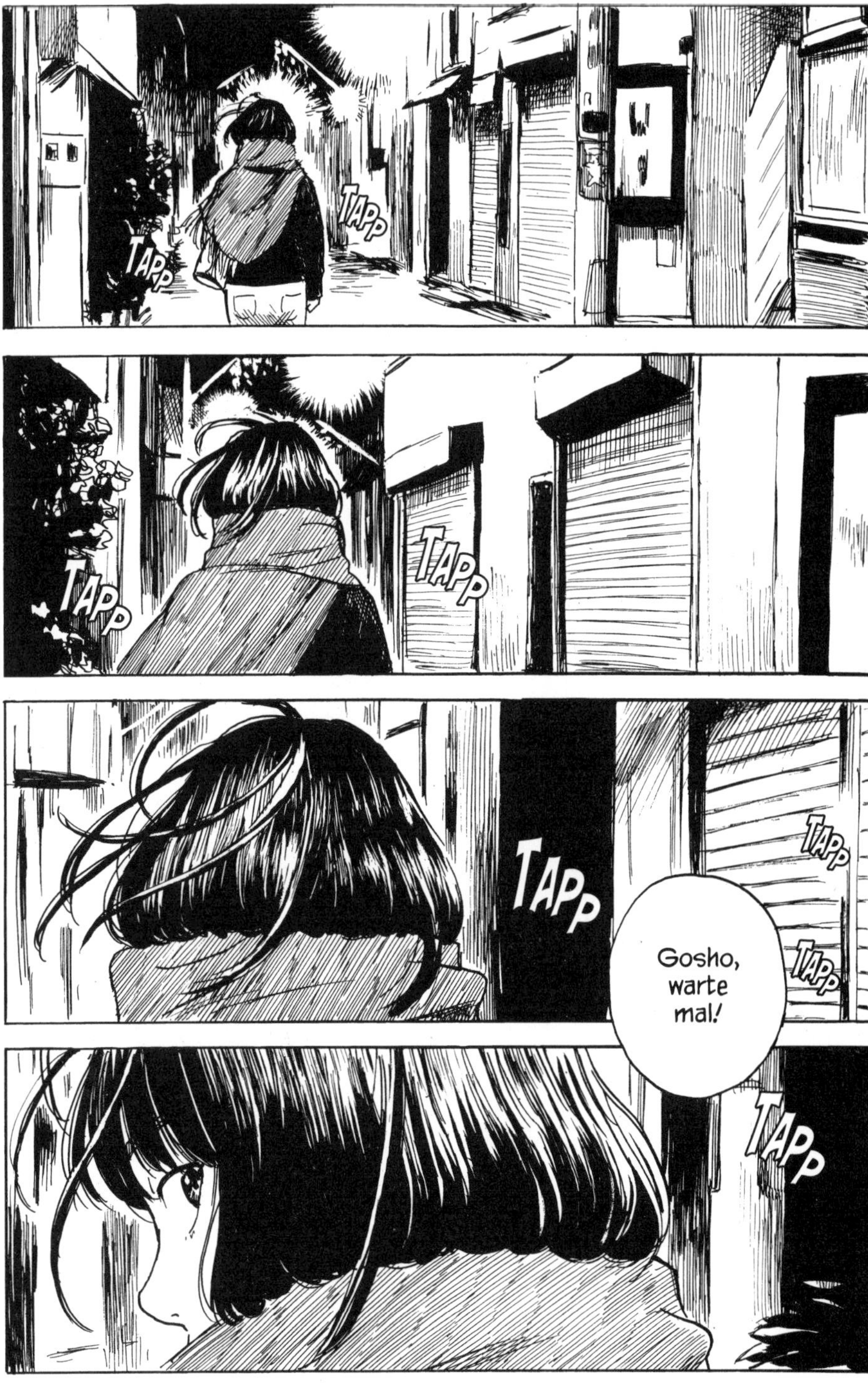
TAPP
TAPP
TAPP
TAPP
TAPP
TAPP
TAPP
Gosho, warte mal!
TAPP

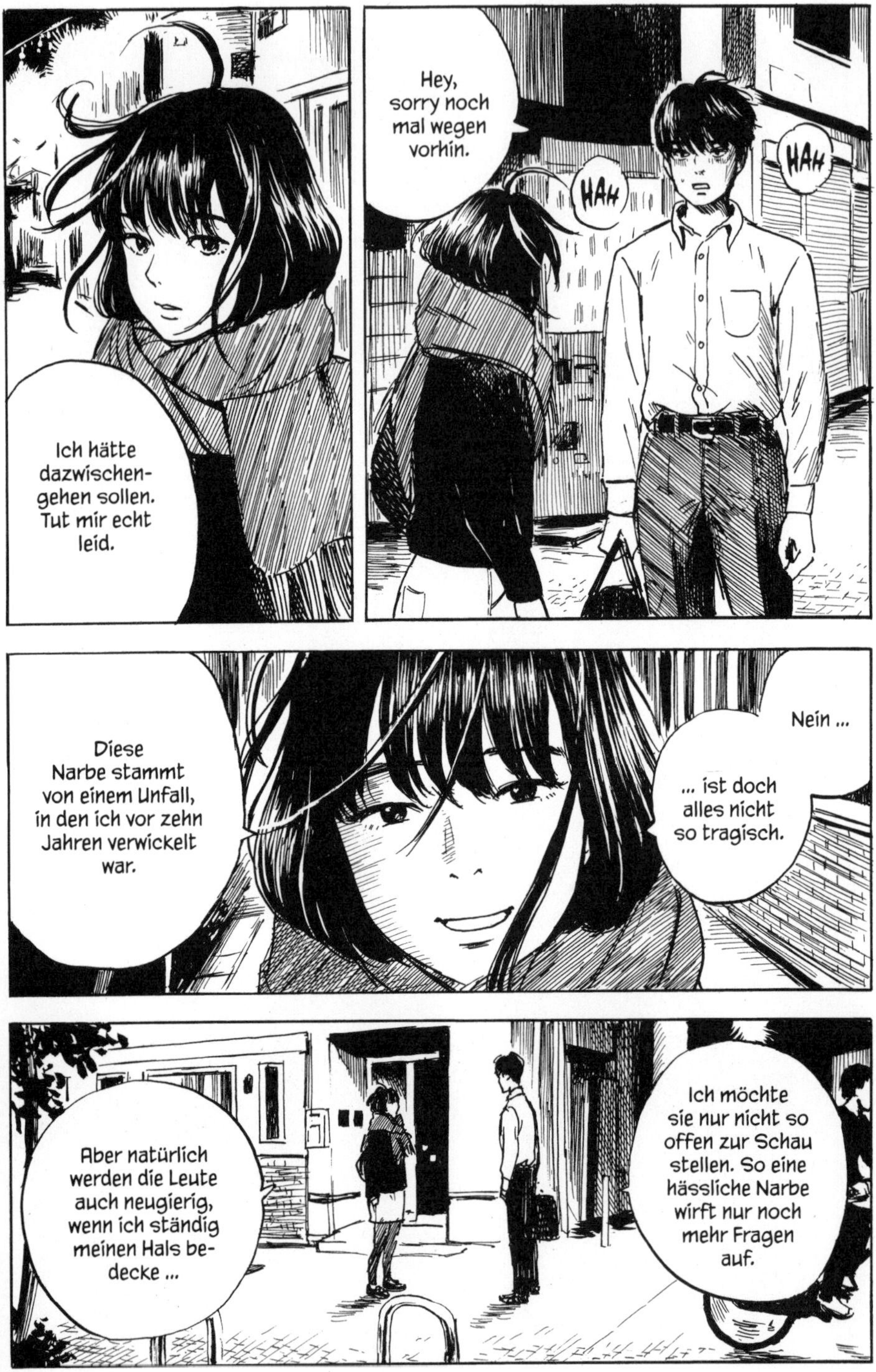

Hey, sorry noch mal wegen vorhin.
HAH
HAH
Ich hätte dazwischen-gehen sollen. Tut mir echt leid.
Nein ...
... ist doch alles nicht so tragisch.
Diese Narbe stammt von einem Unfall, in den ich vor zehn Jahren verwickelt war.
Ich möchte sie nur nicht so offen zur Schau stellen. So eine hässliche Narbe wirft nur noch mehr Fragen auf.
Aber natürlich werden die Leute auch neugierig, wenn ich ständig meinen Hals be-decke ...

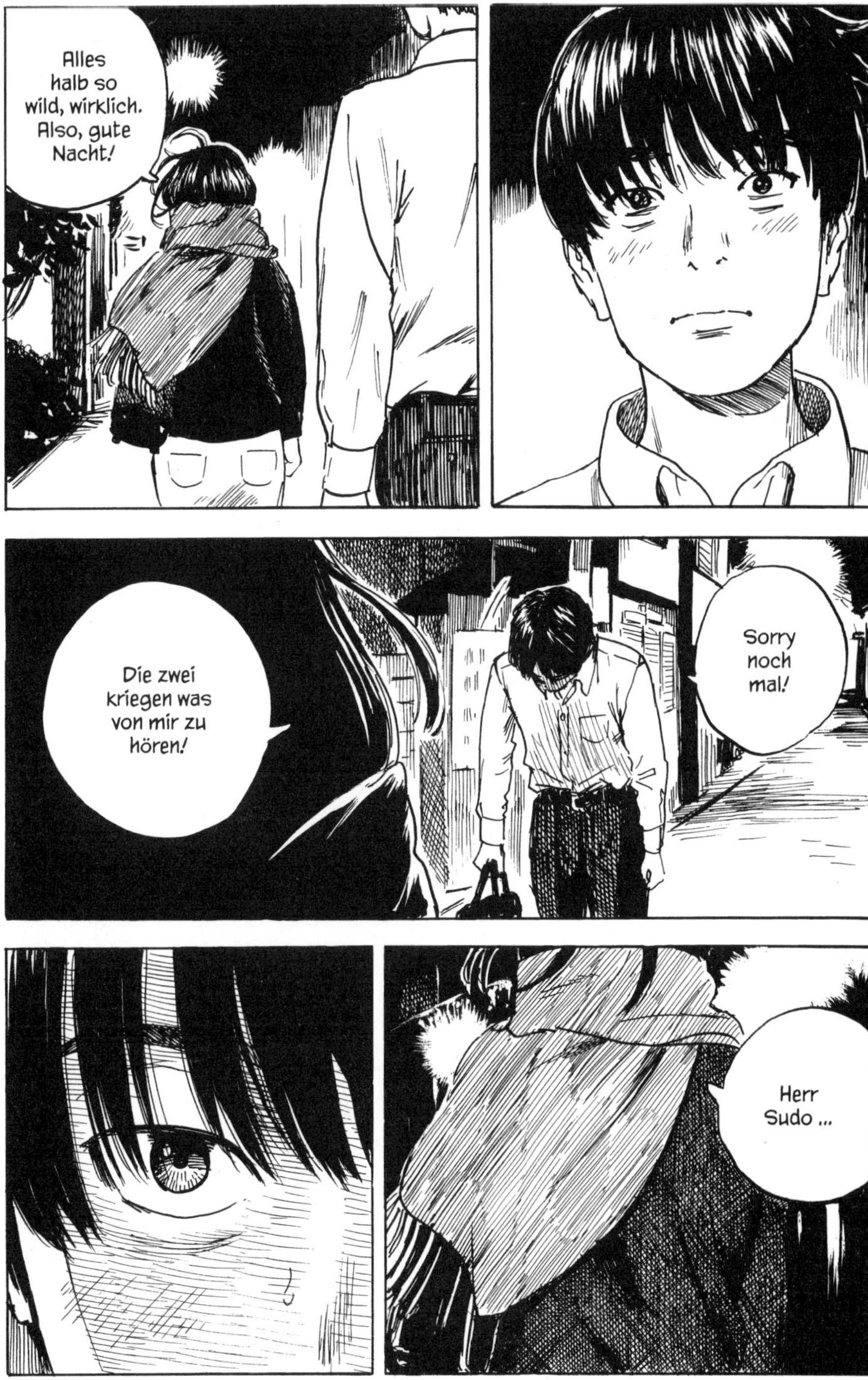

Alles halb so wild, wirklich. Also, gute Nacht!
Sorry noch mal!
Die zwei kriegen was von mir zu hören!
Herr Sudo ...

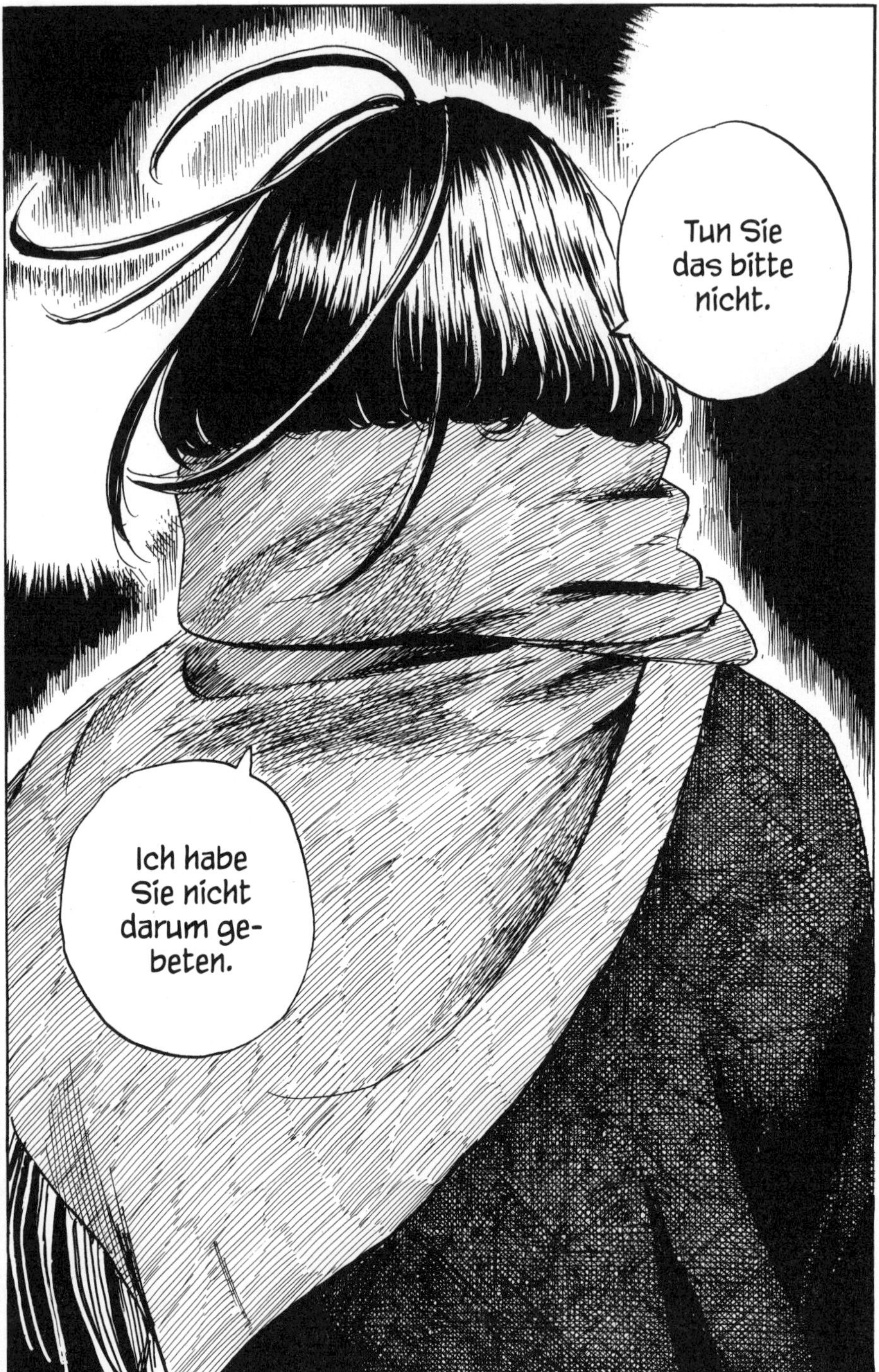
Tun Sie das bitte nicht.
Ich habe Sie nicht darum gebeten.

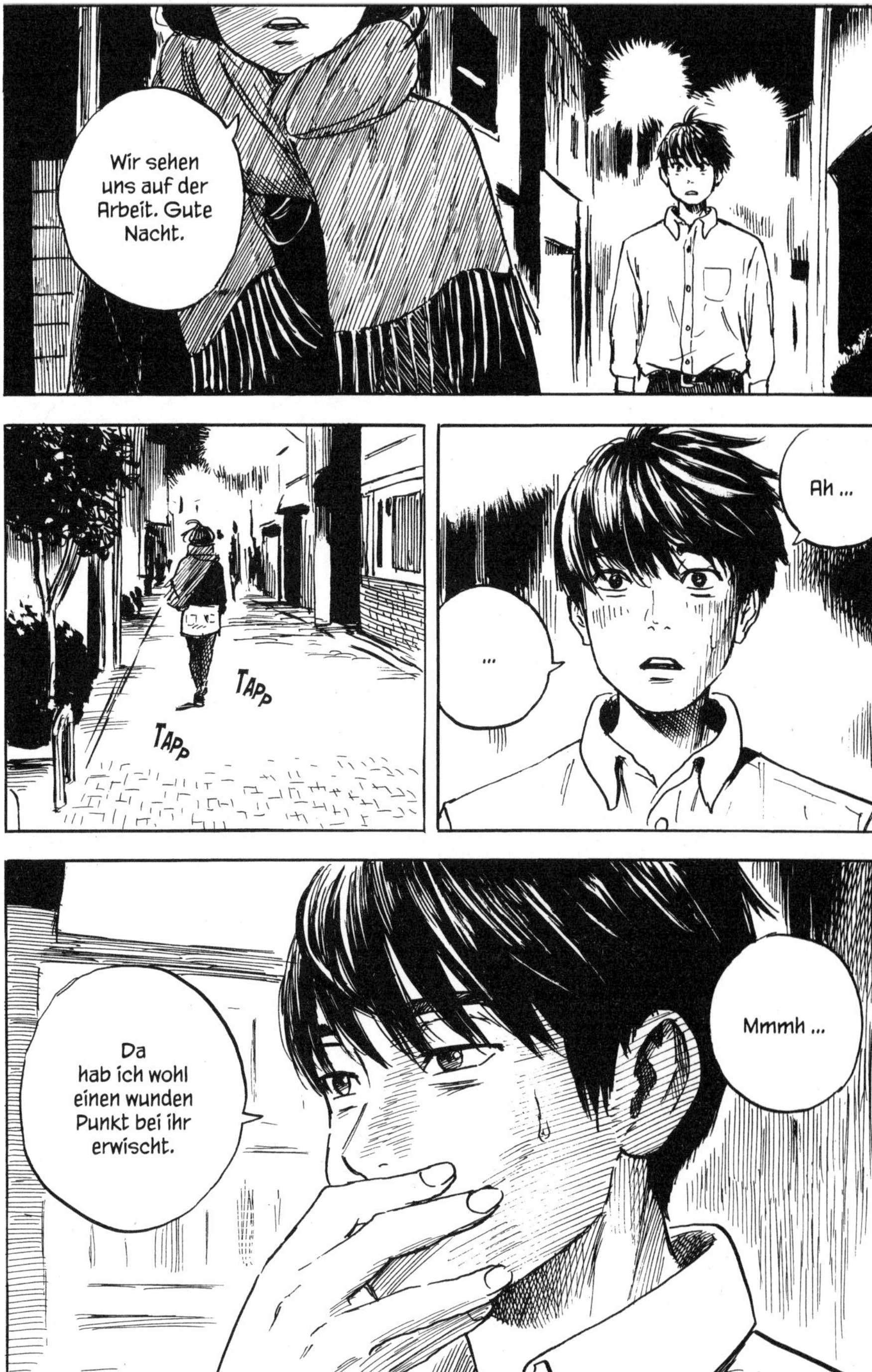
Wir sehen uns auf der Arbeit. Gute Nacht.
Ah ...
...
TAPP
TAPP
Mmmh ...
Da hab ich wohl einen wunden Punkt bei ihr erwischt.

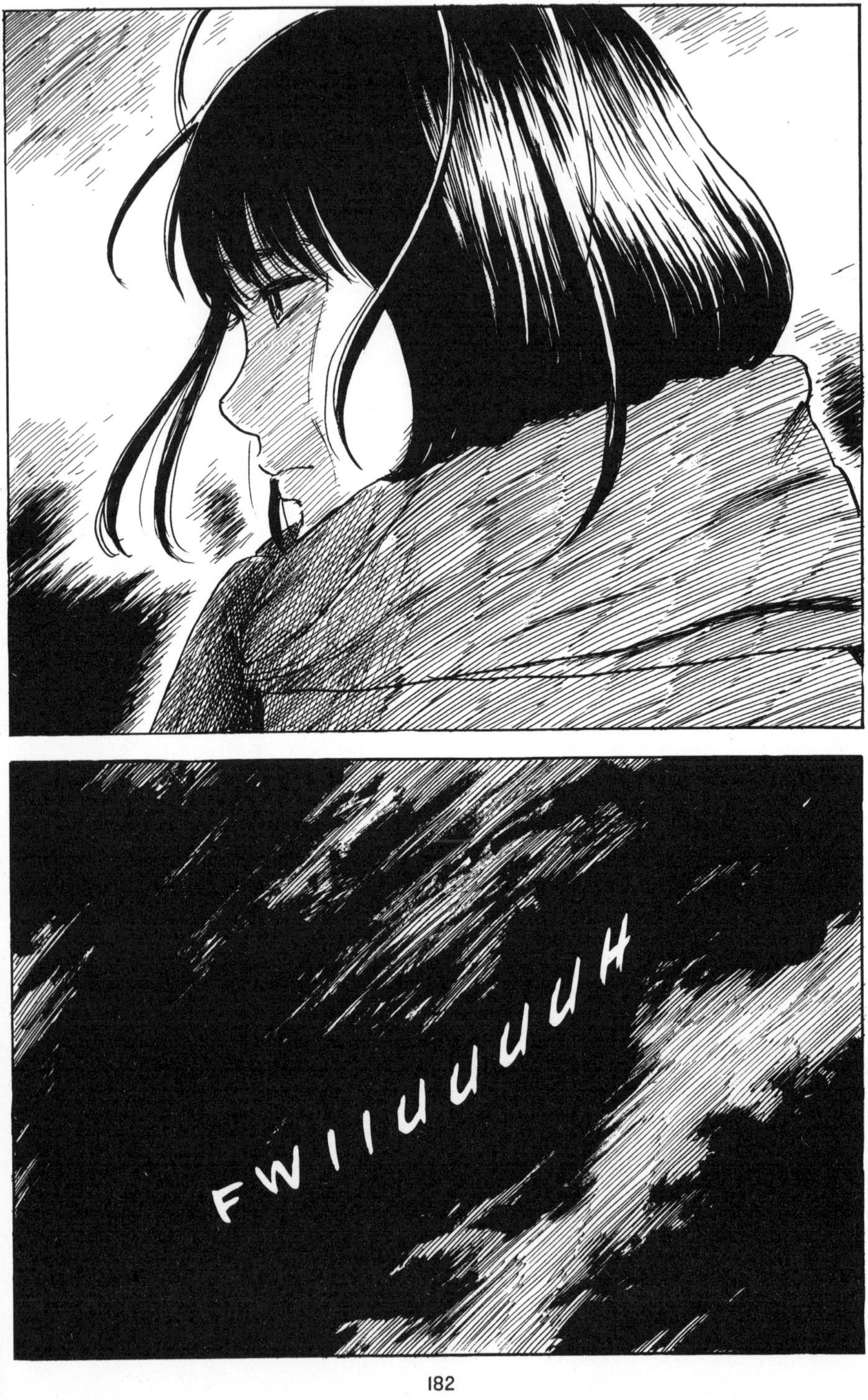
FWIIUUUUUH

HAPPINESS

Bonusmanga

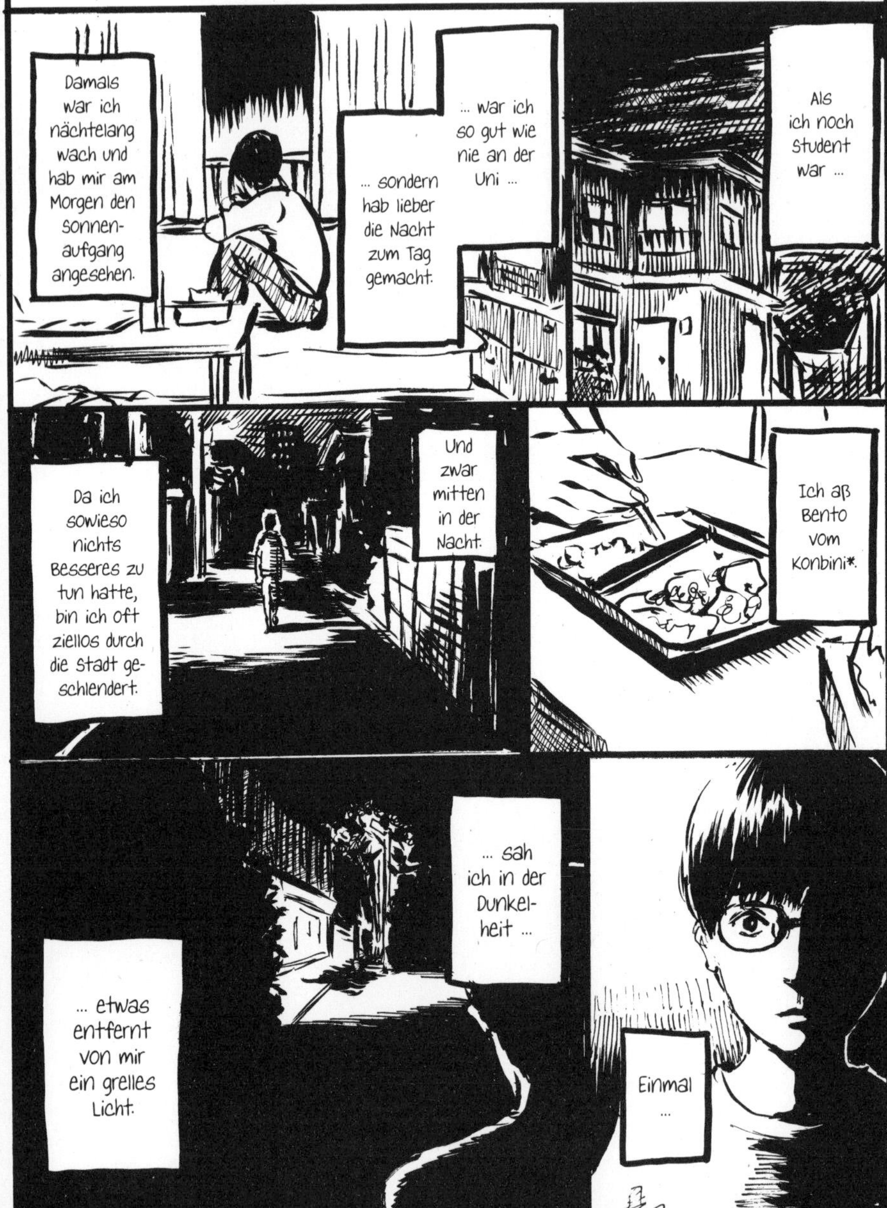

* 24-Stunden-Supermarkt

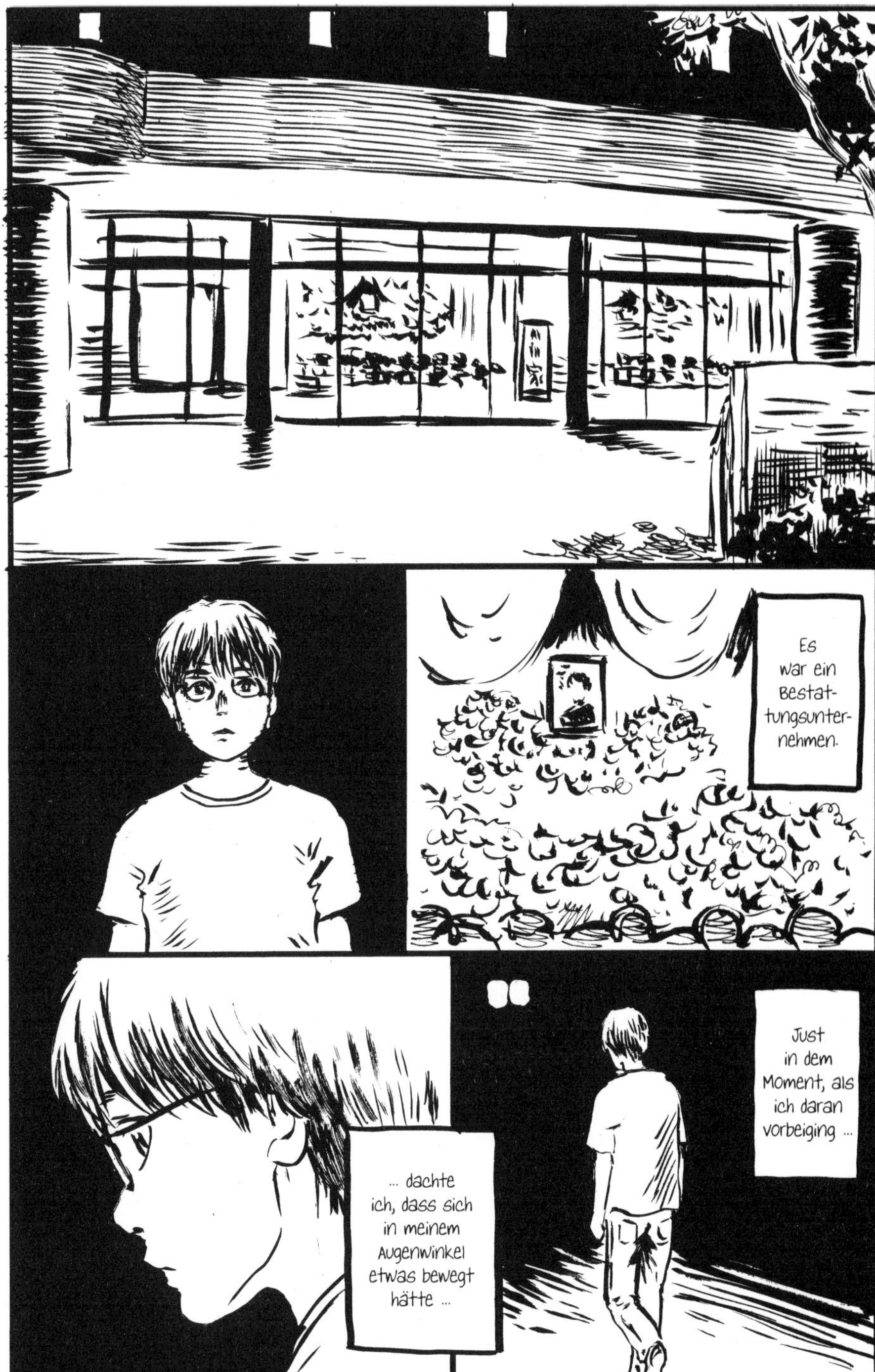
Es war ein Bestattungsunternehmen.
Just in dem Moment, als ich daran vorbeiging …
… dachte ich, dass sich in meinem Augenwinkel etwas bewegt hätte …

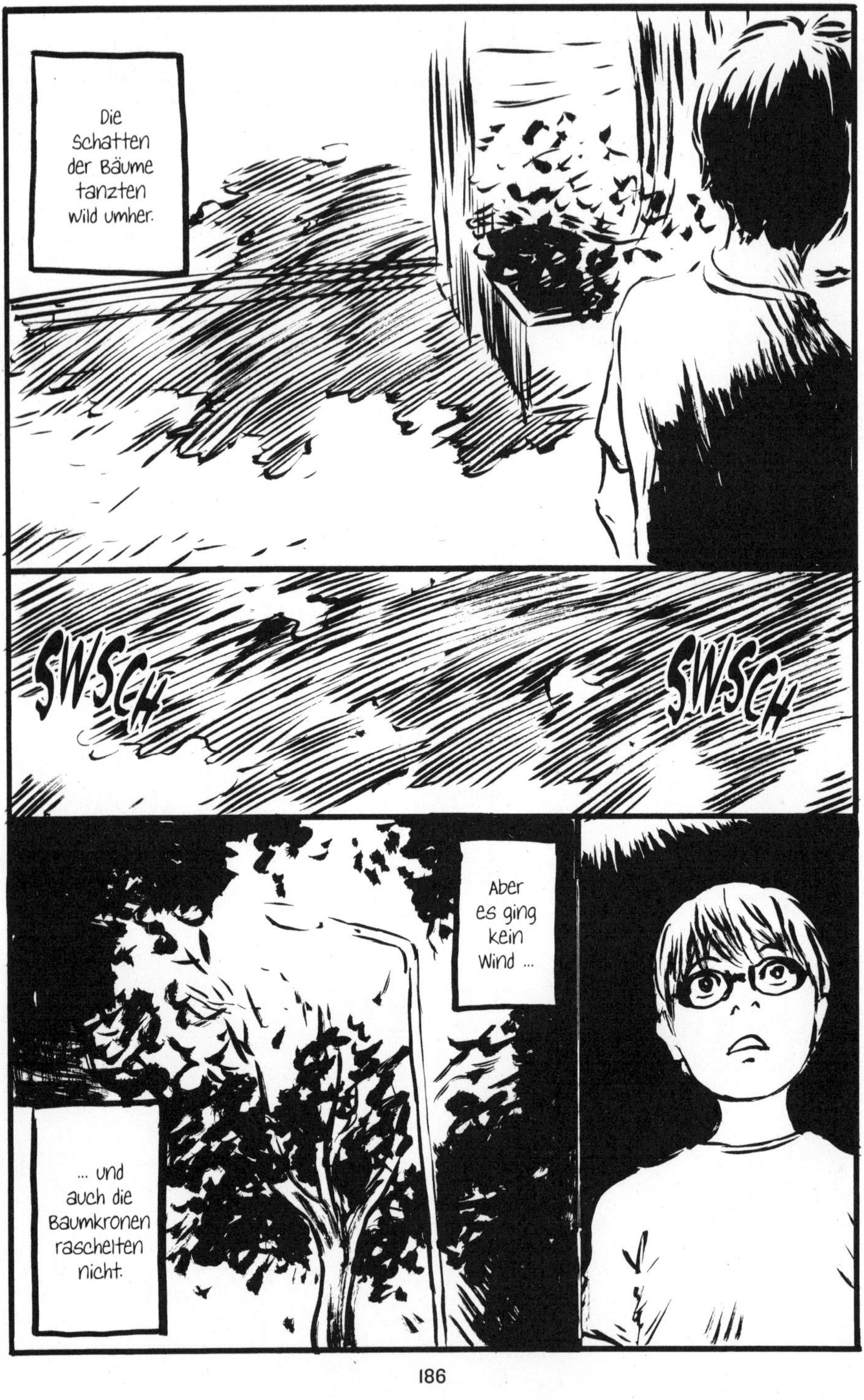
Die Schatten der Bäume tanzten wild umher.
SWSCH
SWSCH
Aber es ging kein Wind ...
... und auch die Baumkronen raschelten nicht.

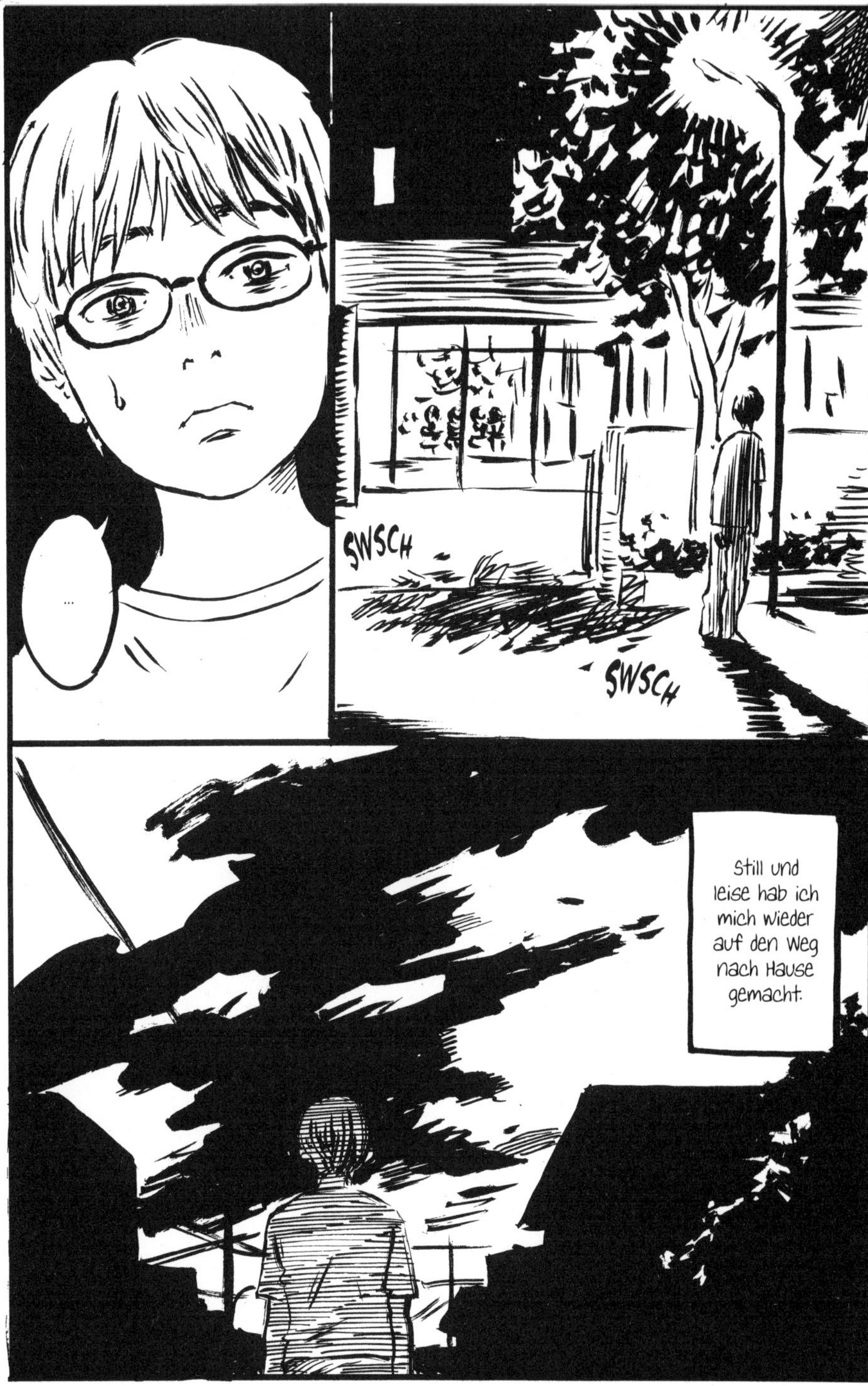
...
SWSCH
SWSCH
Still und leise hab ich mich wieder auf den Weg nach Hause gemacht.

Ende

HAPPINESS

Kapitel 26: Sakurane

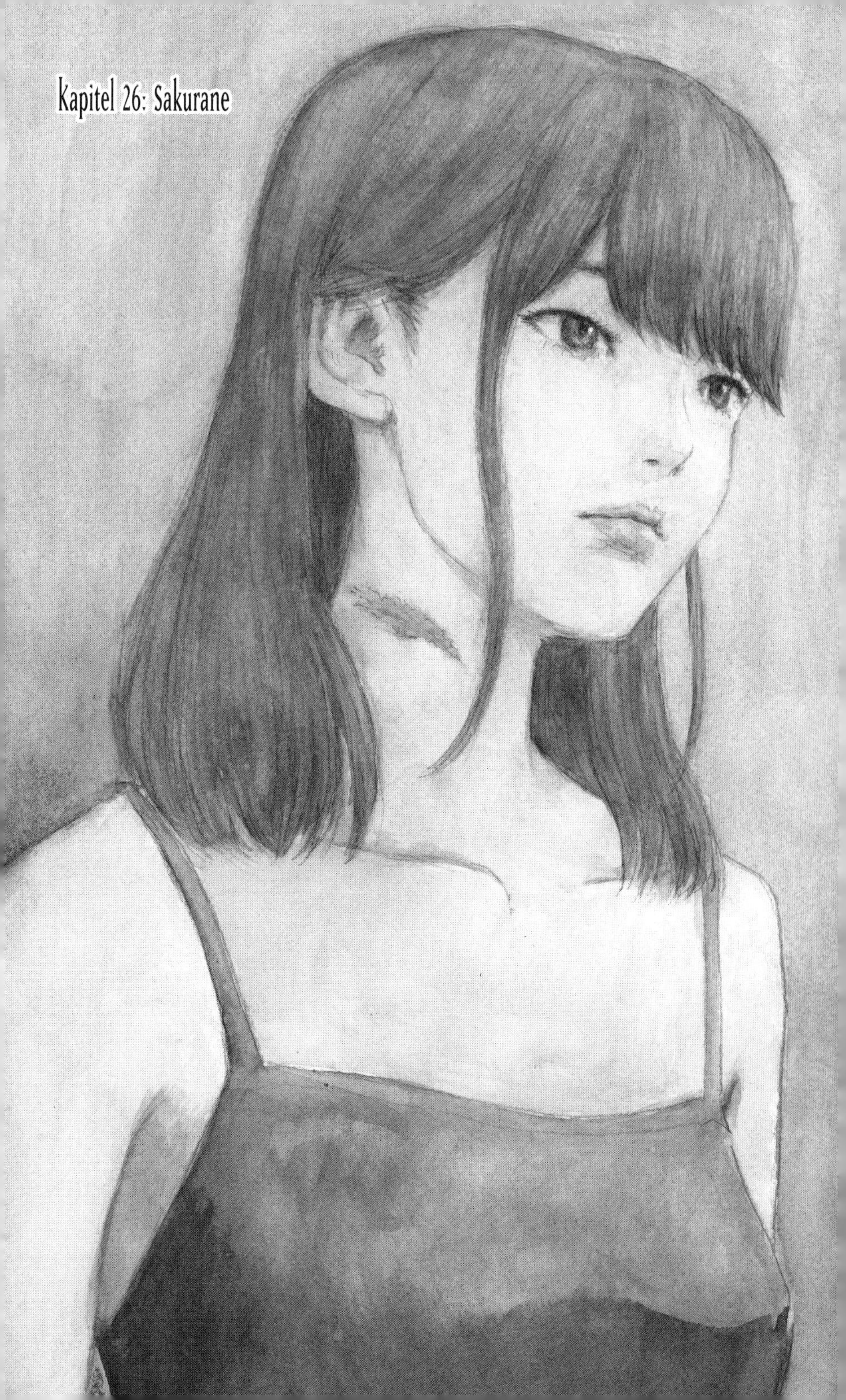

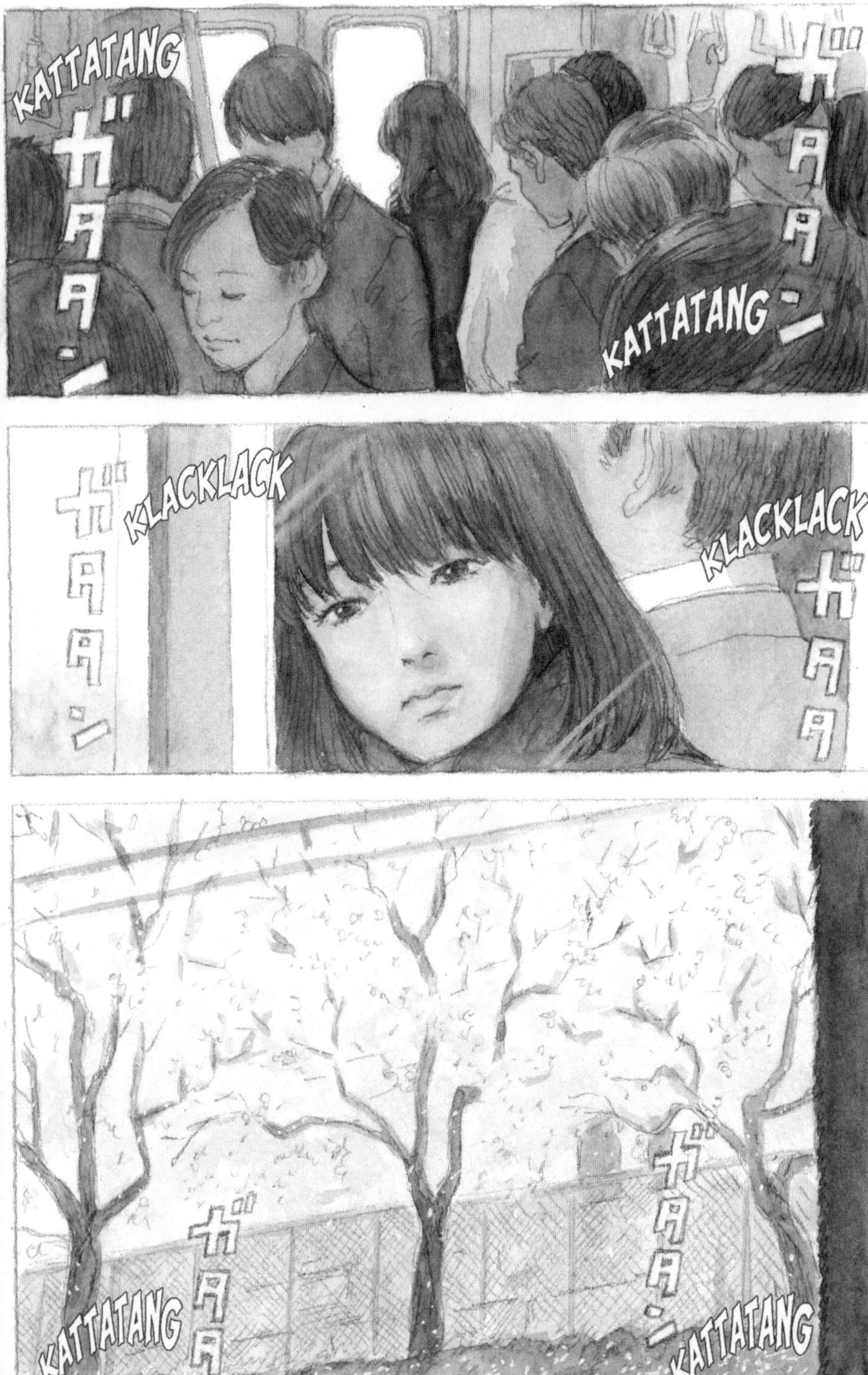
ガタタンー
KATTATANG
ガタタンー
KATTATANG
ガタタ
KLACKLACK
ガタタンー
KLACKLACK
ガタタンー
KATTATANG
ガタタ
KATTATANG

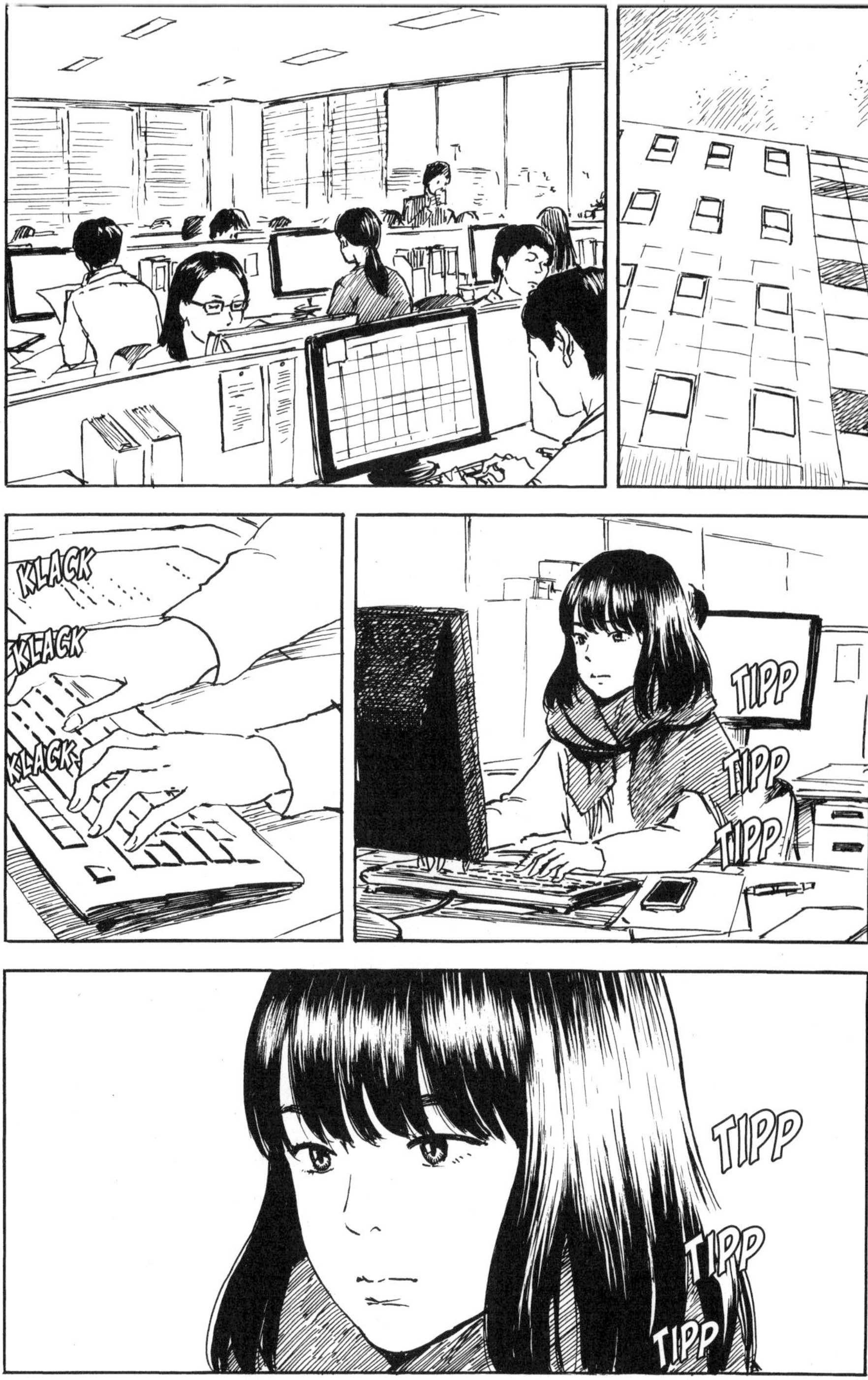
KLACK
KLACK
KLACK
TIPP
TIPP
TIPP
TIPP
TIPP
TIPP

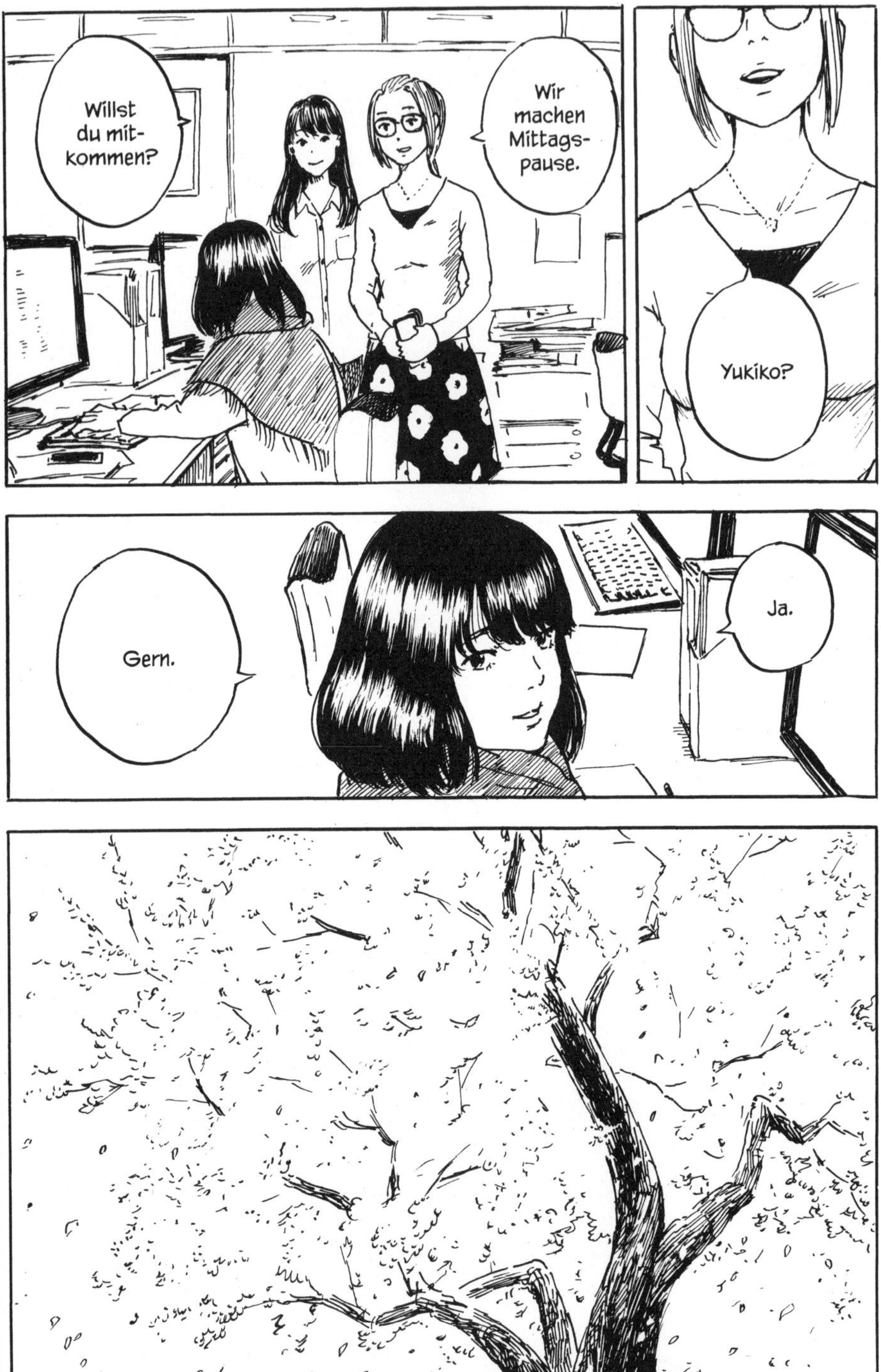
Yukiko?
Wir machen Mittagspause.
Willst du mitkommen?
Ja.
Gern.

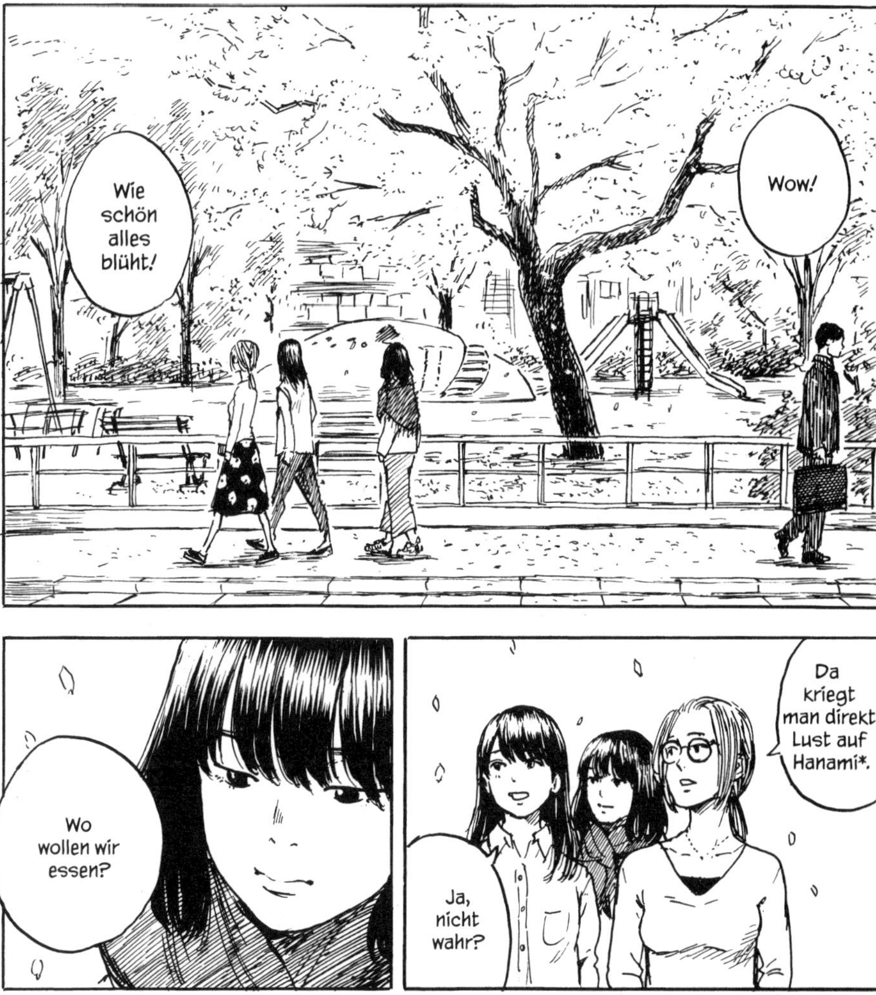

* Kirschblütenschau

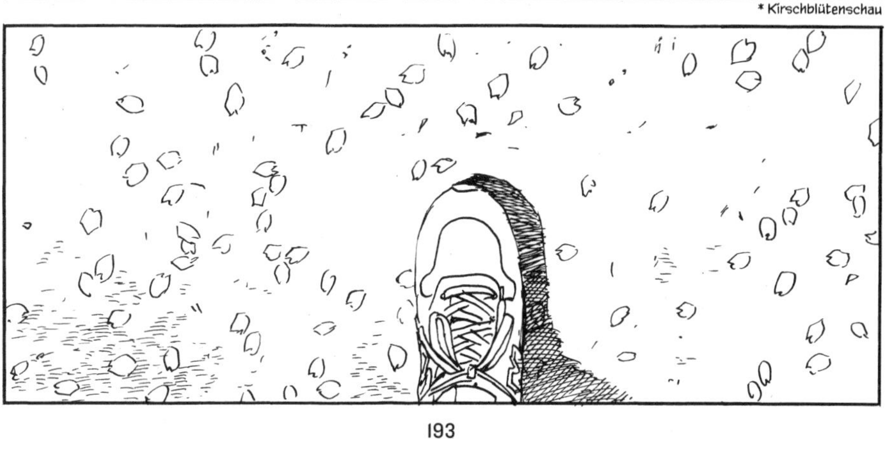

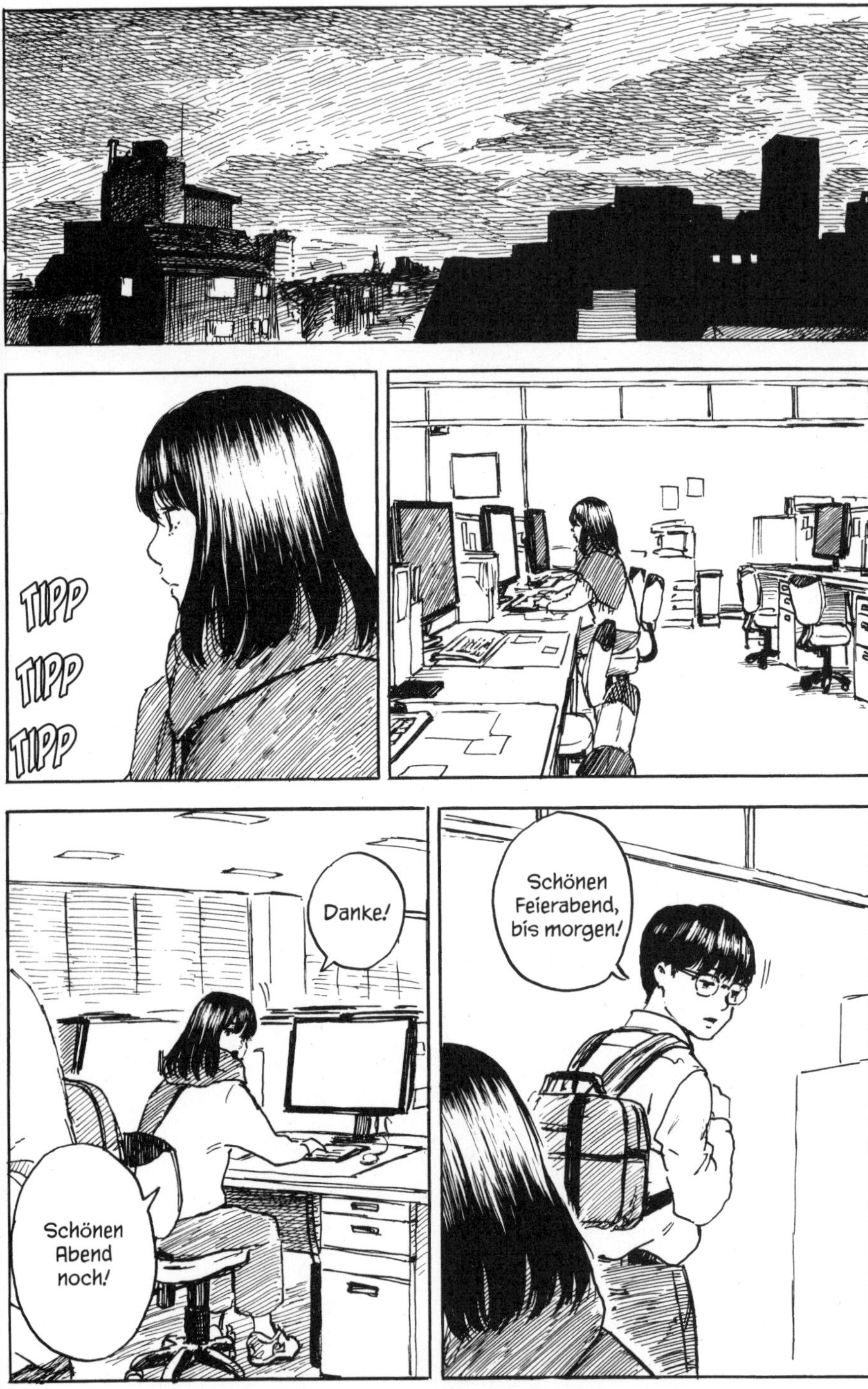
TIPP
TIPP
TIPP
Schönen Feierabend, bis morgen!
Danke!
Schönen Abend noch!

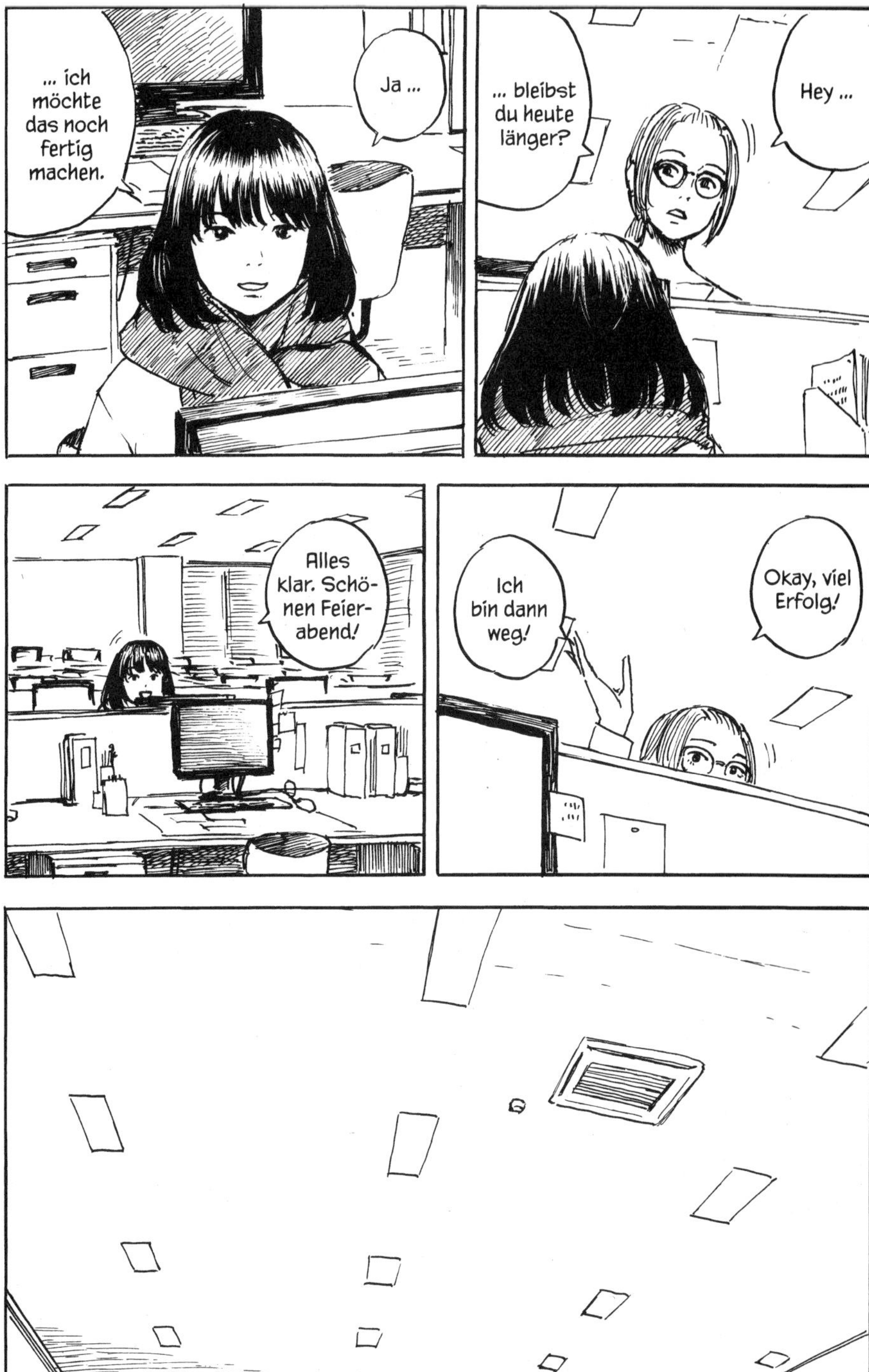
Hey ...
... bleibst du heute länger?
Ja ...
... ich möchte das noch fertig machen.
Okay, viel Erfolg!
Ich bin dann weg!
Alles klar. Schönen Feierabend!

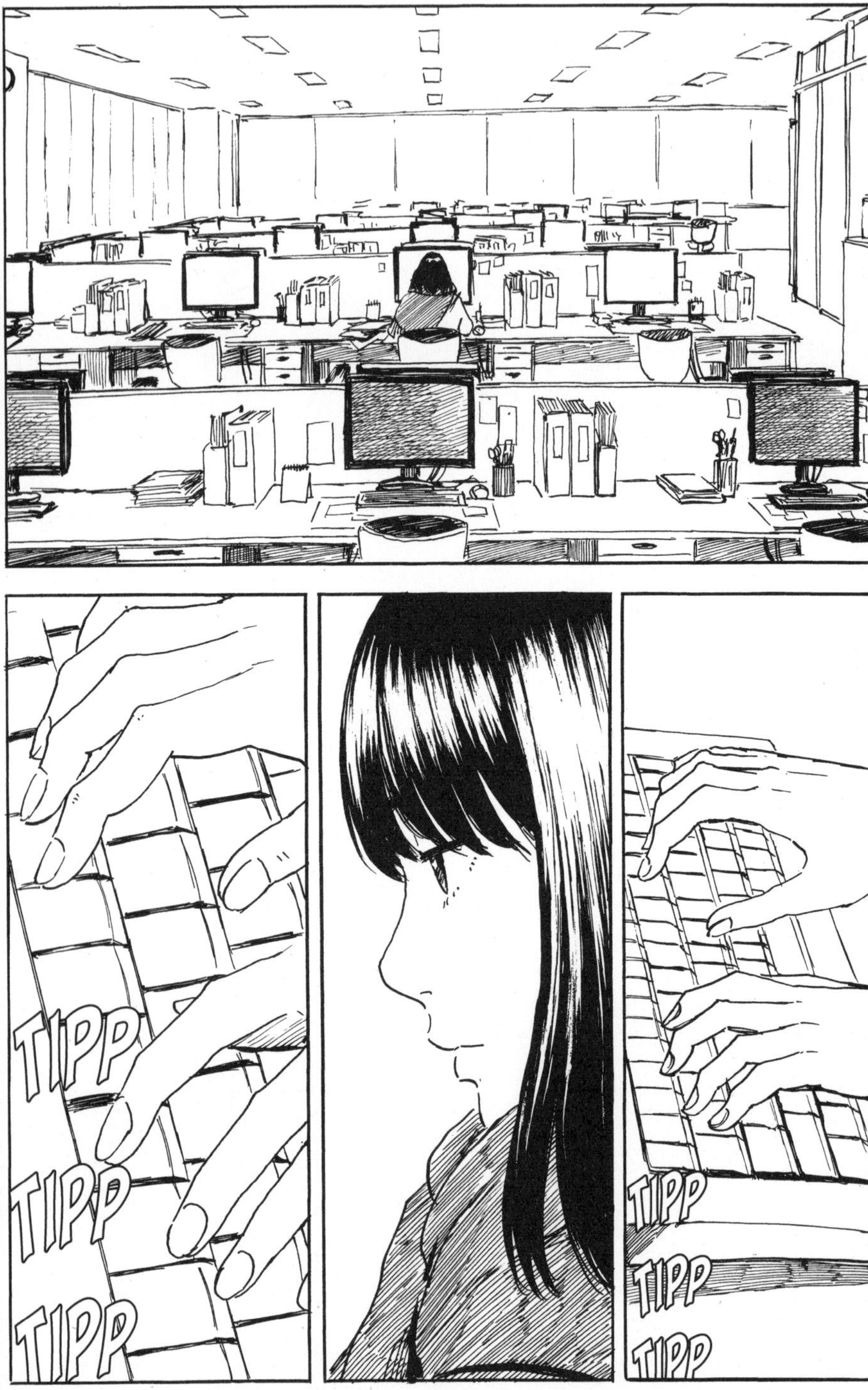
TIPP
TIPP
TIPP
TIPP
TIPP
TIPP

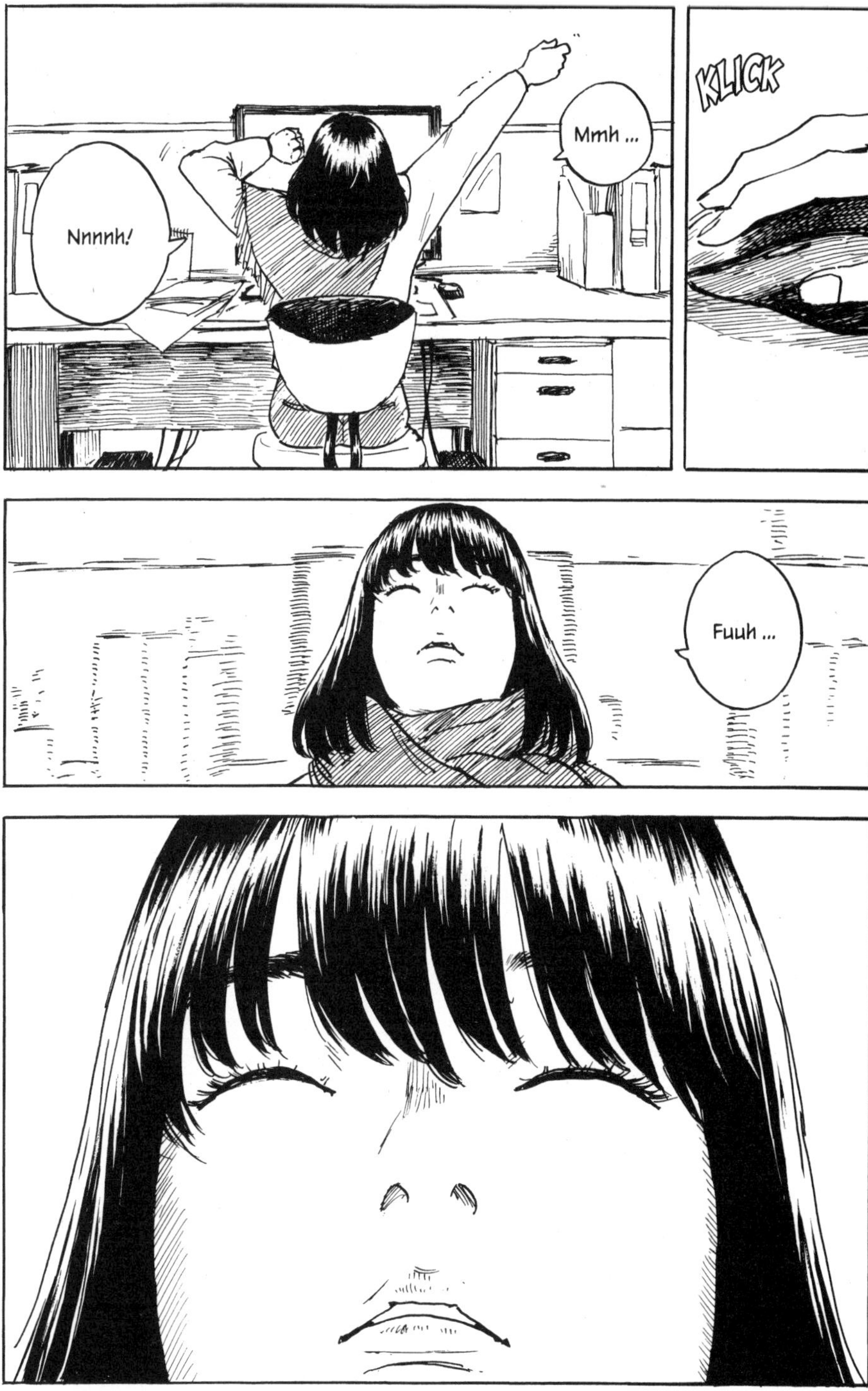
Mmh ...
Nnnnh!
KLICK
Fuuh ...

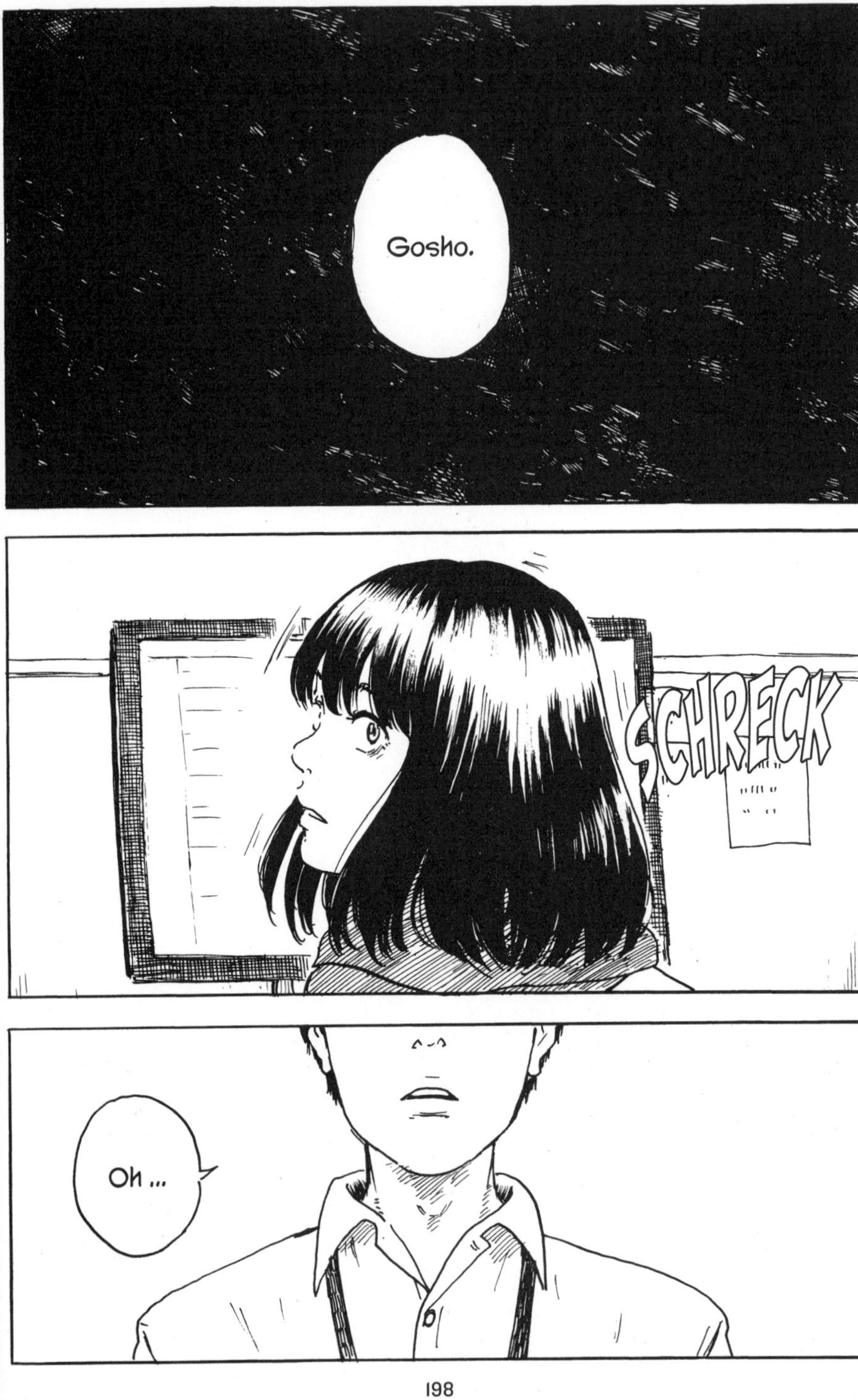
Gosho.
SCHRECK
Oh ...

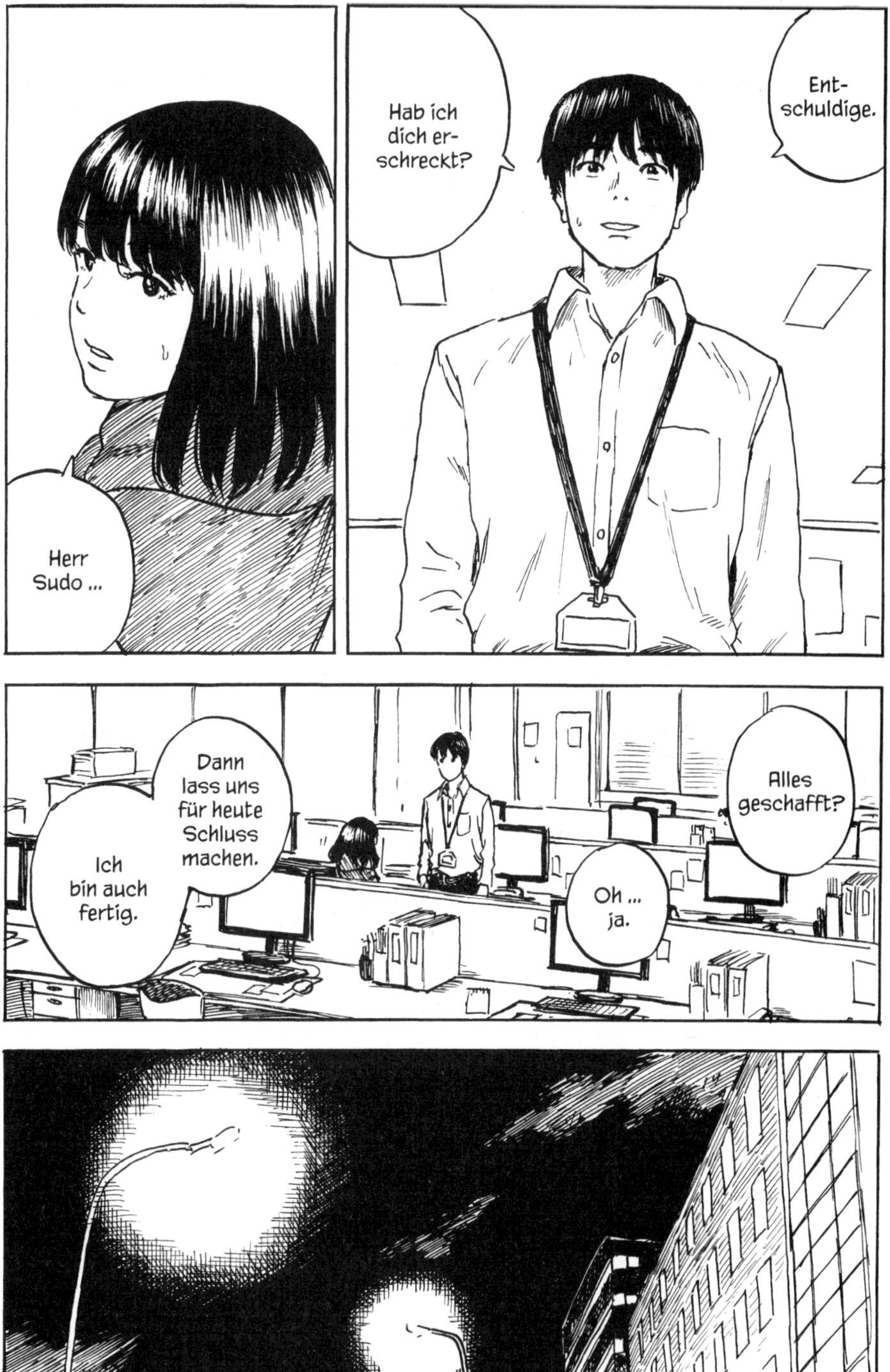
Ent-
schuldige.
Hab ich
dich er-
schreckt?
Herr
Sudo ...
Alles
geschafft?
Oh ...
ja.
Dann
lass uns
für heute
Schluss
machen.
Ich
bin auch
fertig.

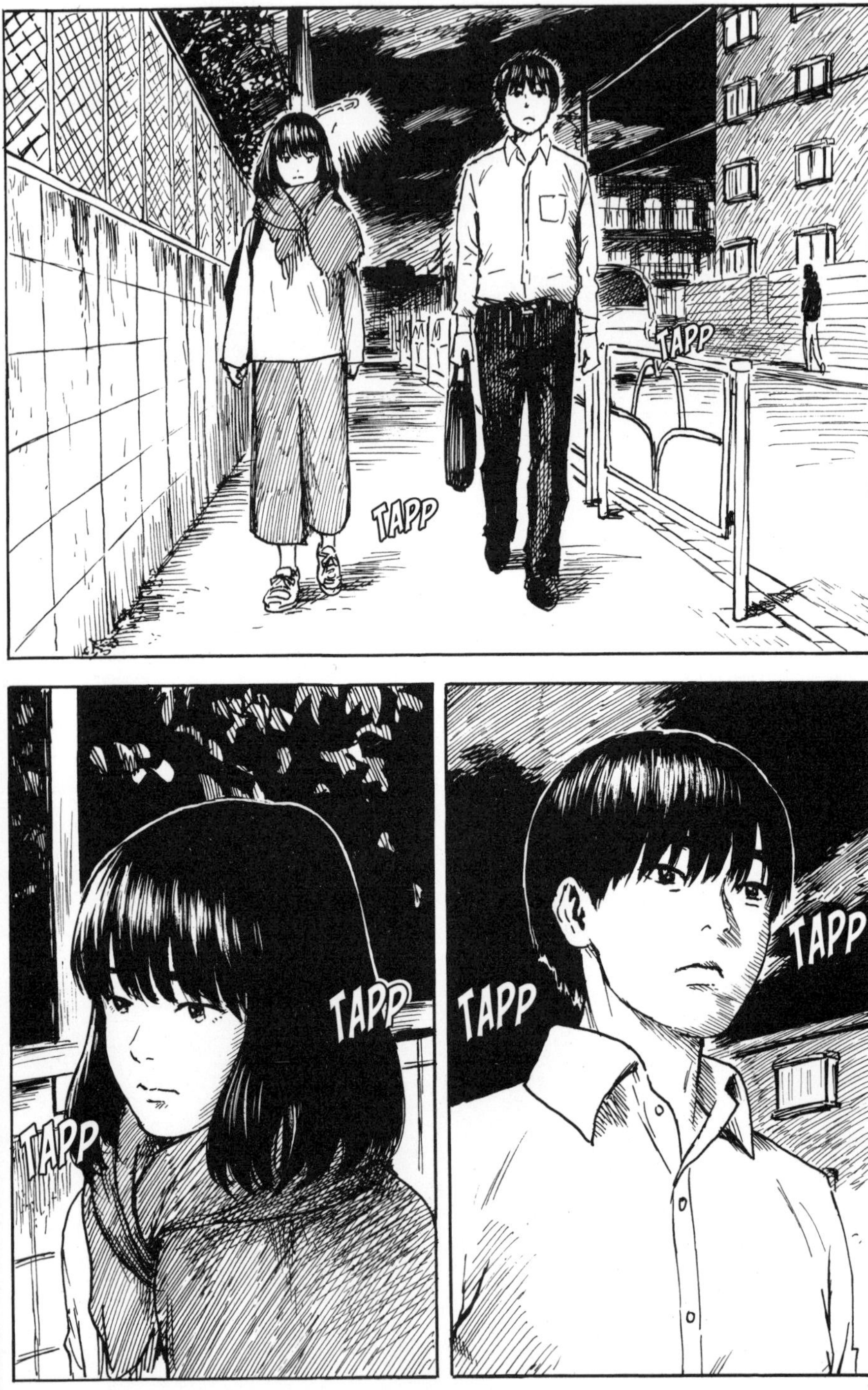
TAPP
TAPP
TAPP
TAPP
TAPP
TAPP

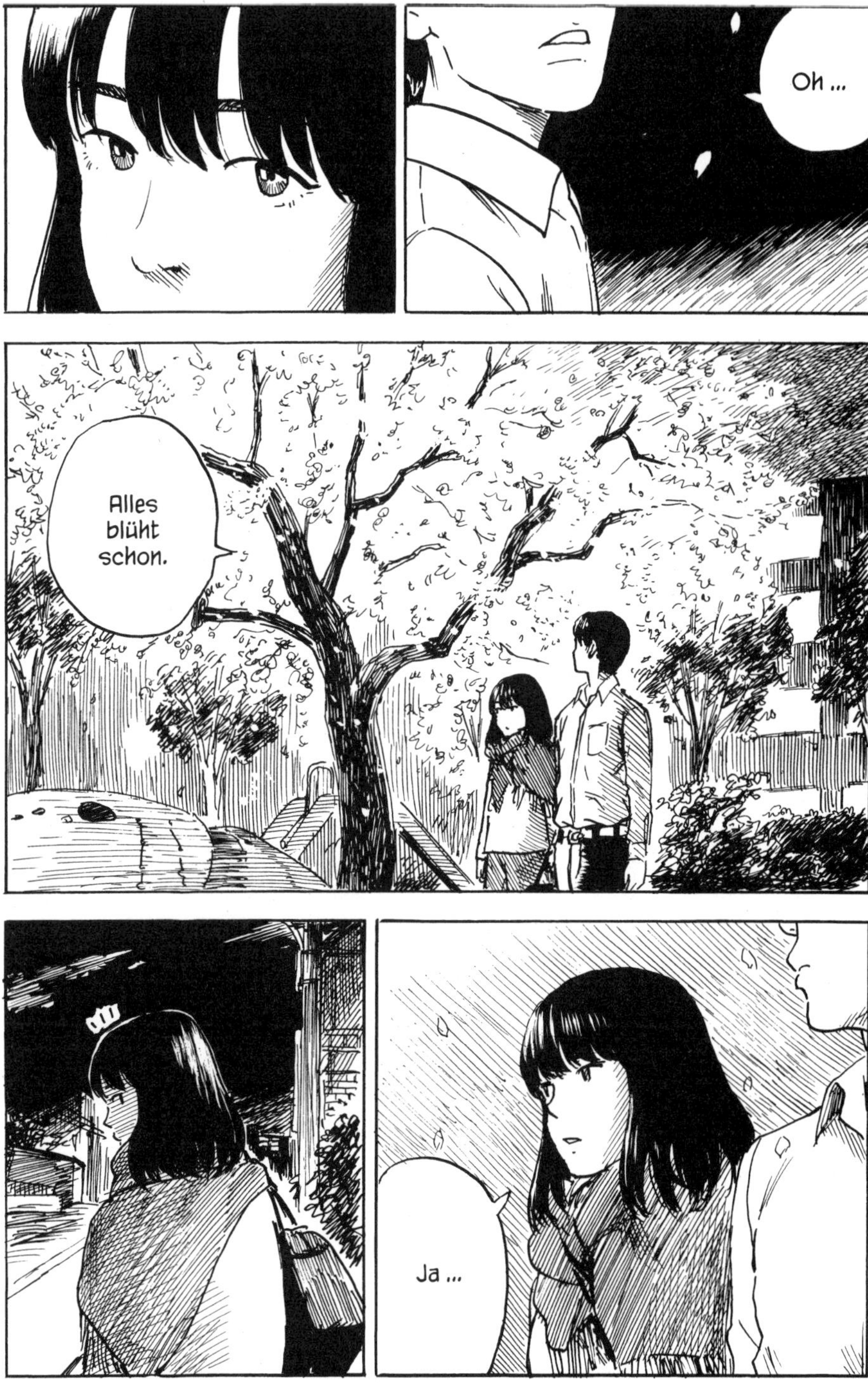
Oh ...
Alles blüht schon.
Ja ...

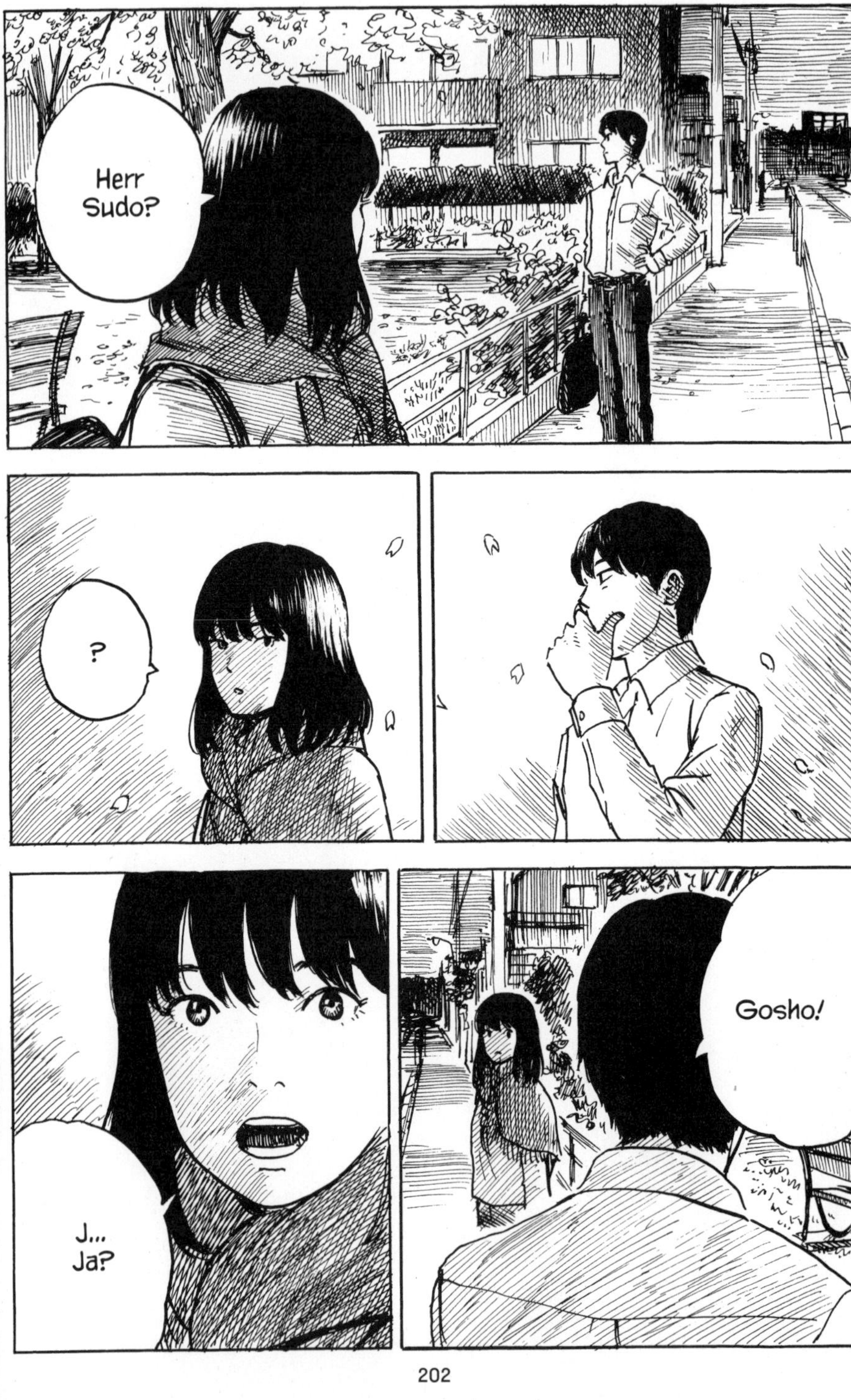
Herr Sudo?
?
Gosho!
J... Ja?

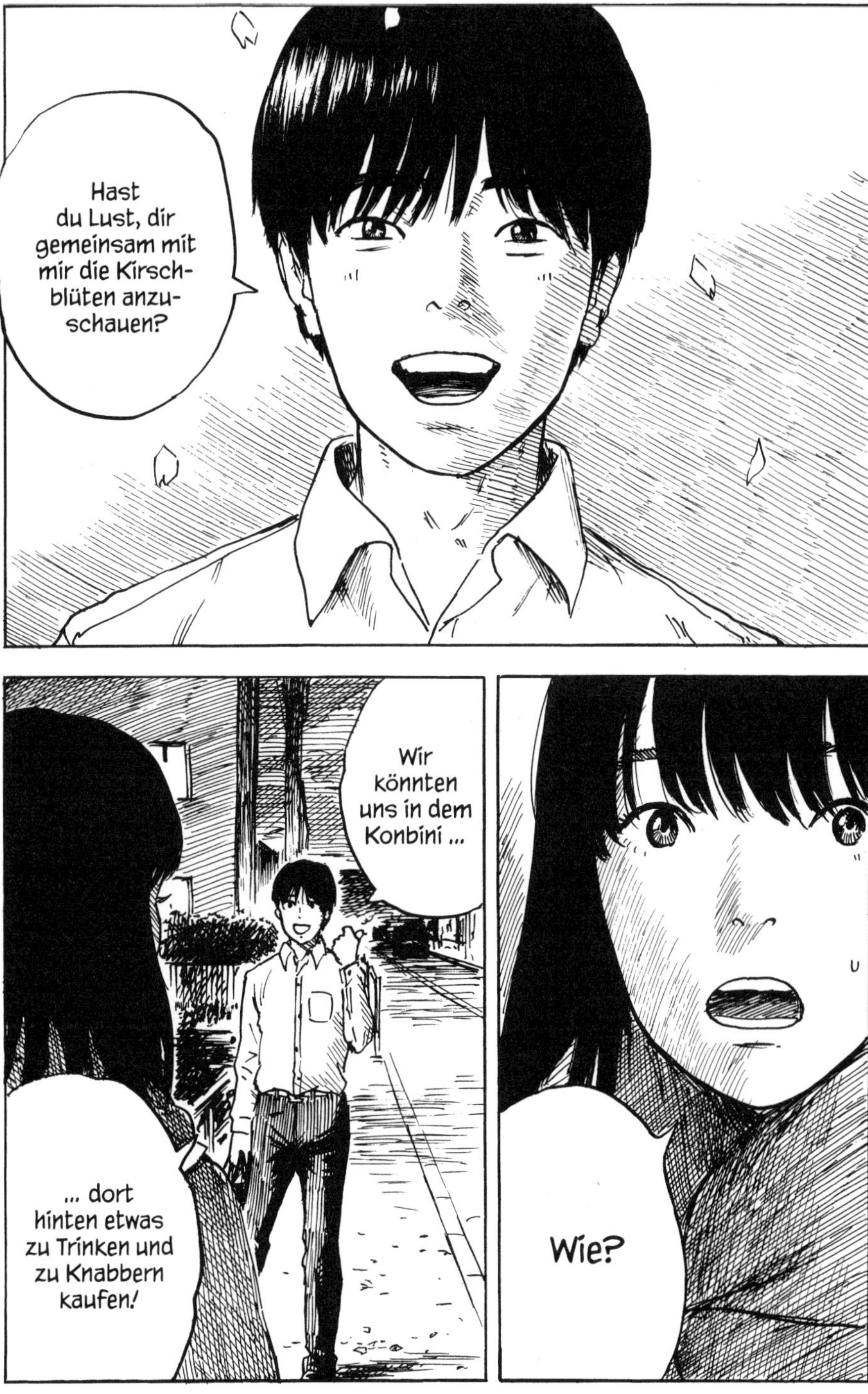
Hast du Lust, dir gemeinsam mit mir die Kirschblüten anzuschauen?
Wie?
Wir könnten uns in dem Konbini ...
... dort hinten etwas zu Trinken und zu Knabbern kaufen!

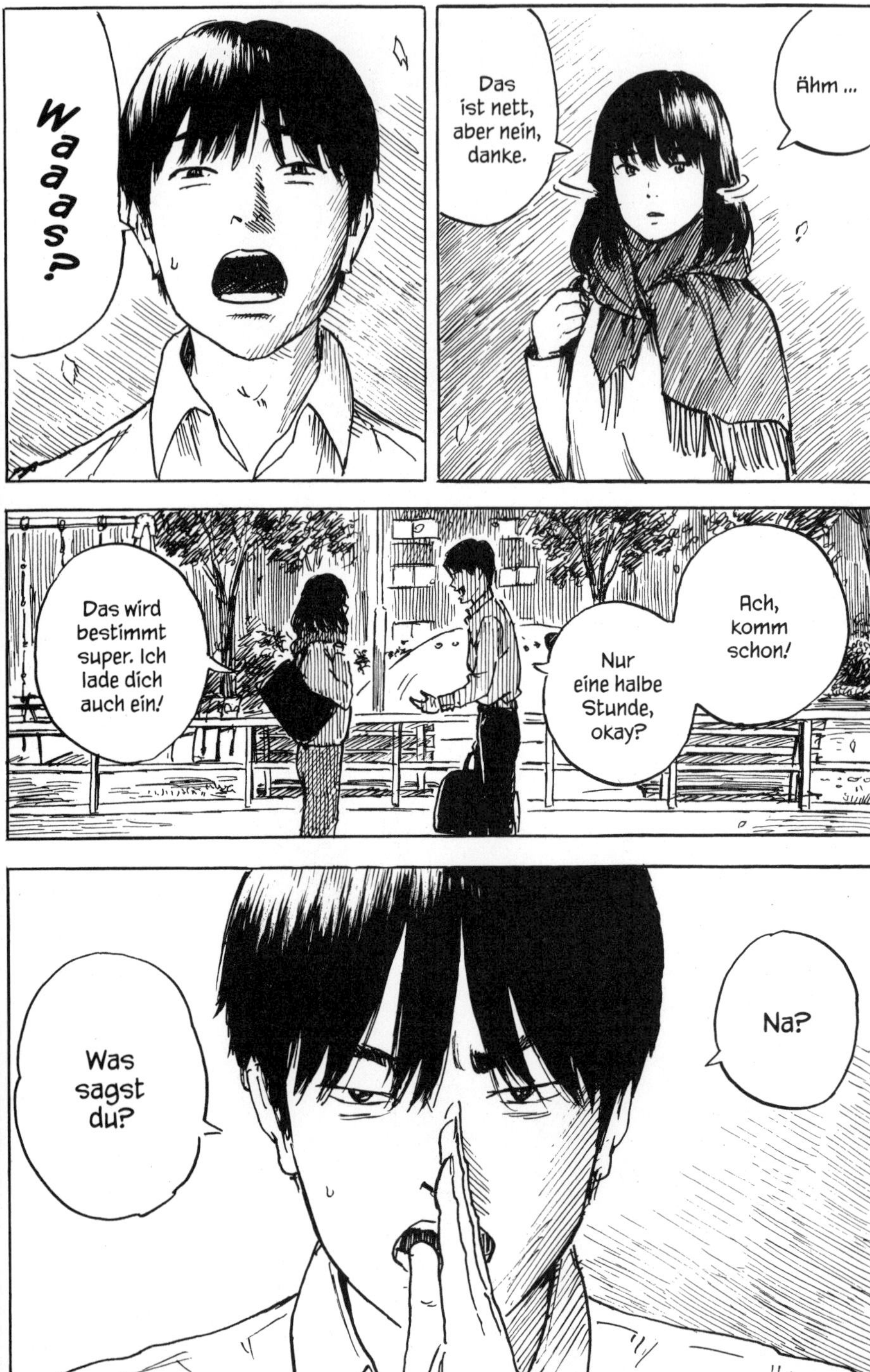
Ähm ...
Das ist nett, aber nein, danke.
Waaaas?
Ach, komm schon!
Nur eine halbe Stunde, okay?
Das wird bestimmt super. Ich lade dich auch ein!
Na?
Was sagst du?

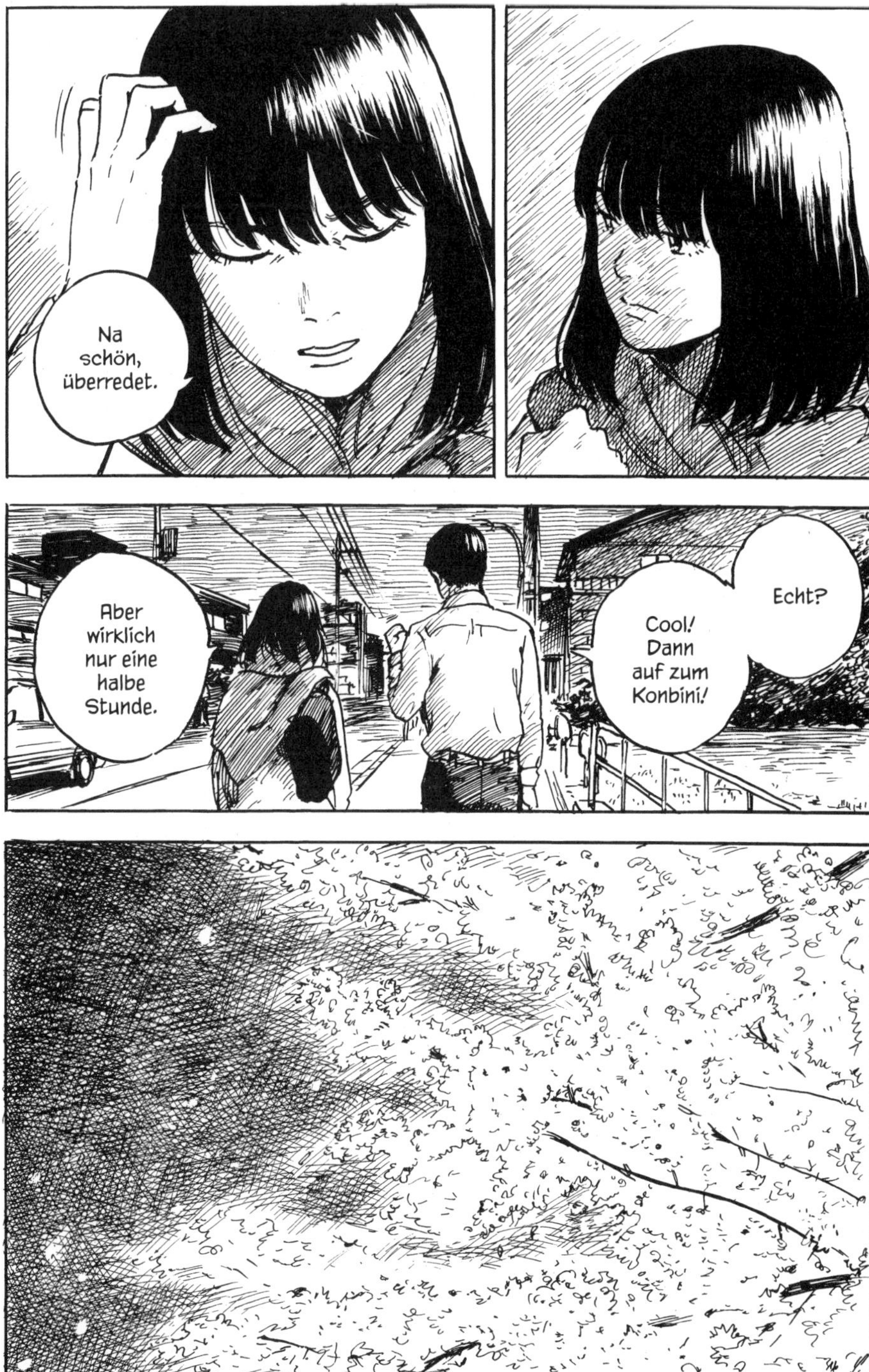
Na schön, überredet.
Echt?
Cool! Dann auf zum Konbini!
Aber wirklich nur eine halbe Stunde.

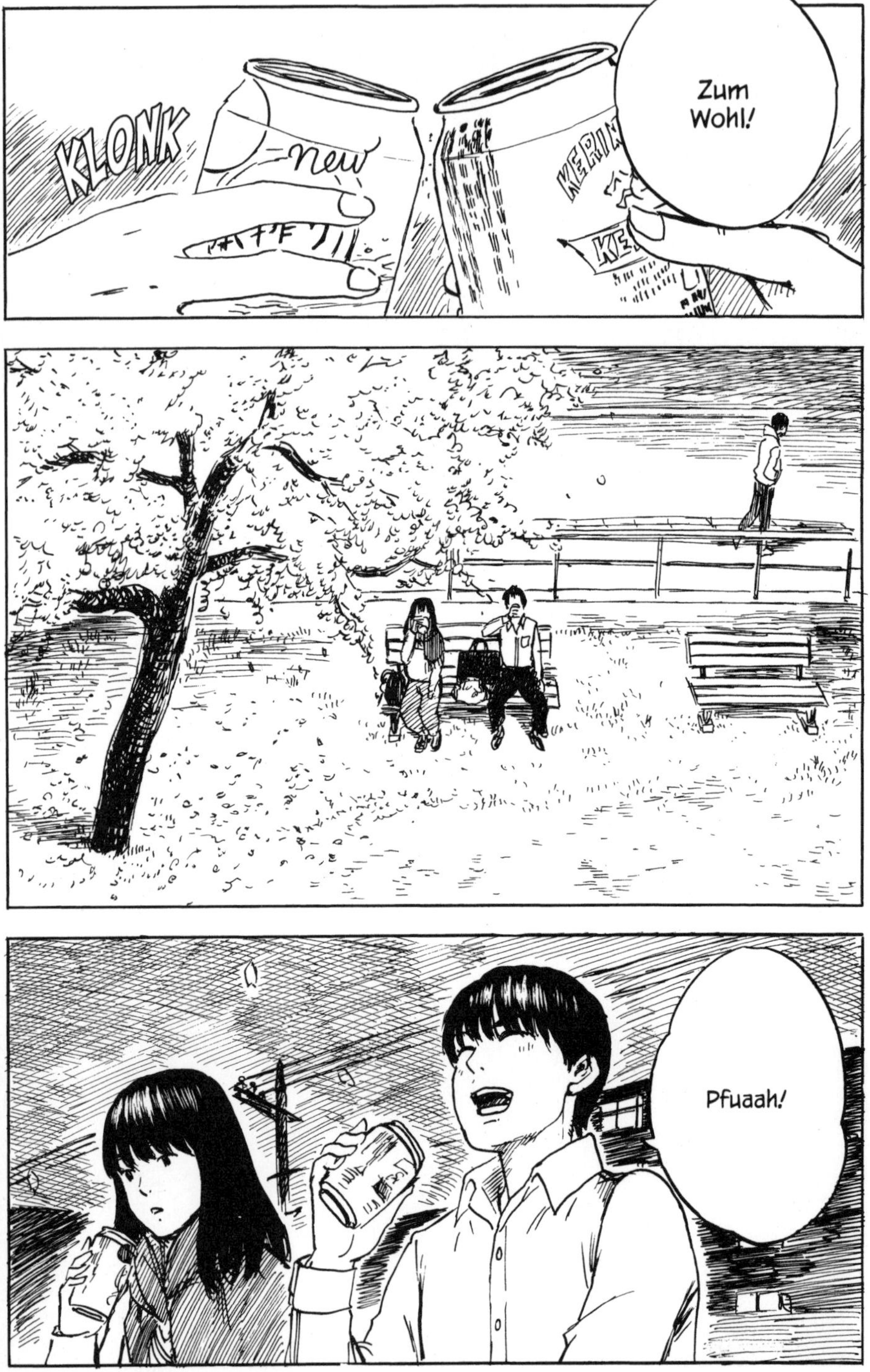
Zum Wohl!
KLONK
Pfuaah!

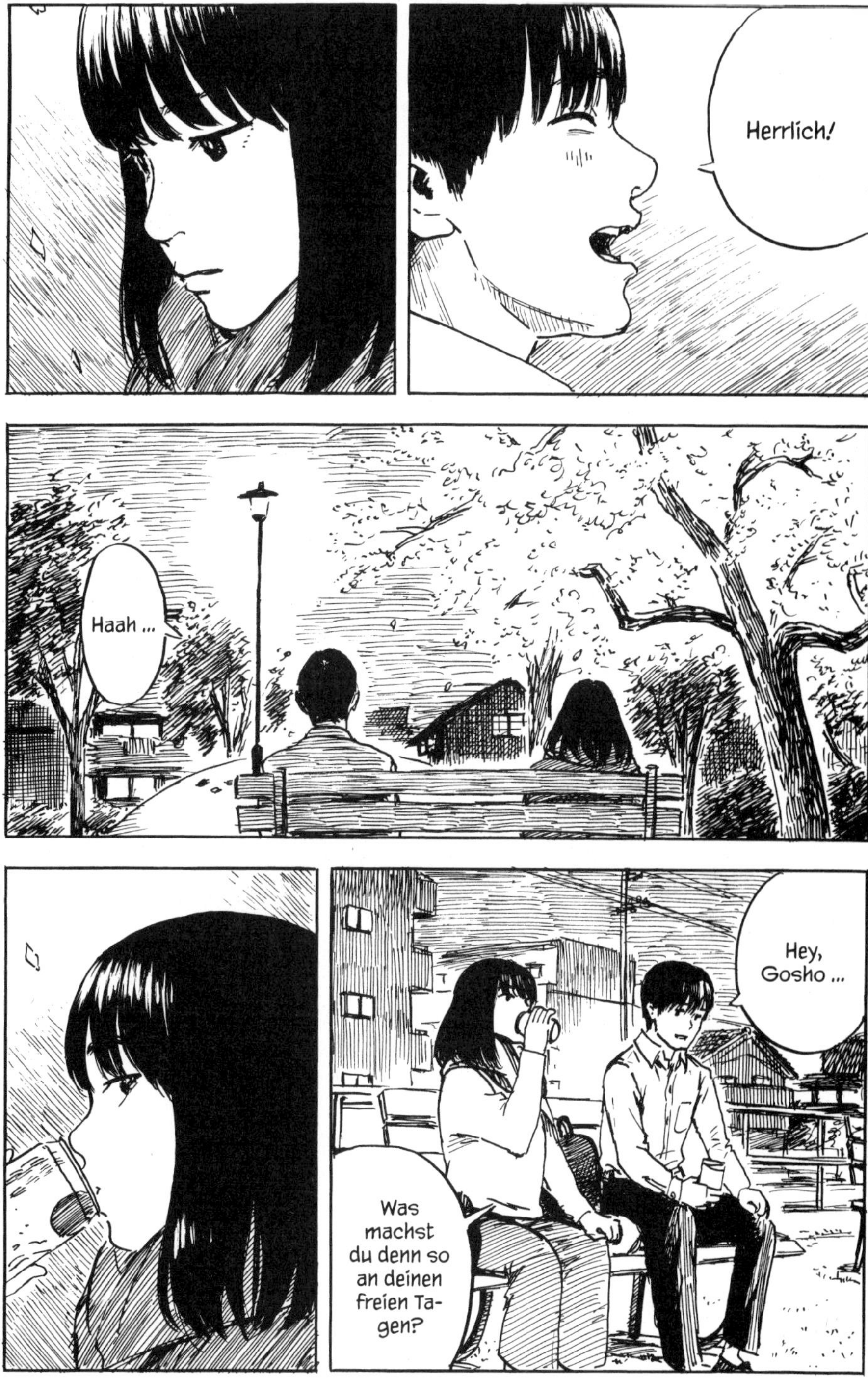
Herrlich!
Haah ...
Hey, Gosho ...
Was machst du denn so an deinen freien Tagen?

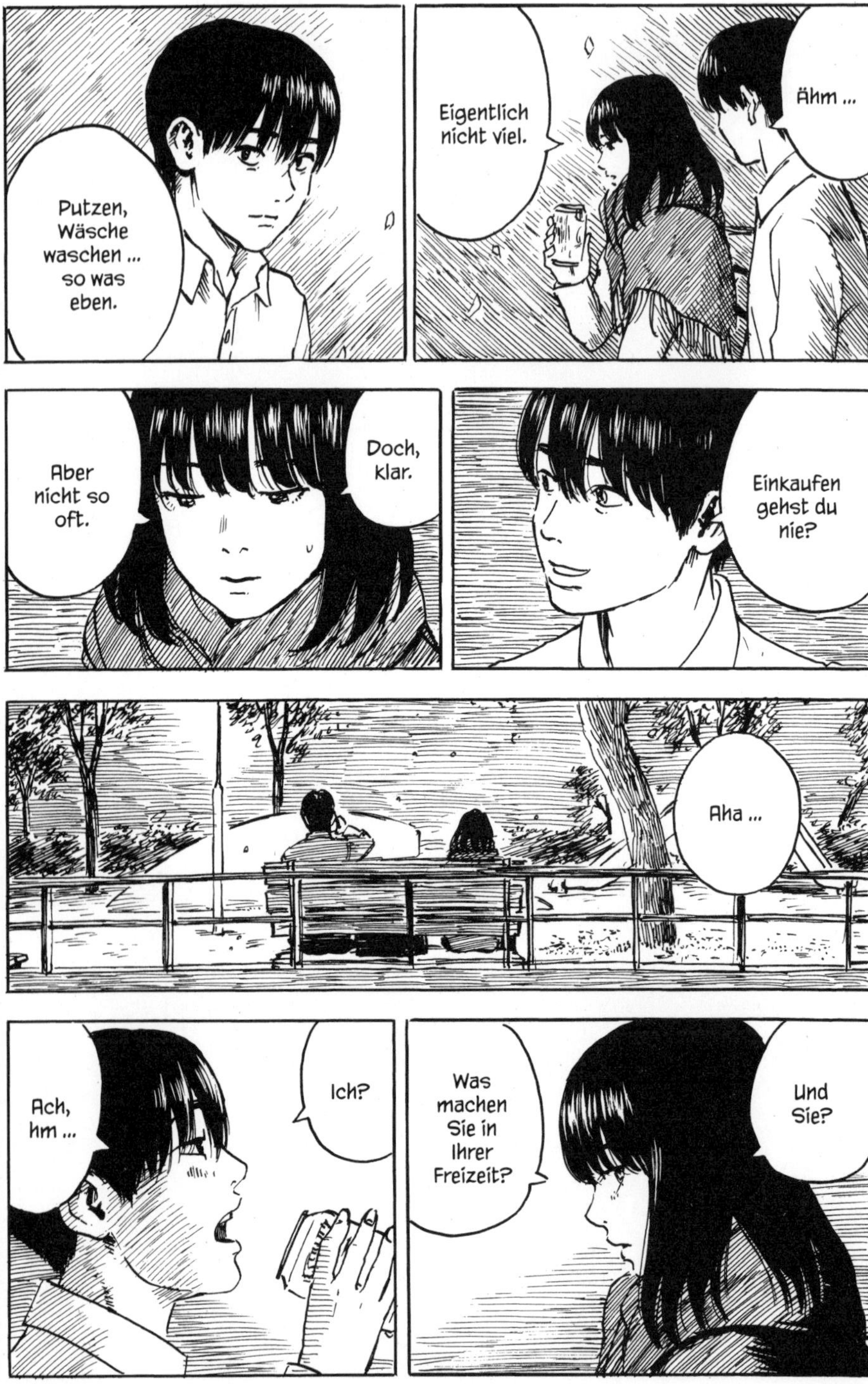
Ähm ...
Eigentlich nicht viel.
Putzen, Wäsche waschen ... so was eben.
Einkaufen gehst du nie?
Doch, klar.
Aber nicht so oft.
Aha ...
Und Sie?
Was machen Sie in Ihrer Freizeit?
Ich?
Ach, hm ...

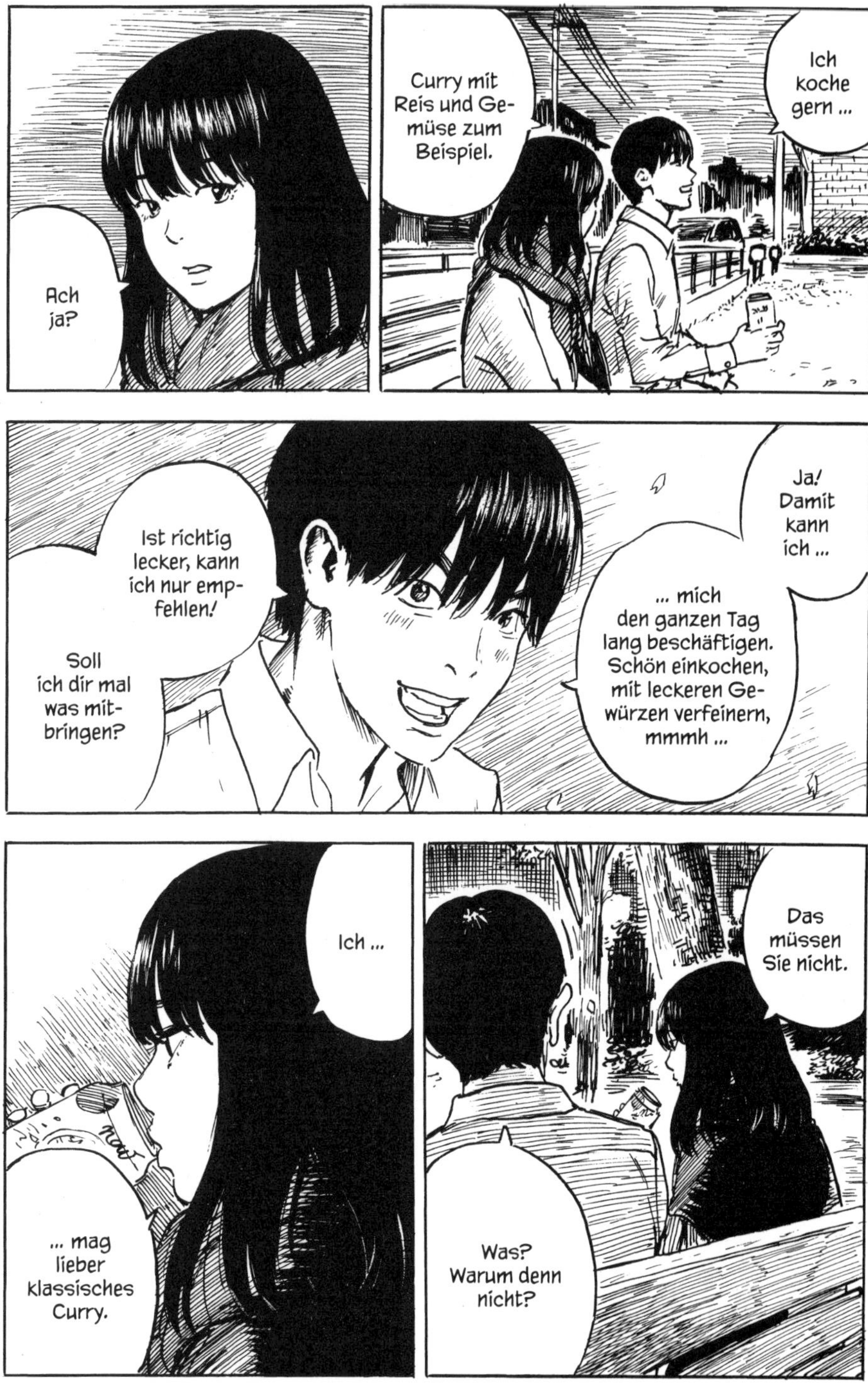
Ich koche gern ...
Curry mit Reis und Gemüse zum Beispiel.
Ach ja?
Ja! Damit kann ich ...
... mich den ganzen Tag lang beschäftigen. Schön einkochen, mit leckeren Gewürzen verfeinern, mmmh ...
Ist richtig lecker, kann ich nur empfehlen!
Soll ich dir mal was mitbringen?
Das müssen Sie nicht.
Was? Warum denn nicht?
Ich ...
... mag lieber klassisches Curry.

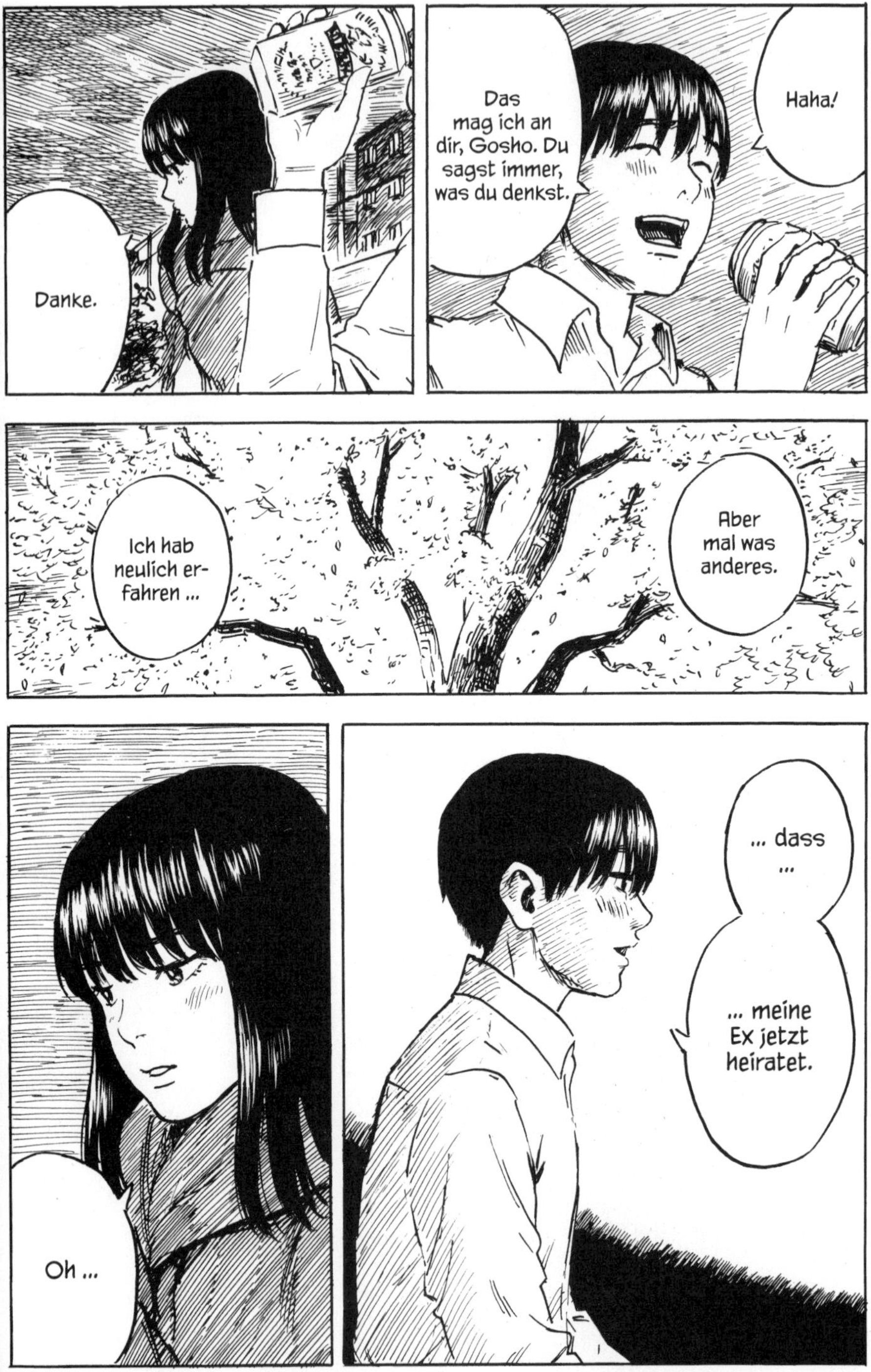
Haha!
Das mag ich an dir, Gosho. Du sagst immer, was du denkst.
Danke.
Aber mal was anderes.
Ich hab neulich erfahren ...
... dass ...
... meine Ex jetzt heiratet.
Oh ...

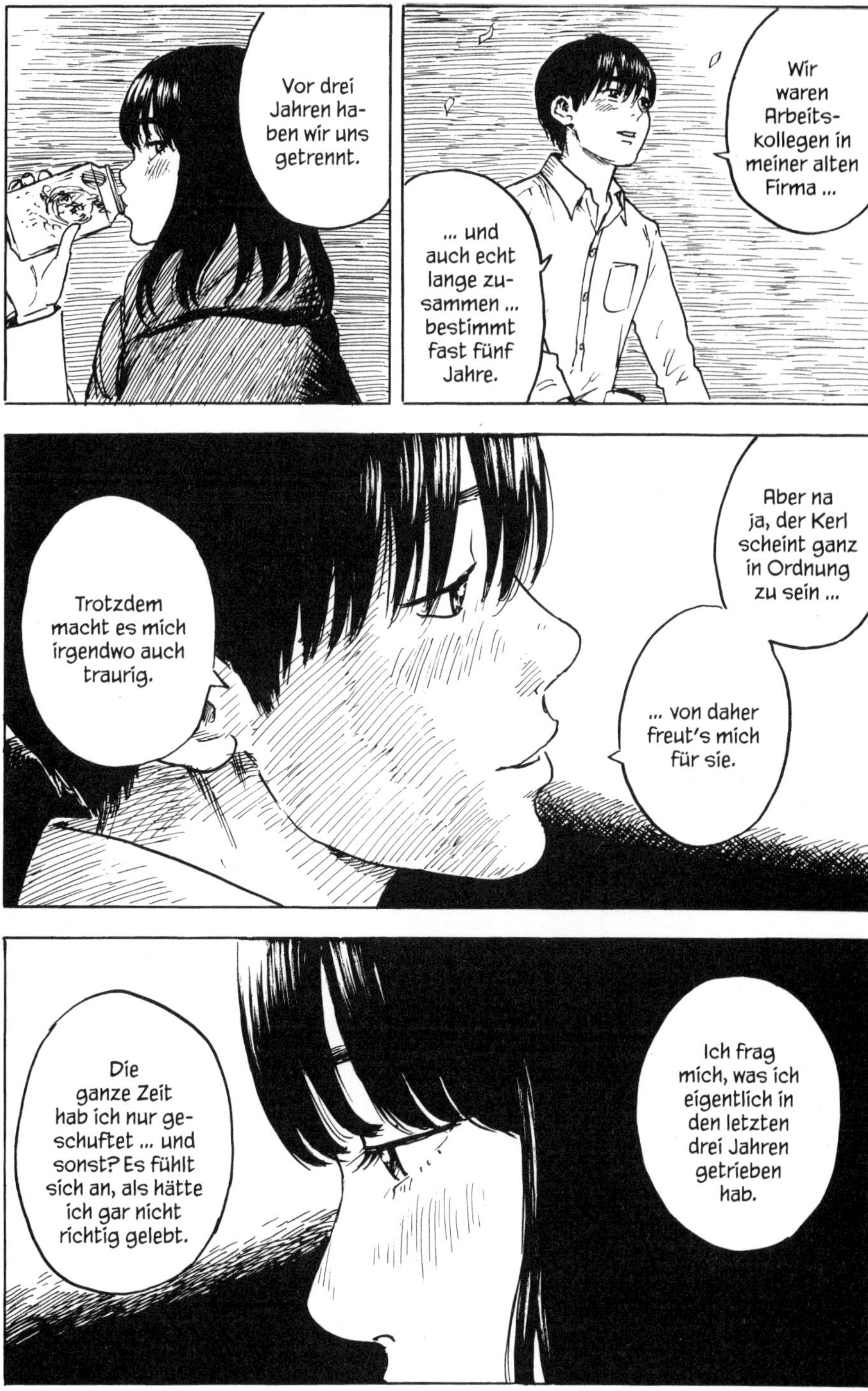

Wir waren Arbeitskollegen in meiner alten Firma ...
... und auch echt lange zusammen ... bestimmt fast fünf Jahre.
Vor drei Jahren haben wir uns getrennt.
Aber na ja, der Kerl scheint ganz in Ordnung zu sein ...
... von daher freut's mich für sie.
Trotzdem macht es mich irgendwo auch traurig.
Ich frag mich, was ich eigentlich in den letzten drei Jahren getrieben hab.
Die ganze Zeit hab ich nur geschuftet ... und sonst? Es fühlt sich an, als hätte ich gar nicht richtig gelebt.

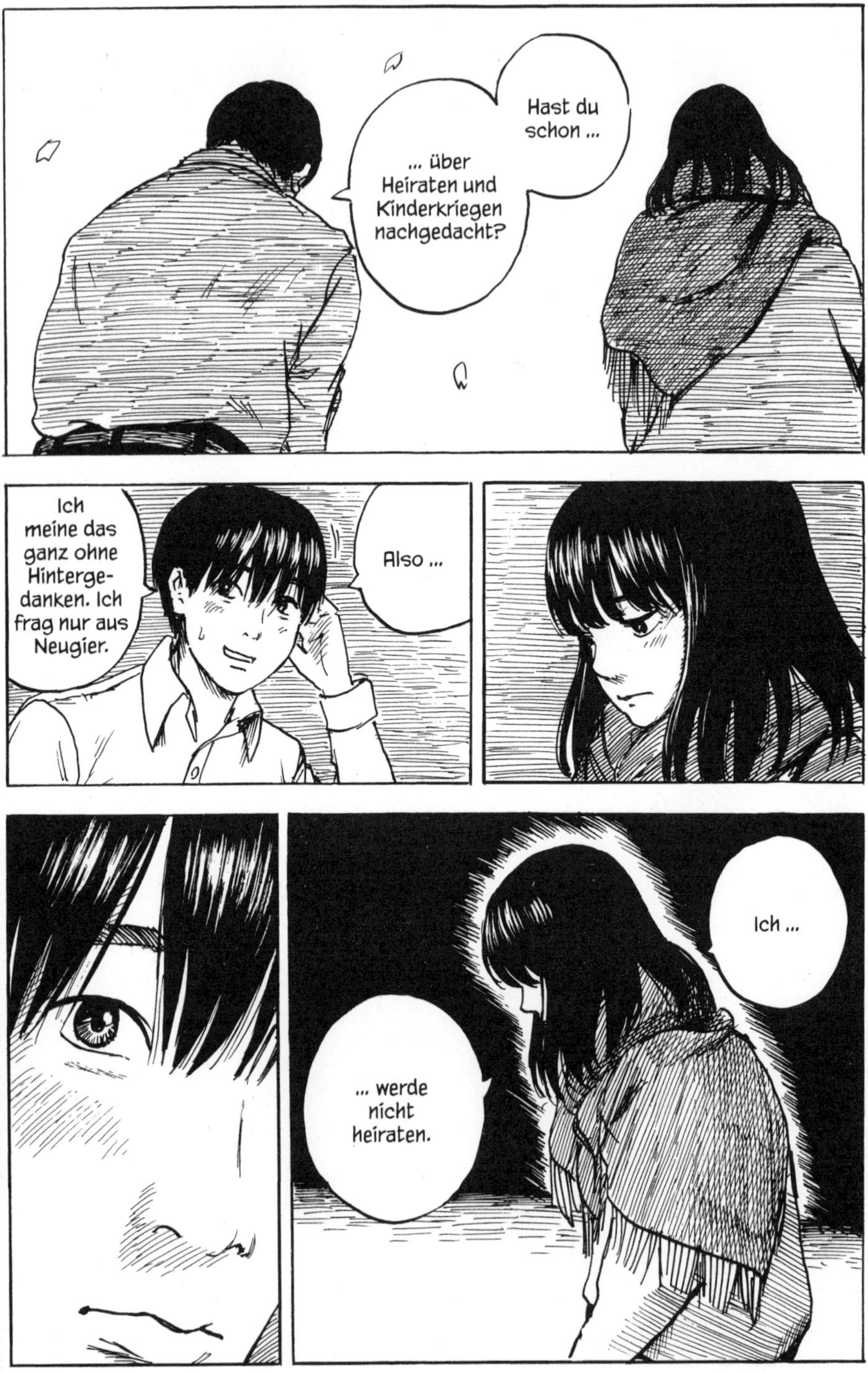
Hast du schon ...
... über Heiraten und Kinderkriegen nachgedacht?
Also ...
Ich meine das ganz ohne Hintergedanken. Ich frag nur aus Neugier.
Ich ...
... werde nicht heiraten.

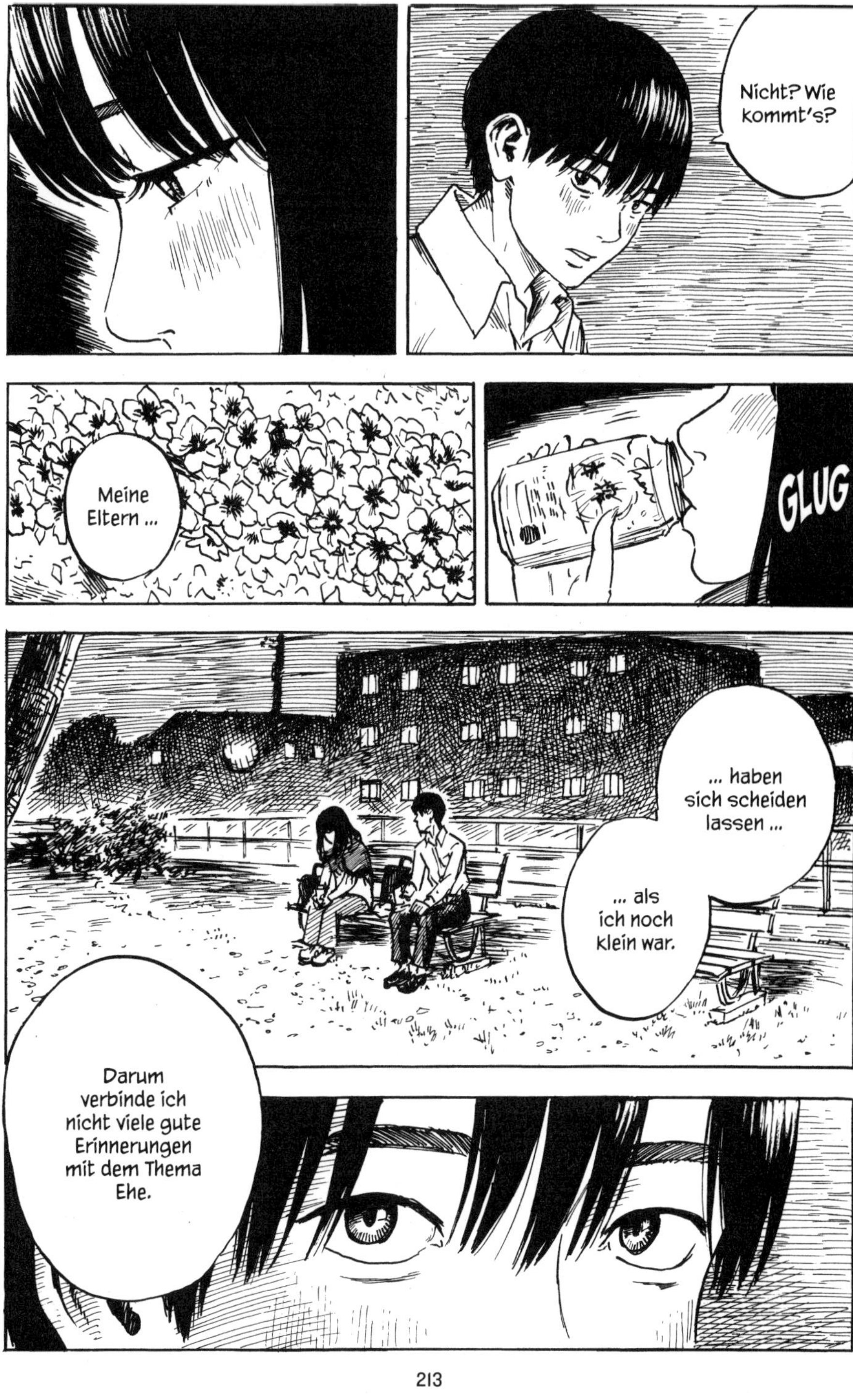
Nicht? Wie kommt's?
Meine Eltern ...
GLUG
... haben sich scheiden lassen ...
... als ich noch klein war.
Darum verbinde ich nicht viele gute Erinnerungen mit dem Thema Ehe.

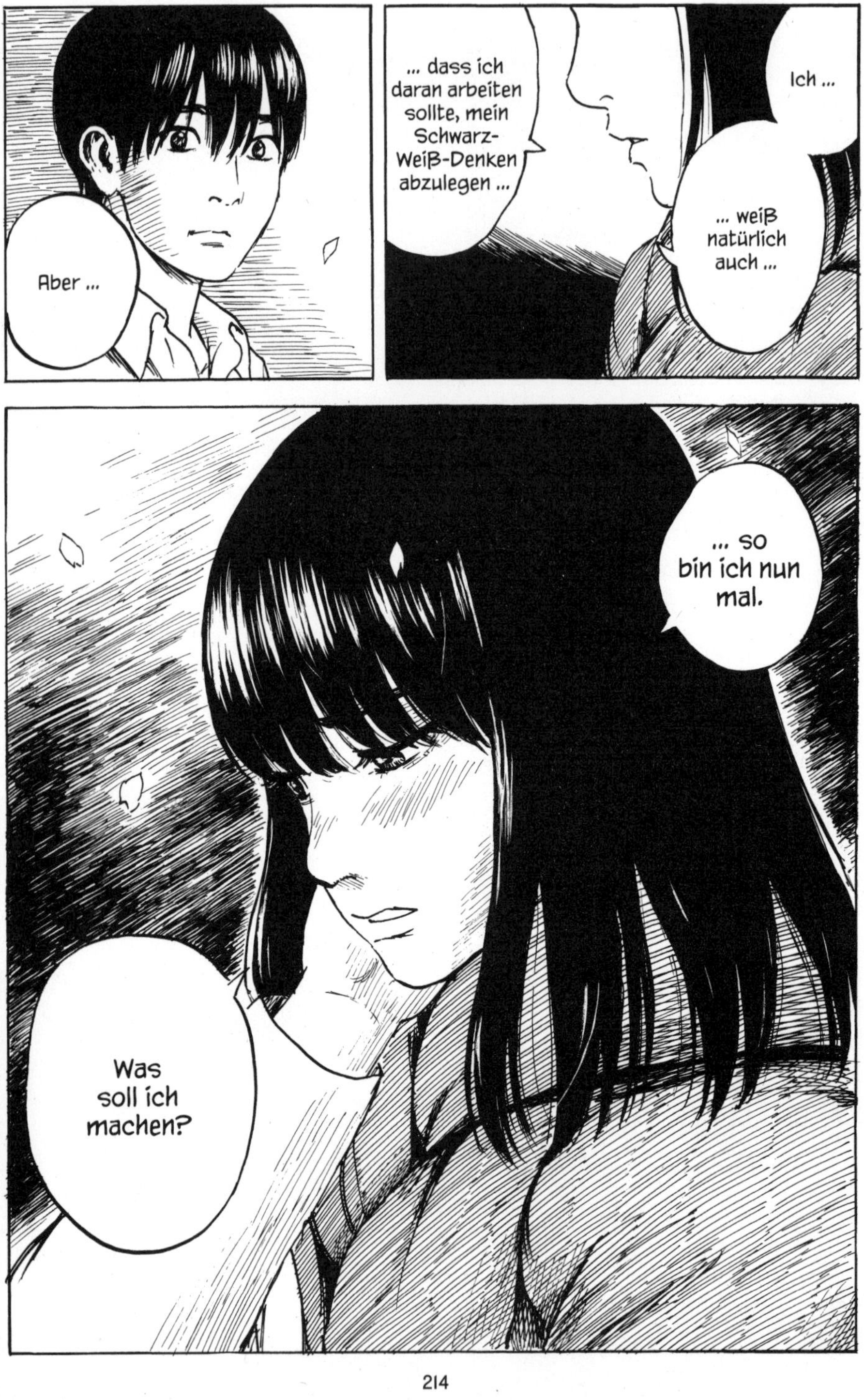
Ich ...
... weiß natürlich auch ...
... dass ich daran arbeiten sollte, mein Schwarz-Weiß-Denken abzulegen ...
Aber ...
... so bin ich nun mal.
Was soll ich machen?

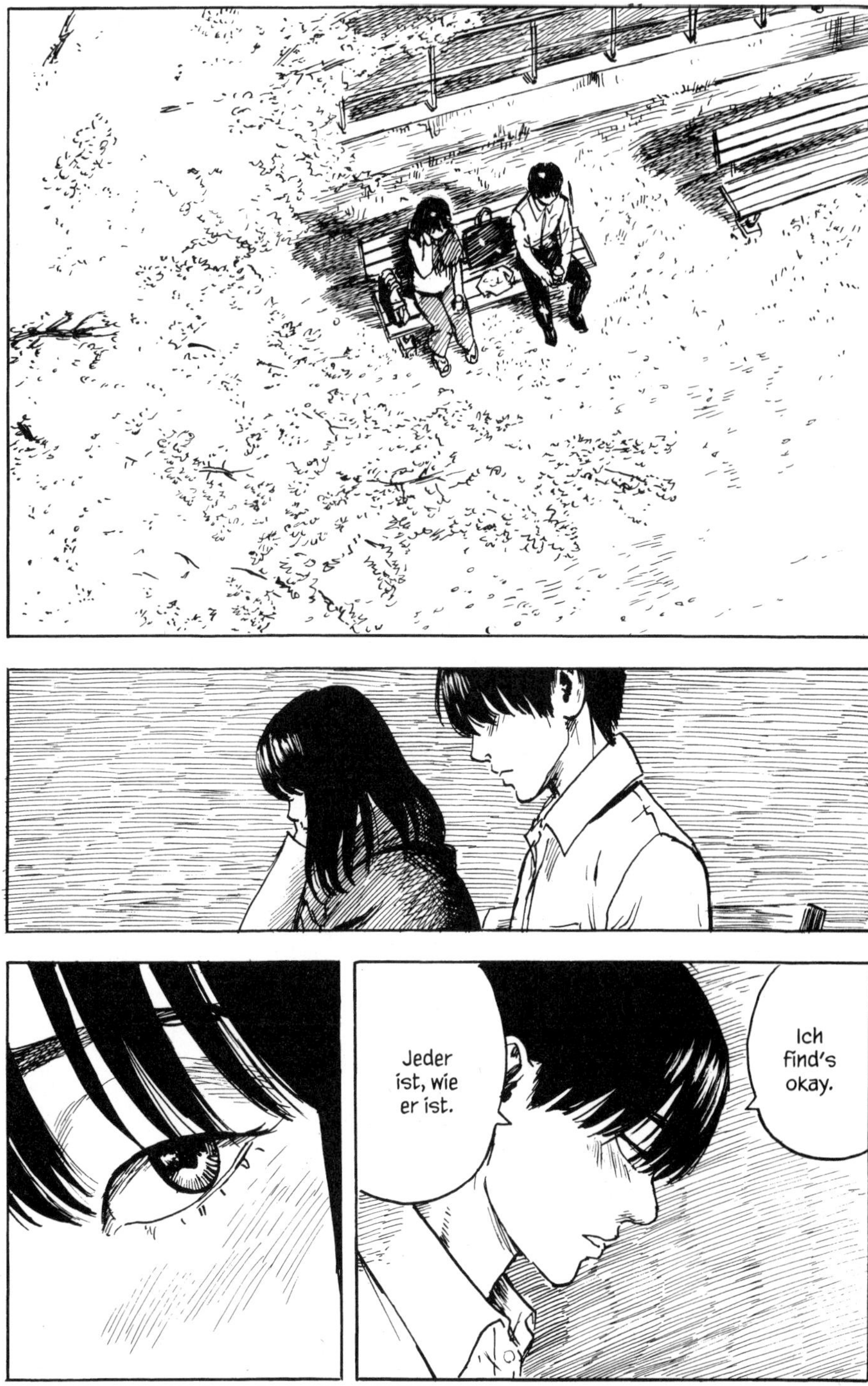
Ich find's okay.
Jeder ist, wie er ist.

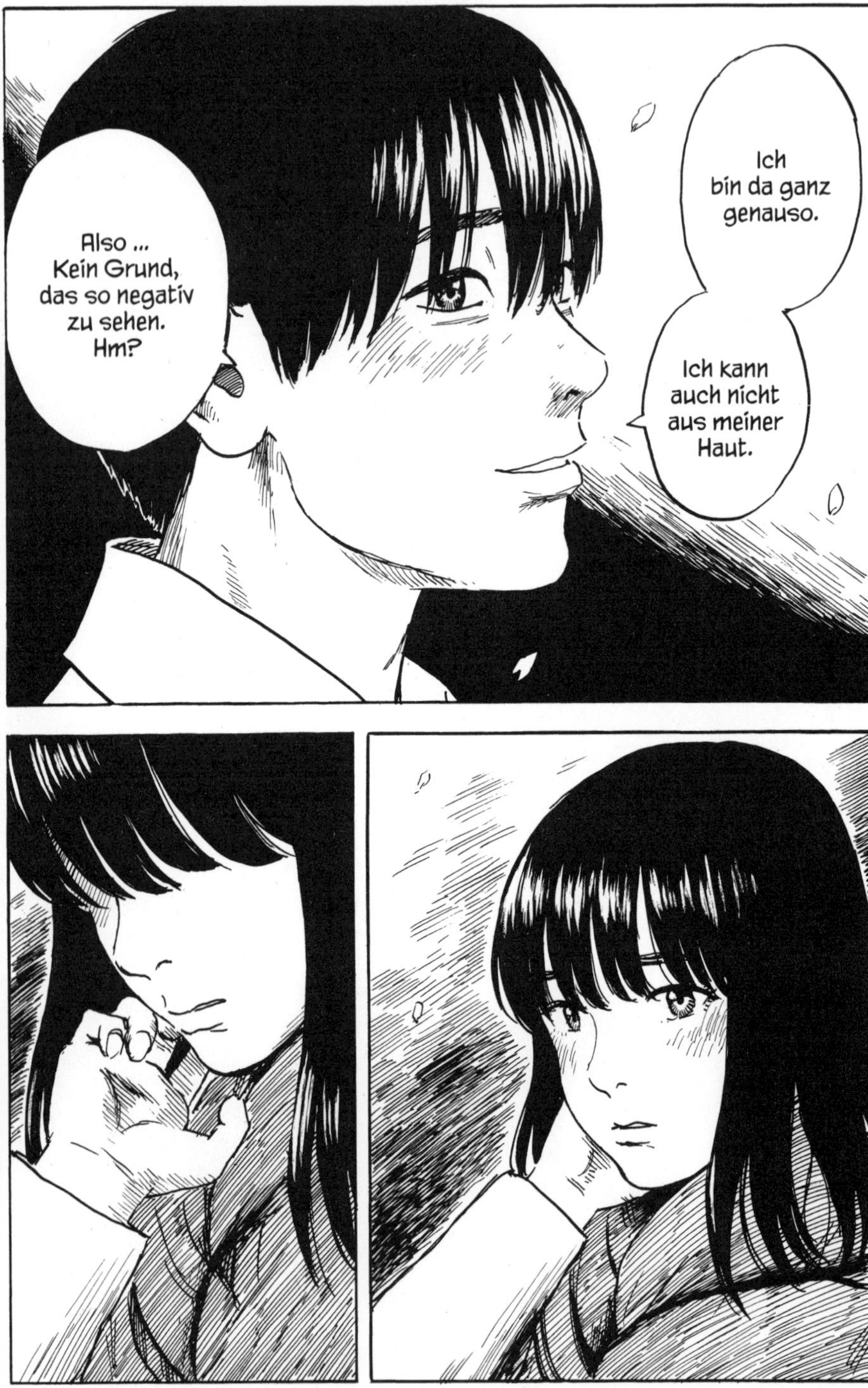
Ich bin da ganz genauso.
Ich kann auch nicht aus meiner Haut.
Also ... Kein Grund, das so negativ zu sehen. Hm?

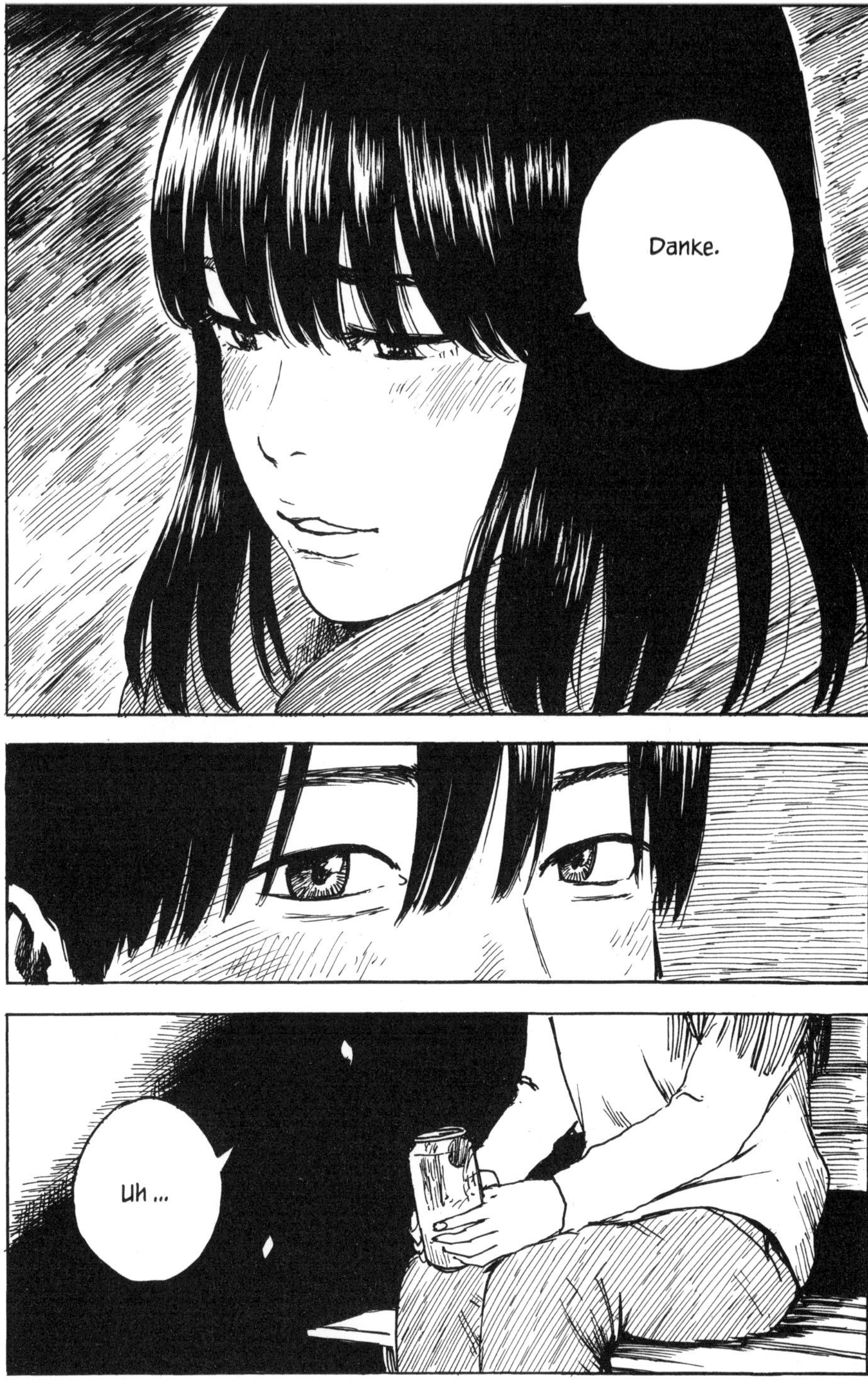
Danke.
Uh ...

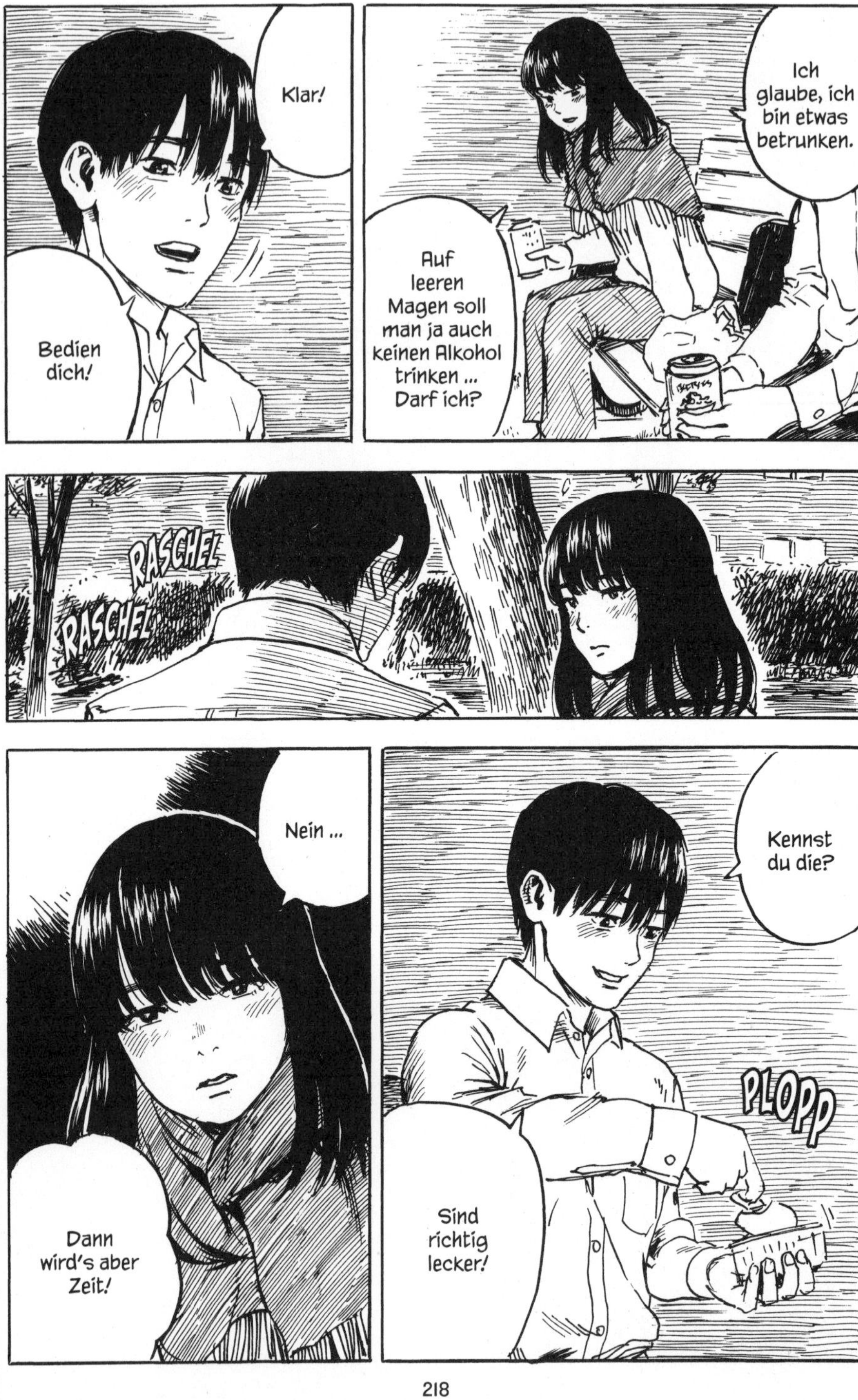
Ich glaube, ich bin etwas betrunken.
Auf leeren Magen soll man ja auch keinen Alkohol trinken ... Darf ich?
Klar!
Bedien dich!
RASCHEL
RASCHEL
Kennst du die?
PLOPP
Sind richtig lecker!
Nein ...
Dann wird's aber Zeit!

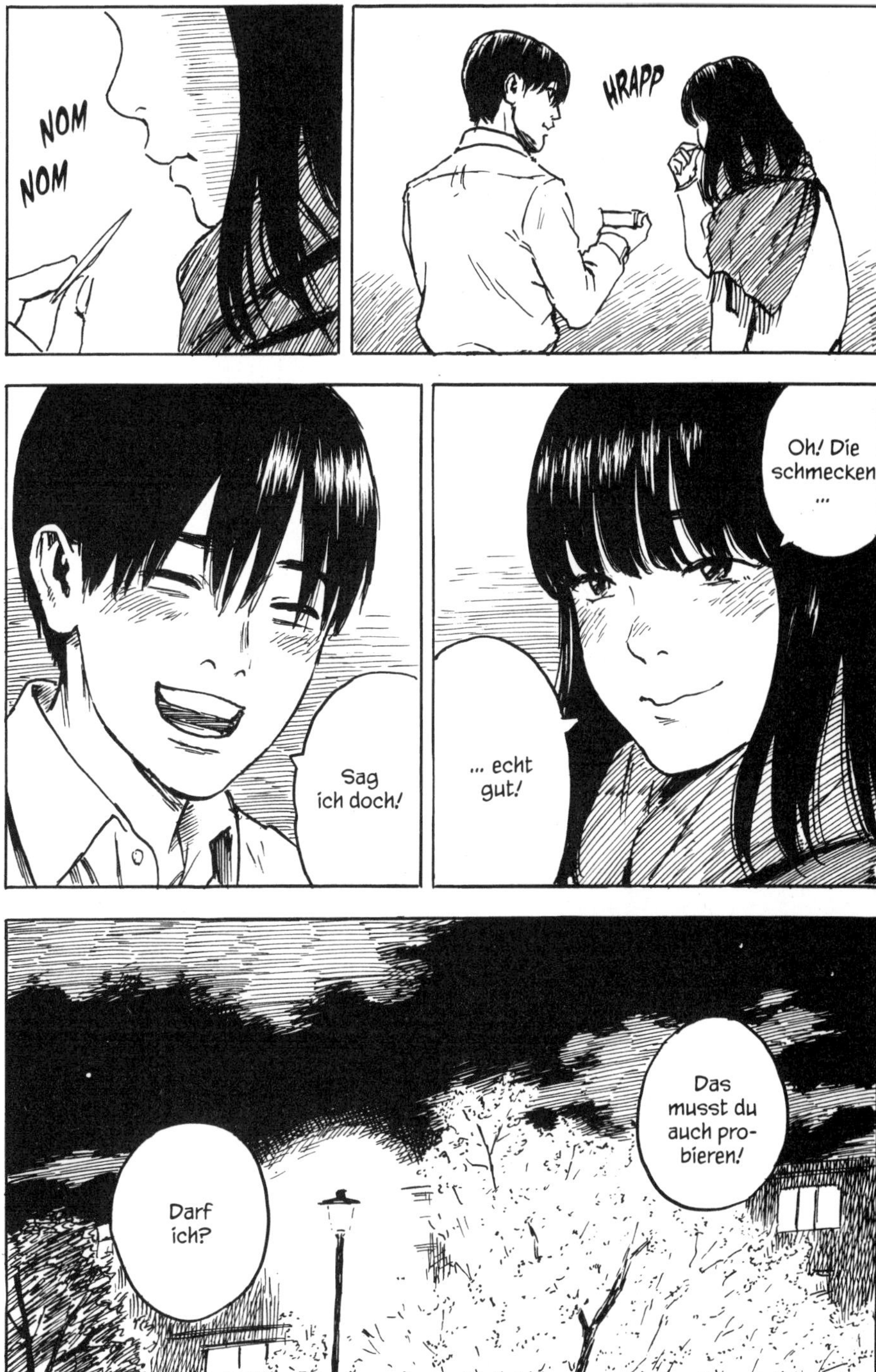
HRAPP
NOM NOM
Oh! Die schmecken ...
... echt gut!
Sag ich doch!
Das musst du auch probieren!
Darf ich?

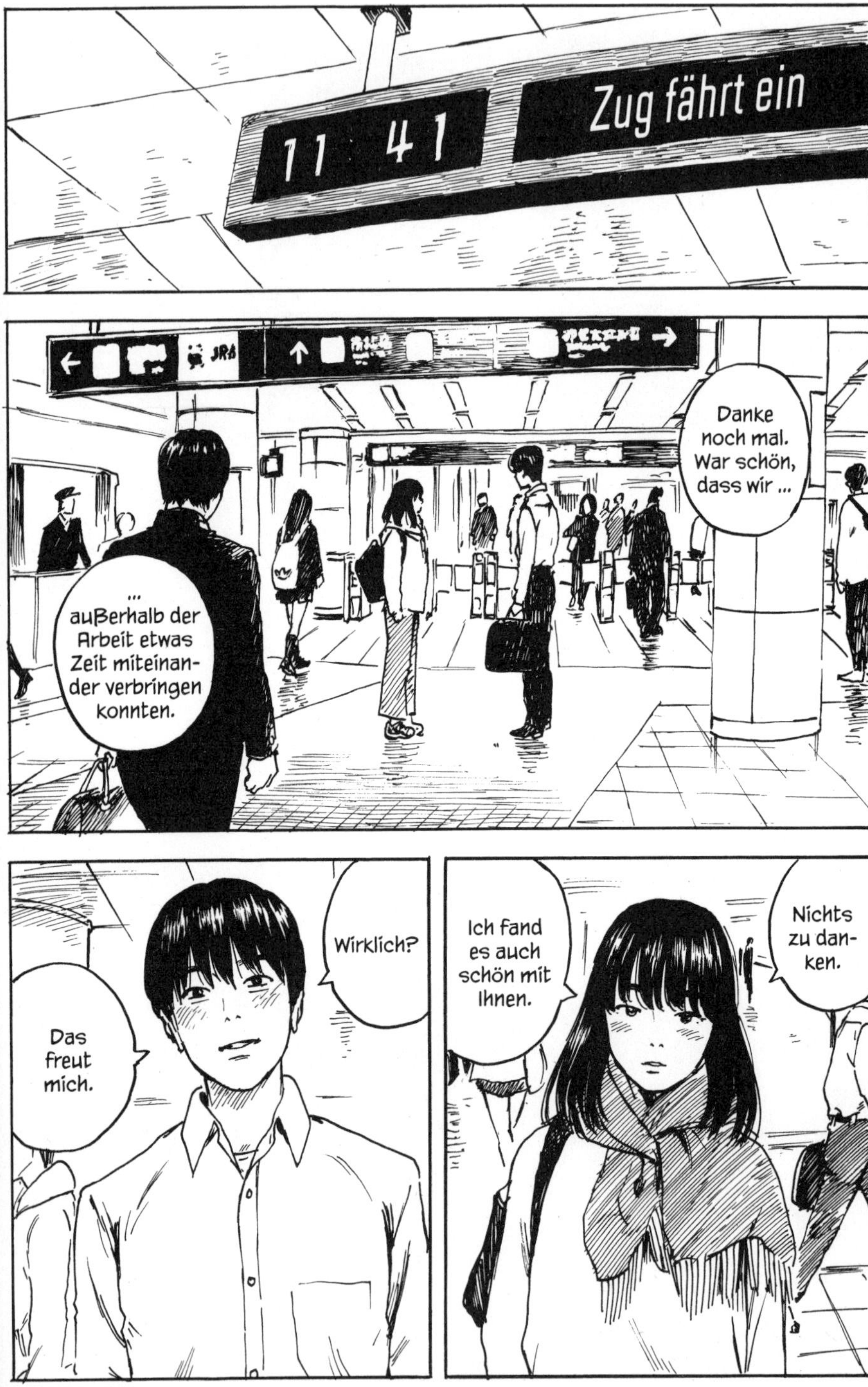
11 41
Zug fährt ein
Danke noch mal. War schön, dass wir ...
... außerhalb der Arbeit etwas Zeit miteinander verbringen konnten.
Nichts zu danken.
Ich fand es auch schön mit Ihnen.
Wirklich?
Das freut mich.

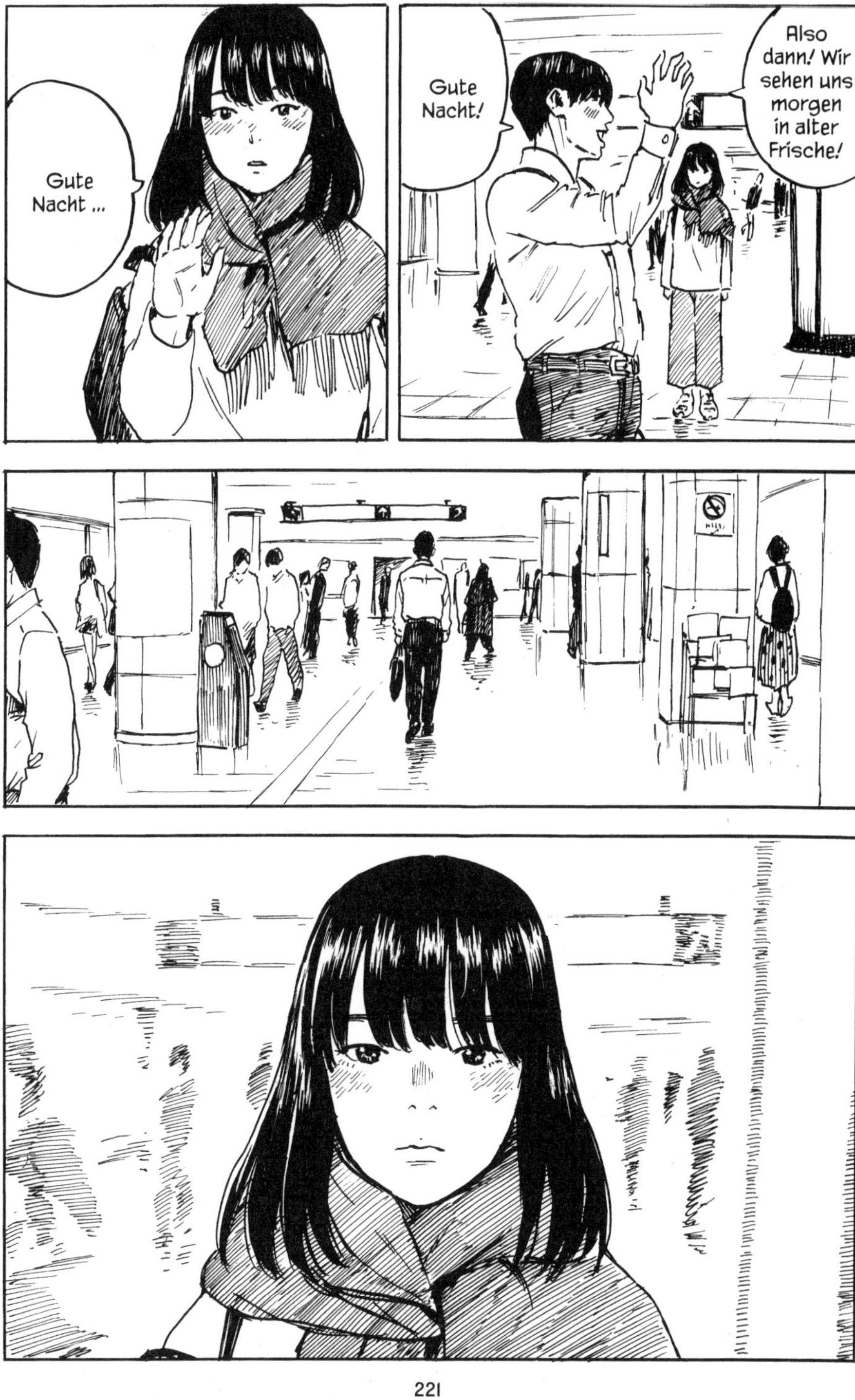
Also dann! Wir sehen uns morgen in alter Frische!
Gute Nacht!
Gute Nacht ...

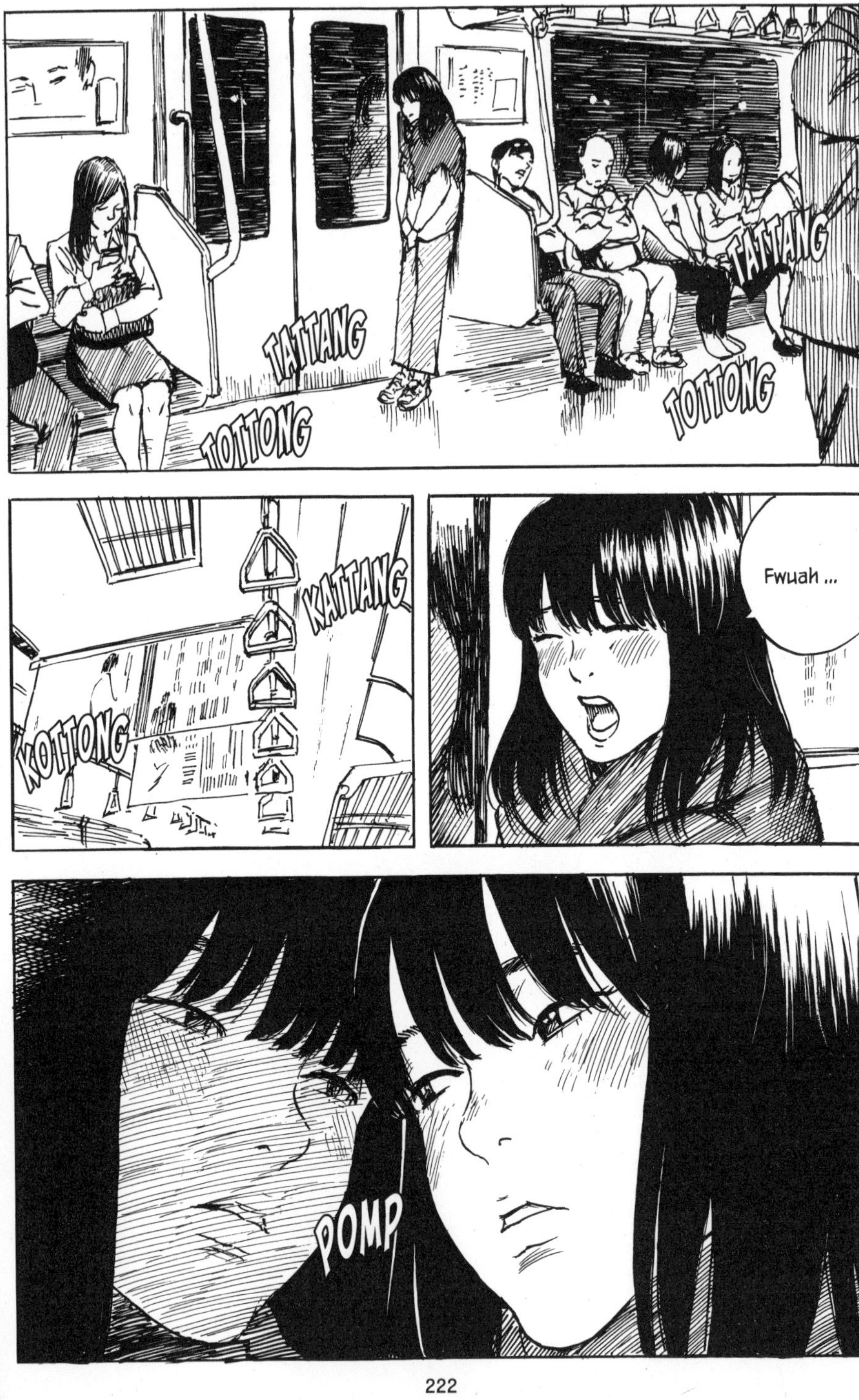
TATTANG
TOTTONG
TATTANG
TOTTONG
KATTANG
KOTTONG
Fwuah ...
POMP

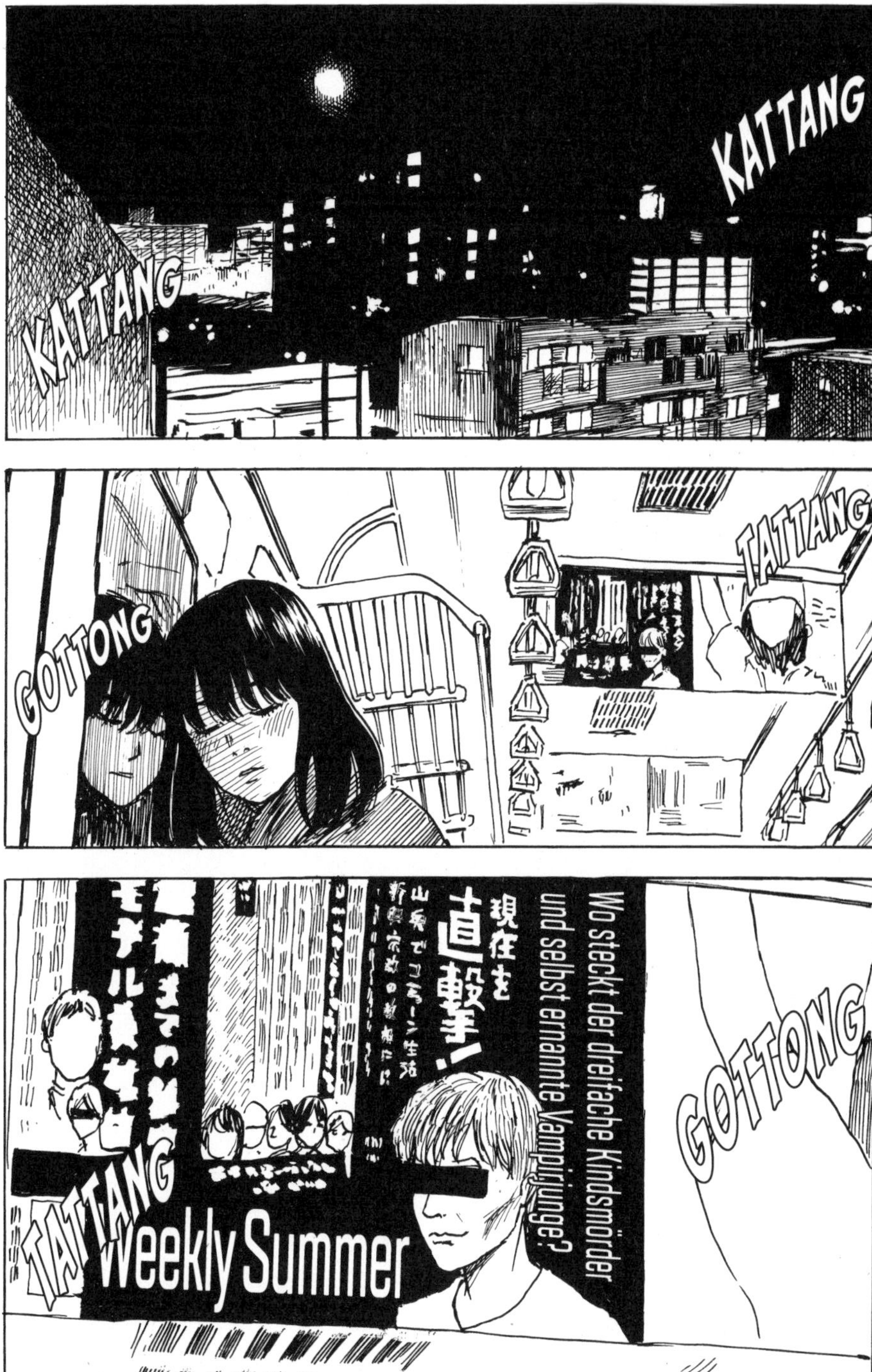
KATTANG
KATTANG
TATTANG
GOTTONG
GOTTONG
Wo steckt der dreifache Kindsmörder und selbst ernannte Vampirjunge?
現在を直撃！
Weekly Summer
TATTANG

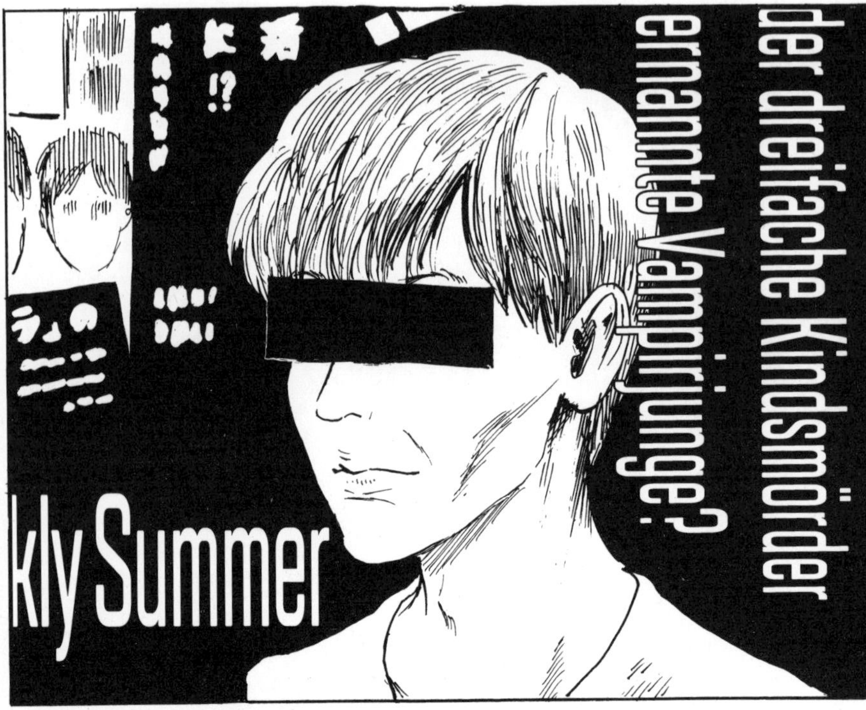
der dreifache Kindsmörder
ernannte Vampirjunge?
kly Summer

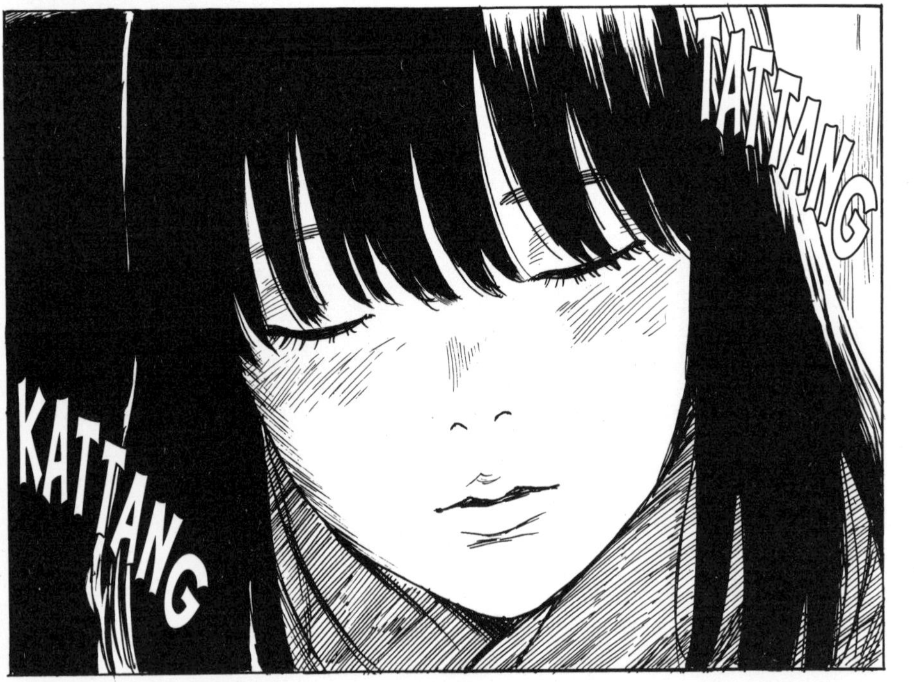
TATTANG
KATTANG

Kapitel 27: Emotionale Wunden

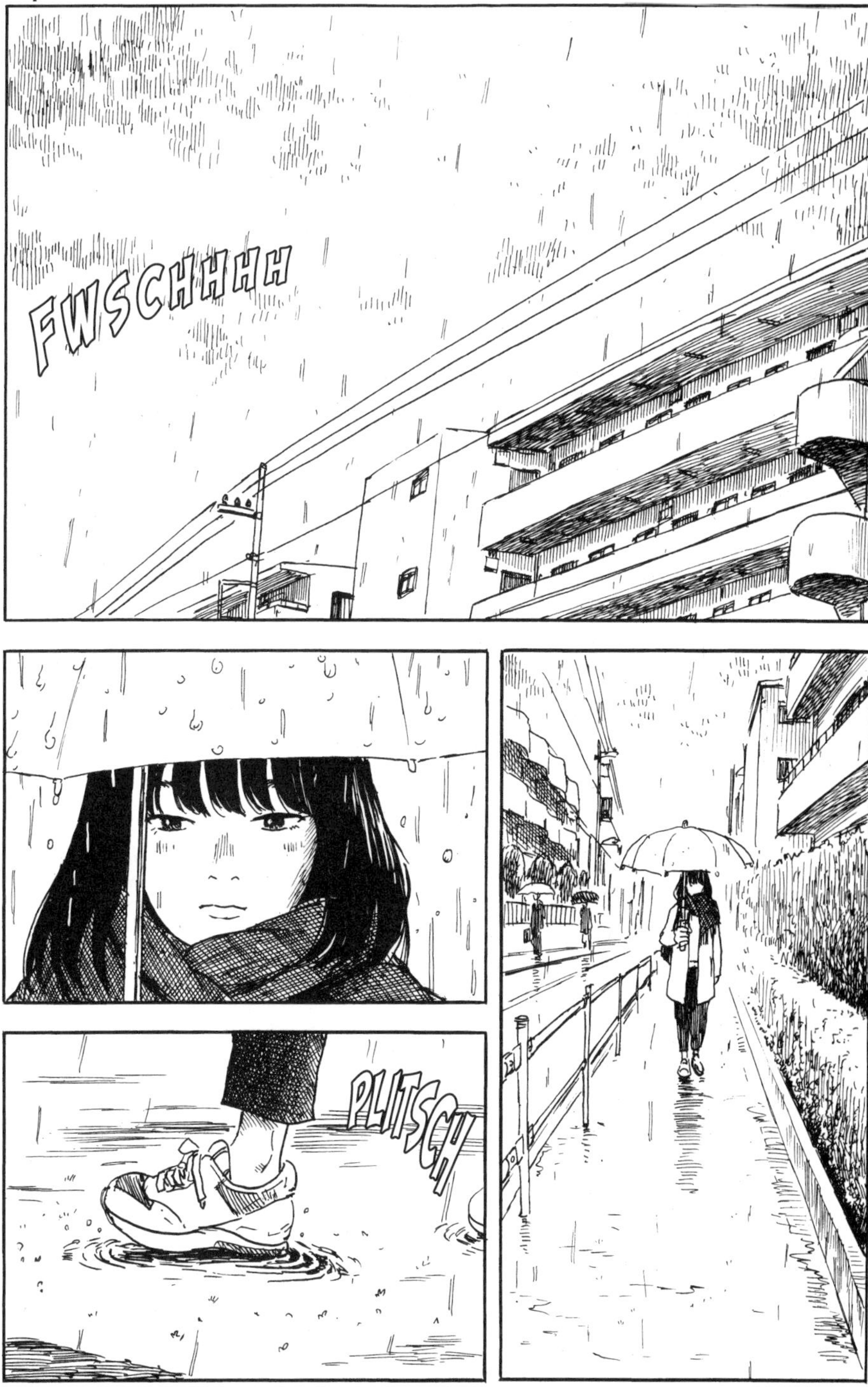

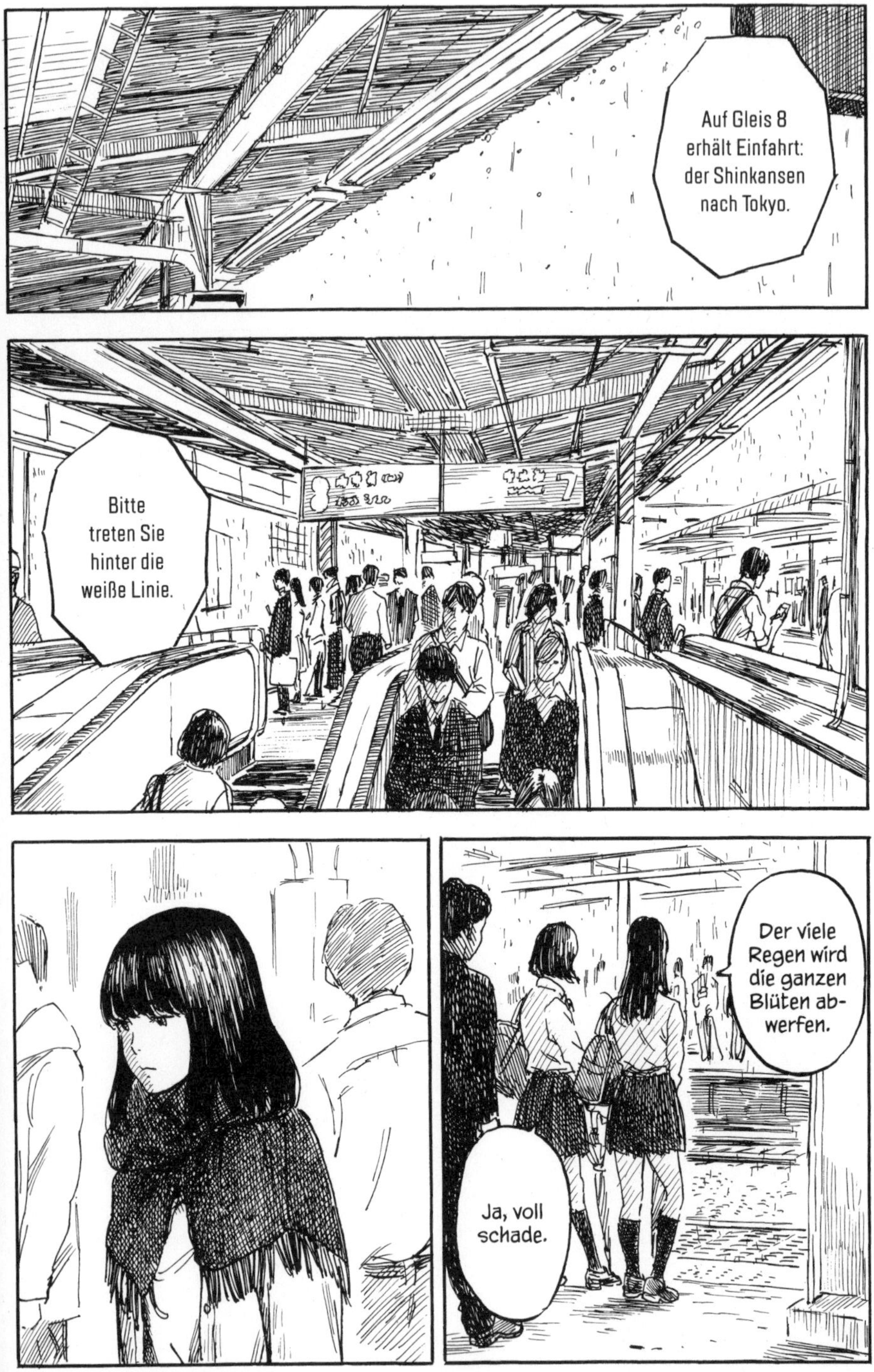
Auf Gleis 8 erhält Einfahrt: der Shinkansen nach Tokyo.
Bitte treten Sie hinter die weiße Linie.
Der viele Regen wird die ganzen Blüten abwerfen.
Ja, voll schade.

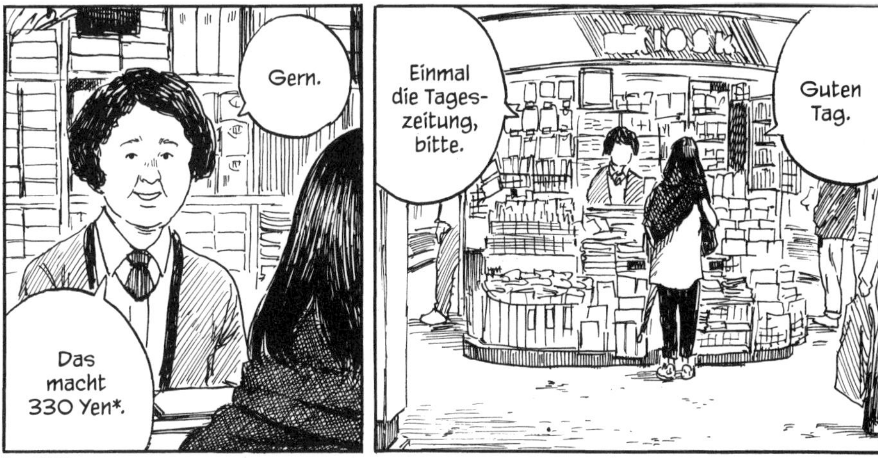

* ca. 2,10 Euro

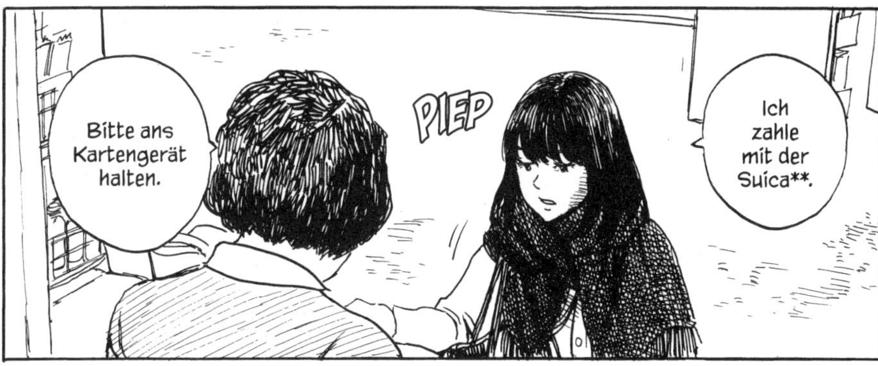

** Eine Prepaid-Karte für Zugfahrten, die auch als Zahlungsmittel genutzt wird.

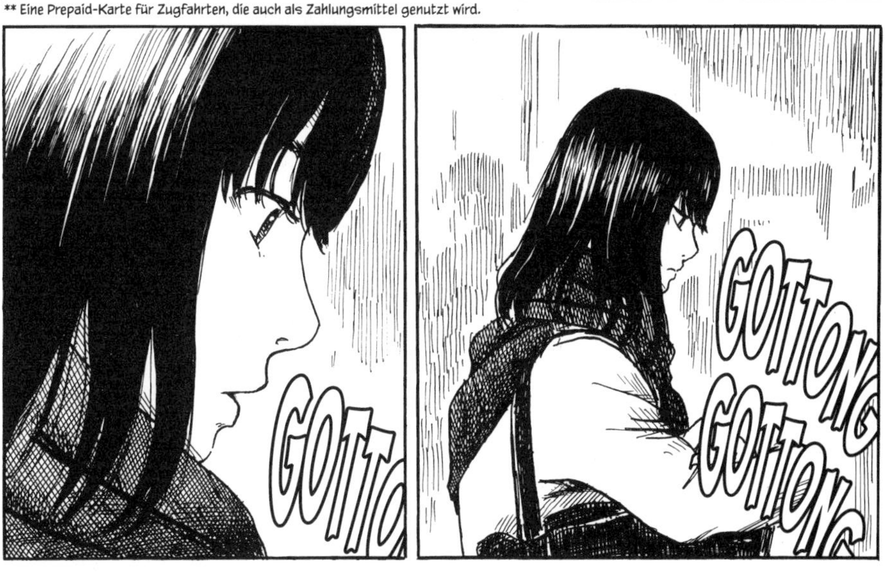

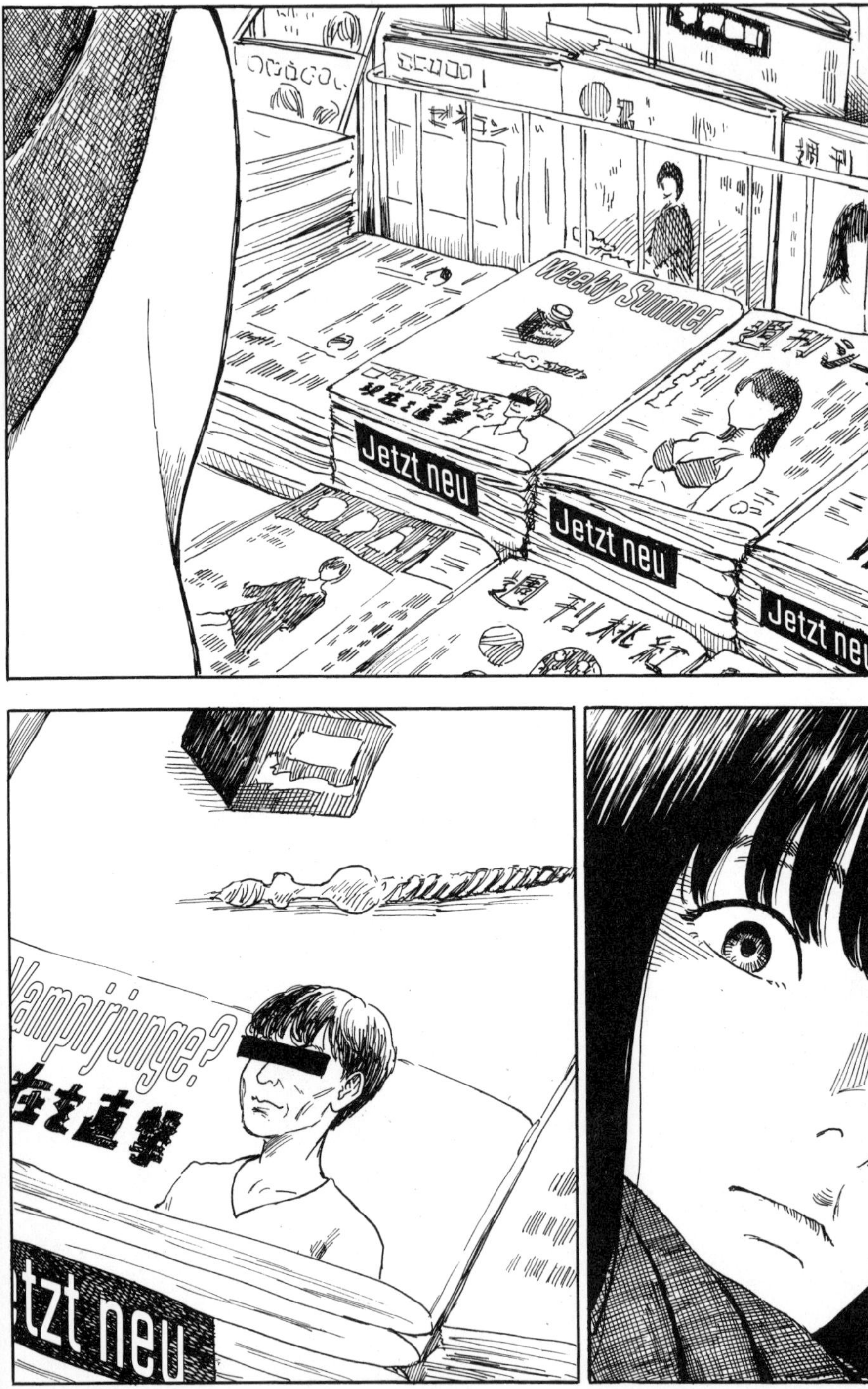
Weekly Summer
Jetzt neu
Jetzt neu
Jetzt neu
週刊桃紅
ampirjunge?
etzt neu

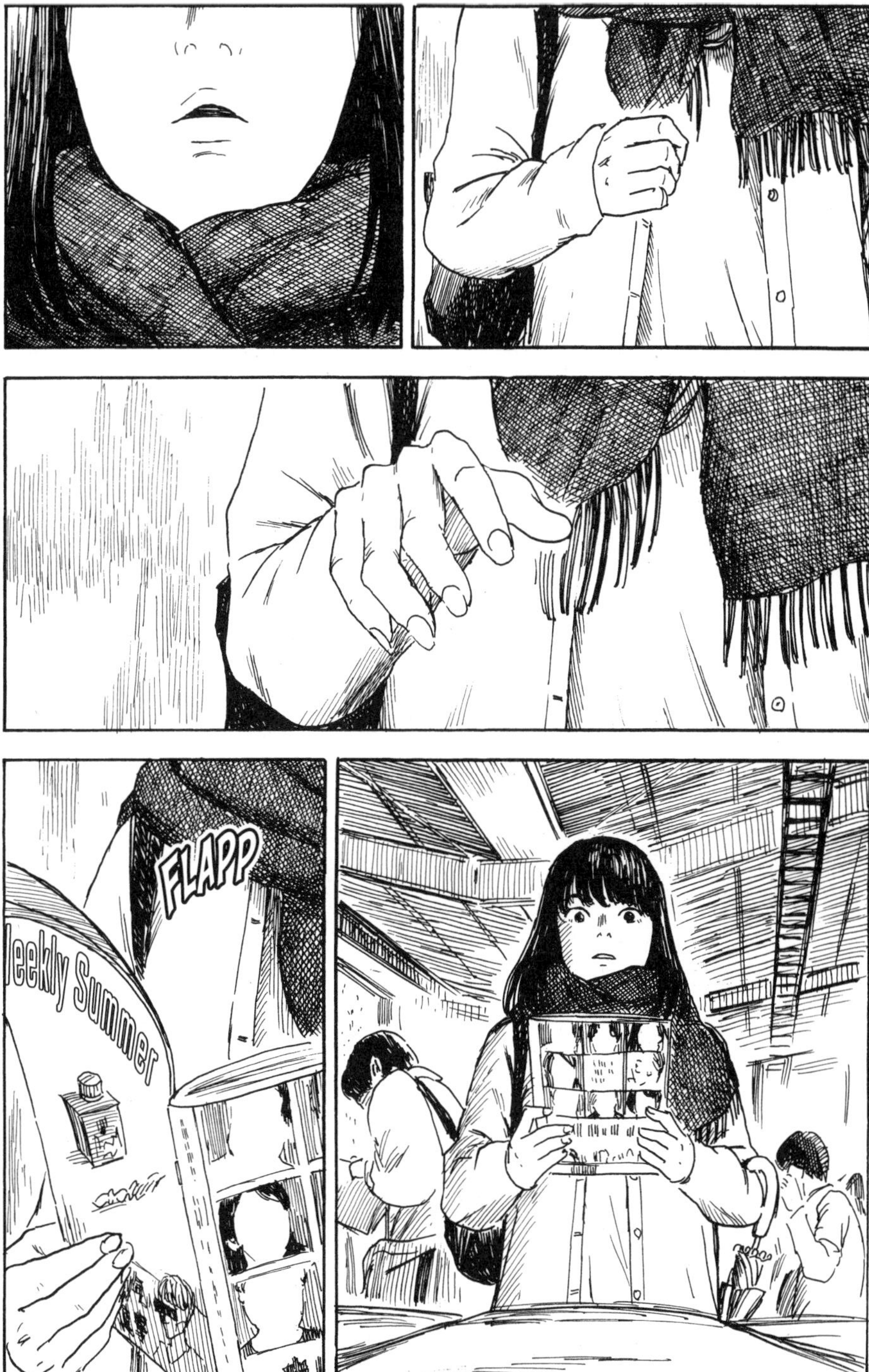
FLAPP
Weekly Summer

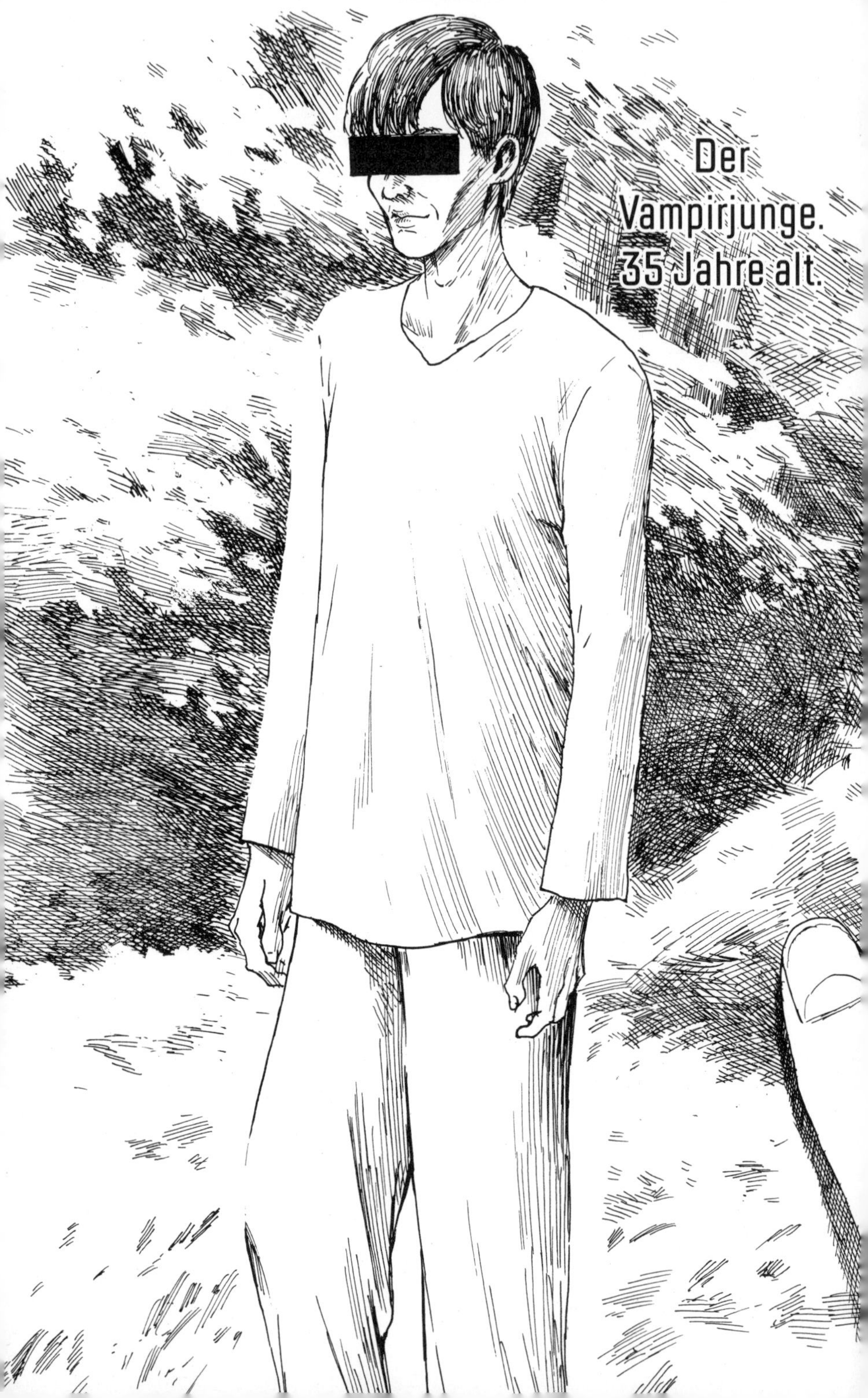
Der Vampirjunge. 35 Jahre alt.

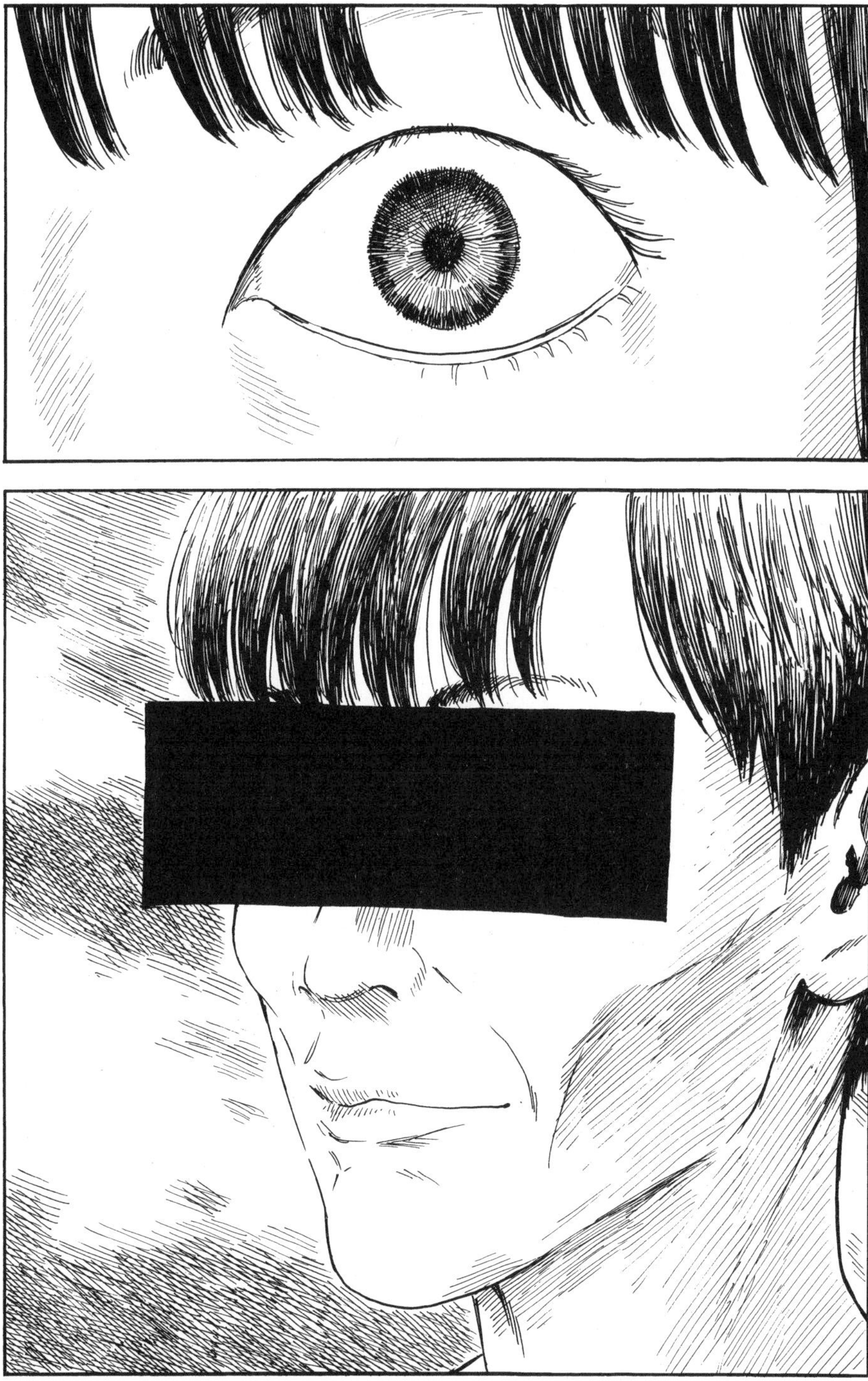

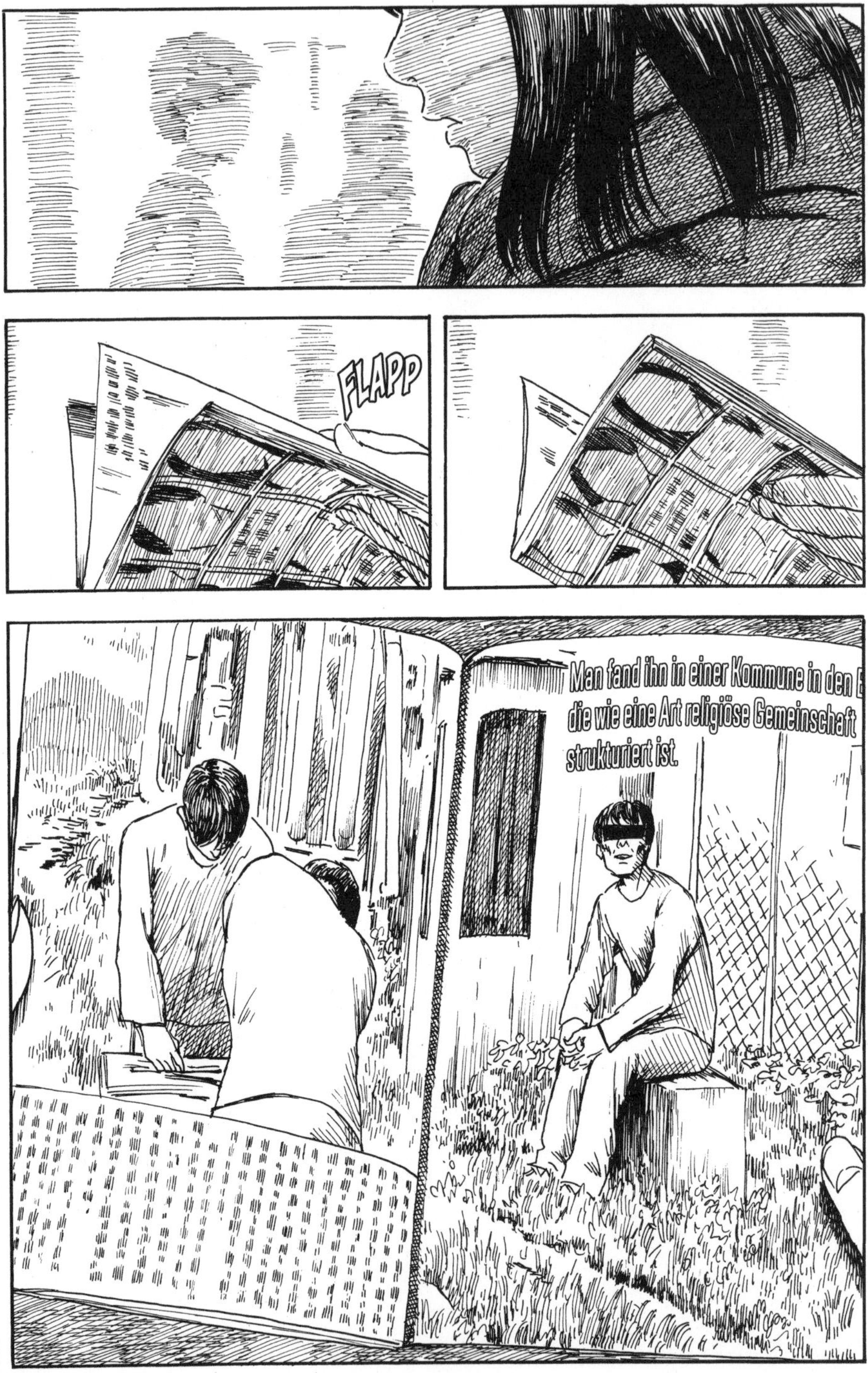
FLAPP
Man fand ihn in einer Kommune in den E
die wie eine Art religiöse Gemeinschaft
strukturiert ist.

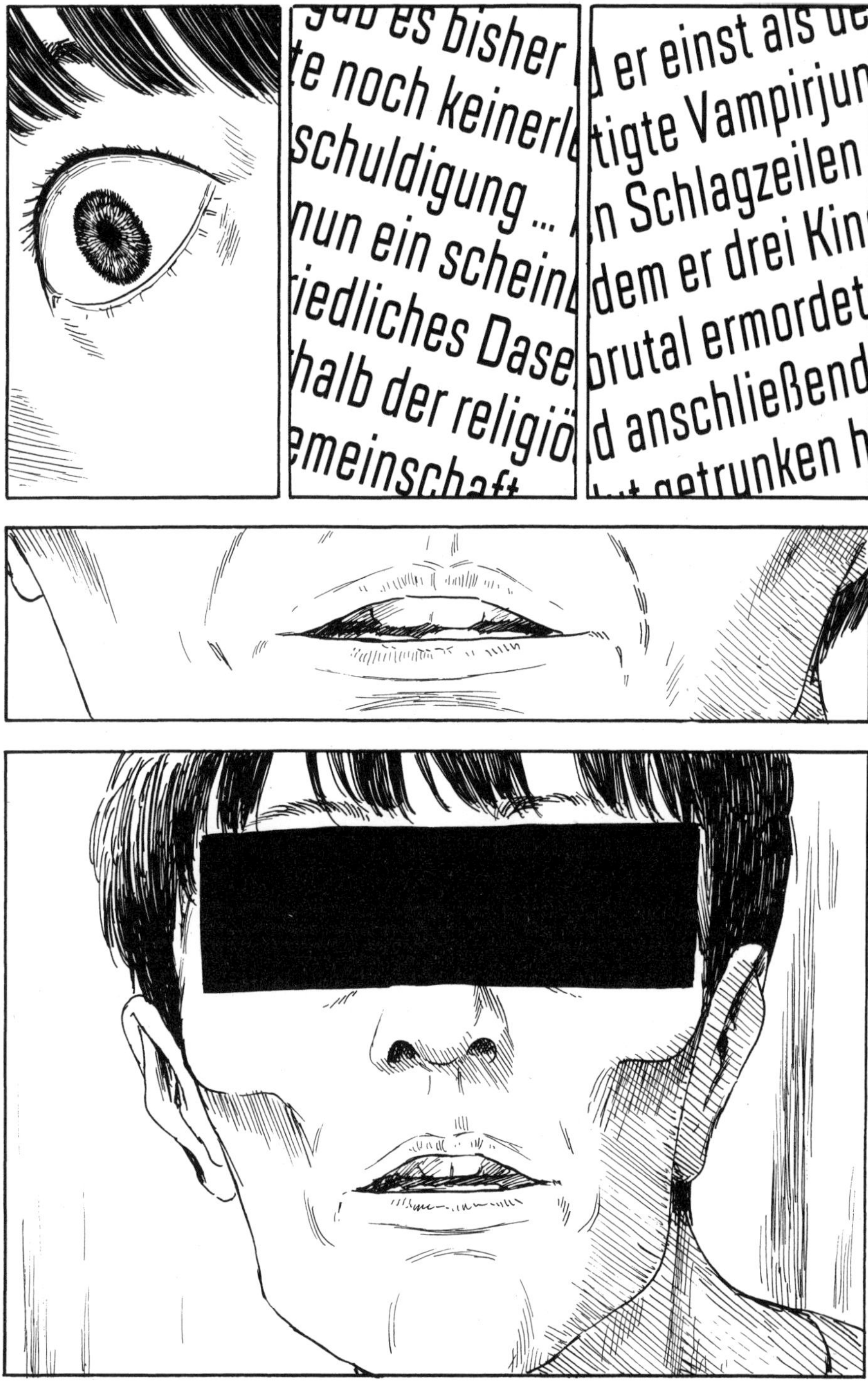

es bisher
te noch keinerl
schuldigung …
nun ein schein
iedliches Dase
halb der religiö
emeinschaft
er einst als d
tigte Vampirjun
n Schlagzeilen
dem er drei Kin
brutal ermordet
d anschließend
getrunken h

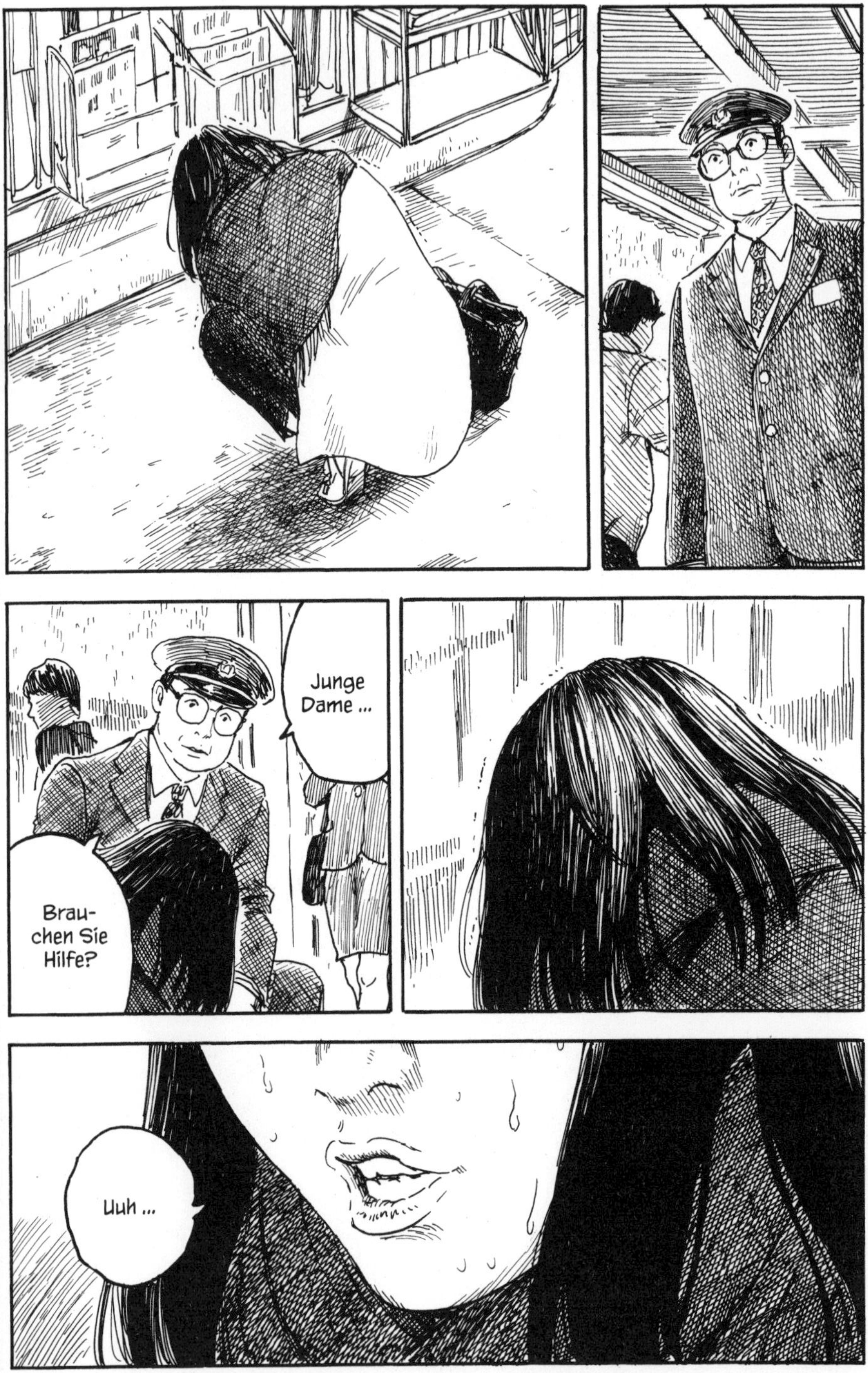
Junge Dame ...
Brauchen Sie Hilfe?
Uuh ...

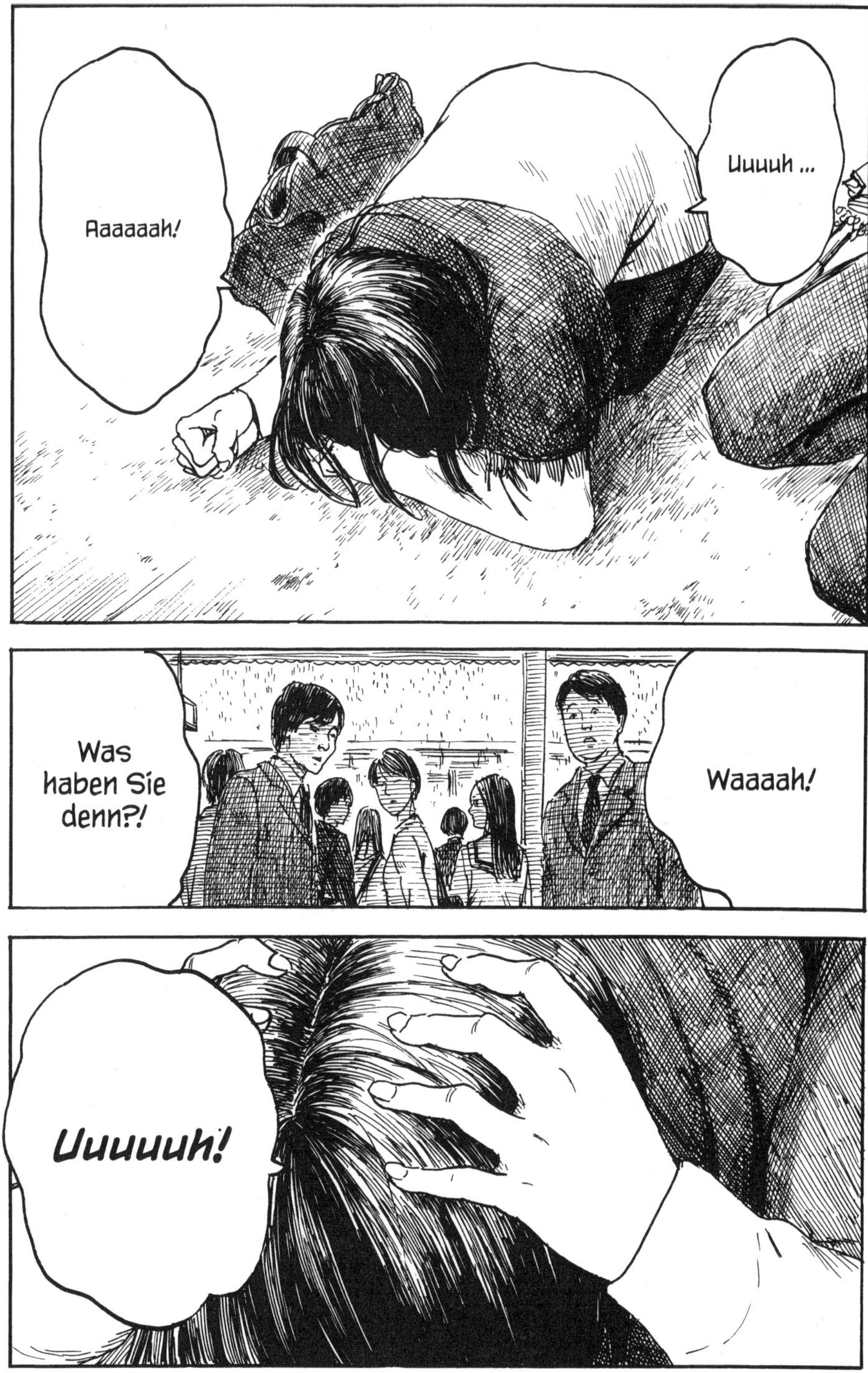
Uuuuh ...
Aaaaaah!
Waaaah!
Was haben Sie denn?!
Uuuuuh!

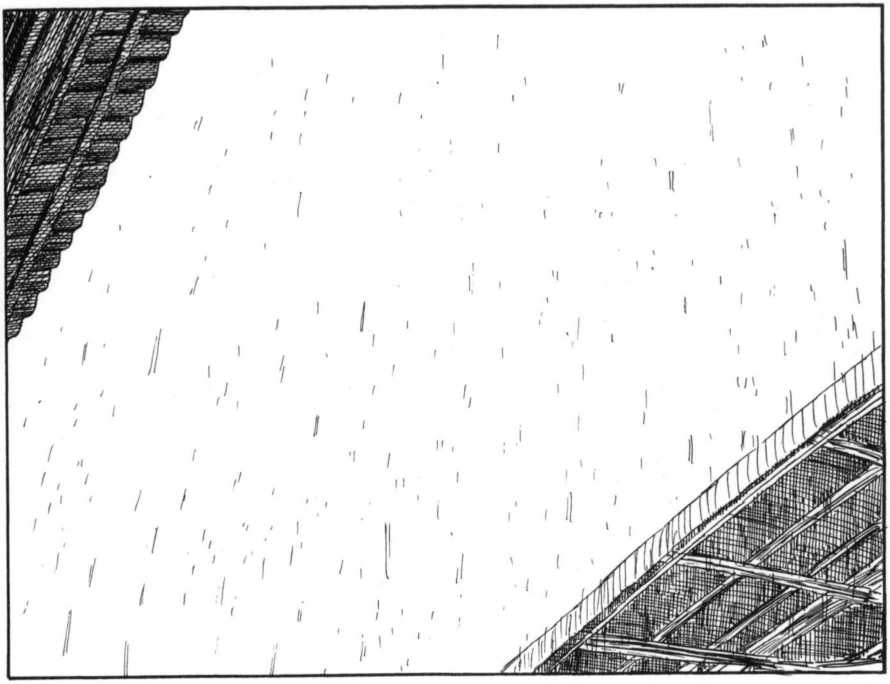

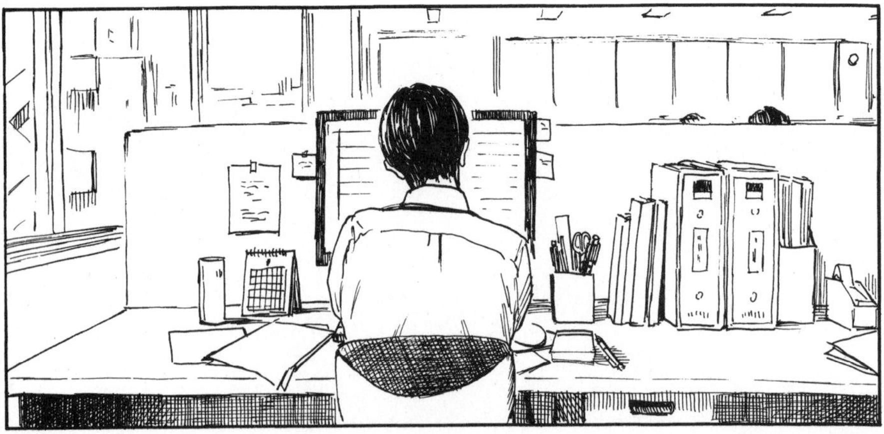

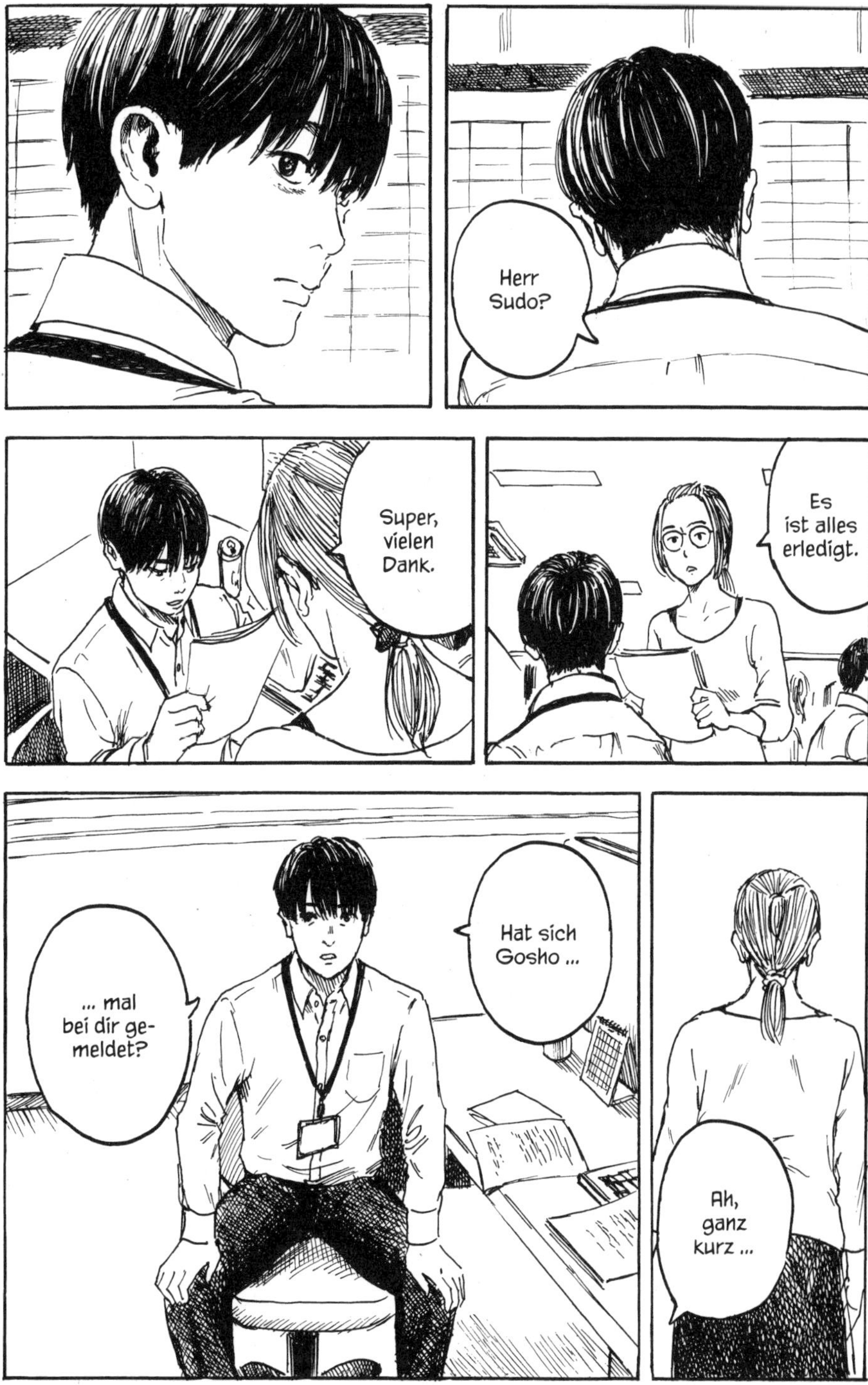
Herr Sudo?
Es ist alles erledigt.
Super, vielen Dank.
Hat sich Gosho ...
... mal bei dir gemeldet?
Ah, ganz kurz ...

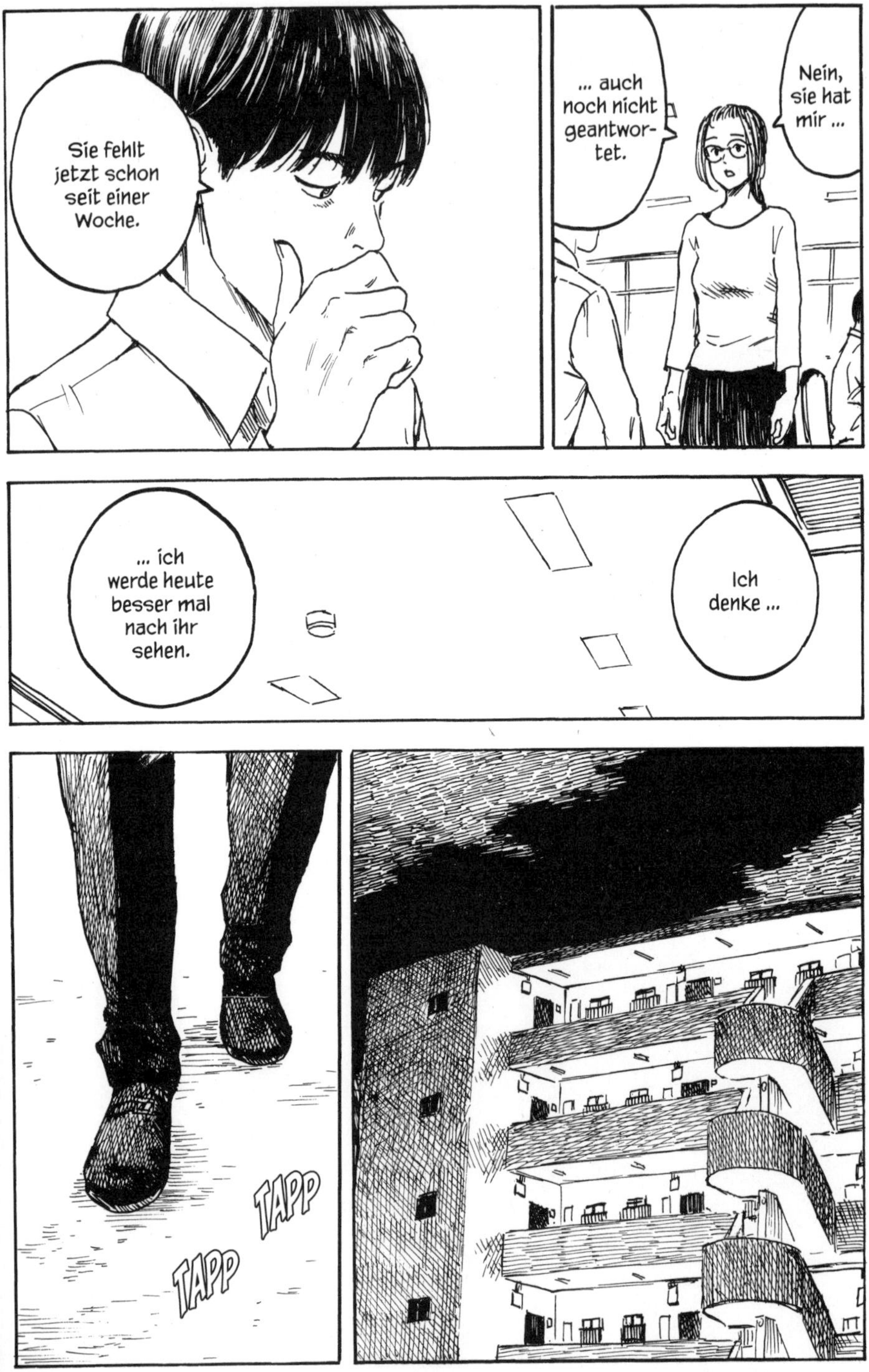
Nein, sie hat mir ...
... auch noch nicht geantwortet.
Sie fehlt jetzt schon seit einer Woche.
Ich denke ...
... ich werde heute besser mal nach ihr sehen.
TAPP
TAPP

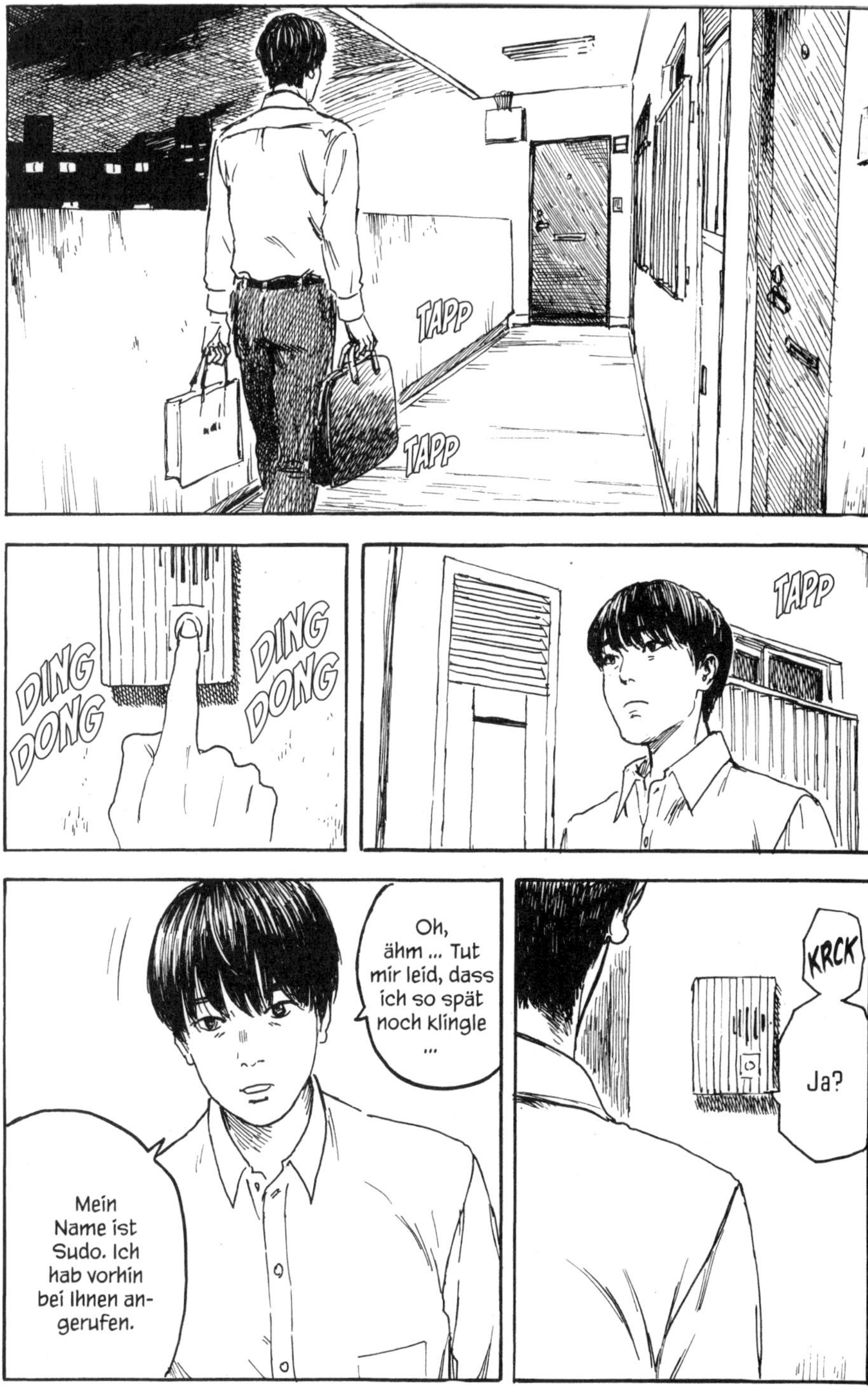
TAPP
TAPP
TAPP
DING DONG
DING DONG
KRCK
Ja?
Oh, ähm ... Tut mir leid, dass ich so spät noch klingle ...
Mein Name ist Sudo. Ich hab vorhin bei Ihnen angerufen.

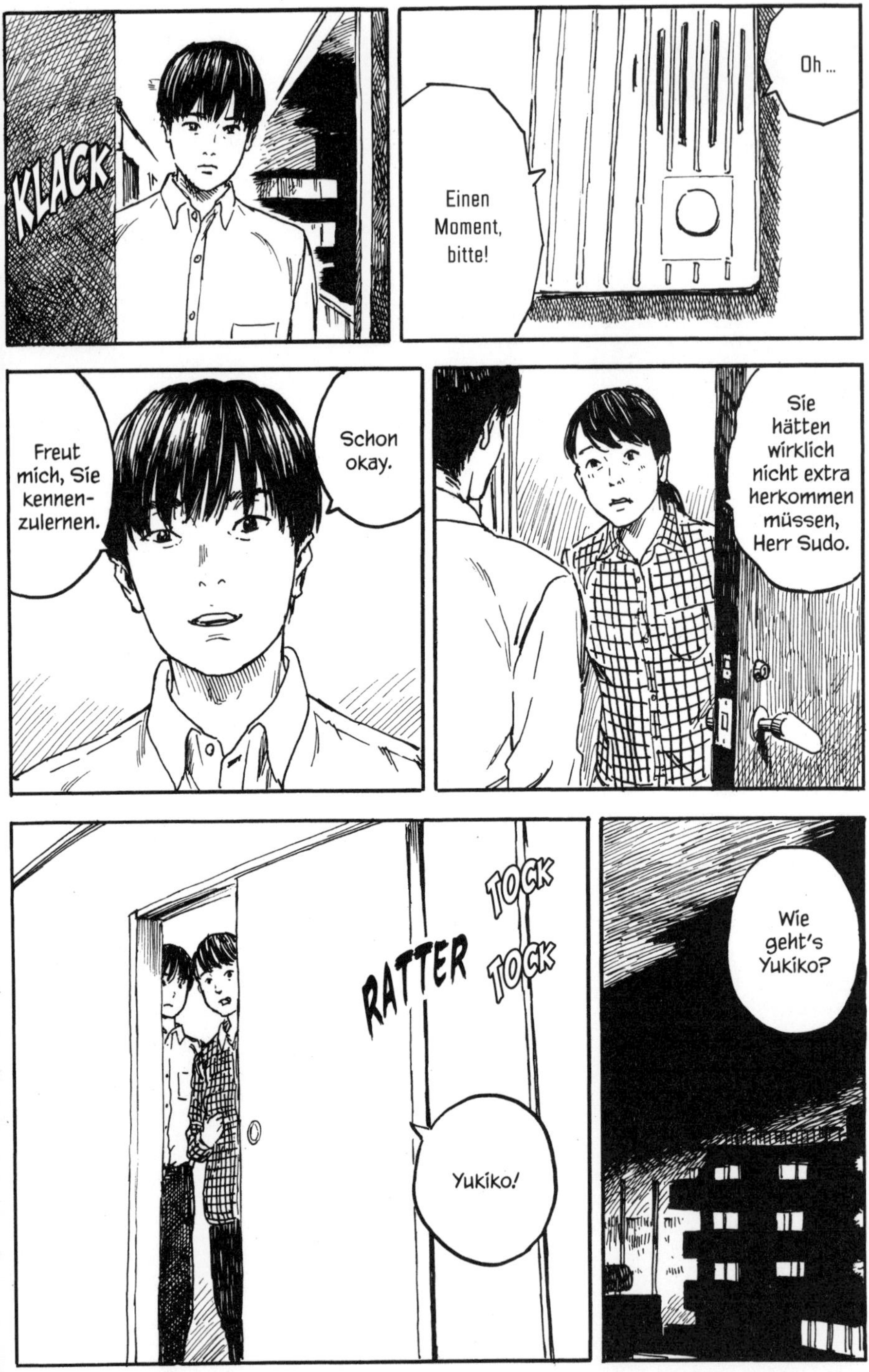
KLACK
Oh ...
Einen Moment, bitte!
Sie hätten wirklich nicht extra herkommen müssen, Herr Sudo.
Schon okay.
Freut mich, Sie kennenzulernen.
TOCK
TOCK
RATTER
Yukiko!
Wie geht's Yukiko?

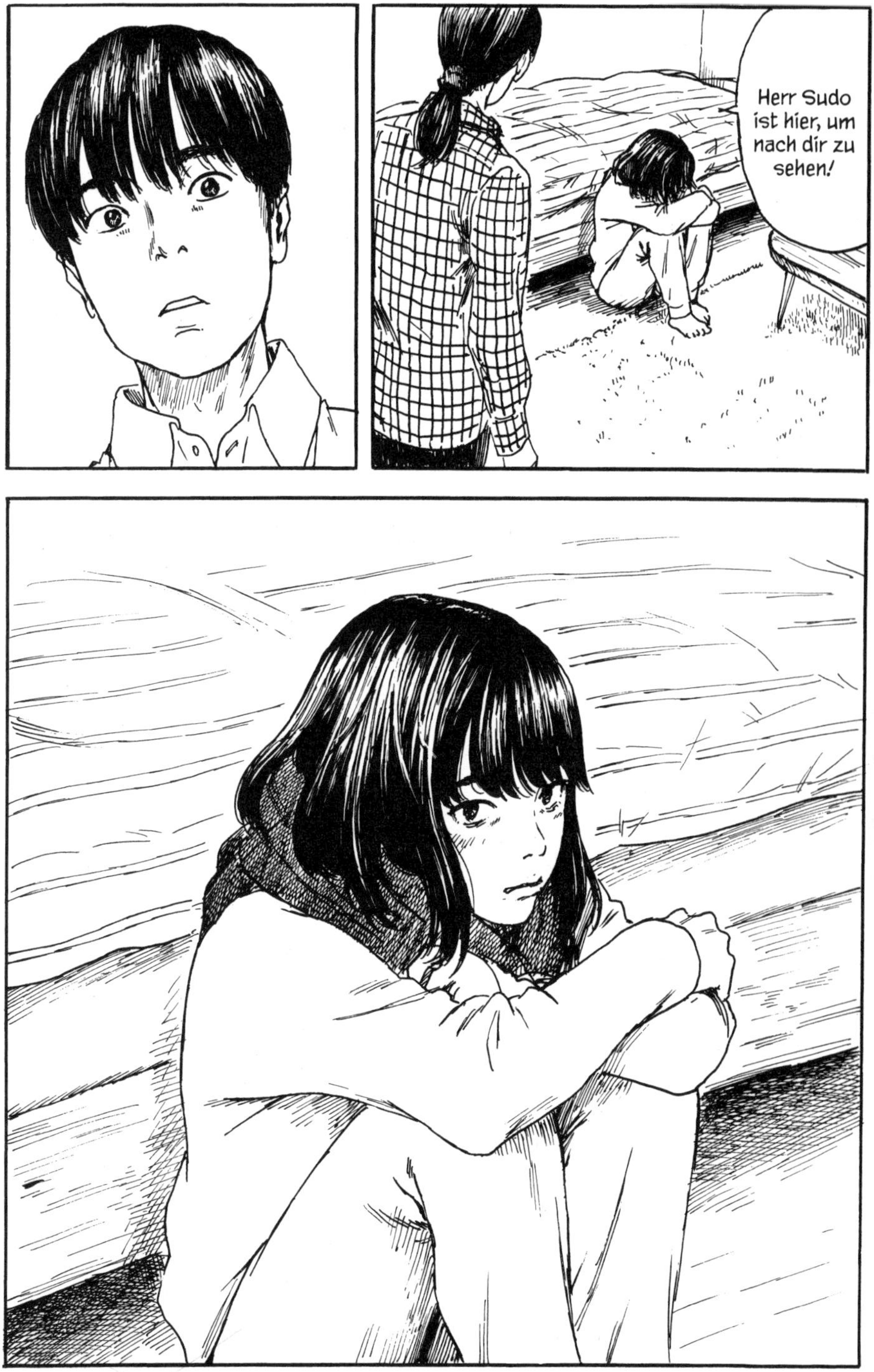
Herr Sudo ist hier, um nach dir zu sehen!

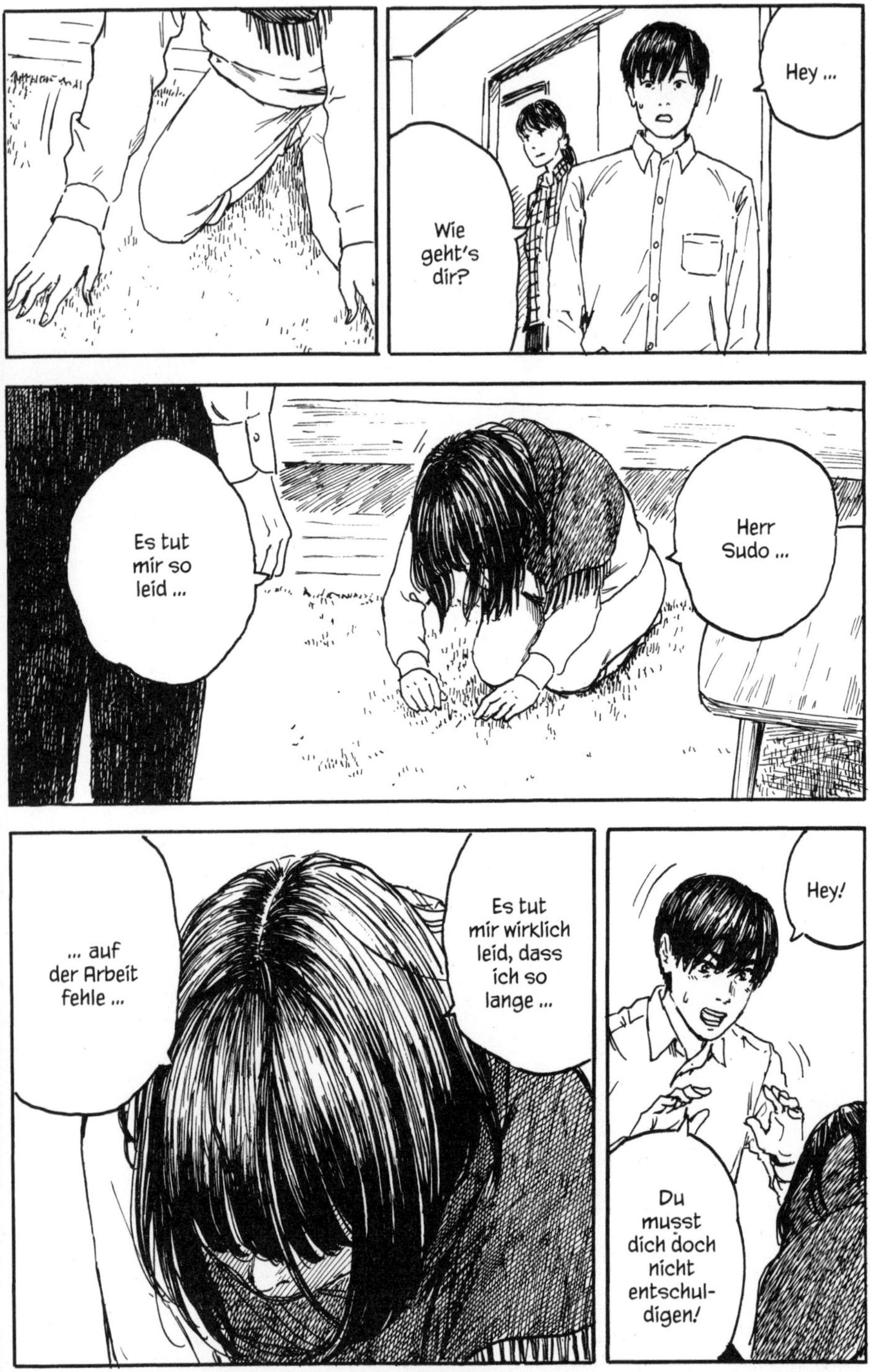

Hey ...
Wie geht's dir?
Herr Sudo ...
Es tut mir so leid ...
Es tut mir wirklich leid, dass ich so lange ...
... auf der Arbeit fehle ...
Hey!
Du musst dich doch nicht entschuldigen!

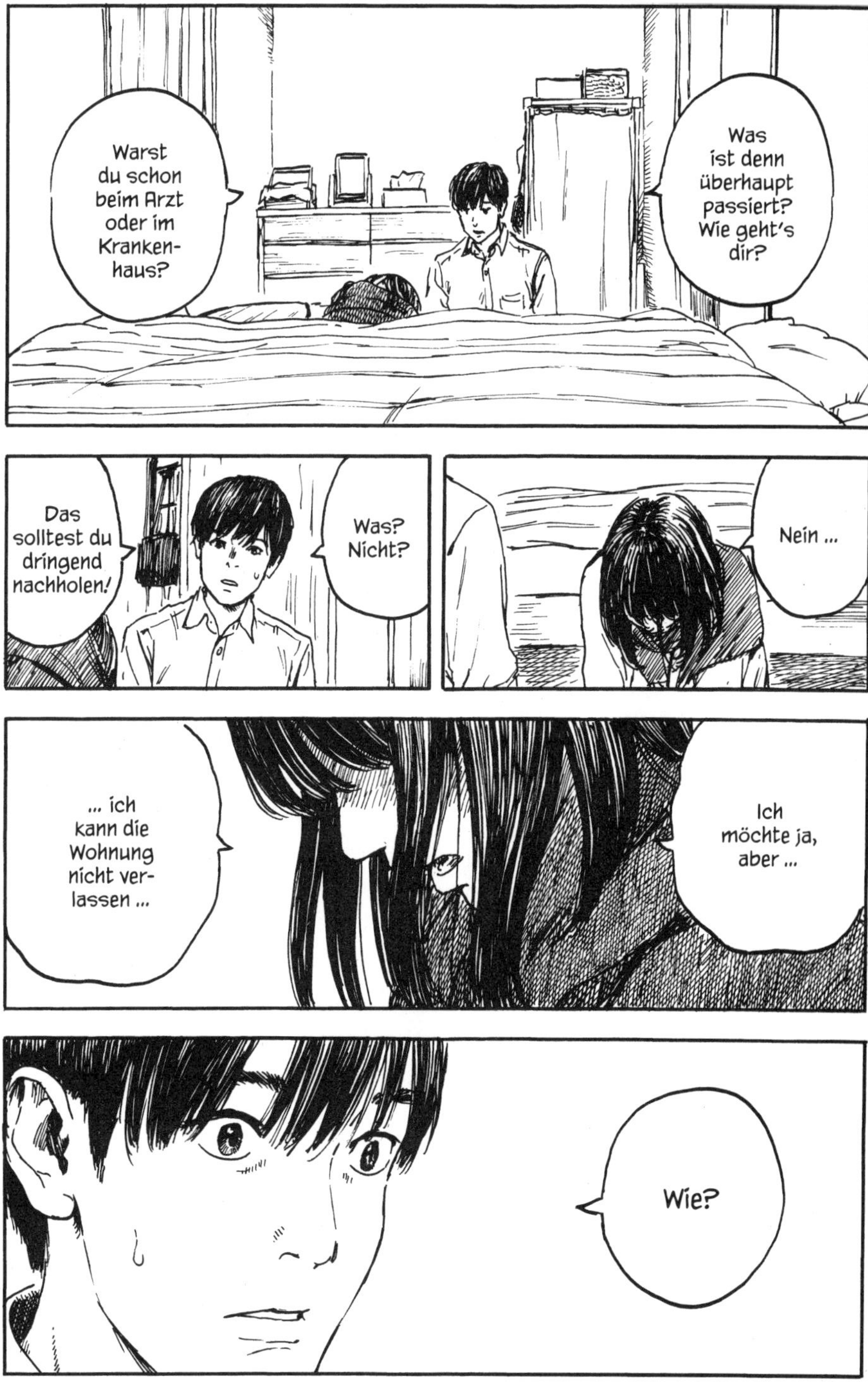
Was ist denn überhaupt passiert? Wie geht's dir?
Warst du schon beim Arzt oder im Krankenhaus?
Nein ...
Was? Nicht?
Das solltest du dringend nachholen!
Ich möchte ja, aber ...
... ich kann die Wohnung nicht verlassen ...
Wie?

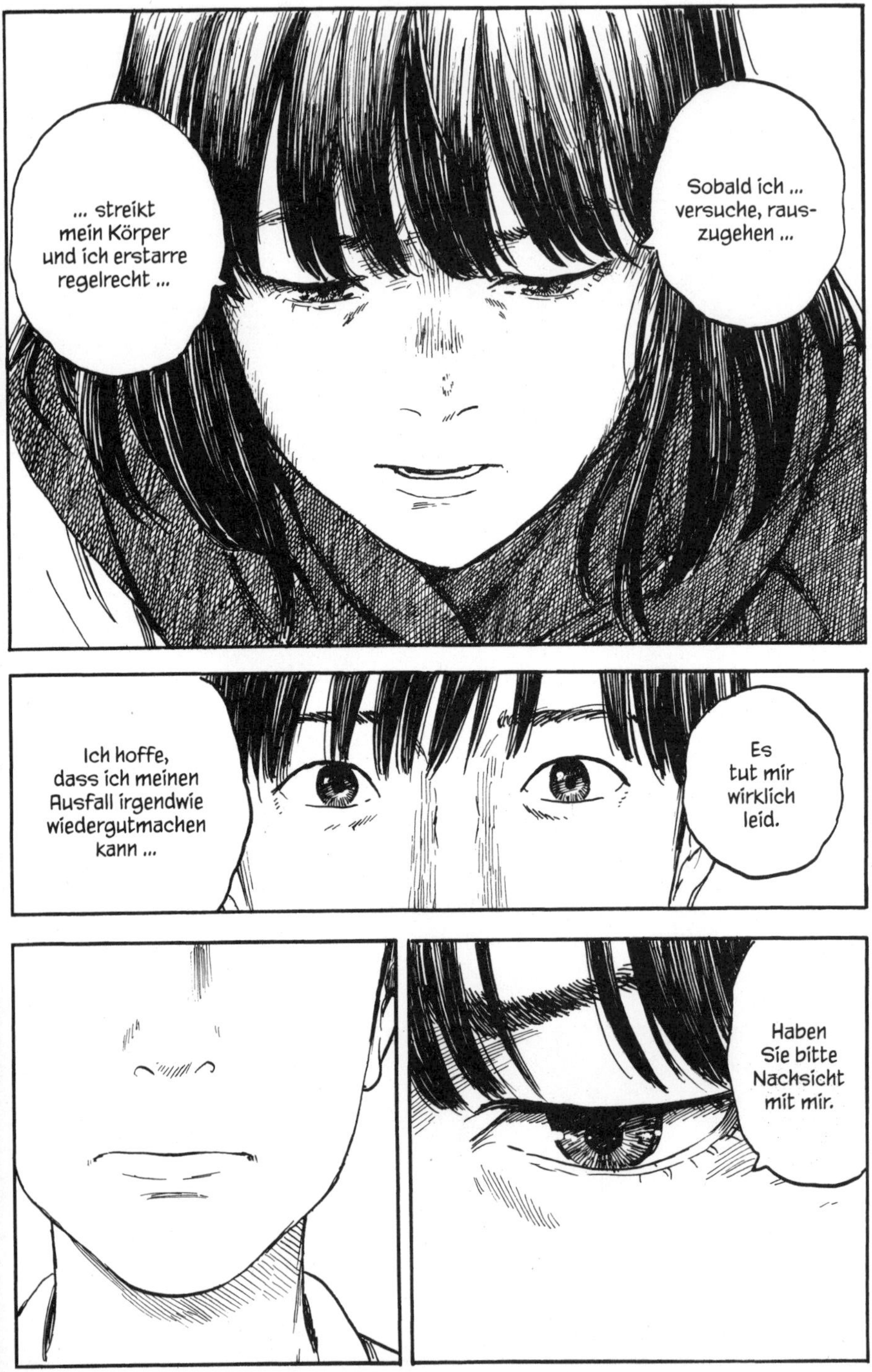
Sobald ich ... versuche, raus-zugehen ...
... streikt mein Körper und ich erstarre regelrecht ...
Es tut mir wirklich leid.
Ich hoffe, dass ich meinen Ausfall irgendwie wiedergutmachen kann ...
Haben Sie bitte Nachsicht mit mir.

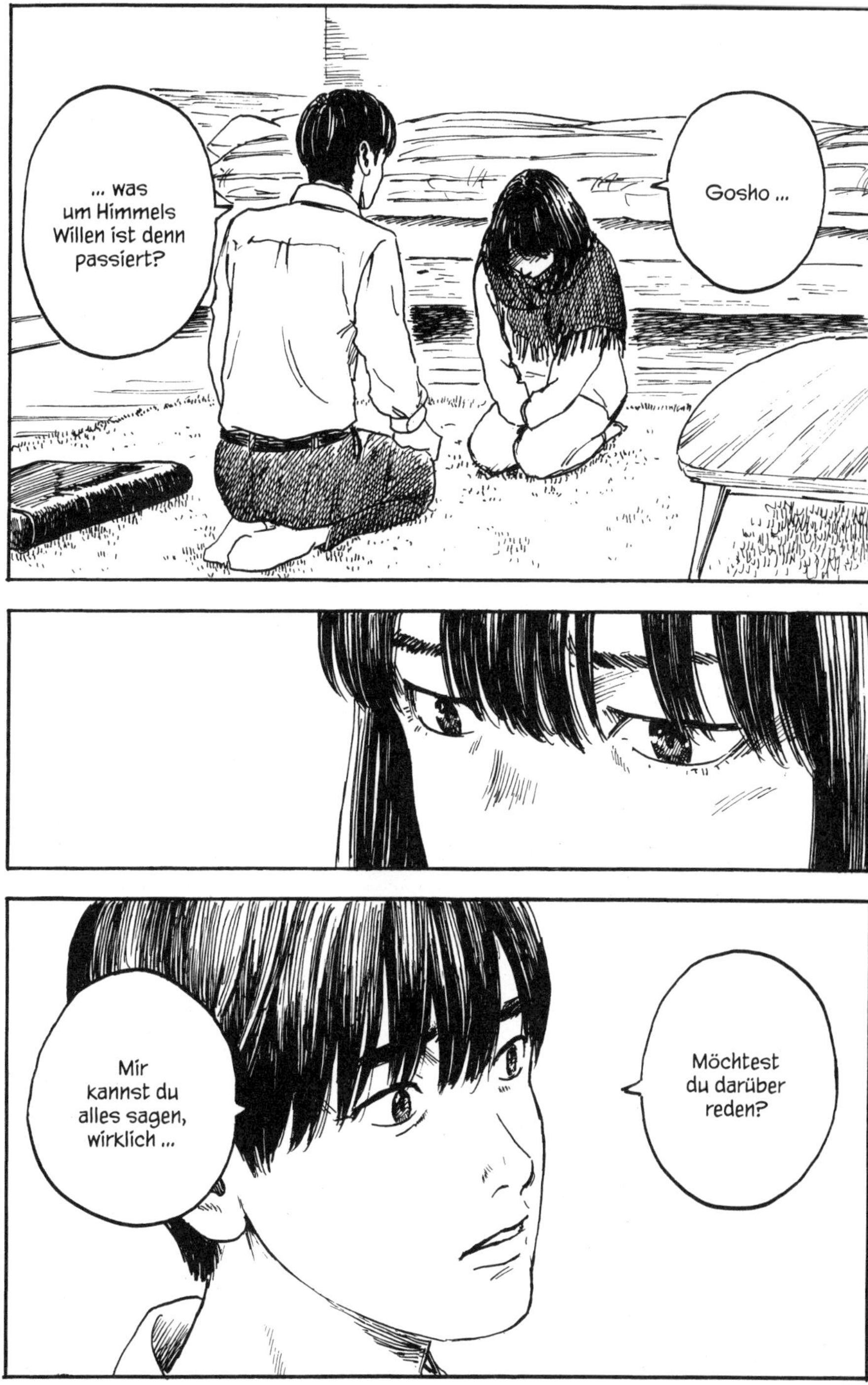
Gosho ...
... was um Himmels Willen ist denn passiert?
Möchtest du darüber reden?
Mir kannst du alles sagen, wirklich ...

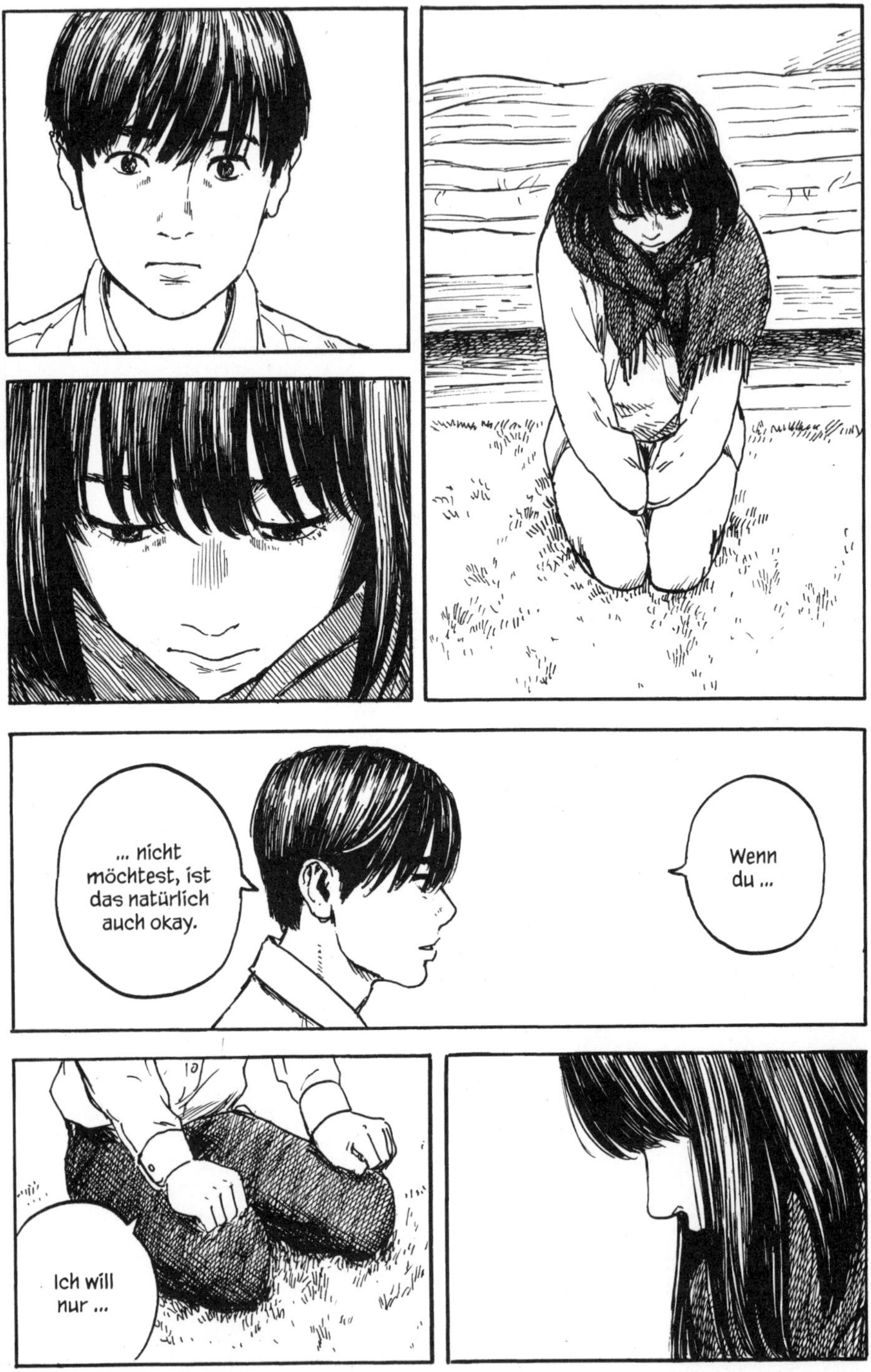
Wenn du ...
... nicht möchtest, ist das natürlich auch okay.
Ich will nur ...

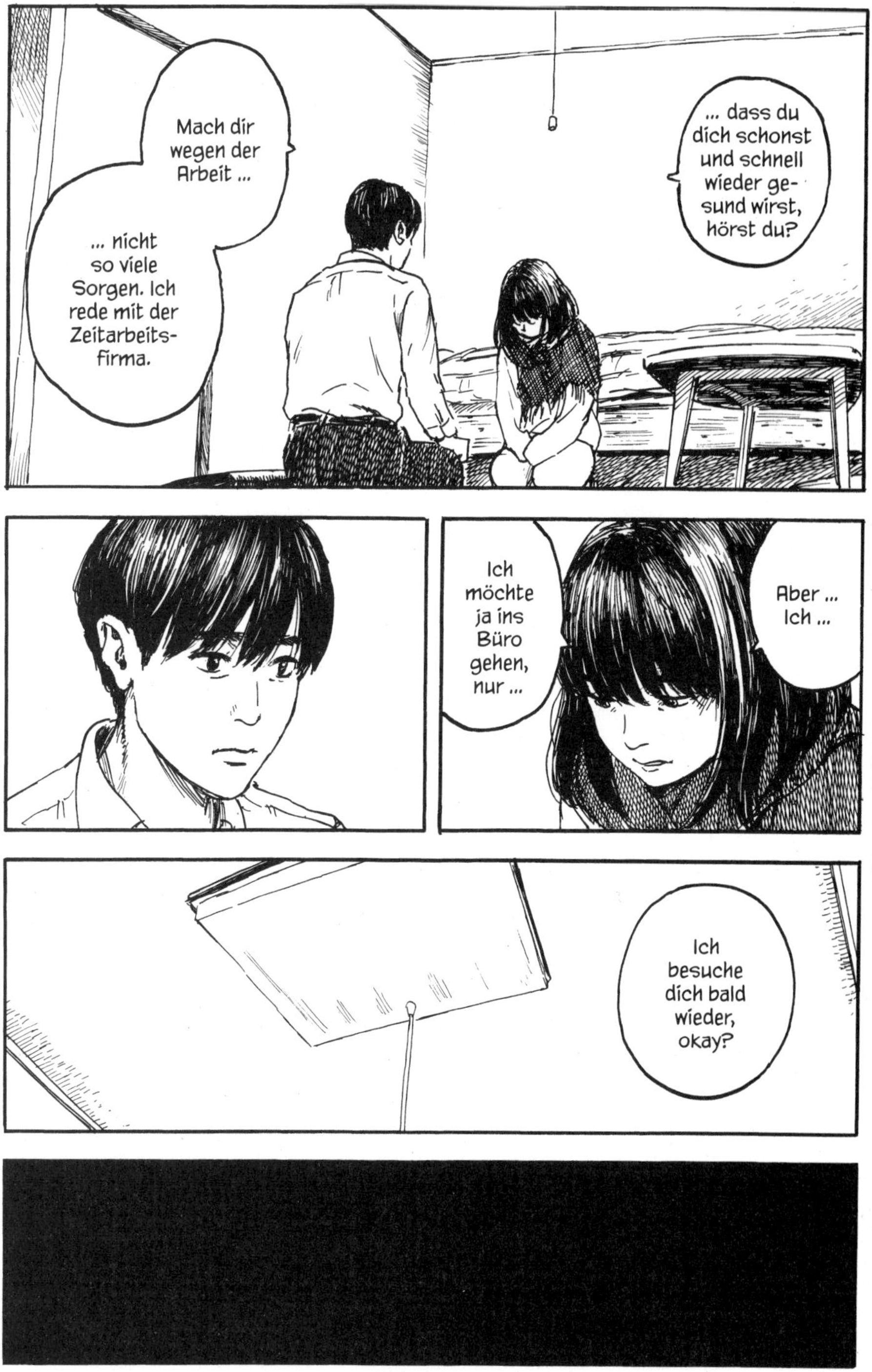
Mach dir wegen der Arbeit ...
... nicht so viele Sorgen. Ich rede mit der Zeitarbeits-firma.
... dass du dich schonst und schnell wieder ge-sund wirst, hörst du?
Ich möchte ja ins Büro gehen, nur ...
Aber ... Ich ...
Ich besuche dich bald wieder, okay?

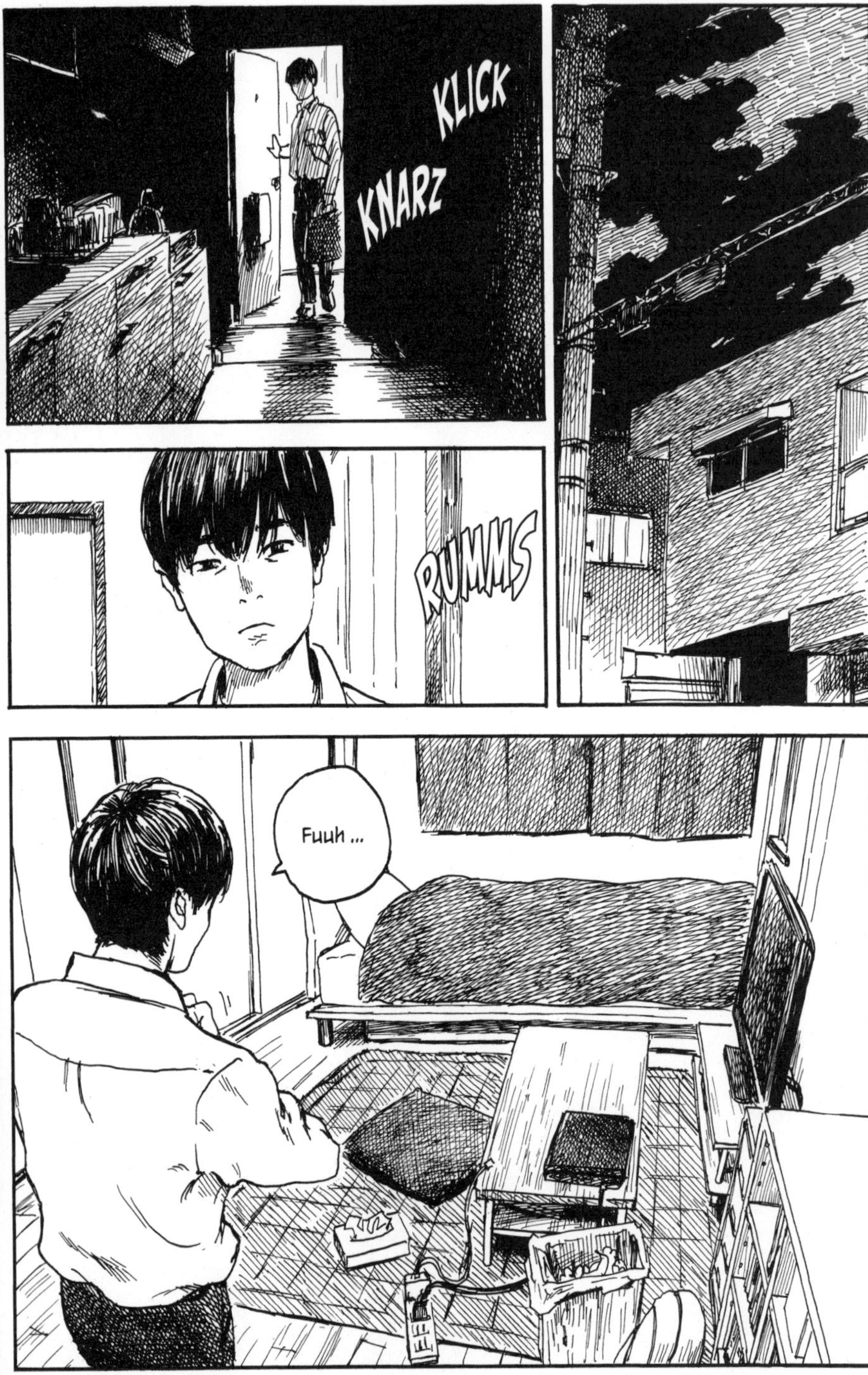
KLICK
KNARZ
RUMMS
Fuuh ...

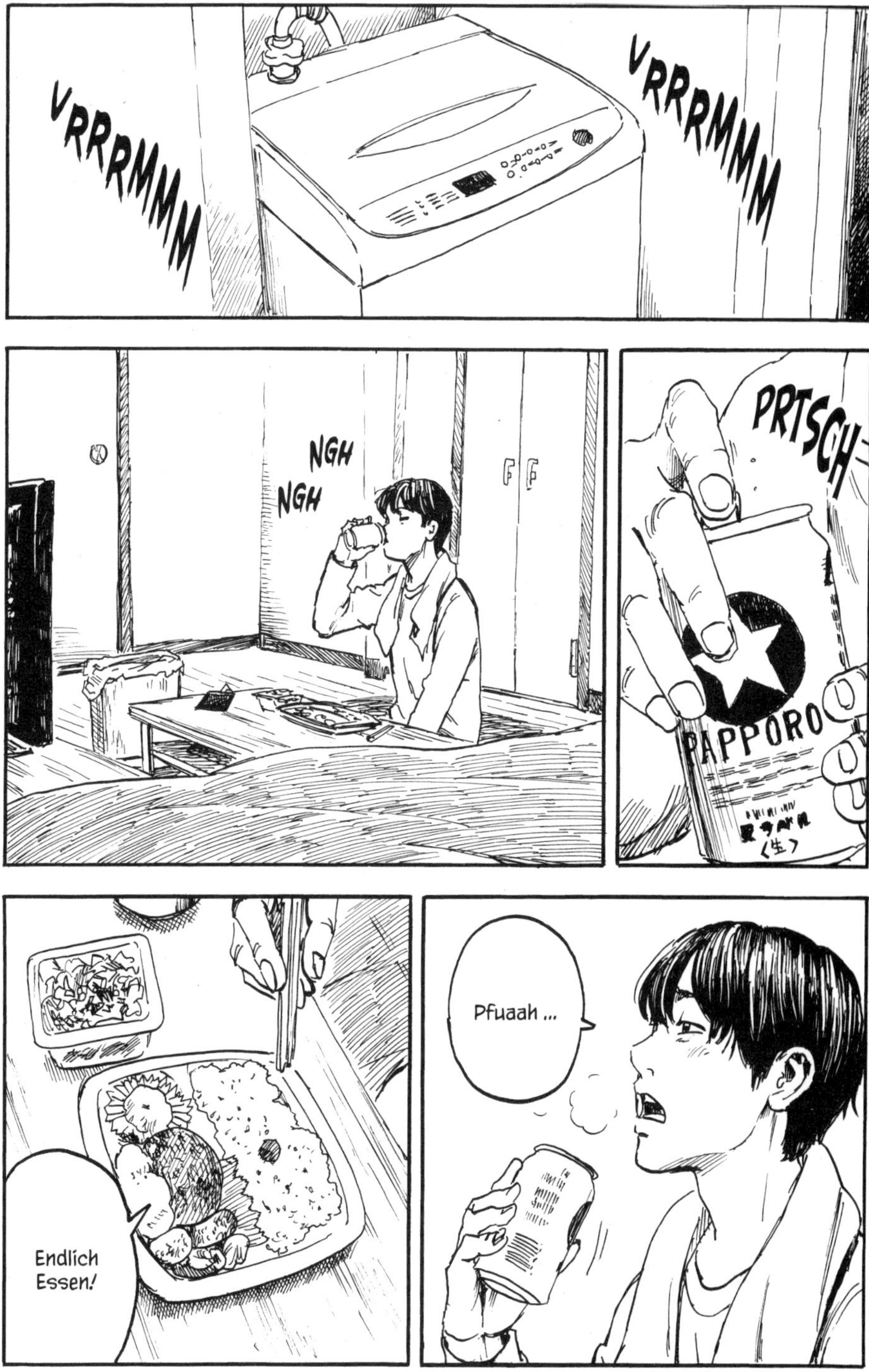
VRRRMMM
VRRRMMM
PRTSCH
SAPPORO
NGH
NGH
Pfuaah ...
Endlich Essen!

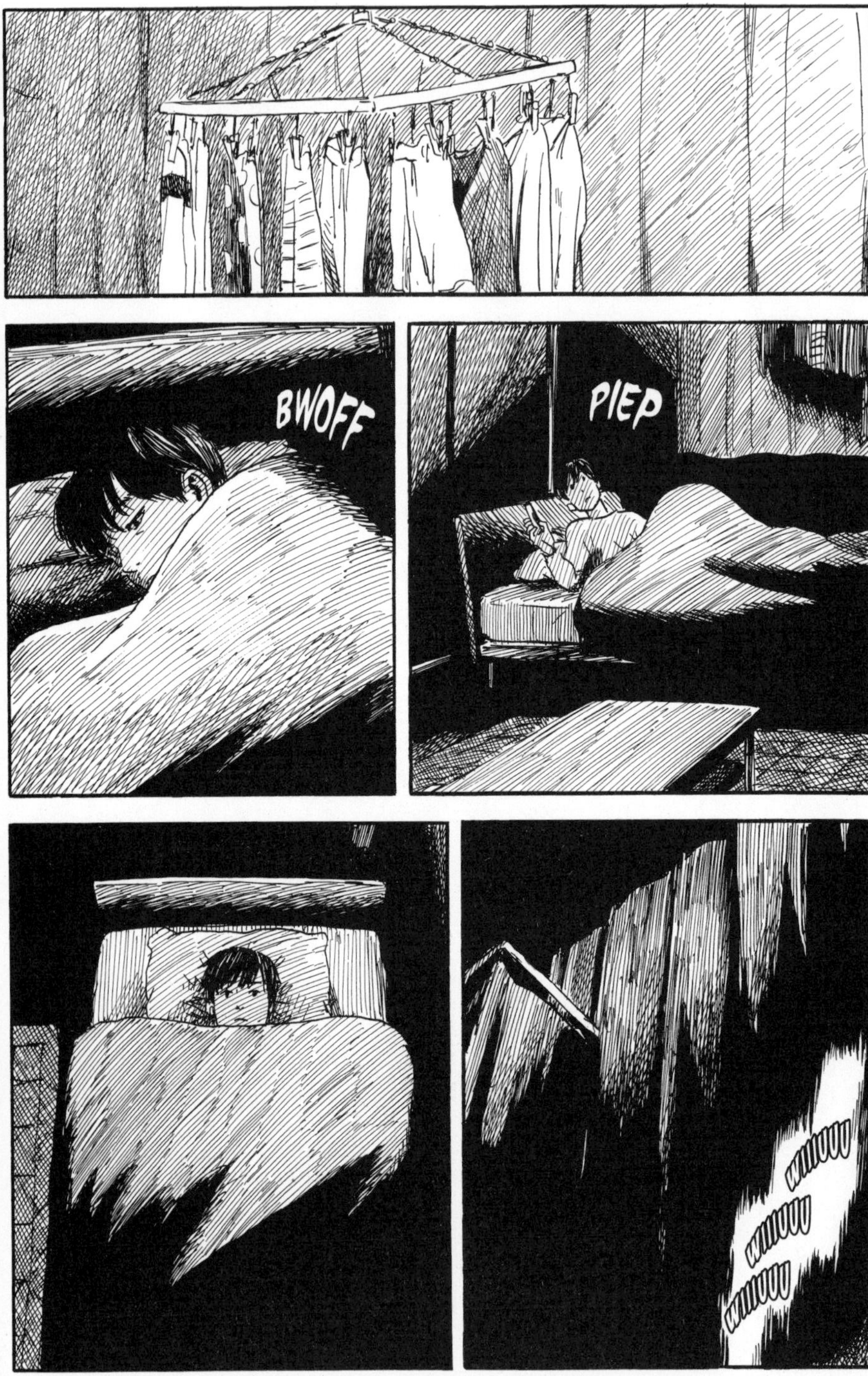
BWOFF
PIEP
WIIIUUU
WIIIUUU
WIIIUUU

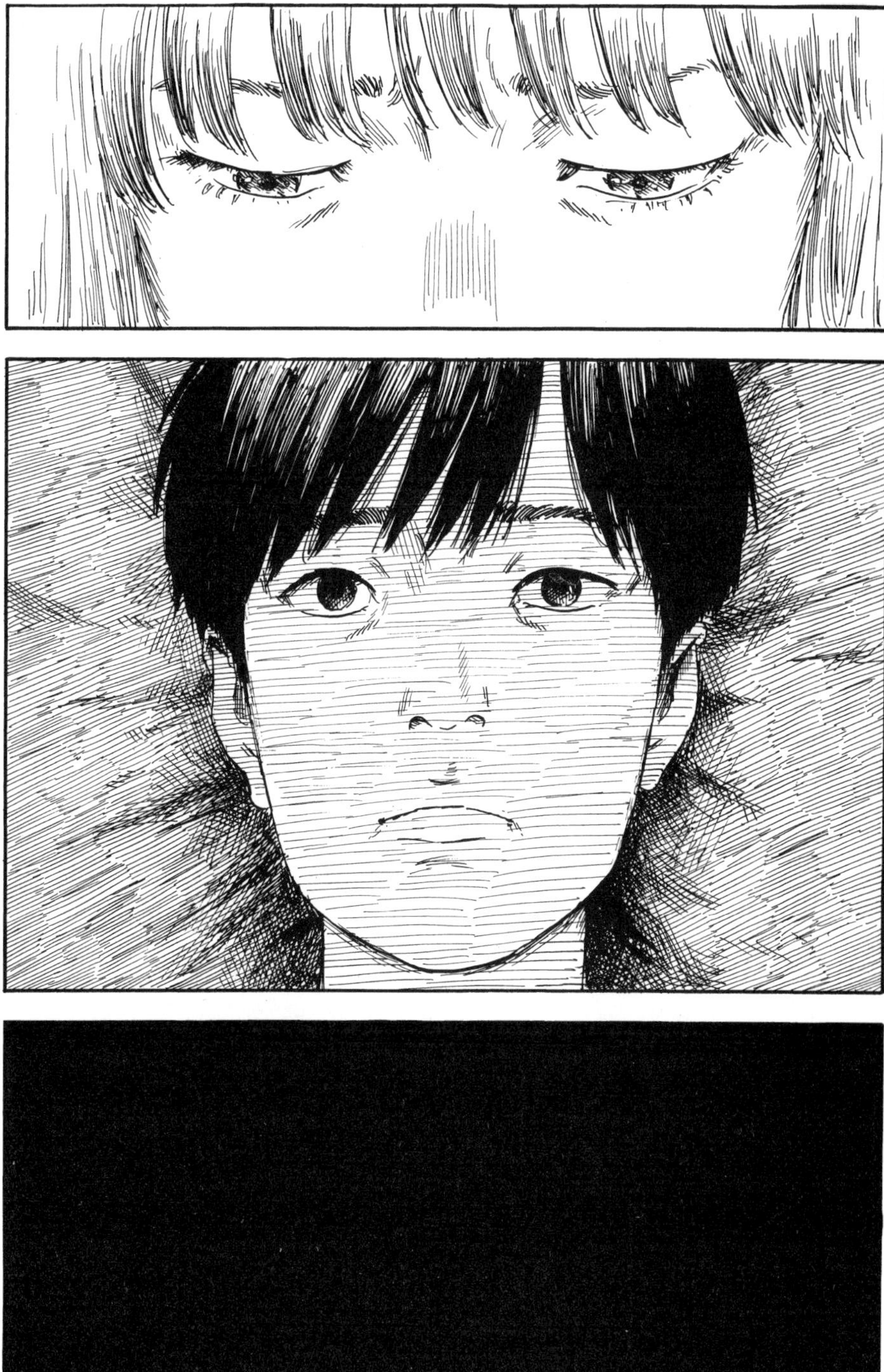

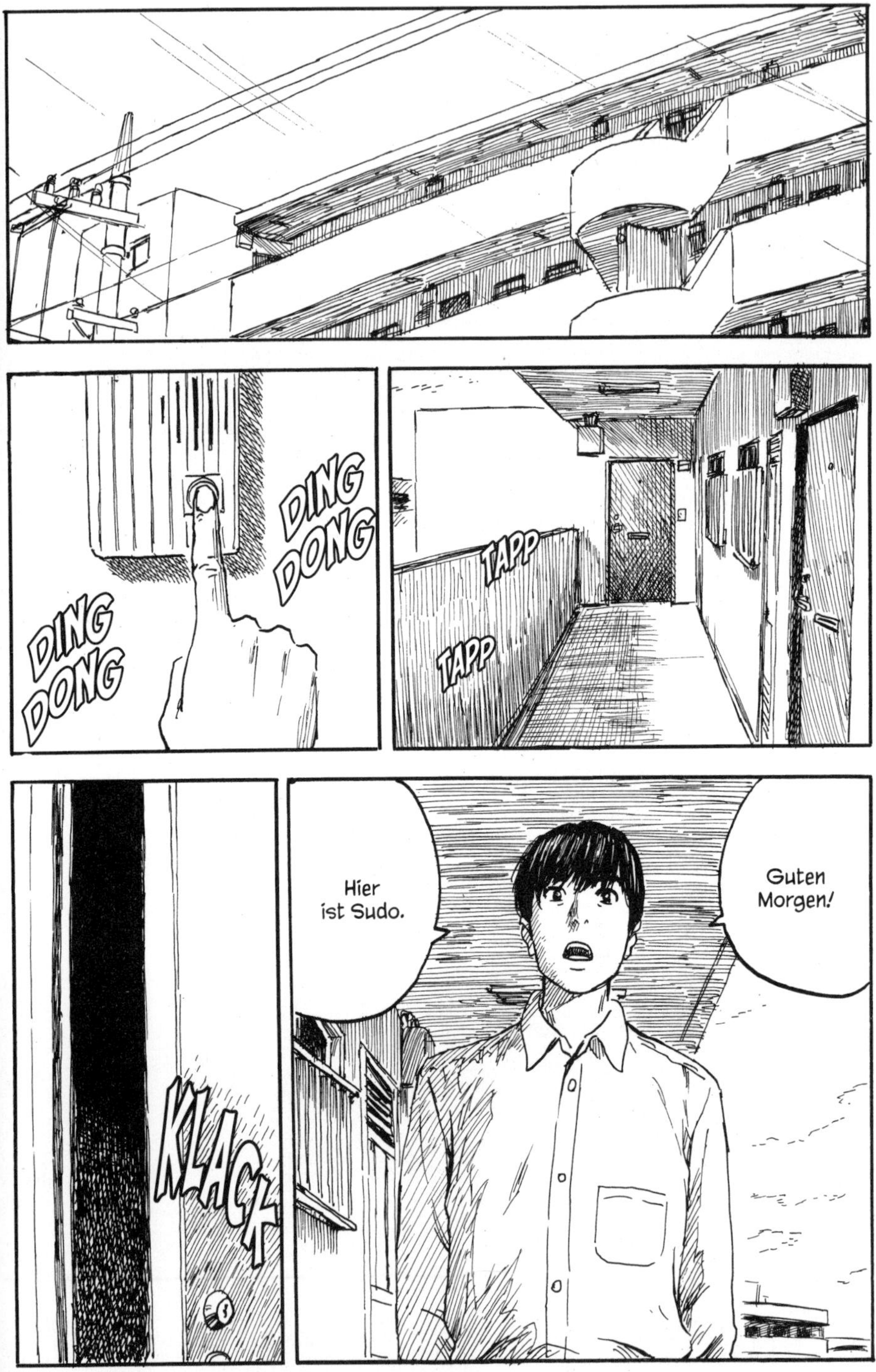
TAPP
TAPP
DING DONG
DING DONG
Guten Morgen!
Hier ist Sudo.
KLACK

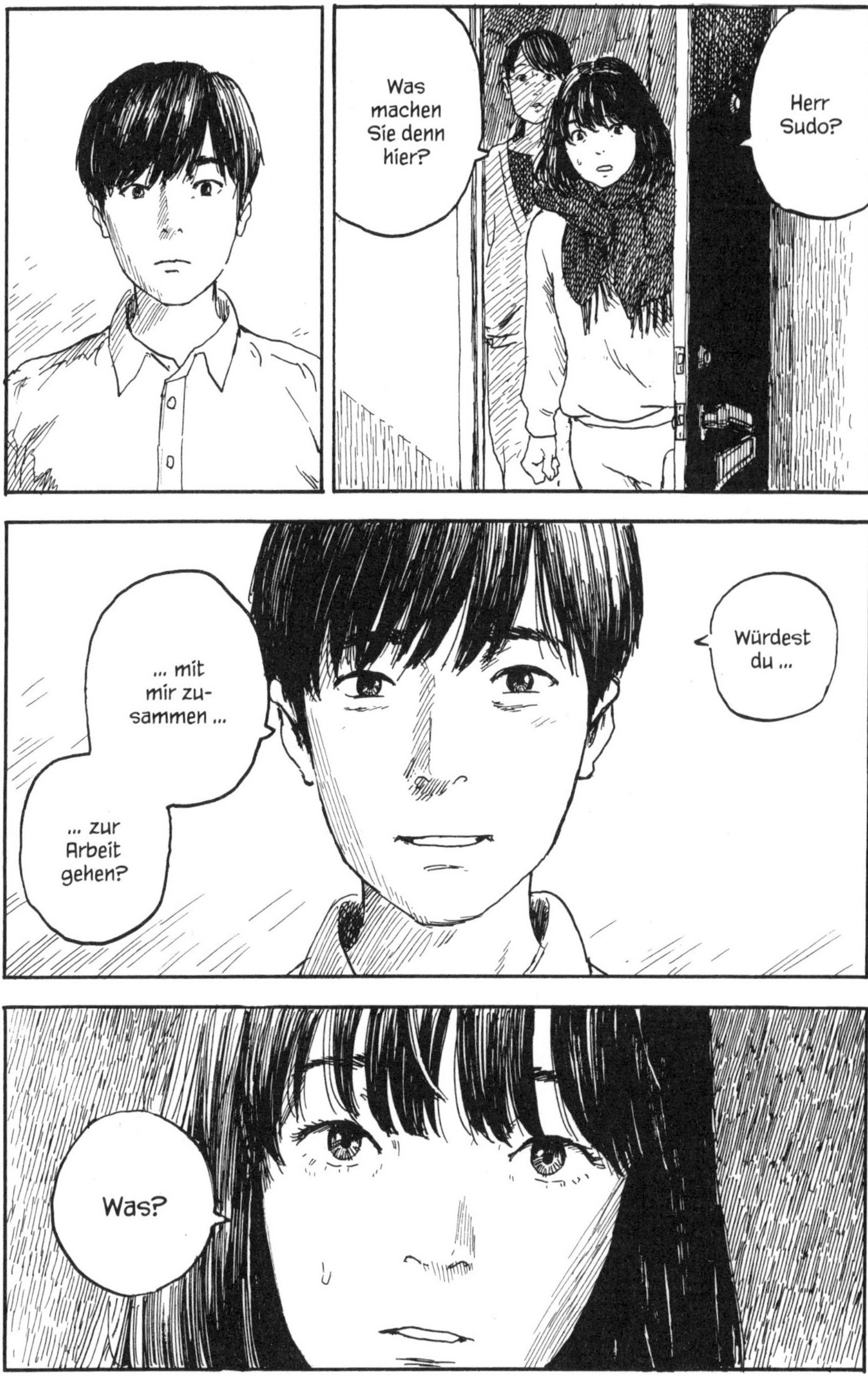
Herr Sudo?
Was machen Sie denn hier?
Würdest du ...
... mit mir zusammen ...
... zur Arbeit gehen?
Was?

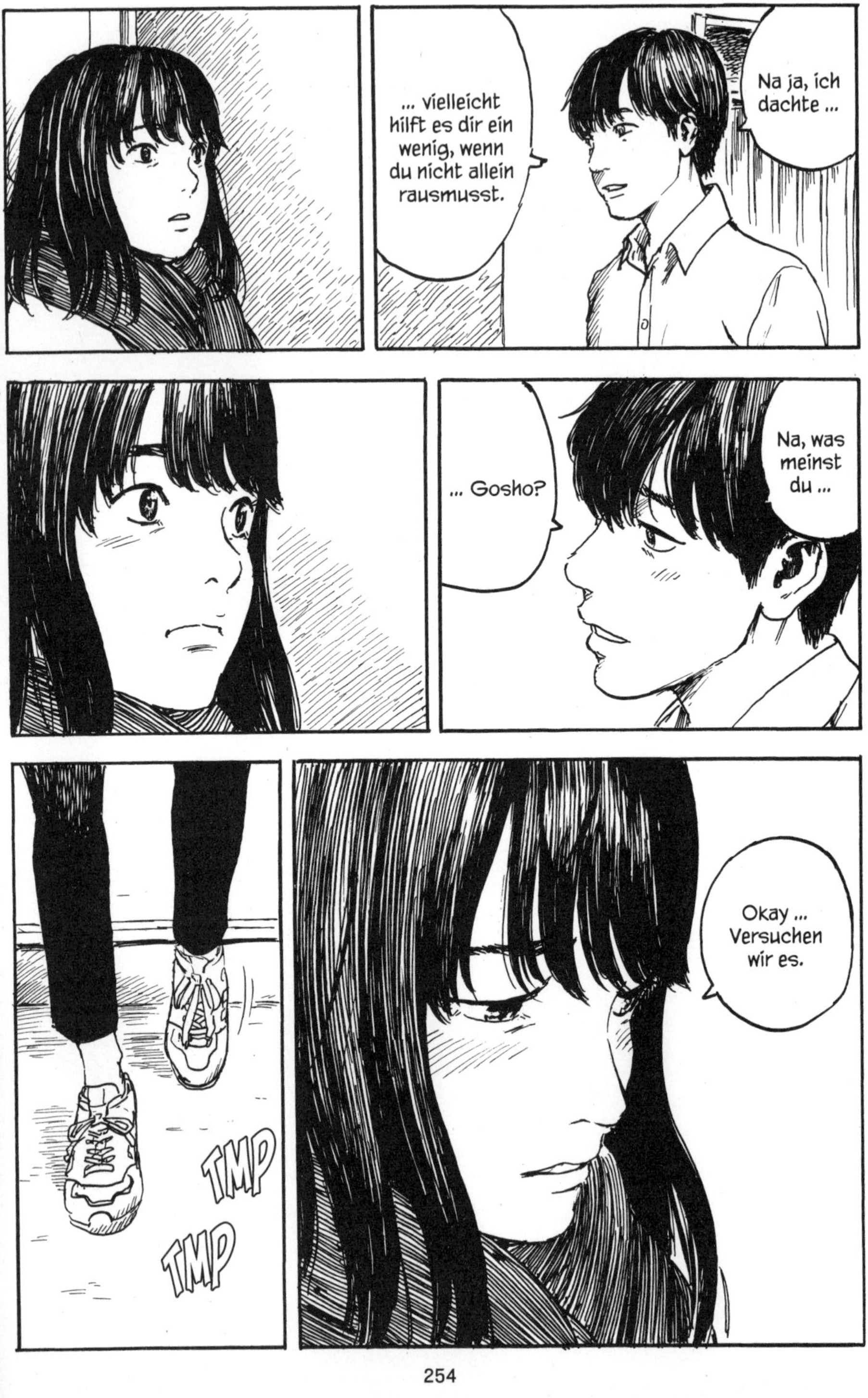
Na ja, ich dachte ...
... vielleicht hilft es dir ein wenig, wenn du nicht allein rausmusst.
Na, was meinst du ...
... Gosho?
Okay ... Versuchen wir es.
TMP
TMP

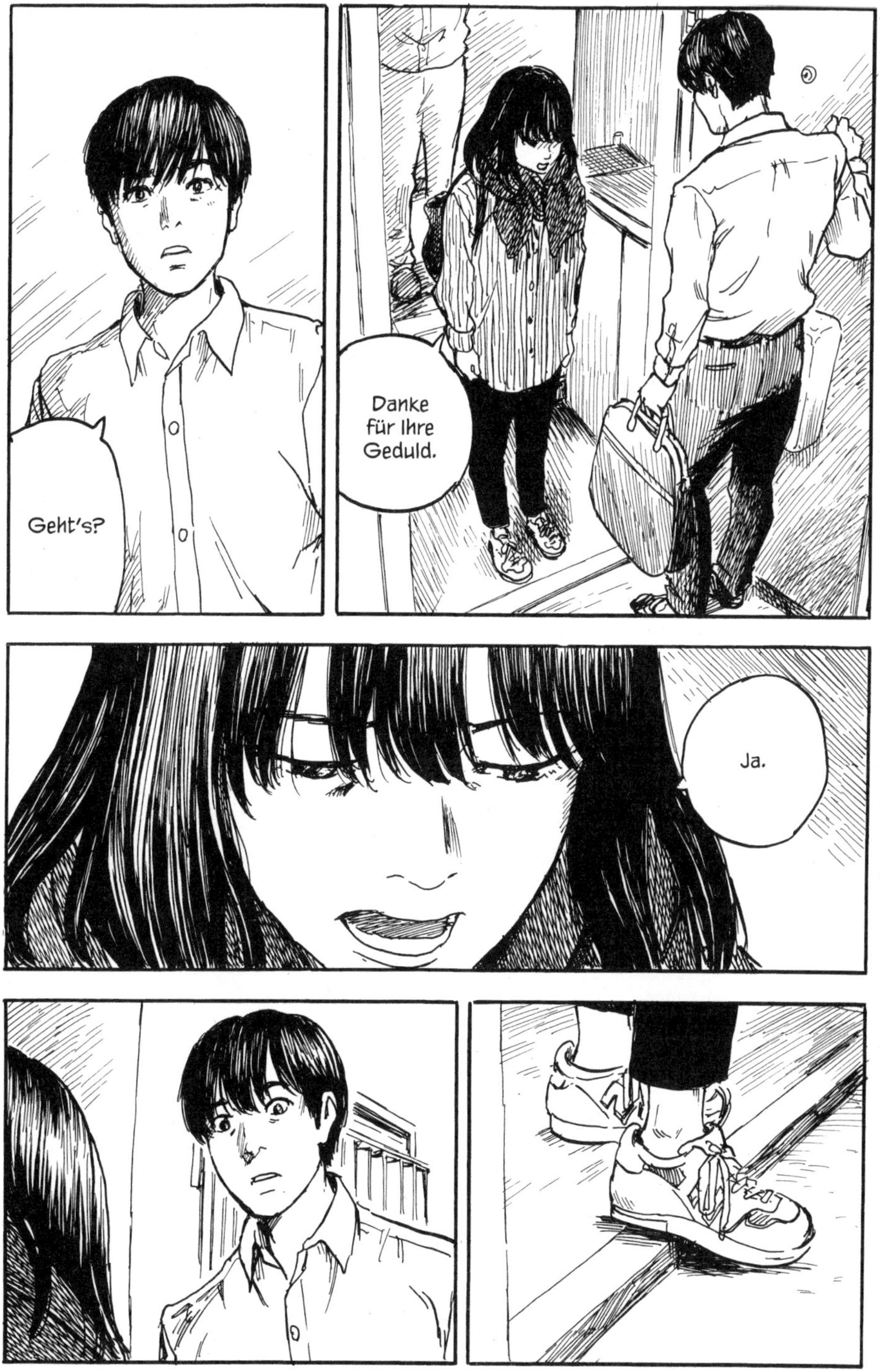
Geht's?
Danke für Ihre Geduld.
Ja.

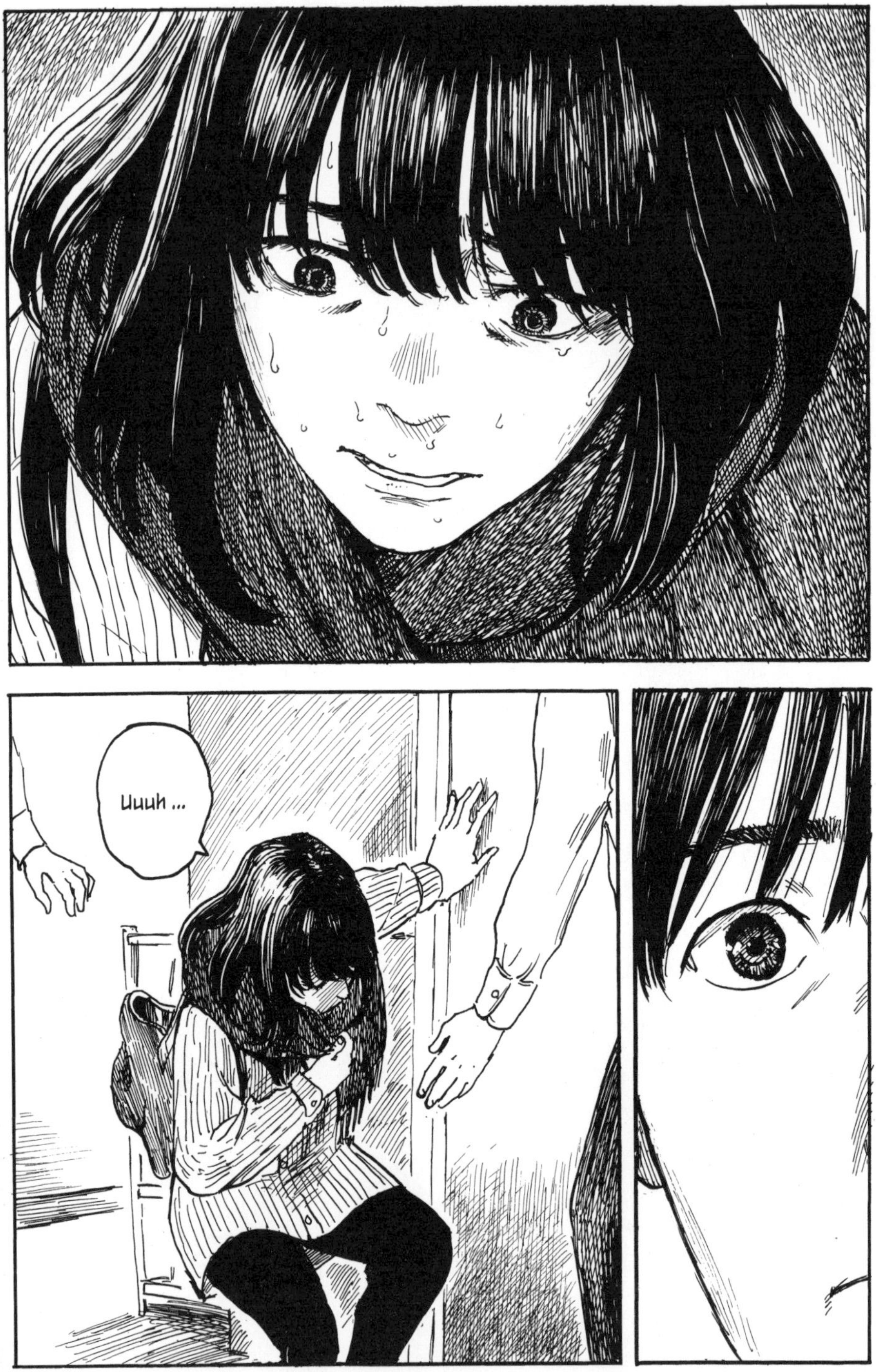
Uuuh ...

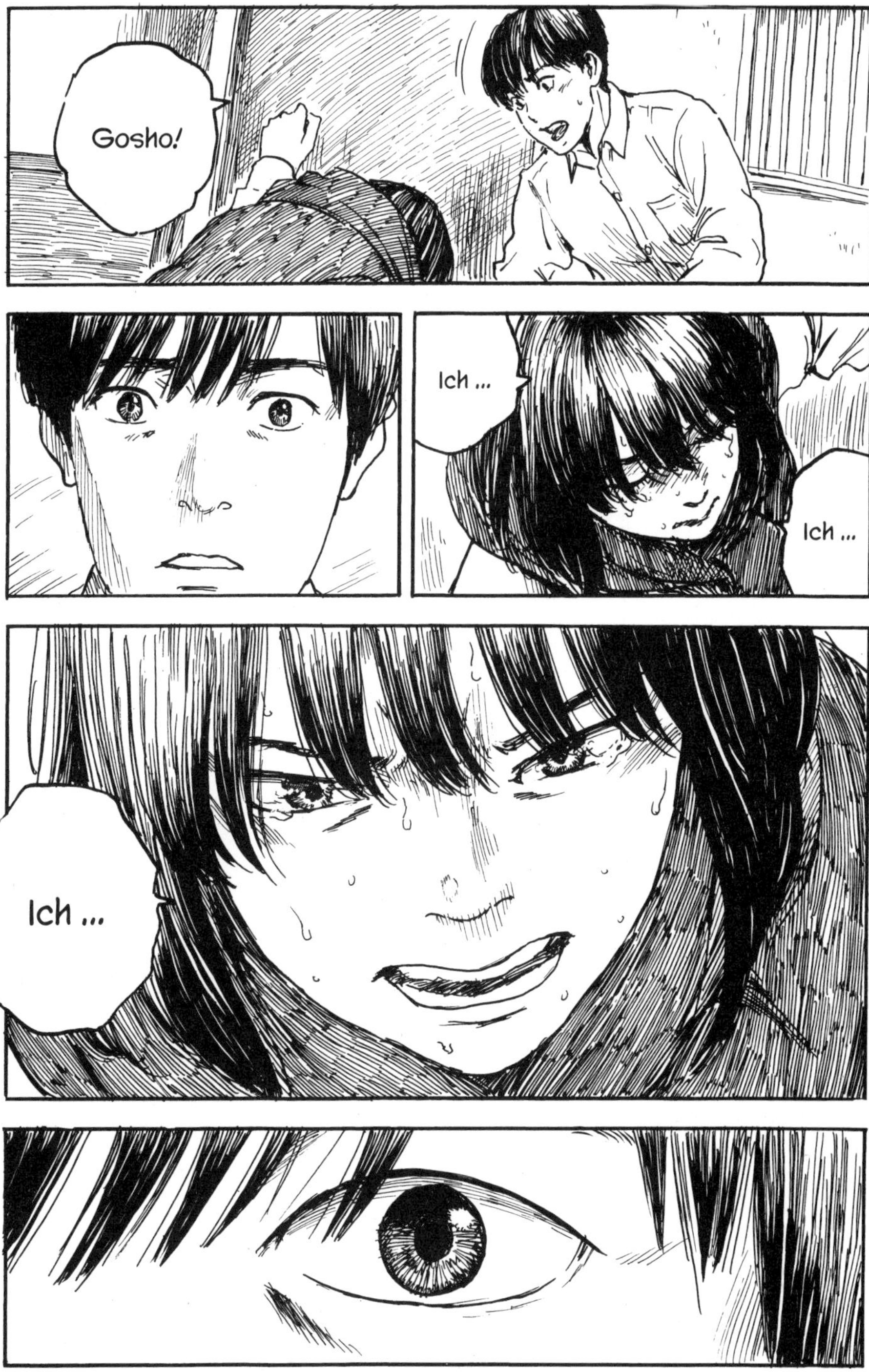
Gosho!
Ich ...
Ich ...
Ich ...

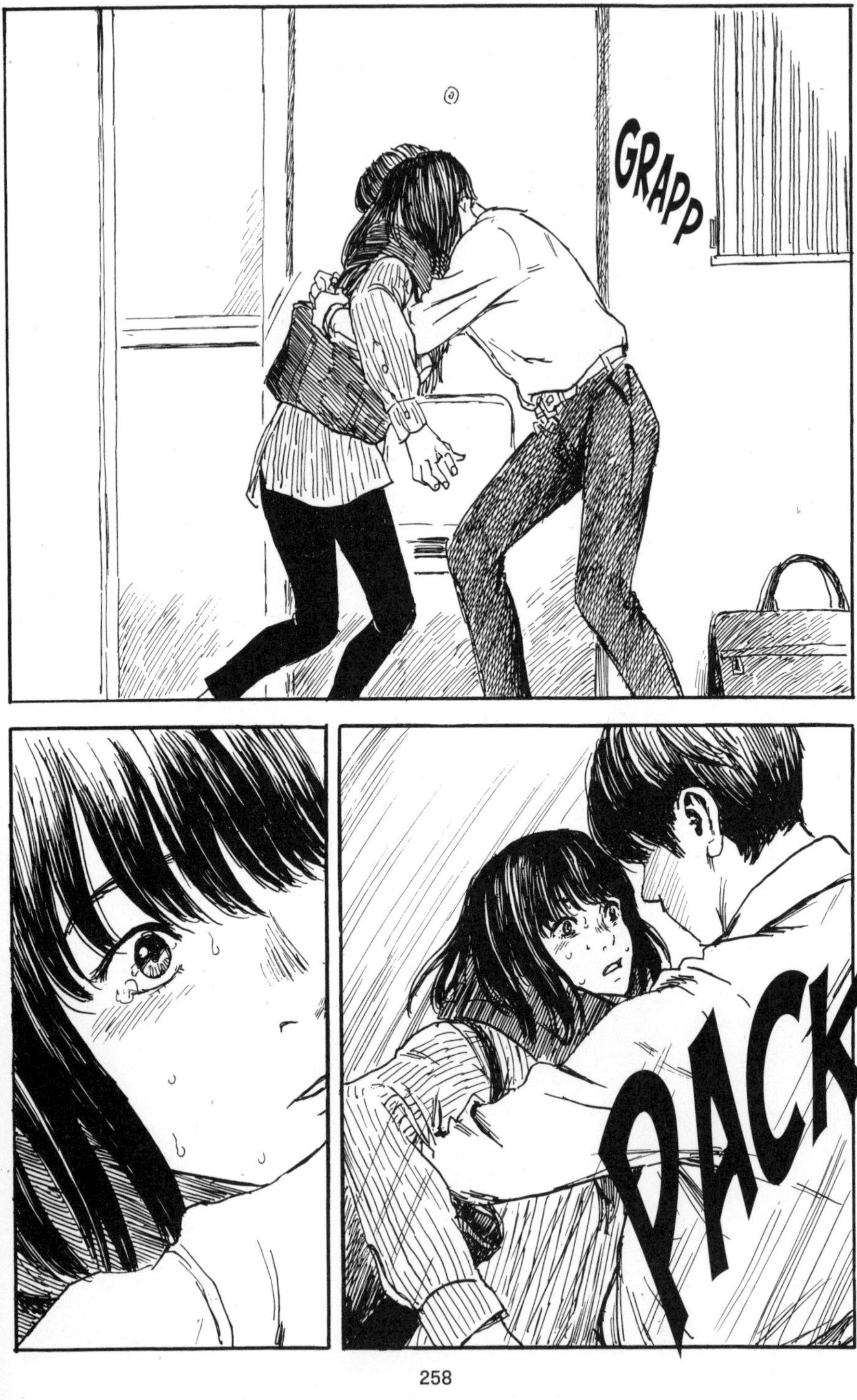
GRAPP
PACK

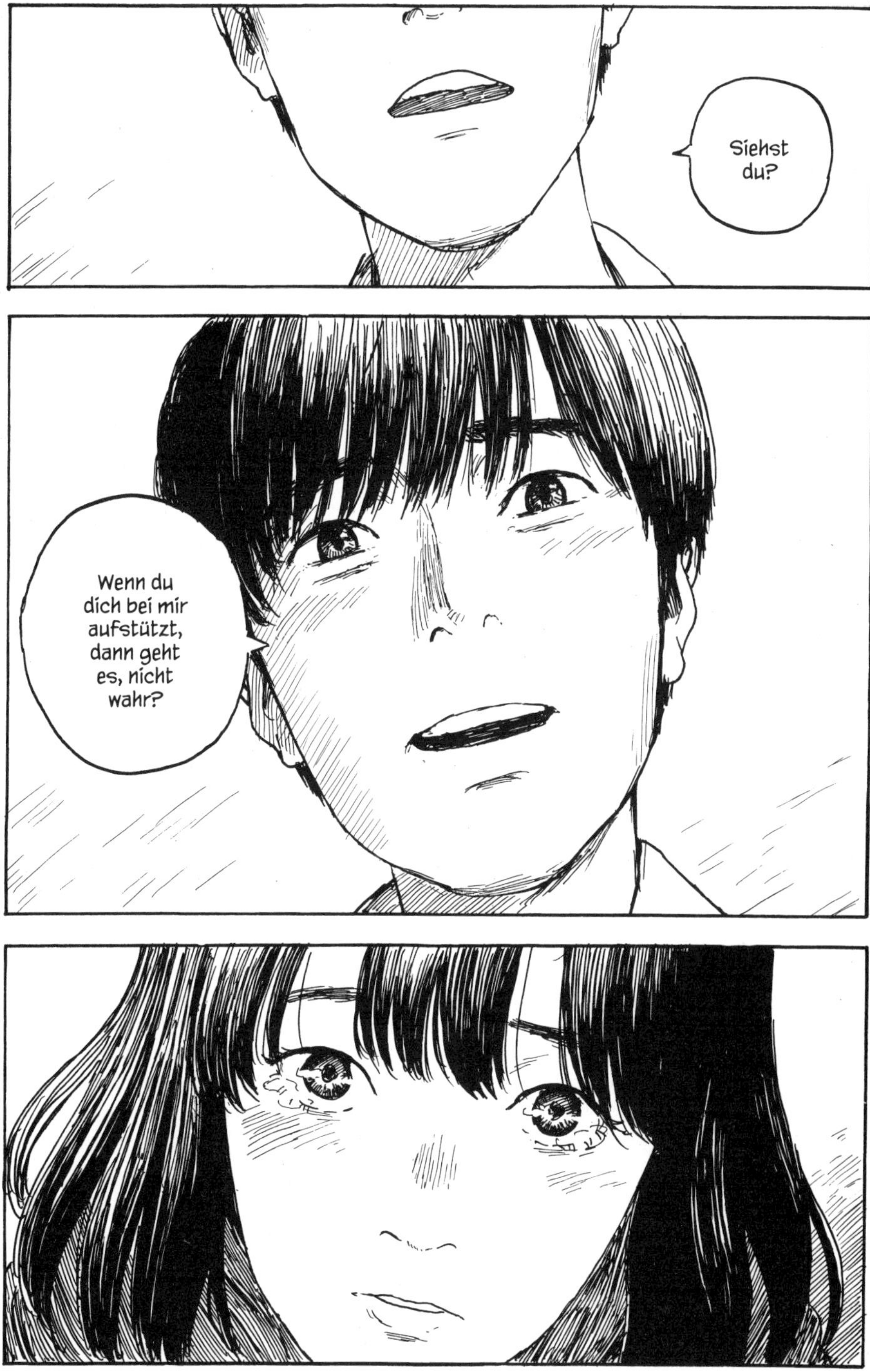
Siehst du?
Wenn du dich bei mir aufstützt, dann geht es, nicht wahr?

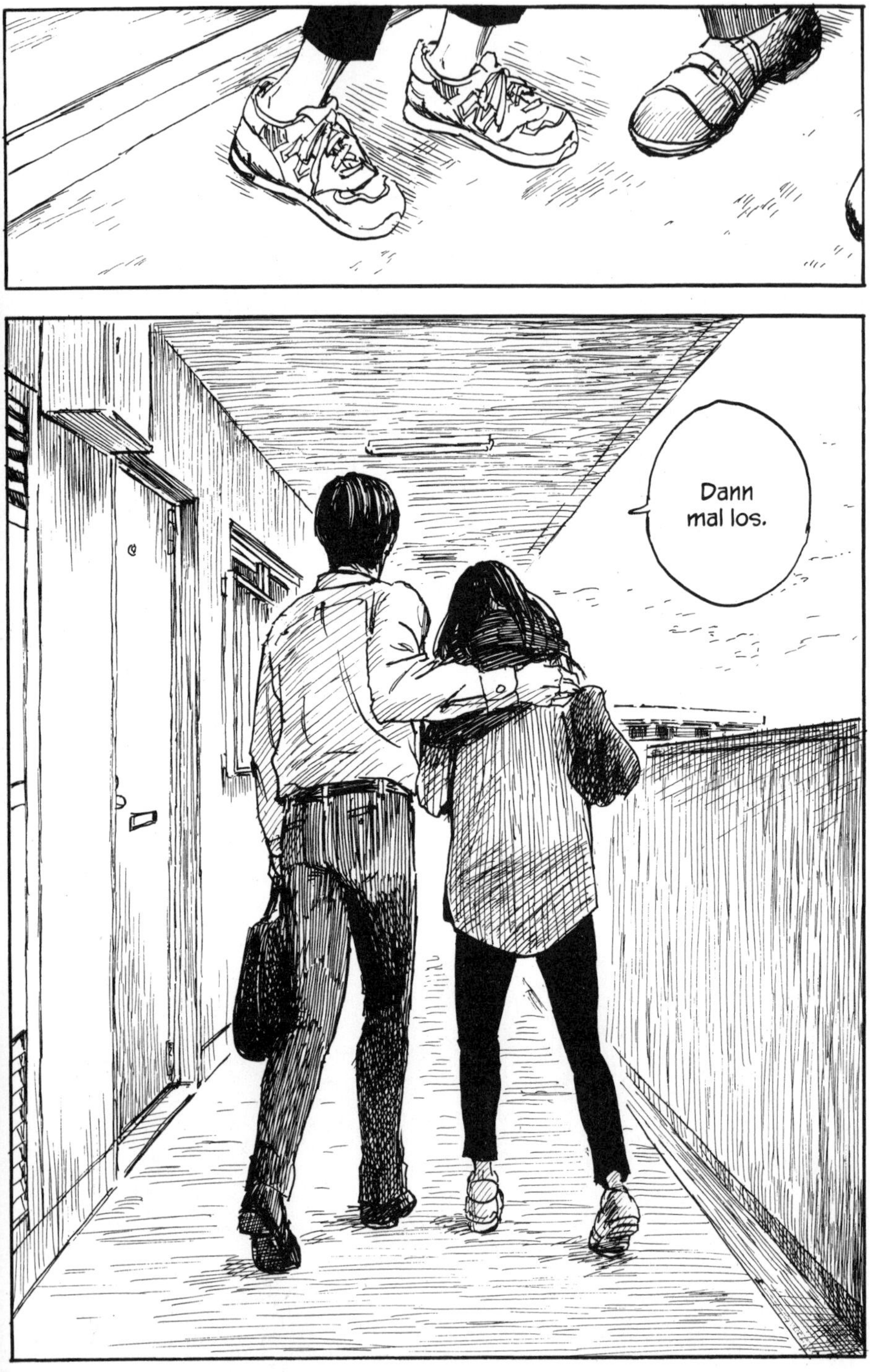
Dann mal los.

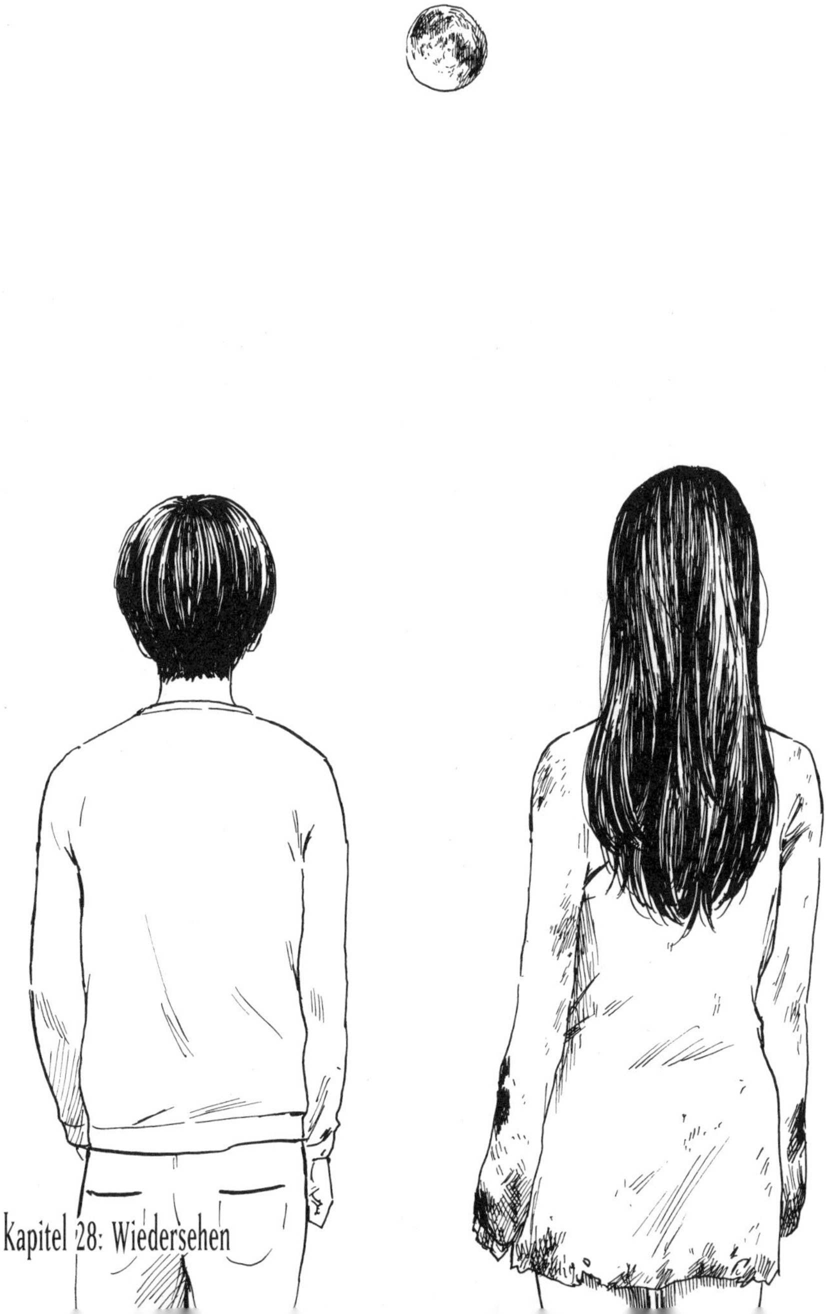

Kapitel 28: Wiedersehen

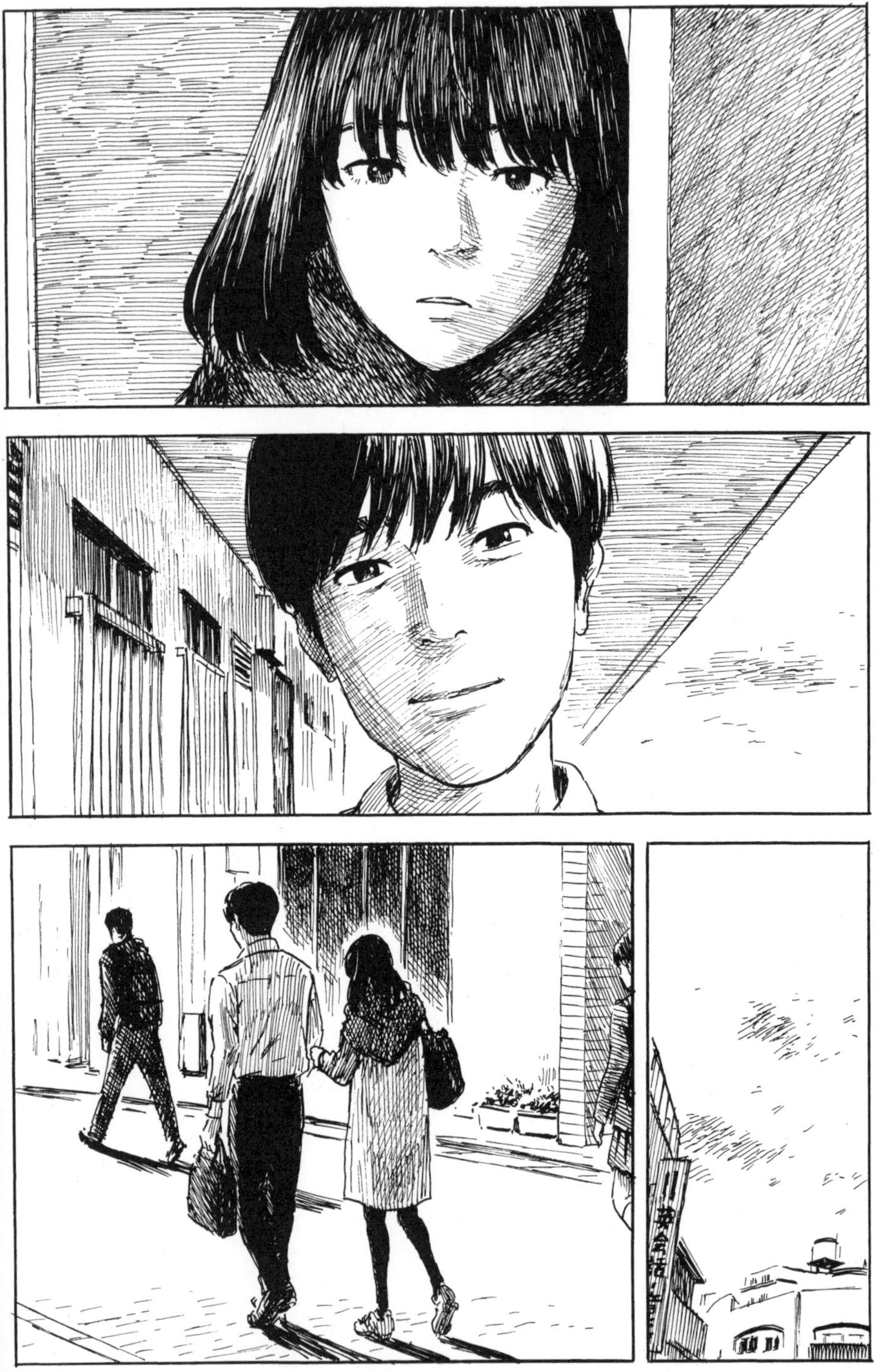

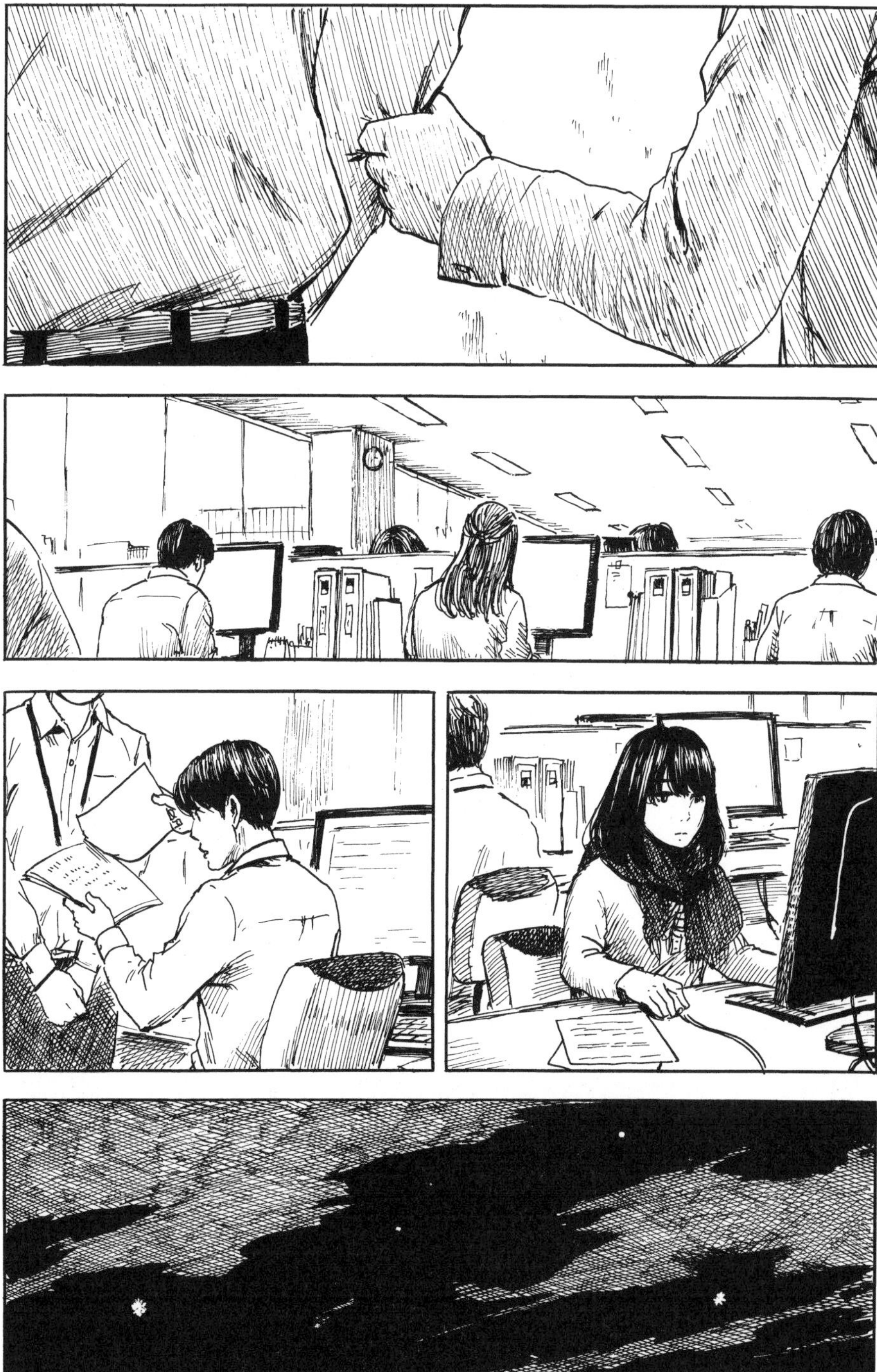

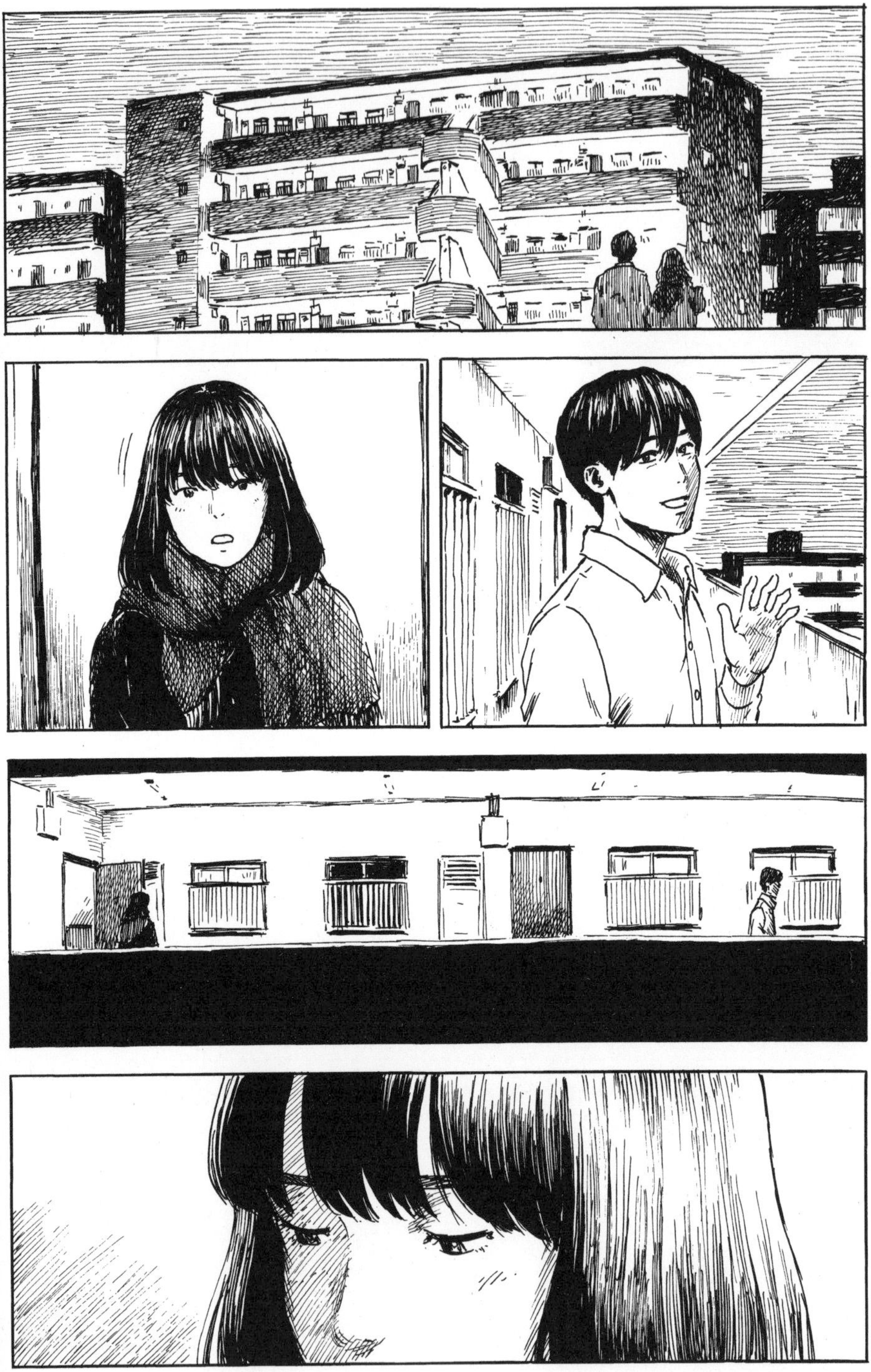

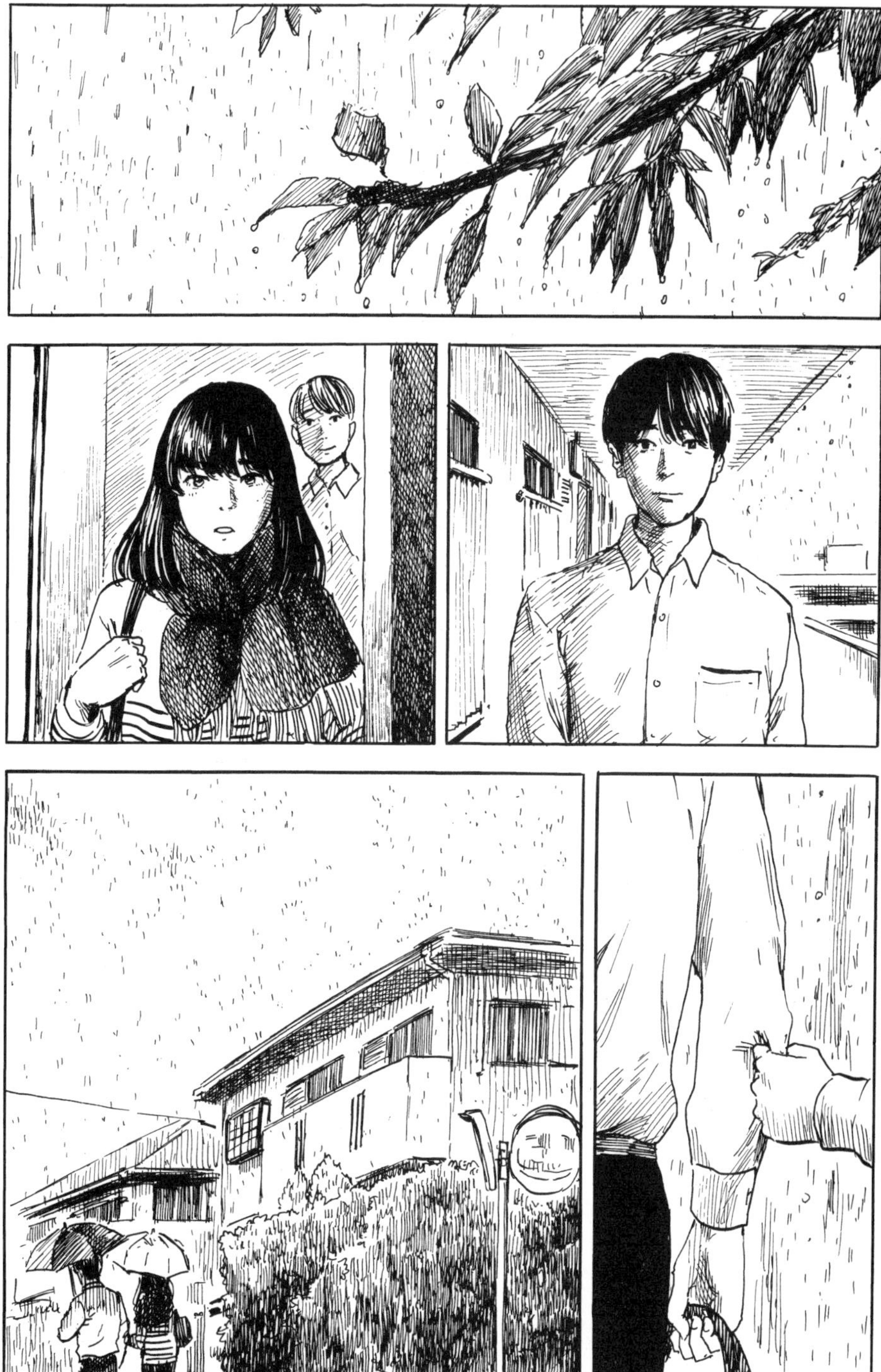

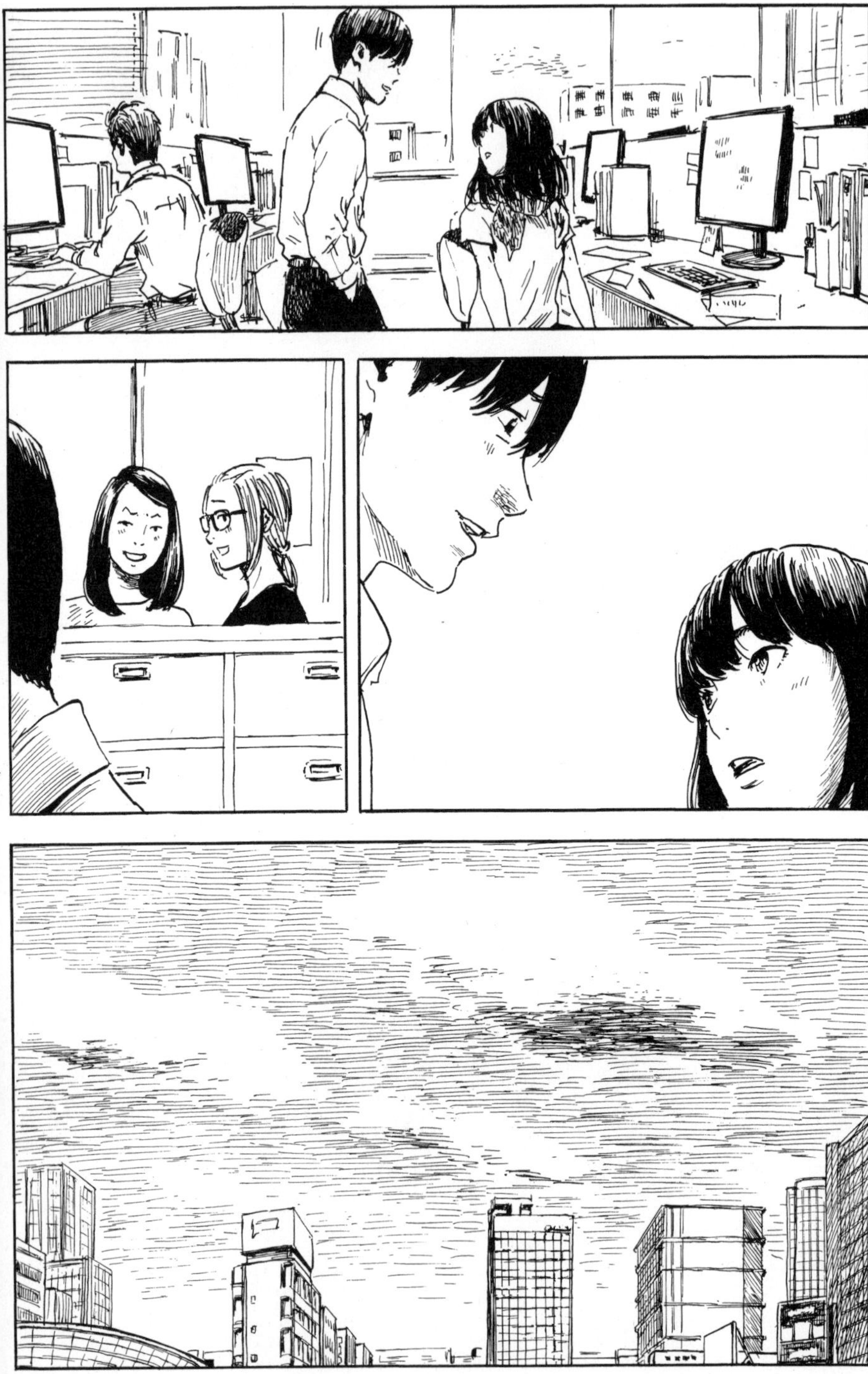

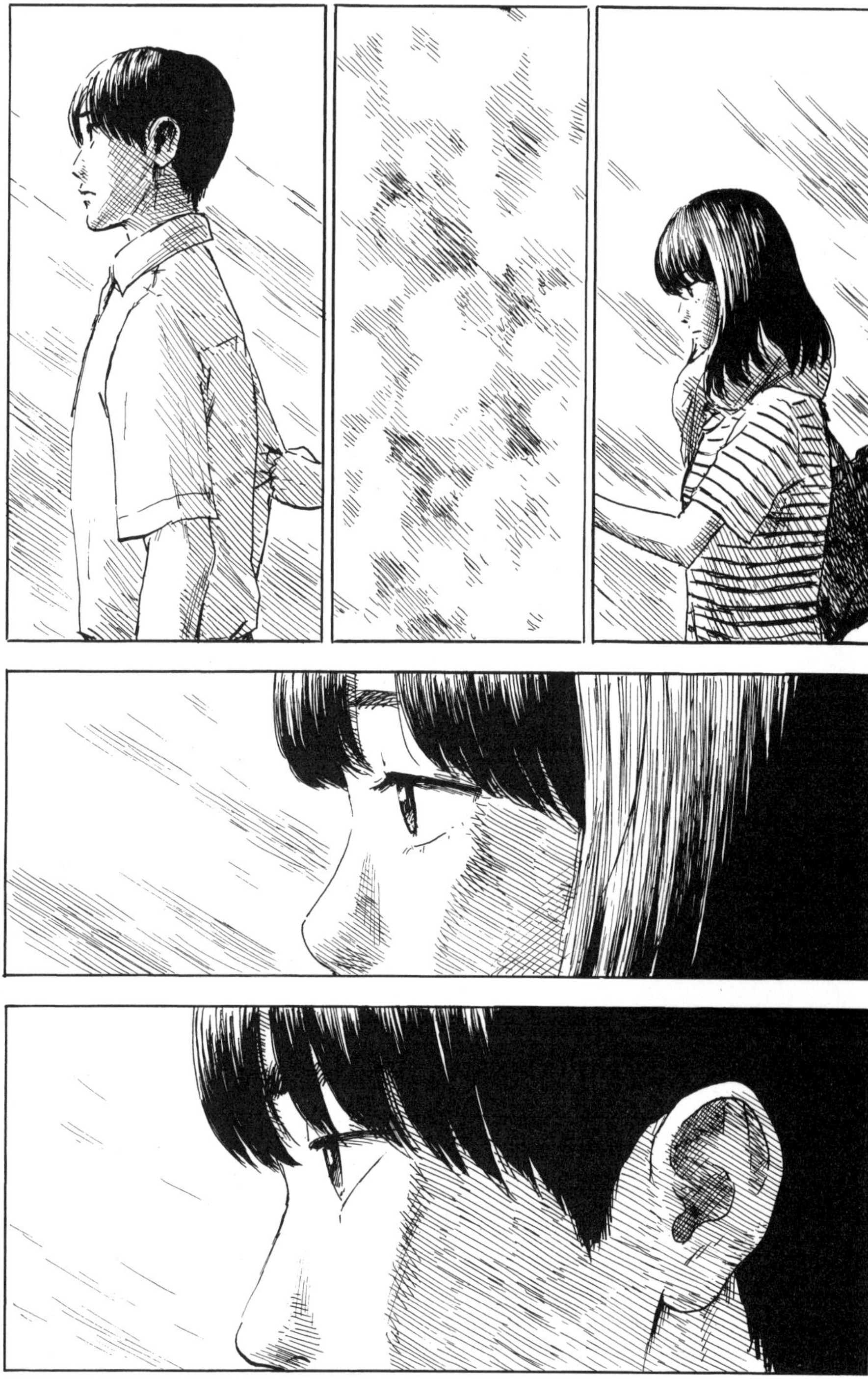

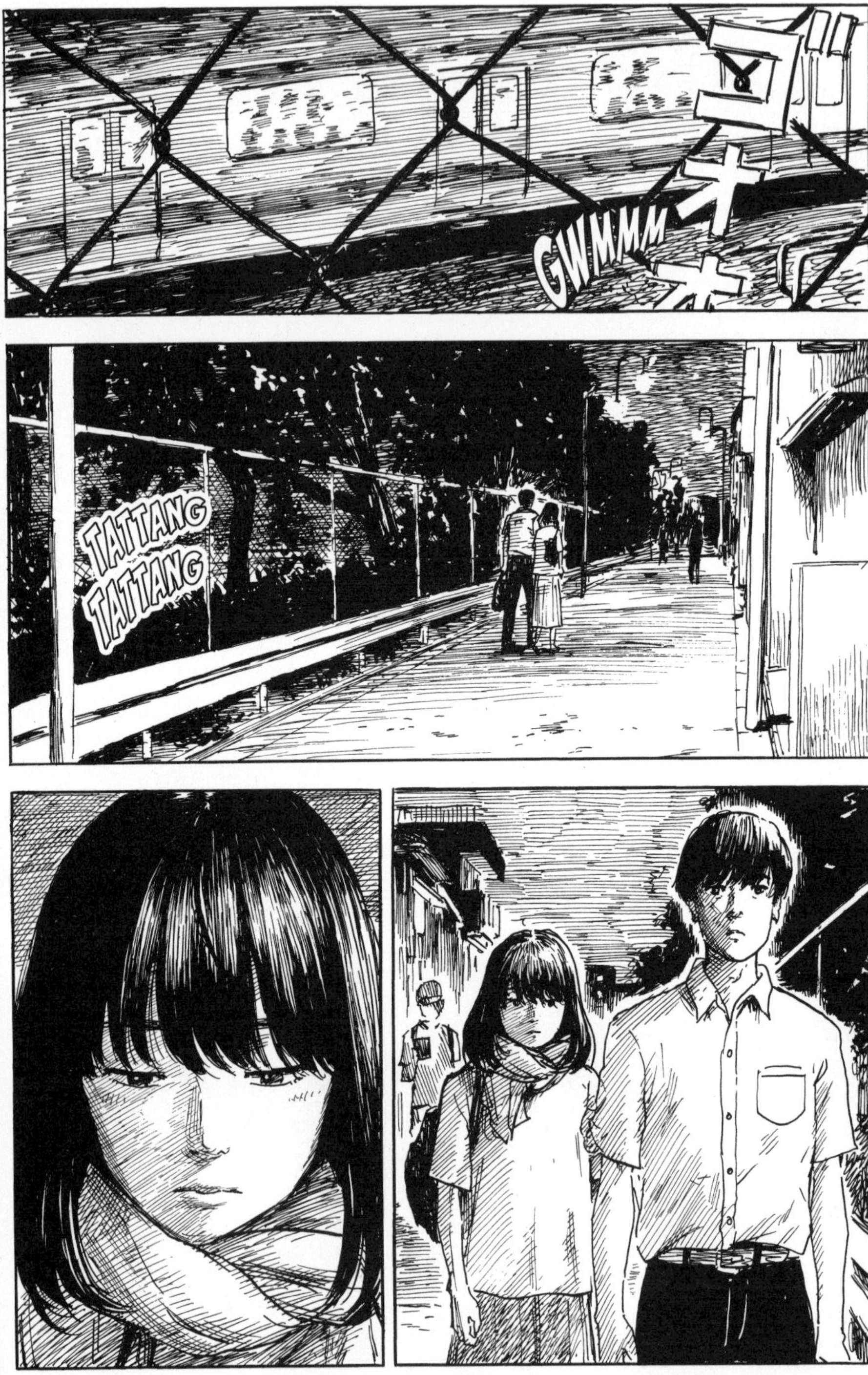
GWMMM
TATTANG
TATTANG

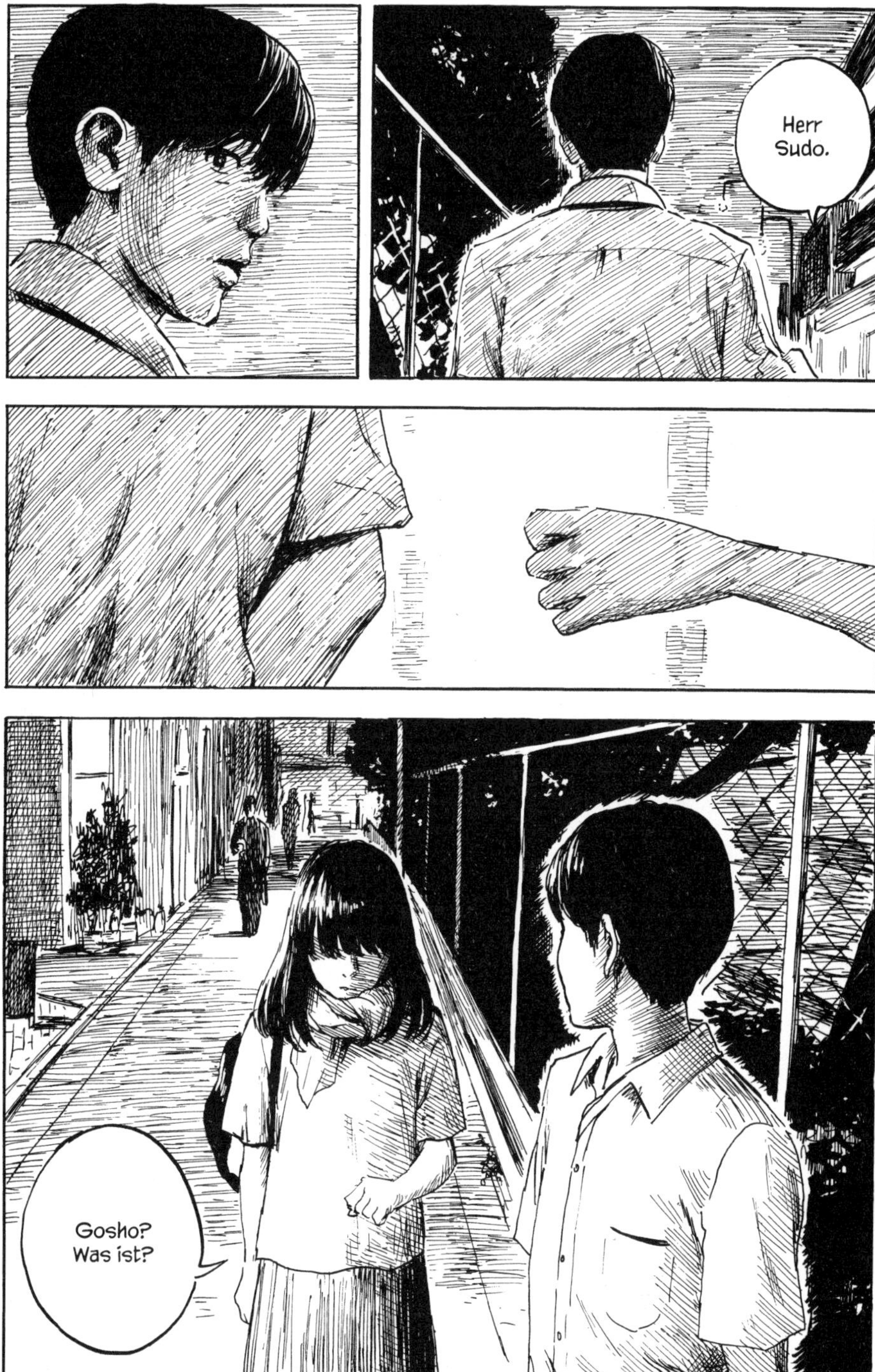
Herr
Sudo.
Gosho?
Was ist?

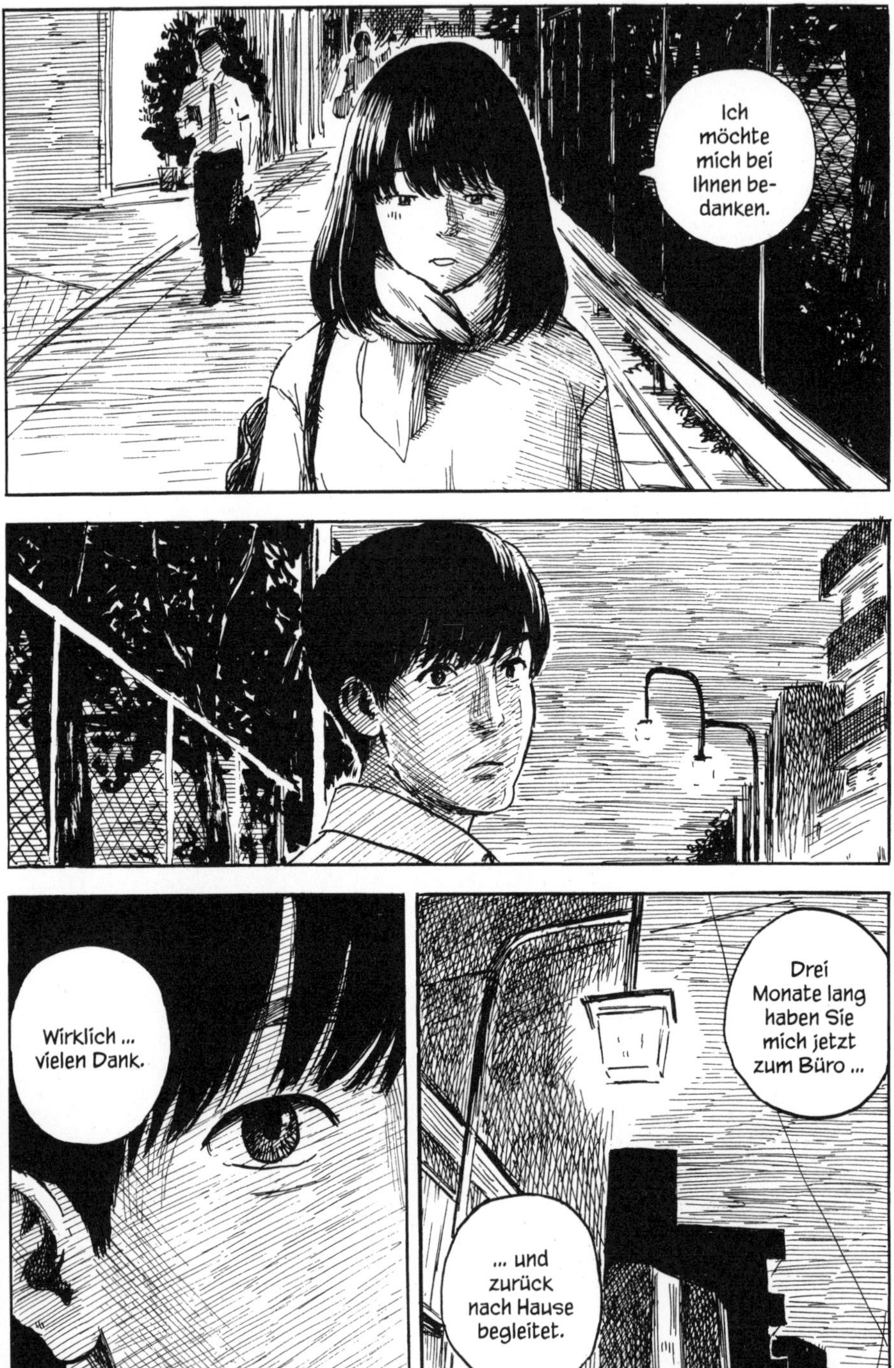
Ich möchte mich bei Ihnen bedanken.
Drei Monate lang haben Sie mich jetzt zum Büro ...
... und zurück nach Hause begleitet.
Wirklich ... vielen Dank.

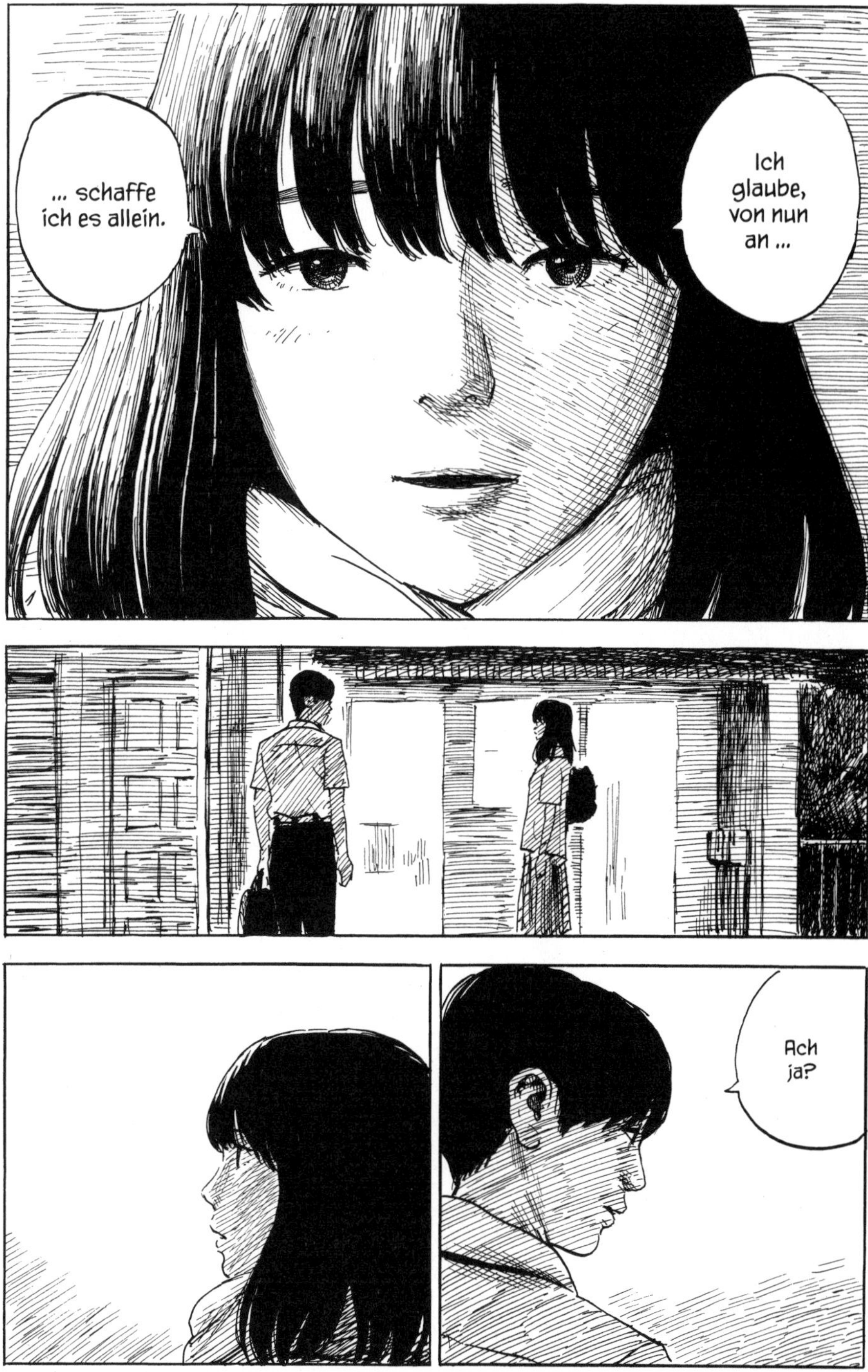

Ich glaube, von nun an ...
... schaffe ich es allein.
Ach ja?

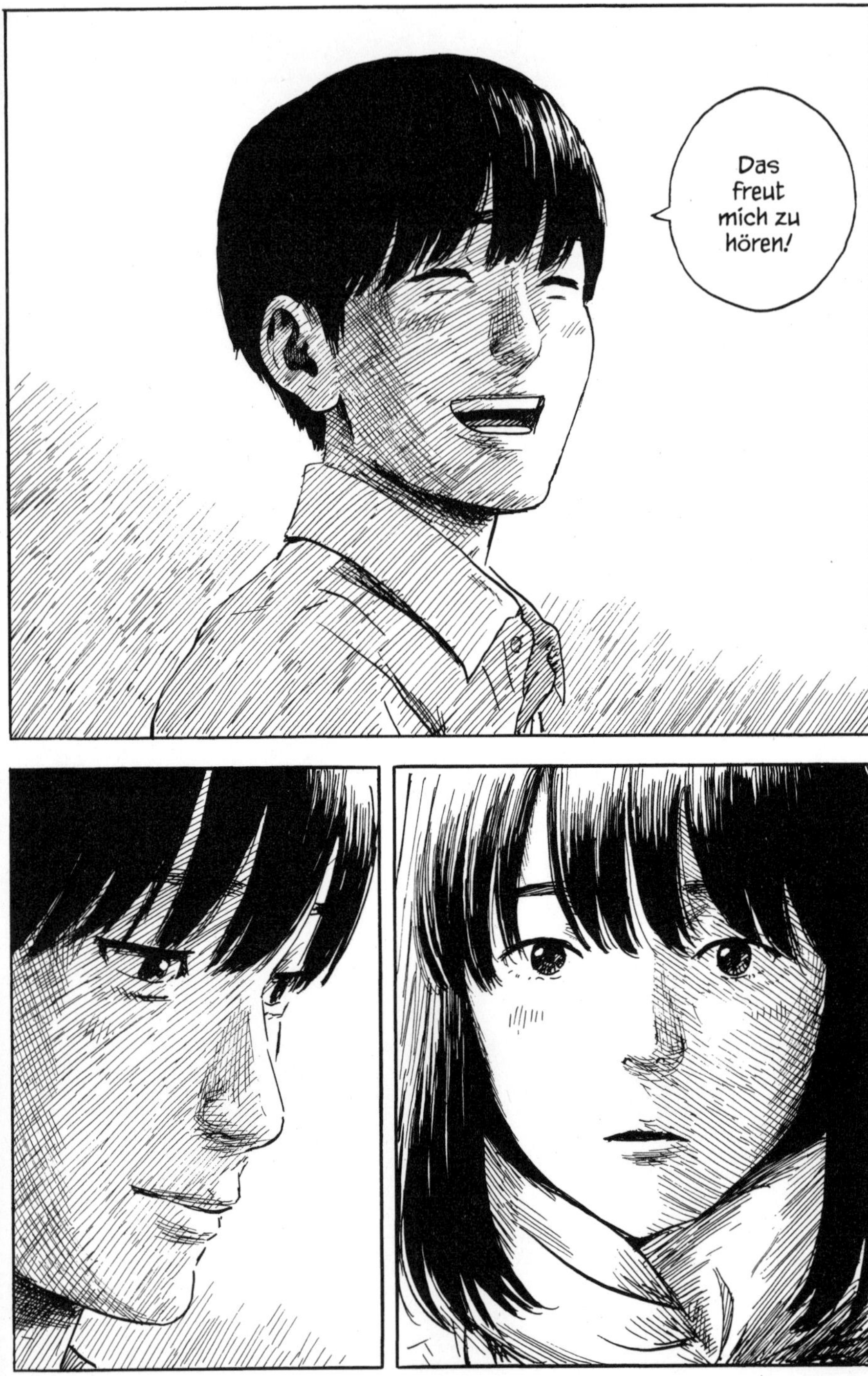
Das freut mich zu hören!

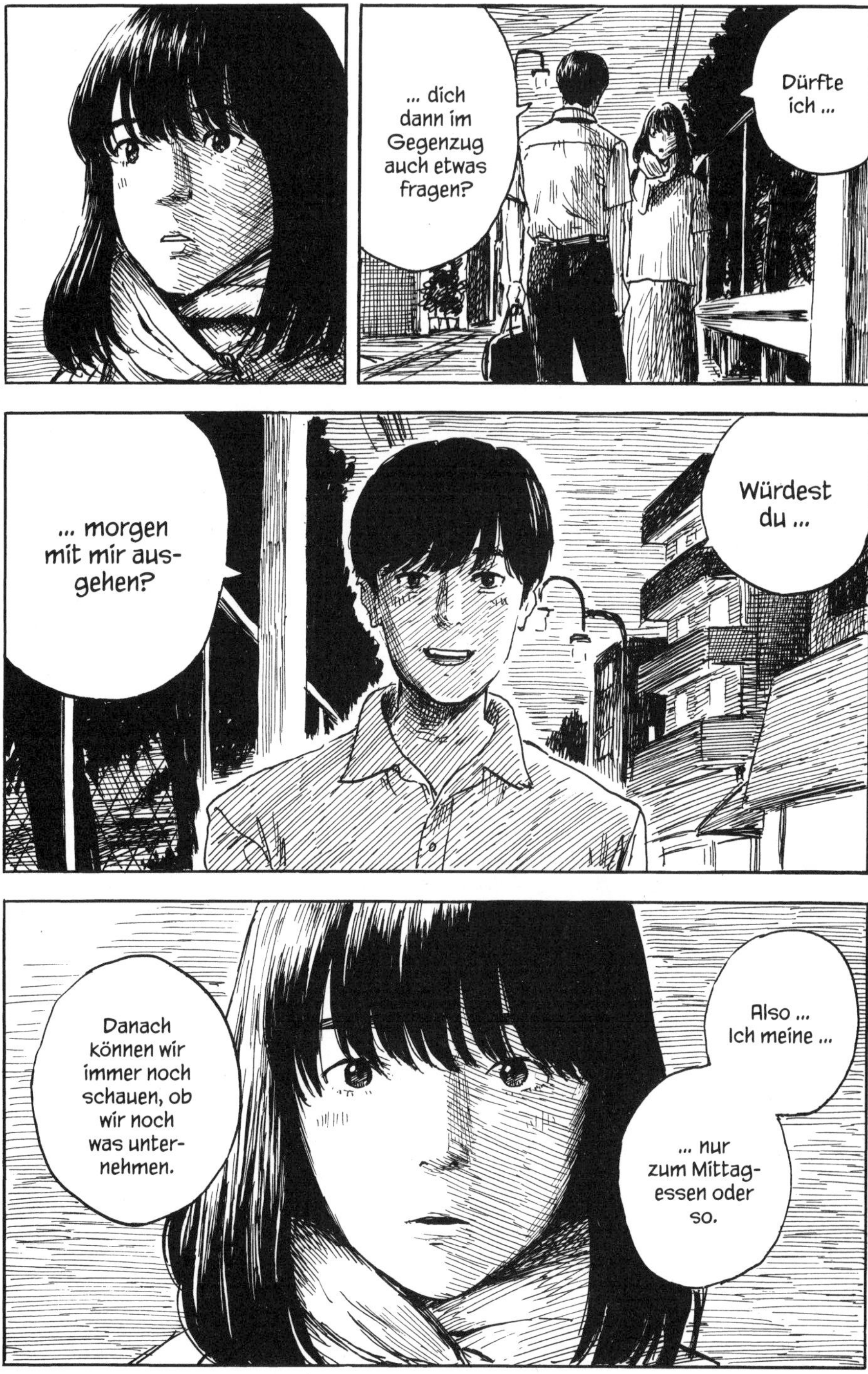
Dürfte ich ...
... dich dann im Gegenzug auch etwas fragen?
Würdest du ...
... morgen mit mir ausgehen?
Also ... Ich meine ...
... nur zum Mittagessen oder so.
Danach können wir immer noch schauen, ob wir noch was unternehmen.

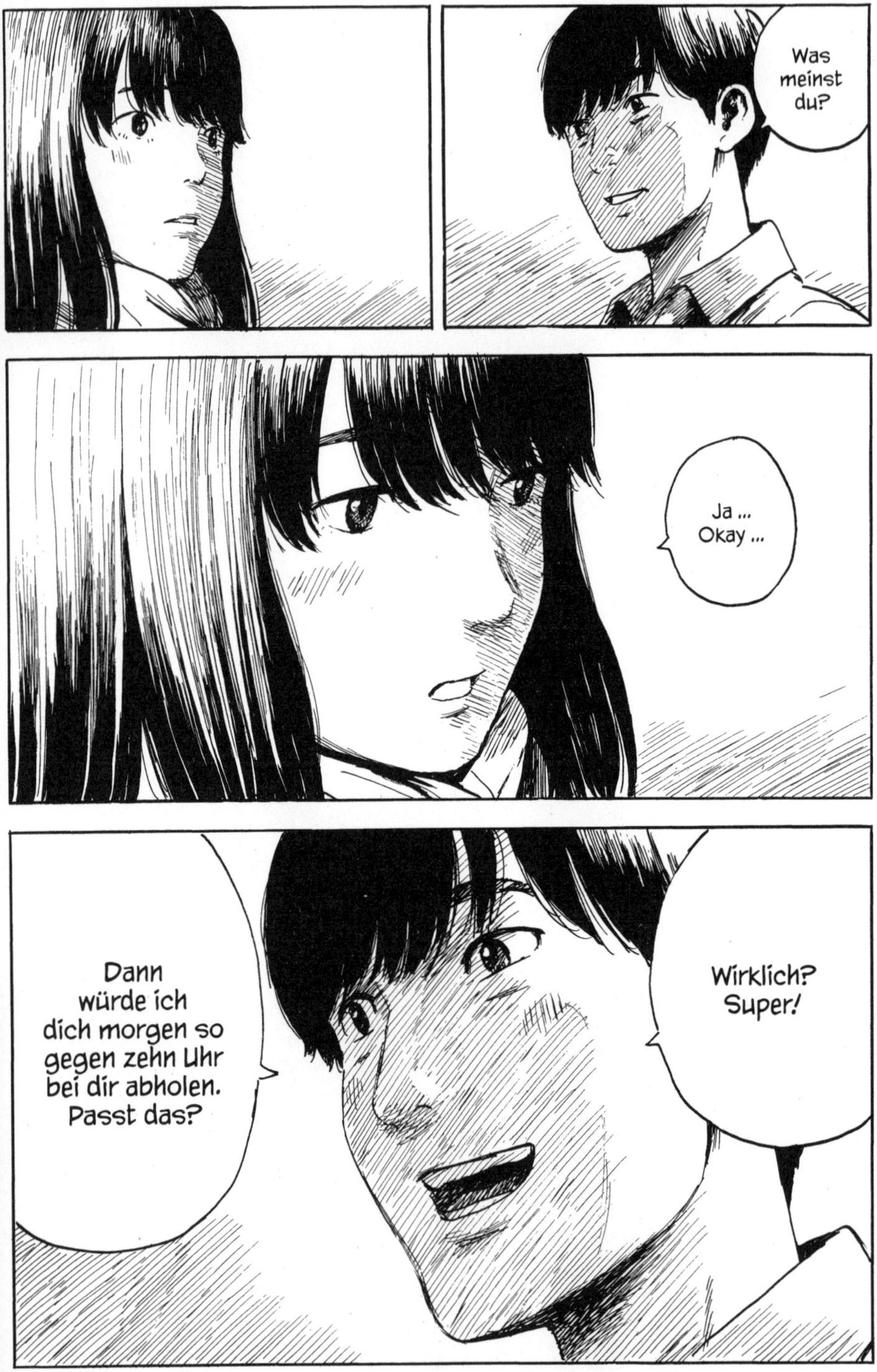
Was meinst du?
Ja ... Okay ...
Wirklich? Super!
Dann würde ich dich morgen so gegen zehn Uhr bei dir abholen. Passt das?

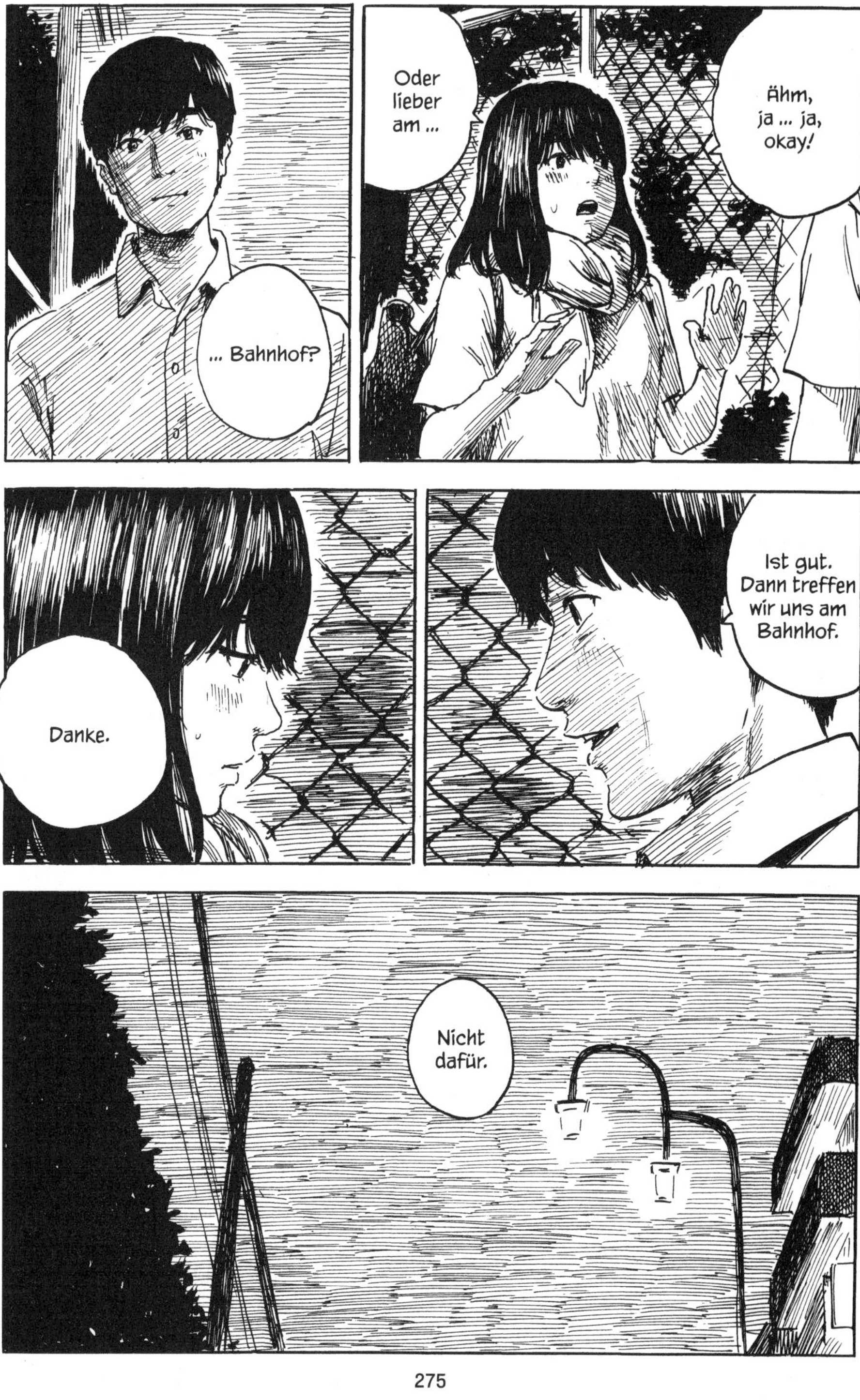
Ähm, ja ... ja, okay!
Oder lieber am ...
... Bahnhof?
Ist gut. Dann treffen wir uns am Bahnhof.
Danke.
Nicht dafür.

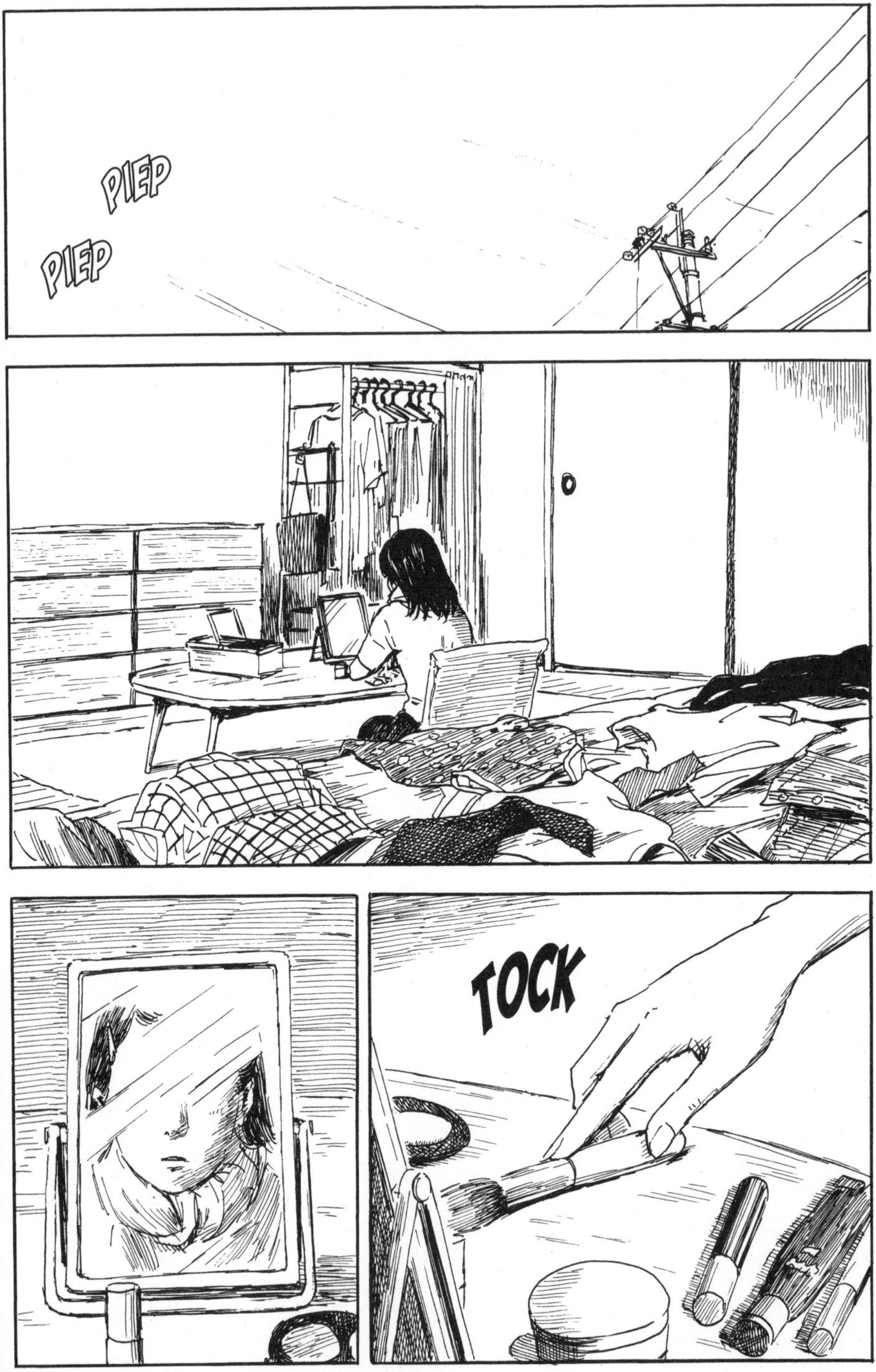
PIEP
PIEP
TOCK

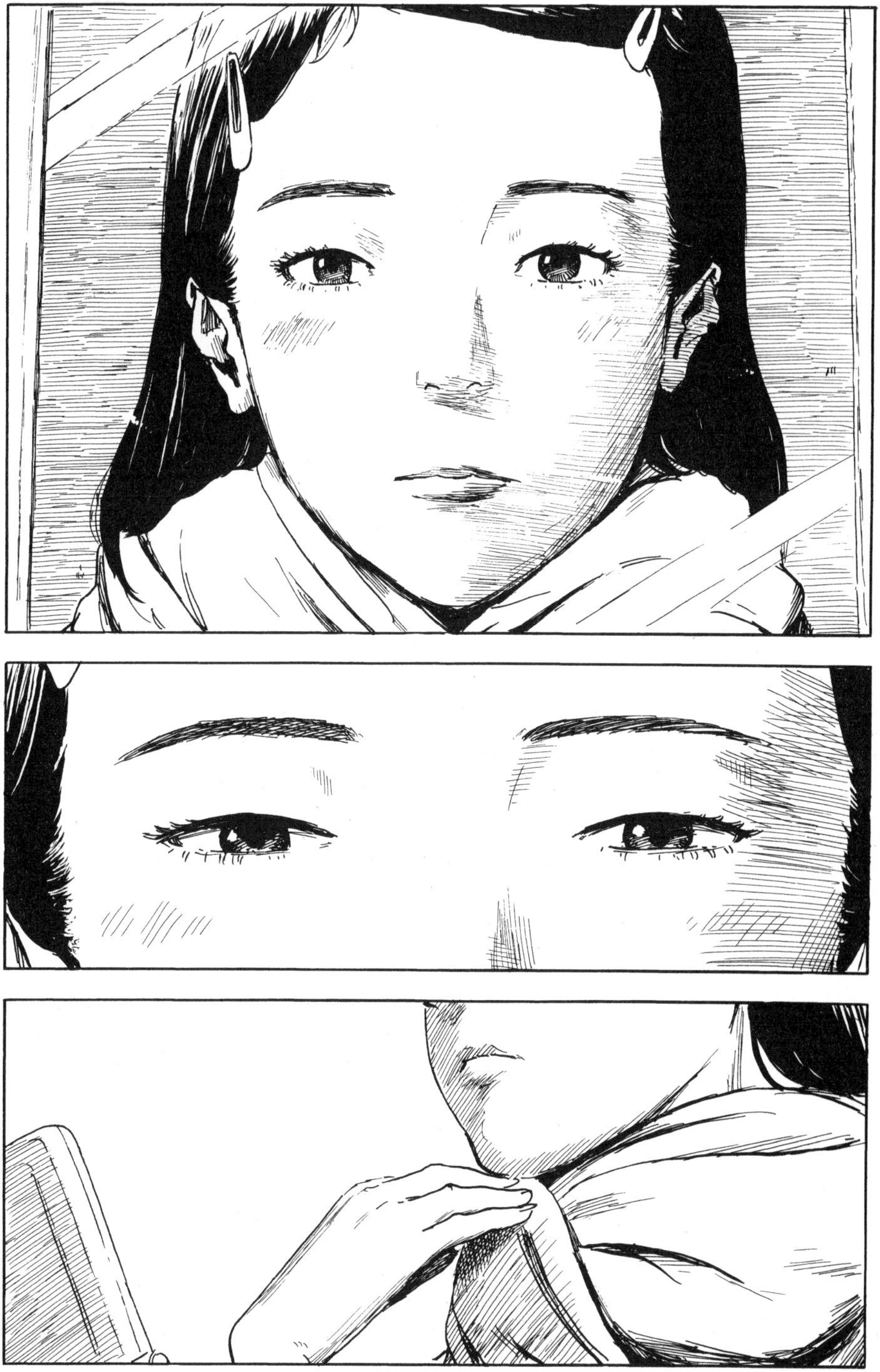

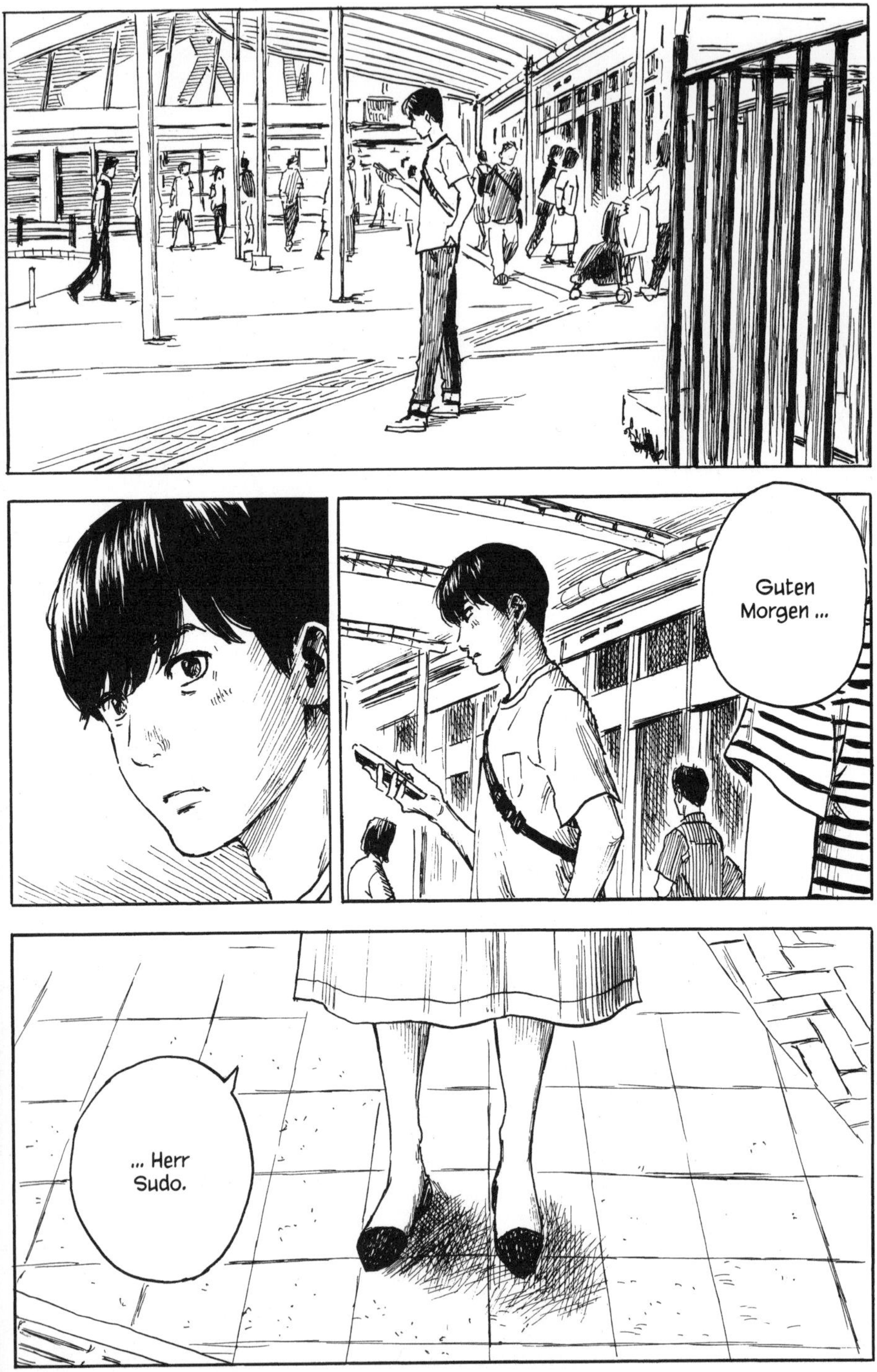
Guten Morgen ...
... Herr Sudo.

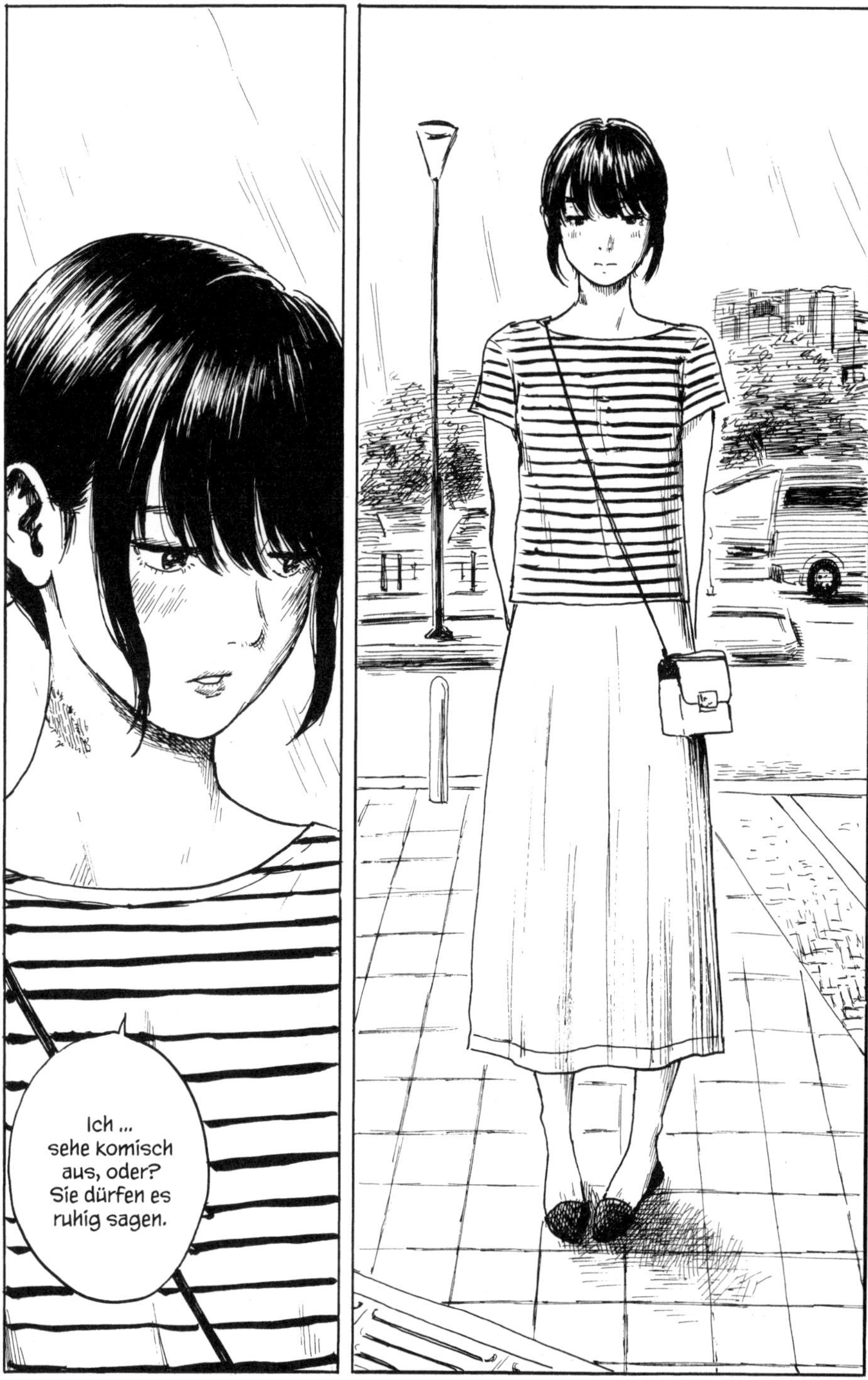
Ich ... sehe komisch aus, oder? Sie dürfen es ruhig sagen.

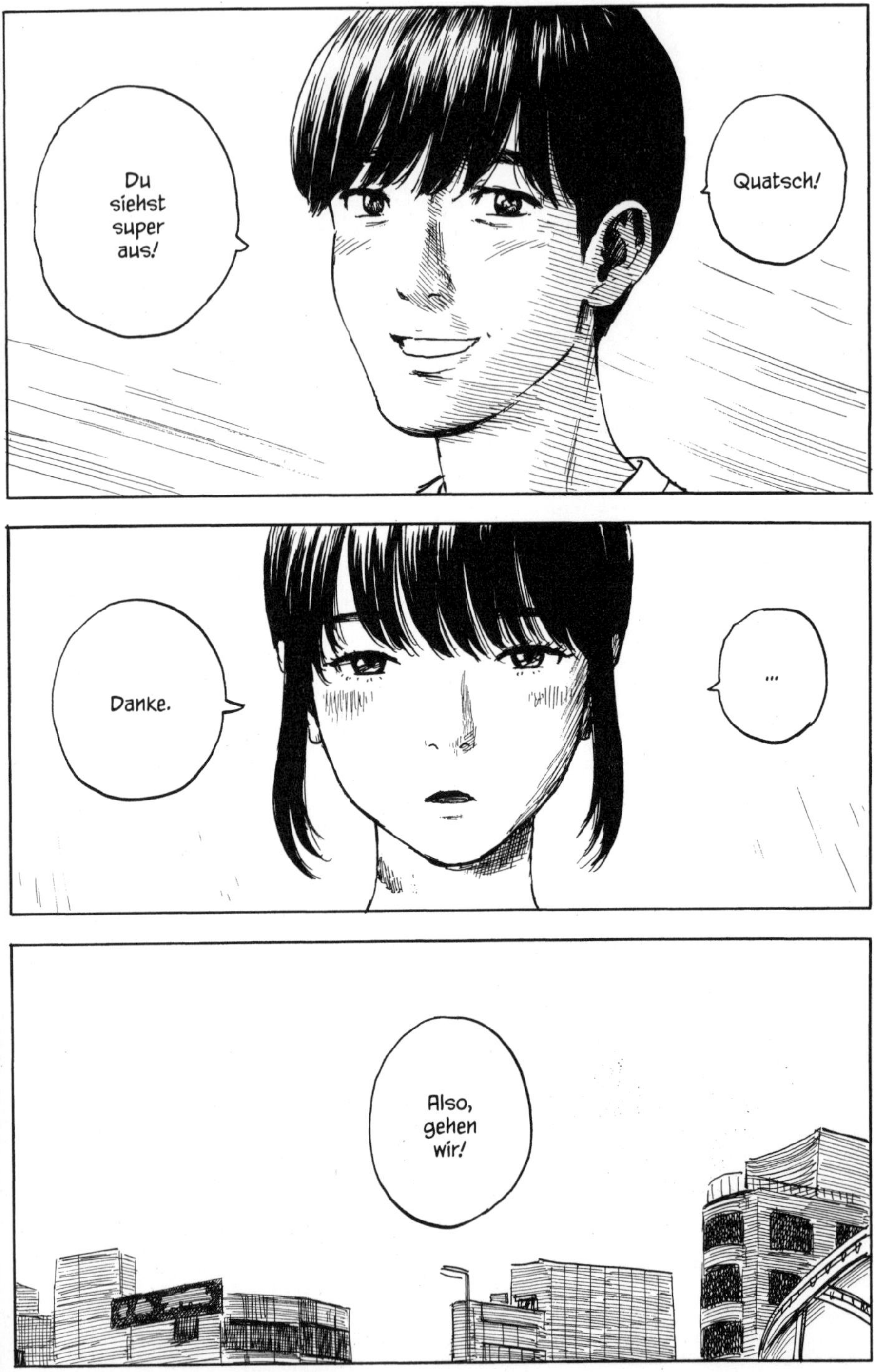
Du siehst super aus!
Quatsch!
Danke.
...
Also, gehen wir!

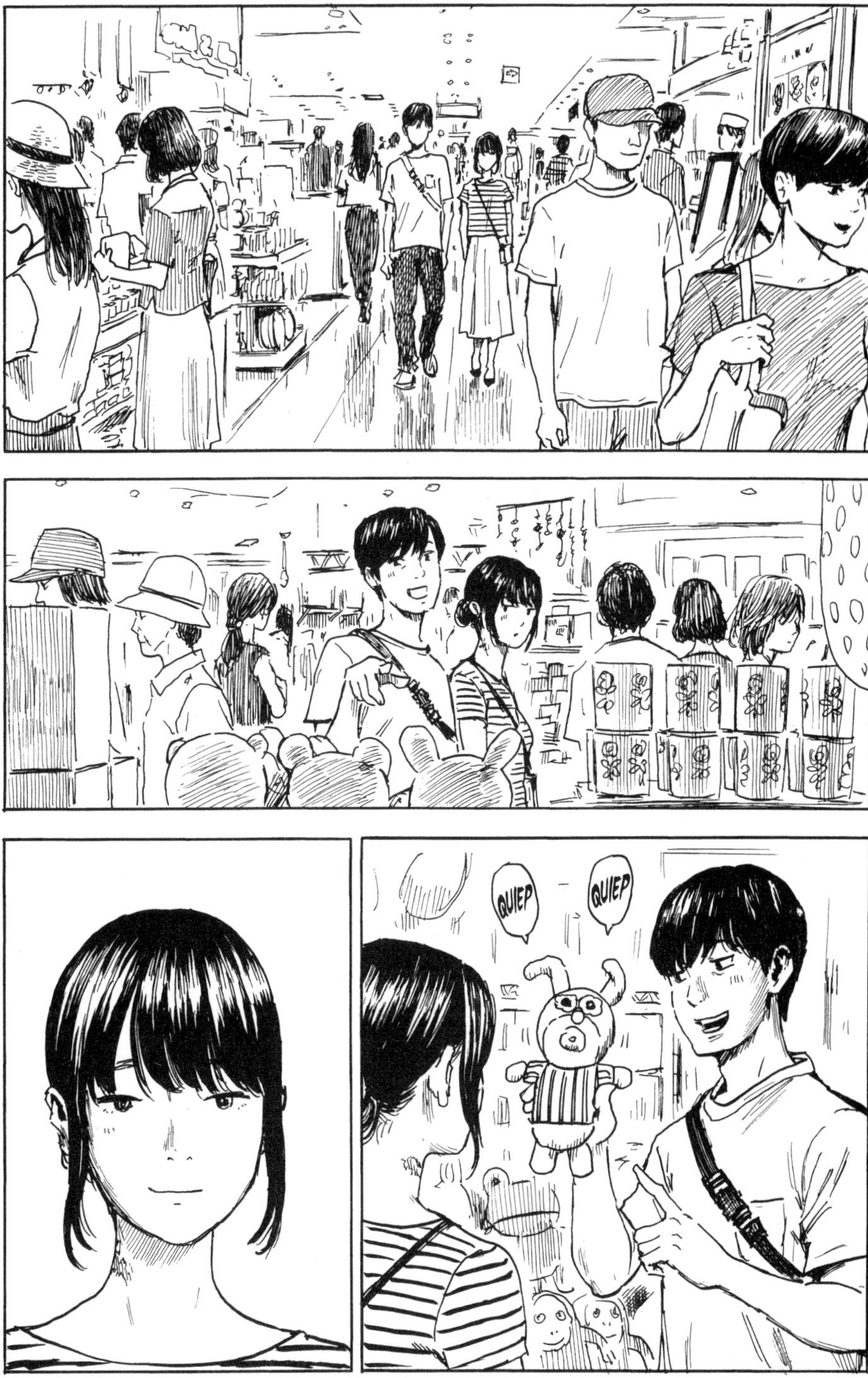
QUIEP
QUIEP

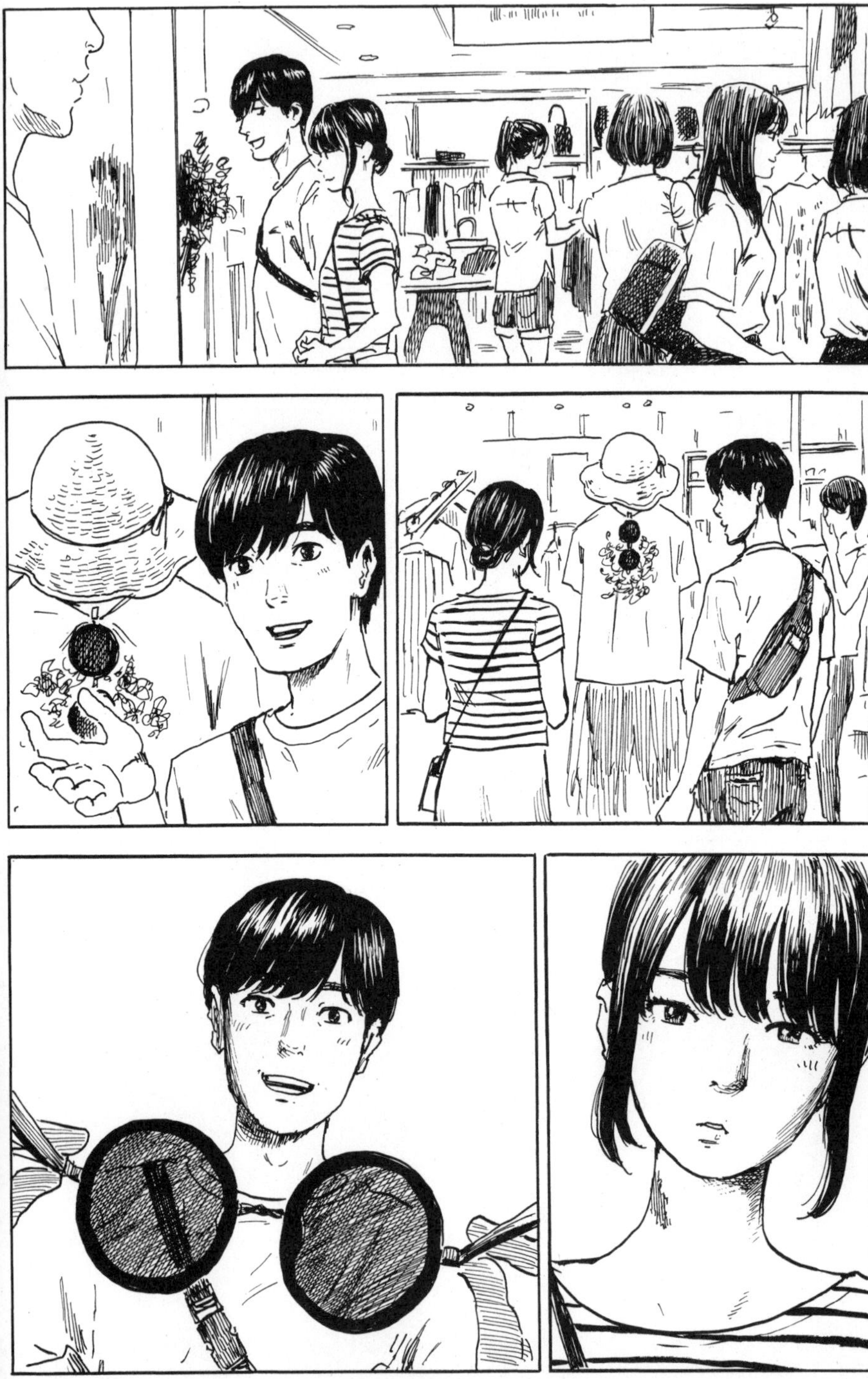

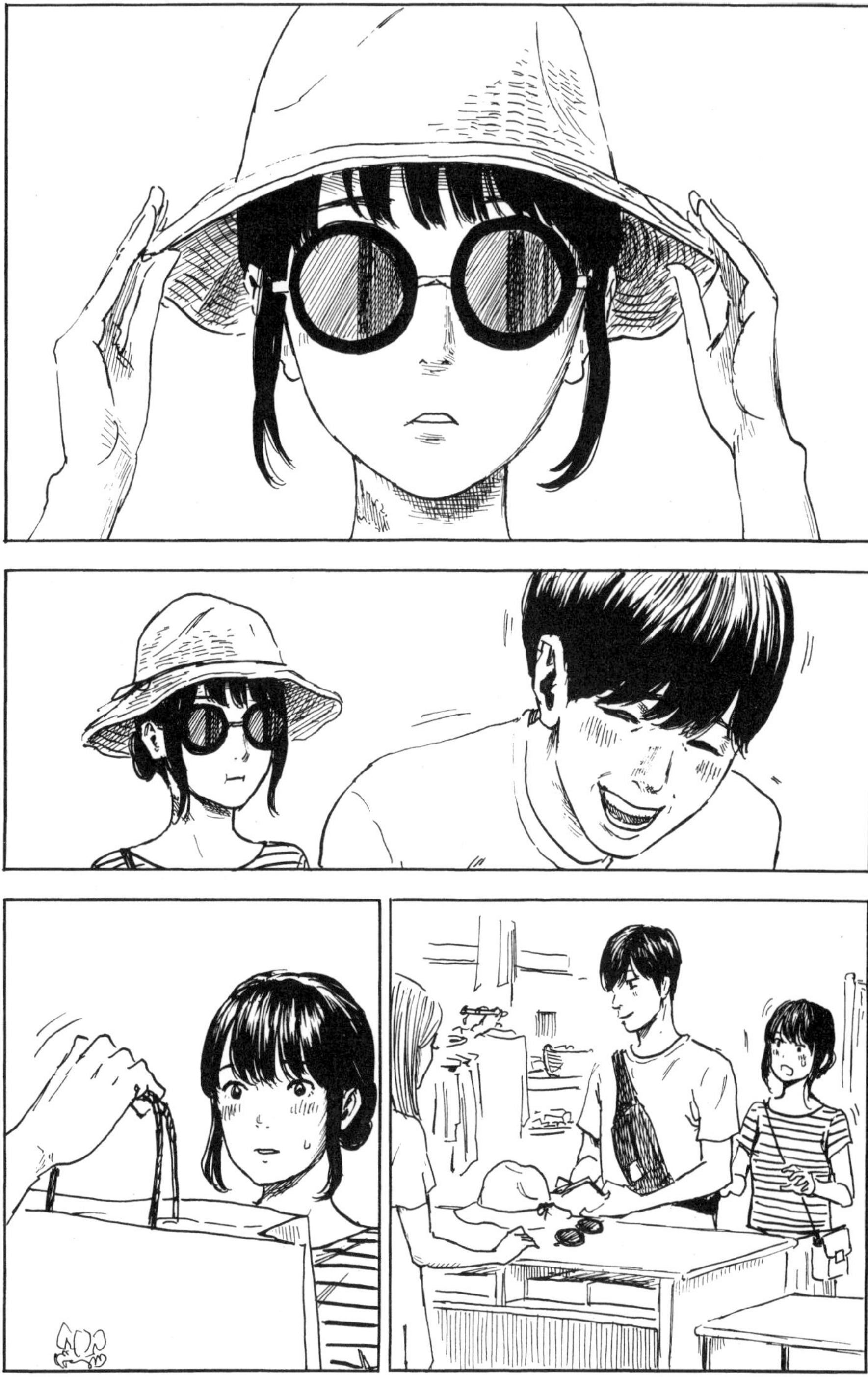

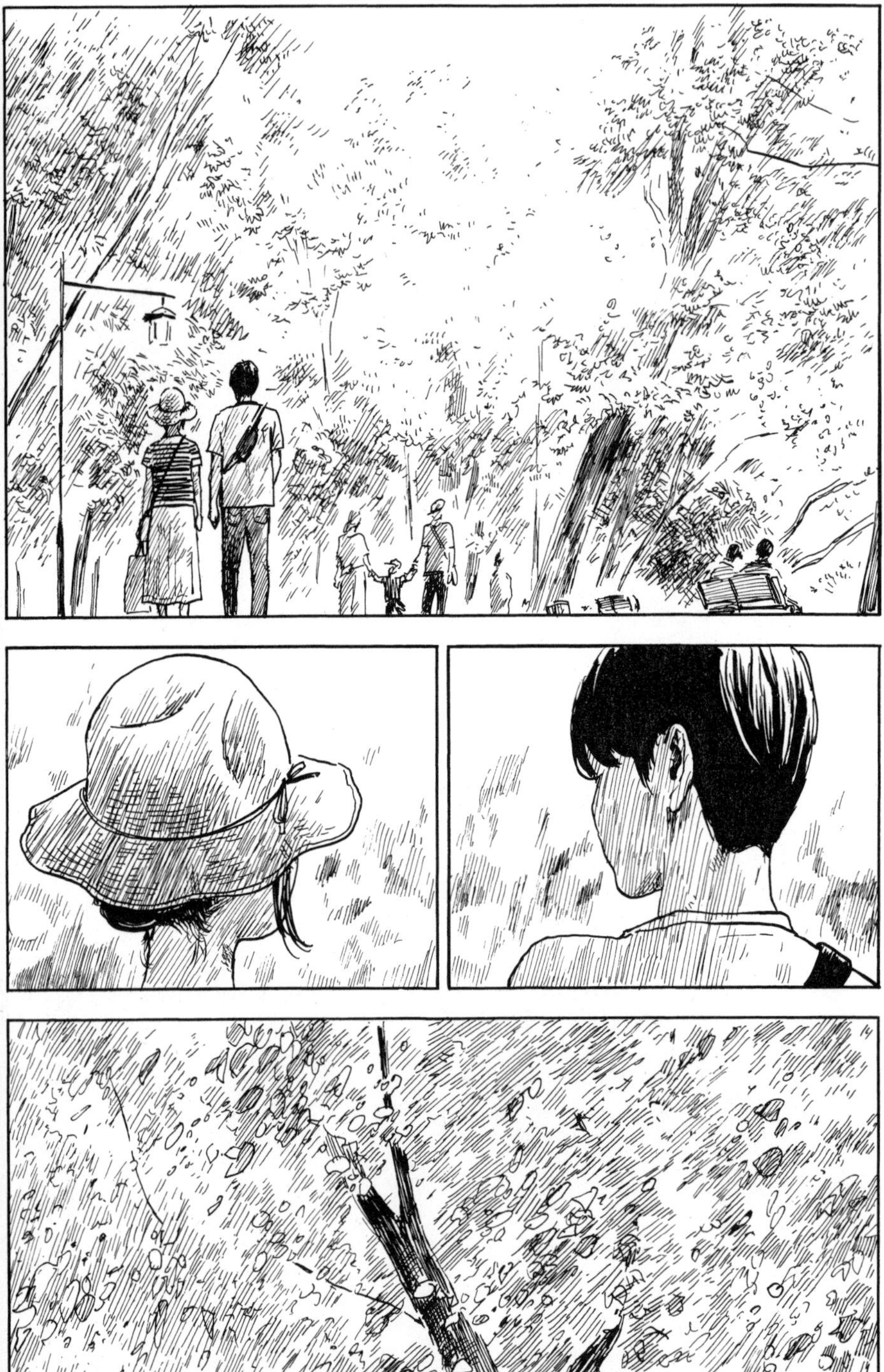

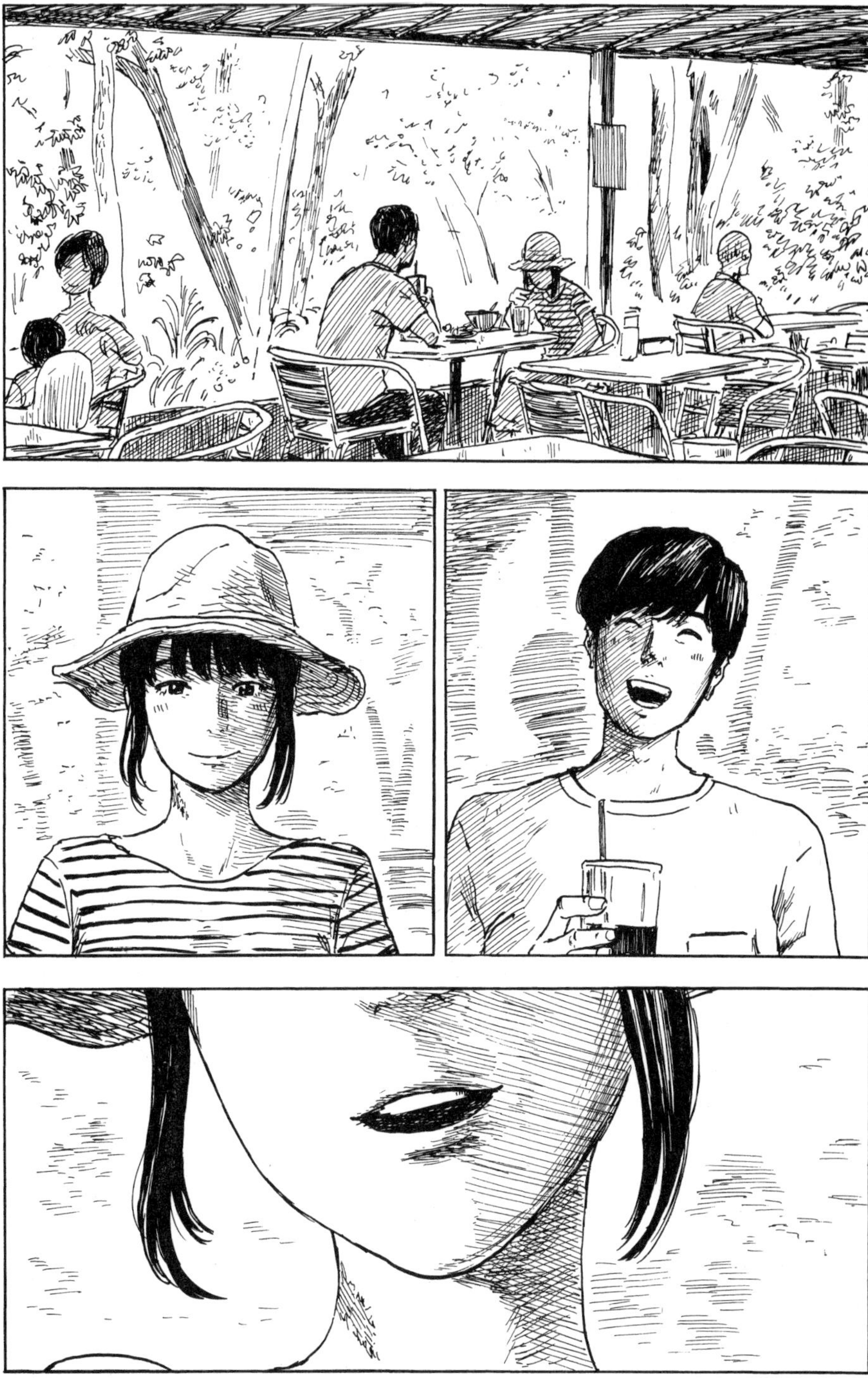

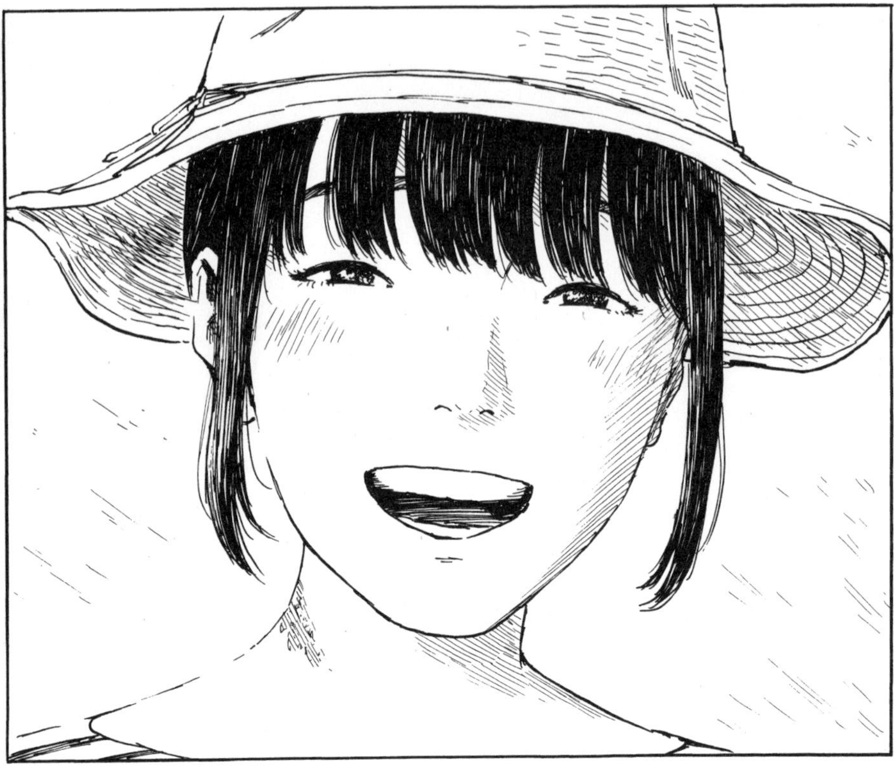

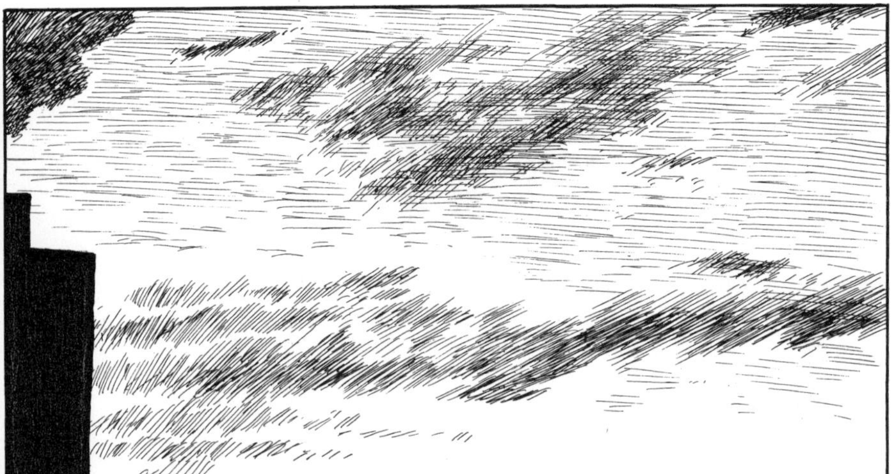

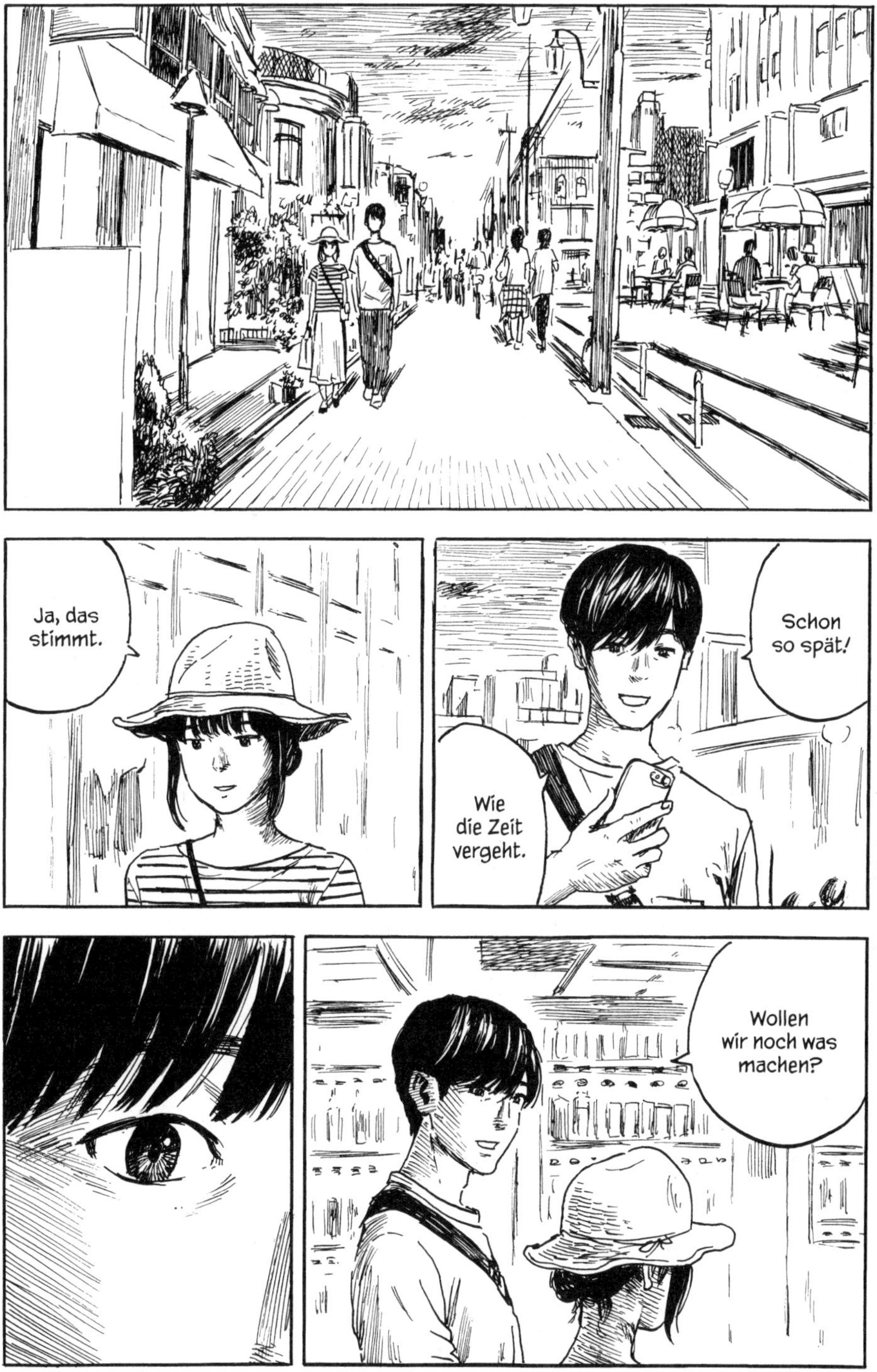
Schon so spät!
Wie die Zeit vergeht.
Ja, das stimmt.
Wollen wir noch was machen?

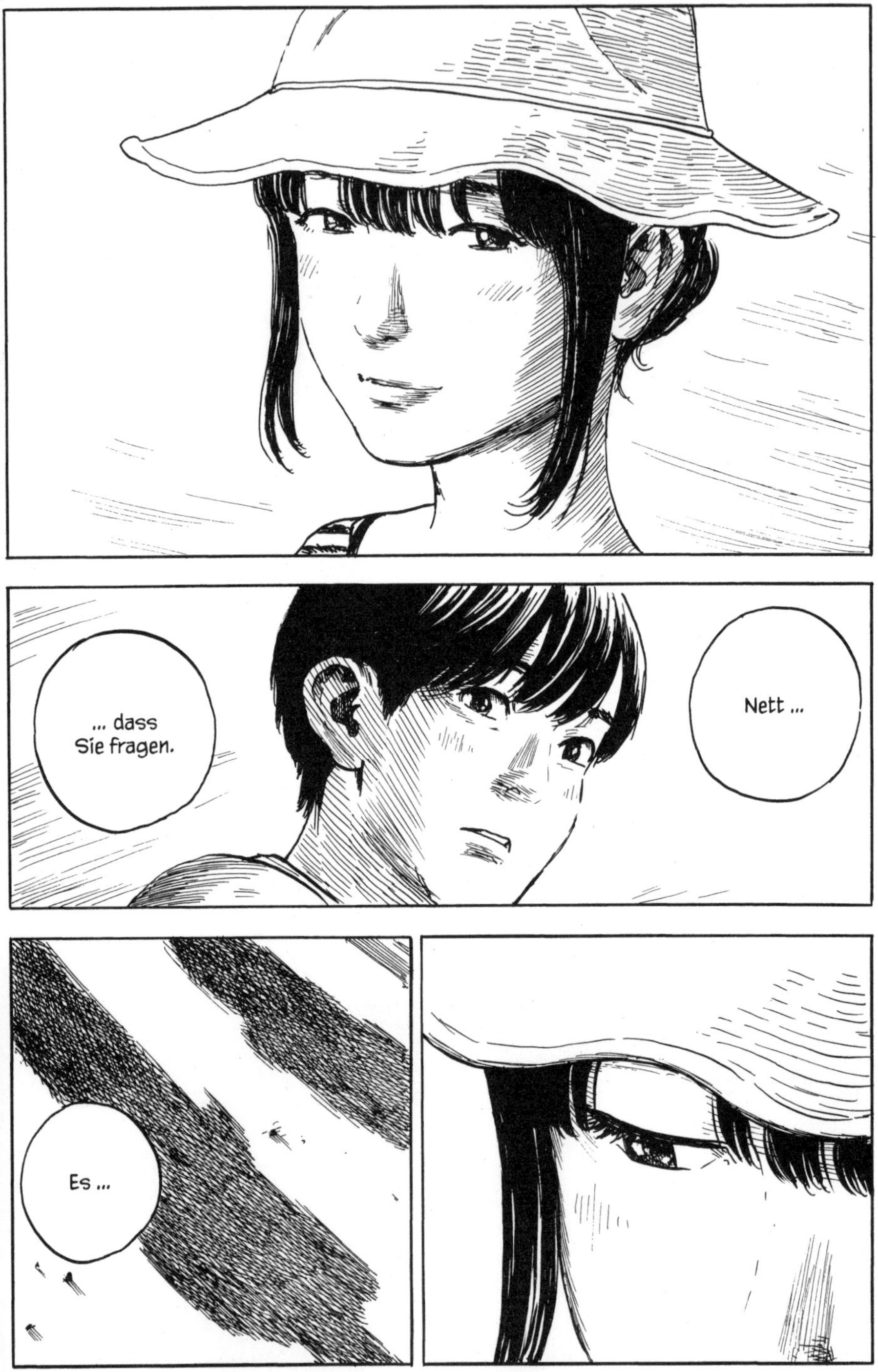
Nett ...
... dass Sie fragen.
Es ...

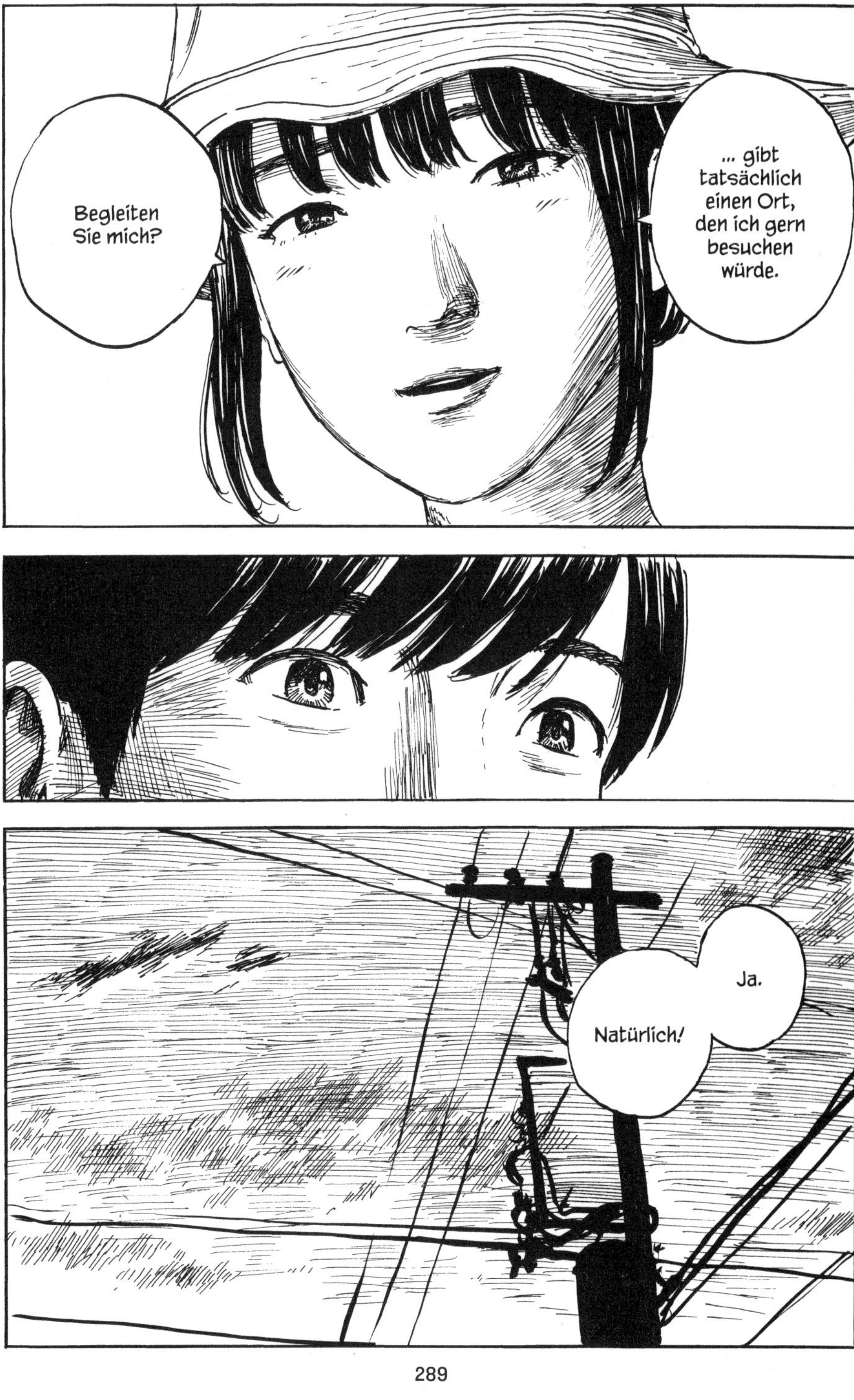
... gibt tatsächlich einen Ort, den ich gern besuchen würde.
Begleiten Sie mich?
Ja.
Natürlich!

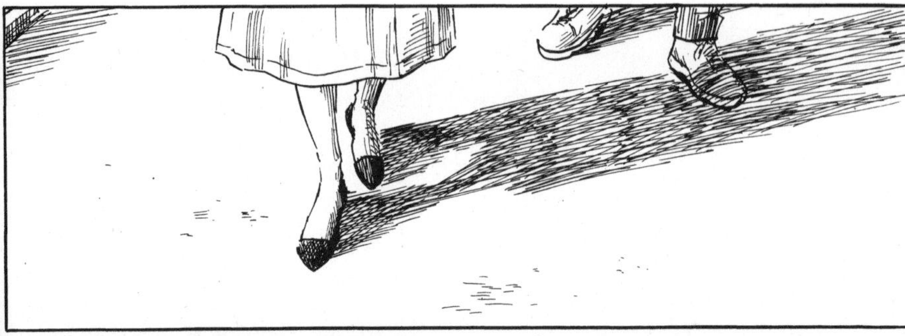

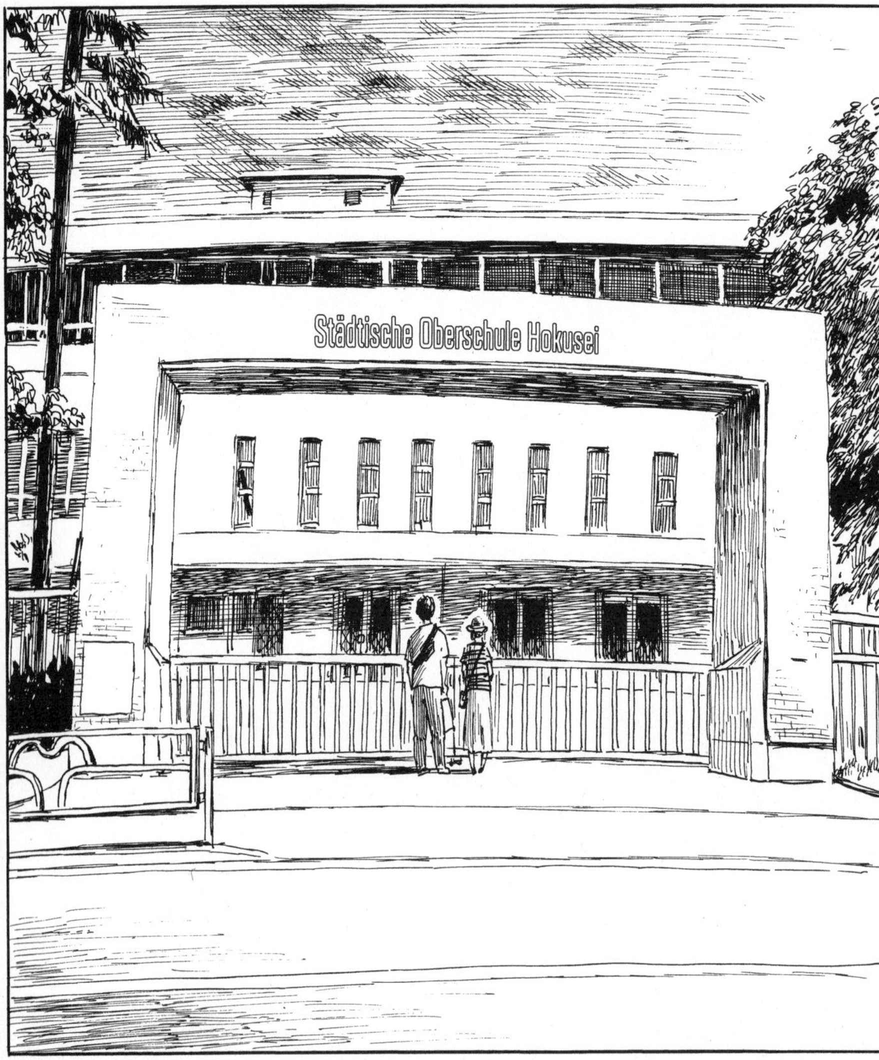
Städtische Oberschule Hokusei

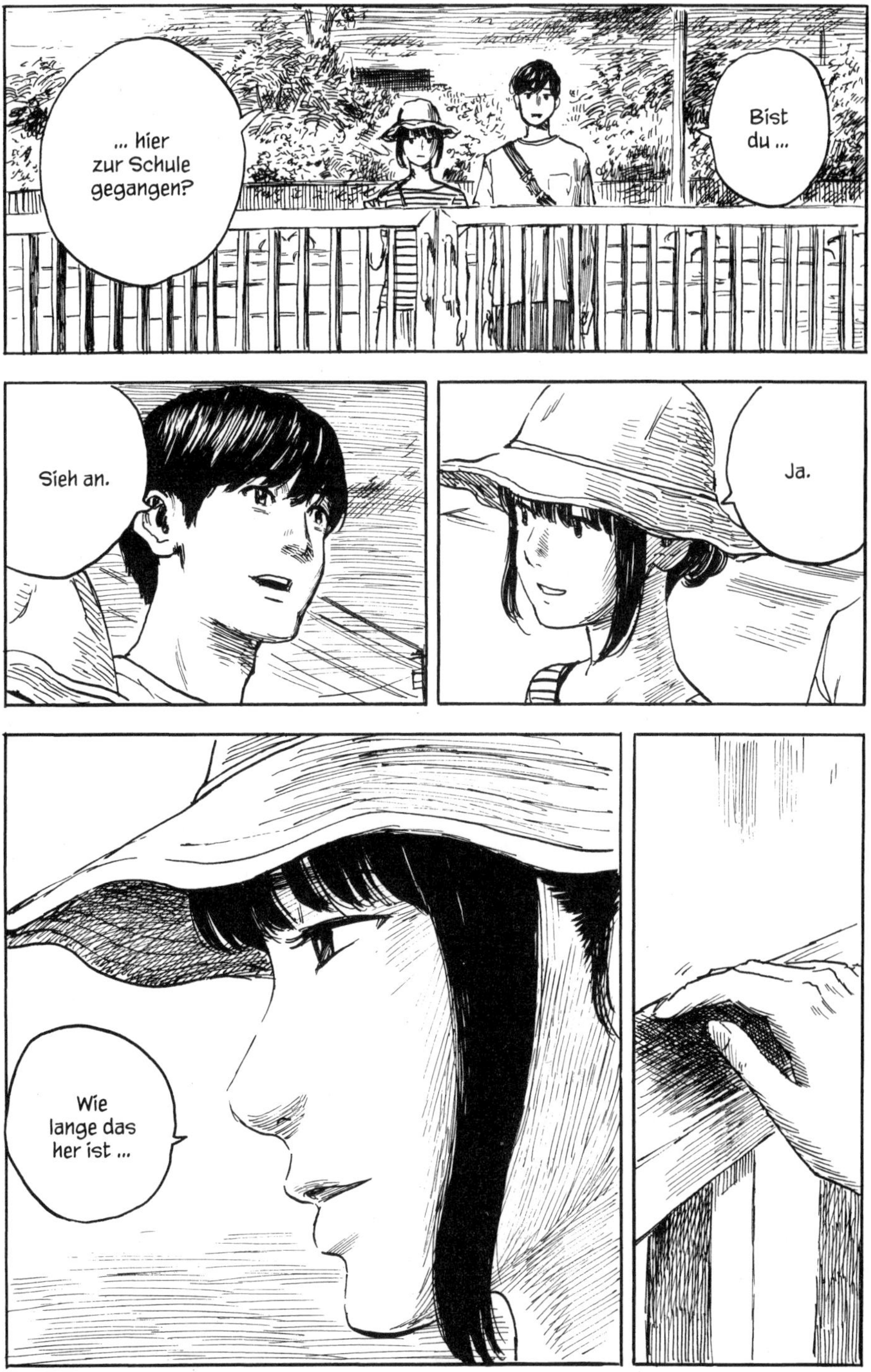
Bist du ...
... hier zur Schule gegangen?
Ja.
Sieh an.
Wie lange das her ist ...

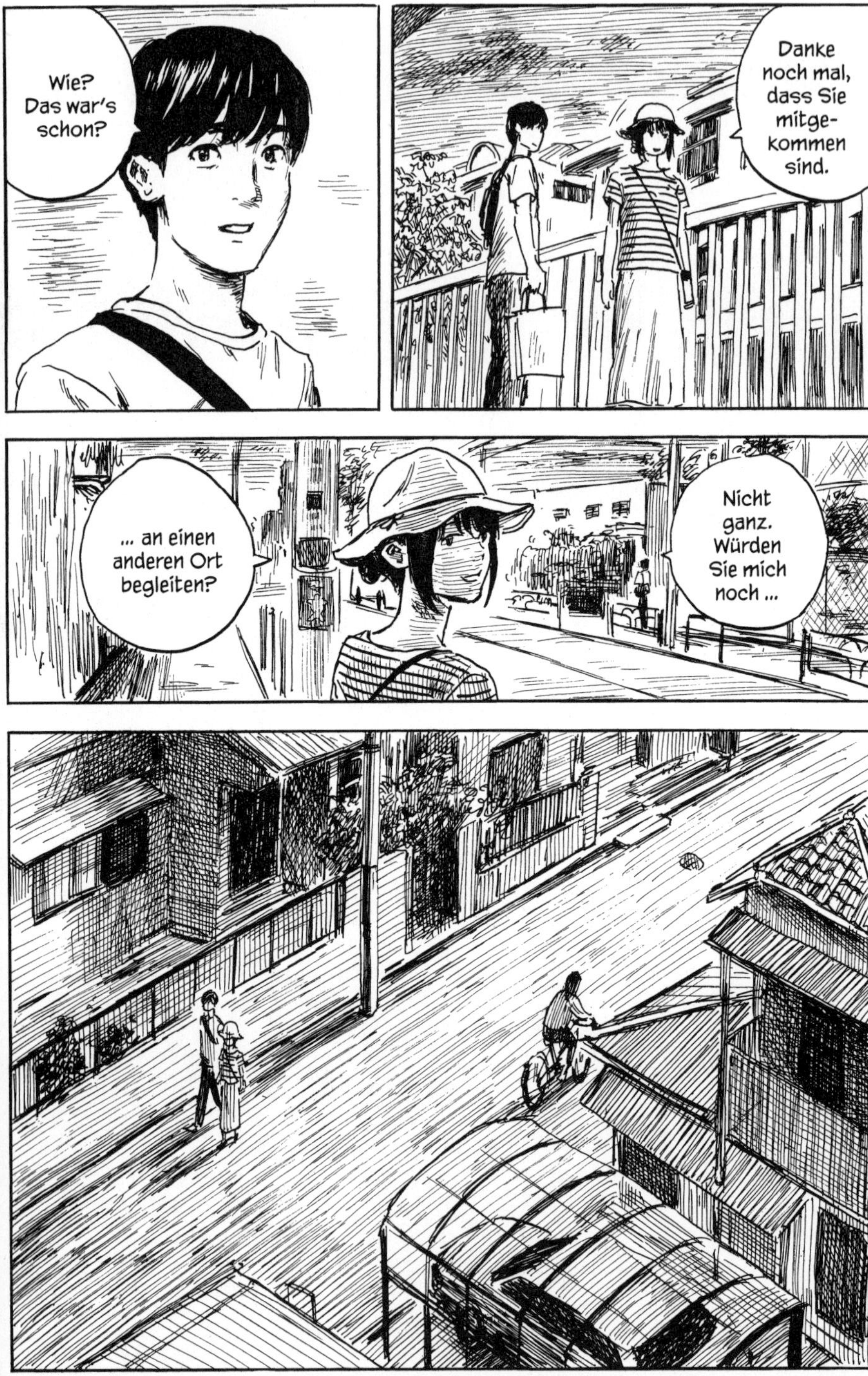
Danke noch mal, dass Sie mitgekommen sind.
Wie? Das war's schon?
Nicht ganz. Würden Sie mich noch ...
... an einen anderen Ort begleiten?

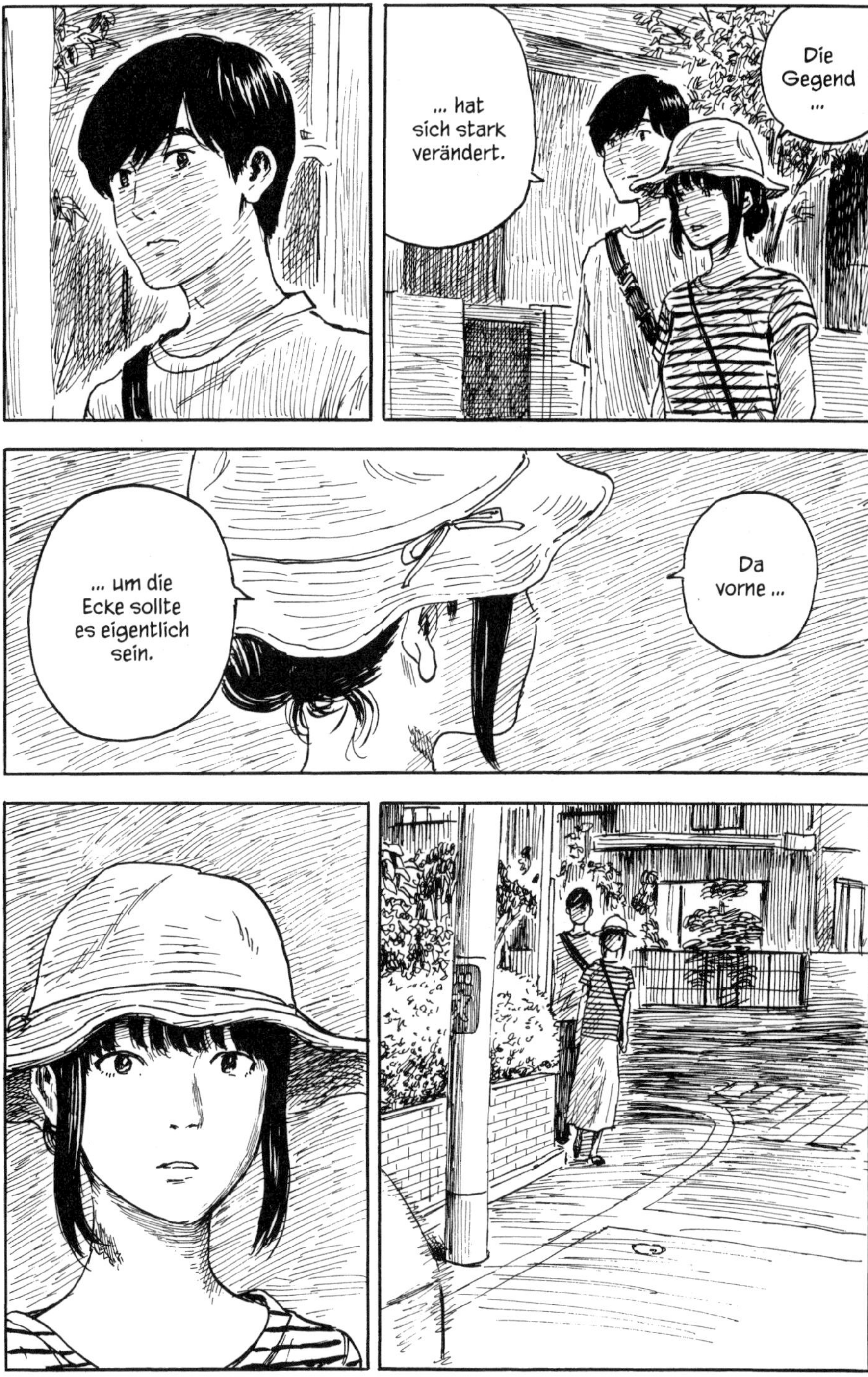
Die Gegend ...
... hat sich stark verändert.
Da vorne ...
... um die Ecke sollte es eigentlich sein.

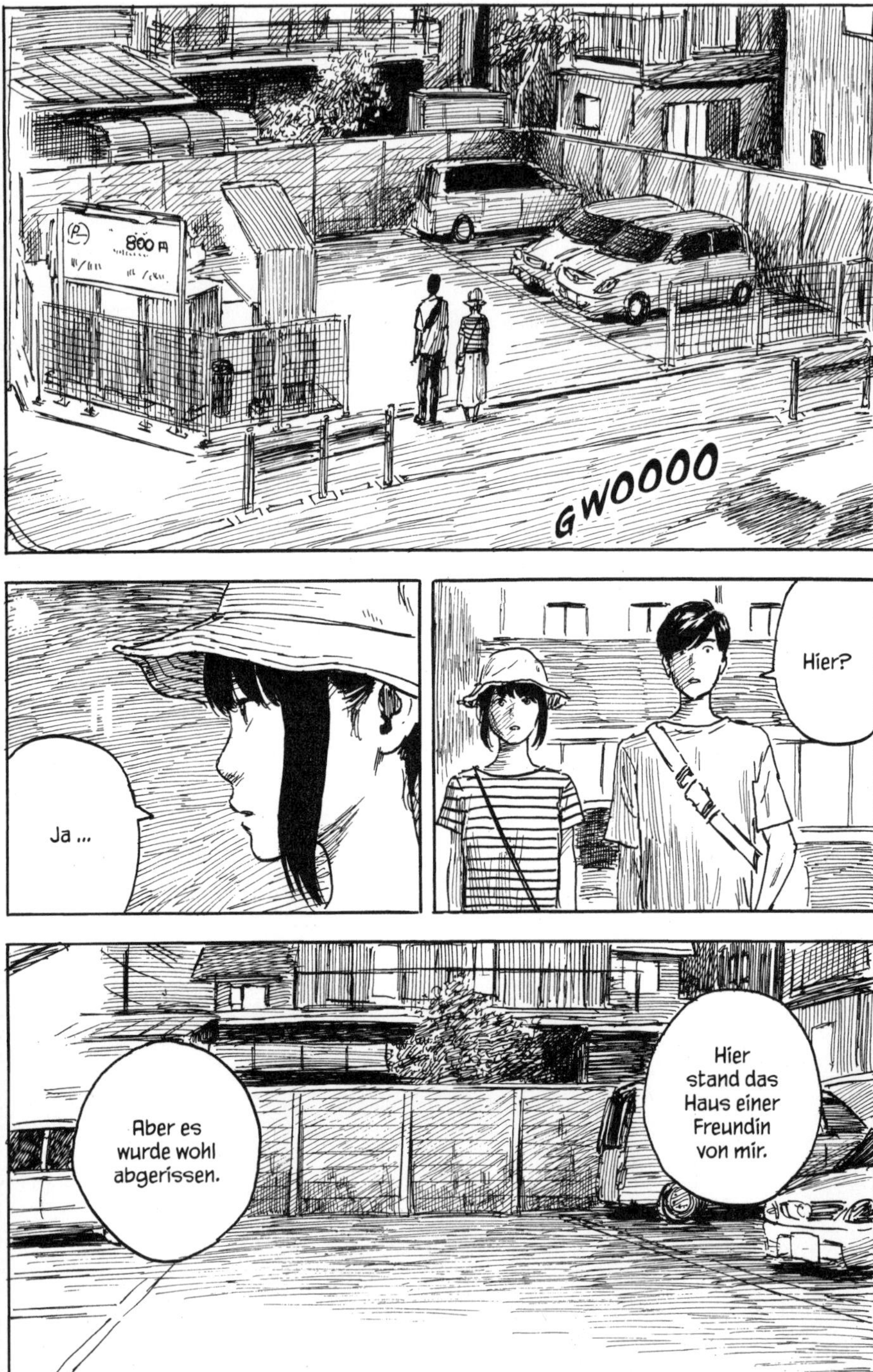
800 円
GWOOOO
Hier?
Ja ...
Hier stand das Haus einer Freundin von mir.
Aber es wurde wohl abgerissen.

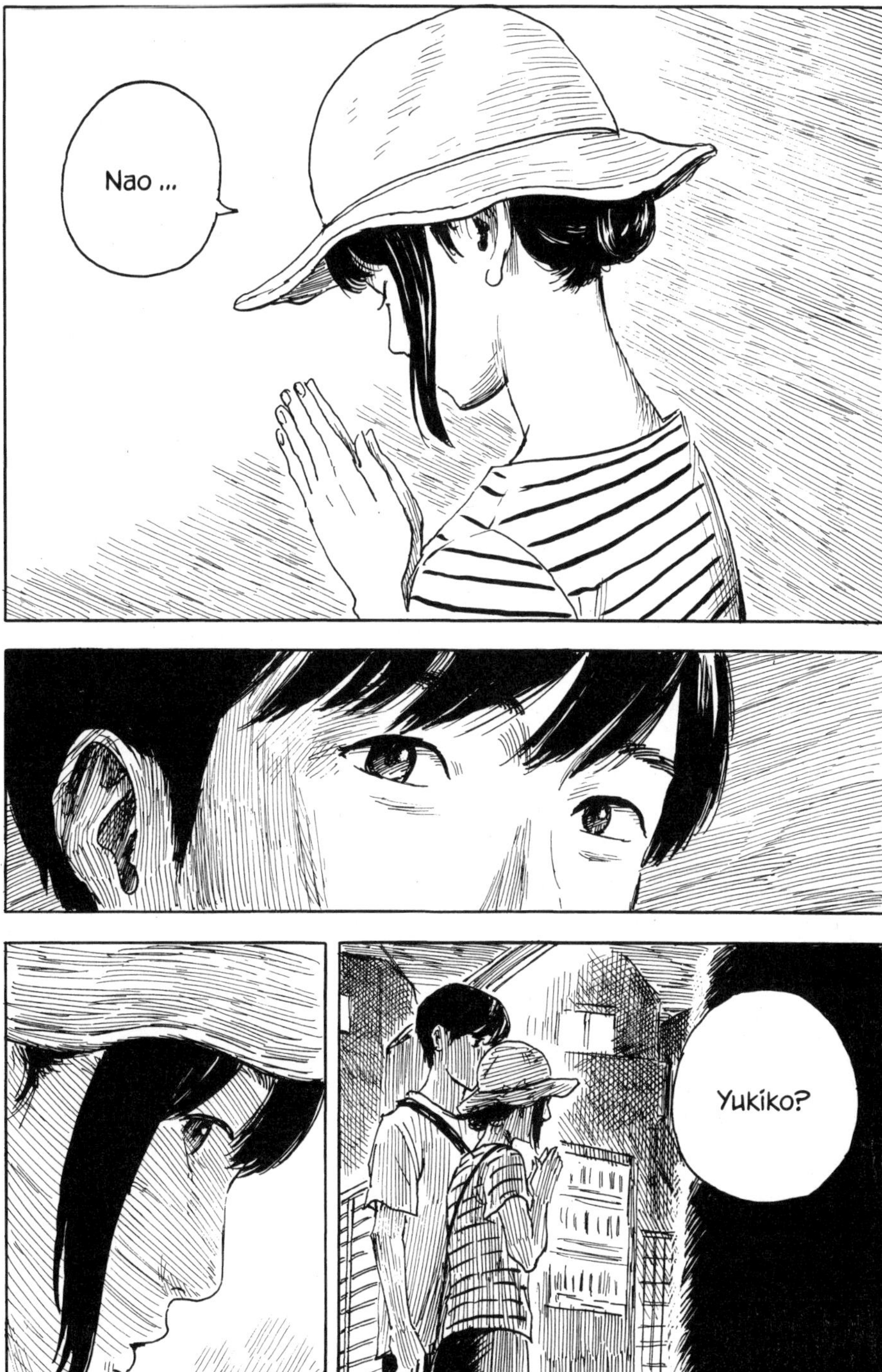
Nao ...
Yukiko?

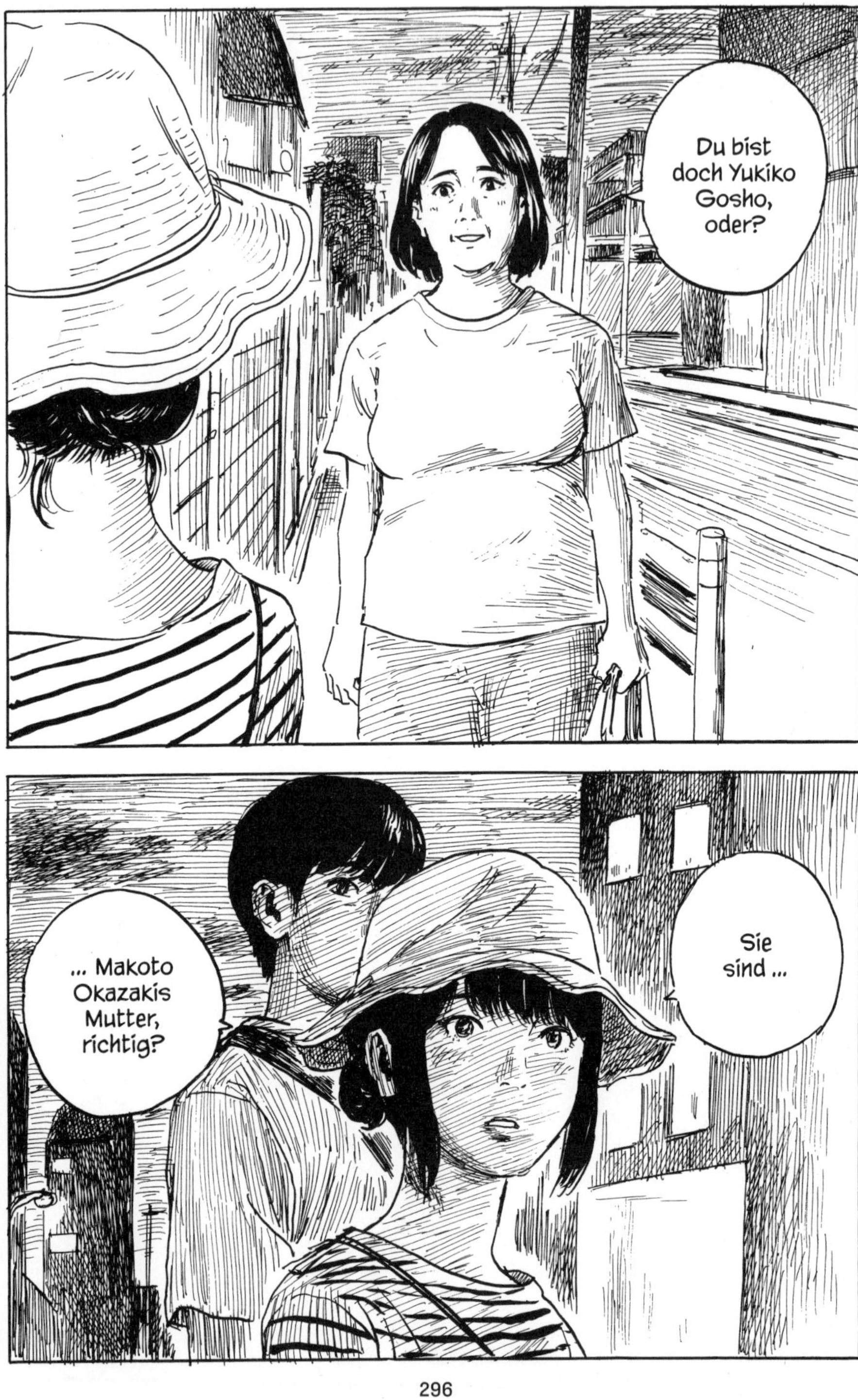
Du bist doch Yukiko Gosho, oder?
Sie sind ...
... Makoto Okazakis Mutter, richtig?

Kapitel 29: Rückbesinnung

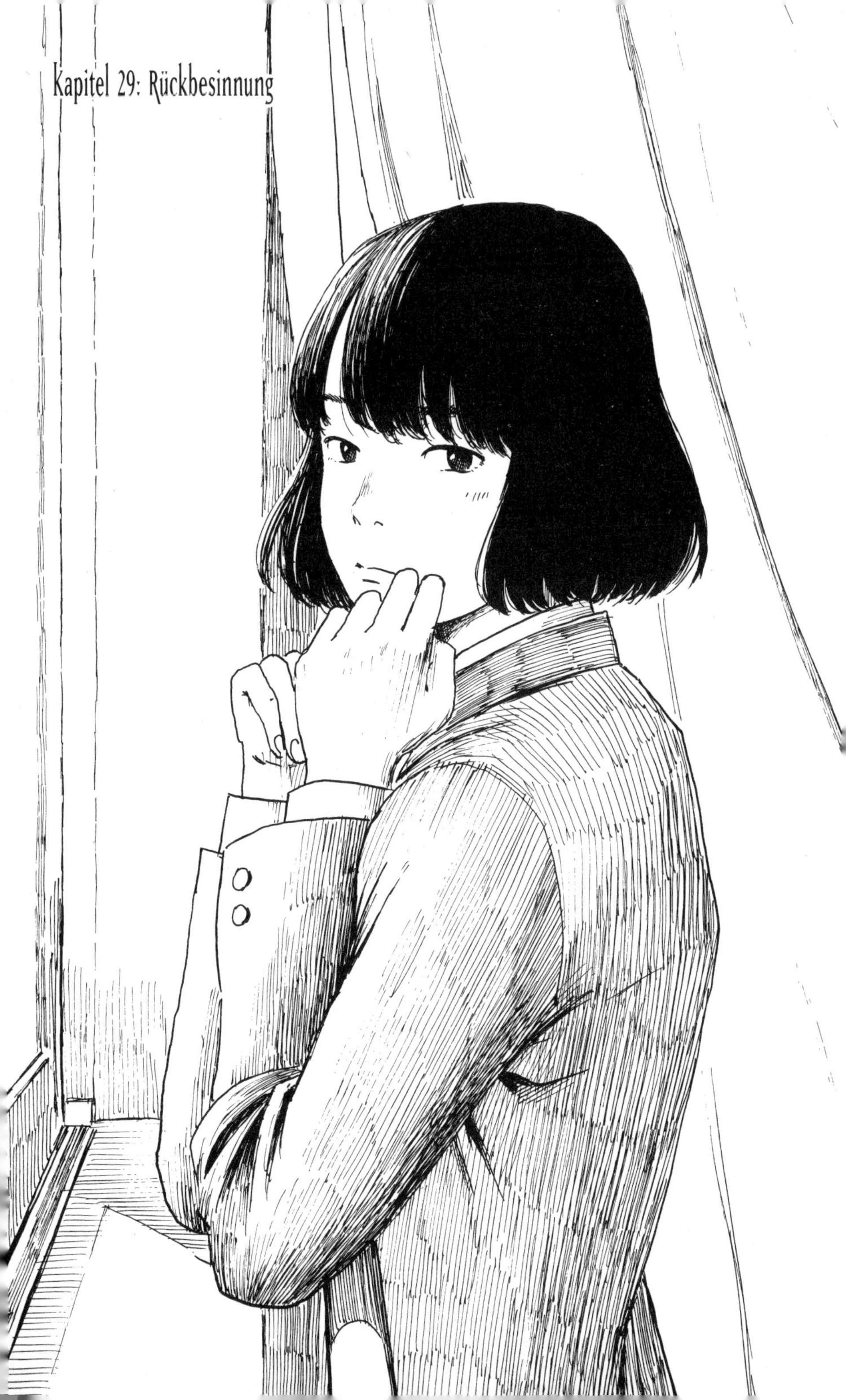

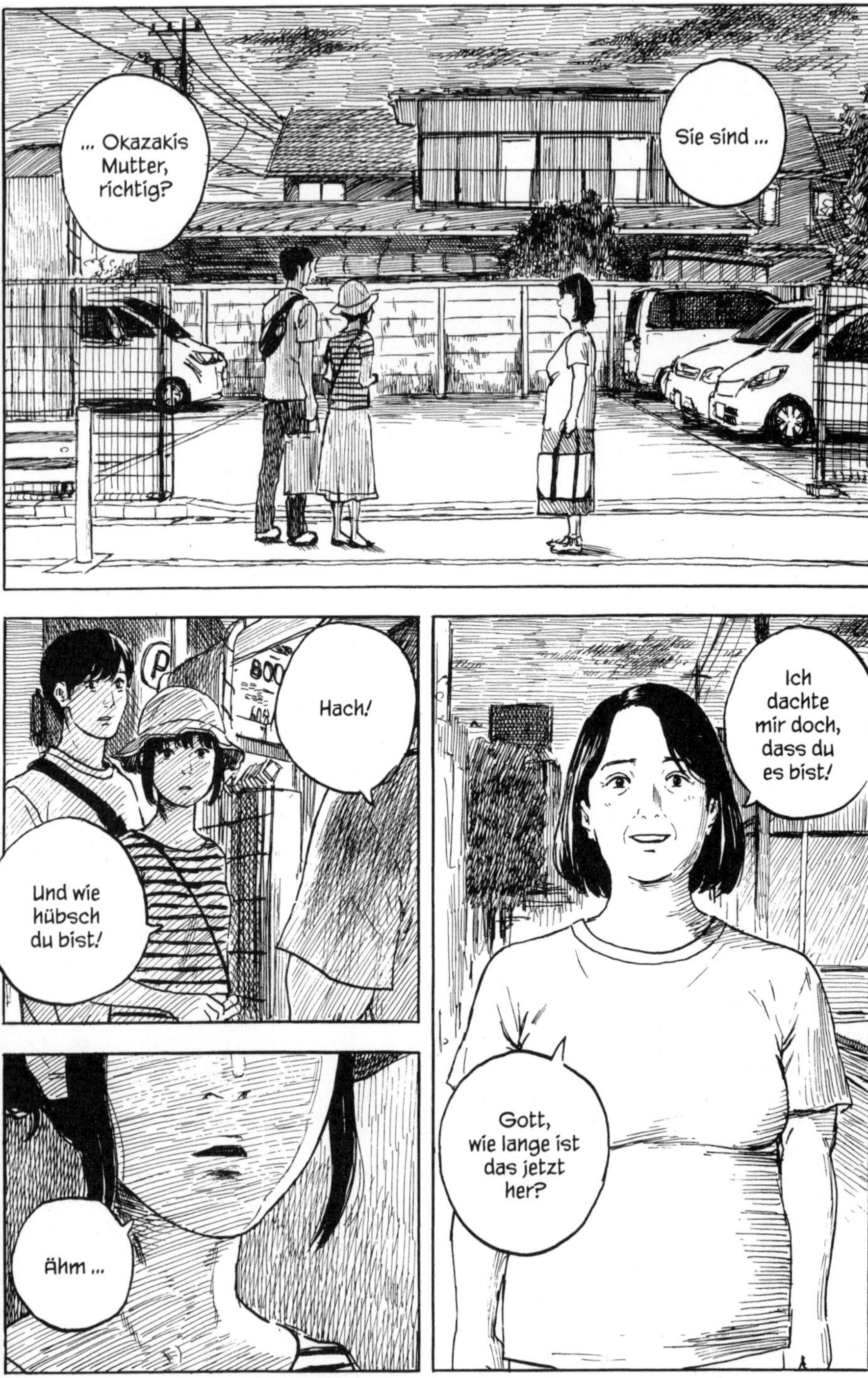
Sie sind ...
... Okazakis Mutter, richtig?
Ich dachte mir doch, dass du es bist!
Gott, wie lange ist das jetzt her?
Hach!
Und wie hübsch du bist!
Ähm ...
800
P

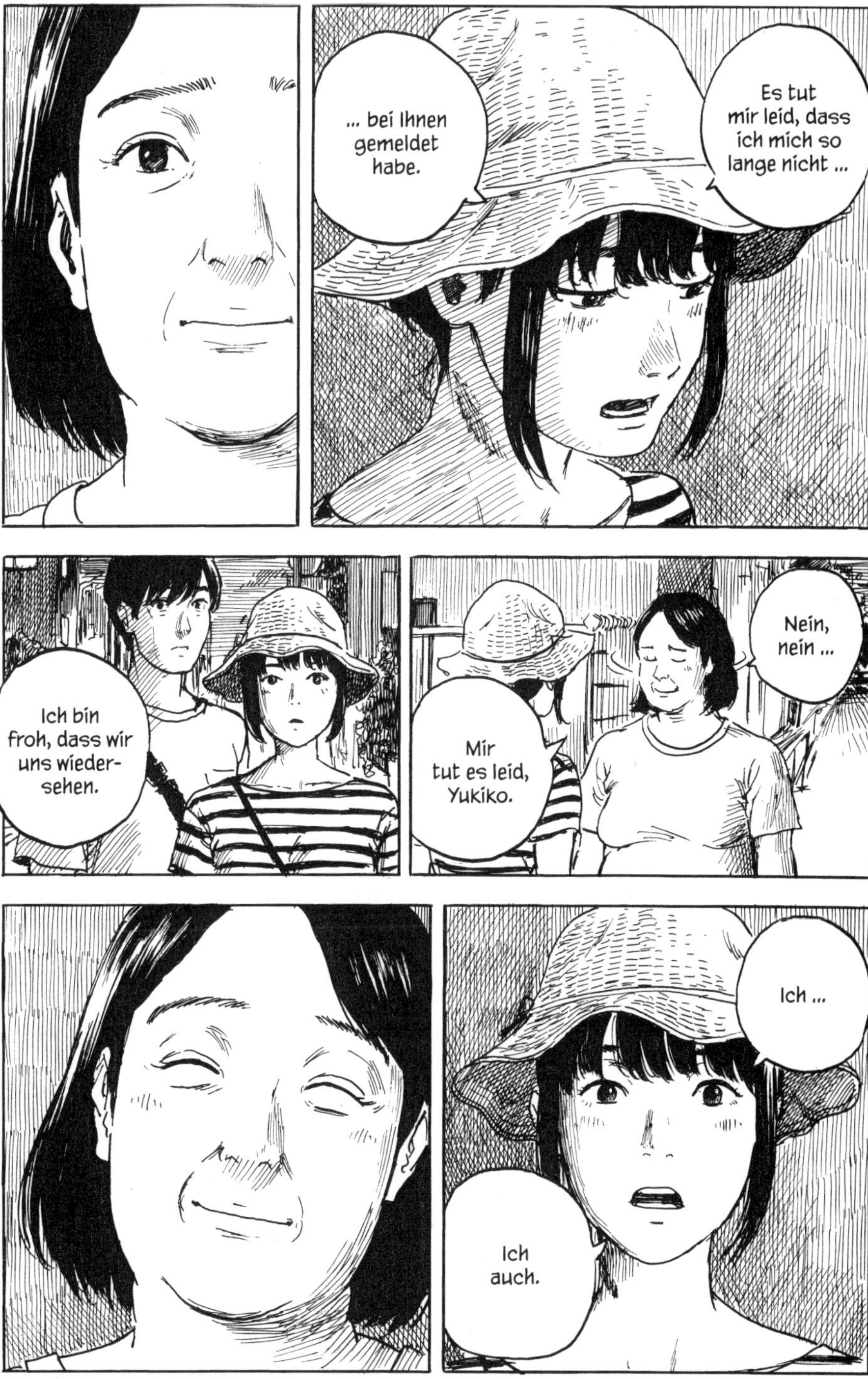
Es tut mir leid, dass ich mich so lange nicht ...
... bei Ihnen gemeldet habe.
Nein, nein ...
Mir tut es leid, Yukiko.
Ich bin froh, dass wir uns wieder-sehen.
Ich ...
Ich auch.

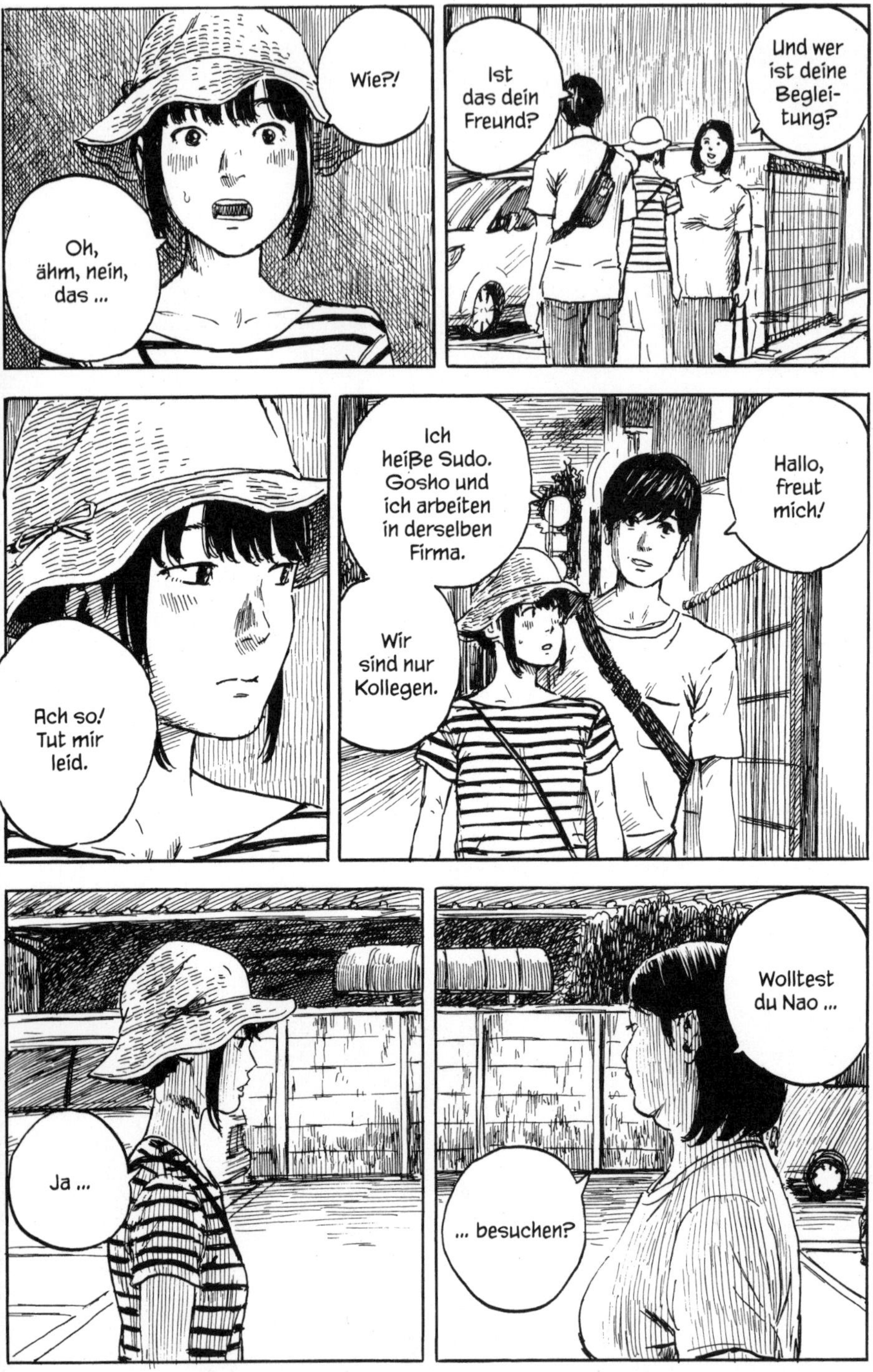
Und wer ist deine Begleitung?
Ist das dein Freund?
Wie?!
Oh, ähm, nein, das ...
Hallo, freut mich!
Ich heiße Sudo. Gosho und ich arbeiten in derselben Firma.
Wir sind nur Kollegen.
Ach so! Tut mir leid.
Wolltest du Nao ...
... besuchen?
Ja ...

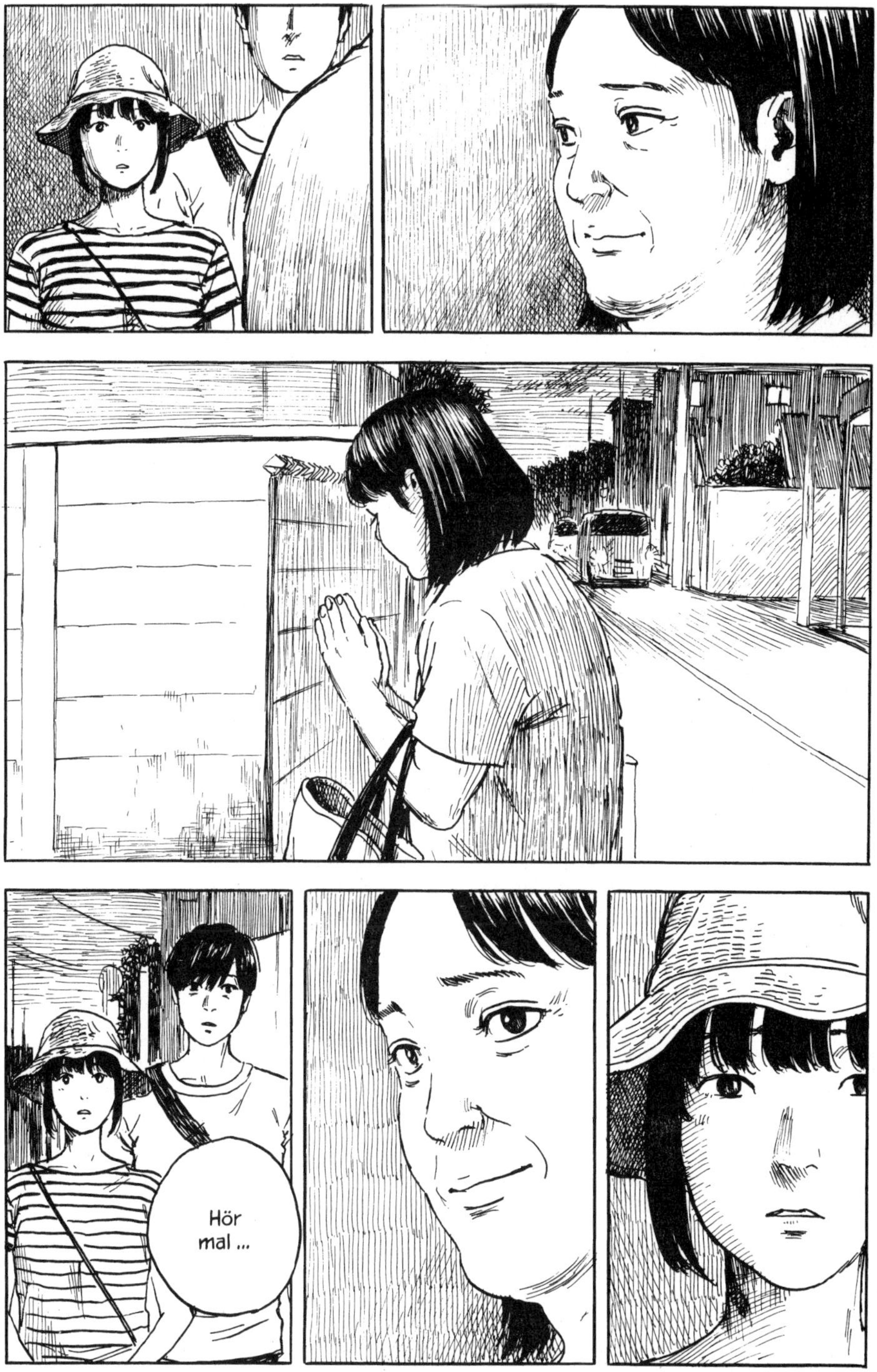
Hör
mal ...

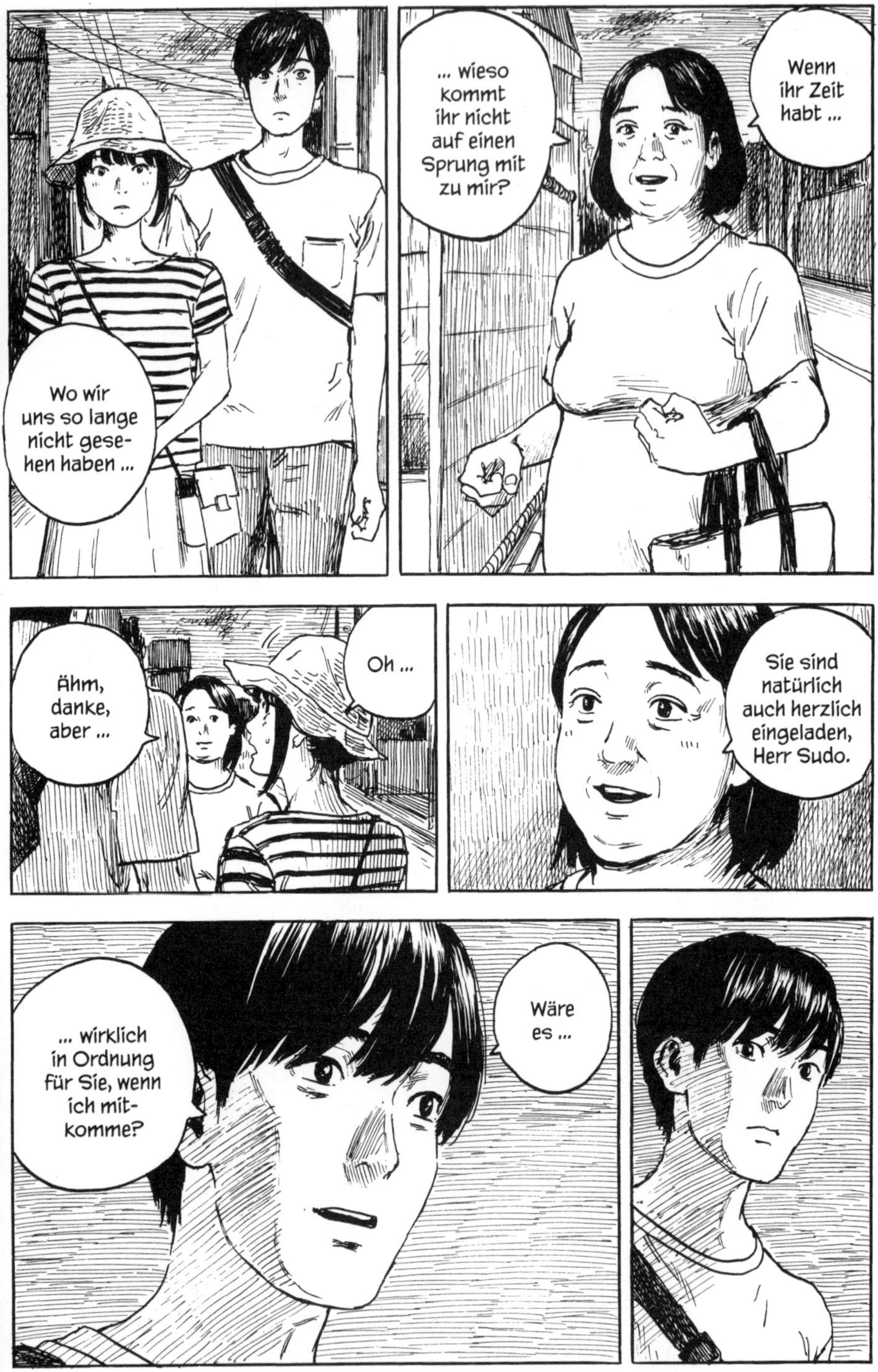
Wenn ihr Zeit habt ...
... wieso kommt ihr nicht auf einen Sprung mit zu mir?
Wo wir uns so lange nicht gesehen haben ...
Sie sind natürlich auch herzlich eingeladen, Herr Sudo.
Oh ...
Ähm, danke, aber ...
Wäre es ...
... wirklich in Ordnung für Sie, wenn ich mitkomme?

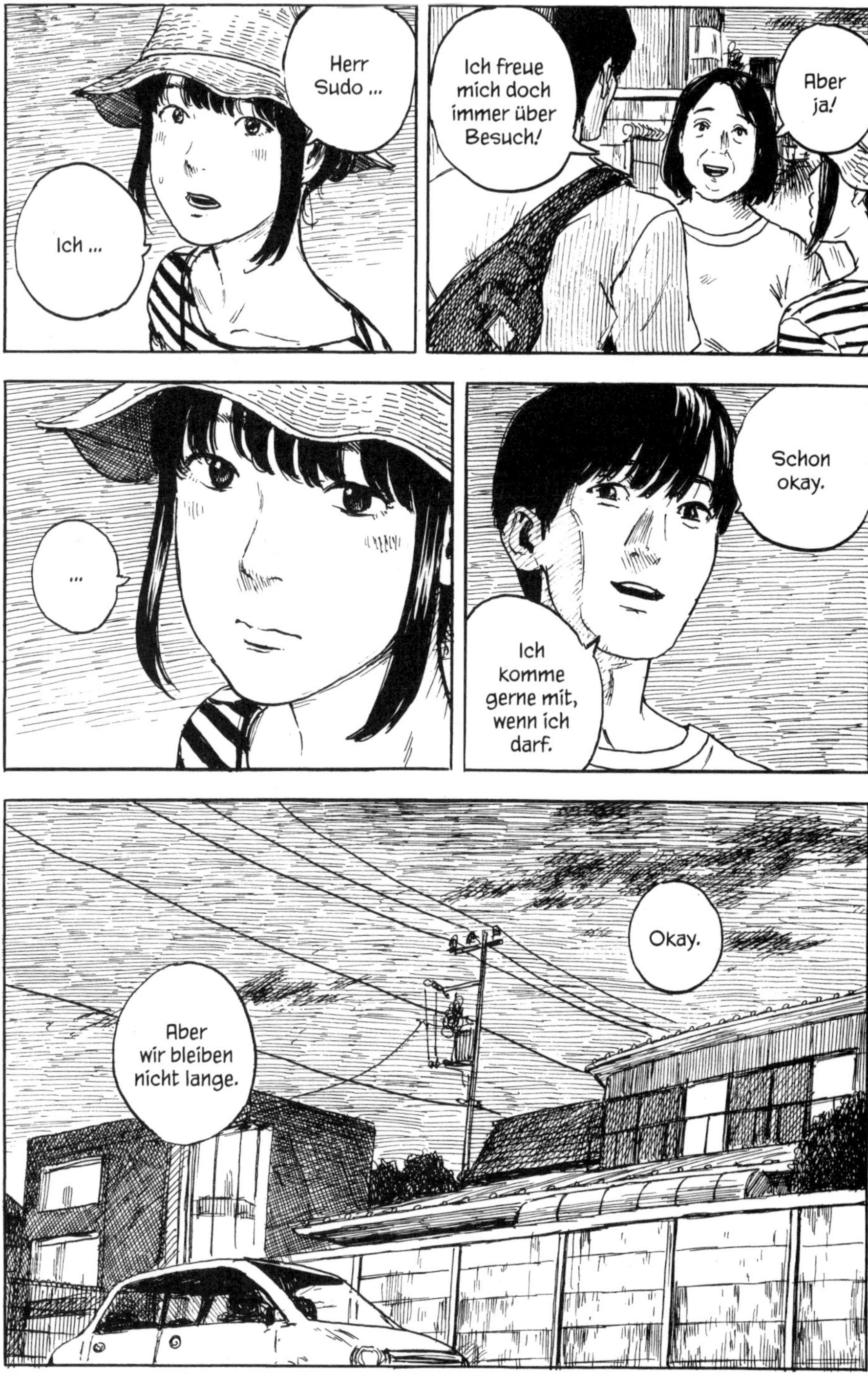
Aber ja!
Ich freue mich doch immer über Besuch!
Herr Sudo ...
Ich ...
Schon okay.
Ich komme gerne mit, wenn ich darf.
...
Okay.
Aber wir bleiben nicht lange.

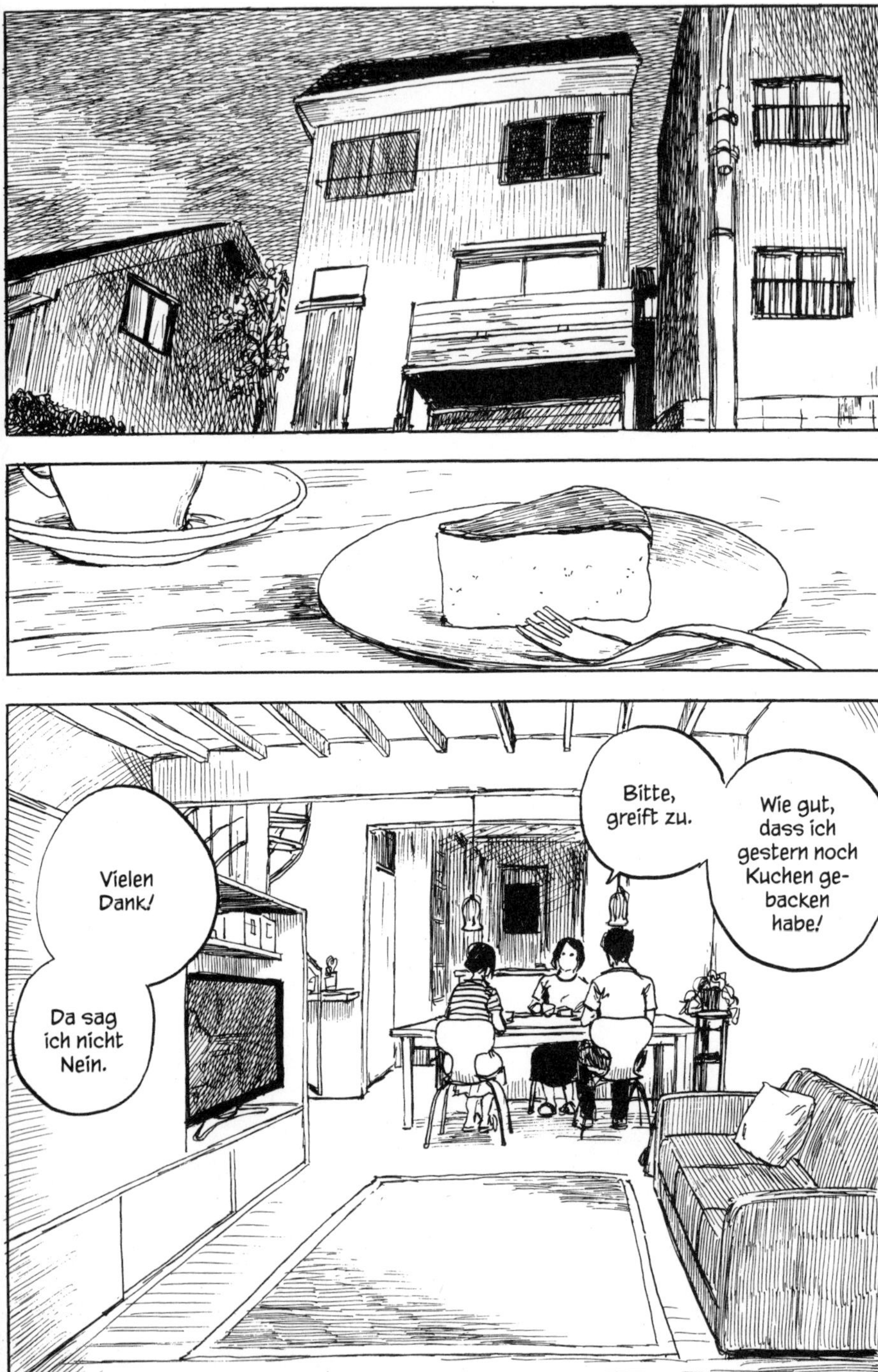
Bitte, greift zu.
Wie gut, dass ich gestern noch Kuchen gebacken habe!
Vielen Dank!
Da sag ich nicht Nein.

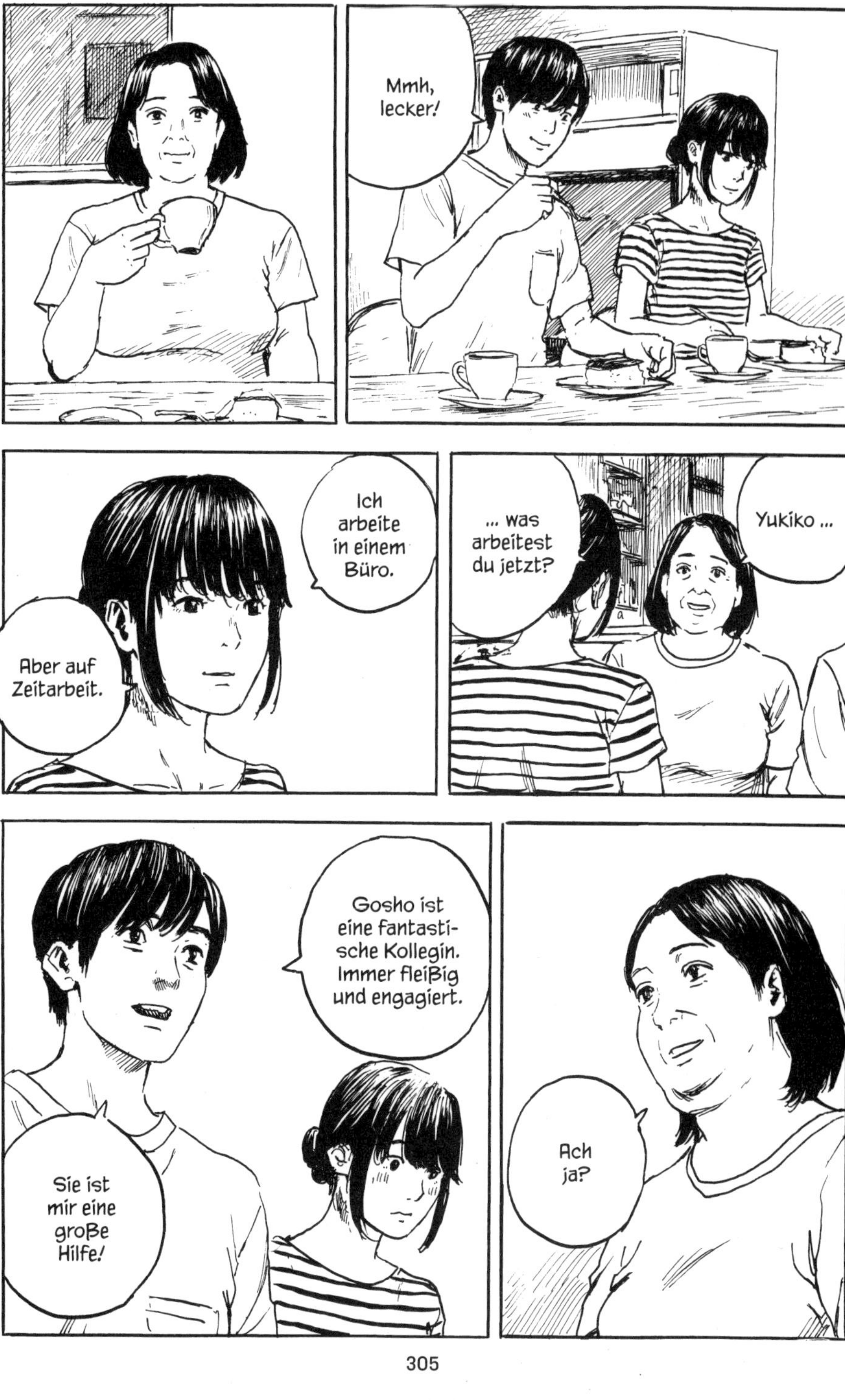
Mmh, lecker!
Yukiko ...
... was arbeitest du jetzt?
Ich arbeite in einem Büro.
Aber auf Zeitarbeit.
Ach ja?
Gosho ist eine fantastische Kollegin. Immer fleißig und engagiert.
Sie ist mir eine große Hilfe!

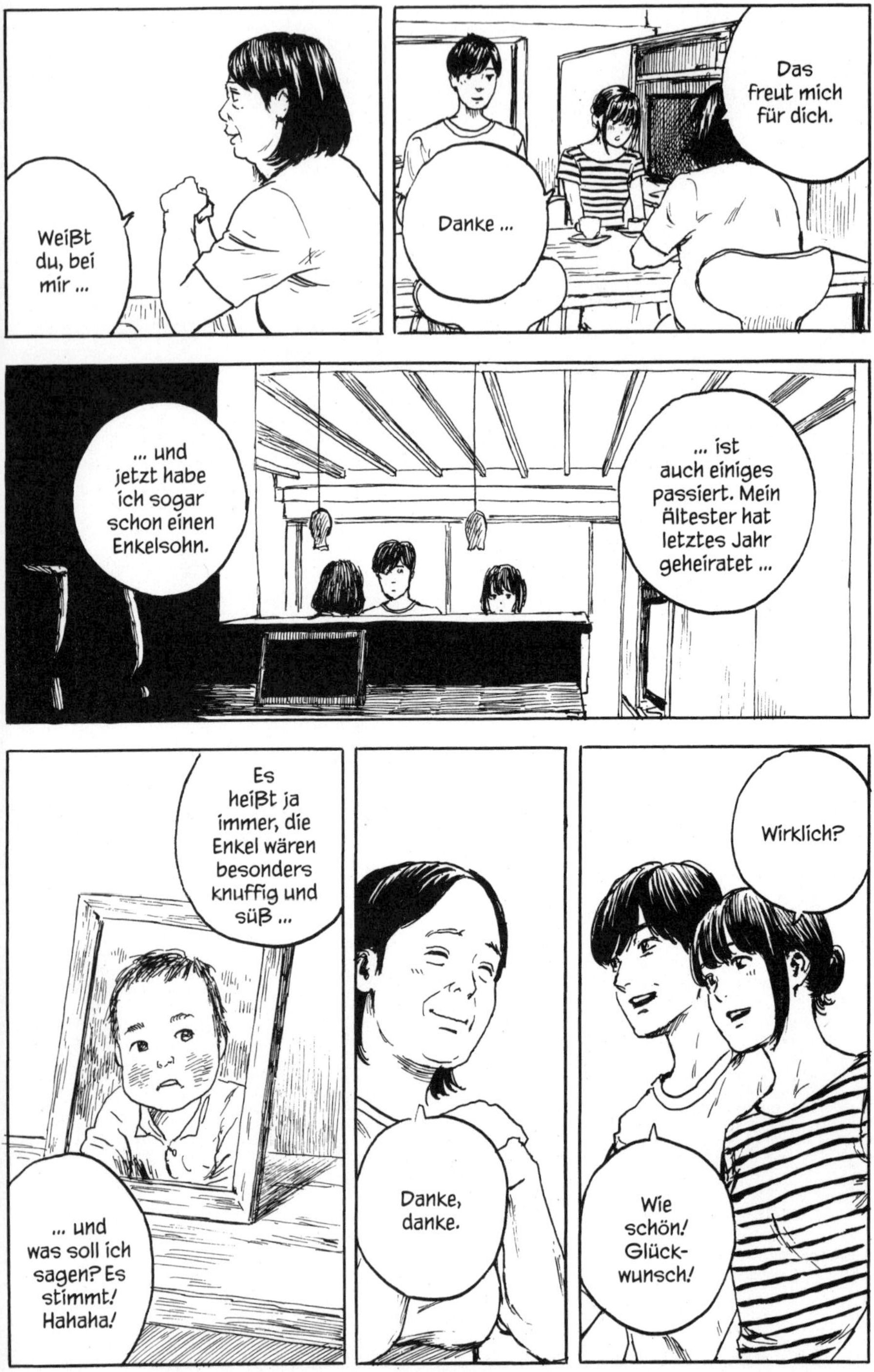
Das freut mich für dich.
Danke ...
Weißt du, bei mir ...
... ist auch einiges passiert. Mein Ältester hat letztes Jahr geheiratet ...
... und jetzt habe ich sogar schon einen Enkelsohn.
Wirklich?
Wie schön! Glückwunsch!
Danke, danke.
Es heißt ja immer, die Enkel wären besonders knuffig und süß ...
... und was soll ich sagen? Es stimmt! Hahaha!

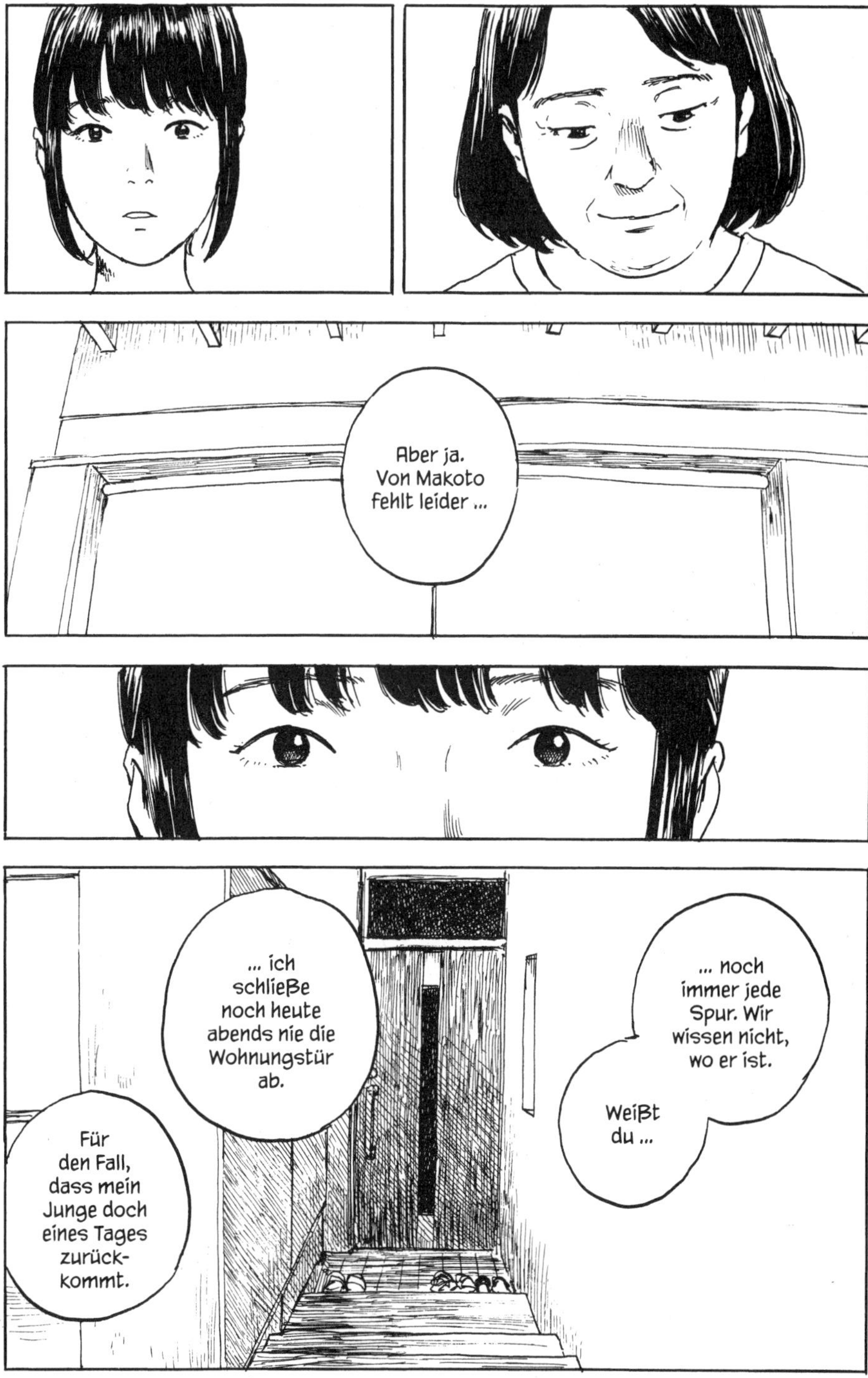
Aber ja. Von Makoto fehlt leider ...
... noch immer jede Spur. Wir wissen nicht, wo er ist.
Weißt du ...
... ich schließe noch heute abends nie die Wohnungstür ab.
Für den Fall, dass mein Junge doch eines Tages zurückkommt.

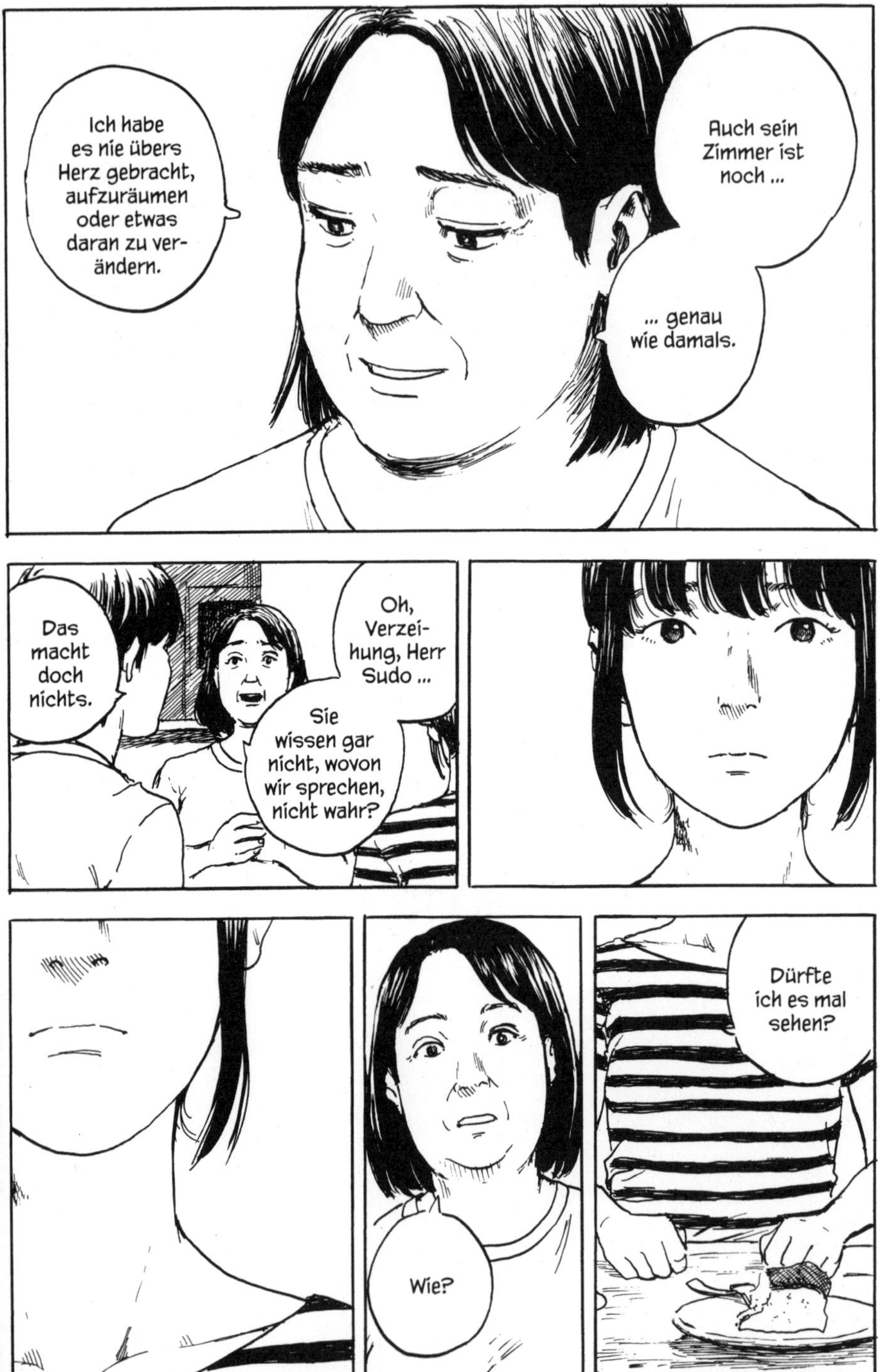
Auch sein Zimmer ist noch ...
... genau wie damals.
Ich habe es nie übers Herz gebracht, aufzuräumen oder etwas daran zu verändern.
Oh, Verzeihung, Herr Sudo ...
Sie wissen gar nicht, wovon wir sprechen, nicht wahr?
Das macht doch nichts.
Dürfte ich es mal sehen?
Wie?

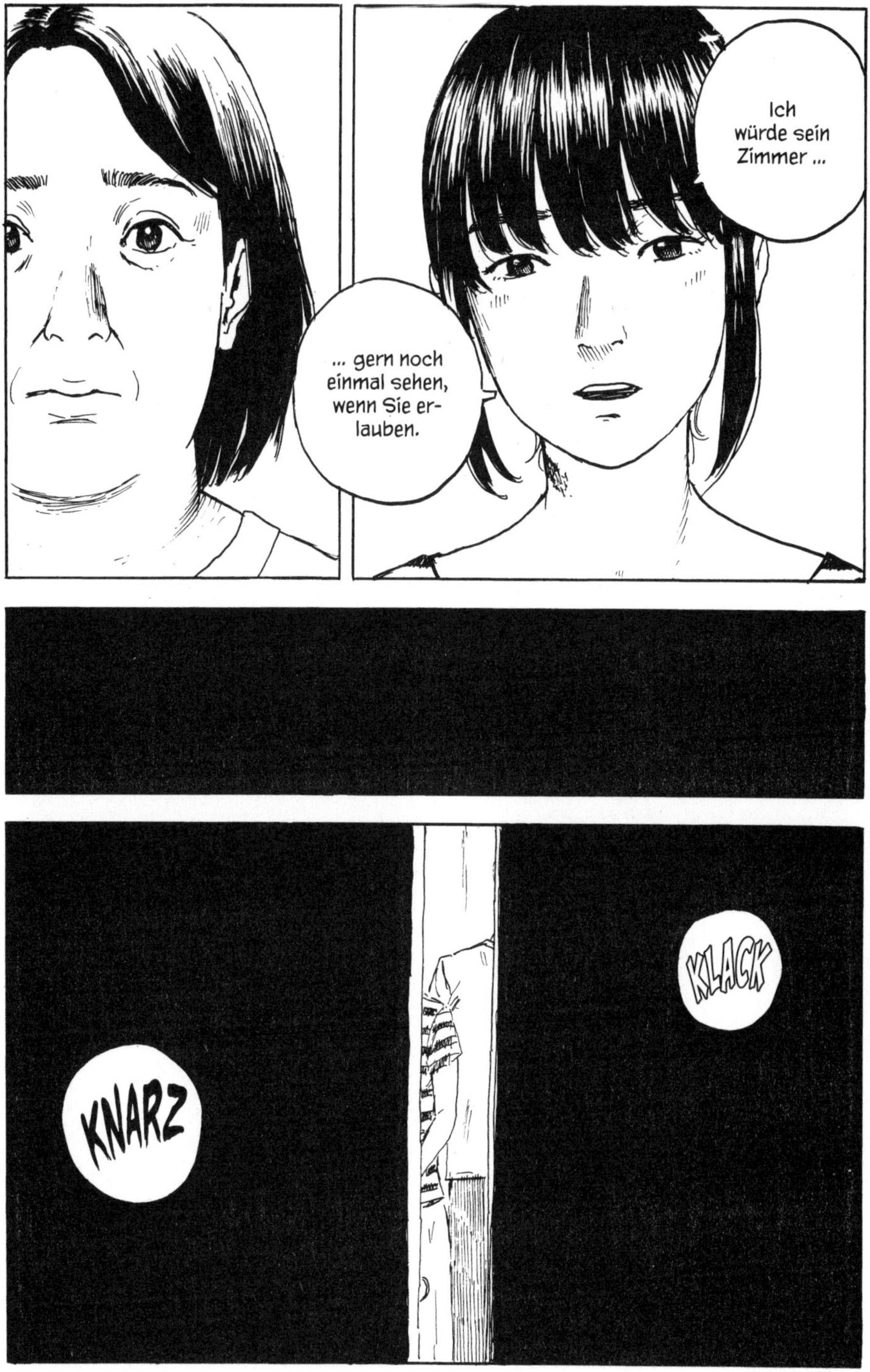
Ich würde sein Zimmer ...
... gern noch einmal sehen, wenn Sie erlauben.
KLACK
KNARZ

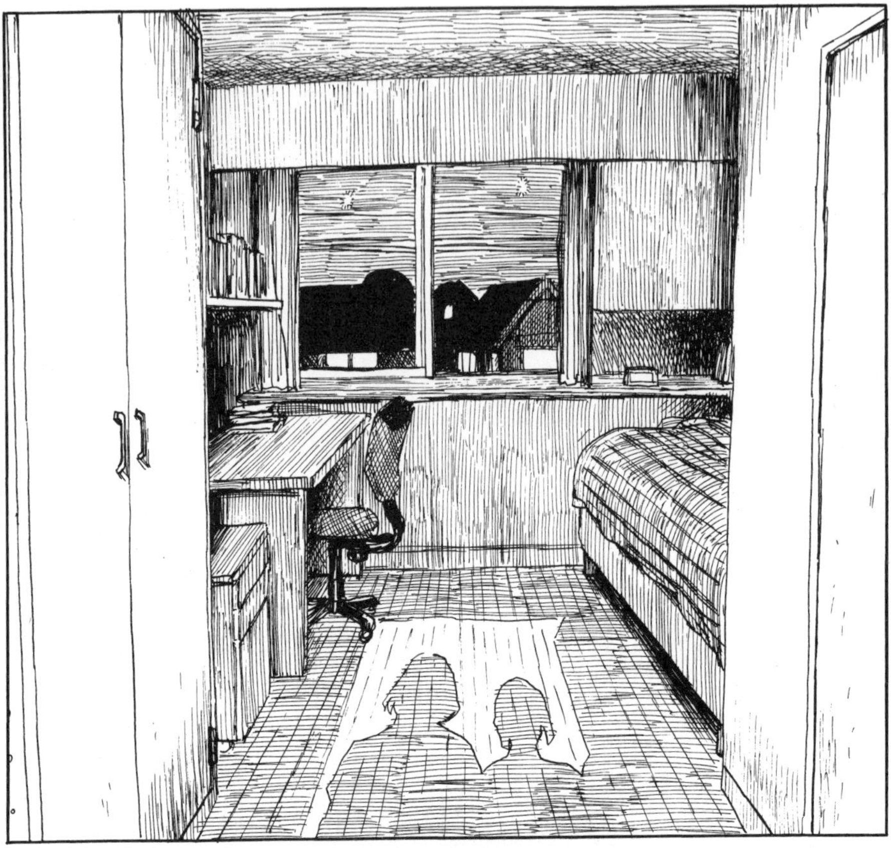

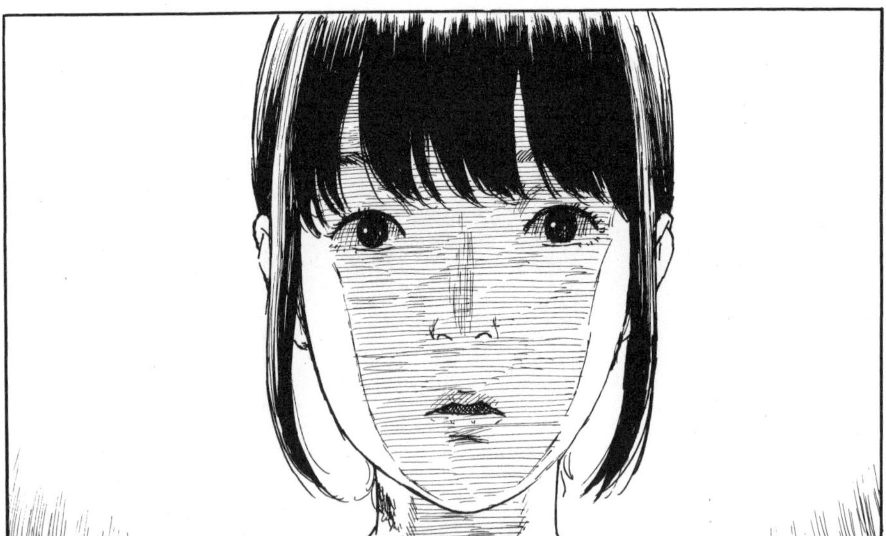

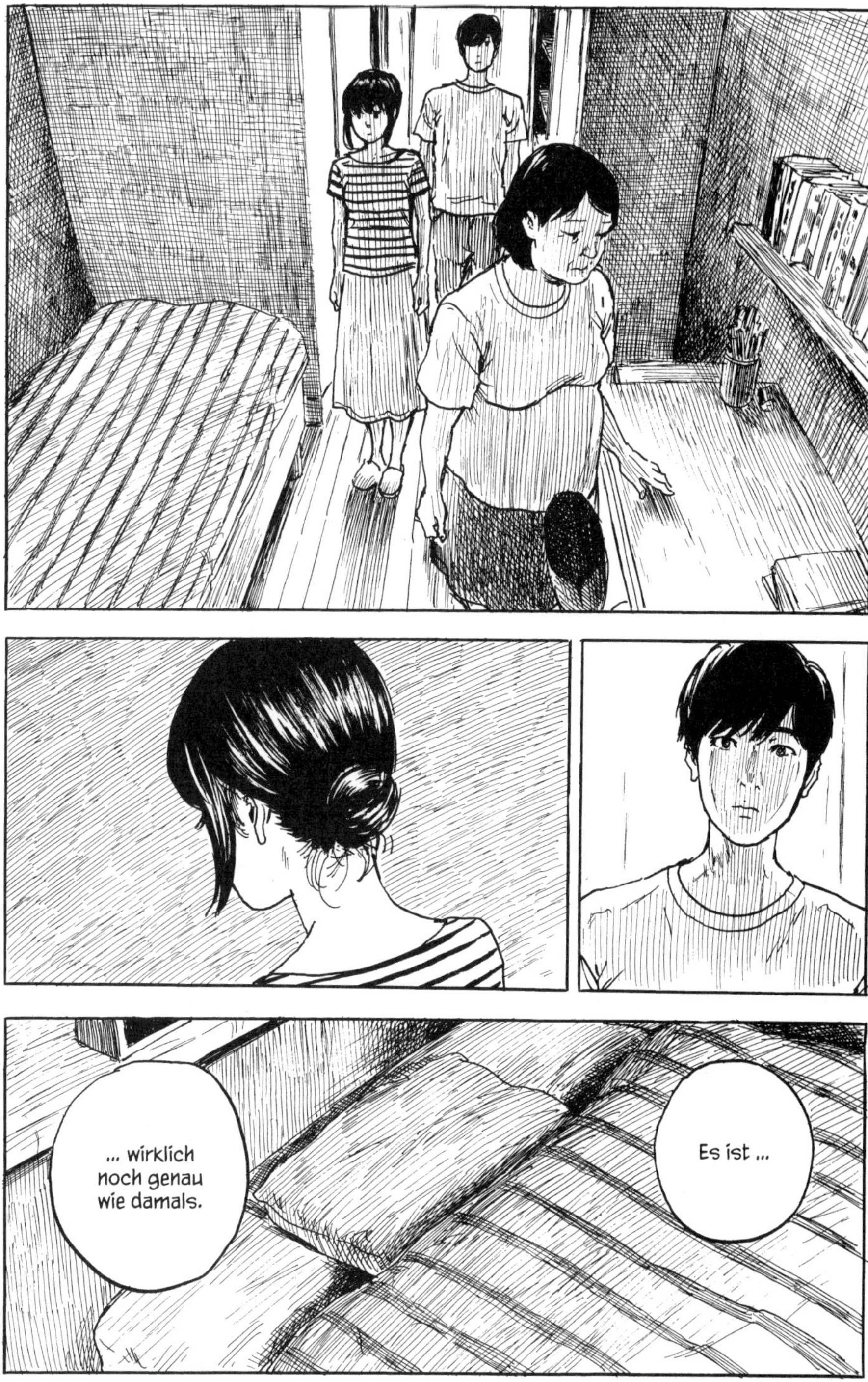
Es ist ...
... wirklich noch genau wie damals.

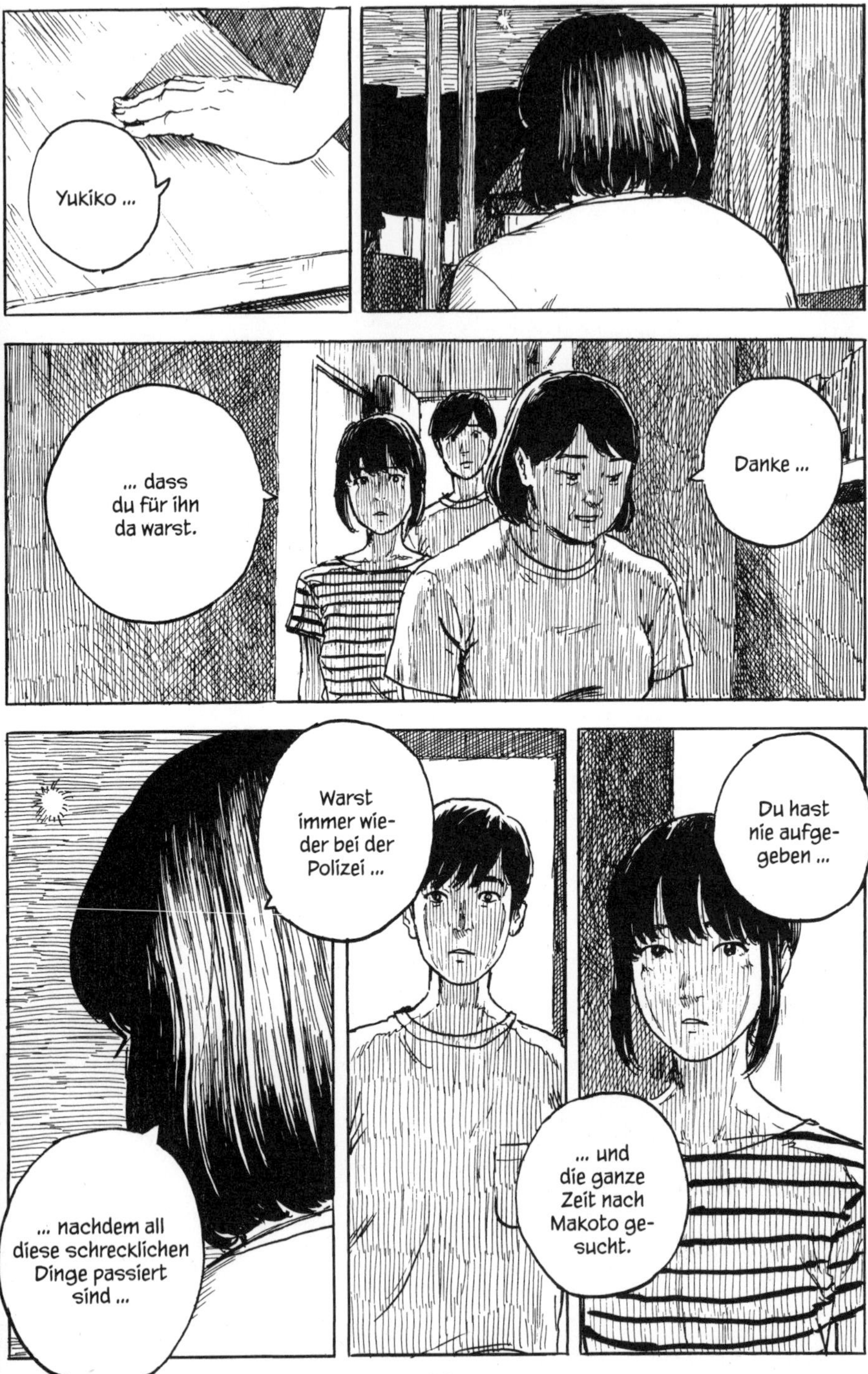
Yukiko ...
Danke ...
... dass du für ihn da warst.
Warst immer wieder bei der Polizei ...
... nachdem all diese schrecklichen Dinge passiert sind ...
Du hast nie aufgegeben ...
... und die ganze Zeit nach Makoto gesucht.

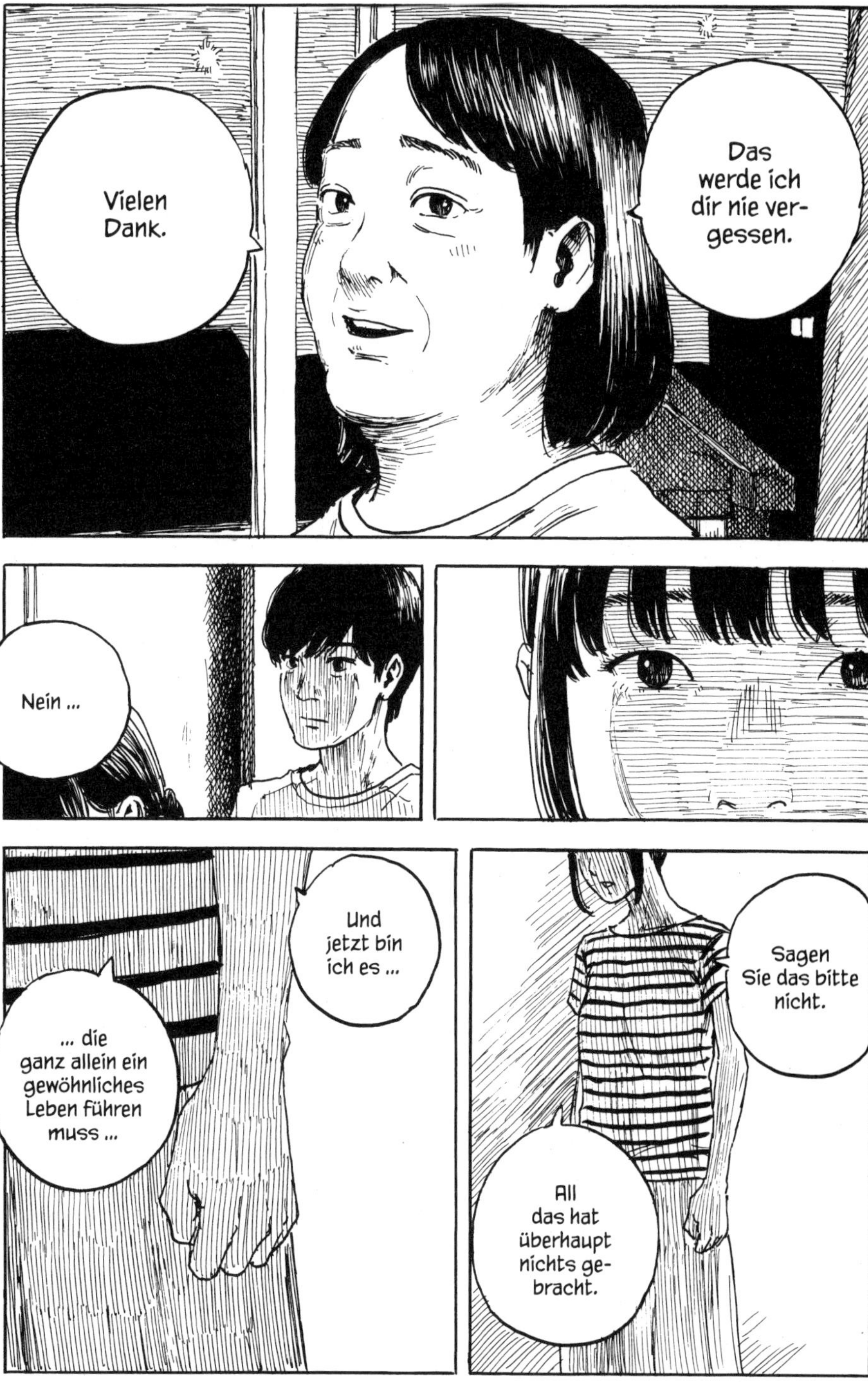
Vielen Dank.
Das werde ich dir nie vergessen.
Nein ...
Und jetzt bin ich es ...
... die ganz allein ein gewöhnliches Leben führen muss ...
Sagen Sie das bitte nicht.
All das hat überhaupt nichts gebracht.

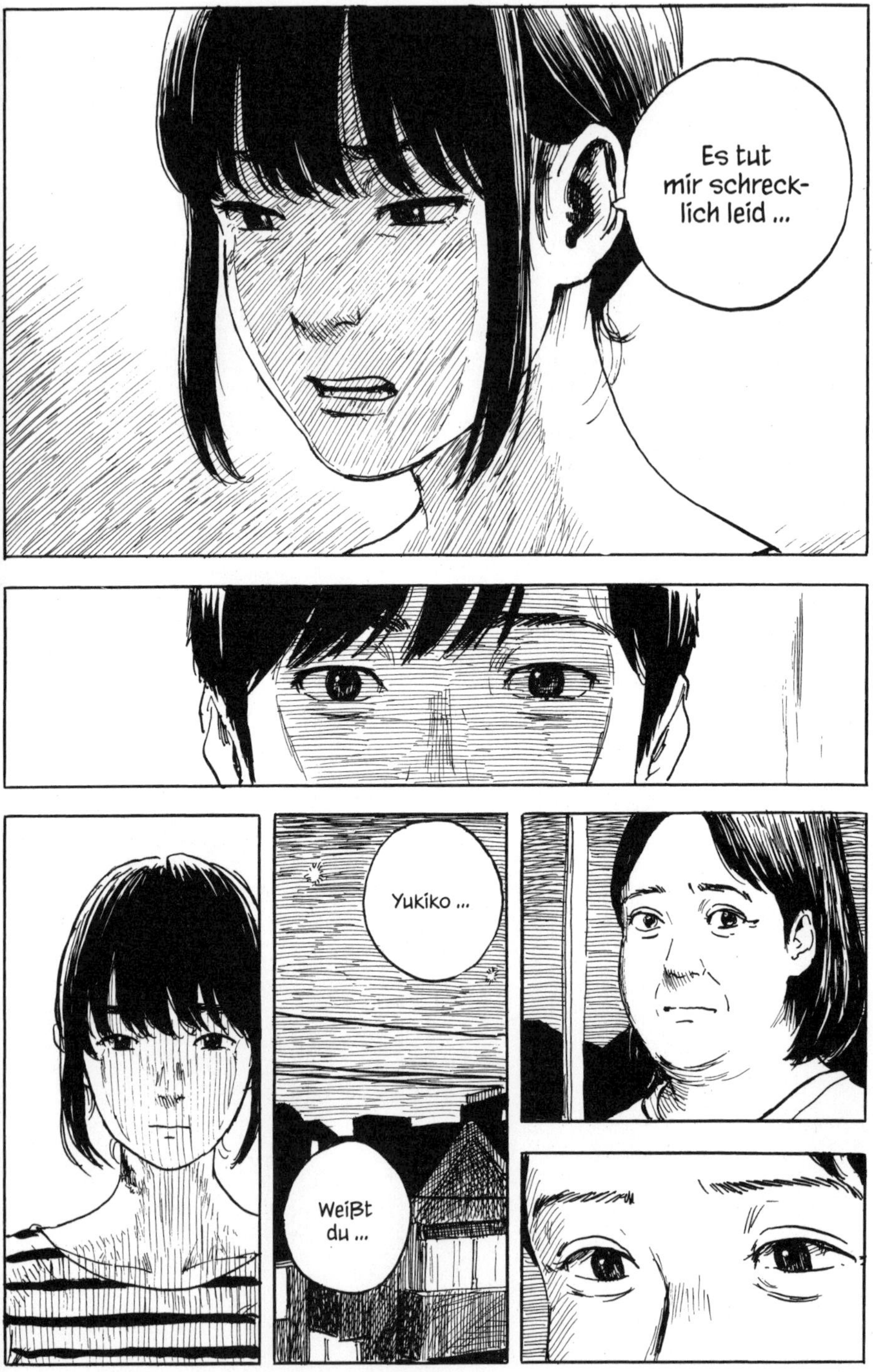
Es tut
mir schreck-
lich leid ...
Yukiko ...
Weißt
du ...

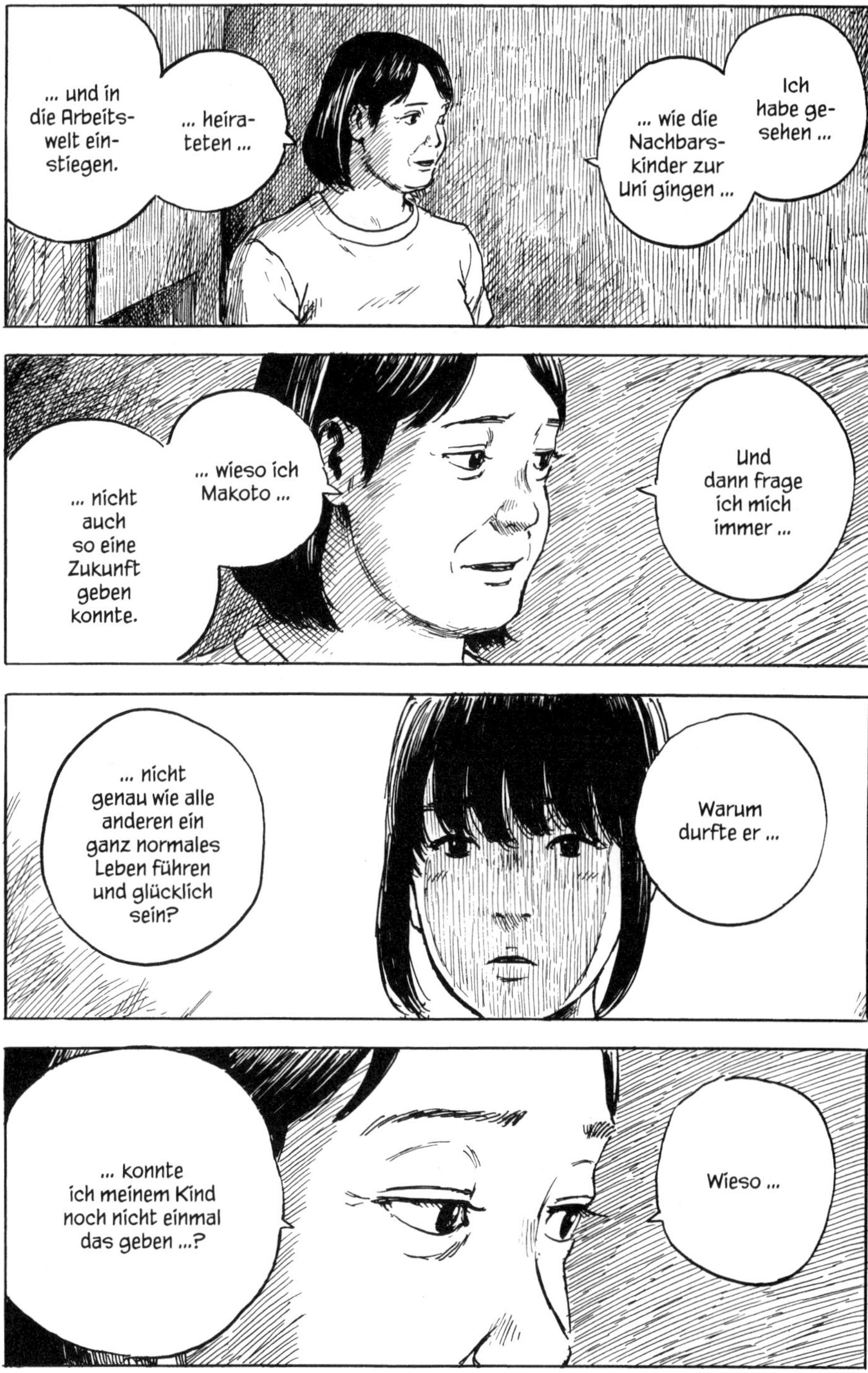
Ich habe gesehen ...
... wie die Nachbarskinder zur Uni gingen ...
... heirateten ...
... und in die Arbeitswelt einstiegen.
Und dann frage ich mich immer ...
... wieso ich Makoto ...
... nicht auch so eine Zukunft geben konnte.
Warum durfte er ...
... nicht genau wie alle anderen ein ganz normales Leben führen und glücklich sein?
Wieso ...
... konnte ich meinem Kind noch nicht einmal das geben ...?

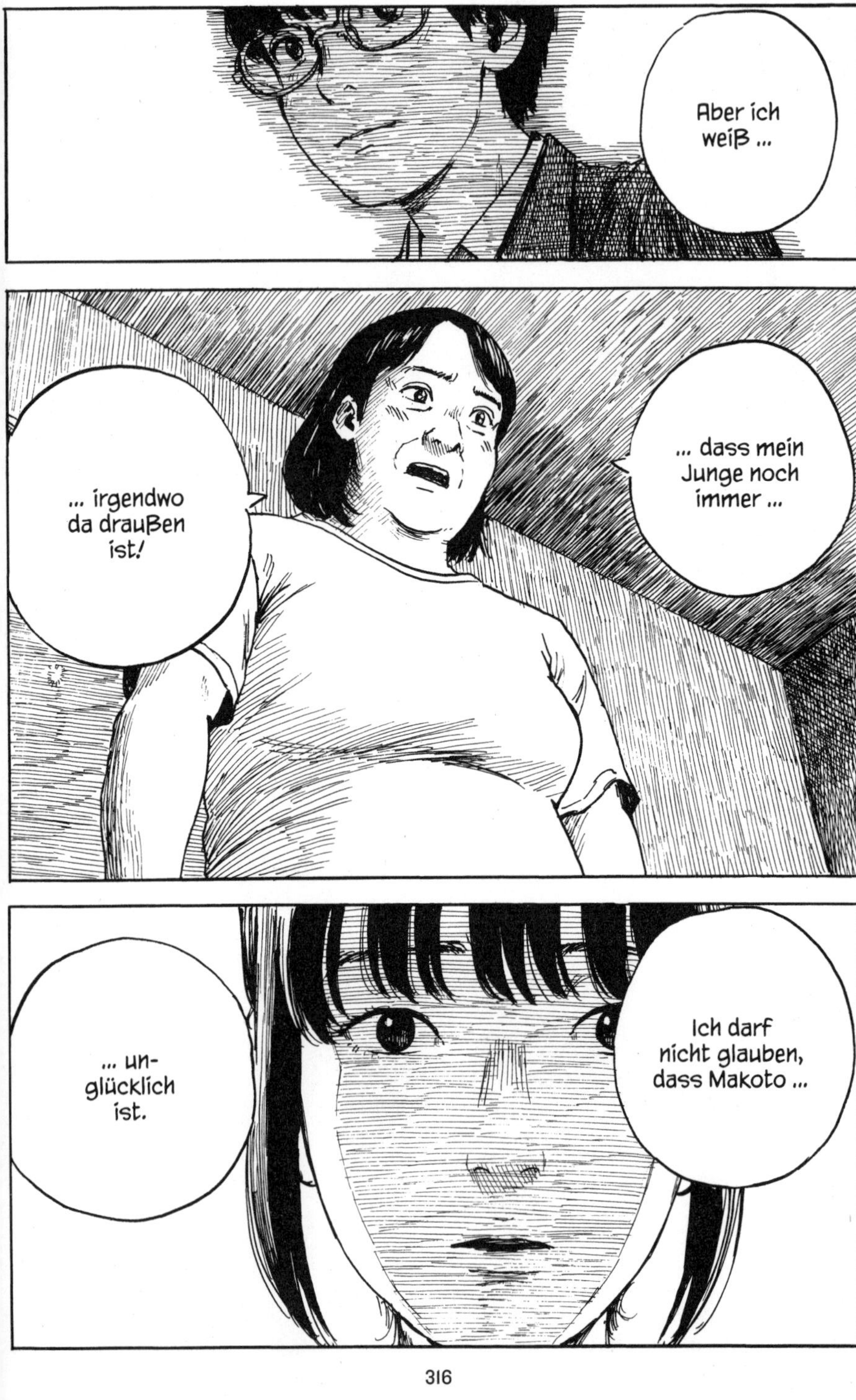

Aber ich weiß ...
... dass mein Junge noch immer ...
... irgendwo da draußen ist!
Ich darf nicht glauben, dass Makoto ...
... unglücklich ist.

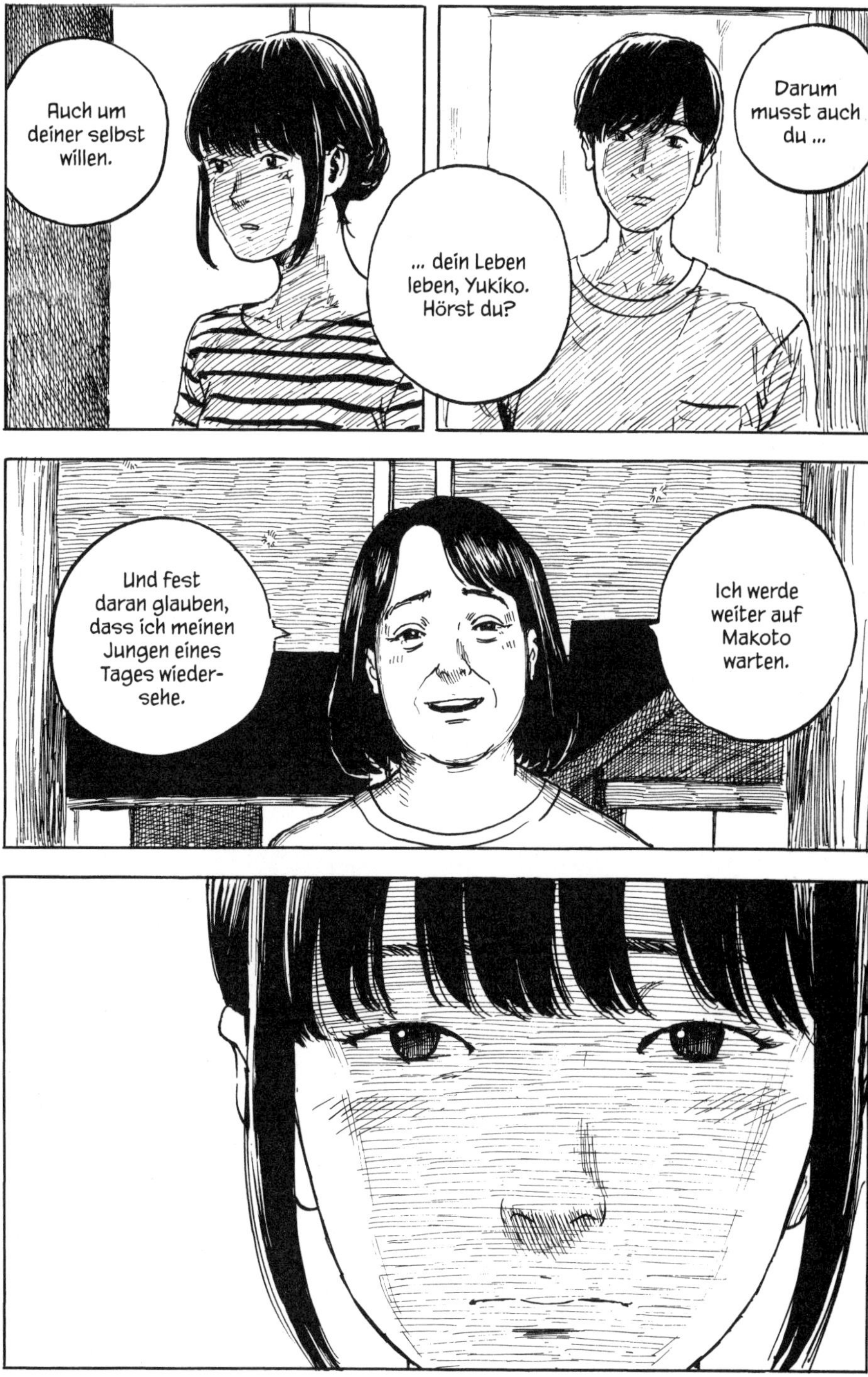

Auch um deiner selbst willen.
Darum musst auch du ...
... dein Leben leben, Yukiko. Hörst du?
Und fest daran glauben, dass ich meinen Jungen eines Tages wieder-sehe.
Ich werde weiter auf Makoto warten.

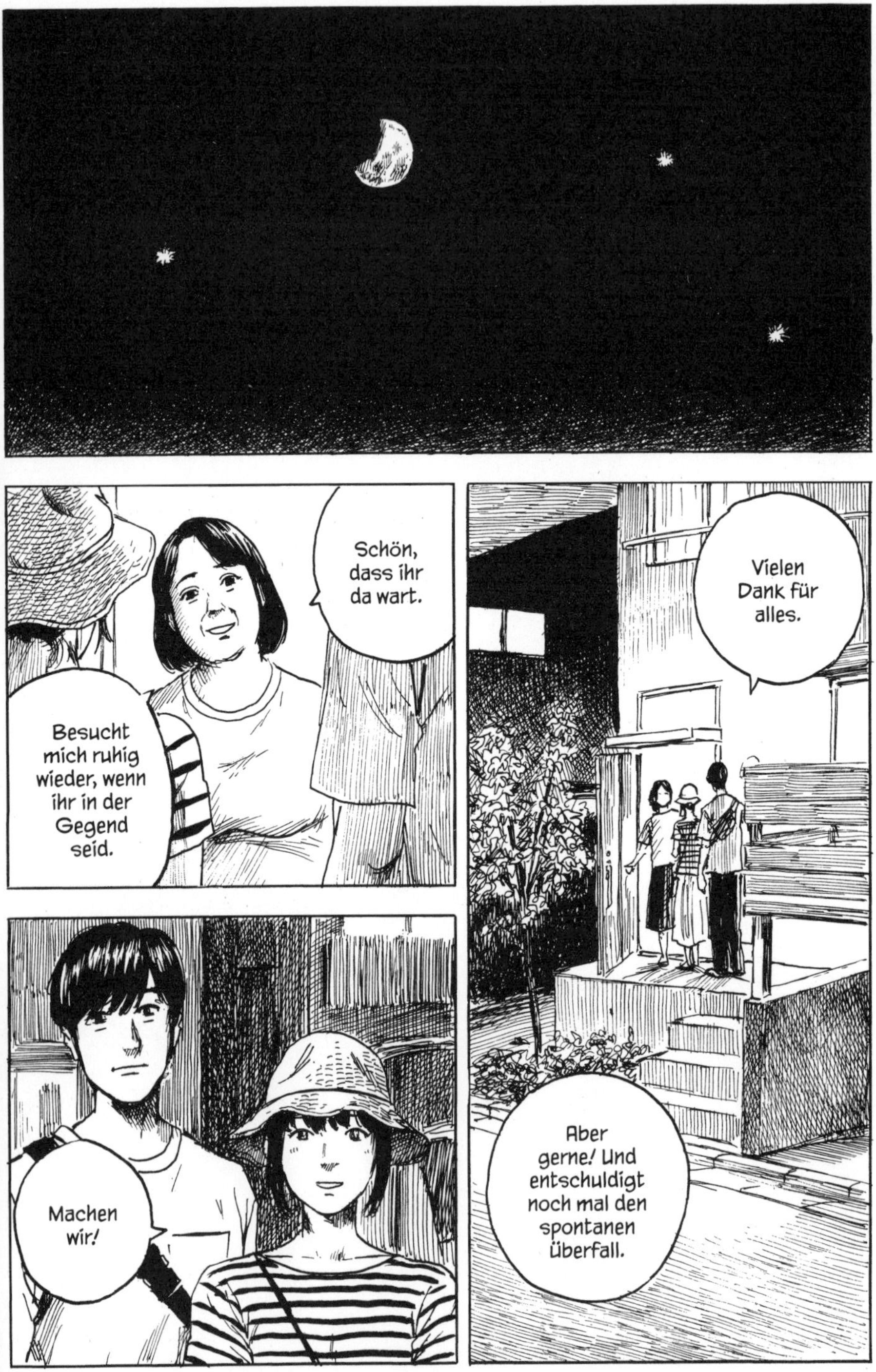
Schön, dass ihr da wart.
Besucht mich ruhig wieder, wenn ihr in der Gegend seid.
Machen wir!
Vielen Dank für alles.
Aber gerne! Und entschuldigt noch mal den spontanen Überfall.

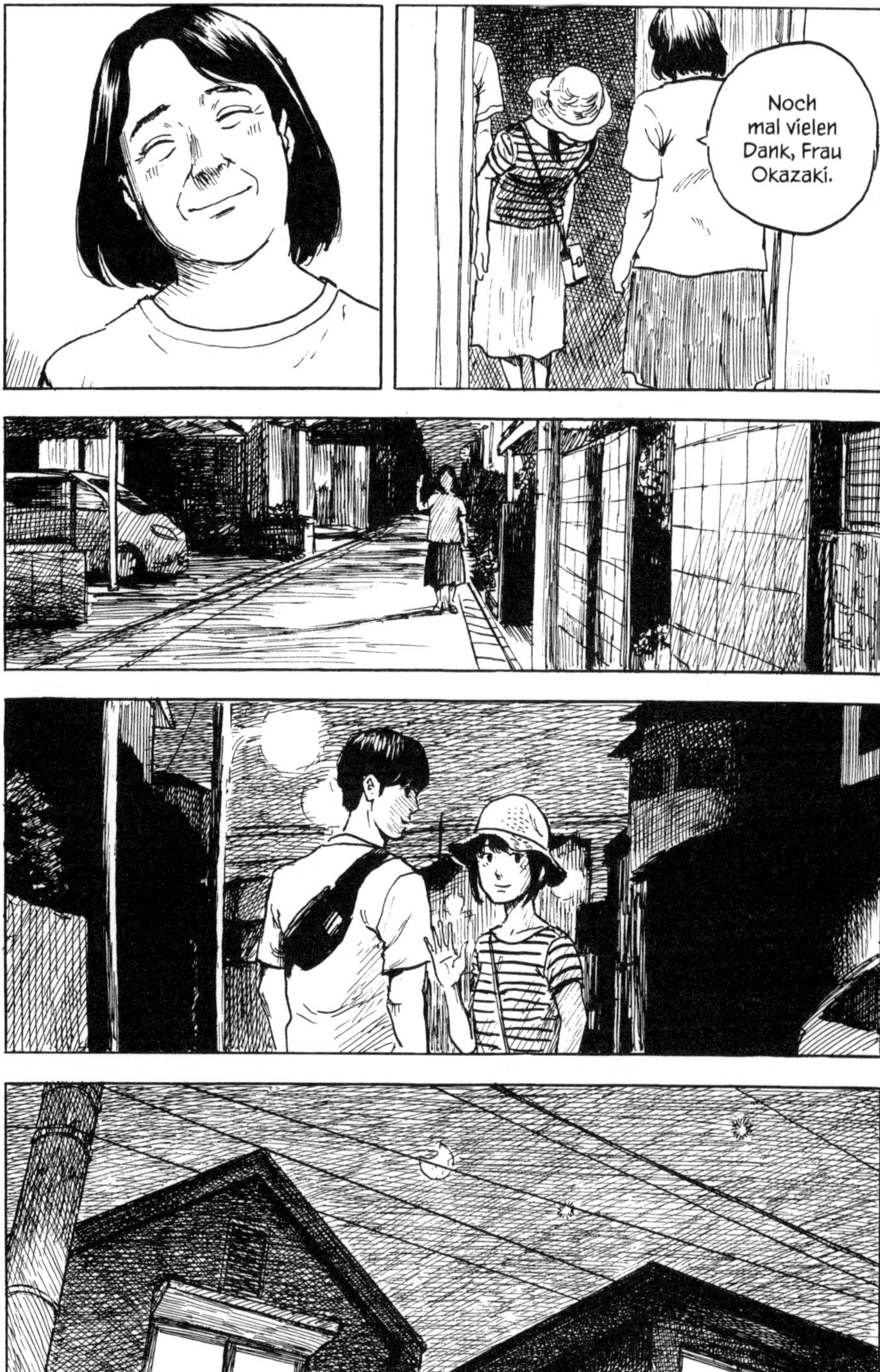
Noch mal vielen Dank, Frau Okazaki.

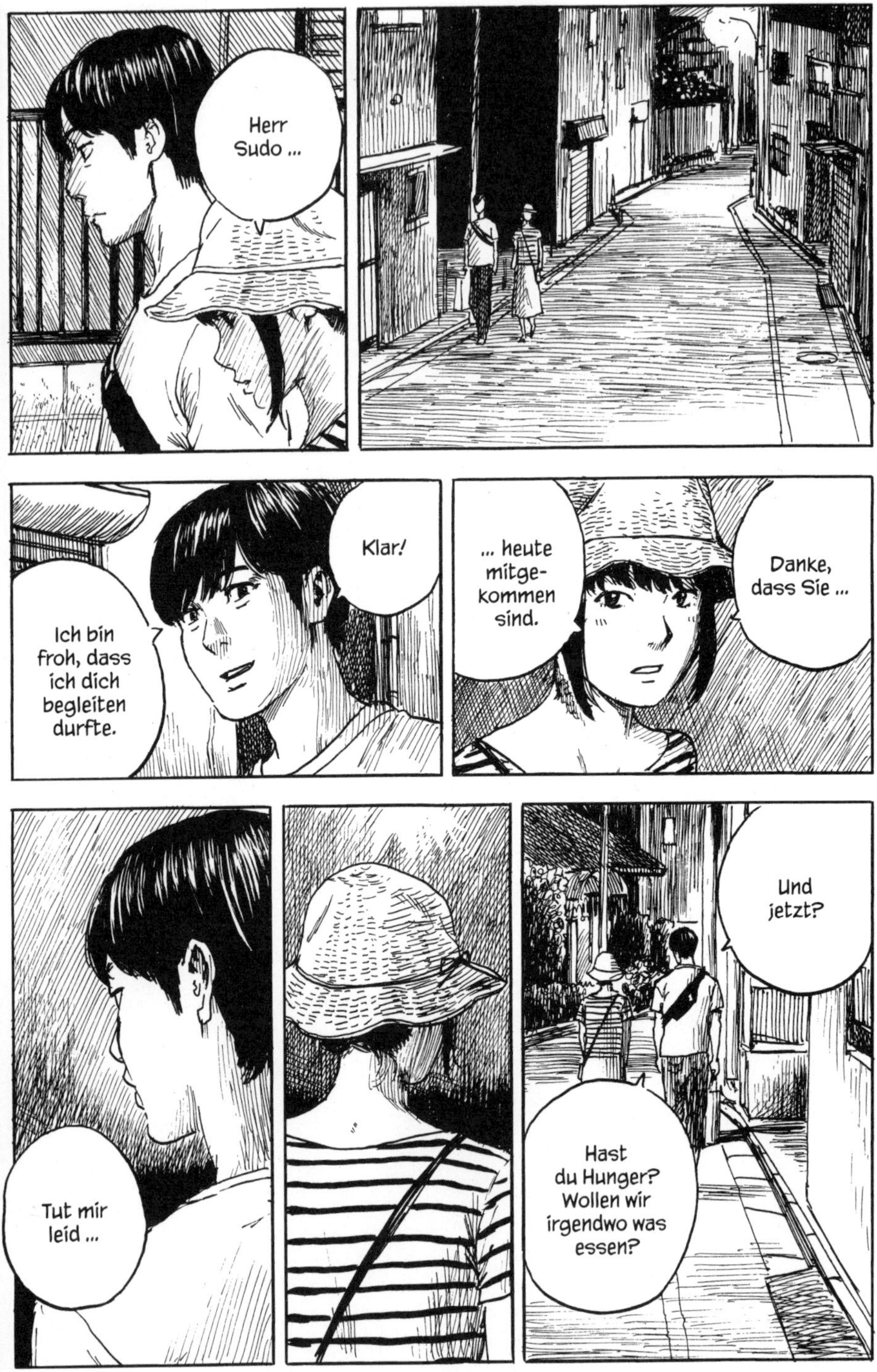
Herr Sudo ...
Danke, dass Sie ...
... heute mitgekommen sind.
Klar!
Ich bin froh, dass ich dich begleiten durfte.
Und jetzt?
Hast du Hunger? Wollen wir irgendwo was essen?
Tut mir leid ...

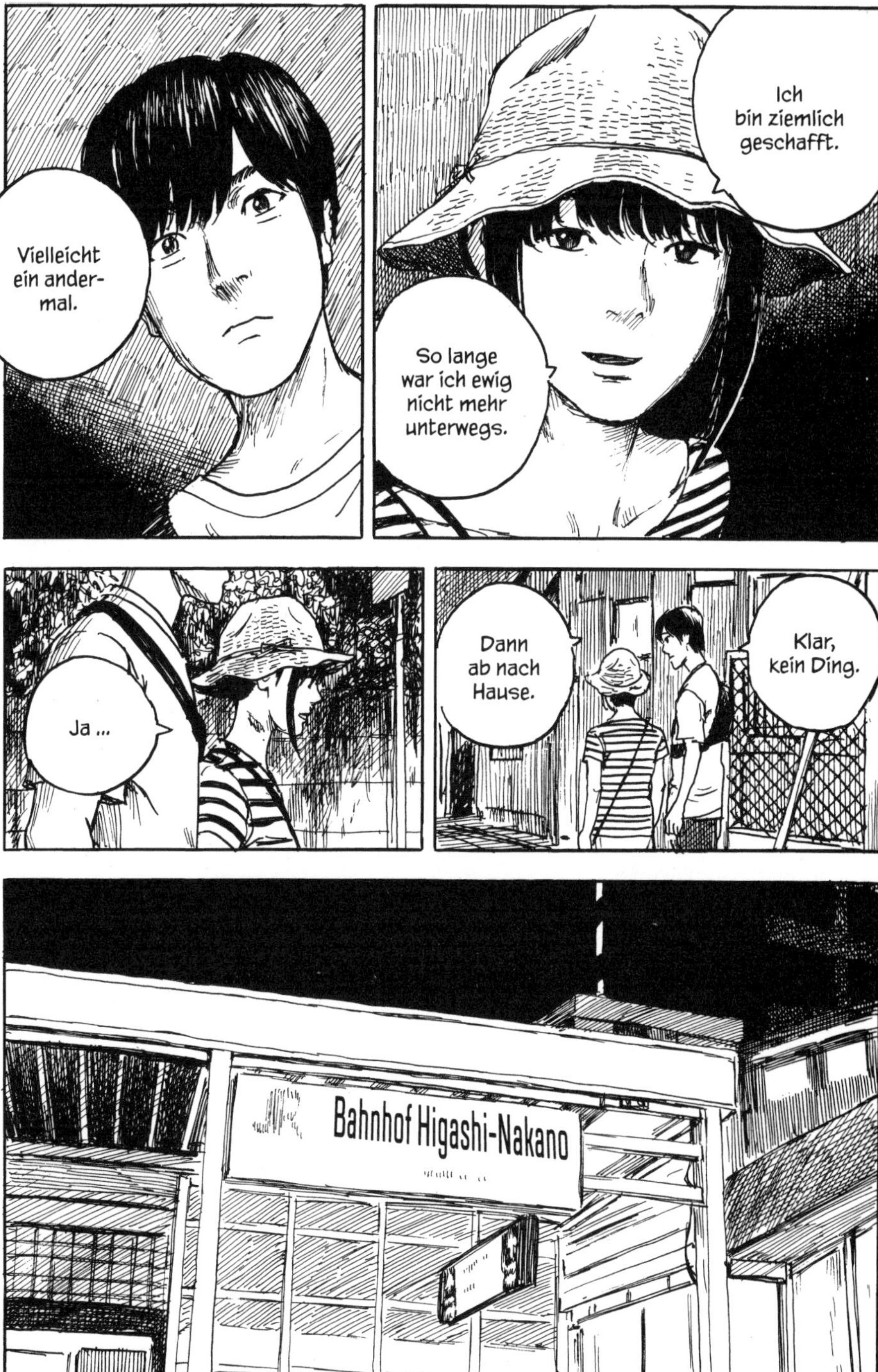
Vielleicht ein ander-mal.
Ich bin ziemlich geschafft.
So lange war ich ewig nicht mehr unterwegs.
Ja ...
Dann ab nach Hause.
Klar, kein Ding.
Bahnhof Higashi-Nakano

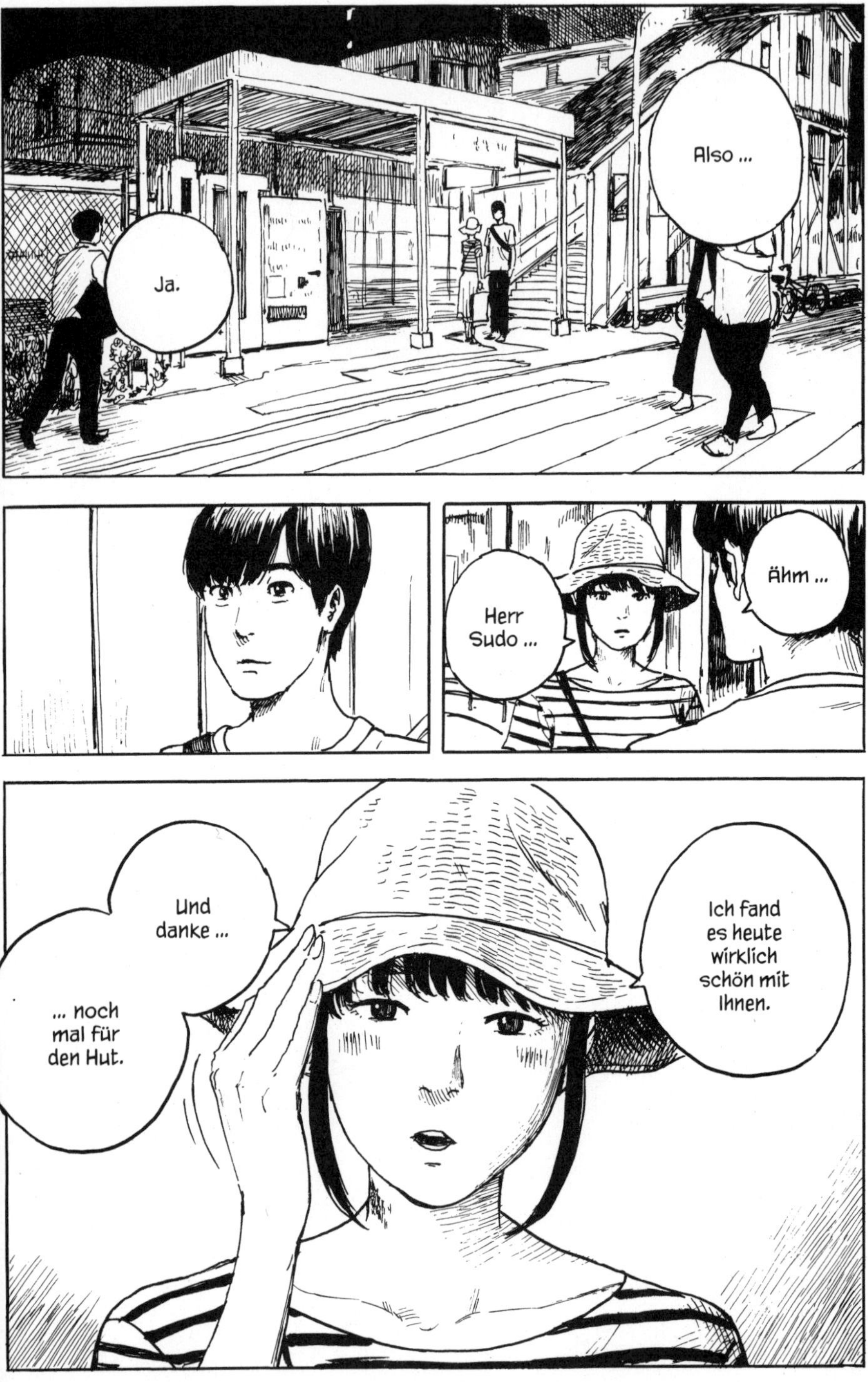
Also ...
Ja.
Ähm ...
Herr Sudo ...
Ich fand es heute wirklich schön mit Ihnen.
Und danke ...
... noch mal für den Hut.

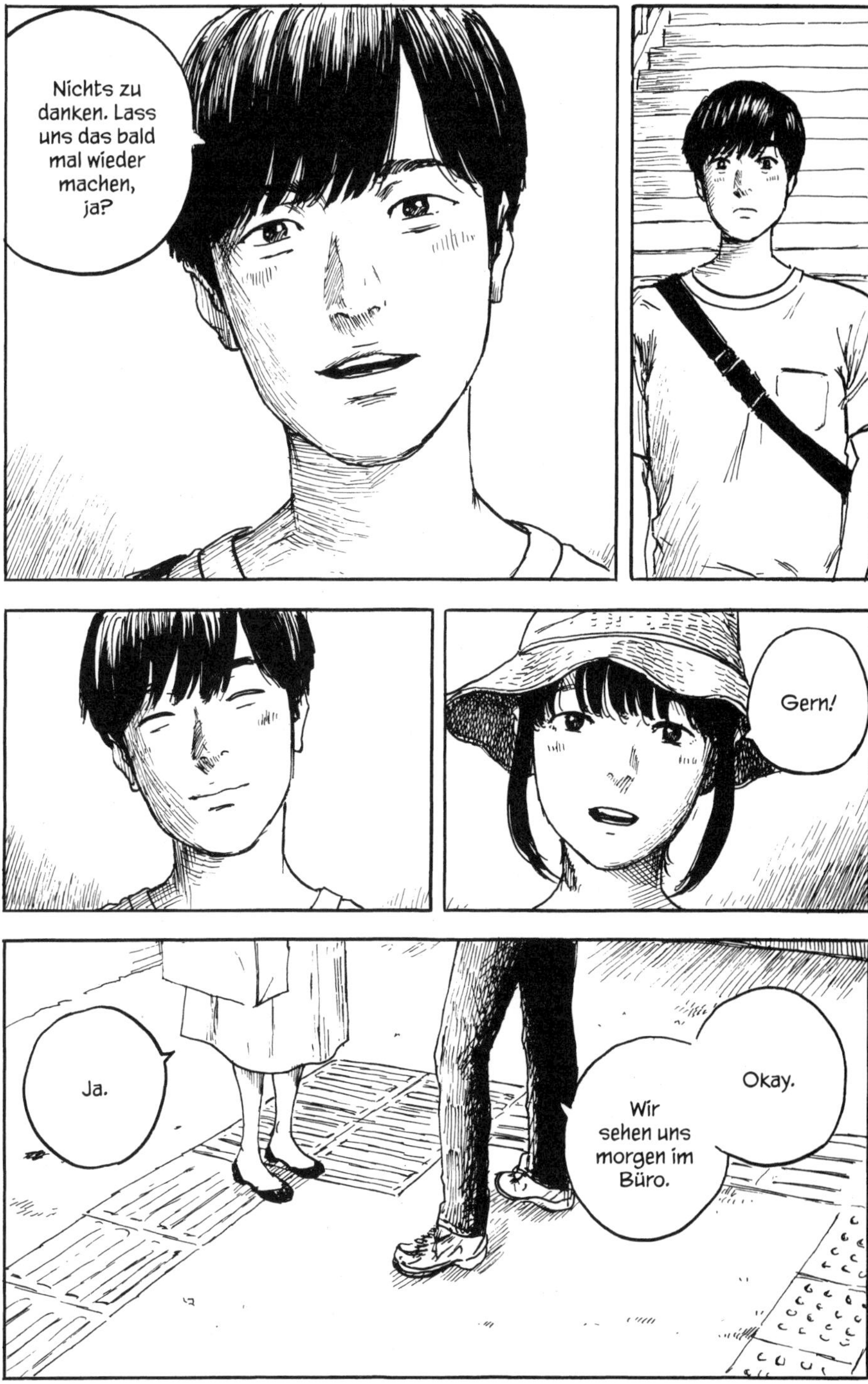

Nichts zu danken. Lass uns das bald mal wieder machen, ja?
Gern!
Okay.
Wir sehen uns morgen im Büro.
Ja.

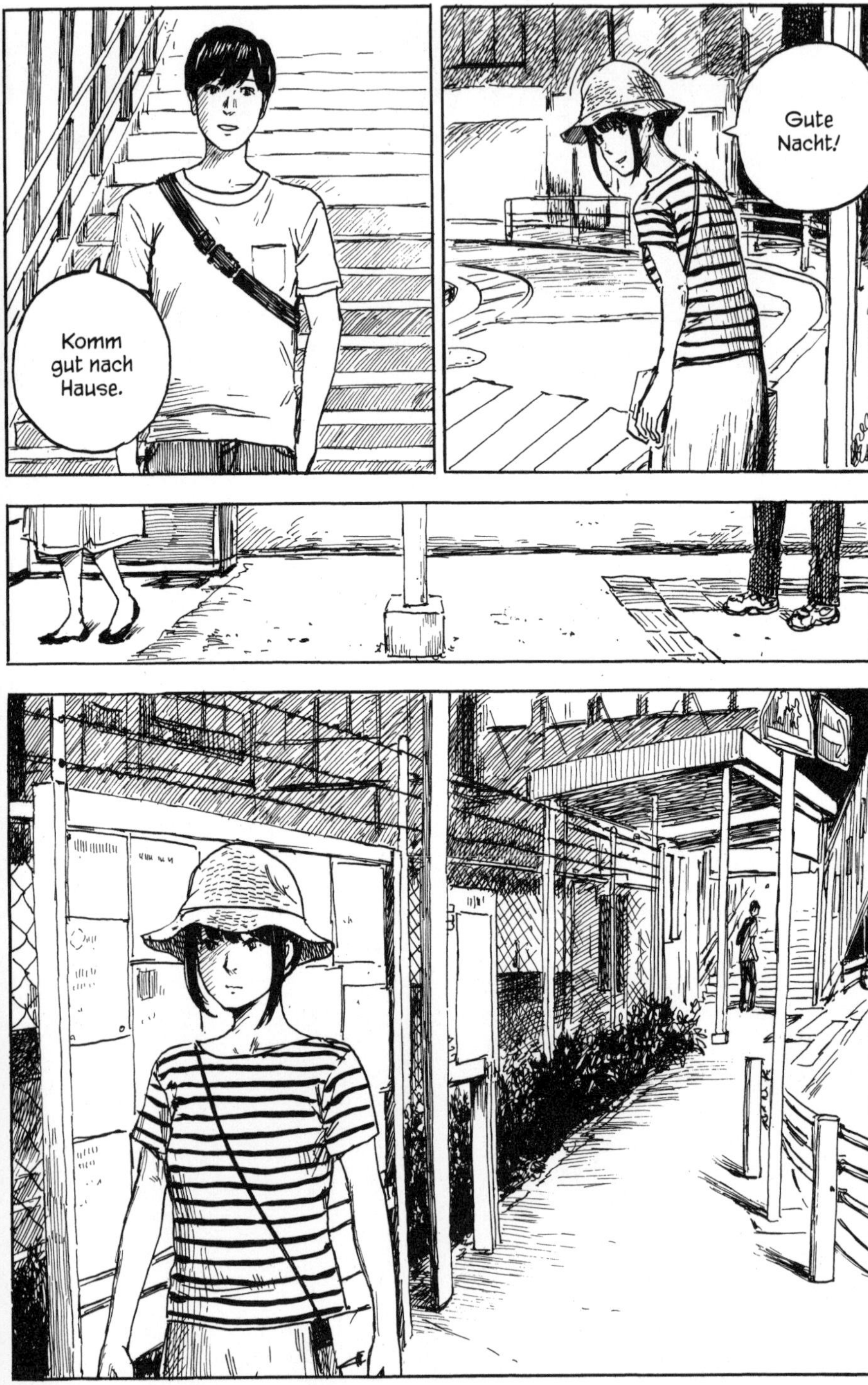
Gute Nacht!
Komm gut nach Hause.

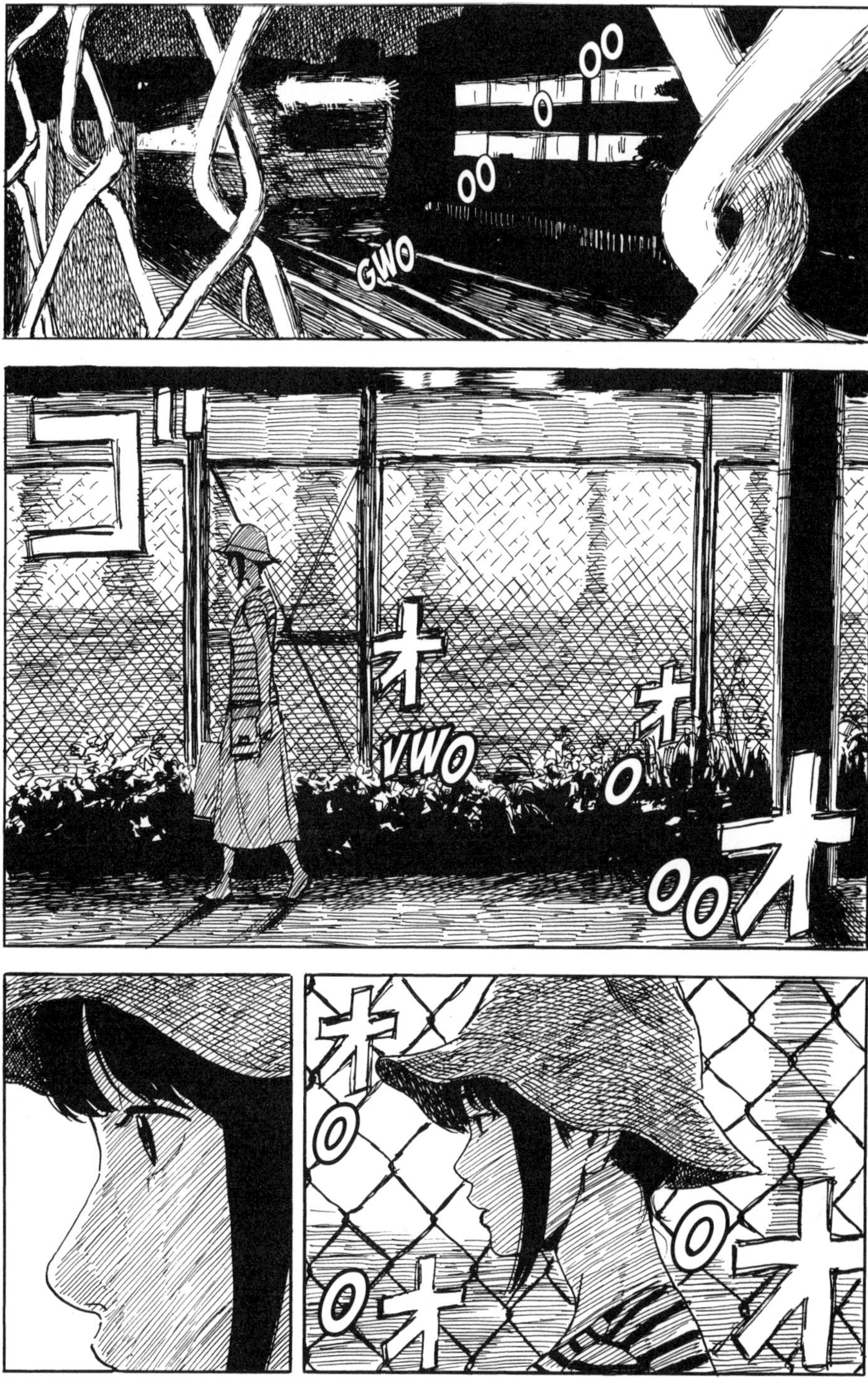
GWO
OO
O
OO
ゴ
オ
VWO
オ
O
オ
OO
オ
O
O
オ
O
オ

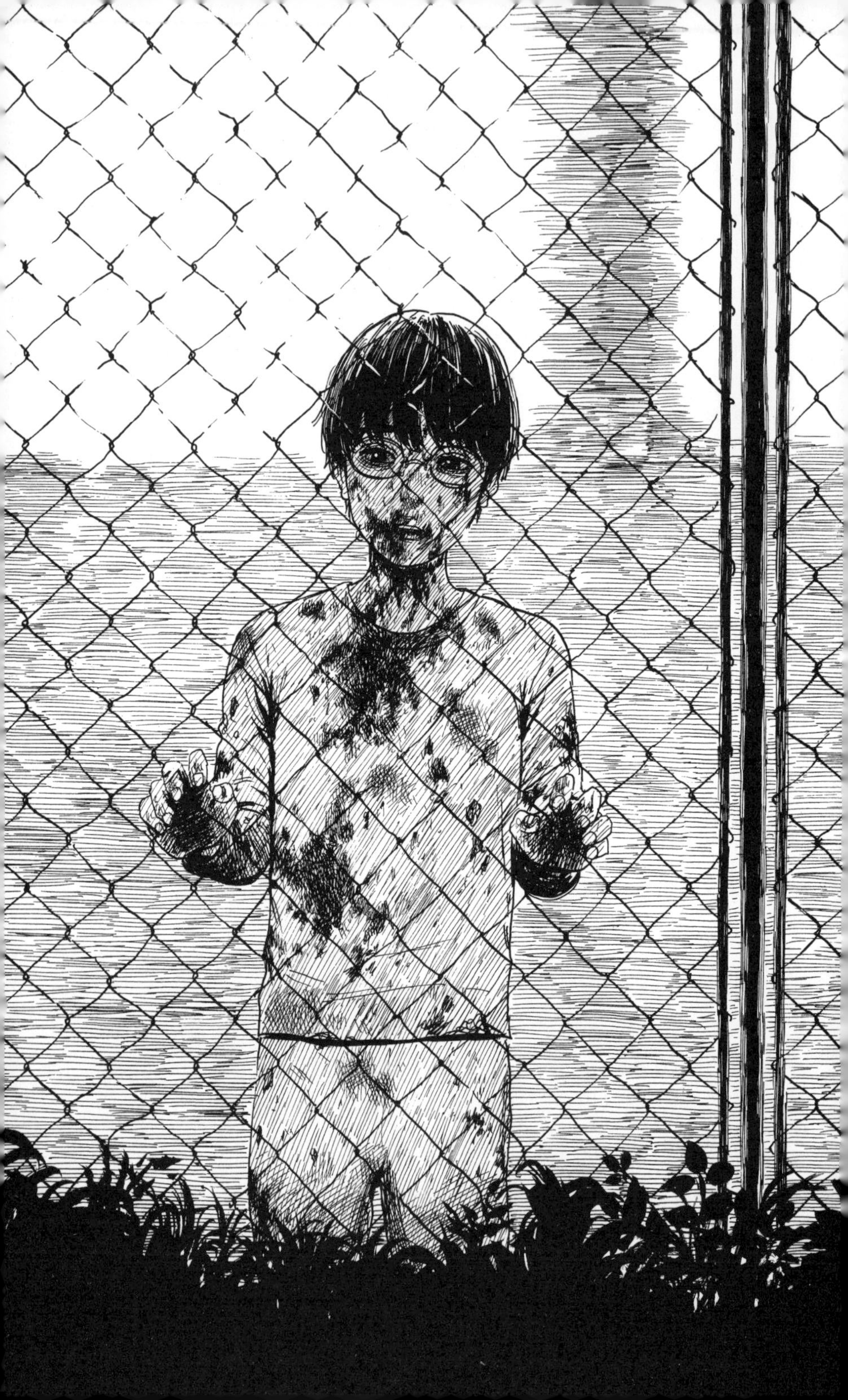

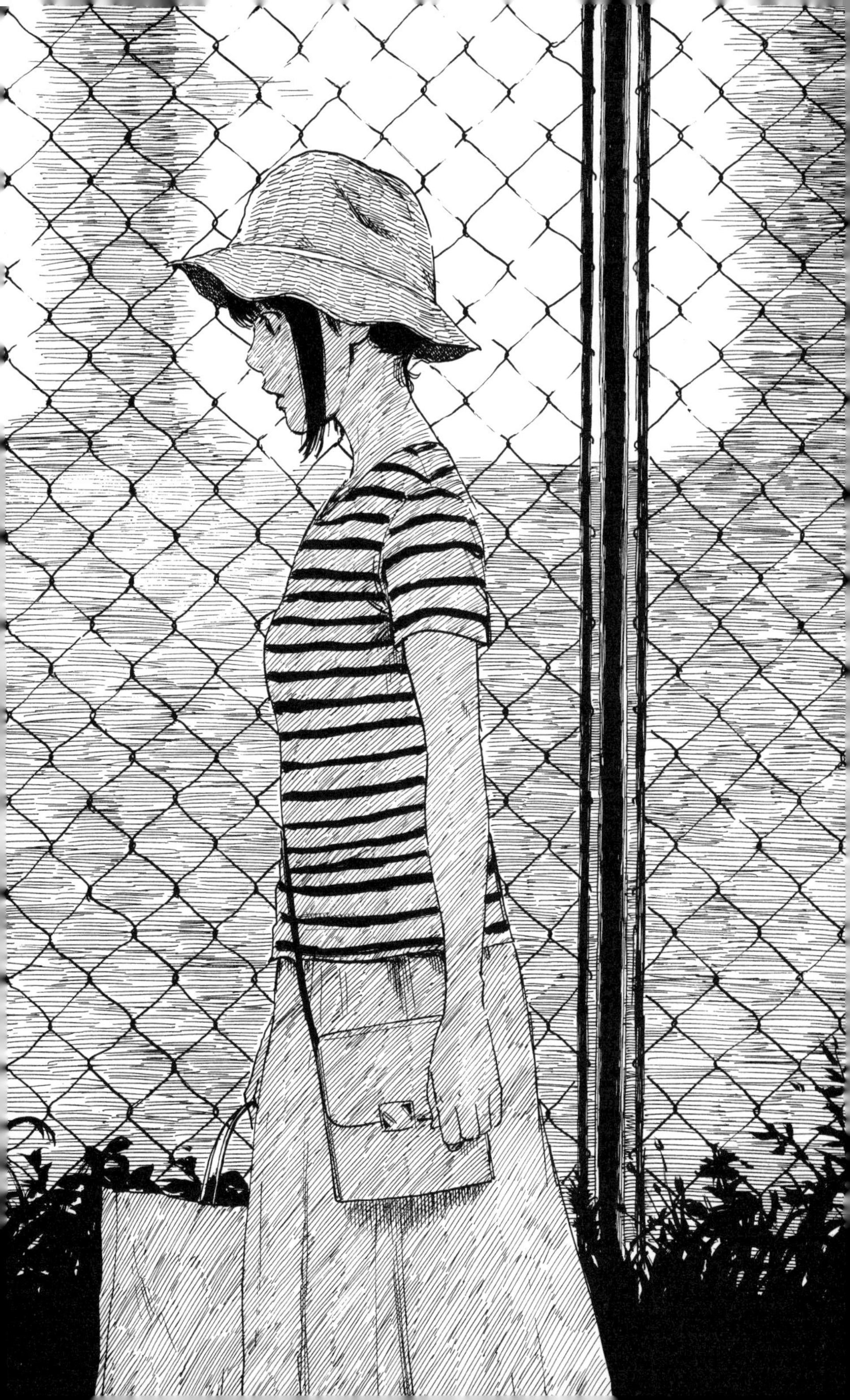

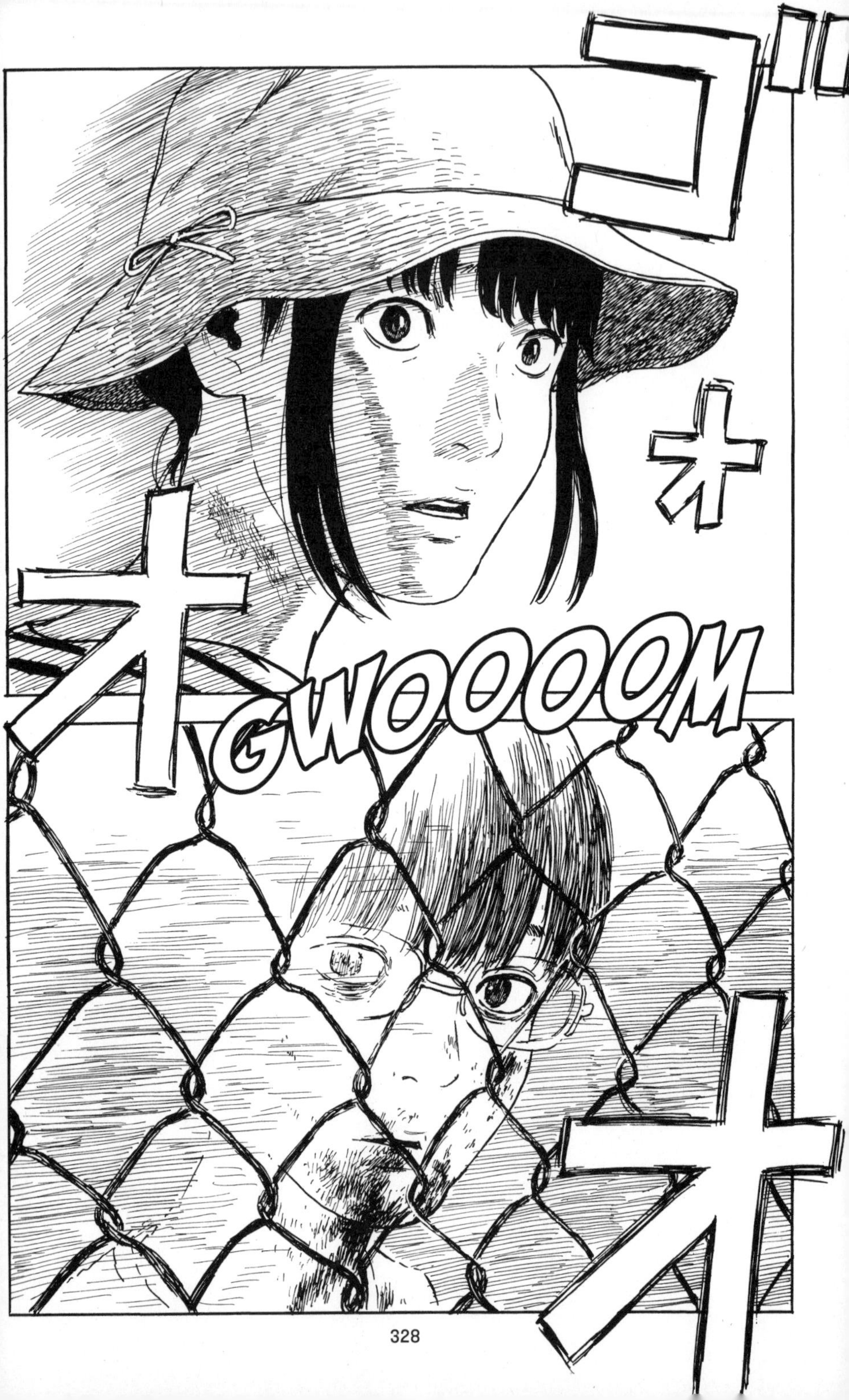
ゴオオオ
GWOOOOM

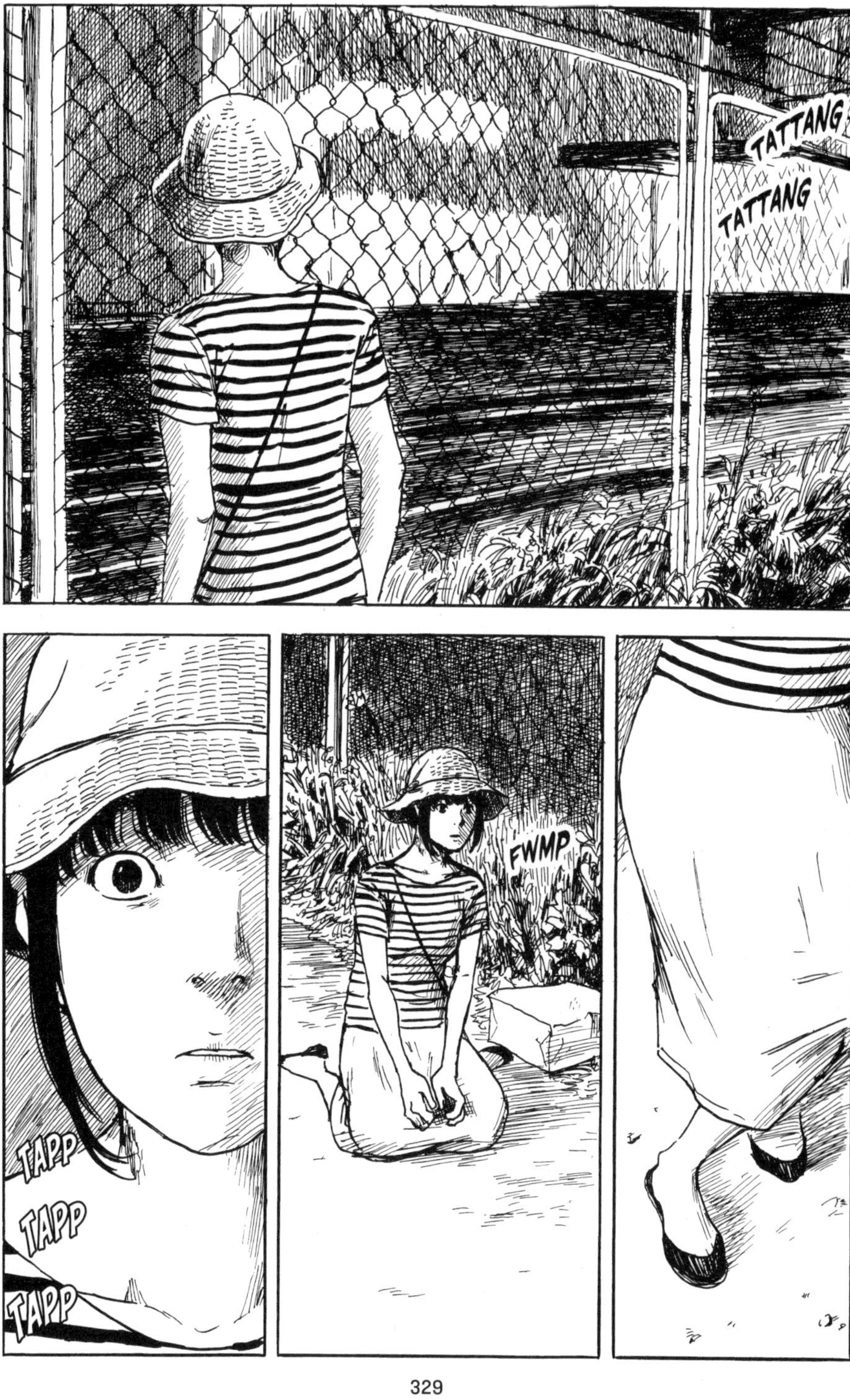
TATTANG
TATTANG
TAPP
TAPP
TAPP
FWMP

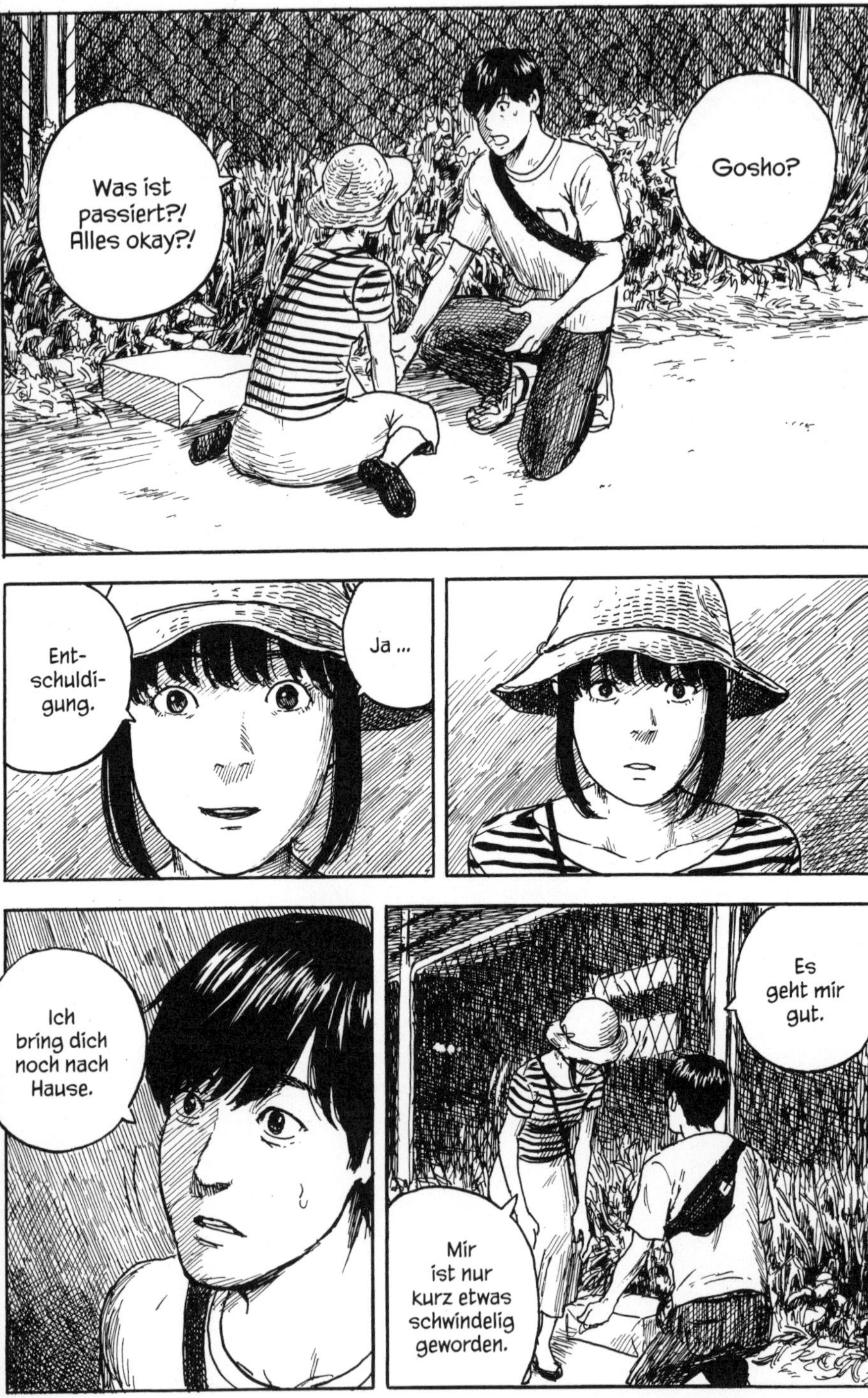
Gosho?
Was ist passiert?! Alles okay?!
Ja ...
Ent-schuldi-gung.
Es geht mir gut.
Mir ist nur kurz etwas schwindelig geworden.
Ich bring dich noch nach Hause.

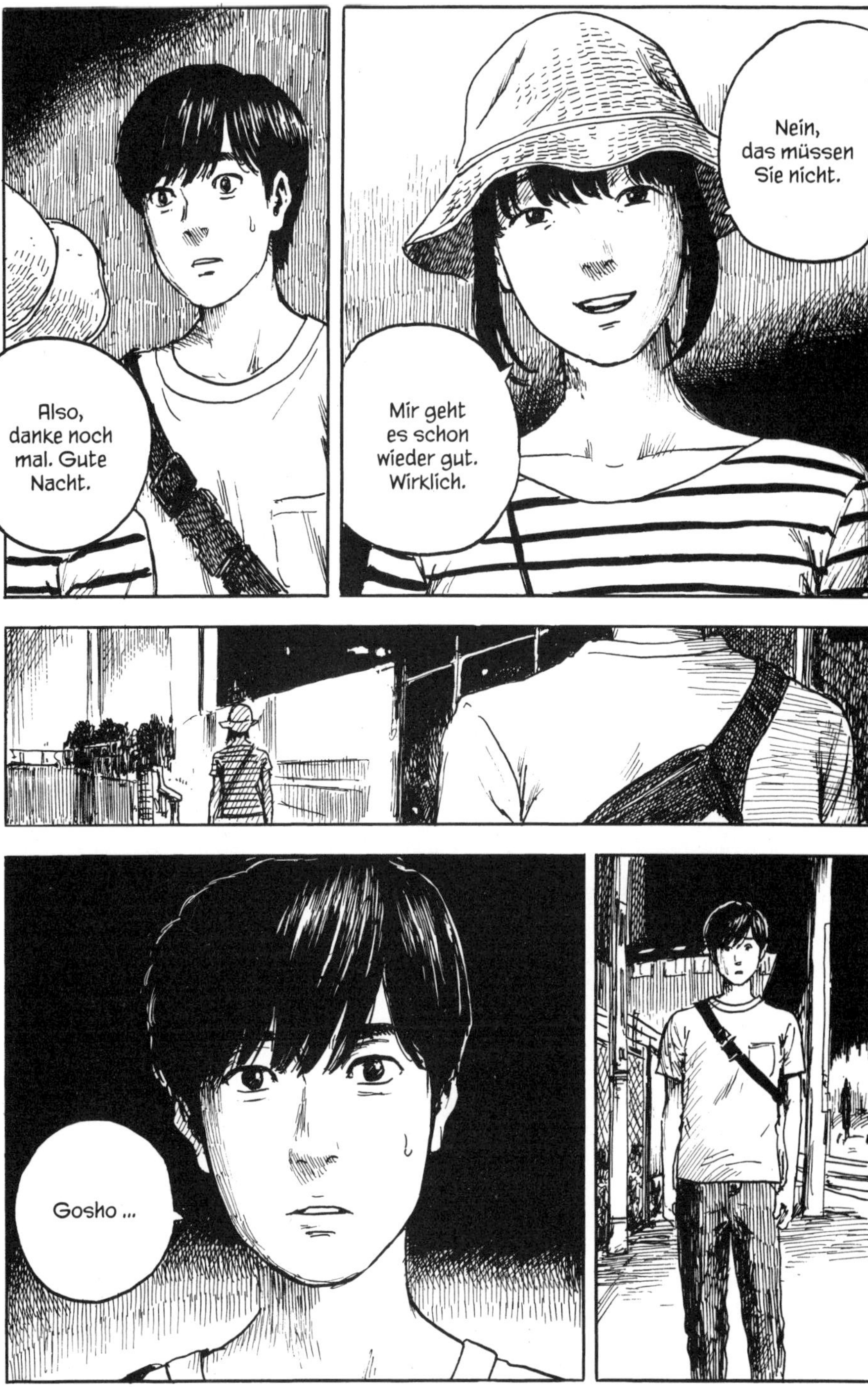
Nein, das müssen Sie nicht.
Mir geht es schon wieder gut. Wirklich.
Also, danke noch mal. Gute Nacht.
Gosho ...

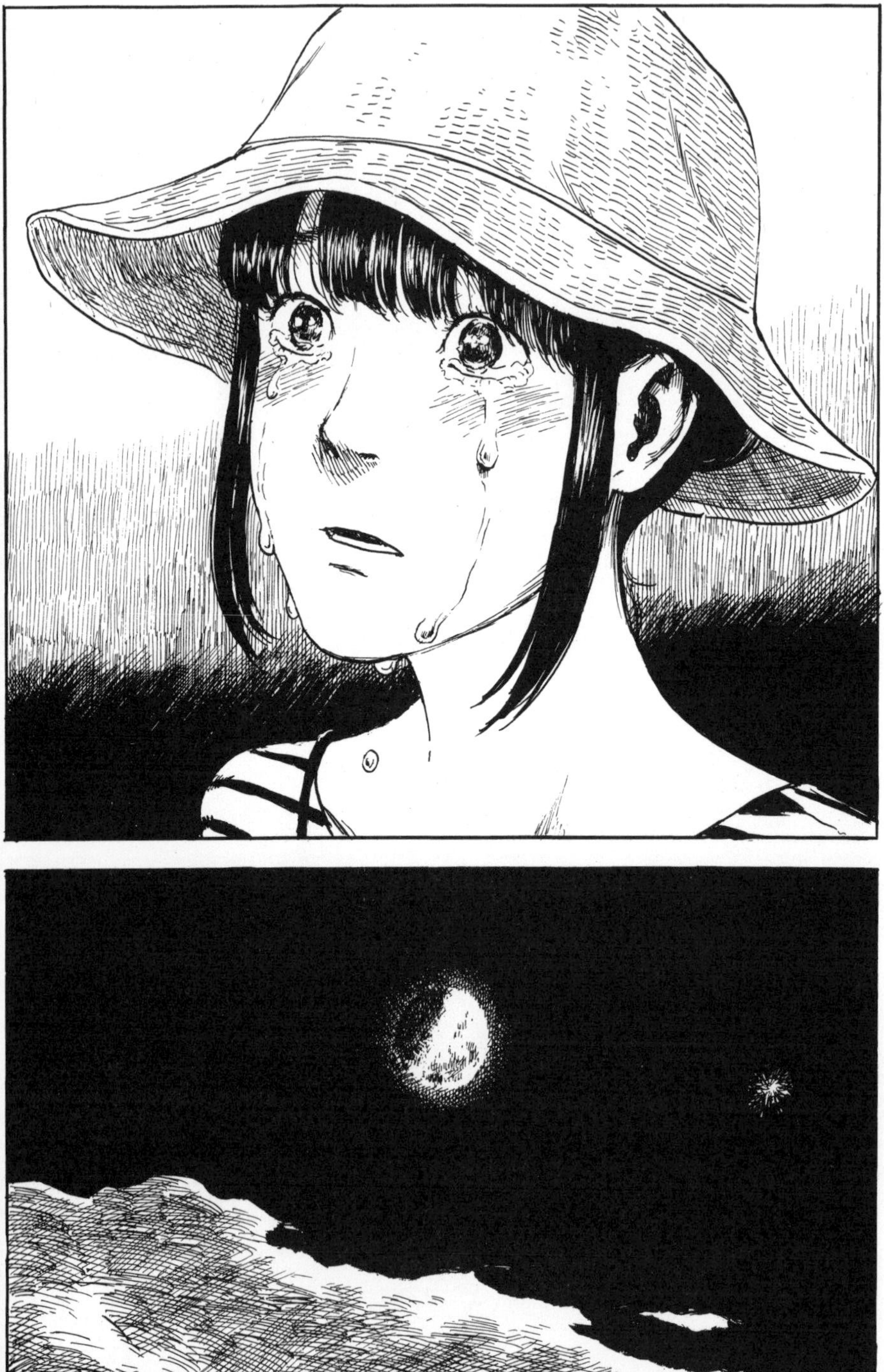

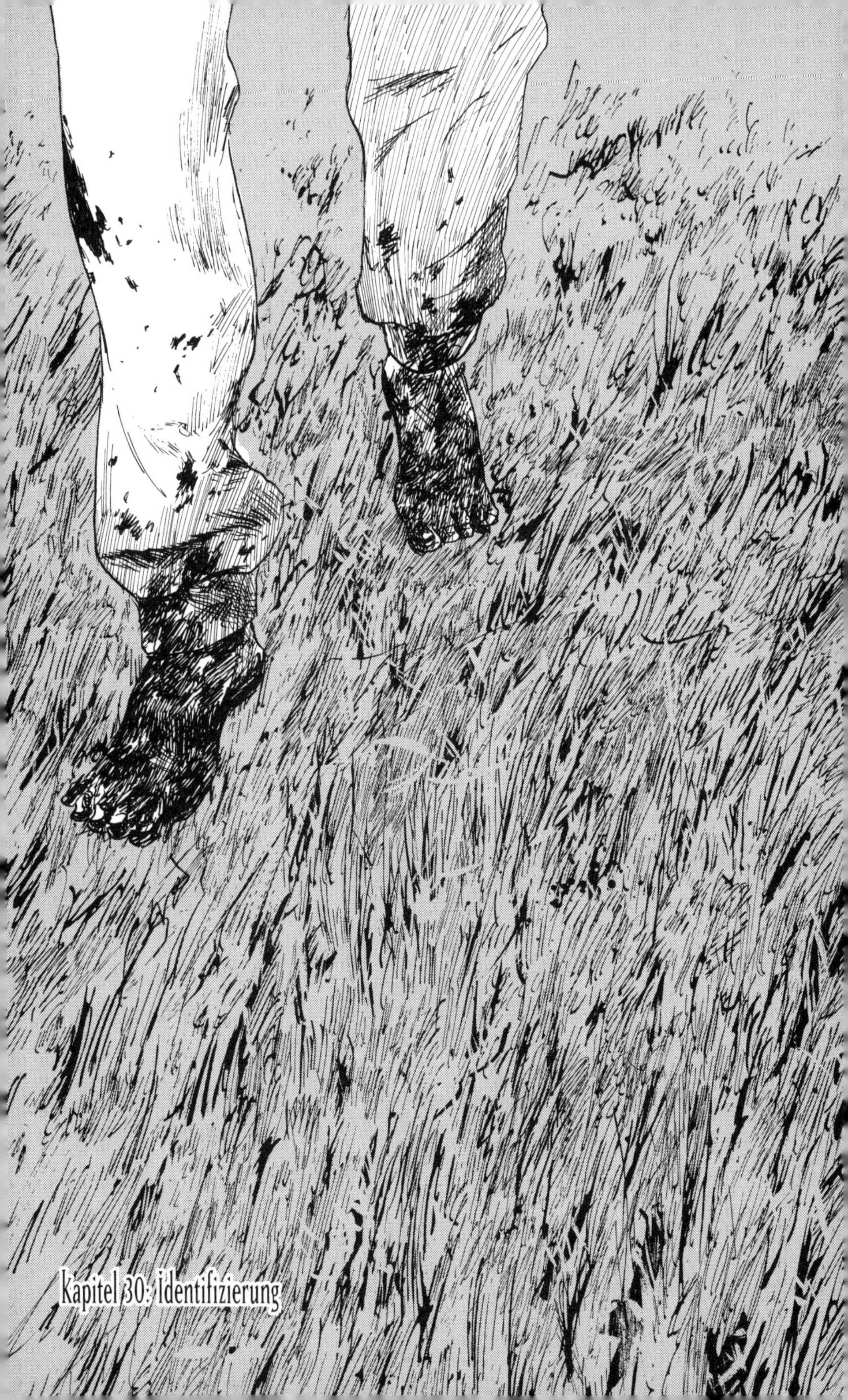
Kapitel 30: Identifizierung

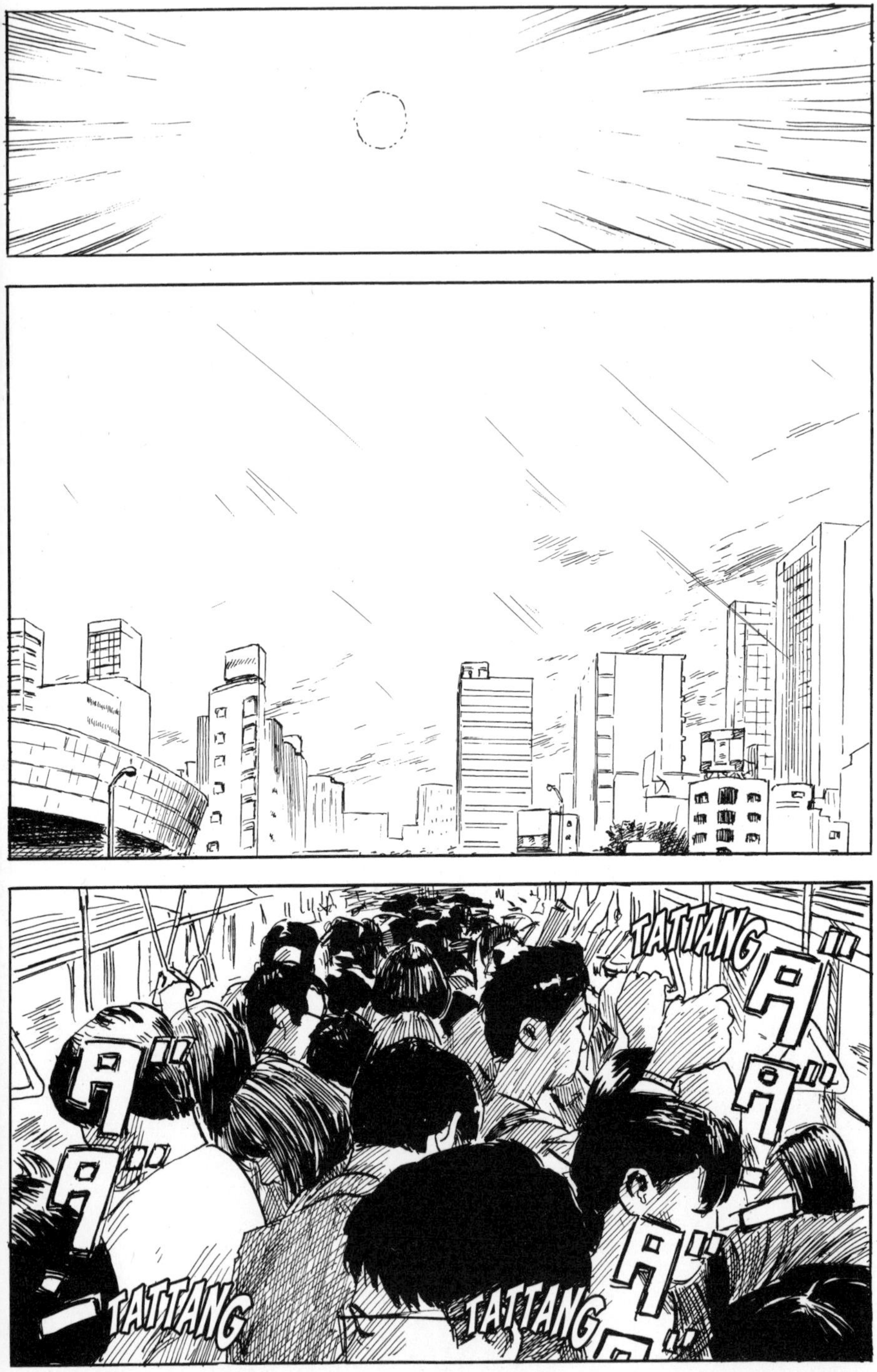
TATTANG
TATTANG
TATTANG

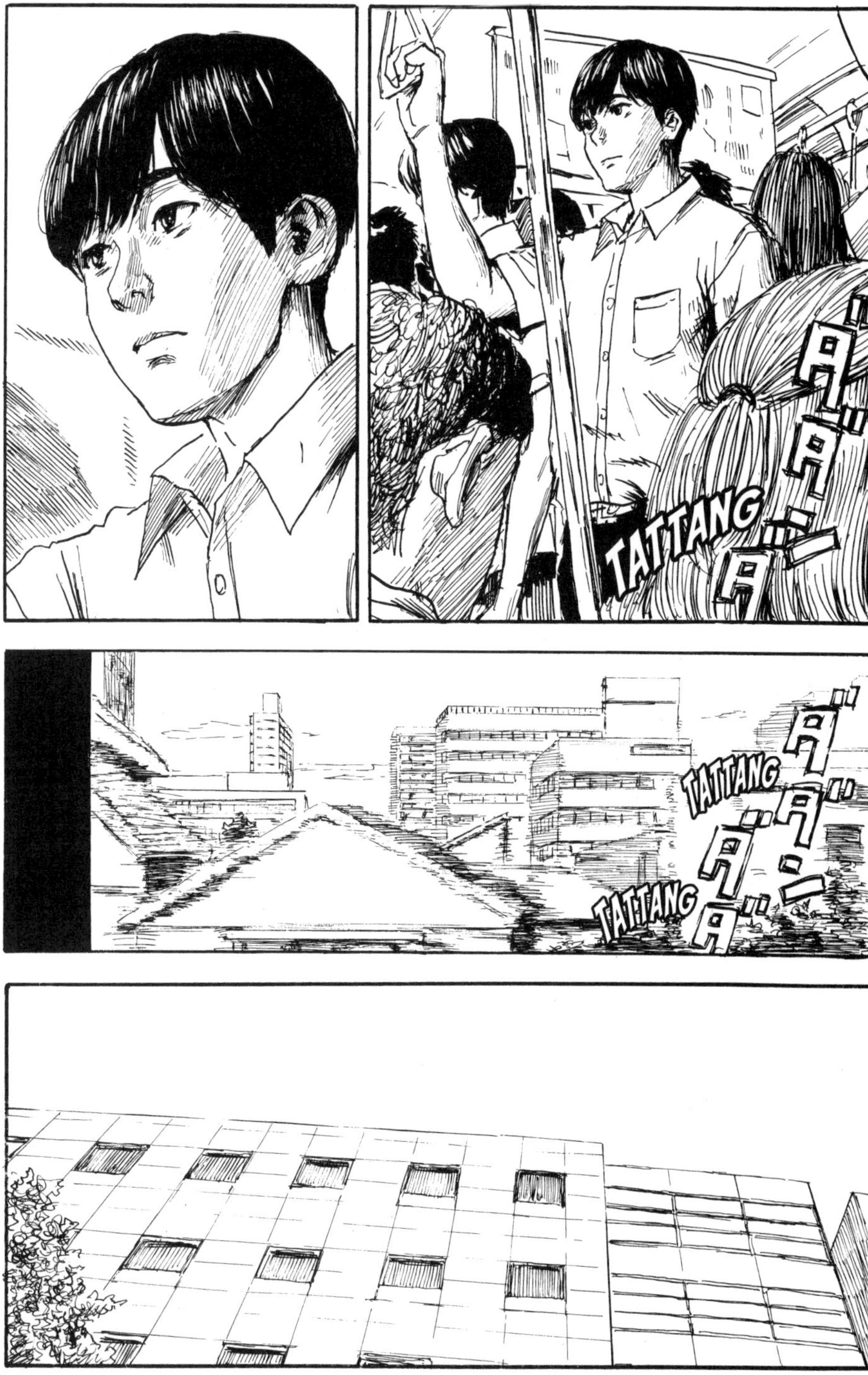
TATTANG
TATTANG
TATTANG

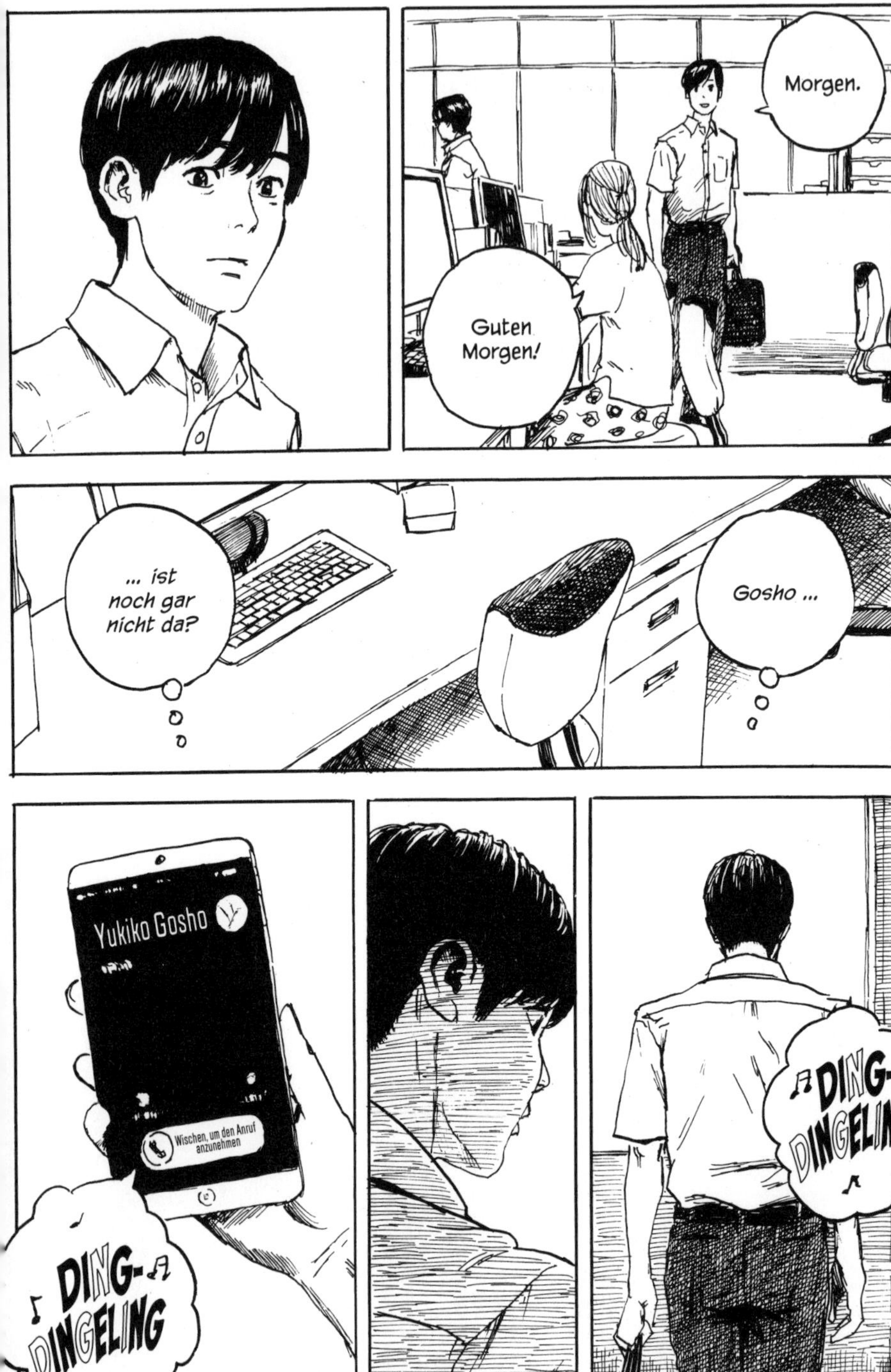
Morgen.
Guten Morgen!
… ist noch gar nicht da?
Gosho …
Yukiko Gosho
Wischen, um den Anruf anzunehmen
DING-DINGELING
DING-DINGELING

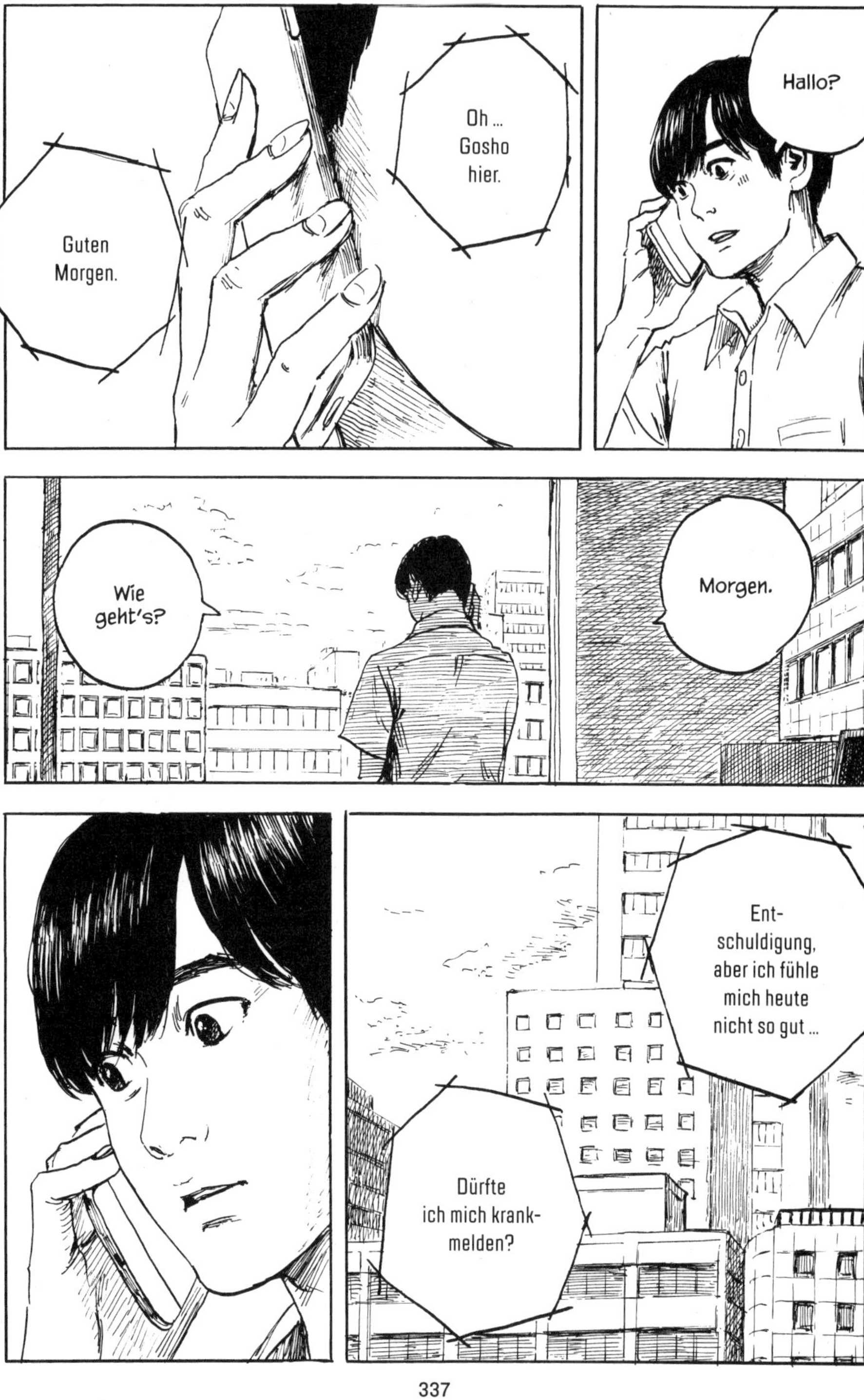
Hallo?
Oh ... Gosho hier.
Guten Morgen.
Morgen.
Wie geht's?
Ent-schuldigung, aber ich fühle mich heute nicht so gut ...
Dürfte ich mich krank-melden?

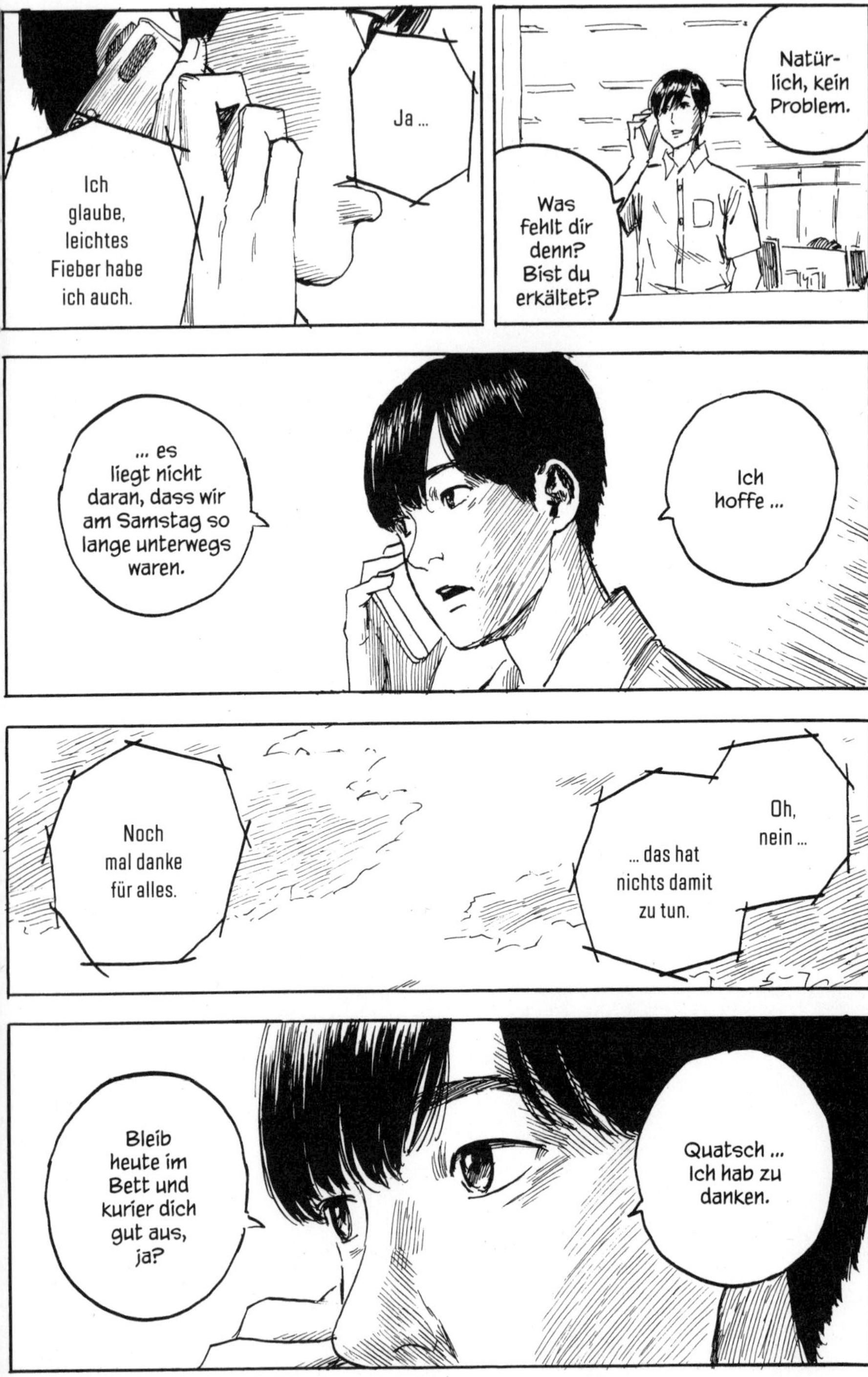

Natürlich, kein Problem.
Was fehlt dir denn? Bist du erkältet?
Ja ...
Ich glaube, leichtes Fieber habe ich auch.
Ich hoffe ...
... es liegt nicht daran, dass wir am Samstag so lange unterwegs waren.
Oh, nein ...
... das hat nichts damit zu tun.
Noch mal danke für alles.
Quatsch ... Ich hab zu danken.
Bleib heute im Bett und kurier dich gut aus, ja?

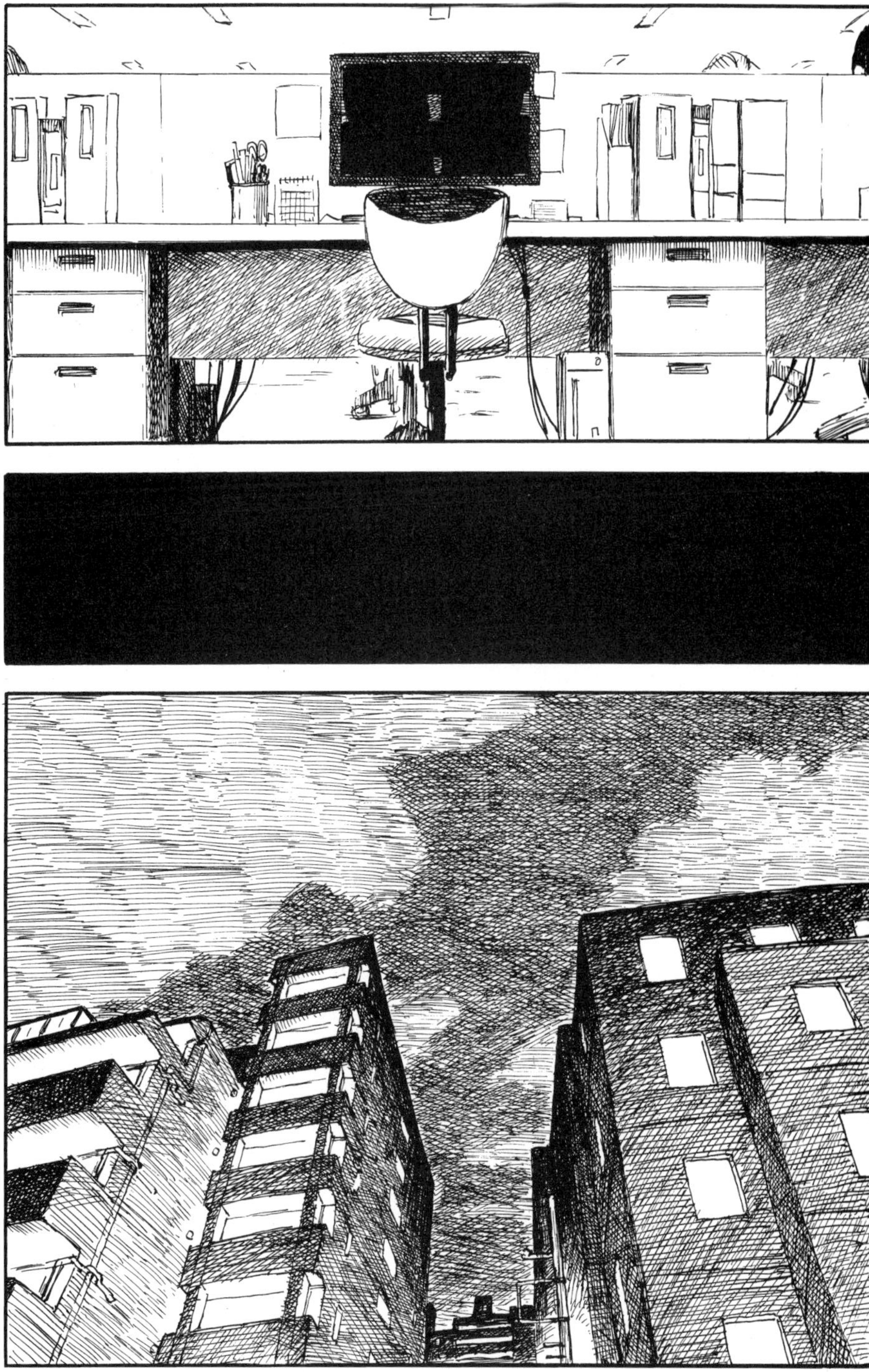

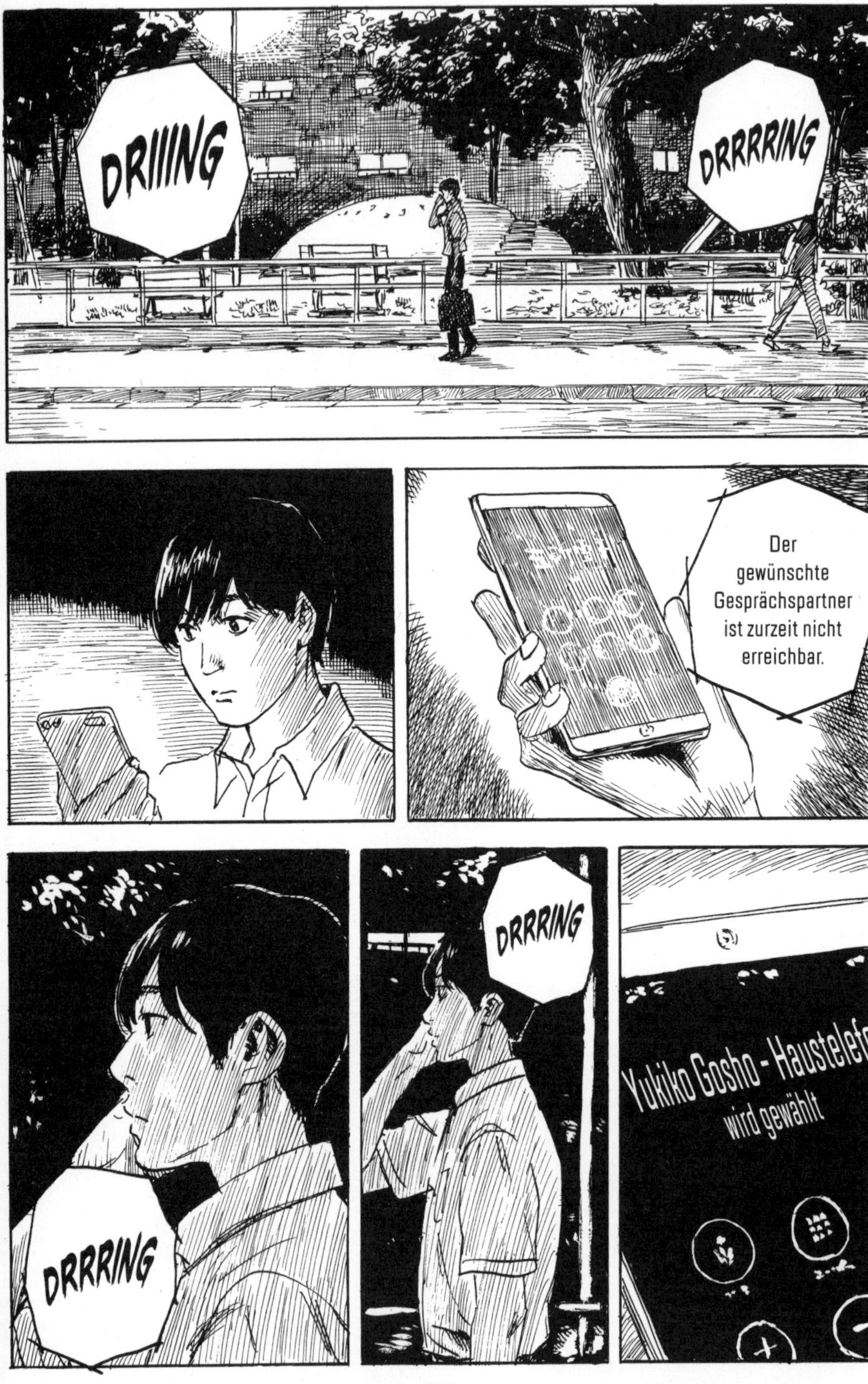

DRRRRING
DRIIING
Der gewünschte Gesprächspartner ist zurzeit nicht erreichbar.
Yukiko Gosho - Haustelefo
wird gewählt
DRRRING
DRRRING

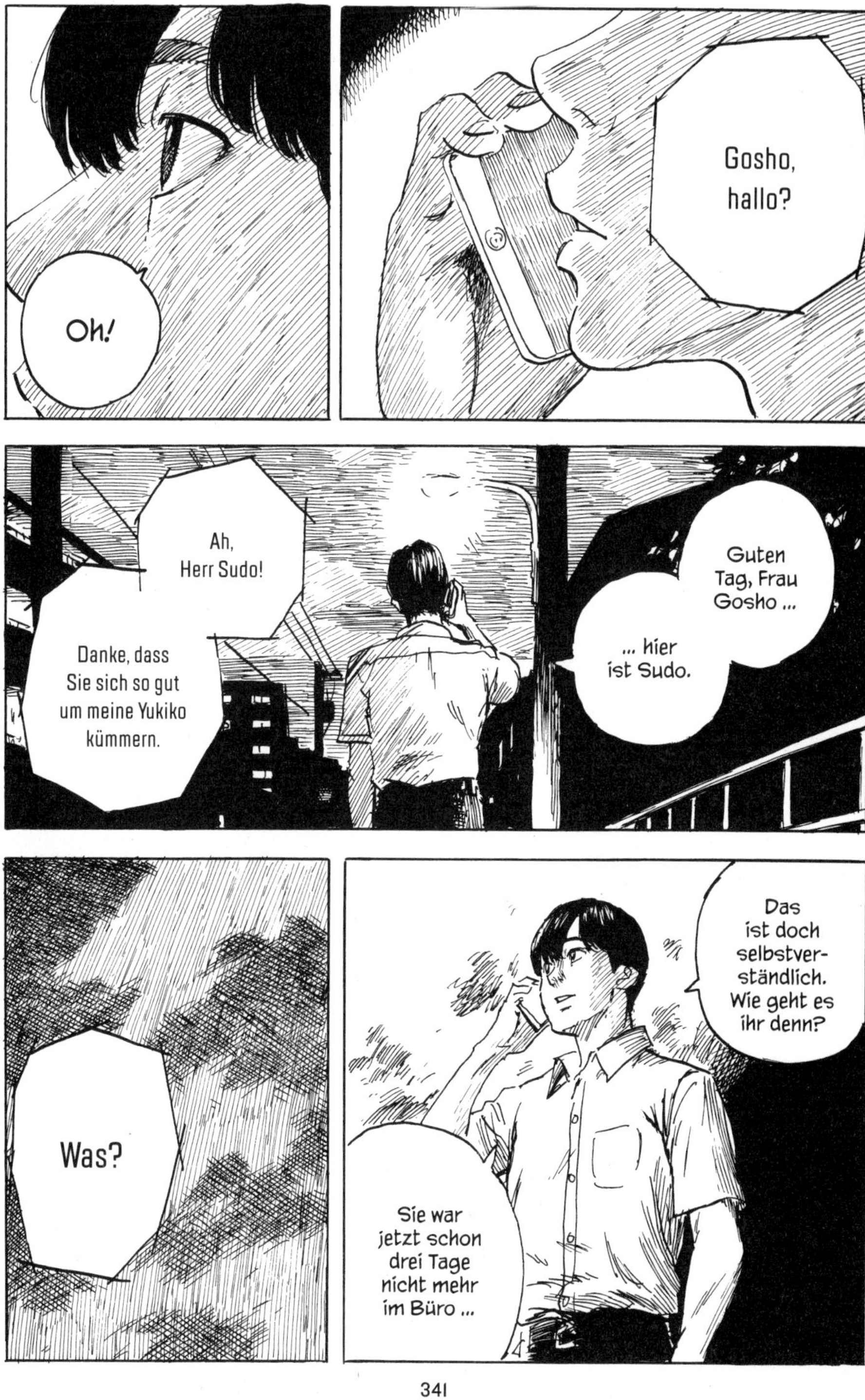
Gosho, hallo?
Oh!
Guten Tag, Frau Gosho ...
... hier ist Sudo.
Ah, Herr Sudo!
Danke, dass Sie sich so gut um meine Yukiko kümmern.
Das ist doch selbstverständlich. Wie geht es ihr denn?
Sie war jetzt schon drei Tage nicht mehr im Büro ...
Was?

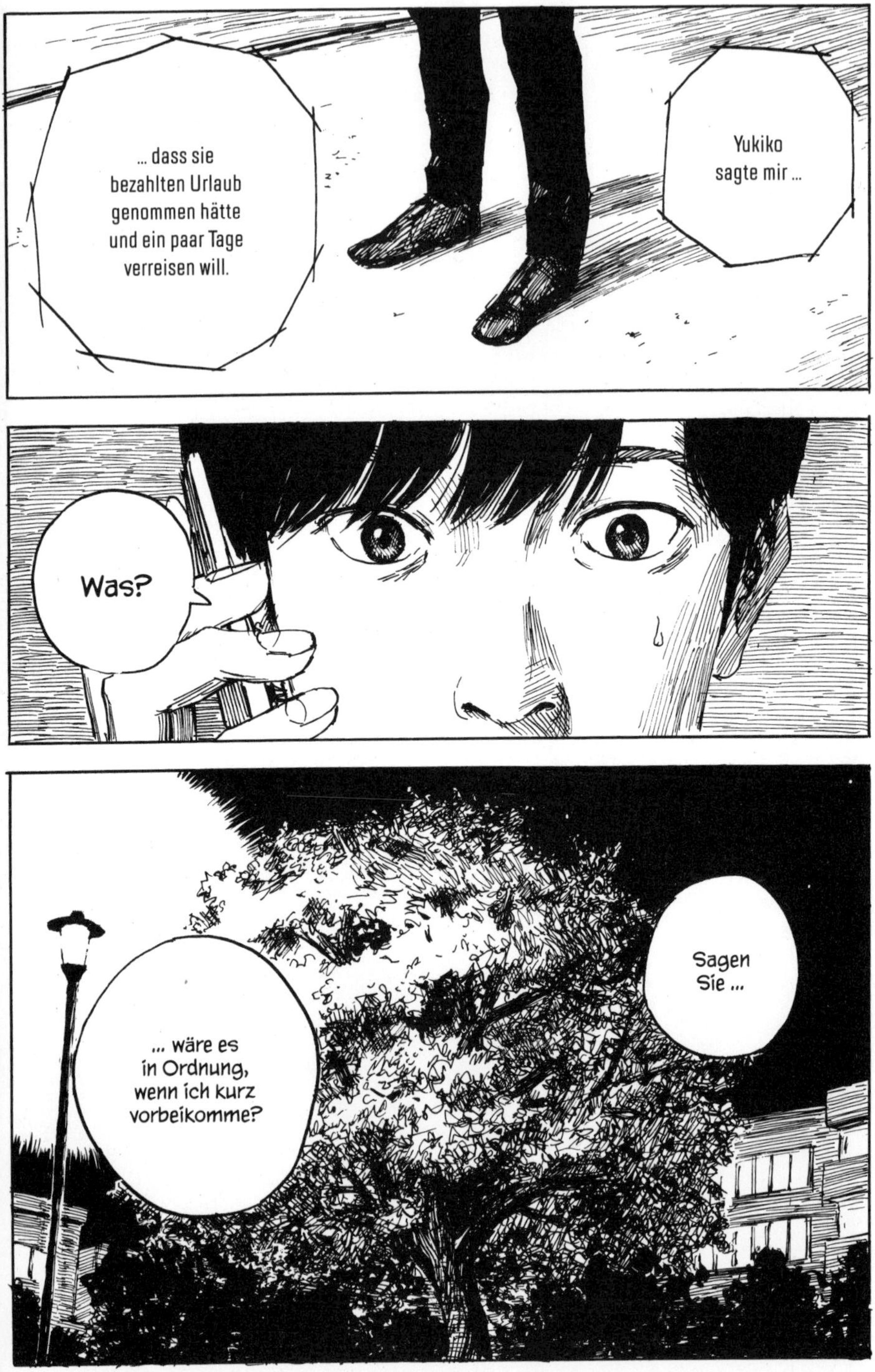
Yukiko sagte mir ...
... dass sie bezahlten Urlaub genommen hätte und ein paar Tage verreisen will.
Was?
Sagen Sie ...
... wäre es in Ordnung, wenn ich kurz vorbeikomme?

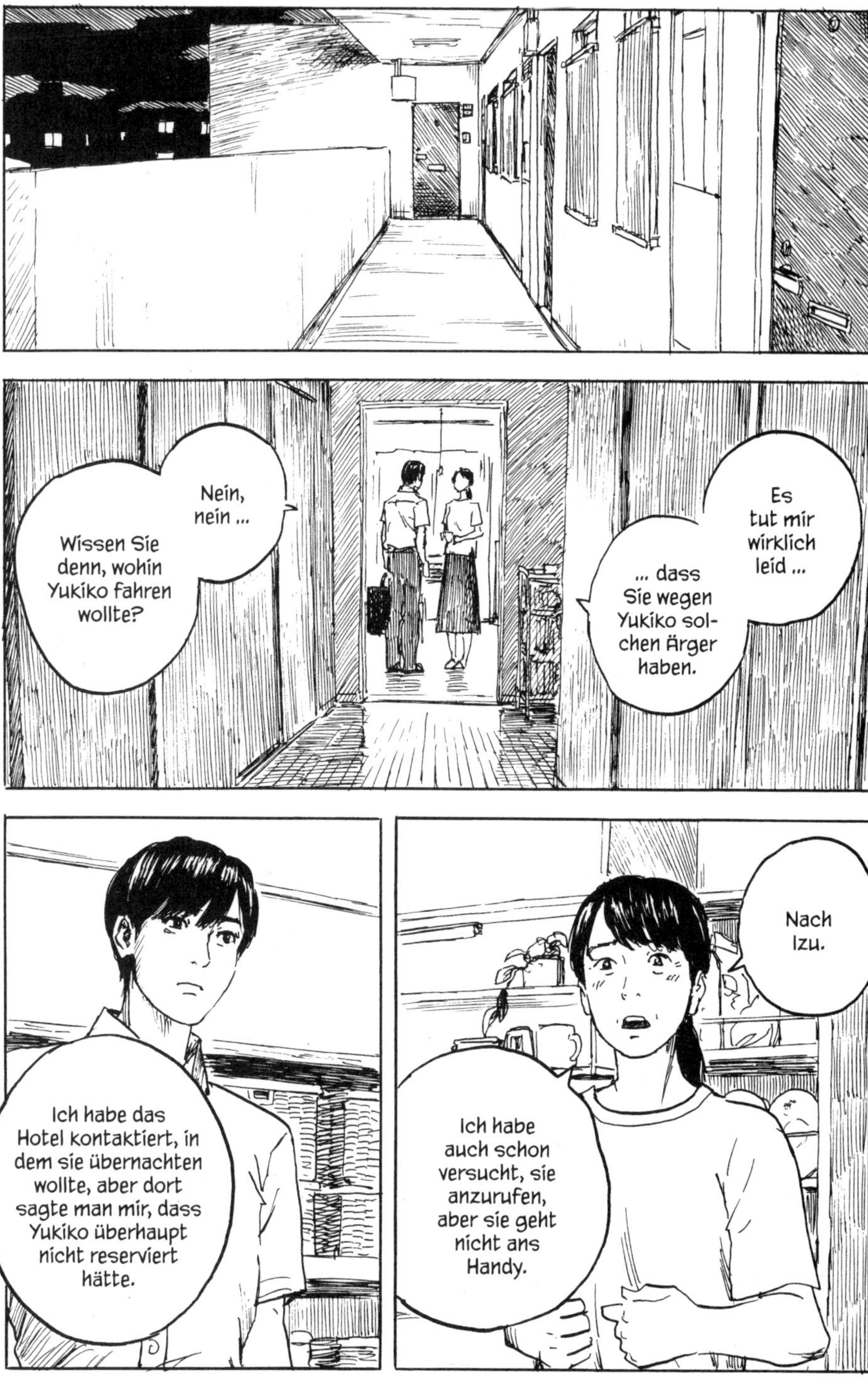
Es tut mir wirklich leid ...
... dass Sie wegen Yukiko solchen Ärger haben.
Nein, nein ...
Wissen Sie denn, wohin Yukiko fahren wollte?
Nach Izu.
Ich habe auch schon versucht, sie anzurufen, aber sie geht nicht ans Handy.
Ich habe das Hotel kontaktiert, in dem sie übernachten wollte, aber dort sagte man mir, dass Yukiko überhaupt nicht reserviert hätte.

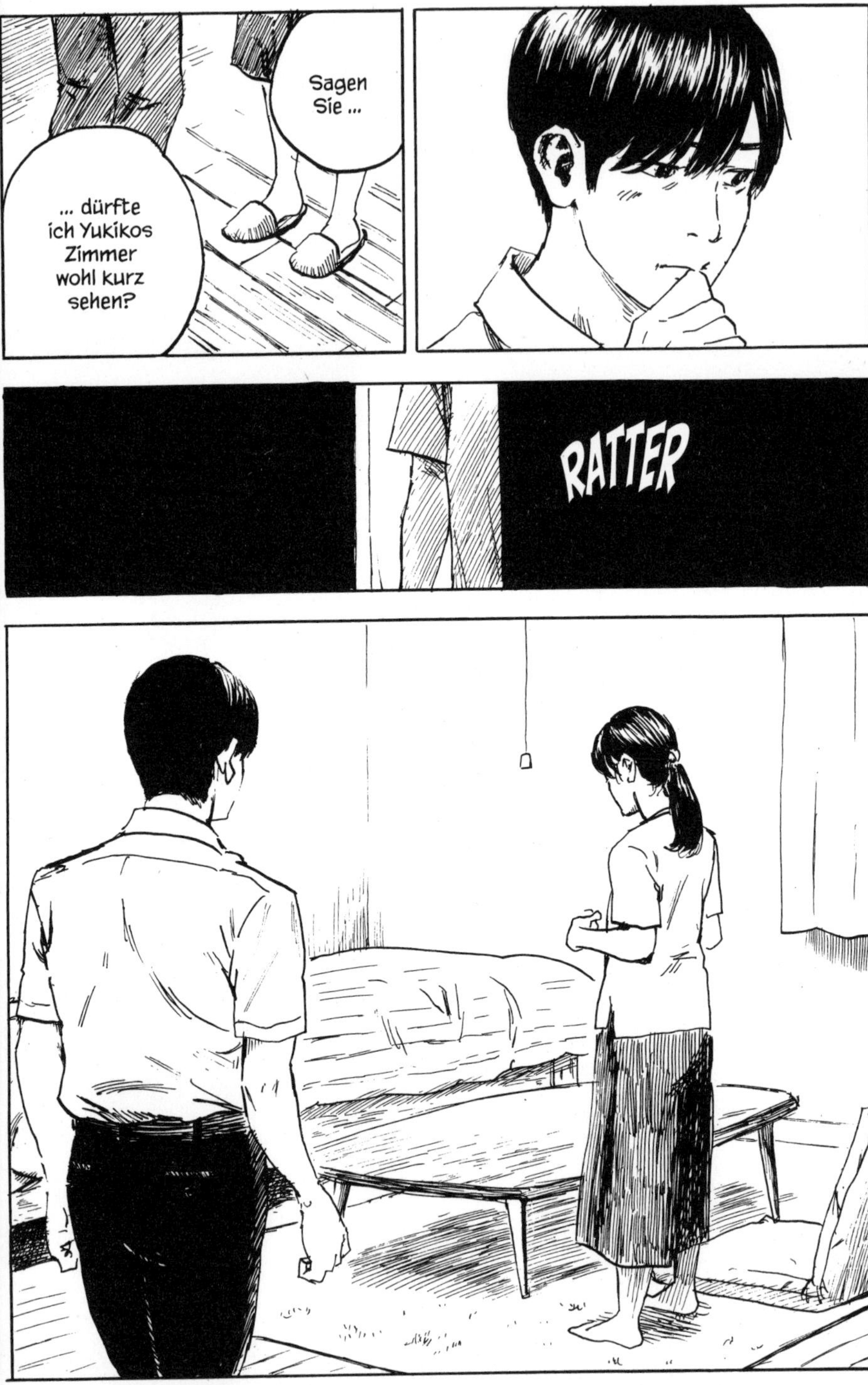
Sagen Sie ...
... dürfte ich Yukikos Zimmer wohl kurz sehen?
RATTER

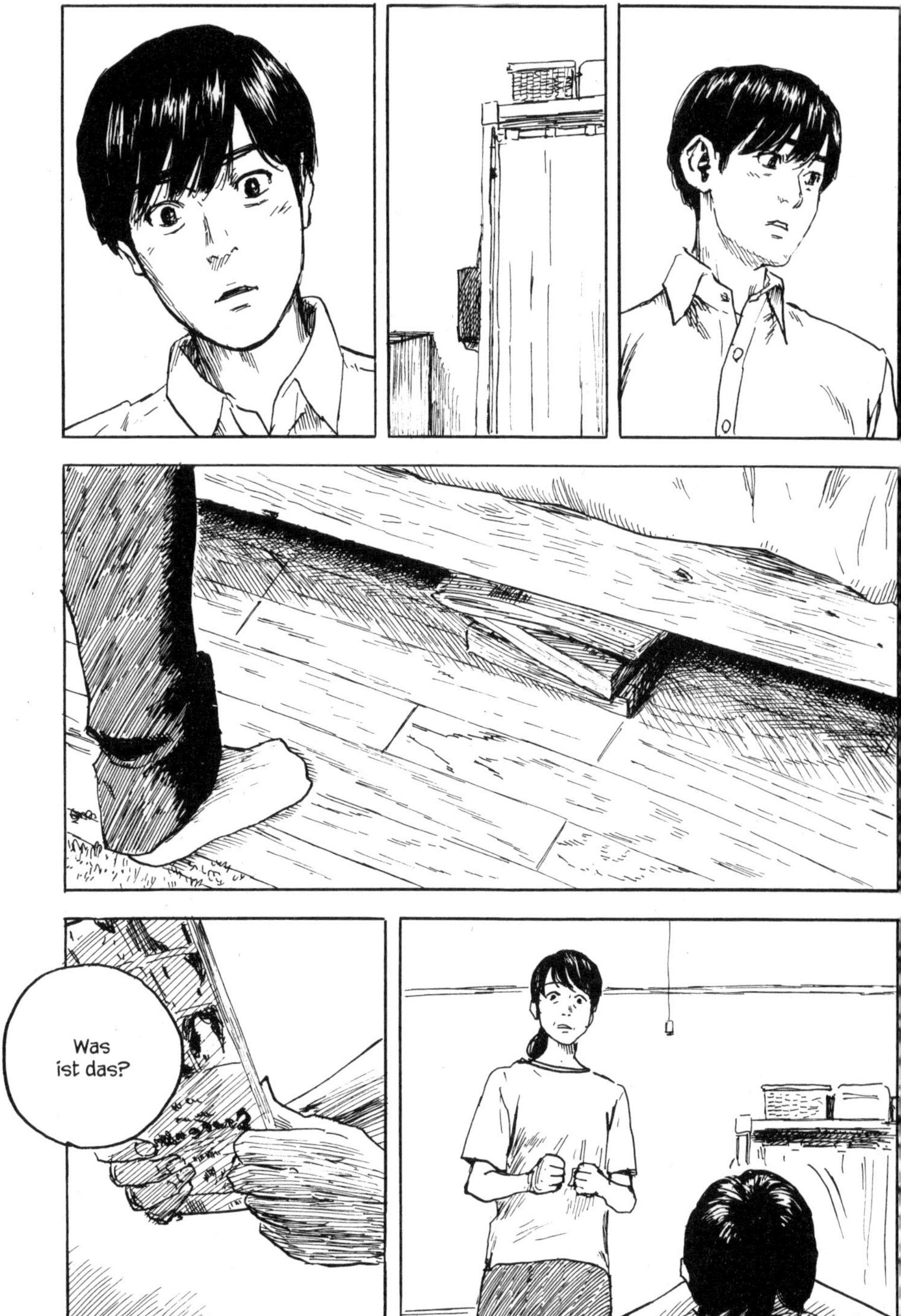
Was
ist das?

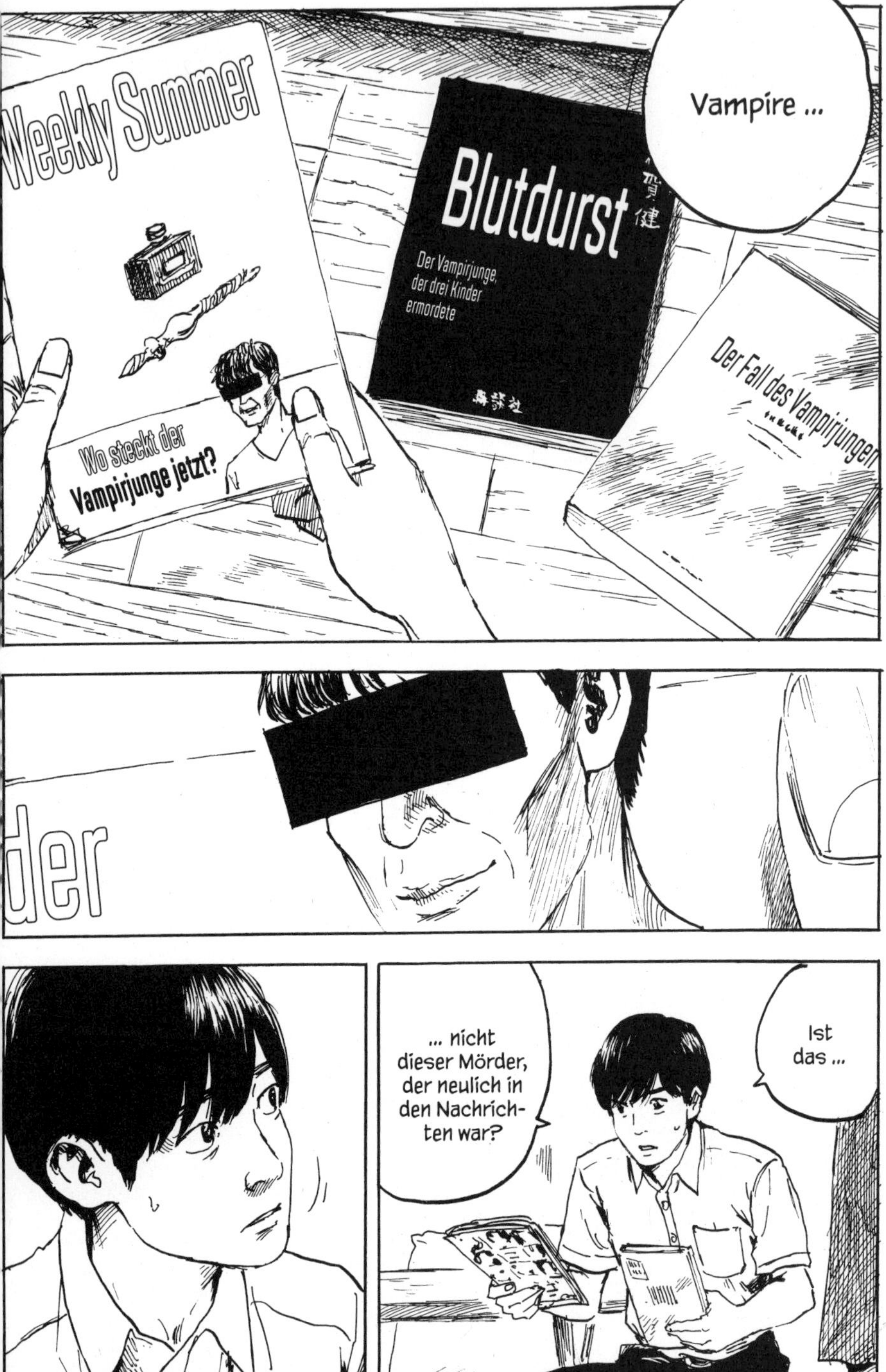
Vampire ...
Weekly Summer
Wo steckt der Vampirjunge jetzt?
Blutdurst
Der Vampirjunge, der drei Kinder ermordete
Der Fall des Vampirjungen
der
Ist das ...
... nicht dieser Mörder, der neulich in den Nachrichten war?

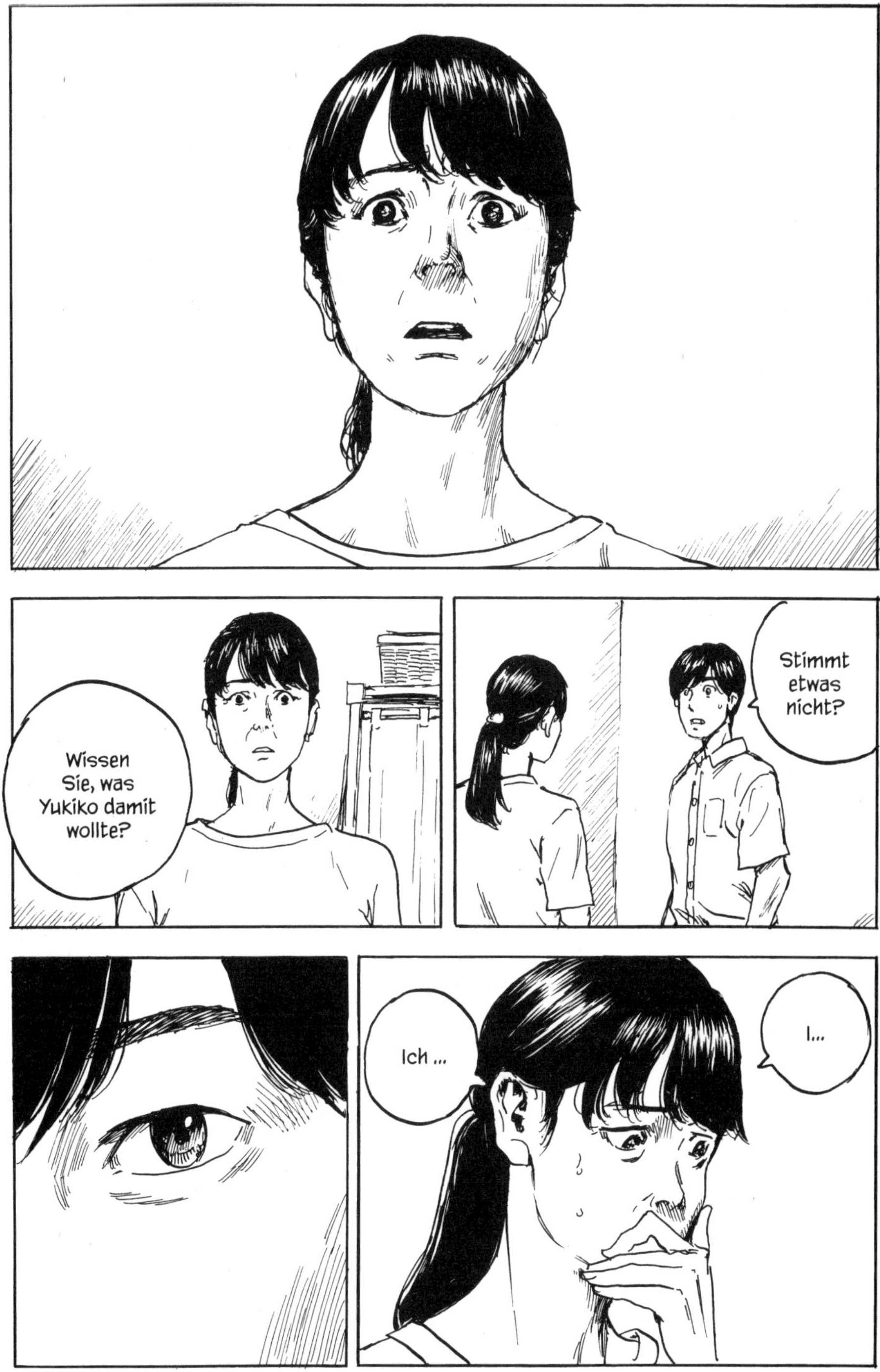
Stimmt etwas nicht?
Wissen Sie, was Yukiko damit wollte?
I...
Ich ...

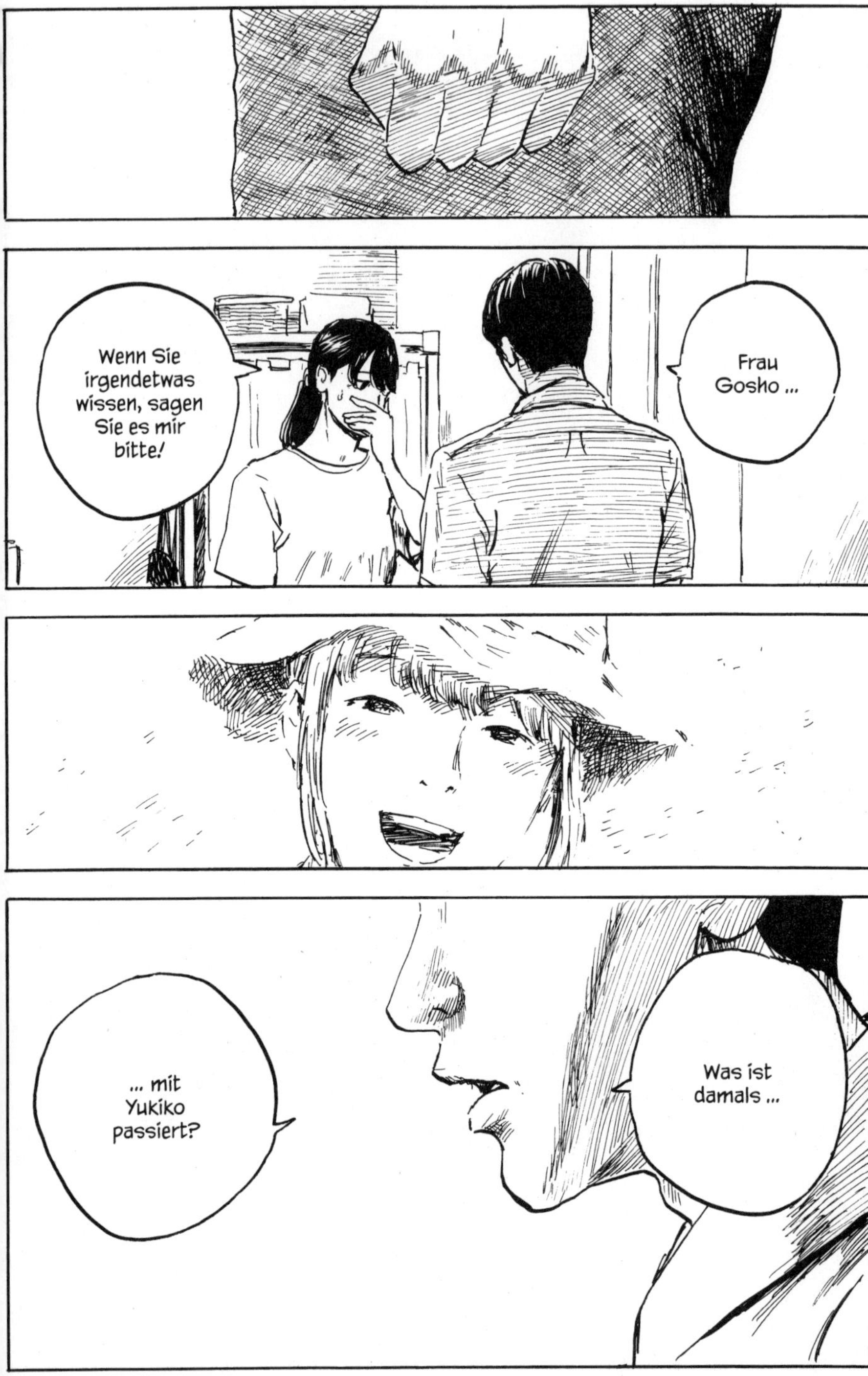
Frau Gosho ...
Wenn Sie irgendetwas wissen, sagen Sie es mir bitte!
Was ist damals ...
... mit Yukiko passiert?

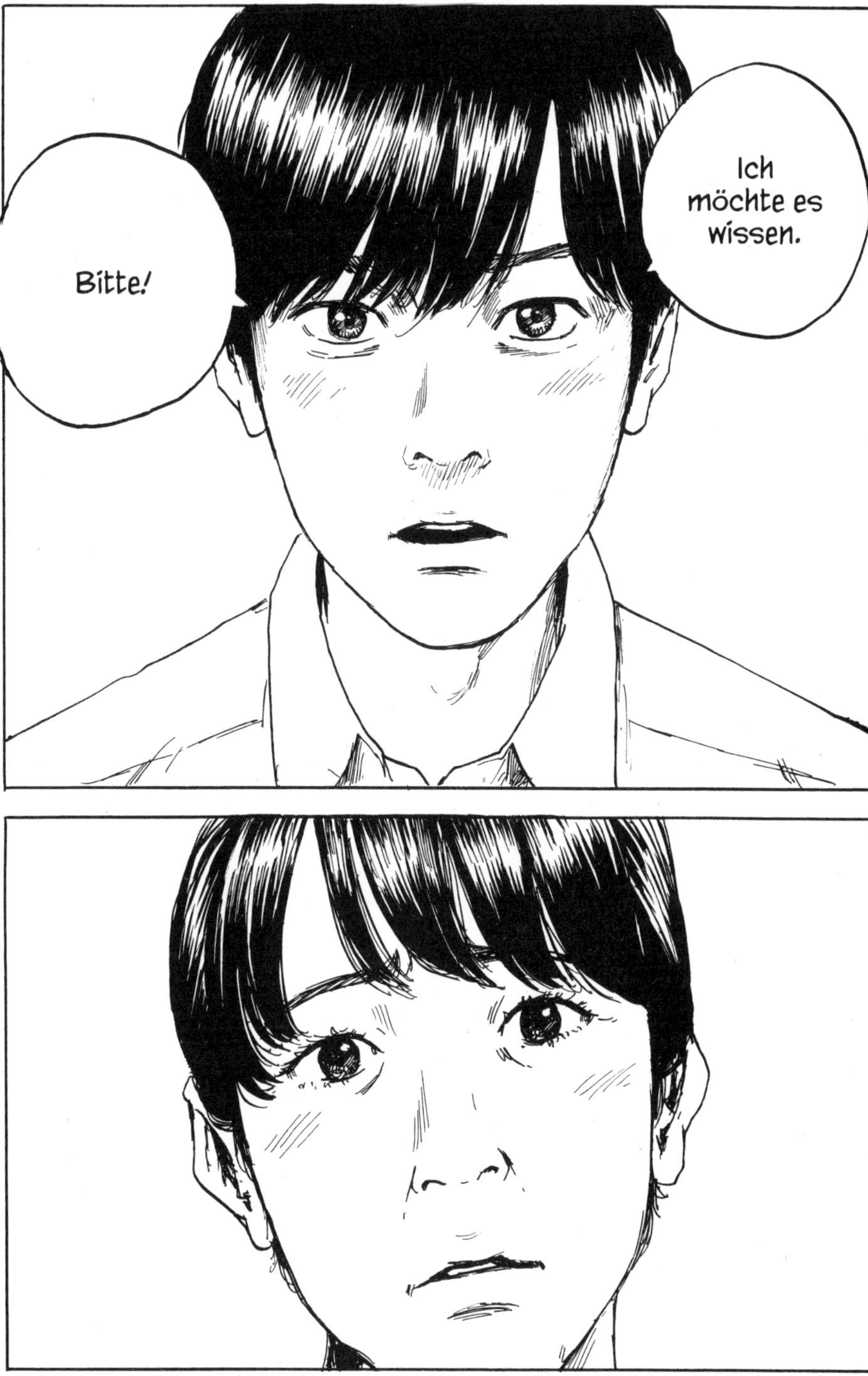
Ich möchte es wissen.
Bitte!

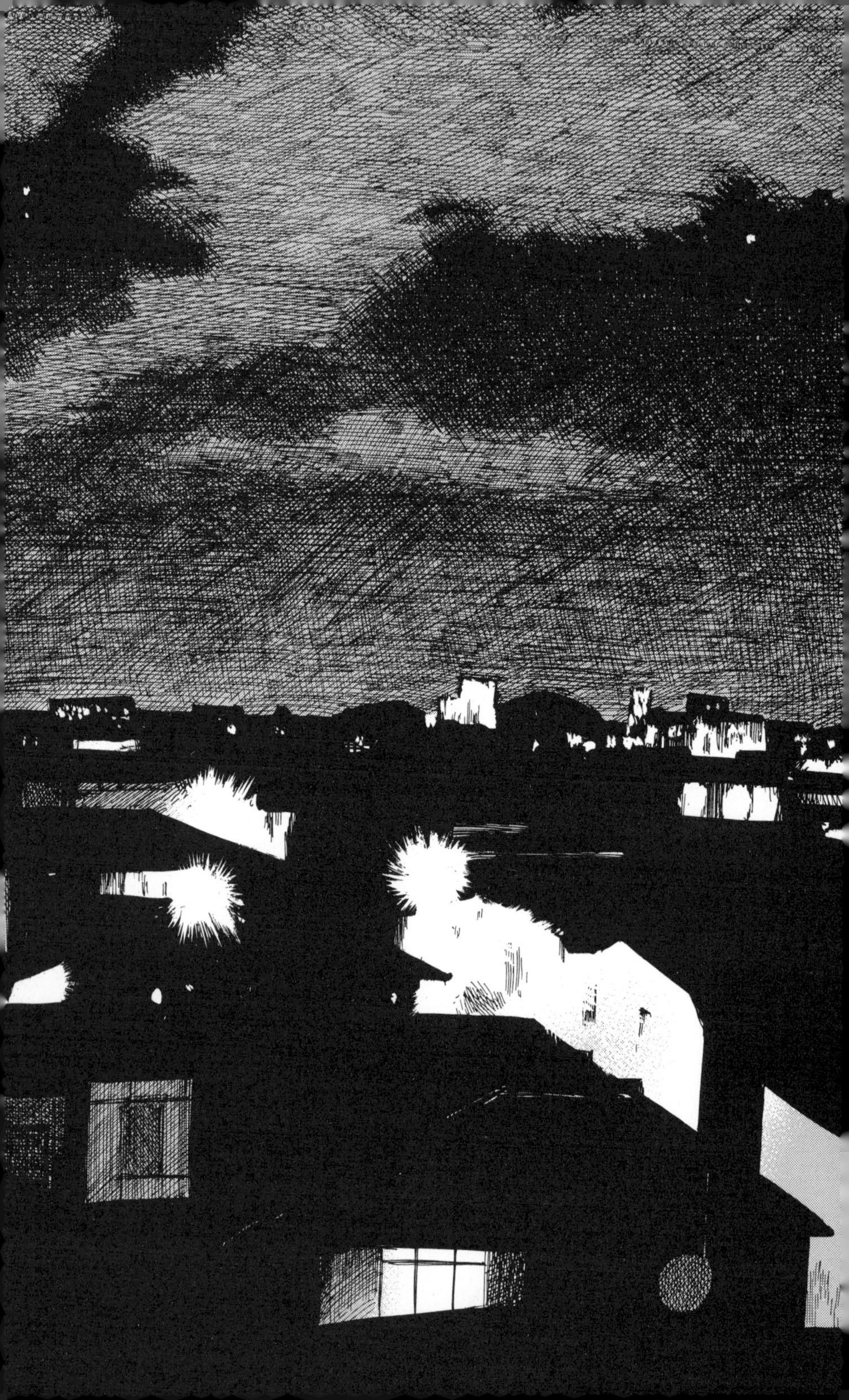

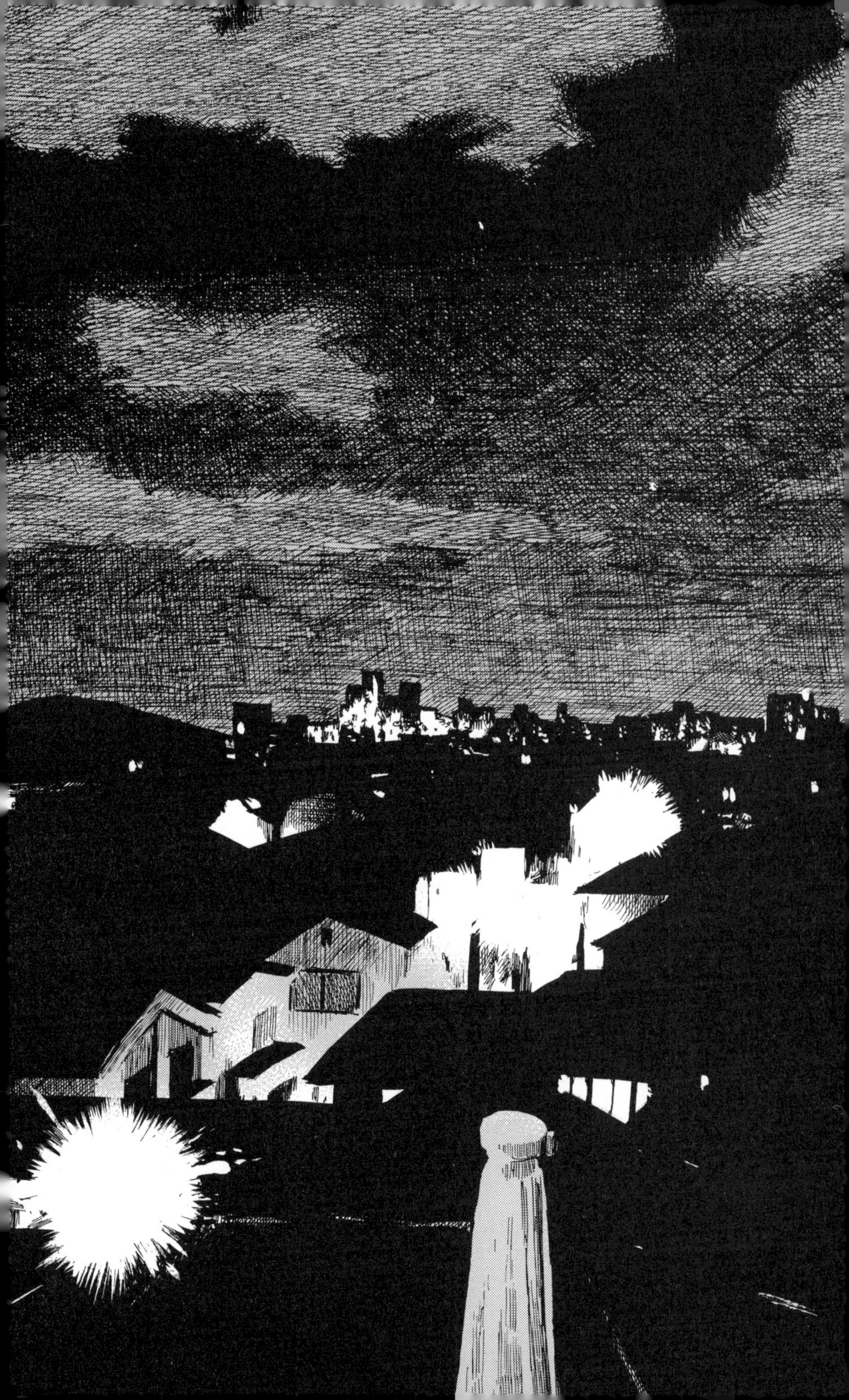

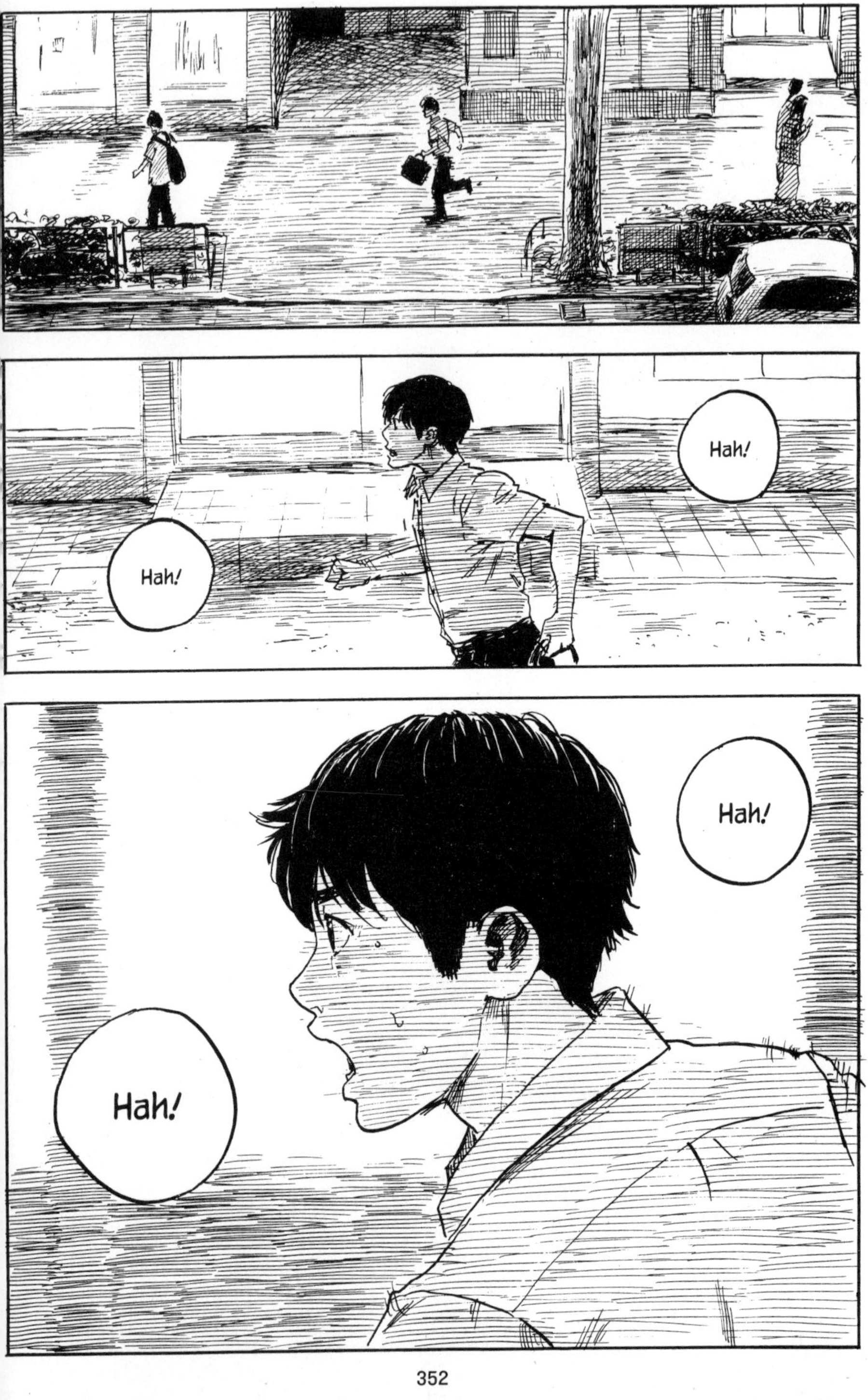
Hah!
Hah!
Hah!
Hah!

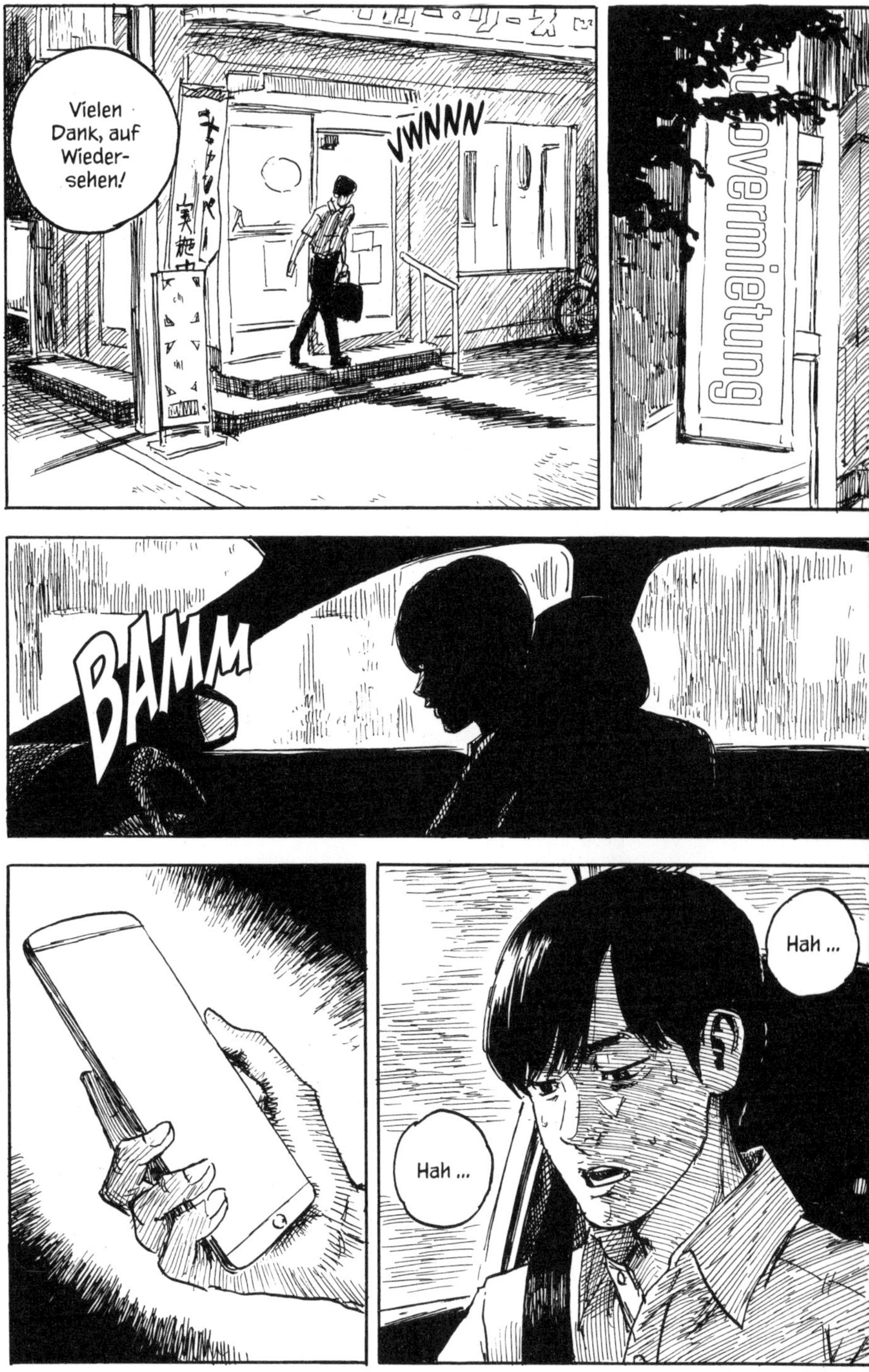
Vielen Dank, auf Wieder-sehen!
VWNNN
BAMM
Hah ...
Hah ...

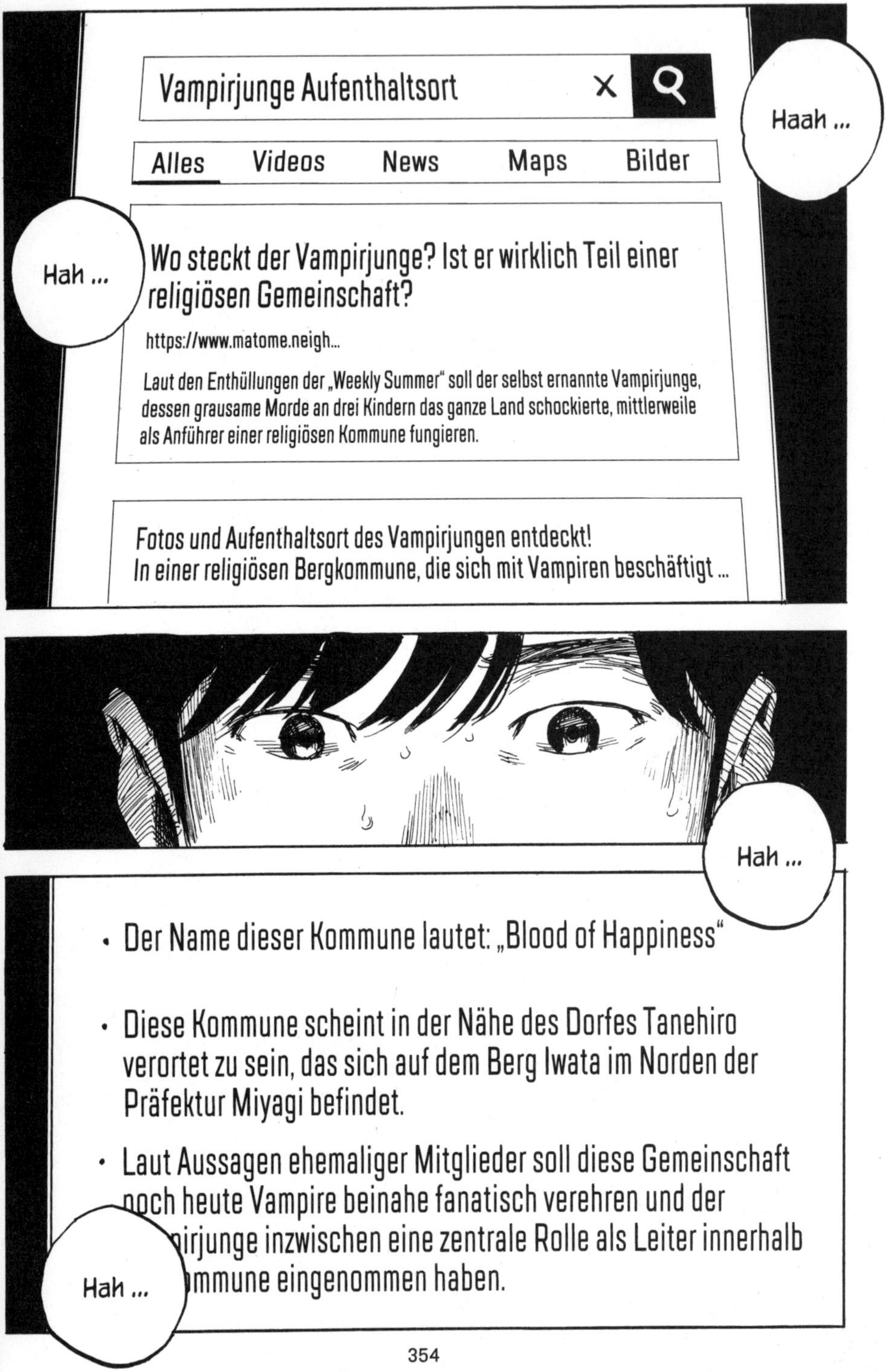
Vampirjunge Aufenthaltsort
Alles
Videos
News
Maps
Bilder
Haah ...
Hah ...
Wo steckt der Vampirjunge? Ist er wirklich Teil einer religiösen Gemeinschaft?
https://www.matome.neigh...
Laut den Enthüllungen der „Weekly Summer“ soll der selbst ernannte Vampirjunge, dessen grausame Morde an drei Kindern das ganze Land schockierte, mittlerweile als Anführer einer religiösen Kommune fungieren.
Fotos und Aufenthaltsort des Vampirjungen entdeckt!
In einer religiösen Bergkommune, die sich mit Vampiren beschäftigt ...
Hah ...
• Der Name dieser Kommune lautet: „Blood of Happiness“
• Diese Kommune scheint in der Nähe des Dorfes Tanehiro verortet zu sein, das sich auf dem Berg Iwata im Norden der Präfektur Miyagi befindet.
• Laut Aussagen ehemaliger Mitglieder soll diese Gemeinschaft noch heute Vampire beinahe fanatisch verehren und der
pirjunge inzwischen eine zentrale Rolle als Leiter innerhalb
mmune eingenommen haben.
Hah ...

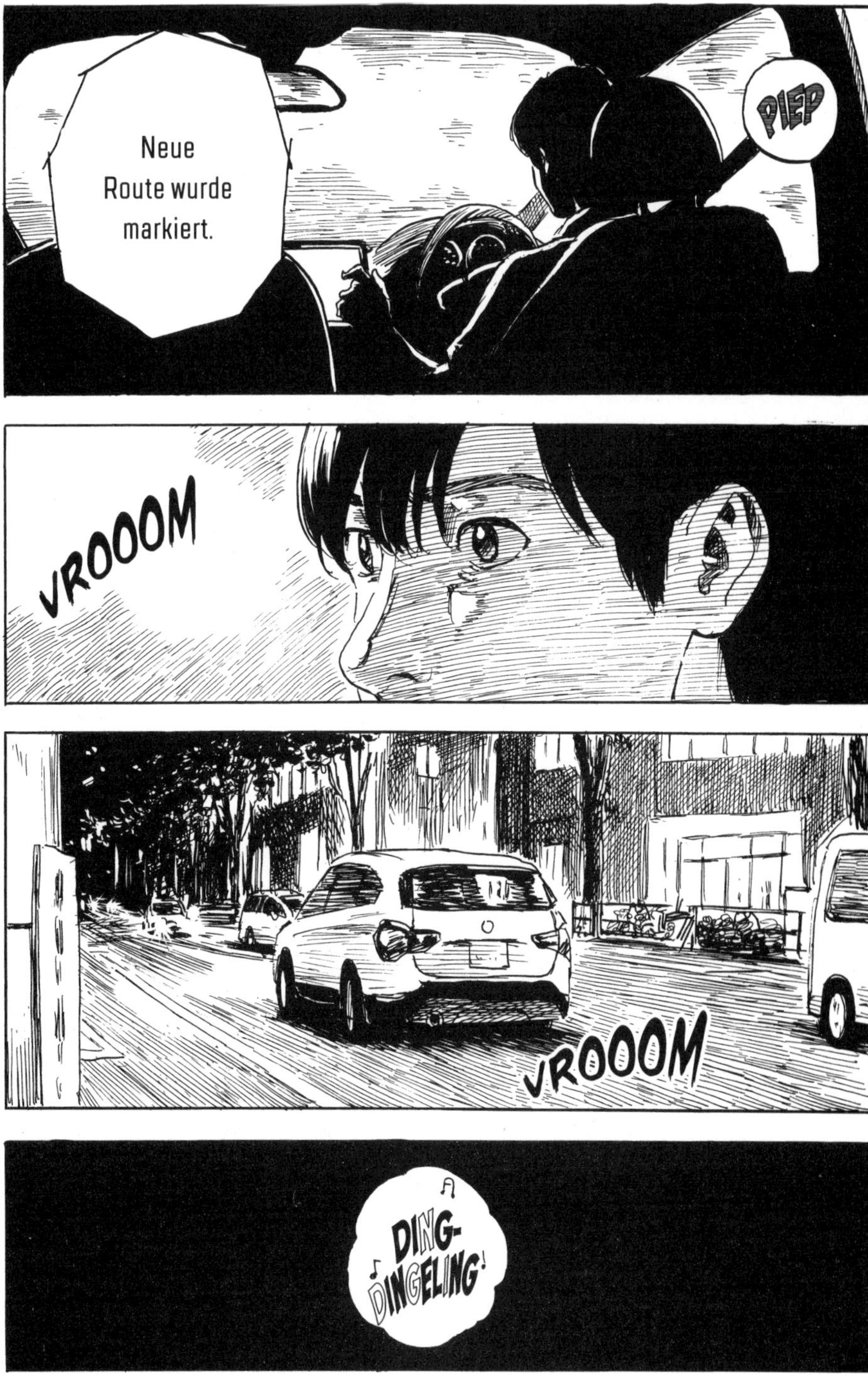
PIEP
Neue Route wurde markiert.
VROOOM
VROOOM
DING-DINGELING!

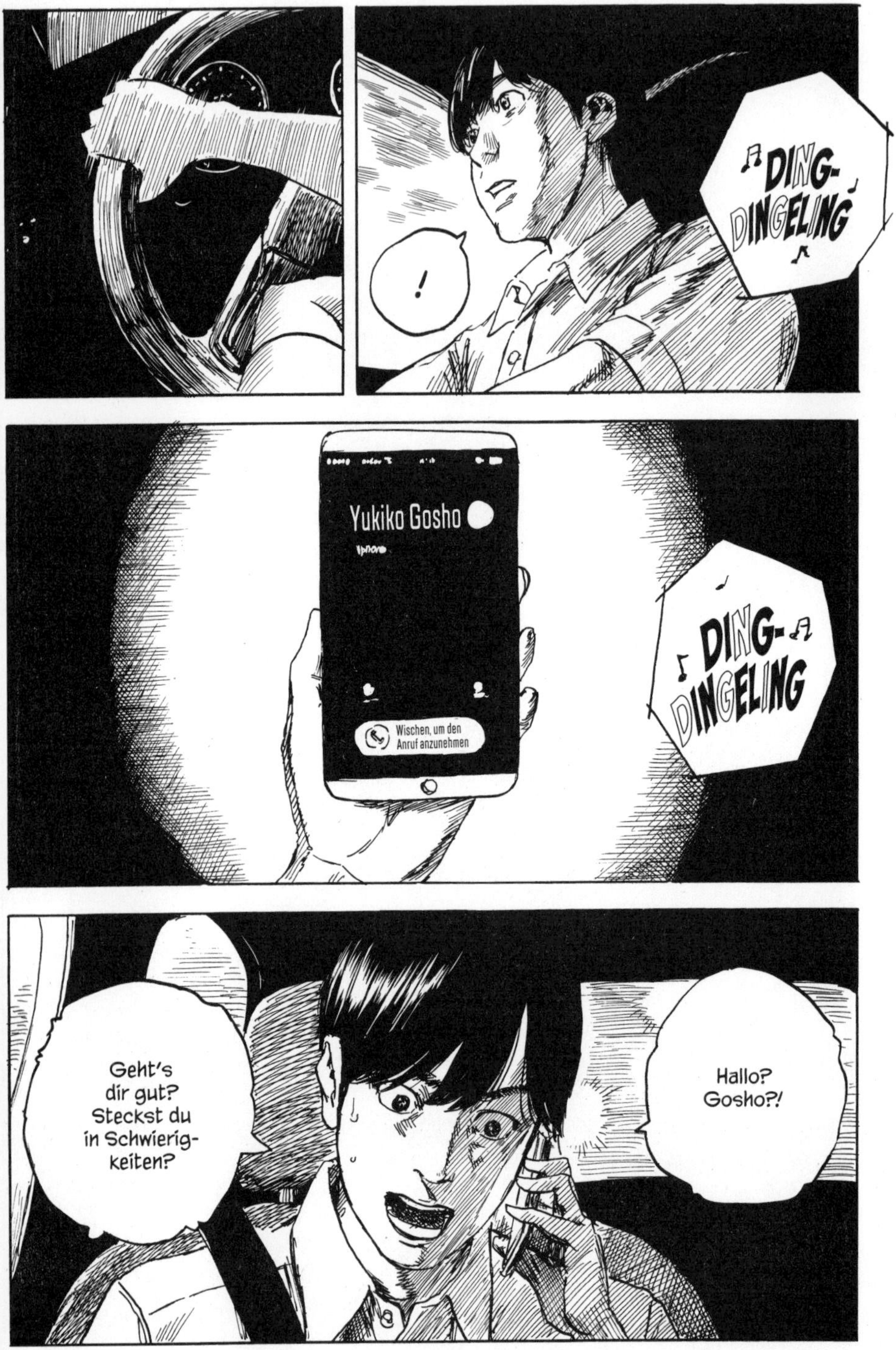
DING-DINGELING
!
Yukiko Gosho
Wischen, um den Anruf anzunehmen
DING-DINGELING
Hallo? Gosho?!
Geht's dir gut? Steckst du in Schwierig-keiten?

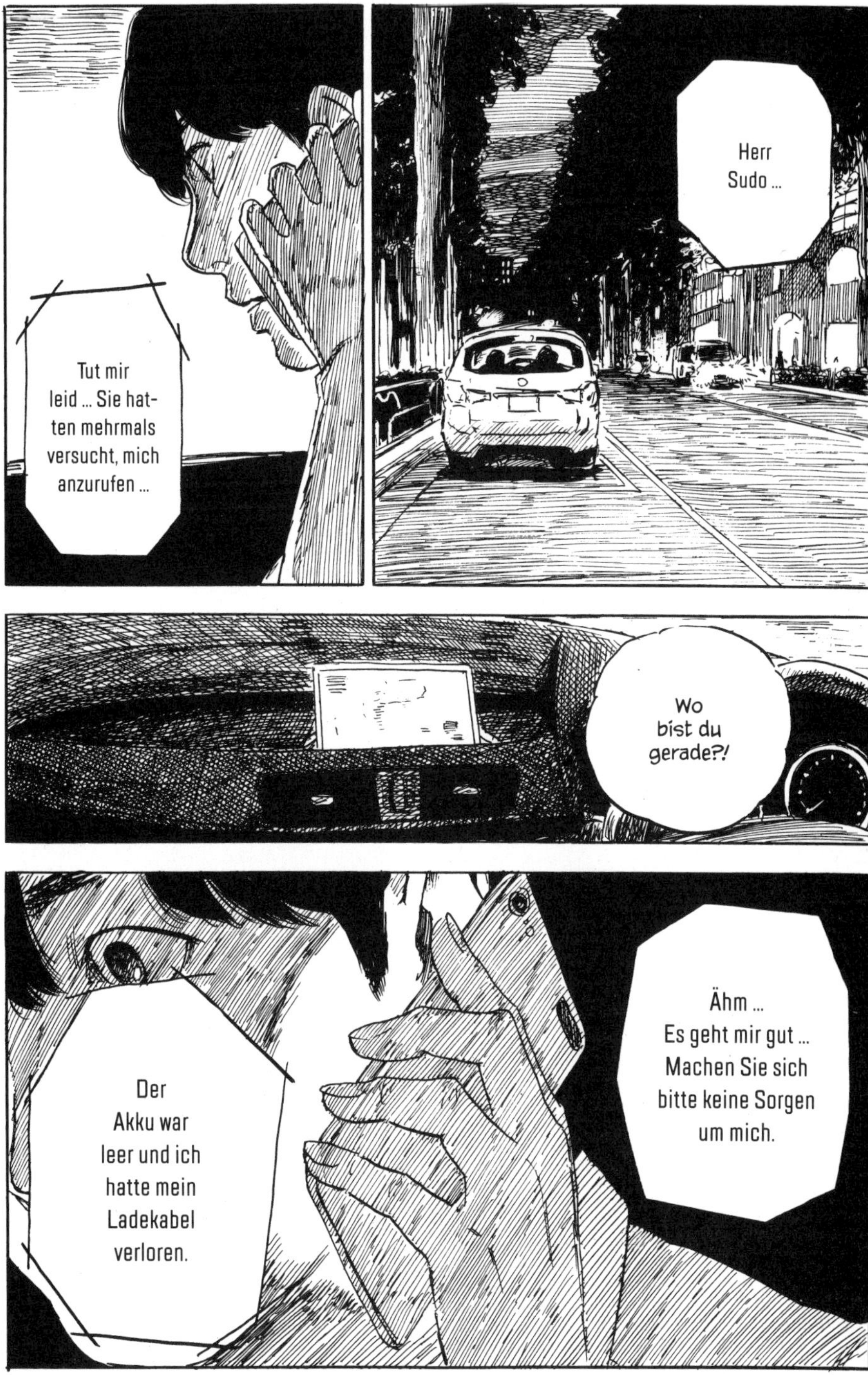
Herr Sudo …
Tut mir leid … Sie hatten mehrmals versucht, mich anzurufen …
Wo bist du gerade?!
Ähm … Es geht mir gut … Machen Sie sich bitte keine Sorgen um mich.
Der Akku war leer und ich hatte mein Ladekabel verloren.

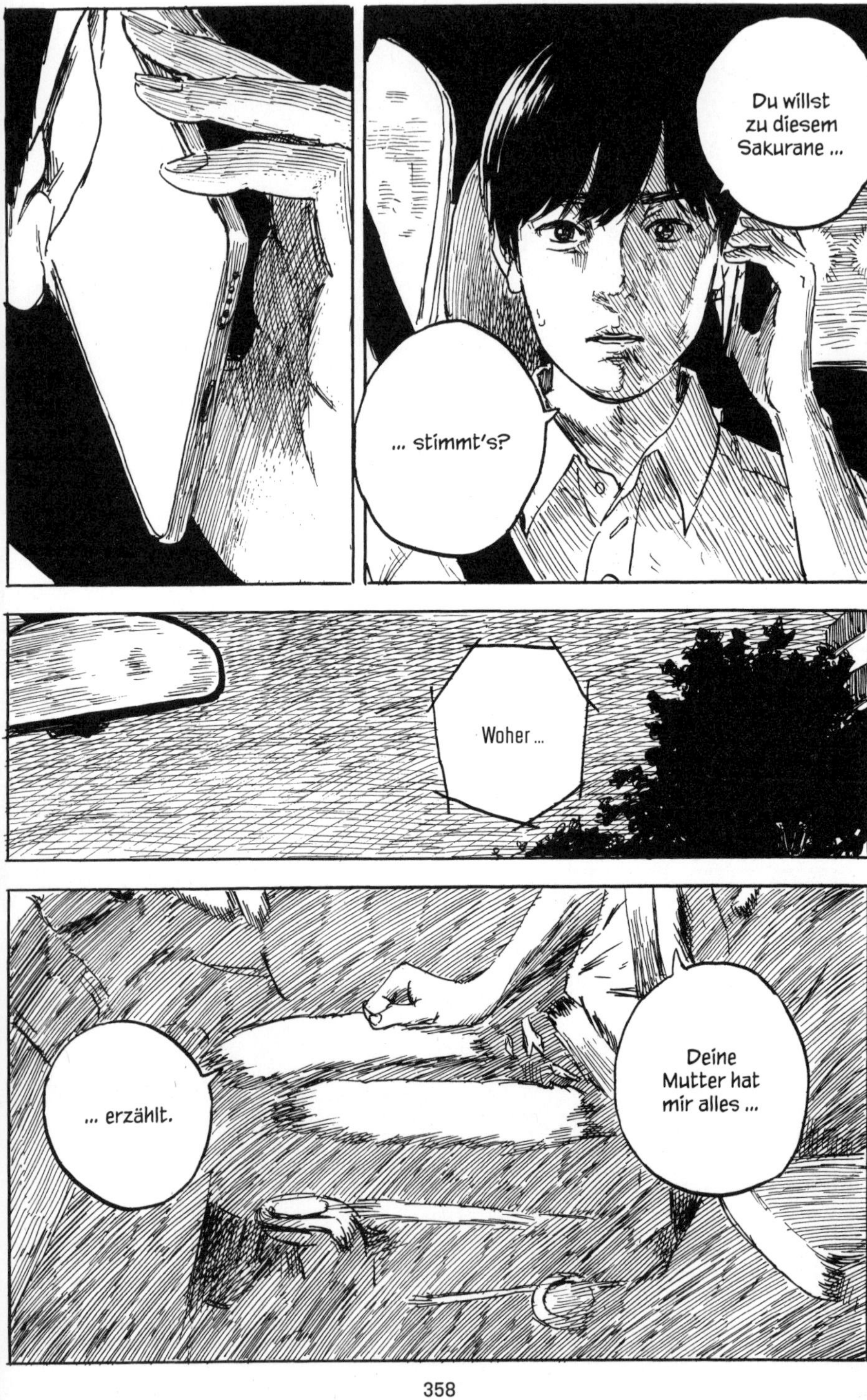
Du willst zu diesem Sakurane ...
... stimmt's?
Woher ...
Deine Mutter hat mir alles ...
... erzählt.

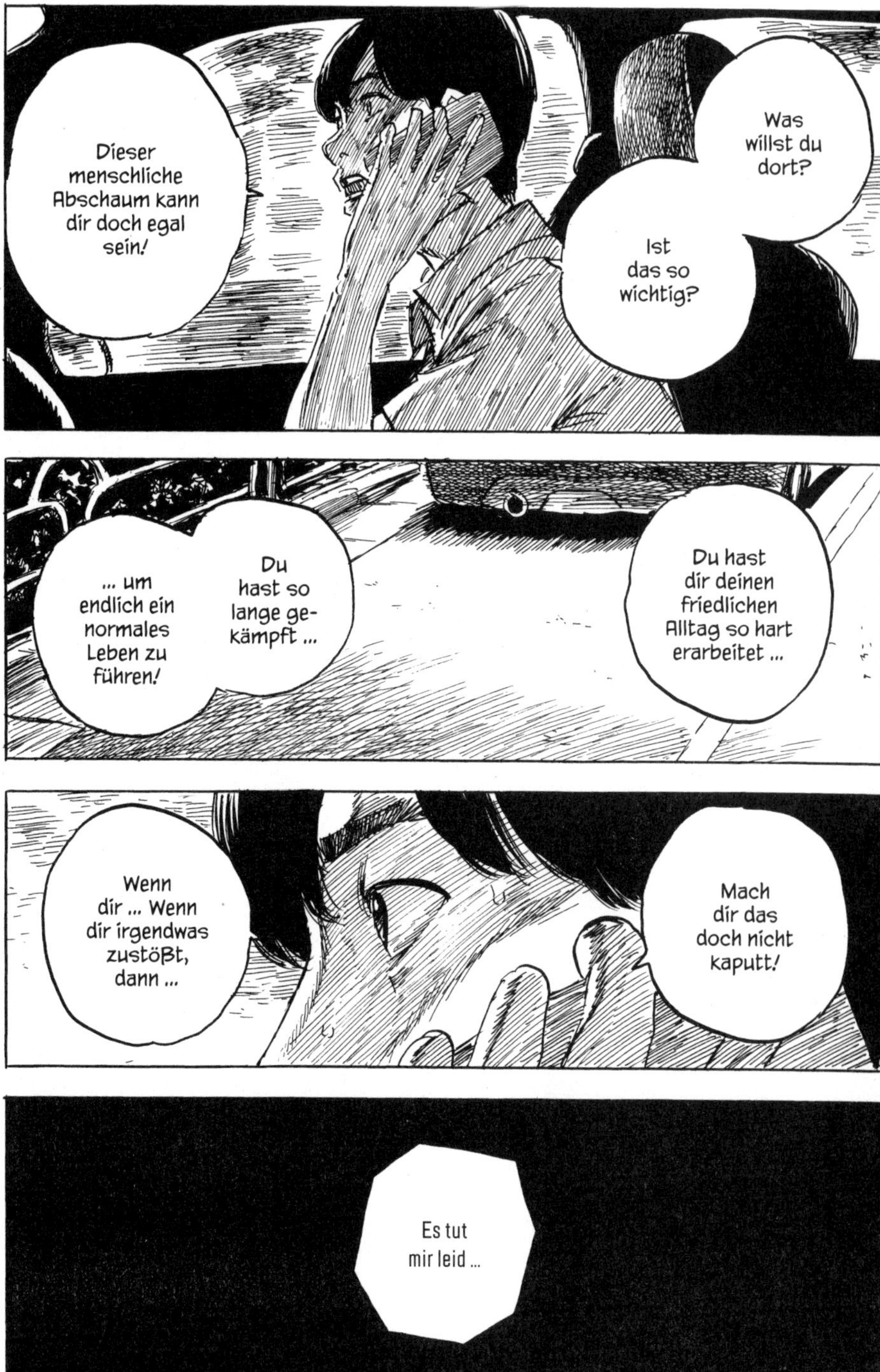
Was willst du dort?
Ist das so wichtig?
Dieser menschliche Abschaum kann dir doch egal sein!
Du hast dir deinen friedlichen Alltag so hart erarbeitet ...
Du hast so lange gekämpft ...
... um endlich ein normales Leben zu führen!
Mach dir das doch nicht kaputt!
Wenn dir ... Wenn dir irgendwas zustößt, dann ...
Es tut mir leid ...

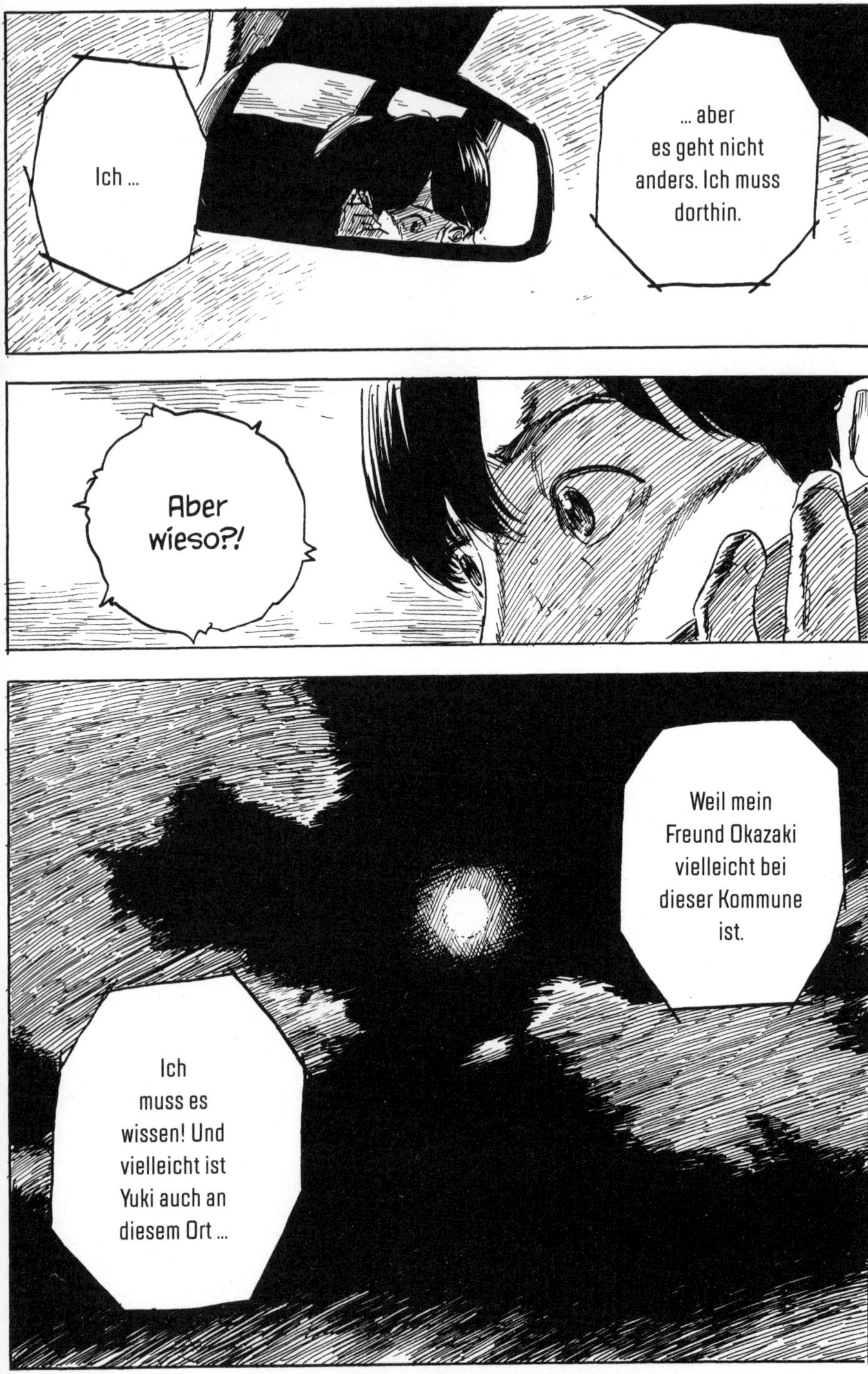
Ich ...
... aber es geht nicht anders. Ich muss dorthin.
Aber wieso?!
Weil mein Freund Okazaki vielleicht bei dieser Kommune ist.
Ich muss es wissen! Und vielleicht ist Yuki auch an diesem Ort ...

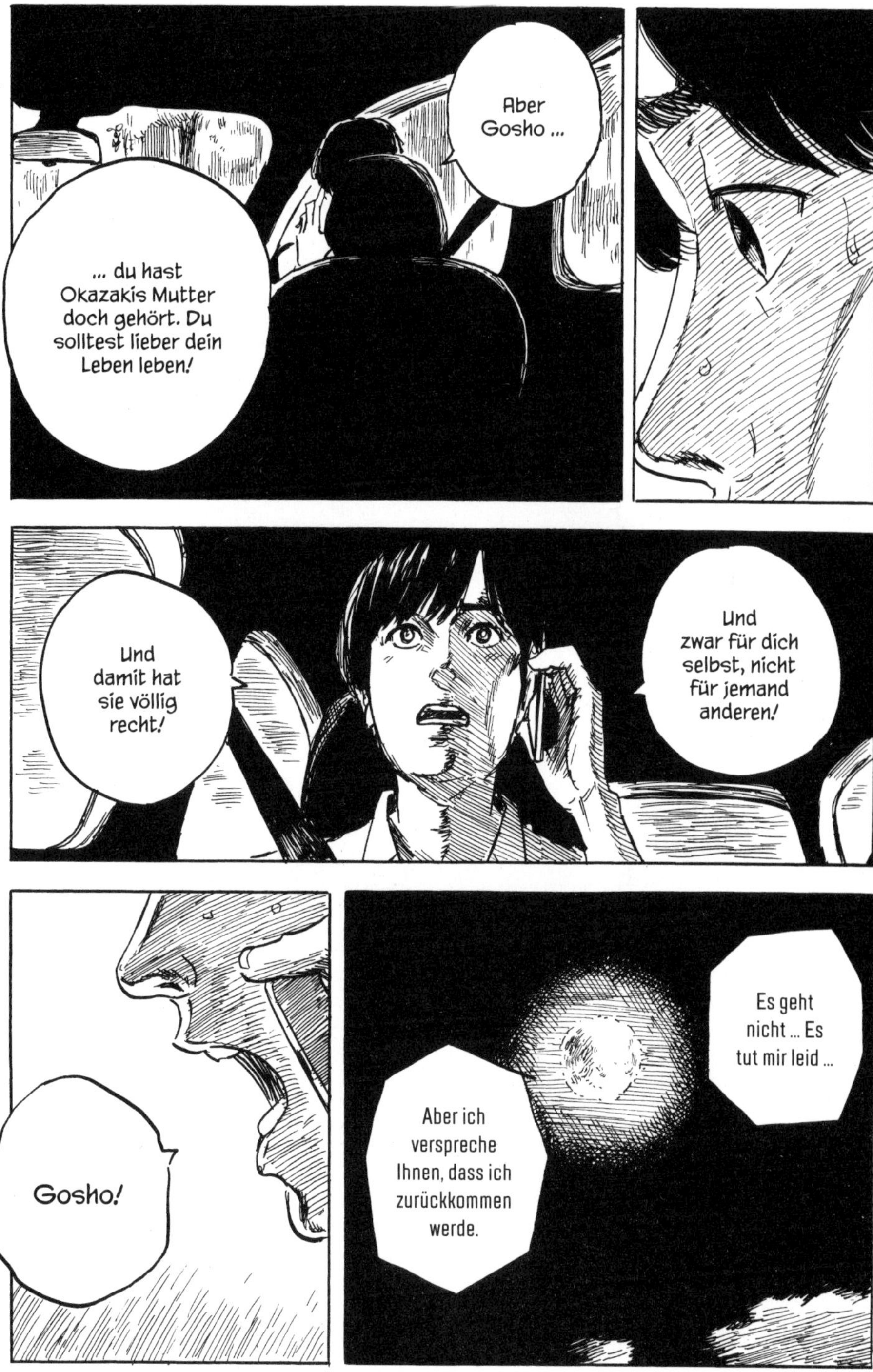
Aber Gosho ...
... du hast Okazakis Mutter doch gehört. Du solltest lieber dein Leben leben!
Und zwar für dich selbst, nicht für jemand anderen!
Und damit hat sie völlig recht!
Es geht nicht ... Es tut mir leid ...
Aber ich verspreche Ihnen, dass ich zurückkommen werde.
Gosho!

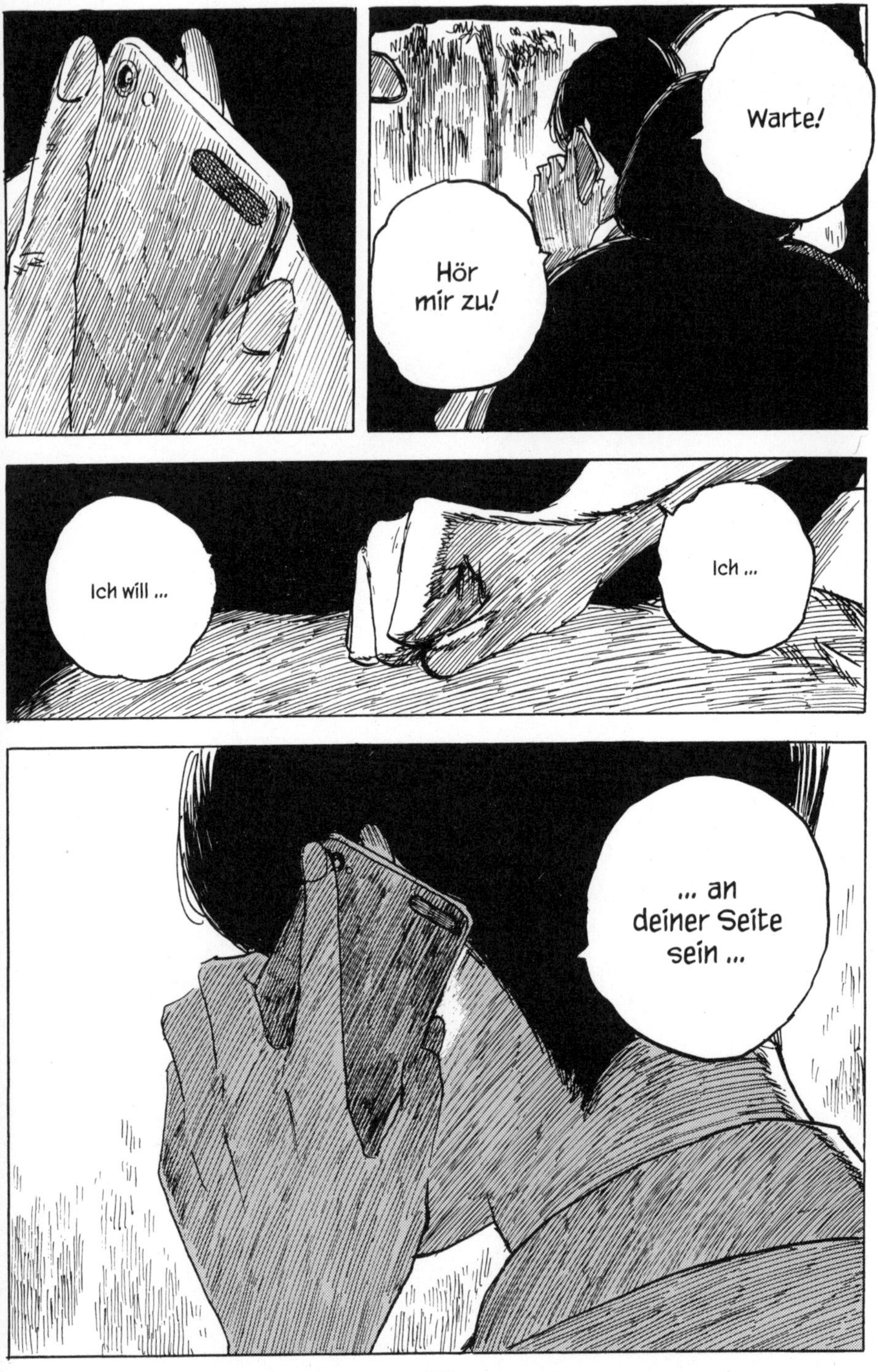
Warte!
Hör mir zu!
Ich ...
Ich will ...
... an deiner Seite sein ...

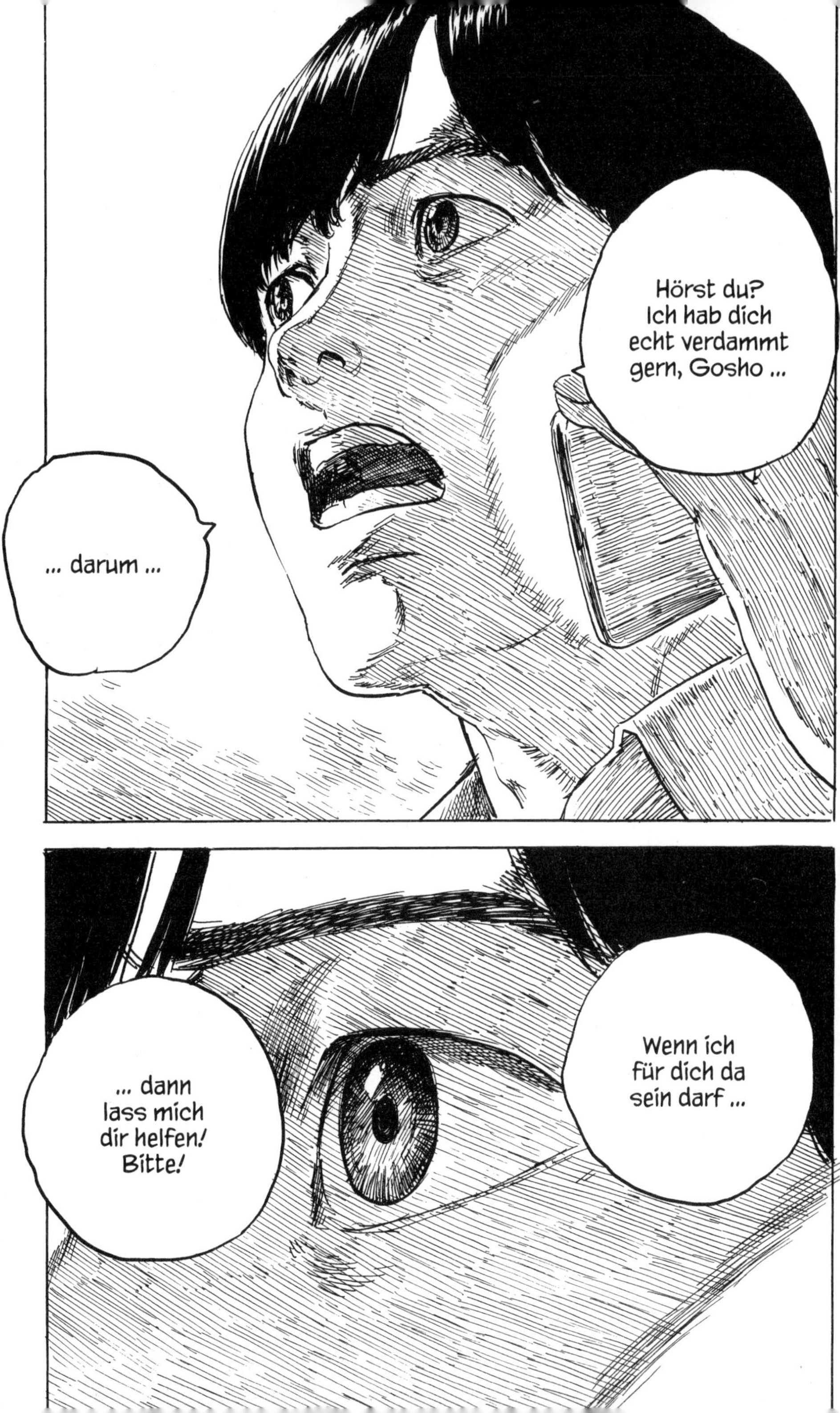
Hörst du? Ich hab dich echt verdammt gern, Gosho ...
... darum ...
Wenn ich für dich da sein darf ...
... dann lass mich dir helfen! Bitte!

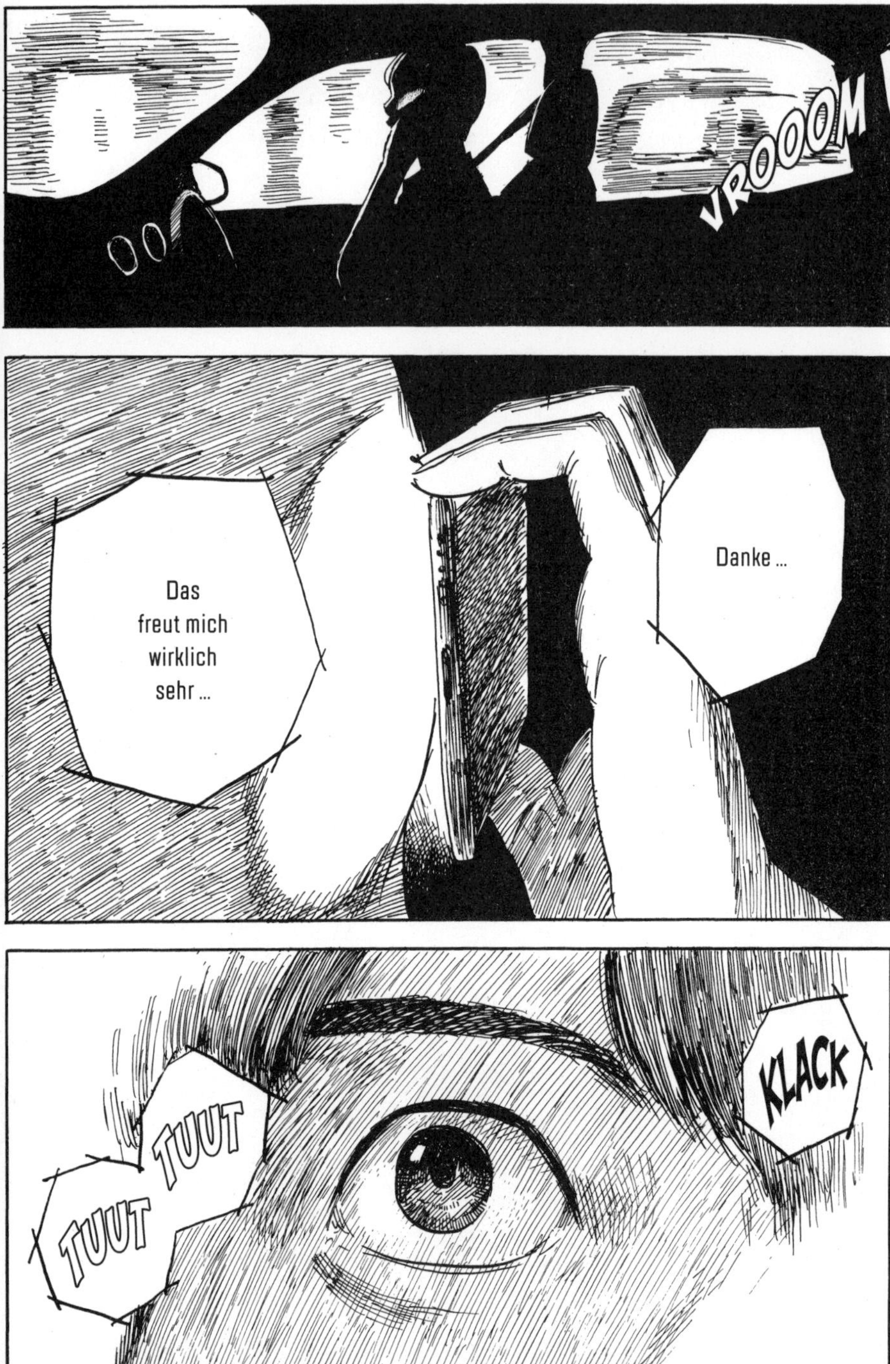
VROOOM
Danke ...
Das freut mich wirklich sehr ...
KLACK
TUUT TUUT
TUUT

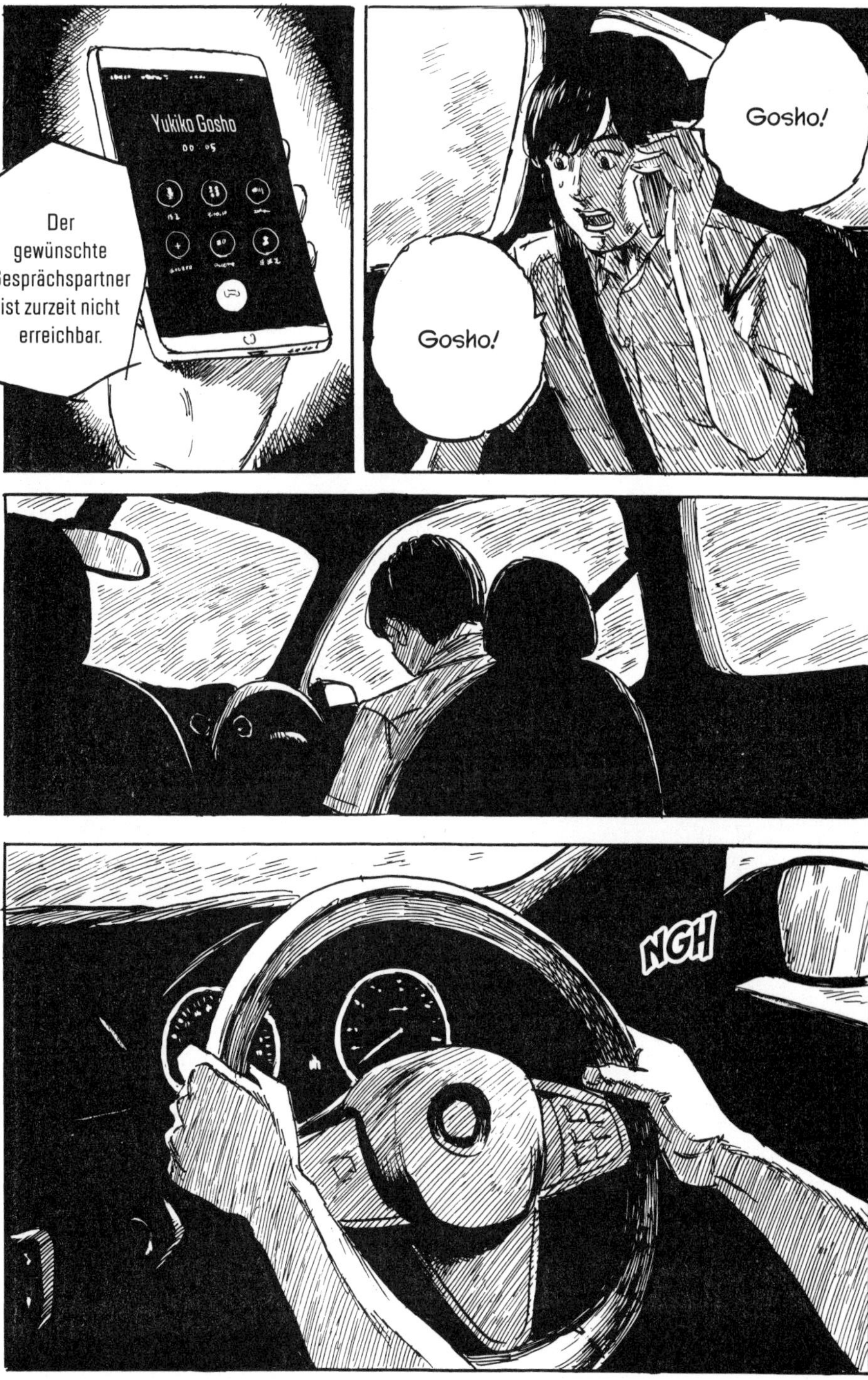
Gosho!
Gosho!
Yukiko Gosho
00:05
Der gewünschte Gesprächspartner ist zurzeit nicht erreichbar.
NGH

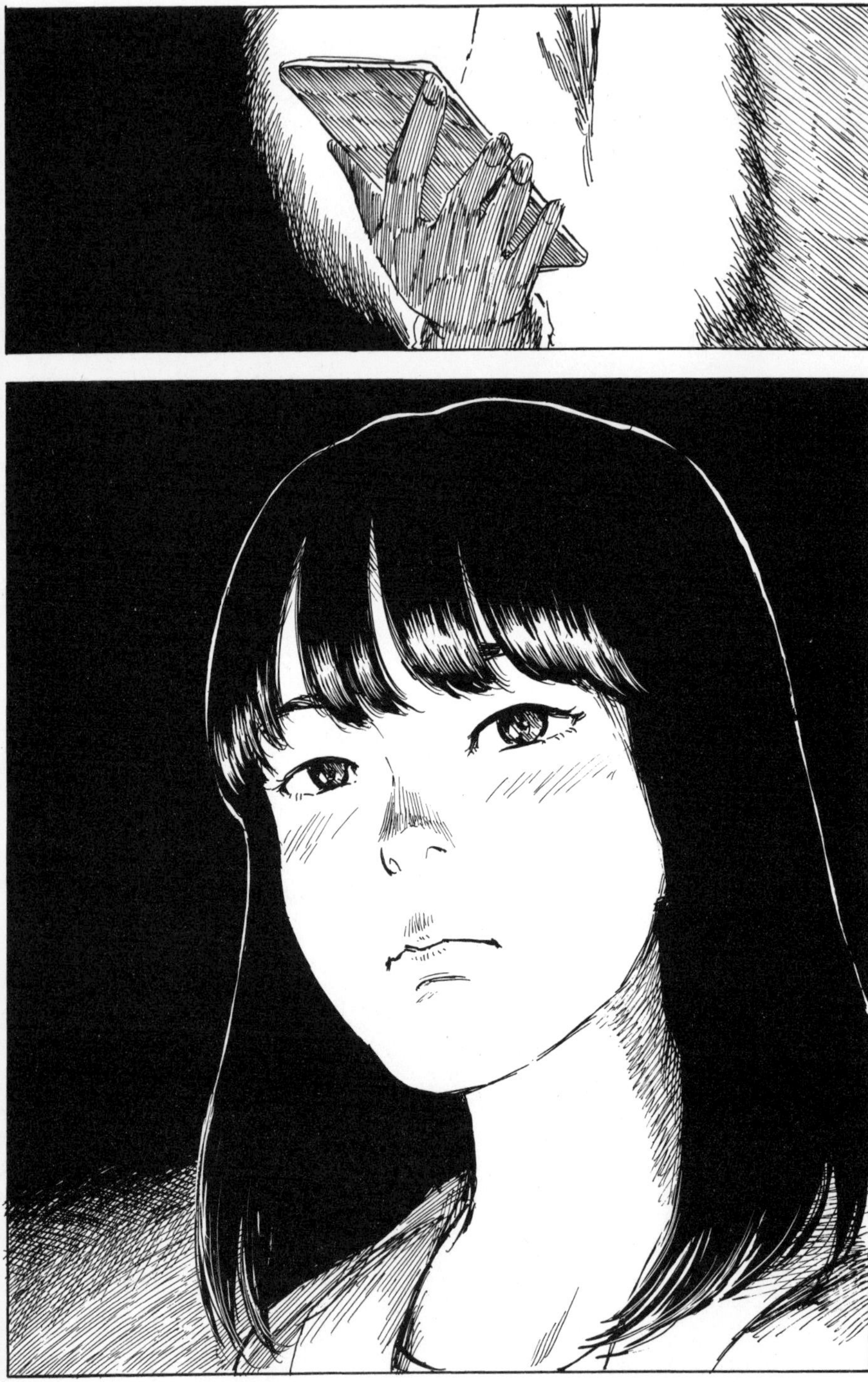

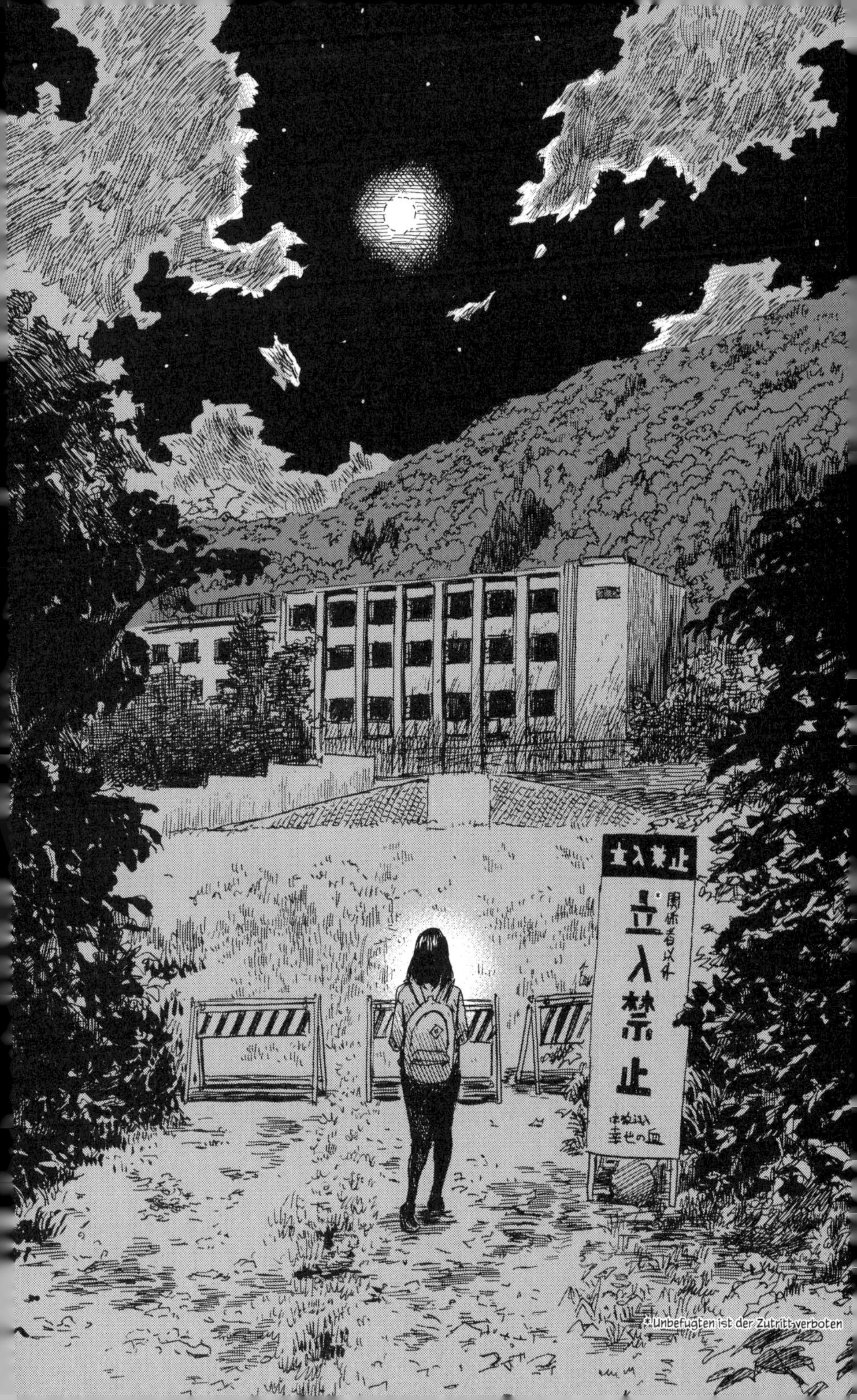
立入禁止
関係者以外
*立入禁止
幸せの皿
*Unbefugten ist der Zutritt verboten

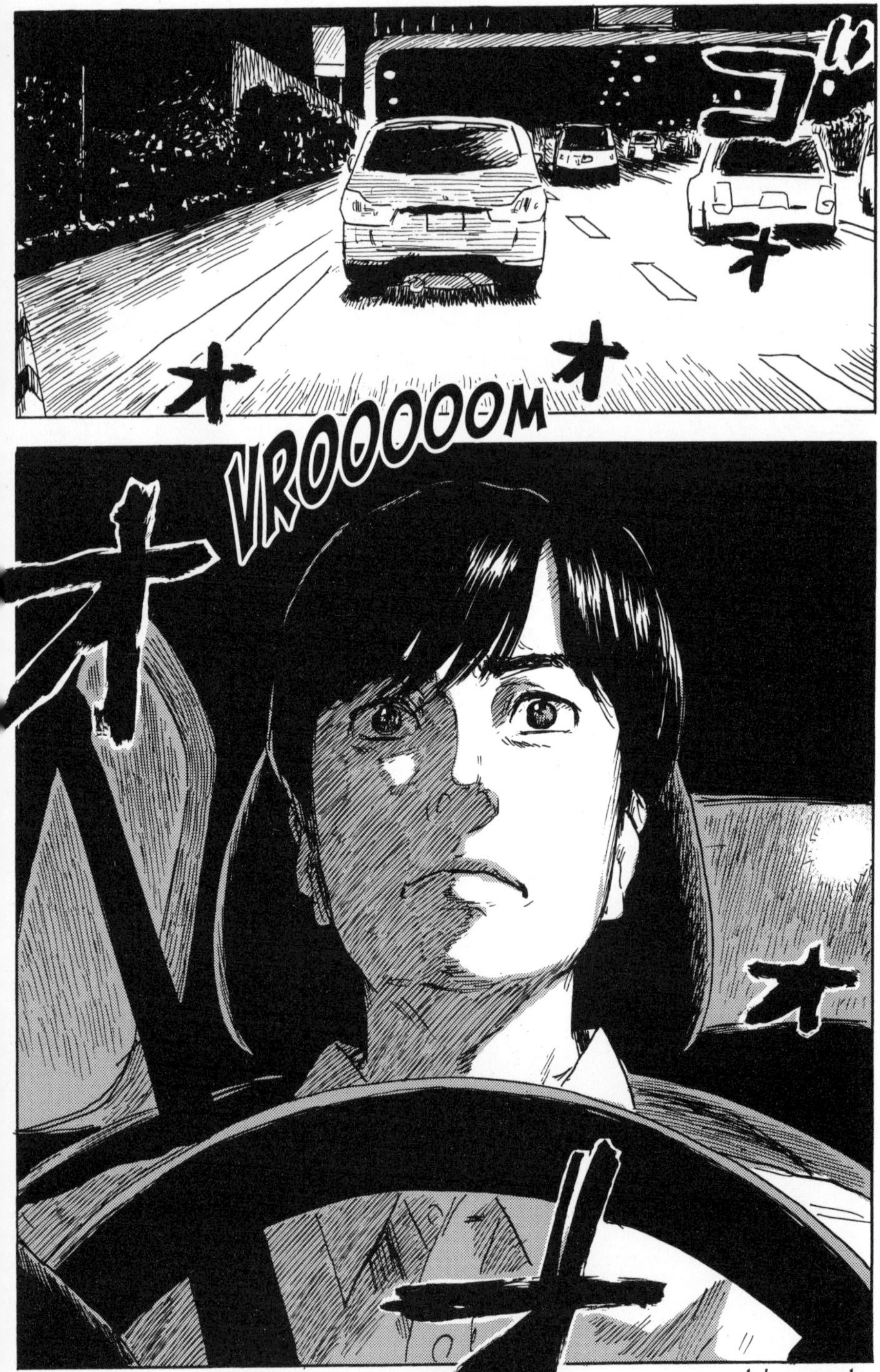

Weiter geht's in Band 4

HAPPINESS

manga 漫画 cult

MANGA CULT Checkliste ☑

CELLS AT WORK!
von Akane Shimizu
☐ Band 01-06
14x21 | SC mit Klappen | Comedy | Science | 13+
€ 10,– (D) | **Abgeschlossen**

CELLS AT WORK!
An die Arbeit, Blutplättchen!
von Yuko Kakihara & Yasu & Akane Shimizu
☐ Band 01-04
14x21 | SC | Comedy | 13+
€ 7,99 (D) | **Abgeschlossen**

CELLS AT WORK! BLACK
von Shigemitsu Harada & Issey Hatsuyoshiya & Akane Shimizu
☐ Band 01-08
14x21 | SC | Action | Science | 16+
€ 10,– (D) | **Abgeschlossen**

COFFEE MOON **NEU**
von Mochito Bota
☐ Band 01 ISBN: 978-3-75730-354-9 August 2024
14x21 | SC | Mystery | 15+
€ 10,– (D)

COLORLESS
von KENT
☐ Band 01 ISBN: 978-3-96433-797-9
☐ Band 02 ISBN: 978-3-96433-798-6
☐ Band 03 ISBN: 978-3-96433-799-3
☐ Band 04 ISBN: 978-3-96433-800-6
☐ Band 05 ISBN: 978-3-96433-801-3 April 2024
☐ Band 06 ISBN: 978-3-96433-802-0 Juni 2024
☐ Band 07 ISBN: 978-3-96433-803-7 August 2024
14x21 | SC | Science-Fiction | 16+
€ 12,– (D)

CUTIE AND THE BEAST
von Yuhi Azumi
☐ Band 01 ISBN: 978-3-96433-390-2
☐ Band 02 ISBN: 978-3-96433-391-9
☐ Band 03 ISBN: 978-3-96433-392-6
14x21 | SC | Romance | 13+
€ 7,99 (D)

DAI DARK
von Q-Hayashida
☐ Band 01 ISBN: 978-3-96433-779-5
☐ Band 02 ISBN: 978-3-96433-780-1
☐ Band 03 ISBN: 978-3-96433-781-8
☐ Band 04 ISBN: 978-3-96433-782-5
☐ Band 05 ISBN: 978-3-96433-783-2
☐ Band 06 ISBN: 978-3-75730-282-5 Mai 2024
☐ Band 07 ISBN: 978-3-75730-292-4 August 2024
14x21 | SC | Science-Fiction | 16+
€ 10,– (D)

DARLING IN THE FRANXX **NEU**
von Code:000 & Kentaro Yabuki
☐ Band 01 ISBN: 978-3-75730-316-7 August 2024
14x21 | SC | Science-Fiction | 16+
€ 10,– (D)

☐ Band 14 ISBN: 978-3-96433-508-1 Juli 2024
14x21 | SC mit Schutzumschlag | Action | 16+
€ 25,– (D)

BLAME! 0: NOiSE
Master Edition
von Tsutomu Nihei
☐ Einzelband ISBN: 978-3-96433-140-3
16x24 | HC | Science-Fiction | 16+
€ 20,– (D) | **Abgeschlossen**

BLAME!
Master Edition
von Tsutomu Nihei
☐ Band 01-06
16x24 | HC | Science-Fiction | 16+
€ 28,– (D) | **Abgeschlossen**

BLAME! +:
Die Flucht der Elektrofischer
Master Edition
von Koutarou Sekine & Tsutomu Nihei & BLAME! Production Committee
☐ Einzelband ISBN: 978-3-96433-320-9
16x24 | HC | Science-Fiction | 16+
€ 20,– (D) | **Abgeschlossen**

BLOOD ON THE TRACKS
von Shuzo Oshimi
☐ Band 01-05
☐ Band 06 ISBN: 978-3-96433-688-0
☐ Band 07 ISBN: 978-3-96433-689-7
☐ Band 08 ISBN: 978-3-96433-690-3
☐ Band 09 ISBN: 978-3-96433-691-0
☐ Band 10 ISBN: 978-3-96433-692-7 März 2024 | € 12,– (D)
☐ Band 11 ISBN: 978-3-96433-693-4 Mai 2024 | € 12,– (D)
☐ Band 12 ISBN: 978-3-96433-694-1 Juli 2024 | € 12,– (D)
☐ Band 13 ISBN: 978-3-75730-295-5 September 2024 | € 12,– (D)
14x21 | SC | Drama | 16+
Band 01-08 € 10,– (D) | Band 09-13 € 12,– (D)

BLUE PERIOD
von Tsubasa Yamaguchi
☐ Band 01-10
☐ Band 11 ISBN: 978-3-96433-683-5
☐ Band 12 ISBN: 978-3-96433-819-8
☐ Band 13 ISBN: 978-3-96433-820-4
☐ Band 14 ISBN: 978-3-96433-821-1 August 2024 | € 12,– (D)
14x21 | SC | Special | 15+
Band 01-12 € 10,– (D) | Band 13-14 € 12,– (D)

BRUTAL – Bekenntnisse eines Mordermittlers
von Kei Koga & Ryo Izawa
☐ Band 01 ISBN: 978-3-96433-773-3
☐ Band 02 ISBN: 978-3-96433-774-0
☐ Band 03 ISBN: 978-3-96433-775-7
☐ Band 04 ISBN: 978-3-96433-776-4 März 2024
☐ Band 05 ISBN: 978-3-96433-777-1 Mai 2024
14x21 | SC | Thriller | 18+
€ 12,– (D)

6TH BULLET
von Yusuke Osawa
☐ Einzelband ISBN: 978-3-96433-088-8
14x21 | SC | Science-Fiction | 16+
€ 15,– (D) | **Abgeschlossen**

A MAN AND HIS CAT
von Umi Sakurai
☐ Band 01-10
☐ Band 11 ISBN: 978-3-96433-817-4
☐ Band 12 ISBN: 978-3-96433-818-1 August 2024
14x21 | SC | Slice of Life | 15+
€ 10,– (D)

A MAN AND HIS CAT:
Fukumaru und das Sternenschiff des Glücks
von Umi Sakurai
☐ Einzelband ISBN: 978-3-98743-087-9
14x21 | HC mit Schutzumschlag | Slice of Life | 3+
€ 15,– (D) | **Abgeschlossen**

ABARA
Master Edition
von Tsutomu Nihei
☐ Einzelband ISBN: 978-3-96433-717-7
16x24 | HC | Science-Fiction | 16+
€ 28,– (D) | **Abgeschlossen**

AFTERIMAGE SLOW MOTION
von Jyanome
☐ Einzelband ISBN: 978-3-96433-503-6
14x21 | SC | Boys Love | 16+
€ 10,– (D) | **Abgeschlossen**

ALMA **NEU**
von Shinji Mito
☐ Band 01 ISBN: 978-3-75730-342-6 April 2024
☐ Band 02 ISBN: 978-3-75730-343-3 Juni 2024
☐ Band 03 ISBN: 978-3-75730-344-0 August 2024
14x21 | SC | Science-Fiction | 16+
€ 10,– (D)

APOSIMZ – Das Land der Puppen
von Tsutomu Nihei
☐ Band 01-09
14x21 | SC mit Klappen | Science-Fiction
15+ | € 10,– (D) | **Abgeschlossen**

APOSIMZ
Full Color Master Edition
von Tsutomu Nihei
☐ Band 01 ISBN: 978-3-96433-324-7
16x24 | HC | Farbe | Science-Fiction | 15+
€ 30,– (D)

AYANASHI
von Yukihiro Kajimoto
☐ Band 01-04
14x21 | SC | Science-Fiction | Action | 12+
€ 10,– (D) | **Abgeschlossen**

BLADE OF THE IMMORTAL
2in1 Perfect Edition
von Hiroaki Samura
☐ Band 01-10
☐ Band 11 ISBN: 978-3-96433-505-0
☐ Band 12 ISBN: 978-3-96433-506-7
☐ Band 13 ISBN: 978-3-96433-507-4 April 2024

MANGA CULT Checkliste

EVERYDAY ESCAPE
von Shouichi Taguchi
☐ Band 01-04
14x21 | SC | Slice of Life | 13+
€ 7,99 (D) | **Abgeschlossen**

EX-ARM
von HiRock & Shin-ya Komi
☐ Band 01-14
14x21 | SC mit Klappen | Science-Fiction | 16+
Band 01-12 € 10,– (D) | Band 13-14 € 12,– (D)
Abgeschlossen

FIST OF THE NORTH STAR
Master Edition
von Buronson & Tetsuo Hara
☐ Band 01-05
☐ Band 06 ISBN: 978-3-96433-753-5 März 2024
☐ Band 06 + Schuber ISBN: 978-3-96433-997-3 März 2024 | € 34,– (D)
☐ Band 07 ISBN: 978-3-96433-754-2 Juni 2024
☐ Band 08 ISBN: 978-3-96433-755-9 September 2024
16x24 | HC | Action | 16+
€ 28,– (D)

FROM THE RED FOG
von Mosae Nohara
☐ Band 01 ISBN: 978-3-96433-961-4
☐ Band 02 ISBN: 978-3-96433-962-1
☐ Band 03 ISBN: 978-3-96433-963-8
☐ Band 04 ISBN: 978-3-96433-964-5 April 2024
☐ Band 05 ISBN: 978-3-75730-286-3 Juni 2024
14x21 | SC | Mystery | 16+
€ 10,– (D)

GANTZ – 3in1 Perfect Edition
von Hiroya Oku
☐ Band 01-12
14x21 | SC mit Klappen | Science-Fiction |16+
Band 01-08 € 20,– (D) | Band 09-12 € 25,– (D)
Abgeschlossen

GANTZ:E
von Hiroya Oku & Jin Kagetsu
☐ Band 01 ISBN: 978-3-96433-476-3
☐ Band 02 ISBN: 978-3-96433-568-5
☐ Band 03 ISBN: 978-3-96433-569-2
☐ Band 04 ISBN: 978-3-96433-969-0
☐ Band 05 ISBN: 978-3-75730-283-2 Mai 2024
14x21 | SC | Science-Fiction | 16+
€ 10,– (D)

GANTZ:G – 3in1 Perfect Edition
von Hiroya Oku & Keita Ijika
☐ Einzelband ISBN: 978-3-96433-571-5
14x21 | SC | Science-Fiction
16+ | € 25,– (D) | **Abgeschlossen**

GIRLS' LAST TOUR **NEU**
von Tsukumizu
☐ Band 01 ISBN: 978-3-75730-324-2 September 2024
14x21 | SC | Science-Fiction | 13+
€ 10,– (D)

DEMON SLAYER –
Kimetsu no Yaiba:
Wasser und Flammen
von Ryoji Hirano & Koyoharu Gotouge
☐ Einzelband ISBN: 978-3-96433-968-3
14x21 | SC | Action | 13+
€ 10,– (D) | **Abgeschlossen**

DIE BLUMEN DES BÖSEN – Aku no Hana
2in1 Edition
von Shuzo Oshimi
☐ Band 01-05
14x21 | SC | Drama | 15+
Band 01 € 20,– (D) | Band 02-05 € 15,– (D)
Abgeschlossen

DIE CHRONIKEN DES KÖNIGREICHS
von Asumiko Nakamura
☐ Band 01 ISBN: 978-3-96433-877-8
☐ Band 02 ISBN: 978-3-96433-878-5
☐ Band 03 ISBN: 978-3-96433-879-2 März 2024
☐ Band 04 ISBN: 978-3-96433-880-8 September 2024
14x21 | SC | Fantasy | 16+
€ 12,– (D)

DIE DREI MUSKETIERE
von Cédric Tchao & Néjib
☐ Band 01 ISBN: 978-3-96433-976-8
☐ Band 02 ISBN: 978-3-7573-0277-1
14x21 | SC | Action | Abenteuer | 16+
€ 10,– (D) | **Abgeschlossen**

DIE TAGEBÜCHER DER APOTHEKERIN –
Geheimnisse am Kaiserhof
von Natsu Hyuuga & Itsuki Nanao
& Nekokurage & Touco Shino
☐ Band 01-10
☐ Band 10 + Schuber ISBN: 978-3-96433-960-7 € 18,– (D)
☐ Band 11 ISBN: 978-3-96433-824-2
☐ Band 12 ISBN: 978-3-96433-825-9 Juni 2024
14x21 | SC | Mystery | 15+
€ 10,– (D)

DOROHEDORO
2in1 Edition
von Q-Hayashida
☐ Band 01-11
14x21 | SC | Fantasy | 16+ | Band 01-07 € 15,– (D)
Band 08-09 € 18,– (D) | Band 10-11 € 20,– (D)
Abgeschlossen

DOU KYU SEI –
Verliebt in meinen Mitschüler
von Asumiko Nakamura
☐ Einzelband ISBN: 978-3-96433-206-6
14x21 | SC | Boys Love | 15+
€ 10,– (D) | **Abgeschlossen**

DOU SOU SEI – **NEU**
Was danach geschah
von Asumiko Nakamura
☐ Band 01 ISBN: 978-3-96433-974-4 Mai 2024
☐ Band 02 ISBN: 978-3-96433-975-1 Juni 2024
14x21 | SC | Boys Love | 15+
€ 12,– (D)

DAS LAND DER JUWELEN
von Haruko Ichikawa
☐ Band 01-11
☐ Band 12 ISBN: 978-3-7573-0062-3
14x21 | SC mit Klappen | Fantasy | 12+
€ 10,– (D)

DEMON SLAYER –
Kimetsu no Yaiba
von Koyoharu Gotouge
☐ Band 01-23
☐ Band 08 + Schuber ISBN: 978-3-96433-462-6 € 15,– (D)
☐ Band 01-08 + Schuber ISBN: 978-3-96433-701-6 € 75,– (D)
☐ Band 16 + Schuber ISBN: 978-3-96433-699-6 € 18,– (D)
☐ Band 09-16 + Schuber ISBN: 978-3-96433-702-3 € 80,– (D)
☐ Band 20 ISBN: 978-3-96433-881-5 LE + Postkartenset | € 15,– (D)
☐ Band 23 + Schuber ISBN: 978-3-96433-700-9 € 20,– (D)
☐ Band 17-23 + Schuber ISBN: 978-3-96433-703-0 März 2024 | € 75,– (D)
14x21 | SC | Action | 13+
Band 01-22 € 10,– (D) | Band 23 € 12,– (D)
Abgeschlossen

DEMON SLAYER –
Kimetsu no Yaiba: Blume des Glücks
Light Novel
von Koyoharu Gotouge & Aya Yajima
☐ Einzelband ISBN: 978-3-96433-771-9
14x21 | SC mit Ausklappposter | Action | 13+
€ 14,– (D) | **Abgeschlossen**

DEMON SLAYER –
Kimetsu no Yaiba:
Der Wind weist den Weg
Light Novel
von Koyoharu Gotouge & Aya Yajima
☐ Einzelband ISBN: 978-3-96433-889-1
14x21 | SC mit Ausklappposter | Action | 13+
€ 14,– (D) | **Abgeschlossen**

DEMON SLAYER –
Kimetsu no Yaiba:
Einflügeliger Schmetterling
Light Novel
von Koyoharu Gotouge & Aya Yajima
☐ Einzelband ISBN: 978-3-96433-887-7
14x21 | SC mit Ausklappposter | Action | 13+
€ 14,– (D) | **Abgeschlossen**

DEMON SLAYER – **NEU**
Kimetsu no Yaiba: Im Laufe der
Jahre – Gesammelte Illustrationen
von Koyoharu Gotouge
von Koyoharu Gotouge
☐ Einzelband ISBN: 978-3-96433-967-6 TBA
DIN A4 | HC | Farbe | Action | 13+
€ 30,– (D)

DEMON SLAYER – **NEU**
Kimetsu no Yaiba: School Days
von Natsuki Hokami & Koyoharu Gotouge
☐ Band 01 ISBN: 978-3-75730-369-3 Juni 2024
☐ Band 02 ISBN: 978-3-75730-370-9 August 2024
14x21 | SC | Comedy | 13+
€ 8,99 (D)

Änderungen und Irrtümer vorbehalten. Stand 12/2023

MANGA CULT Checkliste

JOJO'S BIZARRE ADVENTURE – Part 1: Phantom Blood
von Hirohiko Araki
☐ Band 01-03
14x21 | SC | Action | 16+
€ 12,– (D) | **Abgeschlossen**

JOJO'S BIZARRE ADVENTURE – Part 2: Battle Tendency
von Hirohiko Araki
☐ Band 01-04
14x21 | SC | Action | 16+
€ 14,– (D) | **Abgeschlossen**

JOJO'S BIZARRE ADVENTURE – Part 3: Stardust Crusaders
von Hirohiko Araki
☐ Band 01-05
☐ Band 06 ISBN: 978-3-96433-518-0
☐ Band 07 ISBN: 978-3-96433-519-7
☐ Band 08 ISBN: 978-3-96433-520-3
☐ Band 09 ISBN: 978-3-96433-521-0
☐ Band 10 ISBN: 978-3-96433-522-7 April 2024
14x21 | SC | Action | 16+
€ 14,– (D)

JOJO'S BIZARRE ADVENTURE – Part 4: Diamond is Unbreakable NEU
von Hirohiko Araki
☐ Band 01 ISBN: 978-3-75730-287-0 Juni 2024
☐ Band 02 ISBN: 978-3-75730-293-1 August 2024
14x21 | SC | Action | 16+
€ 14,– (D)

KAINA OF THE GREAT SNOW SEA NEU
von Tsutomu Nihei & Itoe Takemoto
☐ Band 01 ISBN: 978-3-75730-302-0 Juli 2024
☐ Band 02 ISBN: 978-3-75730-303-7 September 2024
14x21 | SC | Science-Fiction | 15+
€ 10,– (D)

KANOJO MO KANOJO – Gelegenheit macht Liebe
von Hiroyuki
☐ Band 01-10
☐ Band 11 ISBN: 978-3-96433-594-4
☐ Band 12 ISBN: 978-3-96433-595-1
☐ Band 13 ISBN: 978-3-96433-596-8
☐ Band 14 ISBN: 978-3-96433-597-5
☐ Band 15 ISBN: 978-3-96433-980-5 April 2024 | € 8,99 (D)
☐ Band 16 ISBN: 978-3-96433-981-2 Juni 2024 | € 8,99 (D)
14x21 | SC | Comedy | Romance | 13+
Band 01-08 € 7,99 (D) | Band 09-16 € 8,99 (D)

KNIGHTS OF SIDONIA Master Edition
von Tsutomu Nihei
☐ Band 01-07
16x24 | HC | Science-Fiction | 16+
€ 28,– (D) | **Abgeschlossen**

KUHIME
von Hideo Takenaka
☐ Band 01-04
14x21 | SC mit Klappen | Horror | 16+
€ 10,– (D) | **Abgeschlossen**

☐ Band 12 ISBN: 978-3-75730-284-9
+ Schuber Mai 2024 | € 18,– (D)
☐ Band 13 ISBN: 978-3-96433-638-5 Juli 2024
☐ Band 14 ISBN: 978-3-75730-296-2 September 2024
14x21 | SC | Boys Love | 15+
€ 10,– (D)

I'M IN LOVE WITH THE VILLAINESS
von Aonoshimo & Inori. & Hanagata
☐ Band 01 ISBN: 978-3-96433-739-9
☐ Band 02 ISBN: 978-3-96433-740-5
☐ Band 03 ISBN: 978-3-96433-741-2
☐ Band 04 ISBN: 978-3-96433-742-9
☐ Band 05 ISBN: 978-3-96433-971-3 März 2024
☐ Band 06 ISBN: 978-3-75730-297-9 September 2024
14x21 | SC | Girls Love | 15+
€ 10,– (D)

I'M STANDING ON A MILLION LIVES
von Naoki Yamakawa & Akinari Nao
☐ Band 01-15
☐ Band 16 ISBN: 978-3-96433-884-6 April 2024 | € 12,– (D)
☐ Band 17 ISBN: 978-3-96433-885-3 Juli 2024 | € 12,– (D)
14x21 | SC | Fantasy | 13+
Band 01-14 € 10,– (D) | Band 15-17 € 12,– (D)

ICH BIN EINE SPINNE, NA UND?
von Okina Baba & Asahiro Kakashi
☐ Band 01-10
☐ Band 11 ISBN: 978-3-96433-674-3
☐ Band 12 ISBN: 978-3-96433-675-0
☐ Band 13 ISBN: 978-3-96433-676-7 Mai 2024
14x21 | SC | Fantasy | Action | 13+
€ 10,– (D)

ICH BIN EINE SPINNE, NA UND? Die vier Schwestern
von Gratinbird & Okina Baba & Tsukasa Kiryu & Asahiro Kakashi
☐ Band 01-05
☐ Band 06 ISBN: 978-3-96433-673-6 März 2024
14x21 | SC | Fantasy | Comedy | 13+
€ 10,– (D)

ICH KANN DICH NICHT ERREICHEN
von Mika
☐ Band 01-05
☐ Band 06 ISBN: 978-3-96433-972-0
☐ Band 07 ISBN: 978-3-75730-290-0 Juni 2024 | € 8,99 (D)
14x21 | SC | Boys Love | 15+
Band 01-05 € 7,99 (D) | Band 06-07 € 8,99 (D)

INSIDE MARI NEU
von Shuzo Oshimi
☐ Band 01 ISBN: 978-3-75730-360-0 August 2024
14x21 | SC | Drama | 16+
€ 10,– (D)

IT'S MY LIFE
von Imomushi Narita
☐ Band 01-11
14x21 | SC | Fantasy | 13+
€ 10,– (D) | **Abgeschlossen**

GOLDEN KAMUY
von Satoru Noda
☐ Band 01-25
☐ Band 26 ISBN: 978-3-96433-827-3
☐ Band 27 ISBN: 978-3-96433-828-0 März 2024 | € 12,– (D)
☐ Band 28 ISBN: 978-3-96433-829-7 Mai 2024 | € 12,– (D)
☐ Band 29 ISBN: 978-3-96433-830-3 Juli 2024 | € 12,– (D)
☐ Band 30 ISBN: 978-3-96433-831-0 September 2024 | € 12,– (D)
14x21 | SC | Action | History | 16+
Band 01-20 € 10,– (D) | Band 21-30 € 12,– (D)

GREEN WORLDZ
von Yusuke Osawa
☐ Band 01-08
14x21 | SC mit Klappen | Survival Horror
16+ | € 10,– (D) | **Abgeschlossen**

GTO – Great Teacher Onizuka NEU
von Toru Fujisawa
☐ Band 01 ISBN: 978-3-75730-330-3 Mai 2024
☐ Band 02 ISBN: 978-3-75730-331-0 Juli 2024
☐ Band 03 ISBN: 978-3-75730-332-7 September 2024
14x21 | SC | Comedy | 15+
€ 18,– (D)

HAPPINESS 2in1 Edition
von Shuzo Oshimi
☐ Band 01 ISBN: 978-3-96433-743-6
☐ Band 02 ISBN: 978-3-96433-744-3
☐ Band 03 ISBN: 978-3-96433-745-0
☐ Band 04 ISBN: 978-3-96433-746-7 April 2024
☐ Band 05 ISBN: 978-3-96433-747-4 Juni 2024
14x21 | SC | Mystery | 16+
€ 15,– (D)

HEAVENLY DELUSION – Das verlorene Paradies
von Masakazu Ishiguro
☐ Band 01-05
☐ Band 06 ISBN: 978-3-96433-610-1
☐ Band 07 ISBN: 978-3-96433-767-2
☐ Band 08 ISBN: 978-3-96433-768-9 März 2024
☐ Band 09 ISBN: 978-3-96433-769-6 September 2024
14x21 | SC | Science-Fiction | 15+
€ 10,– (D)

HI SCORE GIRL
von Rensuke Oshikiri
☐ Band 01-10
14x21 | SC | Slice of Life | 13+
€ 10,– (D) | **Abgeschlossen**

HITORIJIME MY HERO
von Memeco Arii
☐ Band 01-10
☐ Band 06 ISBN: 978-3-96433-886-0 + Schuber | € 18,– (D)
☐ Band 11 ISBN: 978-3-96433-636-1 März 2024
☐ Band 12 ISBN: 978-3-96433-637-8 Mai 2024

Änderungen und Irrtümer vorbehalten. Stand 12/2023

MANGA CULT Checkliste ☑

MY HOME HERO
von Naoki Yamakawa & Masashi Asaki
☐ Band 01-10
☐ Band 11 ISBN: 978-3-96433-662-0
☐ Band 12 ISBN: 978-3-96433-663-7
April 2024
☐ Band 13 ISBN: 978-3-96433-664-4
Juni 2024
☐ Band 14 ISBN: 978-3-96433-665-1
August 2024
14x21 | SC | Thriller | 16+
€ 10,– (D)

MY NEXT LIFE AS A VILLAINESS: Wie überlebe ich in einem DATING-GAME?
von Satoru Yamaguchi & Nami Hidaka
☐ Band 01-05
☐ Band 06 ISBN: 978-3-96433-556-2
☐ Band 07 ISBN: 978-3-96433-600-2
☐ Band 08 ISBN: 978-3-96433-841-9
☐ Band 09 ISBN: 978-3-96433-842-6
Juni 2024
14x21 | SC | Fantasy | 15+
€ 10,– (D)

PARATAXIS Master Edition
von Shintaro Kago
☐ Einzelband ISBN: 978-3-95981-750-9
16x24 | HC | Science-Fiction | 16+
€ 20,– (D) | **Abgeschlossen**

QUIN ZAZA – Die letzten Drachenfänger
von Taku Kuwabara
☐ Band 01-10
☐ Band 11 ISBN: 978-3-96433-639-2
☐ Band 12 ISBN: 978-3-96433-695-8
☐ Band 13 ISBN: 978-3-96433-844-0
☐ Band 14 ISBN: 978-3-96433-845-7
☐ Band 15 ISBN: 978-3-96433-846-4
September 2024 | € 12,– (D)
14x21 | SC mit Klappen | Fantasy | 15+
Band 01-13 € 10,– (D) | Band 14-15 € 12,– (D)

RG VEDA Master Edition
von CLAMP
☐ Band 01-05
16x24 | HC | Fantasy | 12+
€ 28,– (D) | **Abgeschlossen**

SHADOWS HOUSE
von so-ma-to
☐ Band 01 ISBN: 978-3-96433-851-8
☐ Band 02 ISBN: 978-3-96433-852-5
☐ Band 03 ISBN: 978-3-96433-853-2
☐ Band 04 ISBN: 978-3-96433-854-9
☐ Band 05 ISBN: 978-3-96433-855-6
April 2024
☐ Band 06 ISBN: 978-3-96433-856-3
Juni 2024
☐ Band 07 ISBN: 978-3-96433-857-0
August 2024
14x21 | SC | Mystery | 13+
€ 8,99 (D)

MEIN SCHULGEIST HANAKO – After School
von AidaIro
☐ Einzelband ISBN: 978-3-96433-613-2
14x21 | SC | Fantasy | Mystery | 13+
€ 7,99 (D) | **Abgeschlossen**

MEIN SCHULGEIST HANAKO ARTBOOK
von AidaIro
☐ Band 01 ISBN: 978-3-96433-588-3
☐ Band 02 ISBN: 978-3-96433-766-5
DIN A4 | HC | Farbe | Fantasy | Mystery | 13+
€ 30,– (D)

MIDNIGHT MONOLOGUE
von Jyanome
☐ Einzelband ISBN: 978-3-96433-804-4
☐ Einzelband ISBN: 978-3-96433-805-1
LE + Booklet | € 14,– (D)
14x21 | SC | Boys Love | 16+
€ 10,– (D) | **Abgeschlossen**

MIERUKO-CHAN – Die Geister, die mich riefen
von Tomoki Izumi
☐ Band 01-05
☐ Band 06 ISBN: 978-3-96433-625-5
☐ Band 07 ISBN: 978-3-96433-837-2
☐ Band 08 ISBN: 978-3-96433-838-9
☐ Band 09 ISBN: 978-3-96433-839-6
April 2024 | € 8,99 (D)
14x21 | SC | Mystery | 15+
Band 01-07 € 7,99 (D) | Band 08-09 € 8,99 (D)

MONONOGATARI – Die Wächter der Artefaktgeister
von Onigunsou
☐ Band 01 ISBN: 978-3-96433-862-4
☐ Band 02 ISBN: 978-3-96433-863-1
☐ Band 03 ISBN: 978-3-96433-864-8
☐ Band 04 ISBN: 978-3-96433-865-5
☐ Band 05 ISBN: 978-3-96433-866-2
März 2024
☐ Band 06 ISBN: 978-3-96433-867-9
Mai 2024
☐ Band 07 ISBN: 978-3-96433-868-6
Juli 2024
☐ Band 08 ISBN: 978-3-96433-869-3
September 2024
14x21 | SC | Fantasy | 13+
€ 10,– (D)

MUSHISHI Perfect Edition
von Yuki Urushibara
☐ Band 01-10
14x21 | SC | Fantasy | 15+
€ 15,– (D) | **Abgeschlossen**

MY BOY
von Hitomi Takano
☐ Band 01-05
☐ Band 06 ISBN: 978-3-96433-730-6
☐ Band 07 ISBN: 978-3-96433-731-3
☐ Band 08 ISBN: 978-3-96433-732-0
☐ Band 09 ISBN: 978-3-96433-733-7
14x21 | SC | Drama | 15+
€ 10,– (D) | **Abgeschlossen**

LAID-BACK CAMP
von afro
☐ Band 01-10
☐ Band 11 ISBN: 978-3-96433-537-1
☐ Band 12 ISBN: 978-3-96433-577-7
☐ Band 13 ISBN: 978-3-96433-578-4
☐ Band 14 ISBN: 978-3-75730-288-7
Juni 2024
14x21 | SC | Slice of Life | 13+
€ 10,– (D)

LAYLA UND DAS BIEST, DAS STERBEN MÖCHTE
von Asato Konami & Eziwa Saita
☐ Band 01-04
14x21 | SC mit Klappen | Abenteuer | 12+
€ 10,– (D) | **Abgeschlossen**

LIFE LESSONS WITH URAMICHI
von Gaku Kuze
☐ Band 01-05
☐ Band 06 ISBN: 978-3-96433-555-5
☐ Band 07 ISBN: 978-3-96433-704-7
☐ Band 08 ISBN: 978-3-75730-285-6
Mai 2024
14x21 | SC | Comedy | 15+
€ 7,99 (D)

LOVE OF KILL
von Fe
☐ Band 01-10
☐ Band 11 ISBN: 978-3-96433-833-4
☐ Band 12 ISBN: 978-3-96433-834-1
März 2024 | € 8,99 (D)
☐ Band 13 ISBN: 978-3-96433-835-8
Mai 2024 | € 8,99 (D)
14x21 | SC | Action | 16+
Band 01-09 € 7,99 (D) | Band 10-13 € 8,99 (D)

LOVELOCK OF MAJESTIC WAR
von Tatsuya Shihira
☐ Band 01-04
14x21 | SC | Action | 16+
€ 10,– (D) | **Abgeschlossen**

MEIN GELIEBTER GAMING-FREUND IST MEIN FIESER BOSS?! Σ(•□•)
von Nmura
☐ Band 01 ISBN: 978-3-96433-612-5
☐ Band 02 ISBN: 978-3-96433-836-5
☐ Band 03 ISBN: 978-3-75730-300-6
Juli 2024 | € 10,– (D)
14x21 | SC | Boys Love | 15+
Band 01 € 14,– (D) | Band 02-03 € 10,– (D)

MEIN SCHULGEIST HANAKO
von AidaIro
☐ Band 00-15
☐ Band 16 ISBN: 978-3-96433-619-4
☐ Band 17 ISBN: 978-3-96433-620-0
☐ Band 18 ISBN: 978-3-96433-986-7
☐ Band 19 ISBN: 978-3-96433-987-4
☐ Band 20 ISBN: 978-3-96433-988-1
August 2024
☐ Band 20 ISBN: 978-3-75730-377-8
LE + Booklet | August 2024 | € 12,– (D)
14x21 | SC | Fantasy | Mystery | 13+
Band 00-17 € 7,99 (D) | Band 18-20 € 8,99 (D)

Änderungen und Irrtümer vorbehalten. Stand 12/2023

MANGA CULT Checkliste

WELCOME BACK, ALICE
von Shuzo Oshimi
☐ Band 01-05
☐ Band 06 ISBN: 978-3-96433-996-6
☐ Band 07 ISBN: 978-3-75730-289-4
Juni 2024
14x21 | SC | Drama | 16+
€ 10,– (D)

YAKUZA FIANCÉ – Verliebt, verlobt, verpiss dich NEU
von Asuka Konishi
☐ Band 01 ISBN: 978-3-75730-346-4
April 2024
☐ Band 02 ISBN: 978-3-75730-347-1
Juni 2024
☐ Band 03 ISBN: 978-3-75730-348-8
August 2024
14x21 | SC | Romance | 16+
€ 10,– (D)

YAKUZA REINCARNATION
von Hiroki Miyashita & Takeshi Natsuhara
☐ Band 01-05
☐ Band 06 ISBN: 978-3-96433-710-8
☐ Band 07 ISBN: 978-3-96433-711-5
März 2024
☐ Band 08 ISBN: 978-3-96433-712-2
Mai 2024
☐ Band 09 ISBN: 978-3-75730-291-7
Juli 2024
☐ Band 10 ISBN: 978-3-75730-299-3
September 2024
14x21 | SC | Action | 15+
€ 10,– (D)

YU YU HAKUSHO NEU
von Yoshihiro Togashi
☐ Band 01 ISBN: 978-3-75730-304-4
Juli 2024
☐ Band 02 ISBN: 978-3-75730-305-1
September 2024
14x21 | SC | Action | 13+
€ 15,– (D)

ZETMAN 2in1 Edition
von Masakazu Katsura
☐ Band 01 ISBN: 978-3-96433-806-8
☐ Band 02 ISBN: 978-3-96433-807-5
☐ Band 03 ISBN: 978-3-96433-808-2
☐ Band 04 ISBN: 978-3-96433-809-9
☐ Band 05 ISBN: 978-3-96433-810-5
April 2024
☐ Band 06 ISBN: 978-3-96433-811-2
Juni 2024
☐ Band 07 ISBN: 978-3-96433-812-9
August 2024
14x21 | SC | Science-Fiction | 16+
€ 18,– (D)

☐ Band 08 ISBN: 978-3-96433-848-8
☐ Band 09 ISBN: 978-3-96433-849-5
Juli 2024 | € 8,99 (D)
14x21 | SC | Mystery | 15+
Band 01-05 € 7,99 (D) | Band 06-09 € 8,99 (D)

TONIKAWA – Fly me to the Moon
von Kenjiro Hata
☐ Band 01-15
☐ Band 16 ISBN: 978-3-96433-650-7
☐ Band 17 ISBN: 978-3-96433-651-4
März 2024 | € 8,99 (D)
☐ Band 18 ISBN: 978-3-96433-652-1
Mai 2024 | € 8,99 (D)
☐ Band 19 ISBN: 978-3-96433-653-8
Juli 2024 | € 8,99 (D)
☐ Band 20 ISBN: 978-3-75730-298-6
September 2024 | € 8,99 (D)
14x21 | SC | Romance | 13+
Band 01-10 € 7,99 (D) | Band 11-17 € 8,99 (D)

TRICKS DEDICATED TO WITCHES
von Shizumu Watanabe
☐ Band 01-04
14x21 | SC | Action | 15+
€ 10,– (D) | **Abgeschlossen**

TWILIGHT OUTFOCUS
von Jyanome
☐ Band 01-02
14x21 | SC | Boys Love | 16+
€ 10,– (D) | **Abgeschlossen**

TWILIGHT OUTFOCUS LONG TAKE NEU
von Jyanome
☐ Band 01 ISBN: 978-3-75730-375-4
Juli 2024
☐ Band 01 ISBN: 978-3-75730-376-1
LE+ Booklet | Juli 2024 | € 14,– (D)
14x21 | SC | Boys Love | 16+
€ 10,– (D)

TWITTERING BIRDS NEVER FLY
von Kou Yoneda
☐ Band 01-05
☐ Band 06 ISBN: 978-3-96433-422-0
☐ Band 07 ISBN: 978-3-96433-423-7
☐ Band 08 ISBN: 978-3-96433-424-4
August 2024 | € 12,– (D)
14x21 | SC | Boys Love | 16+
Band 01 € 10,– (D) | Band 02-08 € 12,– (D)

VERSUS NEU
von ONE & Kyoutarou Azuma & bose
☐ Band 01 ISBN: 978-3-75730-301-3
Mai 2024
14x21 | SC | Action | 15+
€ 10,– (D)

WANDANCE
von Coffee
☐ Band 01-05
☐ Band 06 ISBN: 978-3-96433-723-8
☐ Band 07 ISBN: 978-3-96433-724-5
☐ Band 08 ISBN: 978-3-96433-993-5
☐ Band 09 ISBN: 978-3-96433-994-2
☐ Band 10 ISBN: 978-3-96433-995-9
April 2024
☐ Band 11 ISBN: 978-3-75730-294-8
August 2024
14x21 | SC | Special | 13+
€ 10,– (D)

SHIKIMORI'S NOT JUST A CUTIE
von Keigo Maki
☐ Band 01 ISBN: 978-3-96433-784-9
☐ Band 02 ISBN: 978-3-96433-785-6
☐ Band 03 ISBN: 978-3-96433-786-3
☐ Band 04 ISBN: 978-3-96433-787-0
☐ Band 05 ISBN: 978-3-96433-788-7
März 2024
☐ Band 06 ISBN: 978-3-96433-789-4
Mai 2024
☐ Band 07 ISBN: 978-3-96433-790-0
Juli 2024
☐ Band 08 ISBN: 978-3-96433-791-7
September 2024
14x21 | SC | Romance | 13+
€ 8,99 (D)

SHOJO-MANGAKA NOZAKI-KUN
von Izumi Tsubaki
☐ Band 01-10
☐ Band 11 ISBN: 978-3-96433-448-0
☐ Band 12 ISBN: 978-3-96433-543-2
☐ Band 13 ISBN: 978-3-96433-654-5
☐ Band 14 ISBN: 978-3-96433-970-6
TBA
14x21 | SC | Comedy | 13+
Band 01-13 € 7,99 (D) | Band 14 € 8,99 (D)

SOLOIST IN A CAGE
von Shiro Moriya
☐ Band 01-03
14x21 | SC | Mystery | 16+
€ 14,– (D) | **Abgeschlossen**

SOMALI UND DER GOTT DES WALDES
von Yako Gureishi
☐ Band 01-05
☐ Band 06 ISBN: 978-3-96433-321-6
14x21 | SC | Fantasy | 12+
€ 10,– (D)

SORA & HARA NEU
von Asumiko Nakamura
☐ Einzelband ISBN: 978-3-96433-973-7
April 2024
14x21 | SC | Boys Love | 15+
€ 14,– (D)

SOTSU GYO SEI – Verliebt in meinen Mitschüler
von Asumiko Nakamura
☐ Band 01-02
14x21 | SC | Boys Love | 15+
€ 10,– (D) | **Abgeschlossen**

SURVIVING WONDERLAND
von Tabasa Iori
☐ Band 01-03
14x21 | SC | Horror | Mystery | 16+
€ 10,– (D) | **Abgeschlossen**

TEKKON KINKREET Master Edition
von Taiyō Matsumoto
☐ Einzelband ISBN: 978-3-95981-734-9
16x24 | HC | Science-Fiction | 15+
€ 32,– (D) | **Abgeschlossen**

THE HOLY GRAIL OF ERIS
von Kujira Tokiwa & Hinase Momoyama & Yu-nagi
☐ Band 01-05
☐ Band 06 ISBN: 978-3-96433-599-9
☐ Band 07 ISBN: 978-3-96433-847-1

STOPP! DIES IST DIE LETZTE SEITE!

HAPPINESS ist ein Manga, und einen japanischen Comic liest man von hinten nach vorne. Auch die Lesereihenfolge der Bilder und Sprechblasen auf den Seiten ist anders als gewohnt: von rechts oben nach links unten.

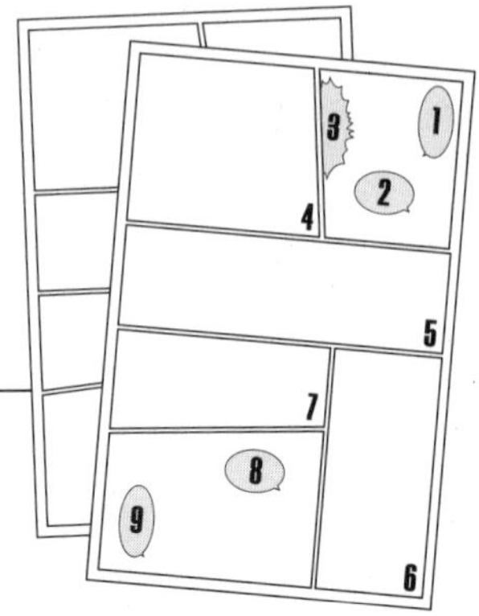

HAPPINESS 03

von
Shuzo Oshimi

1. Auflage, 2024
Deutsche Ausgabe/German Edition
Deutsche Sammelausgabe, beinhaltet die Bände 05 und 06 der japanischen Originalausgabe.

Verlagsleitung: Andreas Mergenthaler & Luciana Bawidamann

Aus dem Japanischen von Martin Gericke

First published in Japan in 2017 by KODANSHA LTD., Tokyo.
Publication rights for this German edition arranged through KODANSHA LTD., Tokyo.
Original Cover Design: Tadashi Hisamochi, Seiko Tsuchihashi (hive)

KODANSHA

Programmleitung: Alexandra Grimsehl
Redaktion & Lektorat: Denise Hedrich
Korrektorat: Natalia Pankeew
Grafik/Produktionsleitung: Elke Epple
Layout und Lettering: Manga Cult, Datagrafix GSP GmbH, Berlin
Druck: GGP Media GmbH, Pößneck

Print-ISBN: 978-3-96433-745-0

www.manga-cult.de | Februar 2024